CHINA

Aus dem Englischen
übertragen von
Dagmar Ahrens-Thiele
und Renate Soeder
(Seiten 148 – 170)

Genehmigte Lizenzausgabe für
Weltbild Verlag GmbH,
Augsburg 1998

Landkarten: Zoë Goodwin,
Nicholas Harris

Umschlagmotiv: Mauritius
Bildagentur
Kleine Bildmotive:
Zefa,
AKG, Berlin,
bpk, Berlin
Umschlaggestaltung: Studio
Höpfner-Thoma, München
Gesamtherstellung: Fournier
A. Gráficas, S. A., Vitoria
Printed in Spain
ISBN 3-86047-797-8

Frontispiz: Eine traditionelle chinesische Schattentheater-Puppe in verschiedenen Bewegungsphasen.

BILDATLAS
DER WELTKULTUREN

CHINA

Caroline Blunden und Mark Elvin

BECHTERMÜNZ VERLAG

INHALT

Die Kaiserzeit

Die Moderne

Dritter Teil: Kultur und Gesellschaft

CHRONOLOGISCHE ÜBERSICHT

-2000 | -1600 | -1200 | -1000 | -800 | -600 | -400 | -200 v. Chr. | n. Chr. 200 | 400 | 600 | 800

(XIA-DYNASTIE?)
SHANG-DYNASTIE (Nordchina)
ZHOU-DYNASTIE (Nordchina)
Frühling- und Herbst-Periode
Periode der Streitenden Reiche
QIN-DYNASTIE
FRÜHERE HAN-DYNASTIE
WANG MANG
SPÄTERE HAN-DYNASTIE
DREI KÖNIGREICHE
NÖRDLICHE UND SÜDLICHE DYNASTIEN
SUI-DYNASTIE
TANG-DYNASTIE

Bronze-Axt der Shang-Dynastie aus Shandong

Lebensgroßer Terrakotta-Krieger, ausgegraben in der Nähe des Grabmals Kaiser Qin Shihuangdis

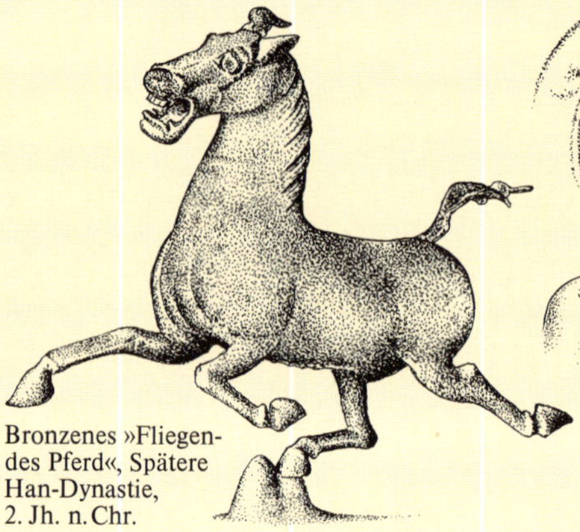

Bronzenes »Fliegendes Pferd«, Spätere Han-Dynastie, 2. Jh. n. Chr.

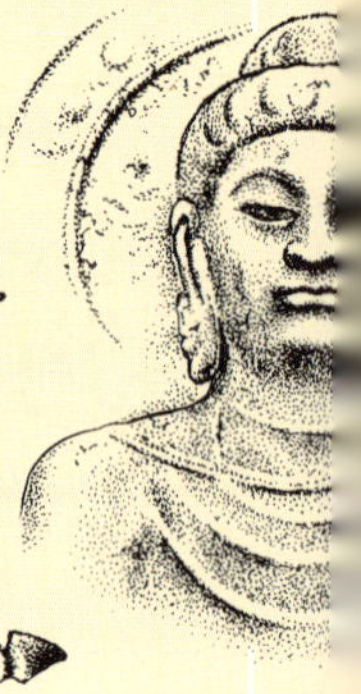

GEISTESLEBEN UND RELIGION

• Konfuzius — Konfuzianismus
Buddhismus
Philosophischer Taoismus — Volks-Taoismus
Taoistische Alchimie und Suche nach Unsterblichkeit
Mozi • — • Zhuangzi
• Realisten

POLITIK

König Wen von Zhou • — • Herzog von Zhou
• Qin Shihuangdi (Reichseinigung)

KÜNSTE

Bronzeguß
Eisenguß
Buch der Lieder
Buch der Urkunden
Logiker und Sophisten
Erste systematische Geschichtsschreibung
Aufkommen von Landschafts-Lyrik
Starke musikalische Einflüsse aus Zentralas[ien]
Lieder aus Südchina
• Wang Xizhi (Kalligraph)
• Du Fu (Dichter)

LANDWIRTSCHAFT

Nichtseßhafter Ackerbau — Seßhafter Ackerbau (Hirse, Hanf)
Reisanbau
Weizenanbau
Alkohol
Teeanb[au]
• Jia Sixie *Das Wesen der Volkswohlfahrt*

GELDWESEN

Kaurimuscheln
Kupfergeld

BEVÖLKERUNGSWACHSTUM

? ? ? ? ? ? ?

SCHRIFT

Vielfältige Schriftarten Orakelknochen
Pinselschrift auf Holz und Seide
Vereinheitlichung der Schrift
Pinselschrift auf Papier

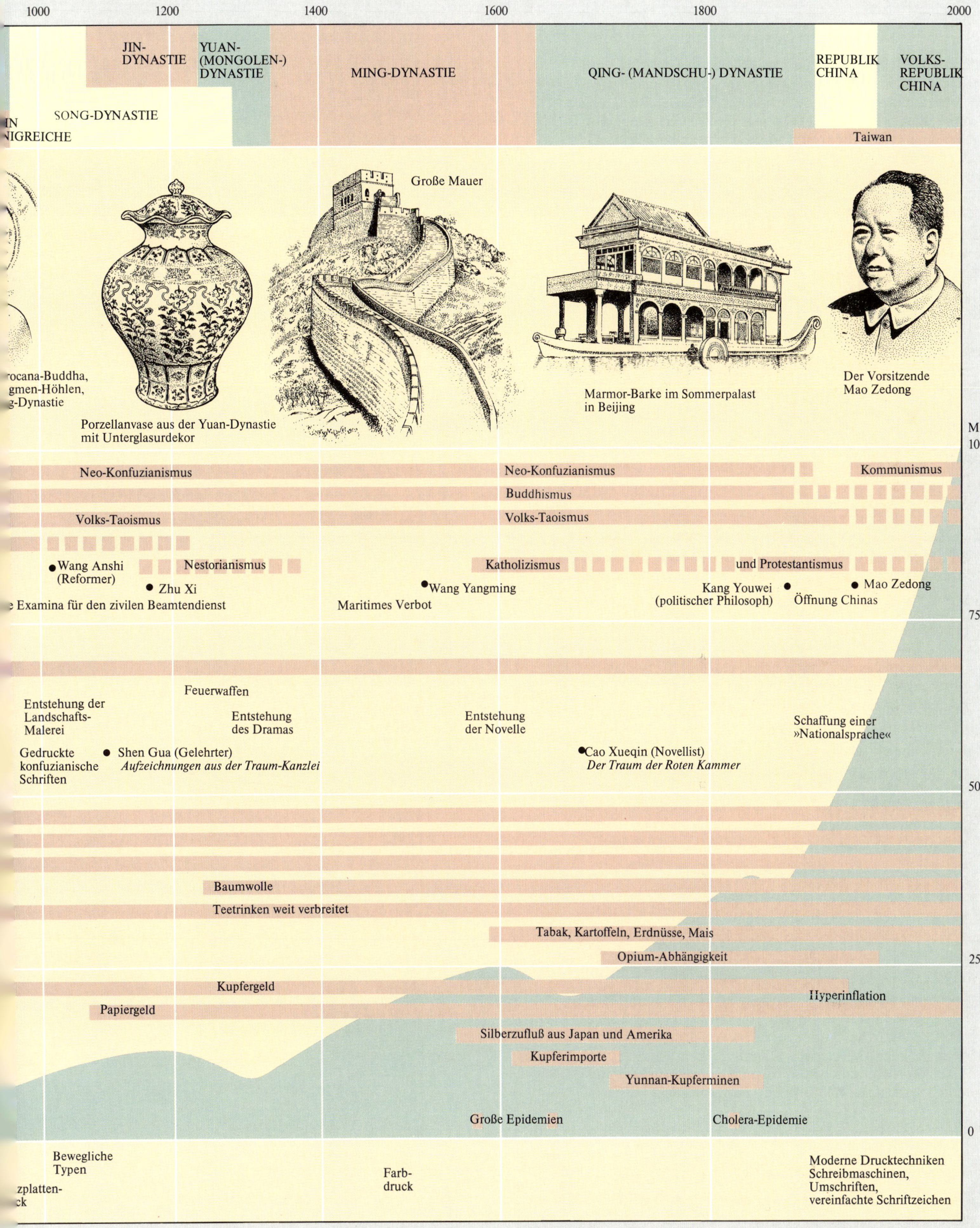
1000
1200
1400
1600
1800
2000
JIN-DYNASTIE
YUAN-(MONGOLEN-)DYNASTIE
MING-DYNASTIE
QING- (MANDSCHU-) DYNASTIE
REPUBLIK CHINA
VOLKS-REPUBLIK CHINA
SONG-DYNASTIE
IN
IGREICHE
Taiwan
Große Mauer
ocana-Buddha,
gmen-Höhlen,
-Dynastie
Porzellanvase aus der Yuan-Dynastie mit Unterglasurdekor
Marmor-Barke im Sommerpalast in Beijing
Der Vorsitzende Mao Zedong
Mill.
1000
Neo-Konfuzianismus
Neo-Konfuzianismus
Kommunismus
Buddhismus
Volks-Taoismus
Volks-Taoismus
Wang Anshi (Reformer)
Nestorianismus
Katholizismus
und Protestantismus
Zhu Xi
Wang Yangming
Kang Youwei (politischer Philosoph)
Mao Zedong
Öffnung Chinas
Examina für den zivilen Beamtendienst
Maritimes Verbot
750
Feuerwaffen
Entstehung der Landschafts-Malerei
Entstehung des Dramas
Entstehung der Novelle
Schaffung einer »Nationalsprache«
Gedruckte konfuzianische Schriften
Shen Gua (Gelehrter)
Aufzeichnungen aus der Traum-Kanzlei
Cao Xueqin (Novellist)
Der Traum der Roten Kammer
500
Baumwolle
Teetrinken weit verbreitet
Tabak, Kartoffeln, Erdnüsse, Mais
Opium-Abhängigkeit
250
Kupfergeld
Hyperinflation
Papiergeld
Silberzufluß aus Japan und Amerika
Kupferimporte
Yunnan-Kupferminen
Große Epidemien
Cholera-Epidemie
0
Bewegliche Typen
zplatten-
ck
Farb-
druck
Moderne Drucktechniken
Schreibmaschinen,
Umschriften,
vereinfachte Schriftzeichen

Anmerkungen zur Transkription und Aussprache

In diesem Buch wird das neue *Pinyin*-System als die Umschrift verwendet, die einer internationalen Standardisierung am nächsten kommt und auch seit 1979 von der chinesischen Regierung für verbindlich erklärt wurde. Die jeweils entsprechenden Formen der alten (englischen) Wade-Giles-Umschrift und – wo das bei Ortsnamen angebracht schien – auch die im Postverkehr üblichen Formen wurden in das Register der geographischen Namen und in das Sachregister aufgenommen, um Quervergleiche mit anderen Büchern und Bibliothekskatalogen zu erleichtern, die in der Mehrzahl gegenwärtig noch in Wade-Giles-Umschrift abgefaßt sind. So lauten die Eintragungen in den Registern (Pinyin-/Wade-Giles-System) beispielsweise:

Zhang Zhou / Chuang Chou

und

Beijing/Pei-ching/Peking.

Während im Buch »Kanton« in der Standard-Pinyin-Form als »Guangzhou« erscheint, fanden wir es trotzdem angebracht, den Gebrauch des Wortes »Kantonesen« zur Bezeichnung der Bevölkerung und »kantonesisch« für Sprache und regionale Küche beizubehalten.

Leser, die kein Hochchinesisch sprechen, können – abgesehen von den Tönen – eine verständliche Aussprache der romanisierten chinesischen Silben erreichen, wenn sie die folgenden Ausspracheregeln beherzigen:

Konsonanten: Annähernd wie im Deutschen mit Ausnahme von:
c ausgesprochen wie stimmloses *ts* bei »zeigen«,
q ausgesprochen wie englisches *ch* bei »cheek«,
x ausgesprochen wie *ch* bei »ich«,
z ausgesprochen wie stimmhaftes *ds* bei »Dsungarei«,
zh ausgesprochen wie stimmhaftes *dsch* wie englisches *j* bei »jar«,
ch ausgesprochen wie stimmhaftes *tsch* bei »Tscheche«,
sh ausgesprochen wie *sch* bei »schaffen«,
r Aussprache zwischen englischem *r* und französischem *j*,
y ausgesprochen *j* wie bei »jung«.

Vokale: Annähernd wie im Deutschen mit Ausnahme von:
ian und *yan* ausgesprochen wie bei »jenseits«,
e und *i* nach *c, s, z,* wo diese Vokale neutral bleiben und ausgesprochen werden wie verlängertes *c, s, z; e* und *i* nach *ch, sh* und *zh,* wo diese Vokale neutral bleiben und ausgesprochen werden wie vokalisiertes *r,* wie beim englischen »shirk«,
ui, uei, ei, das wie englisches »way« klingt,
u, ue, uan in Verbindung mit den Konsonanten *j, q, x, y* wie deutsches *ü* (U-Umlaut) ausgesprochen,
o in den Verbindungen *ong, iong, yong* wie *u* ausgesprochen.

Ein Apostroph trennt Silben voneinander in Fällen, in denen Mißverständnisse auftreten können. So kann z.B. *xian* eine Silbe in der Bedeutung »Kreis« sein, aber auch zwei Silben repräsentieren wie im Fall des Ortsnamens *Xi'an.*

Töne im Hochchinesischen werden nötigenfalls (in Lehrwerken) durch Akzente gekennzeichnet. So verdeutlicht beispielsweise

mā, má, mǎ, mà und *må*

den gleichbleibenden, den ansteigenden, den fallenden und wieder ansteigenden, den fallenden und schließlich den neutralen Ton.

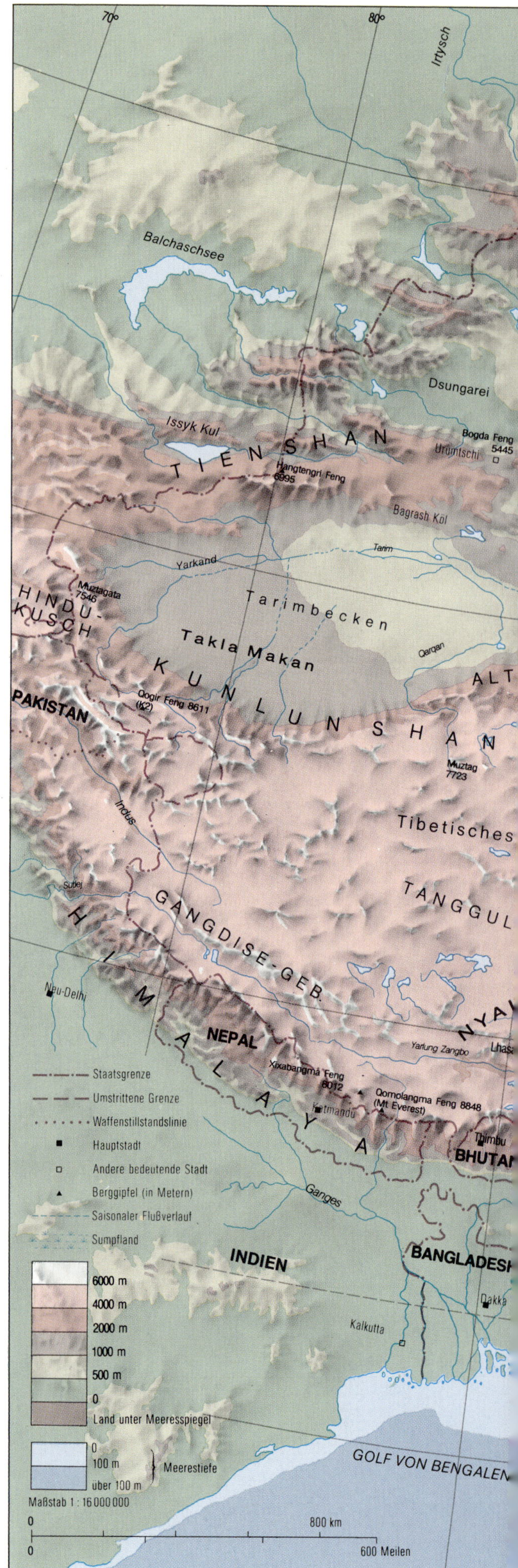

Rußland
Baikalsee
JABLONOWY-GEB.
DA-XIANG'AN-GEB.
XIAO-XING'AN-GEB.
Heilong (Amur)
Argun
Ob
Ubsa Nur
Hövsgöl Dala
Selenga
Orhon
CHANGAI-GEB.
MONGOLISCHER ALTAI
Ulan-Bator
Kerulen
Dalai Nur
Nen
Qiqihaer
Songhua (Sungari)
Wusuli
Xingkai
Haerbin
Mudanjiang
Changchun
CHANGBAI-GEB.
MONGOLEI
Gobi
Turfan-senke
Shenyang
Qiefeng
Jinzhou
Liao
Yalu
NORD-KOREA
Pyongyang
Seoul
SÜD-KOREA
INNERMONGOLISCHES HOCHLAND
Baotou
Huhehaote
Datong
BEIJING (Peking)
Yongding
Tianjin
BO HAI
Lüda
Yantai
QILIAN-GEB.
Qaidambecken
Ruo
Yinchuan
Huang He
LULIANG-GEB.
TAIHANG-GEB.
Fen
Taiyuan
Hutuo
Shijiazhuang
Ji'nan
Qinghai
Xining
Lanzhou
Yan'an
Jing
CHINA
BAYAN-HAR-GEB.
Hochland
Huang He
Zhengzhou
Xuzhou
Lianyungang
Da Yunhe (Großer Kanal)
GELBES MEER
Wei
Xi'an
QIN-GEB.
Hongze
Huai
Bengbu
Hefei
Nanjing
Shanghai
Tai
DABA-GEB.
Xiangfan
Han
TANGLHA-GEB.
DAXUE-GEB.
Chengdu
Sichuanbecken
Jialing
Yangzi
Yichang
Wuhan
Yangzi (Jangtsekiang)
Hangzhou
OSTCHINESISCHES MEER
HENGDUAN-GEB.
Gongga Shan 7556
Chongqing
Yibin
Min
Yalong
Dongting Hu
Yueyang
Poyang Hu
Nanchang
Wenzhou
Yuan
Xiang
Gan
Changsha
DALOU-GEB.
WUYI-GEB.
Wu
Min
Fuzhou
Brahmaputra
Jinsha
Lancang
Guiyang
Ganzhou
Taibei
FORMOSASTRASSE
TAIWAN
Wendekreis des Krebses
Guilin
NAN-GEB.
Shaoguan
Xiamen
Kunming
Shantou
Bei
Dong
Hongshui
Liu
Nanpan
Wuzhou
Xi
Guangzhou (Kanton)
WULIANG-GEB.
BIRMA
Nanning
Yuan
Zuo
MACAO (Portugal)
HONGKONG (UK)
Mandalay
Salween
VIETNAM
BABUYANKANAL
Zhanjiang
Hanoi
Haikou
SÜDCHINESISCHES MEER
Irawadi
GOLF VON TONKIN
LAOS
Hainan
PHILIPPINEN
THAILAND
Mekong
Vientiane

VORWORT

Haben die Chinesen selbst eine genaue Vorstellung von ihrer Geschichte? Das Land besitzt die älteste kontinuierliche Kultur dieser Welt, doch die Vergangenheit wurde lediglich immer wieder aufs neue beschworen und interpretiert, aber nicht wirklich erforscht und bewahrt. Anders als bei den Mittelmeerkulturen existieren in China nur wenig erhalten gebliebene archaische Monumente oder überirdische Gebäude, da die verwendeten Materialien - Holz oder weiches Gestein - schnell dem Verfall anheimgefallen sind.

Auch Originaldokumente gibt es kaum. Die meisten Schriftstücke sind lediglich Zweitkopien (und dies gilt sogar für einige Gemälde). Archive scheinen nicht länger geführt worden zu sein, als dies aus administrativen Gründen notwendig erschien; dann wurden wichtige Teile der Dokumente exzerpiert, und der Rest der Aufzeichnungen vernichtet. Hinzu kam, daß Papier - fast zwei Jahrtausende lang das gebräuchliche Schreibmaterial - nicht so dauerhaft wie Pergament oder Papyrus ist.

Aus dem chinesischen Altertum sind in den letzten 150 Jahren bedeutende Funde gemacht worden. Die früher einzig authentischen Quellen, die Bronzeinschriften, sind durch Orakelinschriften auf Knochen oder Schildkrötenpanzern, einige beschriftete Seidenstoffe und Holzstreifen ergänzt worden; daneben wurden zahlreiche, häufig prachtvolle Kunst- und Gebrauchsgegenstände entdeckt. Verglichen mit dem reichen Quellenmaterial über den vorklassischen Mittleren Osten bleiben diese Funde immer noch eine magere Ausbeute; aber das archaische China ist heute so deutlich faßbar geworden, wie das eine Generation zuvor niemand für möglich gehalten hätte.

So paradox es klingen mag, aber gerade die Kontinuität der chinesischen Geschichte hat in vielen Fällen dazu geführt, daß die Vergangenheit mehr verschleiert denn offengelegt wurde. So hat man die ständig neu interpretierten archaischen Texte allzusehr im Licht der jeweiligen Gegenwart gesehen. Bis vor ganz wenigen Jahrzehnten etwa wurden die Liebesgedichte des Werkes *Buch der Lieder* aus dem ersten Jahrtausend v. Chr. üblicherweise von chinesischen Gelehrten als Allegorien der Beziehung zwischen Herrscher und Untergebenen verstanden.

Im Gegensatz zum Abendland ist in China im allgemeinen das Verständnis für die Eigenart weit zurückliegender Kulturepochen ziemlich schwach entwickelt gewesen. Denn es hat zu wenig scharfe Einschnitte gegeben, die im Volksgedächtnis haften bleiben konnten, Einschnitte, die etwa der Verbreitung des alle Lebensbereiche durchdringenden Christentums vergleichbar waren oder dem Aufstieg und Fall von Imperien wie dem Römischen Reich.

Möglicherweise kommt deshalb den westlichen Wissenschaftlern eine nützliche Funktion zu. Weit weniger als ihre chinesischen Forscherkollegen von geltenden Tabus und Geschichtsdoktrinen eingeengt, fällt es ihnen leichter, die spezifischen Merkmale der chinesischen Vergangenheit herauszuarbeiten. Denn historische Kontinuität bedeutet nicht, daß es - im ganzen gesehen - keinen beachtlichen Wandel gegeben hat. Als eines seiner vorrangigsten Ziele soll dieser Kulturatlas jene Veränderungen so anschaulich wie möglich dem Leser vor Augen führen.

Ein auf die wesentlichen Elemente gelenktes Verständnis der Historie ist unerläßlich, will man Chinas komplexe Gegenwart richtig verstehen. Wir haben uns bemüht, Entstellungen aufgrund emotionaler oder ideologischer Vorurteile (jeder Art) zu vermeiden, Vorurteile, die so manche zeitgenössische Darstellung über das Land in ihrem Wert schmälern. So war es beispielsweise unerläßlich, daß wir uns durch unsere Bewunderung für die Größe der chinesischen Zivilisation und durch unser Mitgefühl für die erlittenen Demütigungen der Jahre zwischen 1840 und 1950 nicht davon abhalten ließen, ein realistisches Bild von China als einer in historisch langen Zeiträumen gemessen sehr erfolgreichen imperialistischen Macht zu zeichnen. Wir hoffen, daß unsere chinesischen Freunde, die nicht in jedem Fall mit dem von uns Geschriebenen einverstanden sein mögen, unsere Zielsetzung nicht mißdeuten, die sich der Wahrheit - bei aller wegen der Komplexität des Themas unerläßlichen Verallgemeinerung - denkbar stark verpflichtet fühlt.

An dieser Stelle sollte vielleicht eine kurze Bemerkung über die Arbeitsteilung der an diesem Werk beteiligten Autoren nicht fehlen. Generell war Caroline Blunden für alle Kapitel zuständig, die sich mit Kunst, einschließlich Archäologie, befassen, und für die Auswahl der Illustrationen. Mark Elvin hat den historischen Text verfaßt und die Karten entworfen. Professor Colin Mackerras von der Griffith-Universität in Brisbane steuerte den Beitrag über die chinesische Musik bei. Doch stellt dieses Buch in einem viel weiteren Sinne eine Kollektivarbeit dar: Seine Fertigstellung wäre ohne den redaktionellen, künstlerischen, kartographischen und wissenschaftlichen Einsatz des Verlagsteams undenkbar gewesen. Besonderer Dank gebührt auch den Bibliothekaren Anthony Hyder und David Helliwell von der Bodleian-Bibliothek und der Bibliothek des Orientalischen Instituts der Universität Oxford für ihre nie versagte Hilfe. Für die deutsche Ausgabe geht ein spezieller Dank an Dr. Hermann Kogelschatz vom Institut für Ostasienkunde der Universität München, der den Abschnitt über chinesische Mathematik übersetzt und teilweise überarbeitet hat.

Natürlich hätte sehr viel mehr, als das in einem Buch dieses Umfangs möglich war, über China ausgesagt werden können. Wir hoffen, daß diejenigen, deren Wissensdurst angeregt, aber wegen der relativ kurzen Abhandlungen über Dichtung, Malerei und Philosophie nicht völlig befriedigt werden konnte, durch eine geplante Veröffentlichung mit längeren Beiträgen zu diesen Themen entschädigt werden, die ursprünglich schon für den Weltatlas China vorgesehen waren. Für den Fachmann ist außerdem ein chinesischer Zeichenindex des Registers geographischer Namen geplant. Leser, die ihn beziehen möchten, werden gebeten, sich zunächst an Mark Elvin im Orientalischen Institut der Universität Oxford zu wenden.

Die sinologischen Studien, die sich mit dem Denken und Handeln von mehr als einem Viertel der Menschheit befassen, werden gegenwärtig sogar an unseren größeren Universitäten stark vernachlässigt. Wir hoffen, daß wir mit dem vorliegenden Band einen Beitrag zum Verständnis einer der bedeutendsten Kulturwelten des Altertums und des Mittelalters geliefert haben, zum Verständnis eines Landes, das heute wieder zu den Großmächten im internationalen Rahmen zählt.

ERSTER TEIL

DER GEOGRAPHISCHE RAUM

DAS LAND UND SEINE BEWOHNER

Der geographische Raum, den wir – allzu vereinfacht – »China« nennen, läßt sich auf vielfältige Weise unterteilen: Man kann ihn in geologischen und geomorphologischen Kategorien erfassen, in verschiedene Vegetationszonen aufgliedern, durch Verbreitungsgebiete einzelner Tierarten klassifizieren, anhand der Siedlungsräume abgrenzen oder auch der verschiedenen Nutzungsgebiete, die durch Transport- und Handelsnetze miteinander verbunden sind. Hierbei ist zu bedenken, daß sich sowohl das natürliche Landschaftsbild als auch der Siedlungsraum ständig verändert haben. Während der durch die chinesischen Quellen belegten Geschichte floß beispielsweise der Gelbe Fluß (Huang He oder Hwangho) nicht nur in einem Bett, sondern in ständig wechselnden Hauptrinnen. Der größte Bereich Südchinas und Teile des Nordens waren einst von dichten Wäldern überzogen, beide Regionen sind jetzt infolge menschlicher Eingriffe unbewaldet. Die mittlere Jahresdurchschnittstemperatur war größeren Schwankungen unterworfen. Vor 1000 Jahren lag die heutige Region Shanghai unter dem Meeresspiegel, da der Changjiang (»Lange Fluß«), im Westen als Yangzi (Jangtsekiang) bekannt, noch nicht all die gegenwärtigen Geröllschichten abgelagert hatte. Es gab die unterschiedlichsten Streckenverläufe für immer neue Große Mauern und Große Kanäle. Der chinesische Kultur-, Siedlungs- und Herrschaftsraum erweiterte sich, ausgehend von seinem Kern in der Ebene des Gelben Flusses, im Laufe von vier Jahrtausenden erheblich. Der größte Expansionsschub aber erfolgte in einigen Regionen überraschenderweise erst in jüngster historischer Zeit.

Außen- und Kernraum China

Der tiefgreifendste Unterschied besteht zwischen den beiden Regionen, die man als Kern- und Außenraum China bezeichnen kann. Die Grenze zwischen beiden wird markiert durch den Kontrast einer von seßhaften Bauern betriebenen, meist bewässerten intensiven Feldbauwirtschaft auf der einen und Weidewirtschaft, gelegentlich verbunden mit ausgedehntem Trockenfeldbau oder ergänzt durch Ackerbauenklaven, den Oasen in den Wüstengebieten des Nordwestens, auf der anderen. Fast die gesamte Geschichte Chinas hindurch verlief die keineswegs feste Trennlinie zwischen diesen beiden Wirtschaftszonen vom Golf von Zhili (Tschili, oder Bohai-Bucht) westwärts, dann im wesentlichen entlang der Trasse der heutigen Großen Mauer bis zu den Ausläufern des Tibetischen Hochlands, wo sie dann scharf nach Süden abfiel. Noch bis in unser Jahrhundert galt die Mandschurei, mit Ausnahme eines kleinen Gebiets entlang des Unterlaufs des Liao, als Teil des Außenraums. Wegen der Einwanderungswelle der Han-Chinesen und der landwirtschaftlichen Entwicklung der letzten 70 Jahre wird die Mandschurei heute aber eindeutig dem Innenraum zugerechnet. Die Grenze zwischen den beiden Regionen erstreckt sich jetzt entlang der unteren Ostausläufer des Großen Chingan (Daxing'an) in nördlicher Richtung. Der Verlauf der regionalen Trennungslinie im äußeren Südwesten war ebenfalls lange Zeit nicht eindeutig, denn der diesen Teil des Subkontinents überziehende Dschungel wurde erst seit Ende des 18. Jahrhunderts intensiv gerodet und in die chinesische Ackerbauwirtschaft einbezogen.

Beide Regionen sind zwar etwa gleich groß, doch leben kaum mehr als fünf Prozent der Bevölkerung im Außenraum. Einige seiner Gebiete sind sogar gänzlich unbewohnt, während der weitaus größte Bereich eine Bevölkerungsdichte von nicht mehr als eine Person pro Quadratkilometer aufweist. Bemerkenswert sind auch die geographisch-physikalischen Gegensätze: Zum Außenraum gehören der mit 8848 Meter höchste Berg der Welt, der Qomolangma (Zhumulangma) oder Mount Everest, und das zweitniedrigste Festlandsbecken, die Turfan-Senke, 154 Meter unter dem Meeresspiegel. Diese Region umfaßt außerdem einige der zu den Wüsten Gobi und Takla Makan gehörenden unwirtlichsten Wüstenlandstriche der Erde, riesige Schwemmlandgebiete, wie beispielsweise jene des Qaidam-Beckens, unberührte Wälder und endlose Grassteppen. Im Gegensatz dazu besteht das Innere China aus gemäßigteren Zonen mit Alluvial-Ebenen, Flußtälern und wellenförmigen Gebirgszügen.

Der größte Teil der Außenregion ist ein Becken mit Binnenentwässerung. Die Entstehung dieses Beckens ist im wesentlichen darauf zurückzuführen, daß Zentralasien vor rund 15 Millionen Jahren durch den Zusammenprall der verkrusteten (indoeuropäischen) Platte, auf der Indien ruhte, und des Südendes von Tibet angehoben wurde. Dadurch flossen an den Randketten der Gebirge die Flüsse aus China ab. Der Heilongjiang (»Schwarze-Drachen-Fluß«) oder Amur etwa macht einen abrupten Knick nach Norden und mündet in den subarktischen Pazifik, und der Yarlung Zangbo (Yaluzangbujiang), der zunächst von West nach Ost fließt, stürzt unweit von Lhasa durch nicht schiffbare Schluchten nach Süden, bis er schließlich in Indien zum Brahmaputra wird. So war der Außenraum China von dem verzweigten Netz der Binnenwasserstraßen abgeschnitten, die das hohe Niveau der prämodernen Wirtschaftsintegration in weiten Teilen des Kerngebiets ermöglichten. Die einzige große Route durch die periphere Zone war die Seidenstraße.

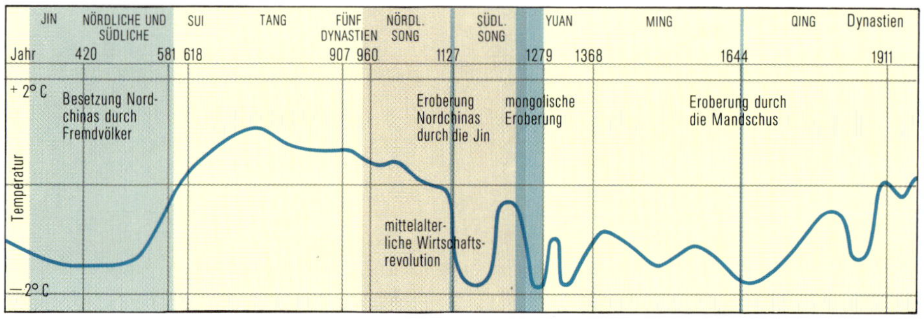

Veränderungen der mittleren Jahresdurchschnittstemperatur
Aufgrund Zhu Kezhens vergleichenden Studien über die nördliche bzw. südliche Ausdehnung bestimmter Pflanzenarten zu bestimmten Perioden läßt sich schließen, daß die mittelalterliche Wirtschaftsrevolution Chinas in einer Zeit relativ hoher mittlerer Jahresdurchschnittstemperaturen stattfand. Die im Norden lebenden Fremdvölker hingegen entwickelten ihre größte Dynamik in relativ kalten Perioden.

Außen- und Kernraum China
Die heutige Voksrepublik zerfällt in zwei Regionen: Der verhältnismäßig tief gelegene Kernraum besteht aus landwirtschaftlich genutzten Flächen, ist dicht besiedelt und wird von Han-Chinesen bewohnt. Er bildete das Zentralgebiet des Chinesischen Kaiserreichs bis einschließlich zur Ming-Dynastie (1368–1644). Als Außenraum bezeichnen wir den riesigen, dünn besiedelten und hoch gelegenen Teil des Landes, dessen Bevölkerung mongolischer, türkischer, tibetischer oder anderer Abstammung ist. Die Wirtschaft beruht hier größtenteils auf intensiver Herdentierhaltung, während Ackerbau erst an zweiter Stelle steht, ausgenommen in den Oasen des Nordwestens. Die Flüsse dieser Region fließen entweder aus China ab oder münden in Binnenentwässerungsbecken. Die Ströme des Kernraums dagegen bilden, wie schon seit altersher, zusammen mit den Küstenschiffahrtsrouten ein komplexes Transportsystem. Abgesehen von einigen kurzen Perioden der Ausdehnung kaiserlicher Oberhoheit in das Randgebiet, wurden beide Räume erst unter der Mandschu- (oder Qing-) Dynastie (1644–1911) politisch vereint, und zwar überwiegend im Laufe des 18. Jahrhunderts. Die riesige Ausdehnung der heutigen Volksrepublik China ist eine Folge dieses Expansionsprozesses. Die Wanderungsbewegungen der Han-Chinesen während der letzten beiden Jahrhunderte bewirkten, daß sich die Kernregion beträchtlich erweiterte, insbesondere wurden große Bereiche der Mandschurei von Wald- und Weideland in Ackerboden umgewandelt.

Vor ungefähr 1000 Jahren gab es im Norden des Innenraums noch ziemlich ausgedehnte Weidegebiete, doch in der Folgezeit wurde die intensive Großviehwirtschaft eine Domäne der Randregion. Aus dieser Zeit datiert auch der immer deutlicher zutage tretende Unterschied in den Eßgewohnheiten dieser beiden Welten, denn die Gerichte auf der Grundlage von Milchprodukten, die bei den Han-Chinesen des frühen Mittelalters durchaus üblich waren, gerieten im Kerngebiet zunehmend in Vergessenheit. Schaf-, Ziegen-, Rinder-, Pferde-, Kamel- und Jak-Herden bildeten bis in die frühe Moderne die wirtschaftliche Grundlage in den meisten Teilen der Mandschurei, der Mongolei, Ostturkestans und Tibets. Dagegen herrschte im Inneren China lange Zeit Mangel an Tieren für den Arbeitseinsatz in Transportwesen und Feldbestellung und an tierischem Dünger.

Vereinfacht gesprochen waren die Bewohner des Zentrallandes seit altersher in der Mehrzahl Han, die allgemein gebräuchliche Bezeichnung für die eigentlichen Chinesen. Im Außenraum hingegen überwogen, zumindest bis zu den Han-Einwanderungswellen in die Mandschurei und den fernen Nordwesten, Nichtchinesen. Dieser Unterschied ist jedoch allenfalls kultureller Art, denn die wiederholten Invasionen im Laufe der Geschichte und die Besetzung der nordchinesischen Ebene durch nördliche und westliche »Barbaren« haben zu einer starken rassischen Vermischung geführt. Eine zufriedenstellende Klassifizierung physischer Rassemerkmale ist, wie nur zu bekannt, schwierig, aber man kann die große Mehrheit der Bevölkerung beider Gebiete mit einiger Berechtigung als »Mongoloide« zusammenfassen. Als Unterscheidungskriterien zu Nichtmongoloiden gelten schwache Körper- und Gesichtsbehaarung, gelbe bis gelb-braune Gesichtsfarbe, dunkelbraune Augen, die Tendenz zur sichelförmigen Hautfalte im inneren Augenwinkel (die sogenannte Nasenlidfalte) und das fast völlige Fehlen der Achselschweißdrüsen. Die feinere, hier verwendete Unterscheidung zwischen »Han« und »Nicht-Han« korrespondiert im großen und ganzen mit dem Gegensatz, der manchmal zwischen zwei Untergruppen des mongoloiden Menschentyps herausgearbeitet wird, den südlichen »Siniden« und den weiter im Norden lebenden »Tungiden« oder Mongolen. Letztere haben im allgemeinen flachere Gesichter, engerstehende Augen, sind von kleinerer und gedrungenerer Statur und besitzen eine ausgeprägtere Augenfalte als die Siniden. Die einzigen bedeutenden Ausnahmen von dieser Generalisierung sind die Tibeter und die Ureinwohner der südlichen Küstenlandstriche (heute in ihrer ursprünglichen Gestalt verschwunden; beide Menschentypen gehören nicht der mongoloiden Rasse an).

Der politische Zusammenschluß von chinesischem Kern- und Außenraum vollzog sich erst im 18. Jahrhundert unter der Mandschu- (Qing-)Dynastie (1644–1911). Nach der Reichseinigung wurde das bürokratische System, mit dem zwei Jahrtausende lang das Kernland regiert worden war, nicht auf die Randgebiete übertragen, sondern diese wurden auf unterschiedlichste Weise in den Hoheitsbereich einbezogen: Sie besaßen teils feudalistische, teils militärische Herrschaftssysteme, und in einigen Fällen, in Tibet etwa, bestand lediglich eine nominelle Oberhoheit des Chinesischen Reiches (bei voller innerer Autonomie). Alle diese Gebiete unterstanden dem »Amt für Außenländer« und fielen nicht unter die Zuständigkeit der traditionellen sechs Ministerien Chinas. Ostturkestan wurde erst 1884 unter dem Namen Xinjiang (»Neues Territorium«) chinesische Provinz. In der Verwaltungsgliederung der Volksrepublik kommt noch heute dieser Dualismus deutlich zum Ausdruck: Der historische Außenraum Chinas teilt sich nahezu vollständig in sogenannte »Autonome Regionen«. Zu ihnen zählen: Nei Menggu Zizhiqu (Autonomes Gebiet Innere Mongolei); Ningxia Huizu Zizhiqu (Autonomes Gebiet Ningxia der Hui = chinesische Moslems); Xinjiang Weiwuer Zizhiqu (Autonome Region Xinjiang der Uiguren); Guangxi Zhuangzu Zizhiqu (Autonome Region Guangxi der Zhuang); schließ-

Rechts: »Autonome Regionen« und »Autonome Distrikte«
Die Regierung der Volksrepublik hat in den Gebieten mit nicht-chinesischer Bevölkerungsmehrheit sogenannte »Autonome Regionen« und kleinere »Autonome Distrikte« geschaffen. Obwohl den Nicht-Han einige bedeutende Konzessionen eingeräumt werden (die Politik der Ein-Kind-Familie etwa wird hier nicht so streng gehandhabt), kann von einer wirklichen Autonomie nicht die Rede sein. Zeitweilig hat das kommunistische Regime zu rigorosen Maßnahmen gegriffen, um die nichtchinesischen Kulturen zu zerstören, insbesondere während der Kulturrevolution in Tibet, als der größte Teil der lamaistischen Klöster zerstört und die Mönche zwangsweise in den Laienstand zurückversetzt wurden. In den letzten Jahren bedient sich die Regierung in Beijing (Peking) nicht mehr so harter Methoden und setzt statt dessen auf die möglicherweise effektivere Waffe der Erziehung, um chinesische und kommunistische Wertvorstellungen bei den Fremdvölkern durchzusetzen. Von Zeit zu Zeit hat es in der Vergangenheit Befreiungsbewegungen gegeben (zu nennen ist hier besonders der Aufstand der in Osttibet lebenden Cham im Jahre 1959), doch gegenwärtig sind derartige Anstrengungen wenig erfolgversprechend.

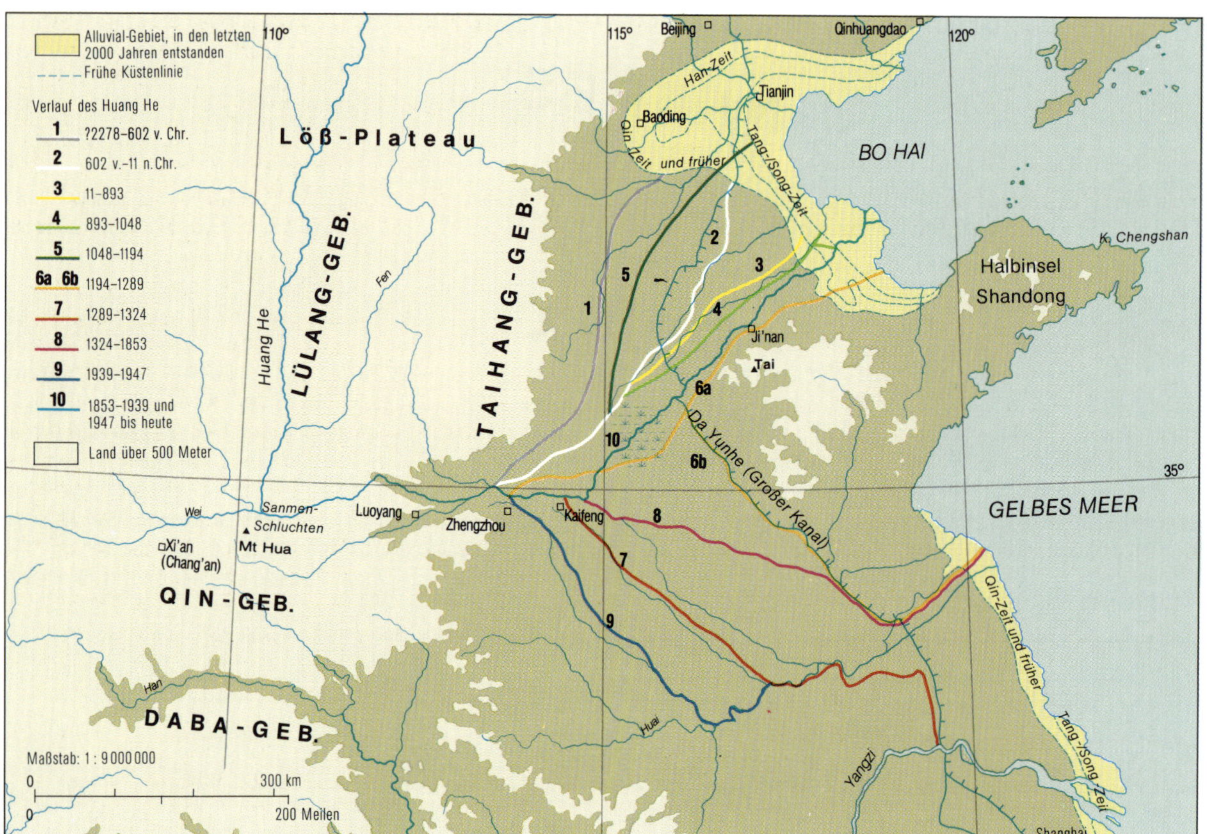

Links: Änderungen des Flußlaufs beim Huang He
Der Huang He (Gelbe Fluß) folgte in seinem Oberlaufabschnitt zu verschiedenen Perioden leicht veränderten Rinnen, besonders in der Nähe des heutigen Ningxia, wo er sich in einem verzweigten Netz von Nebenarmen Bahn bricht, und im Nordwesten des großen Bogens; im ganzen gesehen war sein Lauf hier jedoch relativ stabil. Im Unterabschnitt hingegen, östlich der Hua-Kette und der Sanmen- (oder »Drei-Tor«-) Schluchten, hat er im Laufe der Geschichte sein Flußbett dramatisch verändert. Im zweiten Jahrtausend v. Chr. bewegte sich der Huang He unterhalb der Gebirgsrücken der jetzigen Provinz Shanxi fast nach Norden. Während der nächsten 2000 Jahre veränderte er seine Richtung allmählich im Uhrzeigersinn, bis er zwischen 1289 und 1324 südöstlich auf den Mittellauf des Huai zufloß, der seinerseits in den Yangzi mündete. Seit 1324 verlegte der Huang He sein Bett in unregelmäßiger Abfolge mal nach Norden mal nach Süden, und gegenwärtig fließt er wieder im Norden der Halbinsel Shandong ins Meer.
Der Hauptgrund für diese abrupten Änderungen des Verlaufs sind in der einzigartig hohen Menge an mitgeführtem Triebsand zu suchen. Bei verlangsamter Strömung in den Küstenregionen wird der größte Teil dieses Triebsandes wieder abgelagert, so daß sich das Bett erhöht und die Wassermassen früher oder später gezwungen sind, einen anderen Weg zu nehmen. Mit dem heute bestehenden mehrarmigen Mündungssystem versucht man diese Ablagerungen zu verhindern, indem einzelne Arme zeitweilig trockengelegt und ausgebaggert werden.

lich Xizang Zizhiqu (Autonome Region Tibet). Hinzu kommt noch der größte Teil der Provinz Qinghai, die zu Tibet gehört und fast völlig in »Autonome Distrikte« *(zizhizhou)* zerfällt. Auch einige kleine, von Minderheiten bewohnte Gebiete im Kernraum China werden als »Autonome Distrikte« verwaltet, sie sind aber kleiner als die »Autonomen Regionen« und unterstehen, anders als diese, der jeweiligen Provinzverwaltung.

Die Volksrepublik China umfaßt nicht das gesamte Territorium der Qing-Dynastie. Teile des Landes im hohen Norden waren Mitte des 19. Jahrhunderts an das zaristische Rußland verlorengegangen (Verträge von Aigun, 1858, und Peking, 1860), und die Äußere Mongolei hatte faktisch nach dem Untergang der Qing die Unabhängigkeit erlangt und war 1924 als Volksrepublik ein Satellitenstaat der Sowjetunion geworden.

Schließlich herrschten im chinesischen Außen- und Kernbereich auch unterschiedliche Konfessionen vor. Die traditionellen Religionen im Innern waren Konfuzianismus, Taoismus, Mahayana-Buddhismus und eine Mischung verschiedener Volkskulte. Im Außenraum hing die Bevölkerung dem tibetischen Lamaismus, dem Islam oder älteren Glaubensbekenntnissen wie der tibetischen Bon-Religion an.

Norden und Süden

Die Gebirgskette des Kunlun am Nordende des Tibetischen Hochlands setzt sich in zwei Strängen im Inneren China fort, im Qinling und im Daba (Tsinling-shan und Tapa-shan). Sie bilden eine Barriere, die dieses Gebiet auf der Höhe des nördlichen 35. Breitengrades teilt. Südlich des Qinling und Daba ist der durchschnittliche Jahresniederschlag 1295 Millimeter höher als in den Nordregionen. In beiden Teilen kann die Niederschlagsmenge beträchtlich variieren, aber besonders der Norden ist anfällig für Schwankungen, die Abweichung von der Norm beträgt hier bis zu 30 Prozent. Sowohl Dürre- als auch Überschwemmungskatastrophen ereignen sich häufiger in den nördlichen Gegenden. Das vergleichsweise stabile Klima des Südens ist zum Teil auf den unterschiedlichen Charakter der die beiden Regionen beherrschenden Flußsysteme, des Gelben Flusses im Norden und des Langen Flusses im Süden, zurückzuführen. Im Oberlaufabschnitt fließt der Gelbe Fluß die längste Strecke durch Löß- oder »Gelbe-Erde«-Gebiete mit windverfrachteten, zu Löß verwitterten Sedimentablagerungen. Hier nimmt er große Mengen Triebsand auf, die er dann weitgehend bei langsamer Strömung im Bereich seines Unterlaufs ablagert, so daß sein Flußbett immer höher und sein Lauf unberechenbar wird; vielerorts ist das Flußbett höher als die hinter den ständig aufgestockten Deichen liegenden Felder – eine ständige Quelle für Überschwemmungen. Der Lange Fluß führt zwar eine weit größere Wassermenge mit sich, sein Lauf ist aber viel stabiler. Dies liegt teilweise daran, daß die beiden großen Seen in seinem Mittelabschnitt, der Dongting Hu und der Poyang Hu, als Wasserreservoire fungieren, die das Wasser in Regenzeiten speichern und in Dürreperioden freigeben.

In Nordchina wurde seit altersher Trockenfeldbau betrieben und in der Regel Weizen und Hirse ausgesät, während Südchina das Ursprungsgebiet des Naßfeld-Reisanbaus war. Auch die Bodenbeschaffenheit der beiden Regionen ist unterschiedlich, im Norden überwiegen allgemein stärker alkalische, im Süden stärker saure Böden. Der größte Teil Südchinas wird von schiffbaren Flüssen und Kanälen durchzogen; Boote waren seit mehr als 1000 Jahren das bevorzugte Transportmittel bei Reisen und Güterbeförderung. Entlang der südöstlichen Küsten entwickelte sich auch frühzeitig eine rege Küstenschifffahrt. In Nordchina benutzten eilige Reisende in der kaiserlichen Epoche Reitpferde, andernfalls bediente man sich zweirädriger Wagen oder ging zu Fuß. Auf den Lößböden lassen sich nur unter großen Schwierigkeiten feste Straßen anlegen, und in Regenzeiten verwandelt sich der Untergrund in eine fast unpassierbare Schlammwüste.

Südchina war Einwanderungsland der Han, doch dienten die Hochebenen als Rückzugsgebiete der Eingeborenen und verhinderten die vollständige Vermischung der ethnischen Gruppen; so blieb eine Vielzahl von Subkulturen und verschiedenen Dialekten erhalten. Die Sprache des Nordens ist im Gegensatz hierzu ziemlich einheitlich. Die große Mehrheit spricht das allgemein – wenn auch nicht ganz korrekt – so genannte »Mandarin«, eine Bezeichnung, die sich aus der früheren *lingua franca* der kaiserlichen Beamten herleitet. Auch das physische Erscheinungsbild der Menschen ist unterschiedlich: Die Bewohner des Nordens sind im Durchschnitt mehr als fünf Zentimeter größer als die des Südens und von kräftigerer Statur. Weitreichende kulturelle Gegensätze zwischen Nord und Süd konstatieren zu wollen wäre allzu gewagt, besonders in Anbetracht der starken Verschiebungen über die Jahrhunderte und des Ausmaßes lokaler Verschiedenheiten. Allgemein jedoch läßt sich sagen, daß die Bewohner des Südens seit jeher einen stärker ausgeprägten Sinn für das Numinose in der Natur besessen haben. Sowohl die Erdmagie oder Geomantik als auch die erste ausgesprochene Landschaftspoesie im zweiten Drittel des ersten Jahrtausends n. Chr. haben hier ihren Ursprung. Die wirtschaftliche Grundlage dieser Region war jahrhundertelang gesünder als die des Nordens, und ihre Menschen, insbesonders in den Gebieten des unteren Yangzi-Tals, hatten einen größeren Hang zu Extravaganz, Prachtentfaltung und Sinnlichkeit. In jüngerer Zeit, allerdings

Rechts: Ein blauäugiger langbärtiger Russe indoeuropäischer Herkunft. Er gehört zu jener geringen Zahl von ungefähr 600 Russen, die heutzutage in Xinjiang leben.

Oben: Siedlungsräume der Han und verschiedener nichtchinesischer Bevölkerungsgruppen.
Die eigentlichen Chinesen (Han) machen ungefähr 94 Prozent der Bevölkerung aus. Die restliche Einwohnerschaft setzt sich aus über 50 ethnischen Gruppen zusammen, zu denen als wichtigste Minderheiten die japano-koreanische, die altaische, die indo-europäische, die tibeto-birmanische, die austro-asiatische, die Dai-, Miao-, Yao- und malayo-polynesische Volksgruppe zählen. Die Mehrzahl von ihnen gehört einer der Untergruppen des mongolischen Rassetyps an, wie die Han selbst. Die auffallendsten physischen Abweichungen sind in Xinjiang anzutreffen, wo infolge der Verschmelzung von kaukasischen und zentralasiatischen ethnischen Merkmalen blonde Kinder mit mongoloiden Zügen geboren werden. Zu den typisch mongoloiden Rassekennzeichen gehören dickes, strähniges schwarzes Haar, ein flaches, durch eine niedrige Nasenwurzel akzentuiertes Gesicht und die sogenannte Nasenlidfalte.

Oben: Der Minderheitenstamm der Miao (hier ein Vertreter) lebte ursprünglich im südlichen Guangxi, in der Nähe der vietnamesisch-chinesischen Grenze.

Oben rechts: Diese Hani-Frau (tibetobirmanische Volksgruppe) mit Kind zählt zu einer kleinen in Yunnan ansässigen Minderheit.

Rechts: Ein tibetisches Ehepaar mit Kind aus Lhasa.

Links Mitte: Han-Chinesen aus der Provinz Shanxi in Zentralchina. Man beachte die für sie typische Gesichtsabflachung, die Augenfalten und die flachen Nasenrücken.

Links: Ein Mädchen des Dai-Stammes aus dem südlichen Yunnan, dem Grenzgebiet zu Birma.

Unten: Ein junges mongolisches Paar in Nationaltracht.

Links: Dieser Uigure stammt aus Xinjiang und ist türkischer Abkunft.

Oben: Sowohl Uiguren als auch Kasachen sind Moslems. Der hier abgebildete kasachische Pferdehirt aus Xinjiang ist, wie seine türkisch sprechenden Glaubensbrüder, Nomade.

vor der kommunistischen Revolution in Wirtschafts- und Sozialstruktur, zeichnete sich Südchina durch seine einflußreichen Sippen oder »Clans« und durch eine ziemlich starke Konzentration von verpachtetem Großgrundbesitz aus. In Nordchina dagegen war das Land zum größten Teil in der Hand kleiner selbständiger Bauernfamilien, und Sippen waren weit weniger tonangebend.

Die traditionellen Verbindungsadern zwischen Nord und Süd bildeten die Großen Kanäle. Die erste dieser Wasserstraßen (der »Kaiserkanal«) wurde im frühen siebten Jahrhundert unter der Sui-Dynastie (589–618 n. Chr.) durch Zwangsarbeiter, darunter auch zahlreiche Frauen, errichtet. Wie aus der Karte auf Seite 105 ersichtlich, verliefen die beiden Hauptarme des Kanals in dem fast ebenen Gelände, durch das auch der Gelbe Fluß zu verschiedenen Zeiten schon seinen Weg genommen hatte. Der »Kaiserkanal« diente hauptsächlich dem Transport der reichen Reisernten des Südens in die im Nordwesten des Reiches gelegene Sui-Hauptstadt Daxingcheng (das heutige Xi'an) und zu den im Nordosten stationierten Armeen. Als die Mongolen (Yuan-Dynastie, 1280–1367 n. Chr.) Dadu, in der Nähe des jetzigen Peking (oder Beijing), zu ihrer Kapitale machten, wurde ein langes Stück des Kanals in kürzerer Streckenführung über die Ausläufer der Bergketten der Halbinsel Shandong verlegt. Beim Bau traten jedoch technische Schwierigkeiten auf, und deshalb benutzte man für den Reistransport zusätzlich eine Seeroute und eine kombinierte Route, die teils übers Meer und teils über einen quer durch die Halbinsel führenden Nebenkanal verlief.

Erst im 15. Jahrhundert unter der Ming-Dynastie (1368–1644 n. Chr.) konnte das Problem gelöst werden, den Wasserspiegel des Kanals auch in höheren Regionen auf dem erforderlichen Niveau zu halten. Obwohl die Chinesen im elften Jahrhundert die Doppel- oder Kammerschleuse erfunden hatten, wurde sie nicht in diesem Teilstück des Kanals verwendet, sondern man bevorzugte massive Stauwehre und zog die Schiffe am Ufer um sie herum. Während der Blütezeit des staatlichen Getreidetransportwesens (siehe Karte S. 104) waren zeitweilig bis zu 150 000 Soldaten für die Flotte verantwortlich, hinzu kam noch eine erheblich größere Zahl von Zwangsarbeitern, die die Kanäle ausheben und instand halten mußten. Der Große Kanal durfte auch von Privatschiffen befahren werden, diente also als Wirtschaftsader zwischen Nord und Süd. Mit über 1000 Kilometern Länge war er eine bemerkenswerte mittelalterliche technische Leistung.

Nord- und Südchina entwickelten sich mit der Zeit zu funktional unterschiedlichen Regionen: Der wirtschaftliche Schwerpunkt lag im Süden, während sich das politische Zentrum fast durchwegs im Norden befand. Zu Beginn des Chinesischen Kaiserreiches hatte es diese Zweiteilung noch nicht gegeben. Die erste kaiserliche Metropole der Qin am Ende des dritten vorchristlichen Jahrhunderts war Xianyang, unweit von Xi'an, in der als Guannei (»innerhalb der Pässe«) bezeichneten Region. Diese war früher fruchtbarer als heute und besaß ein lokales Kanalsystem für Bewässerungs- und Transportzwecke. Die Haupt-Metropole der Han- (206 v. Chr.–220 n. Chr.) und Tang-Dynastie (618–906 n. Chr.) war jeweils Chang'an, was »ewiger Friede« bedeutet. Die Region Guannei bot zwar große strategische Vorteile, doch wegen ihrer Entlegenheit war sie andererseits schwer mit Gütern von auswärts zu versorgen. Als sich die lokale Wirtschaftsbasis als Folge veränderter klimatischer Bedingungen verschlechterte und gleichzeitig die Bevölkerungszahl stetig zunahm, gründeten sowohl die Han- als auch die Tang-Dynastie eine Neben-Metropole in Loyang, in der nordchinesischen Ebene.

Erst während der Tang-Zeit begann der Süden den Norden erstmals wirtschaftlich zu überflügeln, so daß allmählich die erwähnte Dichotomie von Nord und Süd entstand. Hauptstadt der Nördlichen Song-Dynastie vom späten zehnten bis zum Beginn des zwölften Jahrhunderts war Kaifeng am äußersten östlichen Rand der höher gelegenen und deshalb größere Sicherheit bietenden Regionen Nordchinas, unweit des Punktes, an dem der Gelbe Fluß seit altersher seinen Lauf entweder in nördliche oder in südliche Richtung nahm. Auch lag Kaifeng am nächsten von allen nördlichen Hauptstädten an den Getreidekammern des Südens und war deswegen am leichtesten auf dem Wasserweg zu beliefern. Während der Blütezeit der Song-Dynastie gelangten über das staatliche Transportwesen jährlich sechs Millionen Scheffel Reis in die Metropole Kaifeng.

Die mongolische Yuan-Dynastie wählte als Hauptstadt Dadu, weil sie als erste über Gebiete sowohl des chinesischen Kern- wie Außenraums regierte. Die ursprüngliche Metropole der Ming-Dynastie (1368–1644 n. Chr.) war Nanjing (»Südliche Hauptstadt«), aber auch die Ming gingen bald zu einem Doppel-Hauptstadtsystem über; ihr Haupt-Administrationszentrum wurde das nördliche Beijing, während Nanjing der überwiegend rituelle Mittelpunkt blieb. Für die Wahl Beijings dürften strategische Gründe ausschlaggebend gewesen sein: Kapitale und Große Mauer, deren Wiederaufbau gleichfalls zu jener Zeit in Angriff genommen wurde, sollten als mächtiges Bollwerk potentielle Invasoren aus der Mongolei und Mandschurei abschrecken. Sowohl die Mandschu (Qing-Dynastie, 1644–1911) als auch die Regierung der Volksrepublik China haben als Hauptstadt Beijing beibehalten, wohl aus traditionellen Erwägungen, teilweise aber auch, weil es fast im Schnittpunkt von Han- und Nicht-Han-Gebieten liegt.

Im Laufe der Geschichte hat es nur noch zwei andere Residenzen im Süden gegeben, die von Regierungen errichtet wurden, die sich mit einiger Berechtigung für China als Ganzes zuständig fühlten: Gemeint ist einmal die Hauptstadt Hangzhou der Südlichen Song-Dynastie im zwölften und 13. Jahrhundert, die einzige Hafenstadt, die zu kaiserlichen Zeiten in den Rang einer Metropole erhoben wurde; die andere war erneut Nanjing, jetzt als Zentrale der chinesischen Nationalregierung (Guomindang-Regierung) zwischen 1927 und 1937. Einzige Kapitale im Westen des Landes wurde zwischen 1937 und 1945 Chongqing am Oberlauf des Yangzi, als die Nationalregierung ihr Hauptquartier dort aufschlug, da der größte Teil Ostchinas von den Japanern besetzt war.

Wechsel von Reichseinheit und -teilung

Während des zwölften und 13. Jahrhunderts wurde die Dichotomie zwischen Nord und Süd fast entsprechend den beiden geographischen Großräumen politische Wirklichkeit. Das China südlich des Yangzi unterstand der Südlichen Song-Dynastie (1127–1279 n. Chr.) und die nordchinesische Ebene (bis zum Huai) der Jin-Dynastie der Ruzhen (1115–1234 n. Chr.), Vorfahren der Mandschus, und anschließend von 1234 bis in die 70er Jahre des zwölften Jahrhunderts den Mongolen (1276 Eroberung der Hauptstadt der Südlichen Song, Hangzhou).

Dreigeteilt war das Land im dritten Jahrhundert n. Chr. während der Periode der Drei Reiche (221–280 n. Chr.). China zerfiel damals in die Herrschaftsbereiche der Wei-Dynastie (im Tal des Gelben Flusses), der Chu-Dynastie, die die Yangzi-Region und einige weiter südlich gelegene Gebiete unter ihre Oberhoheit gebracht hatte, und schließlich der Shu-Dynastie, deren Territorium im Landesinnern jenseits der Yangzi-Stromschnellen flußaufwärts lag. Diese politische Dreiteilung fand ihre wirtschaftliche Entsprechung vom siebten bis zum neunten Jahrhundert unter der Zentralregierung der Tang-Dynastie und abermals während des zweiten Teils des zehnten und während des elften Jahrhunderts unter der Nördlichen Song-Dynastie. Wie aus der Karte auf Seite 98 hervorgeht, gab es drei separate lokale Handelsregionen, die durch nur drei, streckenweise künstlich angelegte Transportrouten miteinander verbunden waren. Den Westen mit dem Norden verband die sogenannte Galeriestraße, die ihren Namen nach den holzüberdachten Galerien trug, die an den Berghängen angelegt worden waren. Für die Reise von Westen nach Süden mußte man den Weg über die Yangzi-Schluchten nehmen; flußaufwärts wurden die Schiffe mit Menschenkraft von gefährlichen, in die Felsen getriebenen Schlepppfaden aus gezogen. Die Verbindung zwischen Nord und Süd bildete der - schon erwähnte - Große Kanal.

Zu anderen Zeiten war China sogar noch stärker zersplittert. Die früheste dieser Perioden, die heute noch von geschichtlicher Relevanz ist, war jene der Streitenden Reiche im vierten und dritten vorchristlichen Jahrhundert. Zahlreiche Staatenbezeichnungen aus dieser Epoche wurden später weiterhin in literarischem Kontext verwandt, obwohl die Staaten selbst seit langem verschwunden waren. Die exakte Grenzziehung auf der Karte Seite 71 sollte allerdings nicht zu falschen Schlüssen verleiten: Denn mit einer Ausnahme waren die im vierten Jahrhundert v. Chr. existierenden Reiche alle durch Verschmelzung einer größeren Anzahl früher eigenständiger Territorien hervorgegangen, und ihr Grenzverlauf war einem steten Wandel unterworfen, da die neu entstandenen Staaten ständig im Krieg miteinander lagen. Den Sonderfall bildeten die Kernlande Zhao, Wei und Han, die sich beim Zerfall des Staates Jin im fünften Jahrhundert vor unserer Zeitrechnung herausgebildet hatten und sich nun über das Zentralgebiet der nordchinesischen Ebene erstreckten. Um diese drei gruppierte sich ein Ring größerer Reiche. Im Westen lag Qin mit der wirtschaftlichen Basis im Wei-Tal, erstarkt durch die Eroberung der Territorien seiner beiden südwestlichen Nachbarn Shu, in der Flußebene des Min und Ursprungsland des intensiven chinesischen Naßfeldbaus, und Ba, oberhalb der Yangzi-Stromschnellen, das sein Zentrum um die heutige Stadt Chongqing hatte. Unmittelbar südlich davon, im Tal des Han und in der Mittelregion des Yangzi, befand sich Chu. Der größte Teil des Chu-Herrschaftsbereichs bestand aus noch unberührter Seenlandschaft und dem berühmten »Wolkentraum-Schwemmland«. Im Osten lag Qi, das urbanisierteste und zivilisierteste Staatswesen von allen, das sich Lu einverleibt hatte, wo einige Jahrhunderte zuvor Konfuzius geboren worden war. Jenseits dieses Staatenringes erstreckten sich die peripheren Reiche Yan, weit im Nordosten, und Yue, im unteren Yangzi-Tal, zu dem auch Teile des südöstlichen Küstenlandstrichs gehörten und das im frühen fünften Jahrhundert seinen Erzrivalen Wu absorbiert hatte.

Während der Zeit der Fünf Dynastien und Zehn Königreiche im zehnten Jahrhundert entwickelte sich ein anderes Teilungsschema. Die Kernlande Zhao, Wei und Han schlossen sich nun mit dem ehemaligen Qin und Qi zusammen und bildeten ein ziemlich großes Staatswesen in Nordchina. Dieses Gebiet war eingefaßt von einem Ring kleinerer Staaten; einige erinnerten an jene aus der Epoche der Streitenden Reiche, andere waren Neugründungen. Es existierte wie ehedem ein Yan im Nordosten und ein Shu im Westen, das den früheren Territorien von Shu und Ba entsprach; Chu am Mittellauf des Yangzi und die Südliche Tang-Dynastie teilten sich in den alten Herrschaftsbereich von Chu; Wuyue war, wie schon sein Name sagt, der Nachfolger der ehemaligen Reiche Wu und Yue. Neue Staaten waren einmal Min im unteren Abschnitt der Südost-Küste, von chinesischen Neuzuwanderern bewohnt, und die Südliche Han-Dynastie schließlich regierte im Gebiet der heutigen Kanton-Bucht.

Die späteren administrativen Einheiten, die auf den ersten Blick den unabhängigen Staaten in den Zeiten der politischen Zersplitterung scheinbar am ehesten entsprachen, waren die Provinzen. Die meisten Provinzgrenzen jedoch erwiesen sich über längere historische Perioden hinweg betrachtet als reichlich unstabil, und es ist oftmals eher verwirrend als hilfreich, sich China als ein Geflecht von Provinzen vorzustellen. Wirkliche Provinzen im Sinne kleiner zentralgesteuerter Verwaltungseinheiten kamen nicht vor Ende der zweiten Hälfte des 13. Jahrhunderts auf, als man sie »administrative Kanzleien« *(xingsheng* oder einfach *sheng)* nannte. Sie hatten jedoch schon regionale Vorläufer, die während der Tang-Dynastie (618–906 n. Chr.) als (Regierungs-) »Bezirke« *(dao)* bezeichnet wurden und militärischen und strategischen Zwecken dienten, ihrer Funktion nach also Inspektionseinheiten waren. Die Karte (S. 26) mit den frühen Tang-Bezirken verdeutlicht, wie nüchtern und klar die Namengebung war, charakteristisch für die chinesische bürokratische Tradition. Dieses einfache und logische System wurde am Ende der Tang-Dynastie komplizierter, als der Norden des Landes Militärkommandanten zufiel, deren Regionen kleiner als die ursprünglichen Bezirke waren (weshalb neue Namen gefunden werden mußten).

Die Provinzen der Nördlichen Song-Dynastie (960–1126 n. Chr.) hießen »Wegbezirke« *(lu)*. Neben den von den Tang übernommenen geographischen Bezeichnungen benannte man sie verschiedentlich nach einer oder mehreren der wichtigsten zu ihrem Gebiet gehörenden Präfekturen. Die Provinzeinteilung unter den Mongolen (1280–1367 n. Chr.) war die einfachste aller Dynastien, doch wich ihr System der Namengebung erstaunlich von dem der Song ab. Neu und verwirrend daran war, daß sich drei Provinznamen zwar in verkürzter Form an frühere Benennungen anlehnten, der unmittelbare geographische Zusammenhang jedoch verlorenging. Erst unter der Ming-Dynastie (1368–1644 n. Chr.) begann sich jenes Provinzsystem herauszubilden, das heute im großen und ganzen noch besteht.

Unter der Mandschu- (Qing-)Dynastie, die 1644 an die Macht gelangte, veränderte sich nur wenig. Wie aus der Karte auf Seite 27 hervorgeht, wurde die von kaiserlichen Beamten direkt verwaltete Südregion in die Provinzen An-Hui (gebildet aus den Präfekturen Anqing und Huizhou) und Jiang-Su (das Teilgebiet südlich des Yangzi einschließlich der Präfektur Suzhou) aufgegliedert. Gansu im Nordwesten wurde wieder Provinz, und gegen Ende der Dynastie erhielten Xinjiang (»Neues Territorium«) und die Insel Taiwan (»Terrassen-Bucht«) Provinzstatus. Die Kartenfolge macht deutlich, daß die meisten der chinesischen Provinzen keineswegs den natürlichen Regionen des Landes entsprachen. Einige Gelehrte haben sogar behauptet, daß die Zentralregierung in manchen Fällen absichtlich gewachsene Wirtschafts- und Sozialeinheiten politisch unterteilt habe, um deren Identitätsbewußtsein zu schwächen und einer zu großen lokalen Machtentwicklung vorzubeugen.

Ganz allgemein eignen sich die historisch gewachsenen Provinzen als Einheiten für die naturräumliche Unterteilung Chinas nicht besonders gut. Denn sie sind viel zu zahlreich, und ihre Bedeutung für das Verständnis gesellschaftlicher Vorgänge ist äußerst gering. Jedoch hat die Tendenz des gegenwärtigen kommunistischen Regimes,

Ganz oben: Durch die Anlage von Terrassenfeldern konnte man in gebirgigen Regionen das Land am besten nutzen. Heute werden die Terrassenfelder teilweise eingeebnet, um den Einsatz landwirtschaftlicher Maschinen zu ermöglichen.

Oben: Die verkarsteten Kalksteingipfel von Guilin erinnern an Gebirgslandschaften auf traditionellen chinesischen Gemälden.

den Provinzen weitgehende Machtbefugnisse in ihrer eigenen Wirtschaftsverwaltung einzuräumen, und die generelle »Zellularisierung« der Wirtschaft seit den 50er Jahren zweifelsohne dazu beigetragen, daß die Provinzen heute mehr Eigenständigkeit als je zuvor besitzen.

Anstatt über die Provinzen sollte man den Zugang zu diesem Land besser über wirtschaftliche Funktionsräume suchen. Als Funktionsraum bezeichnen wir ein Gebiet, das im Vergleich zu umliegenden Regionen in seinem Zentrum eine relativ hohe Bevölkerungsdichte aufweist und sich von anderen signifikant durch sein hohes Niveau an Kommunikationswegen und wirtschaftlicher Unabhängigkeit unterscheidet. Die Karte (S. 24) der Regionalstruktur des 19. und 20. Jahrhunderts zeigt zwei denkbare Ansätze für eine Untergliederung Chinas. Der erste beruht auf einem von der früheren kaiserlichen Verwaltung für den staatlichen Salzvertrieb praktizierten System; der zweite Ansatz folgt einer unlängst von G. W. Skinner entwickelten theoretischen Lösung. In beiden Fällen bildet die durch Gebirgszüge und Bevölkerungskonzentration in Flußtälern bedingte natürliche Raumaufteilung die Grundlage der Gliederung.

Einige der Abgrenzungsmerkmale sind von geringerer Bedeutung, als es auf den ersten Blick erscheinen mag. Der Salzkorridor, der sich von der Ostküste bis in das Verbrauchergebiet Huainan erstreckt, ist eine künstlich geschaffene Scheidelinie zur Erleichterung des Transports aus den Salinen in das Landesinnere. Auch die Aufspaltung der nordchinesischen Region in drei Salzverbrauchszentren hat keine große Relevanz, da deren Begrenzungen nahezu deckungsgleich mit Skinners Regionalgrenzen sind. Es ist ferner einleuchtend, warum die nordwestliche Trennlinie der Hedong-Salzzone entlang des Gelben Flusses verläuft: Im Innern Nordwest-Chinas gab es große natürliche Salzvorkommen, in der Hauptsache in den Salzwasserseen der Region, so daß die Aufrechterhaltung eines staatlichen Salzmonopolhandels westlich des Gelben Flusses nur schwerlich möglich gewesen wäre.

Generell spricht viel dafür, die chinesische Geschichte nicht von einem nationalstaatlichen Standpunkt oder ausgehend von der Provinzeinteilung zu betrachten, sondern sie anhand der auf der Karte dargestellten zehn Großräume zu erschließen. Deren Geschicke veränderten sich durch die Jahrhunderte bis zu einem bestimmten Ausmaß unabhängig voneinander, und in gewisser Weise sind sie bis heute verschiedene Welten geblieben. Andererseits sollte man nicht vergessen, daß das Gebiet des chinesischen Reichs zeitweilig durch komplexe und unvorhergesehene politische Ereignisse unabhängig von jeglichen Großräumen aufgesplittert wurde. Zur Illustration dieser Feststellung werden auf der Karte Seite 25 die von den wichtigsten Militärmachthabern und ihren Verbündeten zu Beginn des Jahres 1926 regierten Territorien gezeigt. Historische Analysen auf der Grundlage einzelner Großräume anzustellen, erweist sich also nicht in jedem Fall als zuverlässiger Schlüssel zum Verständnis.

Eine andere, von den funktionalen Regionen abweichende Gliederung ergibt sich, wenn wir eine Einteilung auf der Grundlage gemeinsamer Charakteristika vornehmen. Am naheliegendsten ist hier die Aufspaltung in Klimazonen (siehe Karte S. 28). Großräumig betrachtet, erfolgt der Übergang von tropischen und gemäßigt tropischen Klimazonen mit heißen Sommern und milden Wintern im Südosten über einen kühleren Zwischenklimagürtel zu trockenen Hochgebirgs-Klimazonen im Nordwesten. Zwei weitere wichtige klimatische Unterschiede werden auf der Karte durch die Kurven markiert, welche die jeweils nördliche Begrenzung der Gebiete mit 200 bzw. 300 frostfreien Tagen im Jahr aufzeigen. Die erste grenzt die Region ein, in der gewöhnlich zwei Jahresernten verschiedenster Anbaufrüchte möglich sind; die zweite Kurve kennzeichnet die nördliche Grenzlinie für zwei mögliche Jahresreisernten.

Der von Süd nach Nord fortschreitende Frühlingsanfang ist auf der Karte Seite 29 anhand des Beginns der Pfirsichblüte dargestellt. Die sich daraus ergebende Schichtung ist typisch für die Frostperiodeneinteilung Chinas; im Hochsommer dagegen wird das Zentralgebiet des chinesischen Kernraums von Norden bis Süden etwa gleichmäßig heiß, nur die Küstenlandstriche und die Hochgebirgszonen sind relativ kühlere Außenbezirke. Die abweichenden klimatischen Verhältnisse bringen es mit sich, daß der Bauernkalender in den verschiedensten Landesteilen sehr unterschiedliche Feldarbeitsperioden ausweist. Dies zeigen die Daten für Weizenaussaat- und -erntezeiten des Landes auf den beiden oberen Karten Seite 28. Es wird deutlich, daß zwischen der Frühjahrsweizen-Region, die ungefähr im Norden der Großen Mauer beginnt, und der Winterweizen-Anbaufläche südlich davon eine bedeutsame Trennlinie verläuft: Die Reifeperiode des Winterweizens im Norden beträgt mehr als acht Monate, die des Frühjahrsweizens im Süden nur wenig mehr als drei Monate.

Der Agrarökonom J. L. Buck, der in den späten 20er und frühen 30er Jahren dieses Jahrhunderts ausgedehnte Feldforschungsarbeiten in der chinesischen Landwirtschaft durchführte, unterschied acht Haupt-Landwirtschaftszonen für den Kernraum China, von dem er die Mandschurei und Taiwan ausnahm. Sein Hauptkriterium bei der Klassifizierung war das Vorherrschen charakteristischer Nahrungsfrüchte, aber er führte auch andere Faktoren ein, wie etwa Kategorien charakteristischer Baumarten. Diese Anbauzonen werden auf den vier Karten auf Seite 29 gezeigt, zusätzlich ausgewiesen sind Intensitätsgrade landwirtschaftlicher Nutzung, Produktivitätsrate pro Landarbeiter, Gesamtbevölkerung der einzelnen Regionen und Bevölkerungsdichte in Relation zur verfügbaren landwirtschaftlichen Nutzfläche. Die Grundannahmen für die einzelnen Gebiete Bucks gelten im großen und ganzen noch heute, obwohl sich zweifelsohne, abgesehen vom Anwachsen der Landbevölkerung, die heute doppelt so groß ist wie zu Zeiten seiner Forschungsarbeiten, gewisse Veränderungen ergeben haben. Auffällig ist, daß die Winterweizen- und Hirsezonen sowie der Kern der Sichuan-Reiszone weitaus am intensivsten genutzt werden; die Winterweizen- und Hirseanbaugebiete weisen außerdem die größte Bevölkerungsdichte auf. Die landwirtschaftliche Produktivitätsrate in der Reisregion des Südwestens ist mehr als doppelt so hoch wie in der Frühjahrsweizen-Region. Im Südwesten ernährt ein Quadratkilometer Ackerland dreimal so viele Menschen wie im Nordosten. Wie auf der Karte Seite 22 für Nord- und Südchina ausgewiesen, geben diese Regionen auch Aufschluß über die unterschiedlichen Landbesitzverhältnisse zu vorkommunistischen Zeiten: Großgrundbesitz war am weitesten verbreitet im Reisgürtel Sichuans, in den am Yangzi gelegenen Gebieten für Reis- und Weizen-, Reis- und Teeanbau und Reisanbau mit zwei möglichen Jahresernten. Dies läßt vermuten, daß der Hauptanreiz für den Erwerb von Latifundien in der Produktivitätsrate des Ackerbodens und nicht in der der Landarbeiter zu suchen ist. Der Südwesten bildet eine Ausnahme von dieser Regel, dort war das Land zwar in höchstem Maße produktiv, wies aber wahrscheinlich deswegen weniger Großgrundbesitz auf, weil es erst in jüngerer Zeit von den Han-Chinesen besiedelt worden war.

Fortsetzung auf Seite 37

Nord- und Südchina 1
Diese Karte zeigt den traditionellen Gegensatz zwischen dem Norden mit Trockenfeldanbau und seiner freien Bauernschaft und dem Süden mit Naßfeldanbau, wo ein Großteil der Bauern auf Pachtland saß. Mit dem von der kommunistischen Regierung durchgesetzten Kollektivsystem sind diese Unterschiede in der Bewirtschaftung natürlich verschwunden, und die in jüngster Zeit erfolgte Ausdehnung des bewässerten Anbaus nach Norden hat auch, wenngleich in geringerem Maße, die Anbautechniken angeglichen.

Nord- und Südchina 2
Nordchina ist eine Löß-Region. Der feine windverfrachtete gelbe Staub bildet in seiner oberen Schicht fruchtbare Böden. Dies begünstigte die frühe Entstehung des Ackerbaus in jenem Gebiet. Augenfällig ist, wie nahe die heutige Große Mauer, die unter der Ming-Dynastie vom späten 14. bis zum 16. Jahrhundert entstand, am Nordrand der Löß-Region verlief und auf diese Weise chinesisches von nicht- chinesischem Territorium trennte. Abgesehen vom künstlich angelegten Großen Kanal, verfügte der Norden über kein ausreichendes Binnenschiffahrtsnetz, und die Küstenschiffahrt ist wegen der widrigen See gefährlich.
Im Gegensatz dazu besaß der Süden seit jeher ein integriertes Binnenwasserstraßen-System als auch günstige Voraussetzungen für die Küstenschiffahrt, da man hier von dem saisonalen Richtungswechsel der Monsunwinde und den zahlreichen guten Häfen profitieren konnte. Eine sichere und regelmäßig befahrene Seeverbindung zum Norden wurde erst Ende des 18. Jahrhunderts geschaffen. Obwohl die staatliche Getreideflotte sowohl unter der Yuan-Dynastie der Mongolen als auch unter der Ming-Dynastie vom Yangzi-Delta zum heutigen Tianjin verkehrte, war dieser Transport damals noch ein gefährliches Unternehmen.

REGION MANDSCHUREI
CHANGLU
HEDONG
BO-HAI-BUCHT
SHANDONG
NORDCHIN. REGION
NORDWEST-REGION
GELBES MEER
HUAIBEI
OBERE YANGZI-REGION
UNTERE YANGZI-REGION
LIANG-ZHE
OSTCHINESISCHES MEER
SICHUAN
HUAINAN
MITTLERE YANGZI-REGION
SÜDÖSTLICHE KÜSTEN-REGION
FUJIAN
SÜDWEST-REGION
YUNNAN
REGION TAIWAN
ÄUSSERE SÜDREGION
LIANG-GUANG
LAOS
VIETNAM
SÜDCHINESISCHES MEER
Salzseen
Huang He
Xie (Salzsee)
SANMEN-SCHLUCHTEN
YANGZI-SCHLUCHTEN
Da Yunhe (Großer Kanal)
Dongting Hu
Poyang Hu
Beijing
Tianjin
Tangshan
Anshan
Lüda
Taiyuan
Dezhou
Ji'nan
Weifang
Qingdao
Lanzhou
Anyang
Xi'an
Zhengzhou
Kaifeng
Xuzhou
Nanjing
Wuxi
Suzhou
Shanghai
Hangzhou
Ningbo
Chengdu
Chongqing
Luzhou
Wuhan
Yichang
Changsha
Nanchang
Fuzhou
Guangzhou
Hongkong (britisch)
Macao (portug.)
Nanning
Hanoi
Taibei
Taizhong
Tainan
Kunming
Grenzen funktionaler Regionen (nach G.W. Skinner)
Grenzen der staatl. Salzvertriebszonen unter der Qing-Dynastie
Liang-Huai-Salinen
Salzseen in Sichuan
Stadt mit mehr als 500 000 Einwohnern, ca. 1950
Andere bedeutende Stadt
Bevölkerungsdichte größer als 200 Menschen pro km²
500 m
0
Maßstab 1 : 9 000 000
0
400 km
0
300 Meilen

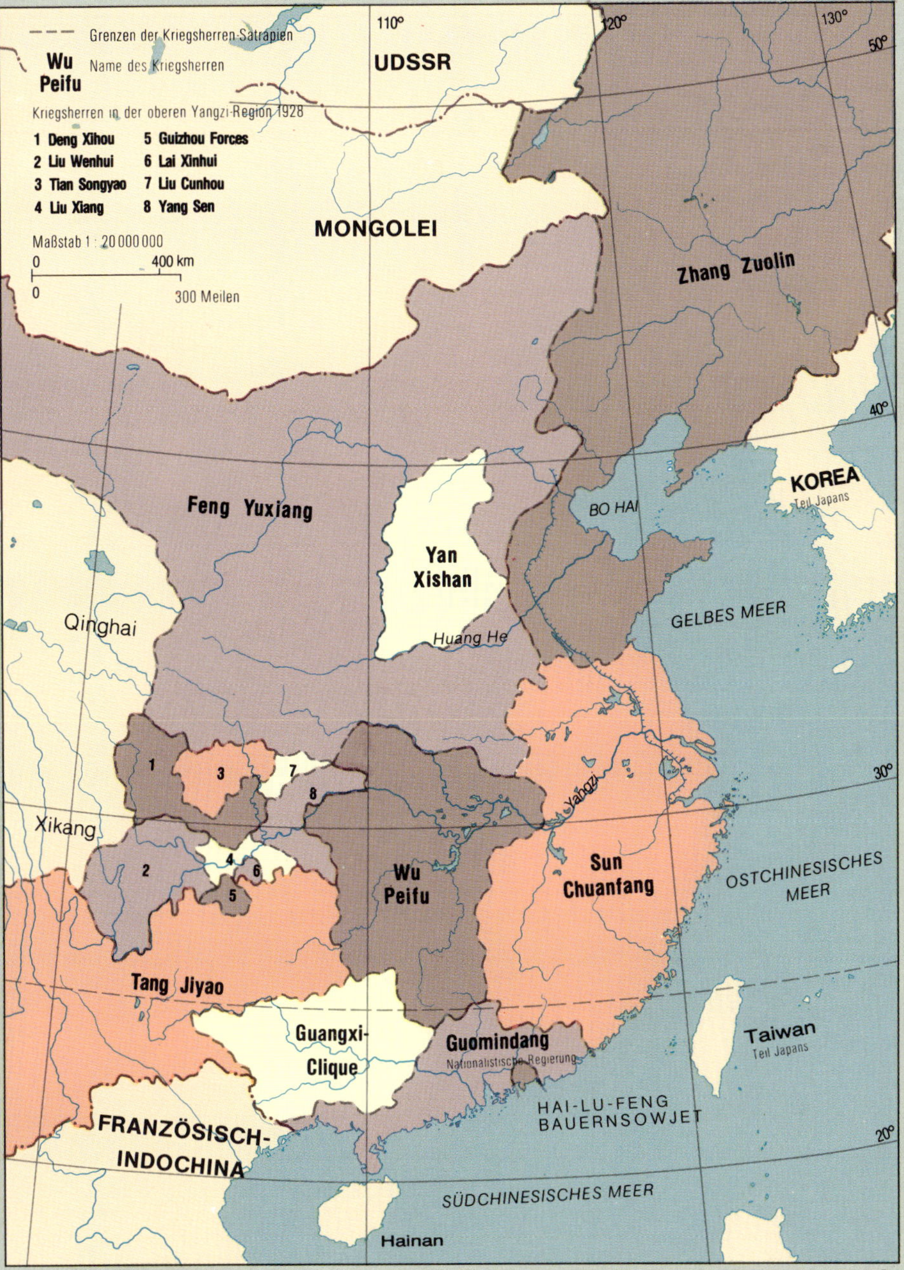

Seite 24: Die Regionalstruktur Chinas im 19. und 20. Jahrhundert
Sowohl topographische als auch demographische Faktoren können als allgemeine Anhaltspunkte für eine Untergliederung Chinas in Funktionsräume dienen. Jedes Schema hängt jedoch in seinen Einzelheiten davon ab, welche Aspekte besonders hervorgehoben werden, und deshalb ist kein einheitlicher Lösungsvorschlag möglich. Auf der Karte wird zum einen ein an der Praxis orientiertes Schema von Funktionsräumen dargestellt (die Zoneneinteilung für den monopolisierten staatlichen Salzvertrieb während der Qing-Dynastie) und zum anderen ein theoretisches (von G.W. Skinner entwickeltes) Modell. Beide Modelle weisen ein großes Maß an Übereinstimmung auf, wenn man einmal das von Skinner in drei Salzzonen – Shandong, Changlu und Huaibei – aufgesplitterte nordchinesische Gebiet unberücksichtigt läßt. Die einzige wirklich bedeutende Abweichung ergibt sich bezüglich Skinners Südwest-Region, die durch eine Salzzonengrenze zweigeteilt wird. Der Salz-Korridor von den Liang-Huai-Salinen an der Ostküste in die Huainan-Salzzone im Landesinnern war eindeutig eine künstlich geschaffene administrative Trennlinie zur Verbesserung der Kontrollmöglichkeiten, und sie sollte daher nicht als Regionalgrenze verstanden werden. Die komplexen gegenseitigen Abhängigkeiten einiger dazwischenliegender Gebiete sind an der Südostküste besonders augenfällig, dort wo die Salzzonen und die Regionen Skinners verschiedene Grenzlinien aufweisen. Es ist unbestritten, daß sich diese Regionen teilweise in sozialer und wirtschaftlicher Hinsicht unabhängig entwickelten, aber ihre Autonomie sollte dennoch nicht überbetont werden.

Links: China während der Periode der »Fünf Dynastien und Zehn Königreiche« (ca. 920 n. Chr.)
Während der ersten 60 Jahre des zehnten Jahrhunderts n. Chr. ähnelte die politische Landkarte Chinas kurze Zeit fast jener des frühneuzeitlichen Europa. Anfangs gab es zehn Königreiche, später acht, die ständig miteinander in Konflikt lagen, aber dennoch die grundlegenden kulturellen Werte gemeinsam hatten. Jede dieser Monarchien hatte ihre eigene Währung, und die Herrscher versuchten oftmals den zwischenstaatlichen Handel zu manipulieren, um ihre Kupferreserven (das hauptsächlichste Münzmetall) aufzustocken. Während dieser 60 Jahre lösten sich in der chinesischen Zentralebene fünf Dynastien in schneller Folge ab, darunter war auch ein türkisches Herrscherhaus namens Shato (Spätere Tang-Dynastie). Die Grenzen der südlichen Reiche aber blieben größtenteils stabil, obwohl der Staat Min schließlich von Wuyue und der Südlichen Tang-Dynastie (dem früheren Wu) absorbiert wurde.

Oben: Satrapien der Kriegsherren im Jahr 1926
Das Schachbrettmuster der Kriegsherren-Satrapien änderte sich ständig, eine Ausnahme bildeten die Domänen der ein oder zwei Überlebenskünstler vom Schlage Yan Xishans, dem von 1912 bis 1949 mit einer nur kurzen Unterbrechung die Provinz Shanxi unterstand. Die vorliegende Karte dient in der Hauptsache als Gegenargument zu einem übertriebenen Glauben an Funktionsräume, Regionen, denen man eine dominante Rolle in der chinesischen Geschichte unterhalb der nationalen Ebene zuschreibt. Unter den Kriegsherren (*Warlords*) waren oftmals einzelne Regionen geteilt, wie hier im Falle Sichuans; es kam aber auch vor, daß Gebiete verschiedener Regionen mit ein oder gar zwei weiteren Regionen zu Herrschaftsterritorien zusammengefaßt wurden, wie das 1926 bei dem vom mandschurischen Kriegsherren Zhang Zuolin regierten nordchinesischen Teilgebiet der Fall war.

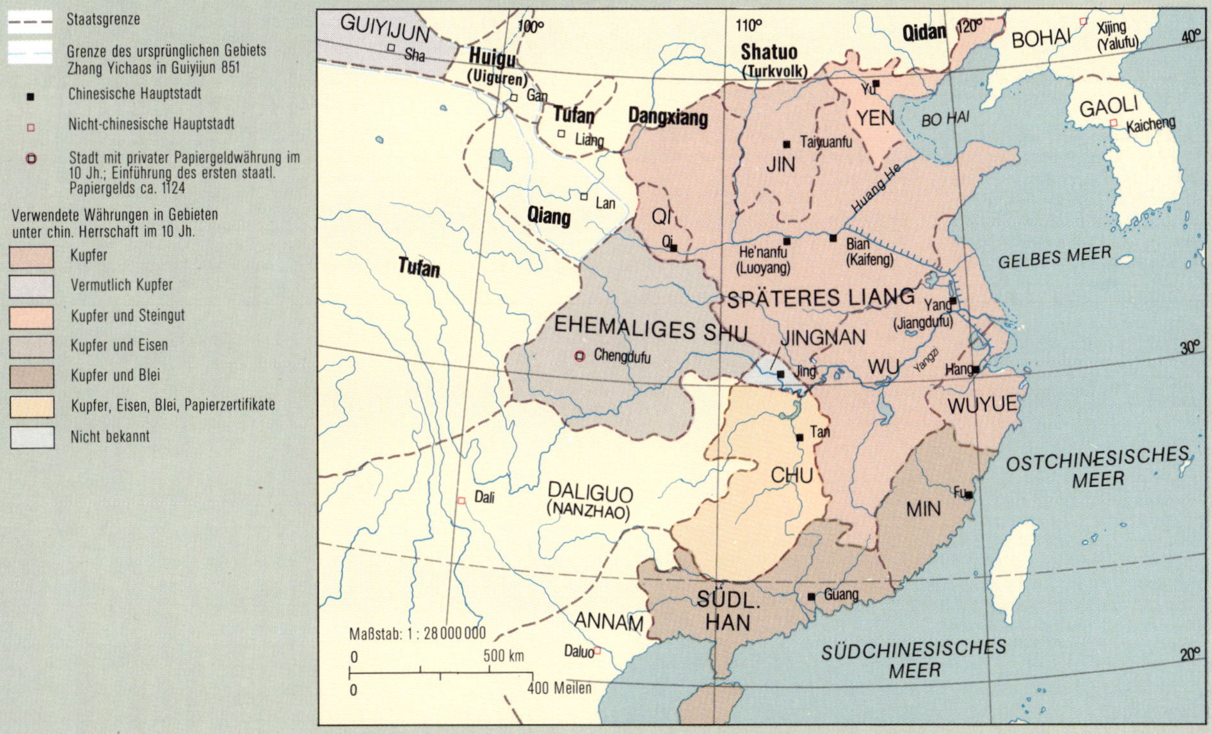

Oben: Die Bezirke der Tang-Dynastie im Jahre 742 n. Chr. und die »Provinzen« von 822 n. Chr.
Die Bezirke (*dao*) in der frühen Tang-Zeit hatten keine Bedeutung als administrative Einheiten. Sie waren lediglich Domänen der Inspektionskommissare, die die Oberaufsicht über die Präfekturen führten. Nach der Rebellion des An Lushan 755 war das Imperium in rund 40 Domänen aufgeteilt, die von zumeist praktisch unabhängigen Militärgouverneuren regiert wurden. Die Karte veranschaulicht die daraus resultierende Zersplitterung des Reiches. Der Hof bemühte sich um die Wiederherstellung kaiserlicher Kontrolle, was um 820 für kurze Zeit zum Erfolg führte. Nach dem Aufstand Huang Chaos (875–884) jedoch war der Verfall der Zentralgewalt in den »Provinzen« endgültig besiegelt.

Jingji	[Chang'an] Hauptstadt – Distrikt
Duji	[Luoyang] Hauptstadt – Distrikt
Guannei	Innerhalb der Pässe
Hedong	Östlich des Gelben Flusses
Hebei	Nördlich des Gelben Flusses
Henan	Südlich des Gelben Flusses
Longyou	Westlich des Berges Long
Jiannan	Südlich der Galeriestraße quer über den Jianmen-Paß
Qianzhong	[Name eines Kgrs. während der Streitenden Reiche]
Shannan	Südlich der [Qingling-] Kette
Huainan	Südlich des Huai-[Flusses]
Jiangnan	Südlich des Yangzi
Lingnan	Südlich der Gebirgszüge [im Süden]

Shannan und Jiangnan waren jeweils in westliche und östliche Sektionen unterteilt.

Zhongshu	[Provinz der] Zentral-Kanzlei [d. h. die Hauptstadt in Dadu oder Chanbalik]
Liaoyang	Nördliches Flußufer des Liao [außerdem der Name der Provinzhauptstadt]
Gansu	Ganzhou und Suzhou-[Präfektur)
Shaanxi	Westlich von Shaan [eine alte Königsdomäne der Zhou-Dynastie]
Henan	Südlich des Gelben Flusses
Sichuan	Die vier Flüsse [Min, Luo, Lu und Ba]
Yunnan	Südlich der Wolken
Huguang	See-Region und Kanton-Region
Jiangxi	Westlich von Yangzi-[Süd]
Jiangzhe	Die [zwei] Zhe-Regionen, von Yangzi-[Süd]

Oben und Karte unten: Die Provinzen der Mongolen-Dynastie um 1300

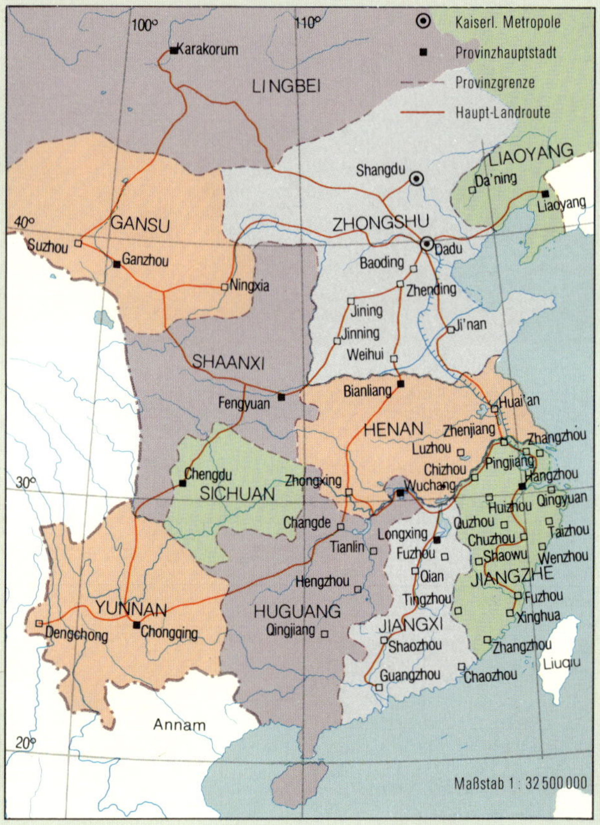

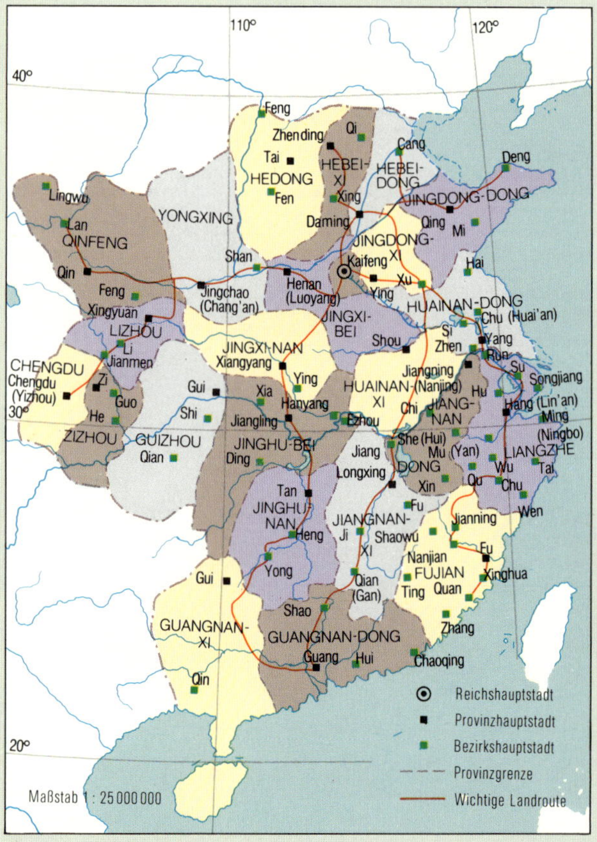

Links: Die Bezirke der Tang-Dynastie um 742 n. Chr.

Rechts: Die Provinzgrenzen unter der Ming-Dynastie um 1550 n. Chr. mit wichtigen Veränderungen unter den Qing
Das Ming-Provinzschema wurde mit sehr geringen Abweichungen von der Qing-Dynastie übernommen. Die südliche Region Nanzhili wurde in Anhui und Jiangsu, Huguang in Hubei und Hunan aufgeteilt; die Provinz Shaanxi verlor ihre westliche Hälfte an die Provinz Gansu. Abgesehen von diesen Änderungen kamen noch eine Reihe Neuerwerbungen zum Kernraum China hinzu: die Insel Taiwan, die während der meisten Zeit des Qing-Hauses eine Präfektur der benachbarten Provinz Fujian war, desgleichen neue Gebietsstreifen im Norden, Nordwesten und Westen. Die Karte zeigt auch die Lage der Militäradministrationseinheiten (Provinzgarnisonen und Verteidigungskontingente an den Grenzen) und verdeutlicht dadurch die alles beherrschende Sorge der Dynastie um die Sicherheit ihrer Nordgrenze. Die Standorte der Generalgouverneure unter den Qing, die in den meisten Fällen die Oberaufsicht über mehr als eine Provinz führten, sind ebenfalls verzeichnet.

Links: Die Provinzen während der Mongolen-Zeit um 1300 n. Chr.
Unter den Mongolen entstanden erstmals Provinzen *(sheng)* als Verwaltungseinheiten. Die neuen Provinzen waren an heutigen Maßstäben gemessen größer, und sie differierten auch hinsichtlich ihrer territorialen Aufgliederung.

Unten links: Die »Wegbezirke« der Nördlichen Song-Dynastie um 1100 n. Chr.
Auch die »Wegbezirke« *(lu)* der Nördlichen Song-Dynastie hatten keine größeren administrativen Aufgaben. Das Schema der Bezirkseinteilung unterschied sich in mehrerer Hinsicht stark von den heutigen Provinzen des Kernraums China. Man beachte vor allem das vom Wegbezirk Liang-Zhe eingenommene Gebiet, das eher einer organisch gewachsenen Regionaleinheit entsprach als die später vorgenommene Teilung dieser Region in Jiangsu und Zhejiang.

Jingdong-xi	Westlich von Hauptstadt-Ost
Jingdong-dong	Östlich von Hauptstadt-Ost
Jingxi-bei	Nördlich von Hauptstadt-West
Jingxi-nan	Südlich von Hauptstadt-West
Hebei-dong	Östlich von Gelber Fluß Nordteil
Hebei-xi	Westlich von Gelber Fluß Nordteil
Huainan-dong	Östlich der Huai Südteil
Yongxing-jun	Yongxing-Militärbezirk
Qinfeng	Qinzhou- und Fengxiang-[Präfektur]
Lizhou	Lizhou-[Präfektur]
Chengdu	Chengdu-[Präfektur]
Zizhou	Zizhou-[Präfektur]
Guizhou	Guizhou-[Präfektur]
Jinghu-bei	Nördlich des Jing-Sees [ein alter Staat]
Jinghu-nan	Südlich des Jing-Sees
Liangzhe	Die beiden Zhe-[Zickzack-]Fluß-Regionen [sie lagen westlich und östlich bzw. nördlich und südlich des Qiantang-Flusses]
Jiangnan-dong	Östlich des Yangzi-Süd
Jiangnan-xi	Westlich des Yangzi-Süd
Fujian	Fuzhou- und Jianzhou-[Präfektur]
Guangnan-dong	Östliche Kanton-Süd-Region [Kanton = Guangzhou]
Guangnan-xi	Westliche Kanton-Süd-Region

Links: Die »Wegbezirke« der Nördlichen Song-Dynastie um 1100 n. Chr.

Unten: Die Provinzen der Ming-Dynastie um 1600 n. Chr.

Bei Zhili oder Jingshi	Nordregion der Direktverwaltung oder die Hauptstadt
Nan Zhili oder Nanjing	Südregion der Direktverwaltung oder Südliche Hauptstadt
Shandong	Der gebirgige Osten
Shanxi	Der gebirgige Westen
Shaanxi	Westlich von Shaan
Henan	Südlich des Gelben Flusses
Sichuan	Die vier Flüsse
Yunnan	Südlich der Wolken
Guizhou	[wahrscheinlich benannt nach der gleichnamigen Präfektur der mongolischen Yuan-Dynastie]
Huguang	Die Seen- und Kanton-Region [in Wirklichkeit war letztere Region abgetrennt worden, der Name war daher nicht korrekt]
Jiangxi	Westliches Yangzi-[Süd]
Zhejiang	Die beiden Zhe-Teile von Yangzi-[Süd]
Guangxi	Westliche Kanton-Region
Guangdong	Östliche Kanton-Region
Fujian	Fuzhou- und Jianzhou-[Präfektur]

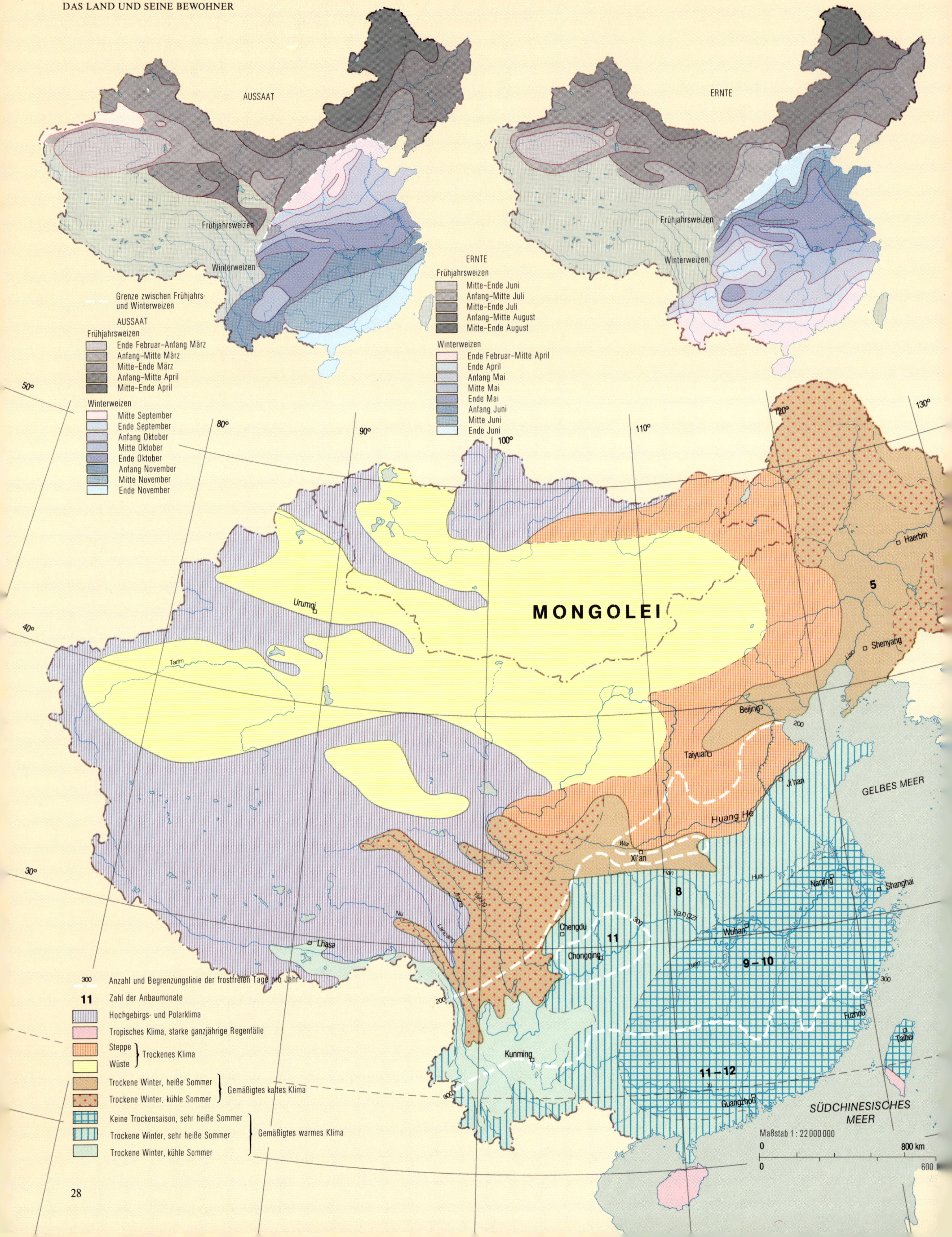
AUSSAAT
Frühjahrsweizen
Winterweizen
ERNTE
Frühjahrsweizen
Winterweizen
Grenze zwischen Frühjahrs- und Winterweizen
AUSSAAT
Frühjahrsweizen
Ende Februar–Anfang März
Anfang–Mitte März
Mitte–Ende März
Anfang–Mitte April
Mitte–Ende April
Winterweizen
Mitte September
Ende September
Anfang Oktober
Mitte Oktober
Ende Oktober
Anfang November
Mitte November
Ende November
ERNTE
Frühjahrsweizen
Mitte–Ende Juni
Anfang–Mitte Juli
Mitte–Ende Juli
Anfang–Mitte August
Mitte–Ende August
Winterweizen
Ende Februar–Mitte April
Ende April
Anfang Mai
Mitte Mai
Ende Mai
Anfang Juni
Mitte Juni
Ende Juni
50°
40°
30°
80°
90°
100°
110°
120°
130°
MONGOLEI
Urumqi
Tarim
Haerbin
5
Shenyang
Liao
Beijing
200
Taiyuan
Ji'nan
GELBES MEER
Huang He
Wei
Xi'an
Han
8
Huai
Nanjing
Shanghai
Yangzi
Wuhan
11
Chengdu
Chongqing
9–10
Yuan
300
Fuzhou
Taibei
Lhasa
Nu
Lancang
Yalong
Kunming
11–12
Guangzhou
SÜDCHINESISCHES MEER
Maßstab 1 : 22 000 000
0
800 km
0
600
300 Anzahl und Begrenzungslinie der frostfreien Tage pro Jahr
11 Zahl der Anbaumonate
Hochgebirgs- und Polarklima
Tropisches Klima, starke ganzjährige Regenfälle
Steppe
Wüste
Trockenes Klima
Trockene Winter, heiße Sommer
Trockene Winter, kühle Sommer
Gemäßigtes kaltes Klima
Keine Trockensaison, sehr heiße Sommer
Trockene Winter, sehr heiße Sommer
Trockene Winter, kühle Sommer
Gemäßigtes warmes Klima

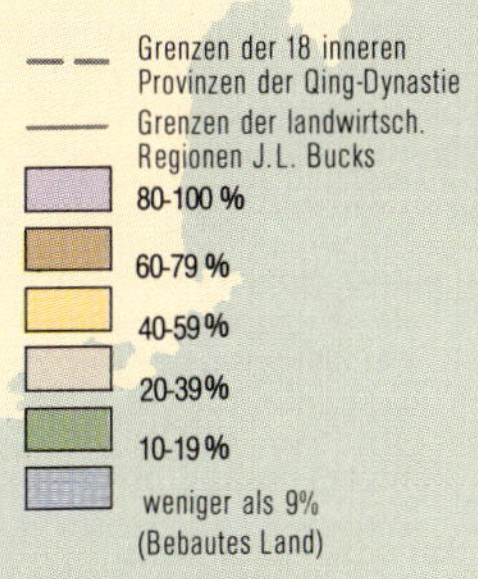

Links oben: Weizenaussaat und -ernte
Diese Karte zeigt die Aussaat- und Erntezeiten des Frühjahrs- und Winterweizens. Die Grenze zwischen beiden Anbauregionen verläuft ungefähr entlang der Trasse der Großen Mauer. In Südchina ist Weizen natürlich nur ein Zusatzgetreide.
Wie ersichtlich, wird der Frühjahrsweizen am Rande des Tarimbeckens Ende Februar ausgesät, in der nördlichen Mandschurei hingegen erst im späten April, die Ernte erfolgt zwischen Mitte Juni und Ende August. Die Aussaatzeiten für den Winterweizen reichen von Mitte September in der Provinz Shanxi bis Ende November in der Region Guangzhou (Kanton). Ganz im Süden wird der Weizen im zeitigen Frühjahr des nächsten Jahres eingebracht, im Norden hingegen nicht vor Ende Juni.

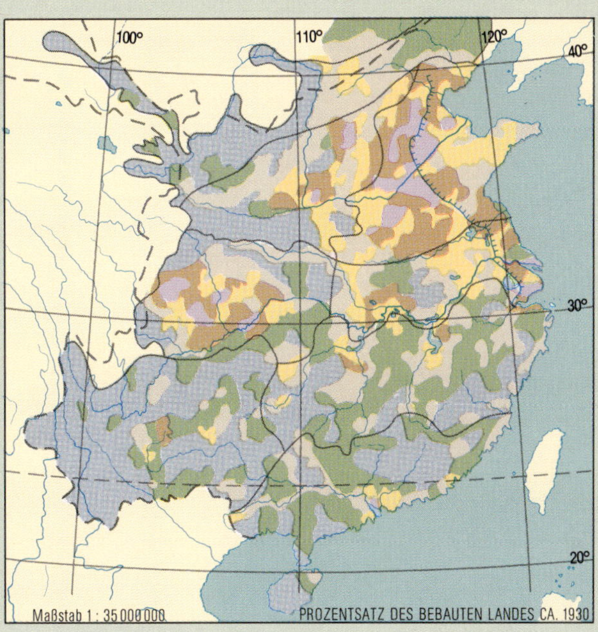

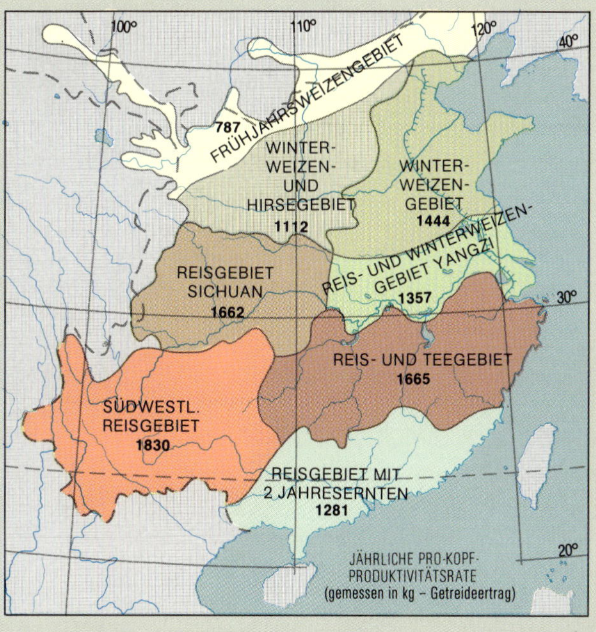

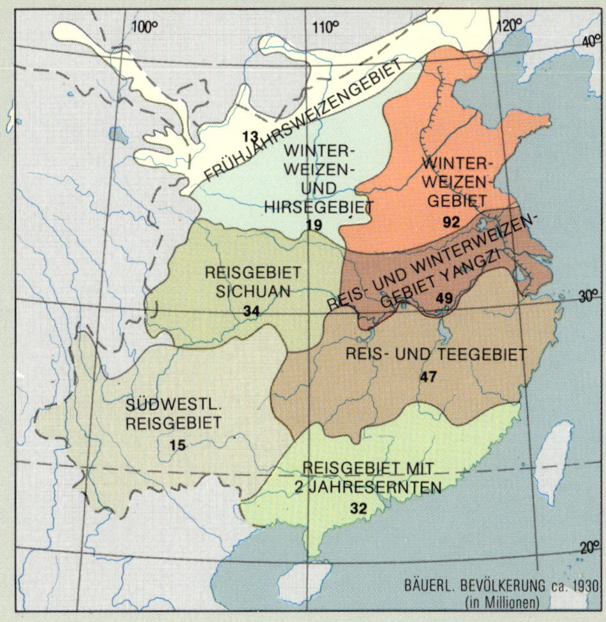

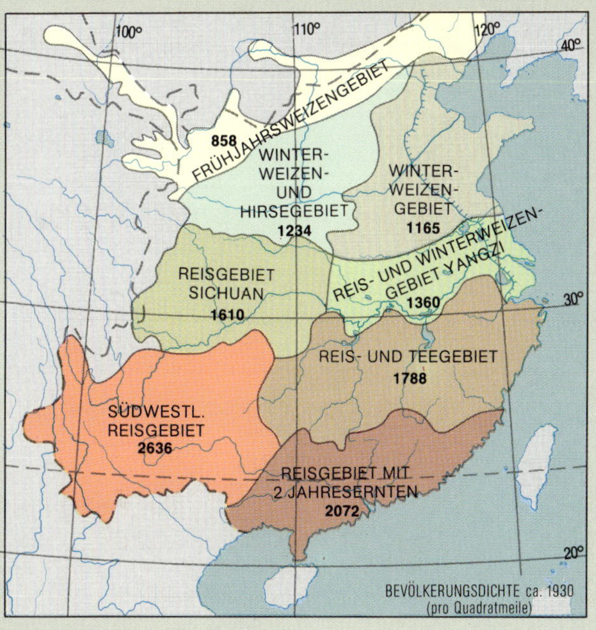

Oben: Landwirtschaftliche Regionen in den 1930er Jahren auf der Grundlage der Feldforschungen J. L. Bucks
Die hier angegebenen genauen Zahlen sollten mit etwas Vorsicht behandelt werden. So lag die bäuerliche Gesamtbevölkerung des Kernraums China zu jener Zeit mit Sicherheit bedeutend über der 301 Millionen-Marke, die in der 3. Karte verzeichnet ist. Aber der Gesamteindruck, den diese Karten von den regionalen Differenzierungen der Landwirtschaft unter dem System bäuerlicher Individualhaushalte in der letzten Vorkriegsperiode vermitteln, ist immer noch verhältnismäßig korrekt. Bei etwas Scharfblick zeigen sie die Unterschiede auf, die es hinsichtlich Vermögensverhältnissen und Siedlungsstrukturen der Bauernschaft in den verschiedensten Teilen der Republik gegeben hat.

Unten: Beginn der Pfirsichblüte
Diese Karte auf der Grundlage einer Arbeit Zhu Kezhens verdeutlicht den von Süden nach Norden fortschreitenden Frühlingsanfang anhand der verschiedenen Daten des Pfirsichblütenbeginns. Insbesondere im Süden wird die charakteristische Schichtung der regionalen Temperaturen Chinas im Winter deutlich.

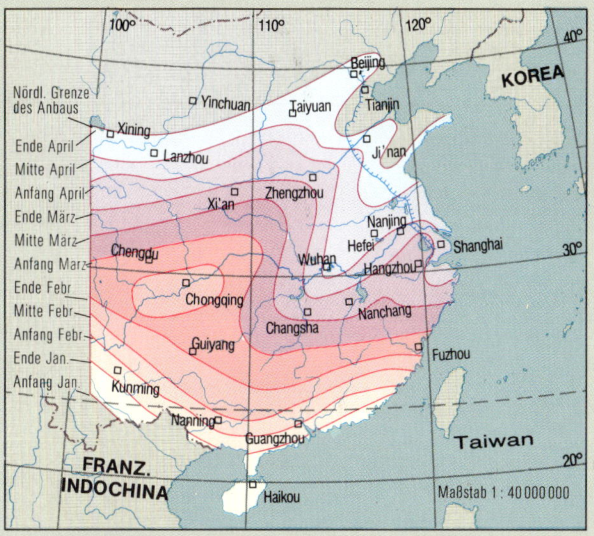

Links: Klimazonen
Die Klimazonen Chinas hat man sich als ein von Südosten nach Nordwesten verlaufendes Gefälle vorzustellen. Tropisches Klima mit Regenfällen während des ganzen Jahres wird allmählich durch zwei gemäßigtere Klimaarten ersetzt: die erste mit langen heißen Sommern und milden Wintern, die zweite mit kurzen Sommern und strengen Wintern. In diesen Zonen gibt es im allgemeinen eine Regenzeit oder zumindest eine Periode mit Nieselregen während der Sommermonate, der Winter hingegen ist regenfrei. Für die nächste Klimazone sind Trockenheit bis Dürre und Steppen- und Wüstenlandstriche charakteristisch. Daran schließt sich die Region der Hochgebirge und der Polarklimazonen am westlichen und nordwestlichen Rand des Landes an. Die Anbausaison für Nahrungsfrüchte variiert von nur drei Monaten in den nördlichsten Teilen der Mandschurei bis zum ganzjährigen Anbau im äußersten Süden.

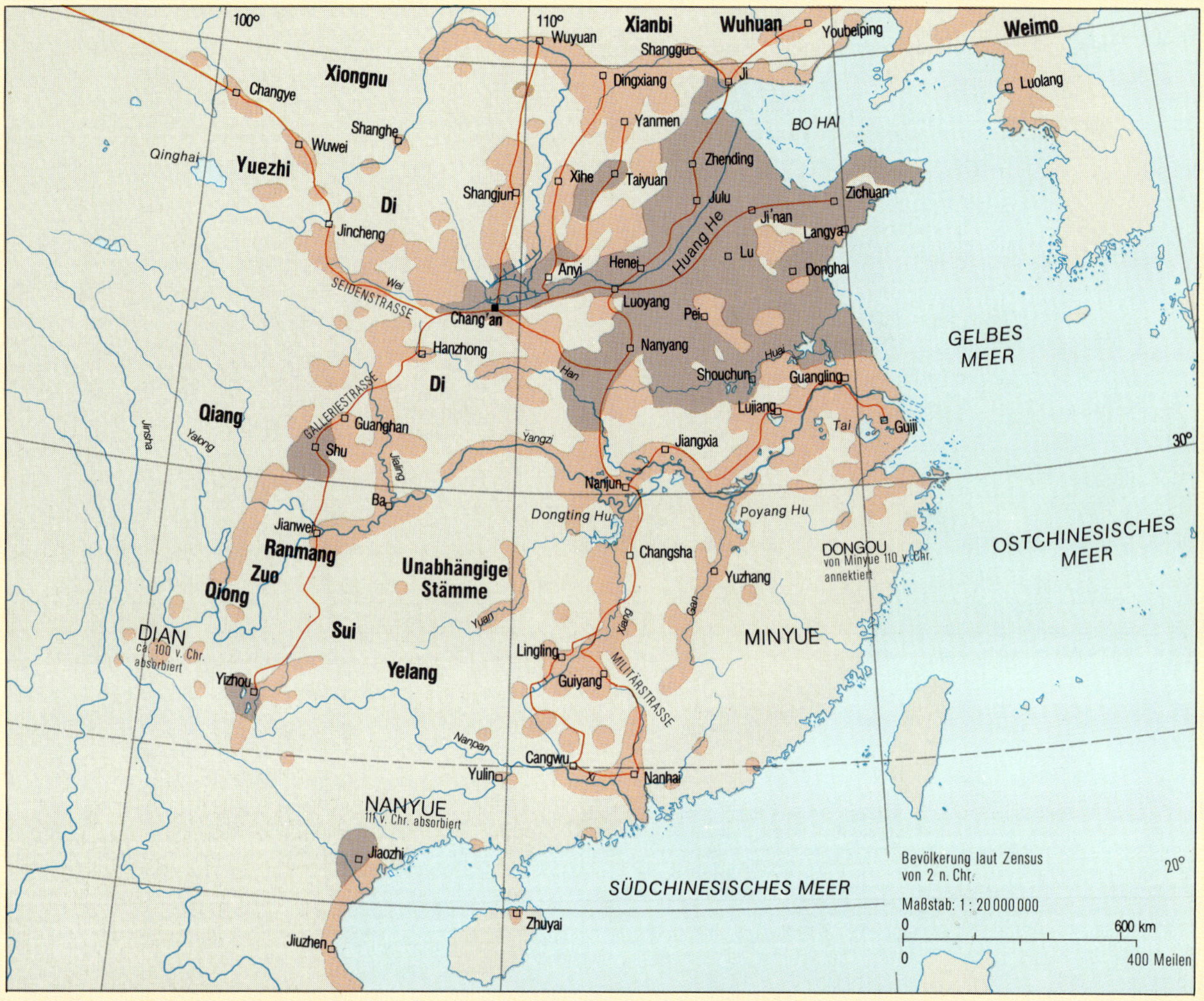

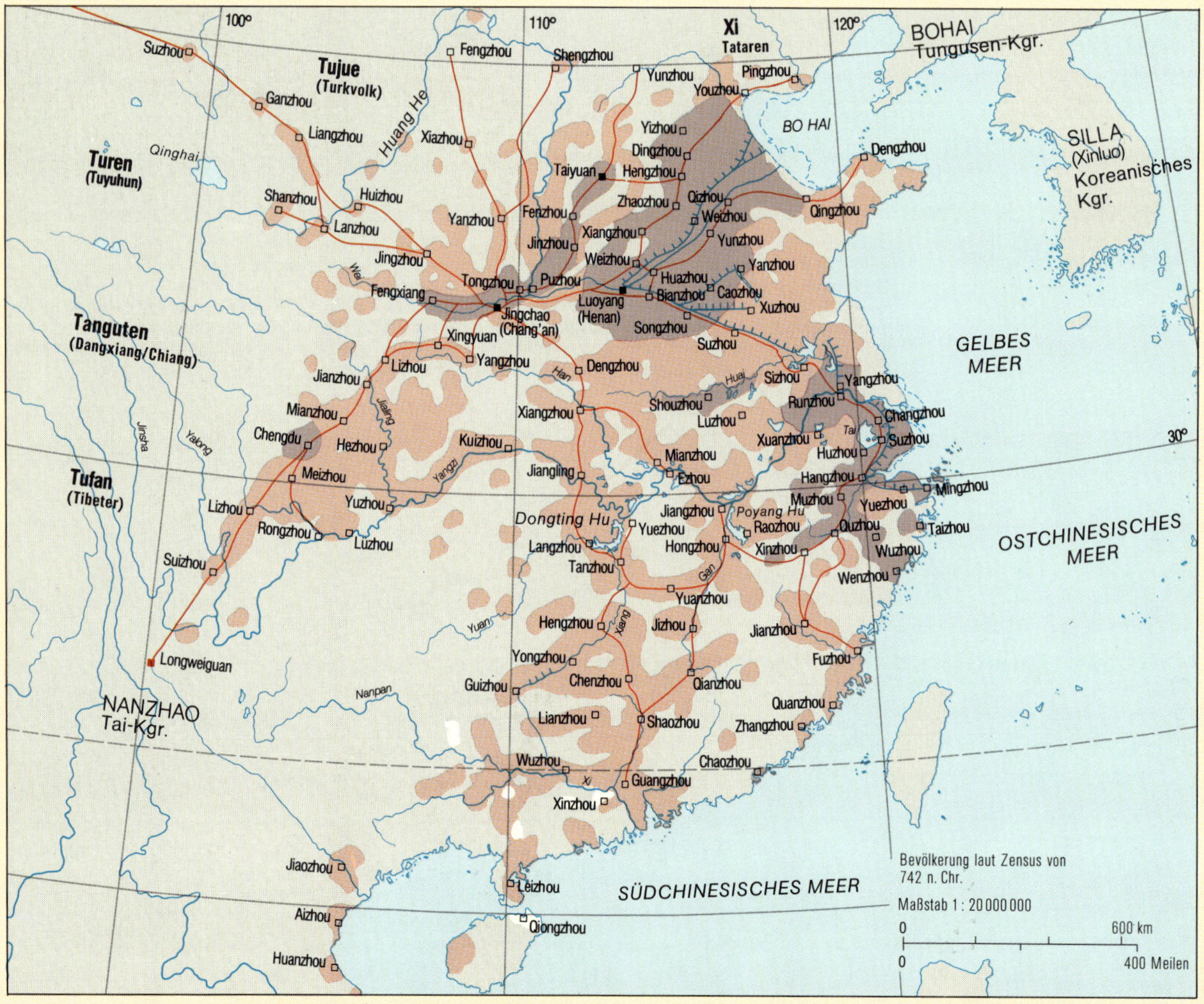

Hohe Bevölkerungsdichte
Mittlere Bevölkerungsdichte
Keine Informationen verfügbar
Wichtige Straße
Hauptstadt
Nicht-chinesische Hauptstadt
Andere wichtige Stadt
Sui Fremdvolk

Die Bevölkerungsstruktur unter der Frühen Han- (oben links), der Tang- (unten links) und unter der Nördlichen Song-Dynastie (rechts)
Abgesehen vom Ballungsraum in der nordchinesischen Ebene hatten sich die ethnischen Chinesen während des frühen Kaiserreiches entlang der Flußtäler niedergelassen. Die höher gelegenen Regionen wurden zumeist den Fremdvölkern zur Besiedlung überlassen; viele ihrer Staaten erkannten in irgendeiner Form die kaiserliche Oberhoheit an, einige wurden sogar von chinesischen Emigranten regiert. Die Karten verzeichnen die offiziell registrierte Einwohnerschaft, deren Mehrzahl ethnische Chinesen waren. Dieses Übergewicht traf jedoch nicht für Regionen zu, die heute Teil Vietnams oder Nord-Koreas sind.
Unter der Tang-Dynastie wurde der Süden allmählich Siedlungsgebiet der Han-Chinesen, und die Region des unteren Yangzi begann dem Norden seine wirtschaftlich bedeutsame Stellung streitig zu machen. Die Karte der Bevölkerungsverhältnisse während der Nördlichen Song-Dynastie zeigt das Ergebnis dieses immer weiter fortschreitenden Prozesses; die enorme Einwohnerzunahme und die steigende Urbanisierung springen unmittelbar ins Auge.
Alle diese Karten verdeutlichen Siedlungsstrukturen, während Staatsgrenzen hier absichtlich unberücksichtigt bleiben. Es wird offenkundig, wie sehr sich das »tatsächliche« China während dieser drei Perioden von dem durch politische Grenzen definierten China unterscheidet.

105°
110°
115°
120°
40°
35°
30°
25°
20°
Huang He
LIAO
(Qidan)
XIXIA
(Tanguten)
BO HAI
GELBES MEER
Tufan
(Tibeter)
DALI
(ehemaliges Nanzhao)
AYUE
nnam)
SÜDCHINESISCHES MEER
Maßstab 1 : 900 000
0
300 km
0
200 Meilen
Feng
Huoshan
Dai
Ninghua
Xin'an
Ba
Ansu
Bao
Shun
Beiping
Qi
Mo
Qianning
Ding
Lin
Helan
Fu
Lan
Xian
Xin
Dingning
Jinning
Yin
Taiyuan
Zhending
Pingding
Ying
Cang
Shen
Yongjing
Zhao
Baoshun
Ji
Di
Bin
Dēng
Lai
Zhenwu
Suide
Shí
Xining
Le
Hui
Xi'an
Huan
(Tongyuan)
Bao'an
Yán
(Yan'an)
Xi
Liao
Xing
En
(Bei)
De
Wei
Qi
(Ji'nan)
Zi
Qing
(Yidu)
Banqiaozhen
Kuo
Lan
Zhenrong
Fu
Cí
Dān
Jin
(Pingyang)
Weisheng
Ming
Bo
Daming
Lü
(Longde)
Xiang
Shan
Yun
(Dongping)
Yān
Mi
Hé
Xí
(Zhentao)
Yúan
Qing
Dexun
Wèi
Ning
Fang
Jiang
Ze
Wèi
Jun
Ji
Pu
Yí
Tongyuan
(Gong)
Tao
Min
Qin
Jing
Long
Bīn
Yao
Tóng
Hezhong
Xie
Shan
Meng
He'nan
Huai
Zheng
Kaifeng
Dān
Hai
Huaiyang
Fengxiang
Li
Huá
Guo
Jingchao
(Xi'an)
Ru
Xǔ
(Yingchang)
Yingtian
Xú
Feng
Qingping
Shang
Bò
Chén
Sù
Qinghe
Chǔ
(Huáián)
Cheng
Jie
Xīng
Xingyuan
Yáng
Zai
Yíng
(Shunchang)
Si
Gaoyou
Wén
Da'an
Jin
Jun
Dèng
Tang
Huaiyuan
Yáng
Tai
Shiquan
Li
Guanghua
Shou
(Shouchun)
Chú
Zhēn
Run
(Zhenjiang)
Tōng
Mao
Jiàn
Fang
Xinyang
Guāng
Jiangning
(Jiankang)
Chang
Yongkang
Wei
Lang
Ba
Xiang
(Xiangyang)
Sui
Lú
Hé
Taiping
Sū
(Pingjiang)
Mian
Peng
Shǔ
Peng
Han
Zi
(Tongchuan)
Da
Da'ningjian
Kai
Yun'an
Ying
An
(Dean, Anlu)
Wuwei
Xuan
(Ningguo)
Hu
Xiu
Zhongjing
Huáián
Guo
Kui
Gui
Jingmen
Shū
(Anqing)
Chi
Guangde
Qiong
Chengdu
Sùi
(Suining)
Wan
Xia
Hanyang
Huang
Hang
Jiān
Liangshan
Qu
Guangan
(Xi'ning)
Ya
Méi
Lingjing
Pu
Hé
Zhong
(Xianchun)
Jiangling
E
(Shouchang)
Yue
Ming
Li
Jia
(Jiading)
Zi
Yóng
Chang
Yu
(Gong,
Chongqing)
Fou
Xingguo
Qi
Jiāng
Poyang Hu
Mu
(Jiande)
Fushun
Lǐ
Yue
(Yo)
Nankang
Rao
Wù
Tai
Xu
Lü
Nanping
Qian
(Shaoqing)
Ding
(Changde)
Hong
(Longxing)
Qū
Dongting Hu
Xin
Chǔ
Rui
Chén
Tan
Fū
Zhēn
Sí
Linjiang
Wēn
(Rui'an)
Bò
Jianchang
Yúan
Yuan
Shaowu
Jiàn
Shaò
(Baoqing)
Héng
Chaling
Ji
Nanjian
Jing
Wugang
Yǒng
Fú
Quán
Chén
Gan
(Qian)
Ting
Xinghua
Dao
Guiyang
Nan'an
Gui
Nanxiong
Quán
Rong
Shaó
Yí
(Qingyuan)
Liu
Lian
Zhang
Hè
Měi
Ying
Xiang
Xún
Chao
Wú
Bīn
Xún
Feng
Gui
Deqing
Guāng
Hui
Yōng
Héng
Rong
Zhaoqing
Xìn
Yulin
Qīn
Gao
Nan'en
Lian
Huá
Shenglong
Lei
Zhuyai
Yangtze
Han
Wei
Huai
Xiang
Gan
Yuan
Min
Wu
Nanpan

Die Entwicklung der Mandschurei während des 20. Jahrhunderts

Die Erschließung der Mandschurei wurde durch den Eisenbahnbau ermöglicht. Die Karte zeigt, wie die neuen Verkehrsadern, insbesondere die Ostchinesische und Südmandschurische Eisenbahn (von den Russen bzw. den Japanern erbaut), direkt durch das Zentrum der neuen Ackerbauregionen führten. Auch Dampfschiffe spielten eine wichtige Rolle, sie holten sowohl Saisonarbeiter als auch ständige Arbeitskräfte aus Shandong ins Land und verkehrten auf den Flüssen Sungari und Amur.

Die Mandschurei war der reichste und geopolitisch gesehen erstrebenswerteste Besitz ganz Asiens. Der bedeutendste Finanzminister des zaristischen Rußland, F.J. Witte, hatte den Plan, sie mit Russen zu besiedeln; russische Truppen besetzten die Region im Jahr 1900, zu früh in Wittes Augen, da die Transsibirische Eisenbahn zu dieser Zeit noch nicht fertiggestellt war. Aufgrund des japanisch-russischen Friedensvertrages von 1905 wurden die Russen aus der Mandschurei vertrieben, die 1904 die Halbinsel Guangdong im Süden und ein Gebiet an der Südmandschurischen Eisenbahn besetzt hatten. Von 1931 (Mukden-Zwischenfall) bis 1945 hielt Japan die Mandschurei besetzt und führte dort revolutionäre Veränderungen in Infrastruktur, Industrie und Urbanisierung durch. Schließlich jedoch ging das Land nach der Niederlage der Japaner gegen die USA in die Hände der Chinesen über. Dieser Besitzwechsel war jedoch schon langfristig durch den gewaltigen Han-Einwandererstrom während der ersten drei Jahrzehnte unseres Jahrhunderts vorbereitet worden.

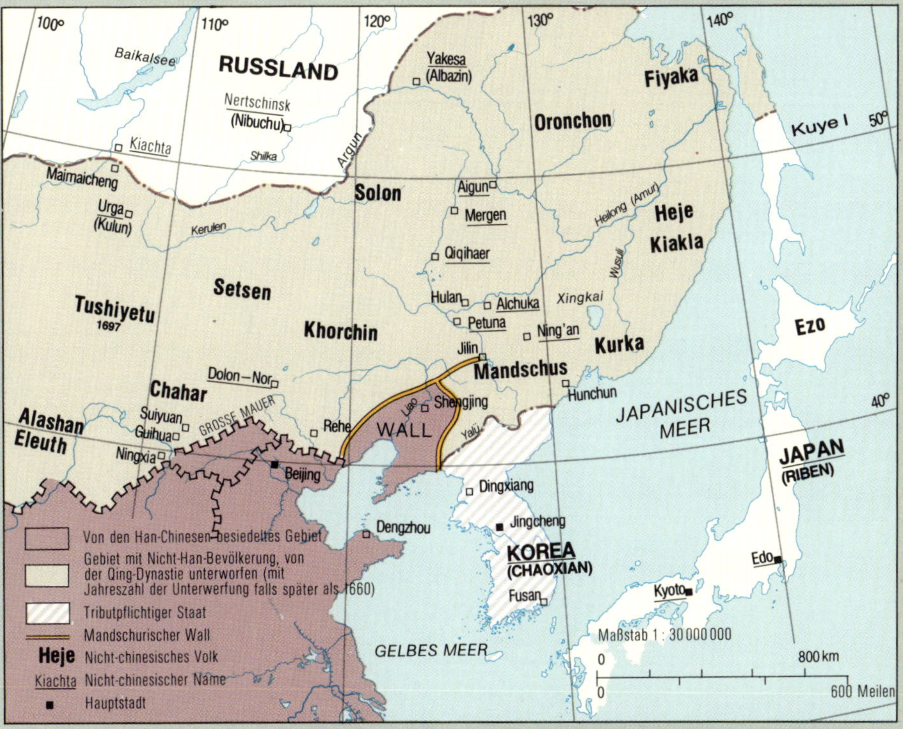

Links: Der Verlauf der chinesischen Palisade in der Mandschurei (um 1660)
Jenseits der Großen Mauer existierte noch eine weitere Barriere: Während der Ming-Dynastie wurden chinesische Siedler im Flußtal des Liao durch eine fortlaufende, mit Tortürmen bestückte hölzerne Palisade geschützt. Diese führte in einer unmittelbar nördlich von Shanhaiguan beginnenden Schleife bis zum Unterlauf des chinesisch-koreanischen Grenzflusses Jalu.

Unten: Die mandschurische Palisade vor 1859
Unter der Mandschu-Dynastie blieb die Palisade mit einer leicht veränderten Streckenführung erhalten, aber sie diente nun dem neuen Zweck, die Chinesen an der Emigration in die Mandschurei zu hindern. Mit ihrer Politik, sich ein von fremden Rassen freies Heimatland zu erhalten, waren die Mandschus niemals hundertprozentig erfolgreich, auch wurde das Kolonialisationsverbot für die Chinesen 1859 aufgehoben, da man ihre neuerrichteten Siedlungen nun als Bollwerk gegen die zunehmenden russischen Vorstöße aus dem Norden benutzen wollte.

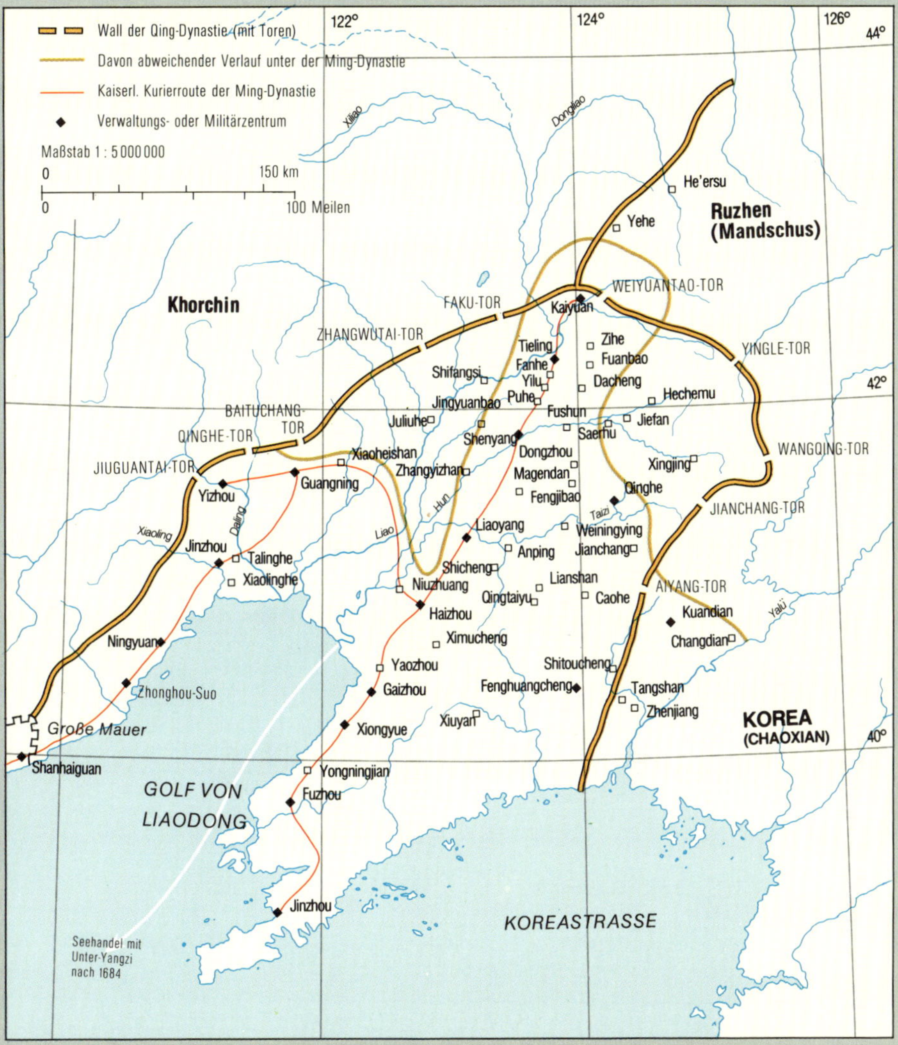

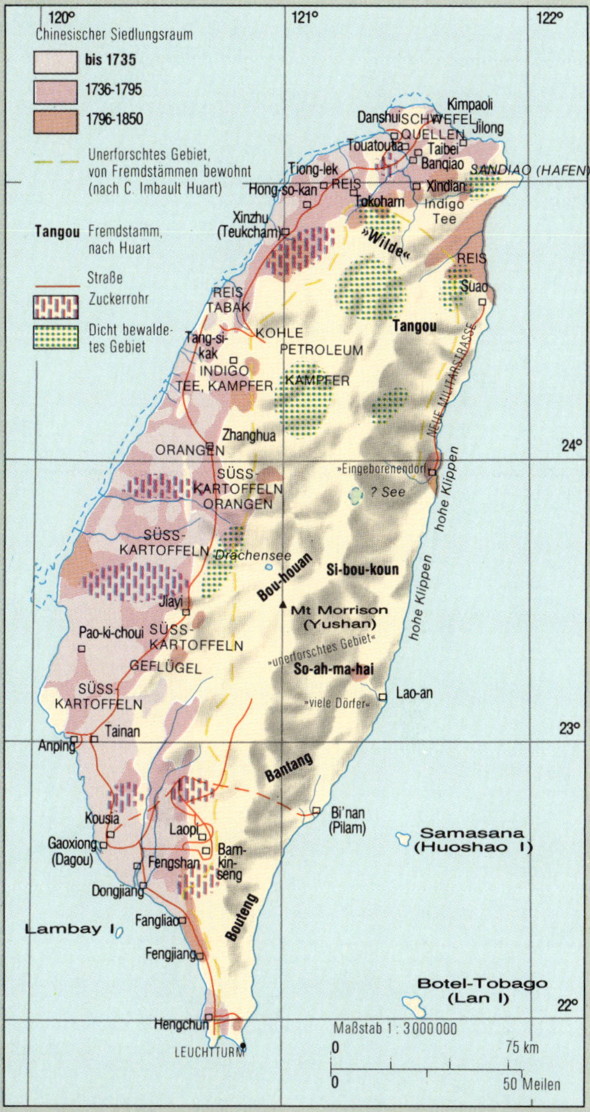

Taiwan im 19. Jahrhundert
Die Kolonialisierung der Insel Taiwan war ein langsamer und schwieriger Prozeß. Die Karte veranschaulicht, daß von Mitte des 17. bis Mitte des 19. Jahrhunderts chinesische Siedler aus der jenseits der Formosa-Straße gelegenen Provinz Fujian die einheimische Bevölkerung aus den flachen Küstenlandstrichen im Westen in die gebirgige Osthälfte der Insel verdrängten. Ende des 19. Jahrhunderts waren große Teile des Hinterlandes noch nicht erforscht, wie aus den hier wiedergegebenen Kommentaren auf einer Karte des damaligen französischen General-Konsuls deutlich hervorgeht. In der ersten Hälfte unseres Jahrhunderts, als die Insel unter japanischer Herrschaft stand, begannen die Chinesen die Kolonisierung der rauhen Ostküste. Das völlige Fehlen natürlicher Tiefwasserhäfen, nicht nur an der Ost- sondern auch an der Westküste, war der Hauptgrund dafür, daß in der Vergangenheit die wirtschaftliche Entwicklung Taiwans nur langsame Fortschritte machte.

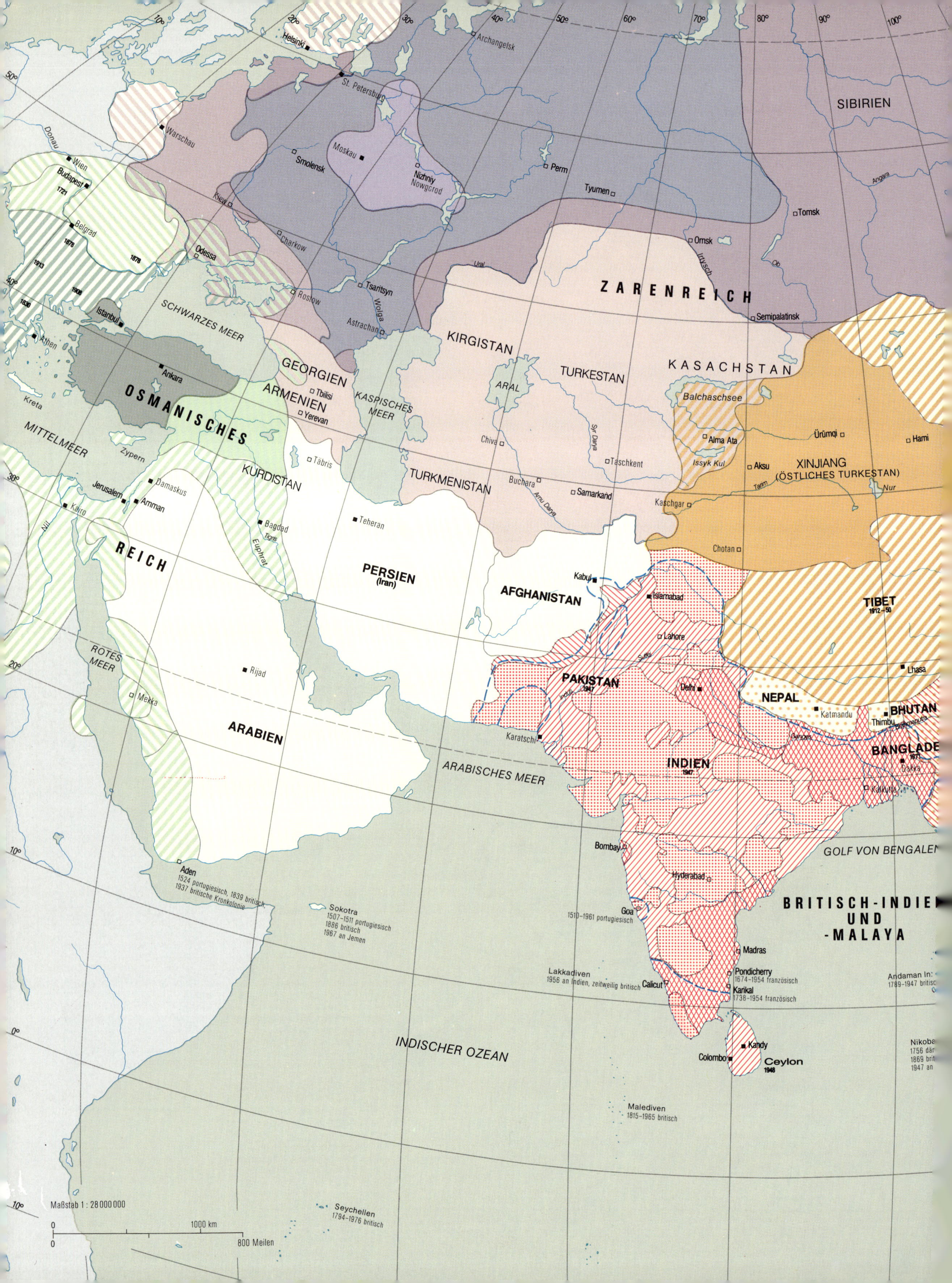

SIBIRIEN
ZARENREICH
Helsinki
Archangelsk
St. Petersburg
Warschau
Moskau
Smolensk
Nizhniy Nowgorod
Perm
Tyumen
Tomsk
Omsk
Kiew
Charkow
Odessa
Rostow
Tsaritsyn
Wolga
Astrachan
Ural
Irtysch
Ob
Angara
Semipalatinsk
Wien
Budapest
1721
Belgrad
1878
1913
1908
1830
Donau
Istanbul
Athen
Ankara
OSMANISCHES REICH
SCHWARZES MEER
GEORGIEN
Tbilisi
ARMENIEN
Yerevan
KASPISCHES MEER
KIRGISTAN
TURKESTAN
KASACHSTAN
ARAL
Syr Darya
Balchaschsee
Alma Ata
Issyk Kul
Aksu
Ürümqi
Hami
XINJIANG (ÖSTLICHES TURKESTAN)
Tarim
Nur
Kaschgar
Chotan
Chiva
Taschkent
Buchara
Amu Darya
Samarkand
TURKMENISTAN
Täbris
Teheran
KURDISTAN
Kreta
MITTELMEER
Zypern
Damaskus
Jerusalem
Amman
Kairo
Nil
Bagdad
Tigris
Euphrat
PERSIEN (Iran)
AFGHANISTAN
Kabul
Islamabad
Lahore
Sutlej
PAKISTAN 1947
Indus
Delhi
TIBET 1912–50
Lhasa
NEPAL
Katmandu
BHUTAN
Thimbu
Brahmaputra
Ganges
BANGLADE
1971
Dakka
Kalkutta
INDIEN 1947
Karatschi
ROTES MEER
Mekka
Rijad
ARABIEN
ARABISCHES MEER
Aden
1524 portugiesisch, 1839 britisch, 1937 britische Kronkolonie
Sokotra
1507–1511 portugiesisch
1886 britisch
1967 an Jemen
Bombay
Hyderabad
Goa
1510–1961 portugiesisch
GOLF VON BENGALEN
BRITISCH-INDIE
UND
-MALAYA
Madras
Pondicherry
1674–1954 französisch
Karikal
1738–1954 französisch
Lakkadiven
1956 an Indien, zeitweilig britisch
Calicut
Andaman In:
1789–1947 britisc
Kandy
Colombo
Ceylon
1948
Nikobe
1756 dän
1869 brit
1947 an
INDISCHER OZEAN
Malediven
1815–1965 britisch
Seychellen
1794–1976 britisch
Maßstab 1 : 28 000 000
1000 km
800 Meilen

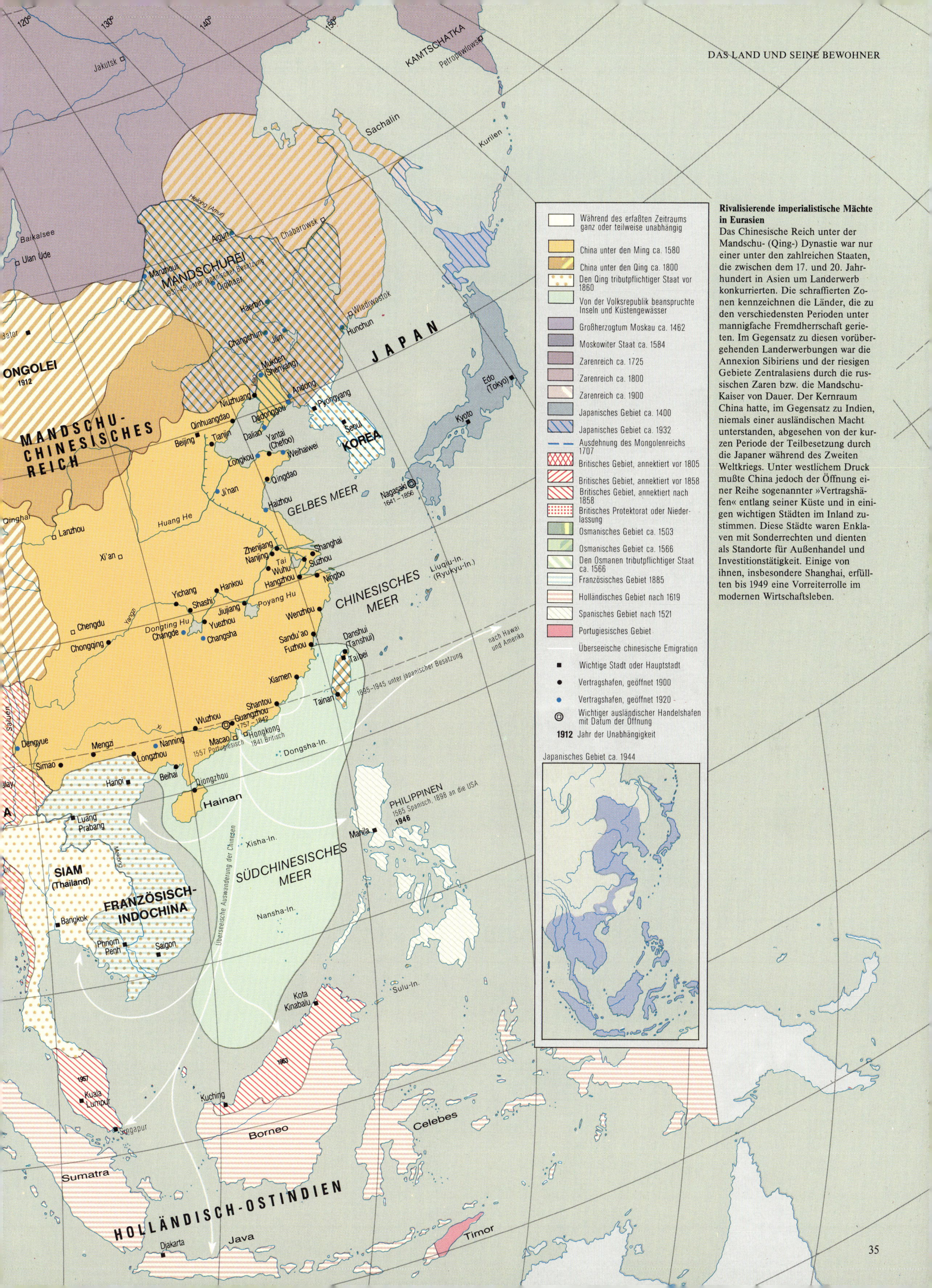

Rivalisierende imperialistische Mächte in Eurasien
Das Chinesische Reich unter der Mandschu- (Qing-) Dynastie war nur einer unter den zahlreichen Staaten, die zwischen dem 17. und 20. Jahrhundert in Asien um Landerwerb konkurrierten. Die schraffierten Zonen kennzeichnen die Länder, die zu den verschiedensten Perioden unter mannigfache Fremdherrschaft gerieten. Im Gegensatz zu diesen vorübergehenden Landerwerbungen war die Annexion Sibiriens und der riesigen Gebiete Zentralasiens durch die russischen Zaren bzw. die Mandschu-Kaiser von Dauer. Der Kernraum China hatte, im Gegensatz zu Indien, niemals einer ausländischen Macht unterstanden, abgesehen von der kurzen Periode der Teilbesetzung durch die Japaner während des Zweiten Weltkriegs. Unter westlichem Druck mußte China jedoch der Öffnung einer Reihe sogenannter »Vertragshäfen« entlang seiner Küste und in einigen wichtigen Städten im Inland zustimmen. Diese Städte waren Enklaven mit Sonderrechten und dienten als Standorte für Außenhandel und Investitionstätigkeit. Einige von ihnen, insbesondere Shanghai, erfüllten bis 1949 eine Vorreiterrolle im modernen Wirtschaftsleben.

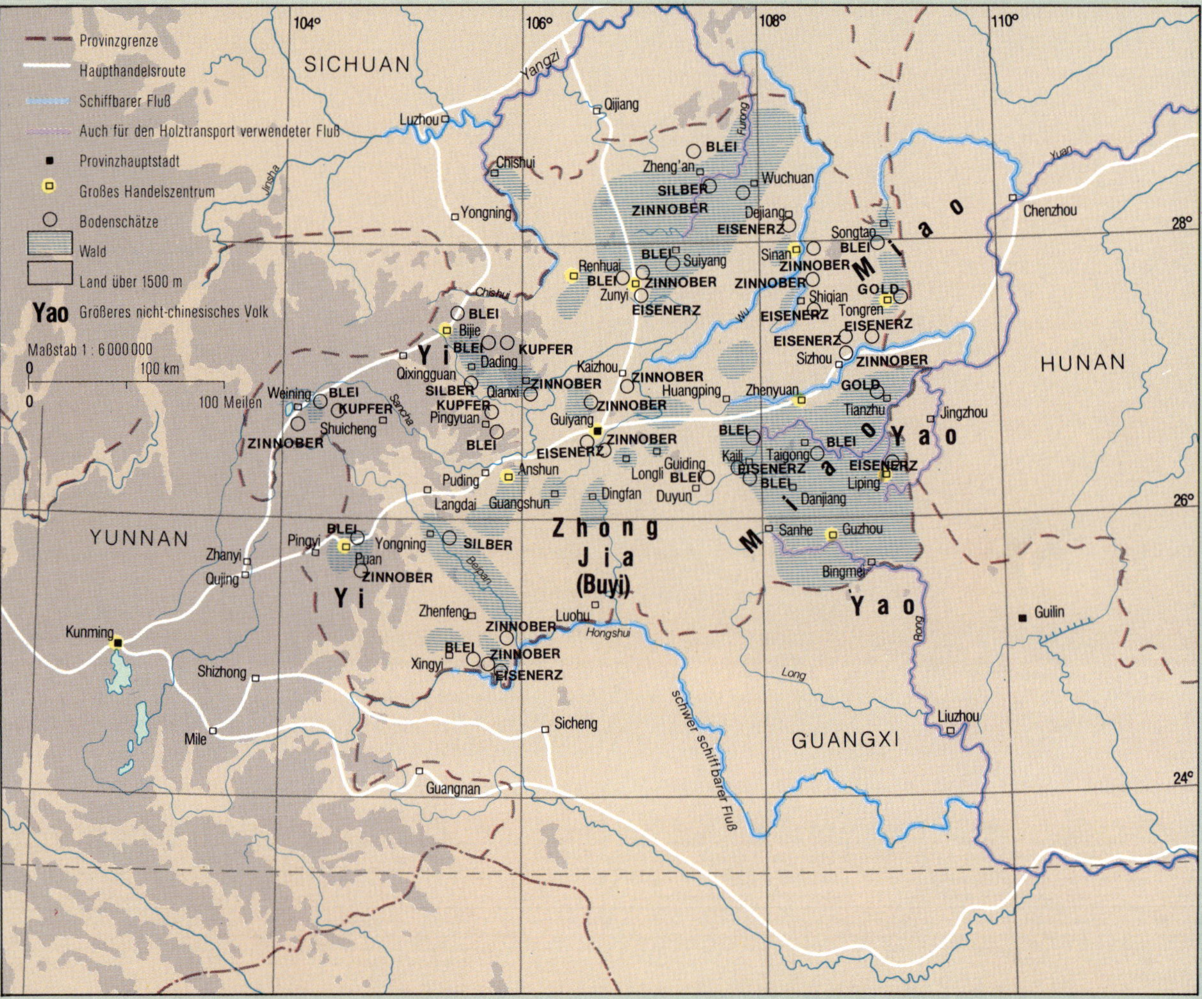

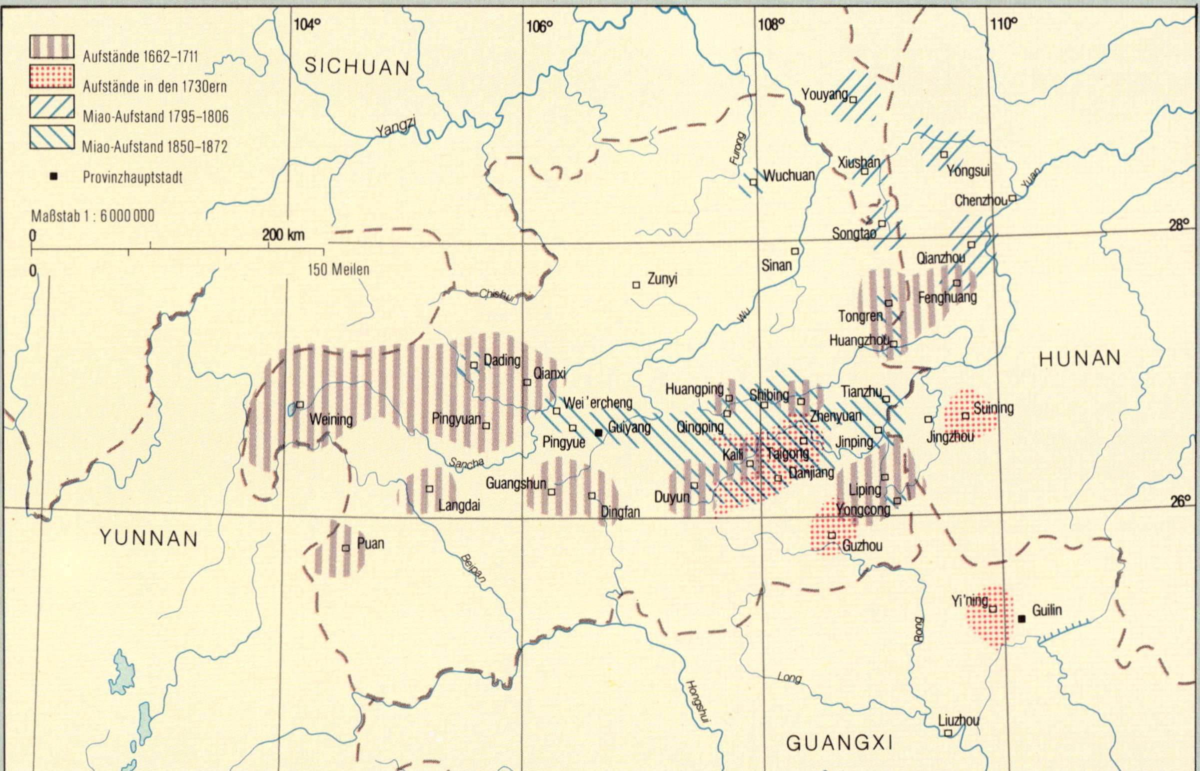

Links: Guizhou im 18. Jahrhundert
Ein traditionelles Gebiet Han-chinesischer kolonialer Expansion war Guizhou. Reich an Holz und Rohstoffen, übte es eine unwiderstehliche Anziehungskraft aus, trotz der Feindseligkeit der Miao, Yi und anderer in dieser Region heimischen Nicht-Han-Völker.

Links unten: Anti-chinesische Aufstandsbewegungen in Guizhou während der Qing-Dynastie
Die chinesische Unterdrückung der Miao und ihrer traditionellen Kultur provozierte zahlreiche Erhebungen. Die größte von ihnen war vermutlich jene Mitte des 19. Jahrhunderts, die 20 Jahre dauerte.

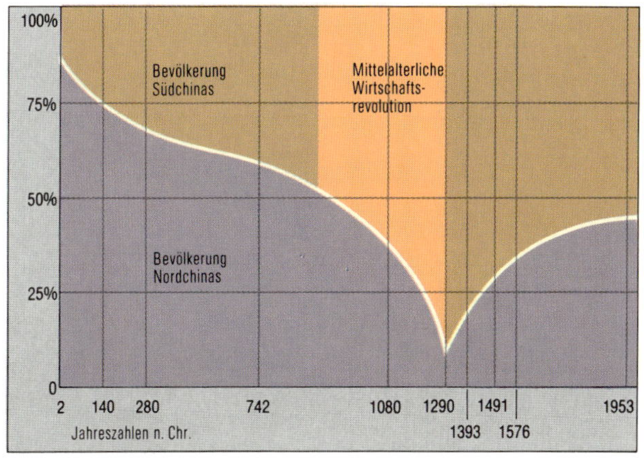

Rechts: Demographische Verschiebungen zwischen Nord und Süd von 2–1953 n. Chr.
Die Bevölkerung des frühen Chinesischen Kaiserreichs konzentrierte sich fast ausschließlich im Norden des Landes. Während der folgenden 1000 Jahre bewirkten Wanderungswellen und Umsiedlungen in den Süden eine allmähliche Veränderung der Verhältnisse; gegen Ende des 13. Jahrhunderts lebten fast neun Zehntel der registrierten Einwohnerschaft in den südlichen Regionen, allerdings fällt dieses Ungleichgewicht wegen des dürftigen bevölkerungsstatistischen Materials für Nordchina unter der Mongolenherrschaft mit Sicherheit zu kraß aus. Unter der Ming- und Qing-Dynastie und während der beiden Republiken (Nationalisten und Kommunisten) fand ein Umkehrungsprozeß statt, der dazu führte, daß heutzutage ein ungefähres demographisches Gleichgewicht zwischen Nord und Süd herrscht.

Die Expansion Han-Chinas im Laufe der Jahrhunderte

Die auf der Karte des chinesischen Kern- und Außenraums (S. 15) dargestellte heutige Vorherrschaft der Han über die ethnischen Minoritäten ist das Ergebnis einer kolonialen und teilweise imperialistischen Expansionspolitik über mehr als drei Jahrtausende chinesischer Geschichte, und dieser Prozeß ist bis heute noch nicht abgeschlossen. Als »Kolonialismus« wird die Besiedlung eines Territoriums verstanden, das entweder unbesiedelt oder von anderen Völkern bewohnt ist; als »Imperialismus« bezeichnen wir die Etablierung politischer Vorherrschaft über Völker, die eine andere Kultur als die Erobermächte besitzen.

Ein Blick auf die Karte (S. 30) der Siedlungsgebiete der unter der Han-Dynastie (206 v. Chr.–220 n. Chr.) registrierten Bevölkerung zeigt, daß vor 2000 Jahren im Kernraum China, abgesehen von der nordchinesischen Ebene, nur dünne Striche entlang der Flußtäler von Han bewohnt waren. In dem höher gelegenen Terrain lebten Nicht-Han-Völker, von denen die kulturell am weitesten entwikkelten in einfachen Staatswesen organisiert waren. Die Karte vermittelt jedoch insofern ein etwas schiefes Bild, als mit Sicherheit nicht in allen der verzeichneten Siedlungsräume die Han-Chinesen die Mehrheit stellten. Das gilt insbesondere für das Staatsgebiet des heutigen Nord-Korea und den Norden Vietnams.

Zu Beginn des vierten Jahrhunderts n. Chr., in der Periode also, die sich dem Niedergang des Han-Reiches und der darauffolgenden Dynastie der Westlichen Jin (265–316 n. Chr.) anschloß, war sowohl eine absolute als auch eine relative Abnahme der Han-Chinesen in den nördlicheren Regionen zu verzeichnen. In die nordchinesische Ebene fielen die Xiongnu (oftmals als ostasiatische Hunnen bezeichnet) und die Xianbi (die tungusischer Abstammung waren) ein, und daraus resultierte wohl eine starke rassische Vermischung. Zur selben Zeit drangen die Han-Chinesen weiter nach Südosten und Süden vor und verdrängten oder absorbierten das Volk der Yue (oder Viet), das Thai-Volk der Zhuang und andere Bevölkerungsgruppen. Auch verschiedene Nicht-Han-Staaten, die zur damaligen Zeit oder später im Süden und Südwesten entstanden, wurden von chinesischen Einwanderern regiert. Die Karte (S. 30) mit den besiedelten Flächen im Jahre 742 n. Chr. unter der Tang-Dynastie macht die veränderte Bevölkerungsstruktur deutlich: Das untere Yangzi-Gebiet ist zu einem neuen Ballungsraum geworden, und die Sinisierung des der heutigen Provinz Fujian entsprechenden Territoriums hat begonnen.

Die nächste Karte (S. 31) veranschaulicht, daß die Expansion der Han-Chinesen unter der Nördlichen Song-Dynastie (960–1126 n. Chr.) bereits weiter fortgeschritten war. Abgesehen vom Südwesten und der Mandschurei wies das Innere China nun eine Besiedlungsstruktur auf, die in ihren Hauptmerkmalen bereits große Ähnlichkeit mit der heutigen besaß. Auch die Gesamtbevölkerung im elften Jahrhundert war, gemessen am Höchststand unter der Han- und Tang-Dynastie, zumindest doppelt so groß; nach der jüngsten wissenschaftlichen Schätzung kann sie sich durchaus auf 140 Millionen belaufen haben, dagegen betrug die maximale Population unter den beiden genannten Vorgänger-Dynastien bestenfalls 65 Millionen.

Die Verlagerung des demographischen Schwerpunkts nach Süden setzte sich unter der Mongolen-Dynastie (Yuan, 1280–1367) fort, aber da die bevölkerungspolitischen Angaben zu wenig gesichert sind, wird auf die kartographische Darstellung der Einzelheiten verzichtet. Als Folge des Grenzkrieges zwischen der Jin- (oder Ruzhen-) Dynastie (1115–1234 n. Chr.) und der Südlichen Song-Dynastie (1127–1279 n. Chr.) war das Flußtal des Huai entvölkert, und die Besetzung Nordchinas durch die Mongolen hatte offensichtlich zu einem weiteren Schwund geführt; allerdings ist wegen der dortigen Refeudalisierungstendenzen, wodurch ein Großteil der Einwohnerschaft der Registrierung für fiskalische Zwecke entzogen wurde, das genaue Ausmaß des Rückgangs schwer einzuschätzen. Mit der am Ende des 14. Jahrhunderts unter der Ming-Dynastie einsetzenden Rekolonialisierung des Nordens begann ein langfristiger Prozeß, der dazu geführt hat, daß Nordchina heute in etwa den gleichen Bevölkerungsstand wie der südliche Landesteil aufweist. Die Graphik auf dieser Seite zeigt die Veränderung in der Einwohnerzahl während der letzten beiden Jahrtausende.

Der Aufstieg Südchinas sollte allerdings nicht die Tatsache verdecken – die auch deutlich aus den drei Bevölkerungskarten (S. 30/31) hervorgeht –, daß die nordchinesische Ebene stets die größte zusammenhängende demographische Region blieb. So hatte der jeweilige Herrscher über diese Ebene automatisch einen Vorteil gegenüber politischen Rivalen, die nur über begrenztere Ressourcen aus der einen oder anderen Region im Süden oder Westen verfügen konnten. Diese Gebiete waren geographisch zu weit voneinander entfernt und damit auch kulturell zu verschieden, als daß sie politisch zusammengeschlossen und dem Norden hätten gefährlich werden können. Diese Konstellation erklärt, warum das chinesische Imperium, trotz Perioden der Teilung, so lange als Einheit erhalten geblieben ist. Außer dem geopolitischen Faktor lassen sich natürlich noch andere Gründe dafür anführen, warum das Kaiserreich einerseits mit Erfolg Fremdherrschaft abgewehrt hat, andererseits aber dabei gescheitert ist. Als schicksalsentscheidende Faktoren wären hier – wie in Teil zwei des Buches näher erläutert – insbesondere die Übernahme von chinesischen Militär- und Verwaltungstechniken durch seine halb-sinisierten Feinde zu nennen sowie die teilweise Unfähigkeit der chinesischen Dynastien, zu Krisenzeiten den eigenen Verwaltungs- und Militärapparat in effizienter Weise zu mobilisieren. Das demographische Übergewicht der nordchinesischen Region jedoch war ein entscheidender Faktor, der verhinderte, daß das Reich dem endgültigen inneren Zerfall anheimfiel.

Die drei kolonialen Hauptvorstöße der Han-Chinesen seit der Ming-Zeit (1368–1644) waren die Expansion in die Dschungelgebiete im Südwesten; die Auswanderung von Süd- und Südost-China aus übers Meer nach Taiwan, in die Nanyang- oder »Südsee«-Region und in zahlreiche andere Teile sowohl der Alten als auch der Neuen Welt; und schließlich die Besiedlung der Mandschurei seit Ende des 19. Jahrhunderts. Der erste und dritte Vorstoß dientem dem Erwerb von Land für den chinesischen Intensiv-Feldbau, die zweite Expansion erfolgte aus unterschiedlichen Motiven, im Falle Taiwans waren es landwirtschaftliche, in den anderen Regionen vor allem handelspolitische Beweggründe.

Diese Kolonisierung verlief sehr blutig. In der beigefügten Tabelle sind die Aufstände der im Südwesten lebenden Eingeborenen gegen die Han-Chinesen in der Zeit zwischen dem siebten und 17. Jahrhundert verzeichnet. Die wachsende Auflehnung gegen die Eroberungspolitik der Han wird durch die zunehmende Häufigkeit von Aufstandsbewegungen belegt: Unter der Tang-Dynastie fand etwa alle vier Jahre eine Erhebung statt, unter der Ming-Dynastie zumindest alljährlich. Die Weigerung der Eingeborenen, sich der Kolonisierung und der politischen Oberhoheit der Han zu beugen, setzte sich unter der Mandschu-Dynastie fort, und der Widerstand konnte teilweise nur durch grausamste Gemetzel gebrochen werden.

Eines der Hauptmotive für den Vorstoß der Han in den Südwesten war die Erschließung noch unberührter Naturschätze. So lieferte die Provinz Guizhou (siehe Karte S. 36) Holz, das auf den Flüssen abtransportiert wurde, und in ihren Minen wurden Blei, Kupfer, Eisenerze, Silber, Zinnober (für die Gewinnung von Quecksilber) und Gold abgebaut. Schnellgerichtsbarkeit, Einschränkung der Bewegungsfreiheit für Nicht-Chinesen, Errichtung ummauerter Städte, Schaffung von Militärkolonien, Konfiszierung von Eingeborenen-Land und Weitergabe des Bodens an Chinesen, schließlich konsequentes Streben nach Zerschlagung der Stammeskulturen – all dies waren politische Maßnahmen, deren sich die Qing-Regierung bei der Besitznahme des Gebiets bediente. Die Kultfeste der Miao wurden verboten, die Männer gezwungen, ihre traditionelle Kleidung und Haartracht aufzugeben, und chinesische Erziehung wurde, insbesondere für Kinder von Kollaborateuren, gefördert. Es hat drei große Miao-Befreiungsbewegungen gegeben, zwei im Laufe des 18. und die dritte im 19. Jahrhundert. Sie blieben jedoch allesamt erfolglos. Auch die Moslems in Yunnan unternahmen verschiedene Versuche, sich von dem Joch chinesischer Oberhoheit zu befreien; der spektakulärste Anlauf war die Ausrufung des Königreichs Dali, das von Du Wenxiu oder »Sultan Suleiman« von 1855 bis 1872 errichtet wurde. Nach Jahren erbitterter Auseinandersetzungen gelang es den chinesischen Truppen unter dem General Chen Yuying Dali zu zerschlagen, wobei etwa 30000 Moslems dem Massaker zum Opfer fielen. Die Kolonisierung Taiwans im 17. und 18. Jahrhundert folgte in etwa dem gleichen Schema (vergleiche Karte S. 33). Die chinesischen Siedler, unter denen sich besonders die Han-Minderheitengruppe der Kejia (oder Hakka) durch regelmäßige Übergriffe auf die einheimische Bevölkerung hervortat, verdrängten allmählich die Eingeborenen malayopolynesischen Ursprungs aus den fruchtbaren Ebenen im Westen in die weitgehend unwirtlichen Gebirgsgegenden im Osten der Insel.

Dagegen scheint die chinesische Besiedlung der Man-

Unten: Stammesaufstände gegen die Han-chinesische Herrschaft zwischen dem siebten und 17. Jahrhundert

Provinz	*618–959 n. Chr.*	*960–1279*	*1280–1367*	*1368–1644*
Yunnan	53	0	7	2
Guanxi	14	51	5	218
Hunan	10	112	6	16
Sichuan	0	46	0	3
Guangdong	5	23	17	52
Guizhou	0	0	0	91
Gesamt	**82**	**232**	**35**	**382**

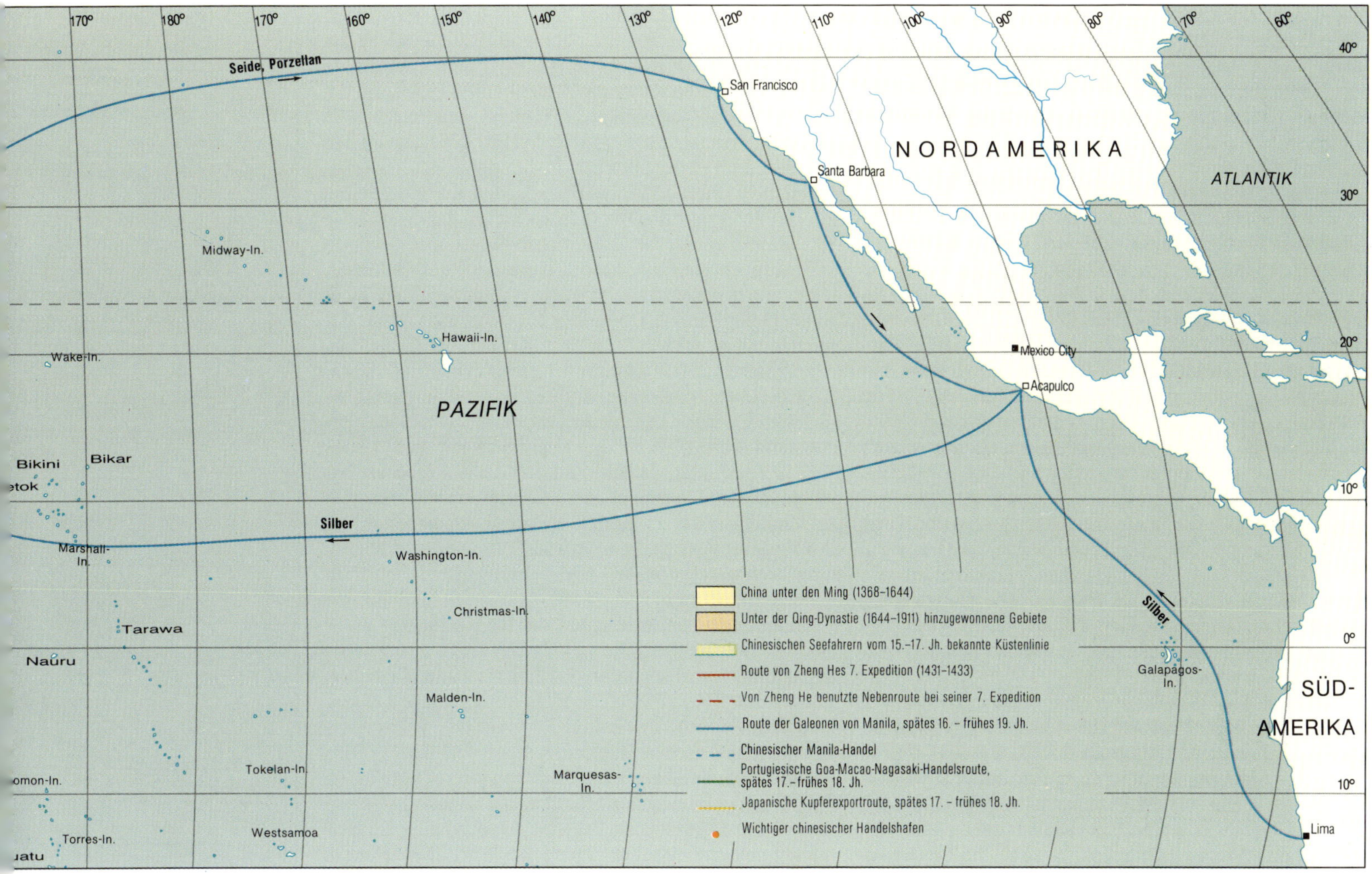

Chinas Beziehungen zur Außenwelt
China stellt man sich häufig als ein wirtschaftlich und geistig abgekapseltes Land vor und unterschätzt so das Ausmaß und die Bedeutung seiner Kontakte zu fremden Regionen. Aus erhalten gebliebenen Karten und Handbüchern für die Navigation geht hervor, daß chinesische Seefahrer zwischen dem 15. und 17. Jahrhundert die asiatischen Meere von den ostafrikanischen Küsten bis nach Timor und von der Straße von Hormus bis zur Hafenstadt Kobe (Japan) befuhren. Besonders aktiv waren chinesische Kaufleute in Südostasien (wo sie gelegentlich auch am lokalen Sklavenhandel verdienten). Der Ming-Admiral Zheng He folgte bei seinen berühmten Reisen gen Westen im frühen 15. Jahrhundert über weite Strecken den Routen, die schon Jahre vor dem Verbot privater Seefahrt bekannt waren.
Während der Handel mit Südostasien und selbst Japan eine nur untergeordnete Rolle für die Wirtschaft spielte, brachten spanische Galeonen aus Acapulco riesige Mengen Silber aus der Neuen Welt (im Austausch gegen chinesische Seide und chinesisches Porzellan) ins Land, die die wirtschaftliche Erholung des Reichs während der späten Ming-Dynastie entscheidend unterstützten. Ohne diesen Silberzufluß – kleinere, aber immer noch bedeutende Mengen wurden zusätzlich durch die Portugiesen aus Macao und aus Japan eingeführt – hätte das chinesische Handelssystem, das den staatlich verordneten Papiergeldwährungen mit großem Mißtrauen begegnete, eine schwere Liquiditätskrise erlitten.

dschurei jenseits der »Palisade« im Flußtal des Liao vergleichsweise friedlich vonstatten gegangen zu sein (Karten S. 32 und S. 33). Die »Palisade« war ein Wall aus hölzernen Pfählen, deren Südausläufer in Shanghaiguan mit der Großen Mauer verbunden war, an dem Punkt also, wo diese auf die Meeresküste zuläuft. Während der mittleren und späten Periode der Ming-Dynastie (1368–1644 n. Chr.) diente sie den Han-Chinesen als Bollwerk; während der folgenden Qing-Dynastie wurde ihre Streckenführung leicht verändert, und die herrschenden Mandschus benutzten sie nun, um die Chinesen an der Emigration in die Mandschurei zu hindern. Fast die ganze Qing-Dynastie hindurch war diese Region ein für chinesische Siedler verbotenes Territorium, da sich die Mandschus eine Basis für den Rückzug bei einem eventuellen Verlust der Herrschaft über das übrige Reichsgebiet erhalten wollten. Erst Mitte des 19. Jahrhunderts wurde diese Bestimmung gelockert, da man nun dem russischen Vordringen entlang des Amur Einhalt gebieten mußte. Anfänglich erfolgte die chinesische Einwanderungsbewegung nur zögernd, bis dann um die Wende zum 20. Jahrhundert der Eisenbahnbau zuerst durch die Russen, dann die Japaner und schließlich die Chinesen selbst einsetzte und dazu führte, daß sich ein regelrechter chinesischer Emigrantenstrom per Zug, aber auch mittels Dampfschiffen von der Halbinsel Shandong aus über die Mandschurei ergoß. Mitte der 20er Jahre kamen jährlich fast eine Million Neusiedler in diese Region. Zwischen 1905 und 1940 stieg die Bevölkerungszahl um das Doppelte, und auch die Anbaufläche nahm um das Zweifache zu. Aus der Karte auf Seite 32 geht hervor, daß die neuen Verkehrsadern mitten durch die neuen Agrargebiete führten, aus denen größte Mengen landwirtschaftlicher Produkte, insbesondere Sojabohnen, exportiert wurden. Als die Japaner die Mandschurei 1931 besetzten, schränkten sie die chinesische Einwanderung drastisch ein, aber diese Maßnahmen kamen bereits zu spät, um an den eingetretenen demographischen Verschiebungen noch etwas zu ändern.

Der imperialistische Wesenszug des Chinesischen Kaiserreiches fiel im Altertum und im Mittelalter relativ wenig ins Gewicht. War das Reich stark, so regierte es gewöhnlich über nicht-chinesische, an der Peripherie lebende Völkerschaften. Wie aus der Bevölkerungskarte (S. 30) der Han-Periode vom zweiten Jahrhundert vor bis zum frühen dritten Jahrhundert nach unserer Zeitrechnung hervorgeht, unterstand dieser Dynastie ein beträchtlicher Teil des heutigen Staatsgebietes von Korea und Vietnam. In Zeiten der Schwäche oder der Zersplitterung des Kernraums hingegen verhielt es sich oft genau umgekehrt, und Fremddynastien herrschten über eine große Zahl Chinesen. Im frühen elften Jahrhundert unter der Nördlichen Song-Dynastie beispielsweise reichte der chinesische Einfluß kaum über die Hauptsiedlungsgebiete der Han-Chinesen hinaus, und deren nicht-chinesische Nachbarn hatten eigene machtvolle und unabhängige Reiche gegründet: Die Qidan (Liao-Dynastie, 937–1125 n. Chr.) in der Mongolei, Mandschurei und in Korea und die Xixia (Tanguten, 1038–1227 n. Chr.) im Ordosgebiet im Nordwesten. Schon früher, vom siebten bis neunten Jahrhundert, hatte sich in Tibet (in chinesischen Quellen Tufan genannt) ein Staat etabliert; andere Beispiele waren die seit dem zehnten Jahrhundert von China unabhängig gewordene Dynastie in Vietnam (in den Quellen als Dayue bezeichnet) oder das im 19. Jahrhundert entstandene, bereits erwähnte Dali im Südwesten. In dieser Vielstaatenwelt sahen sich die Chinesen zu einer pragmatischen Außenpolitik gezwungen, bei der sie formal ihre Ideologie des kulturpolitischen Weltherrschaftsanspruchs aufgaben und mit fremden Staaten Koexistenzverträge auf der Basis politischer Gleichrangigkeit abschlossen.

Ein Wandel in der Form der Auseinandersetzung mit den Nicht-Han zeichnete sich im 17. Jahrhundert ab. Mehr als 2000 Jahre lang war es besonders an der Nordgrenze zwischen chinesischem Außen- und Kernraum zu Kriegshandlungen gekommen. Den Verlauf der Haupttrennungslinie zwischen den beiden Regionen kann man im einzelnen an den Trassen der zu verschiedenen Zeiten errichteten Großen Mauern ablesen (vergleiche die Karten auf den Seiten 26, 27 und 71); diese verdeutlichen, wie weit die Chinesen seit den frühen Dynastien der Qin (221–207 v. Chr.) und der Han (206 v. Chr.–220 n. Chr.) nach Süden zurückgedrängt worden waren. Als die Mandschus im 17. Jahrhundert die Herrschaft über das Land antraten – angesichts der großen Hilfestellung, die sie von abtrünnigen chinesischen Frontgenerälen erhielten, wäre es übertrieben, von »Eroberung« zu sprechen –, setzten sie dem ständigen Konflikt zwischen den gegensätzlichen Räumen ein Ende: Während der nächsten 100 Jahre wurden die Mongolei, die Dsungarei, Ostturkestan und Tibet durch Feldzüge der Mandschu-Kaiser unterworfen, obwohl letzteres nur ein chinesisches Protektorat mit faktischer völliger innerer Autonomie war. Die heutige Westgrenze der Volksrepublik China ist also das Ergebnis des Mandschu-Imperialismus, einer historisch gesehen relativ jungen Erscheinung.

Die Karte (S. 34), die die seit dem 17. Jahrhundert in Eurasien miteinander rivalisierenden Mächte zeigt, vermittelt einen allgemeinen Eindruck davon, daß das Chinesische Reich unter den Mandschus nur ein imperialistischer Staat unter vielen war. Nicht lange nachdem die osmanischen Sultane ihr Herrschaftsgebiet über das östliche Mittelmeer und Mesopotamien ausgedehnt, die Niederländer mit der Eroberung Ostindiens begonnen hatten, und ungefähr zur gleichen Zeit, als die Engländer sich anschickten, das indische Mogulreich zu zerstören, hatten China und das zaristische Rußland die Aufteilung Zentralasiens in die Wege geleitet. Nach Beendigung dieses Expansionsprozesses besaßen die beiden Reiche eine 4800 Kilometer lange gemeinsame Grenze vom Pamir bis zum Pazifik. Die auf der Karte bunt schraffierten Gebiete markieren jene zahlreichen strittigen Zonen, in denen die imperialistischen Mächte direkt aufeinanderstießen. Den klassischen Fall einer solchen umstrittenen Region bildete die Mandschurei, die von 1900 bis 1905 von Rußland, von 1931 bis 1945 von Japan besetzt war, bis sie dann nach einer zweiten (sowjet-)russischen Besetzung unter Stalin 1946 an China zurückgegeben wurde.

Die Demütigungen, denen China durch die westlichen Imperialmächte im 19. und 20. Jahrhundert ausgesetzt war (Symbol hierfür waren die auf der besagten Karte verzeichneten sogenannten Vertragshäfen, chinesische Hafenstädte, die den Europäern zwangsweise für die Abwicklung internationaler Handelsgeschäfte abgetreten werden mußten), und die späteren Erniedrigungen durch die Japaner in den 30er und 40er Jahren änderten nichts daran, daß es China gelang, den größten Teil seiner durch imperialistische Expansion erworbenen Territorien zu halten. Eine wichtige Ausnahme ist die Mongolei, die 1911 de facto die Unabhängigkeit erlangte, 1924 aber praktisch ein Protektorat der Sowjetunion wurde. Tibet war von 1911 bis 1950 ein eigenständiger Staat unter dem Schutz des fernen Großbritannien, fiel aber 1950 mit dem Einmarsch chinesischer Truppen unter die Herrschaft der Volksrepublik China.

Im großen und ganzen war die Einstellung des chinesischen Hofes zu den Europäern und ihrer fortschrittlichen Technologie auf dem Höhepunkt des westlichen Imperialismus durchaus ambivalent: Obwohl China gezwungen war, unter dem Druck immer besserer Waffensysteme der Industrienationen Konzessionen zu machen, kaufte es andererseits deren Kriegsgerät oder baute es nach, um damit die Nicht-Han-Völker im Innern des Reiches in Schach zu halten; auch wanderten viele Chinesen von den Hafenstädten an der Südküste in die spanischen, französischen, britischen oder niederländischen Kolonialgebiete ab. Ihre Integration in die Gesellschaften der Gastländer war schwierig, nur bei den hochzivilisierten und anpassungsfähigen Thai gestaltete sich dieser Prozeß einfacher. Vielerorts wurden die chinesischen Immigranten nicht selten Opfer blutiger Übergriffe. Zwischenfälle dieser Art reichen bis ins frühe 17. Jahrhundert zurück, als die Spanier in Manila 23000 Chinesen in einer Vergeltungsaktion für einen Erhebungsversuch töteten, bei dem die Hälfte der spanischen Besatzung umgekommen war. Nach dem Aufstand von 1857 im heutigen Sarawak ließ James Brooke (der erste »Weiße Radscha«) die Chinesen fast völlig aus dem Land jagen, doch kehrten sie natürlich später allmählich wieder zurück. Ein ähnlich gelagerter Fall aus jüngerer Zeit ist die teilweise Tötung und Mißhandlung der Chinesen in den 60er Jahren unseres Jahrhunderts in Indonesien.

Traditionellerweise besaßen die Beziehungen Chinas zu überseeischen Ländern weit weniger Bedeutung als jene zu ihren Nachbarstaaten auf dem Festland. Trotzdem sollten diese Kontakte hier nicht übergangen werden. Ungefähr zu Ende des ersten Jahrtausends n. Chr. wurden die chinesischen Kaufleute durch technische Fortschritte im Schiffsbau in die Lage versetzt, einen großen Teil des südostasiatischen Handels, der bis dahin größtenteils in den Händen von Persern, Arabern oder Südostasiaten gelegen hatte, in eigene Regie zu übernehmen. Höhepunkt dieser maritimen Politik war der Bau einer mächtigen Flotte unter der frühen Ming-Dynastie im 14. Jahrhundert, die vor allem Schiffe, die das staatliche Steuergetreide aus dem Yangzi-Tal nordwärts transportierten, vor Piratenüberfällen schützen sollte. In den 20er und 30er Jahren dieses Jahrhunderts ermöglichten die Flottenschiffe aber auch die großen Seereisen nach Indien und an die Ostküste Afrikas, die unter dem Kommando von Zheng He, dem sogenannten »Drei-Juwelen-Eunuch« standen. Die Expansionsbestrebungen zur See wurden anfangs des 15. Jahrhunderts wieder eingestellt, da durch den Neubau eines leistungsfähigen Großen Kanals eine Flotte fast gänzlich entbehrlich geworden war und die See-Expeditionen gen Westen wenig greifbaren handelspolitischen oder strategischen Nutzen gebracht hatten. Die Ming-Dynastie zog sich völlig aus der Hochseefahrt zurück und verbot sogar für mehr als 150 Jahre jegliche Küstenschiffahrt. Möglicherweise befürchtete sie politisch destabilisierende Auswirkungen auf Völkerschaften an den Reichsgrenzen, wenn diese erst einmal gewissen Fremdeinflüssen ausgesetzt wären. Die Seeschiffahrt ging natürlich illegal weiter, oftmals in Form der Piraterie, die allgemein (aber meist zu Unrecht) den Japanern angelastet wurde. In der zweiten Hälfte des 16. Jahrhunderts wurde das Verbot gelockert, und man nahm offiziell den Seehandel wieder auf. Die wichtigste Verbindung bestand zu Manila, wohin chinesische Dschunken aus Xiamen (Amoy), Ningbo und anderen Hafenstädten Seidenstoffe und Porzellanwaren brachten, die dann für Silber eingetauscht wurden, das auf Galeonen über den Pazifik von Acapulco aus dorthin gelangt war. Während einiger Jahre im späten 16. Jahrhundert überstieg der Netto-Zufluß des Silbers nach China mehr als eine Million Unzen (eine chinesische Unze entsprach damals ungefähr 35 g). Die Folgen dieses Silberzustroms auf die expandie-

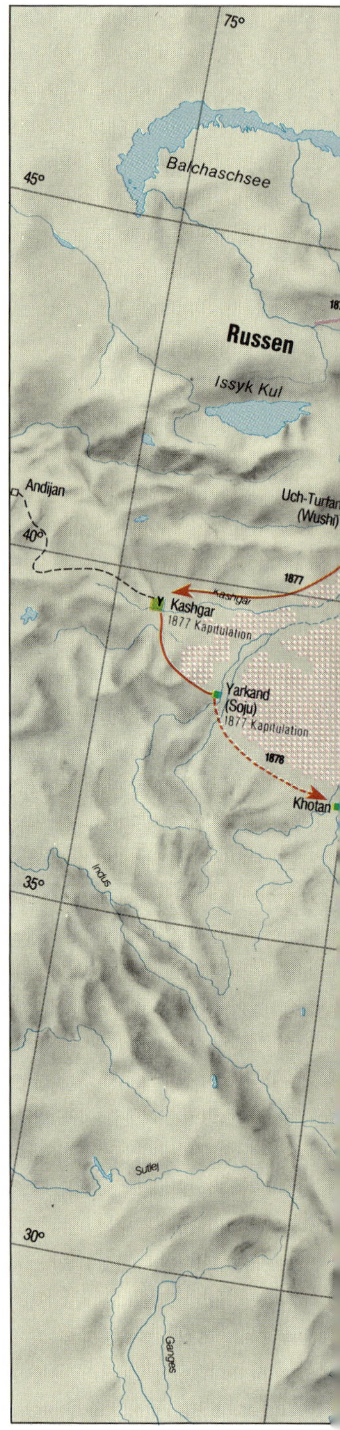

Die Moslem-Unabhängigkeitsbewegungen des 19. Jahrhunderts
Die Moslems im Nordwesten fügten sich nur widerwillig unter die kaiserliche Herrschaft, viele von ihnen lehnten die grundlegenden politischen Ordnungsvorstellungen Chinas ab und unterschieden sich hierin von den Han-chinesischen Rebellen in den Kernlanden des Reiches. In den 60er Jahren des 18. Jahrhunderts brachen kommunale Streitigkeiten zwischen Moslems und Nicht-Moslems in den Provinzen Shaanxi und Gansu aus; in einigen Fällen kam es auch zu Kämpfen zwischen orthodoxen Moslems und Anhängern des sogenannten »Neuen Glaubens«, der höchstwahrscheinlich eine Spielart des Wahhabismus war. Das Zentrum des »Neuen Glaubens« lag in Jinjibao, in der Region Ningxia, und sein Wortführer war Ma Hualong. Hier etablierte sich für gut ein Jahrzehnt ein kleiner theokratischer Staat, der durch Hunderte von neuerrichteten Forts geschützt war.
Eine zeitweilig rivalisierende mosle-

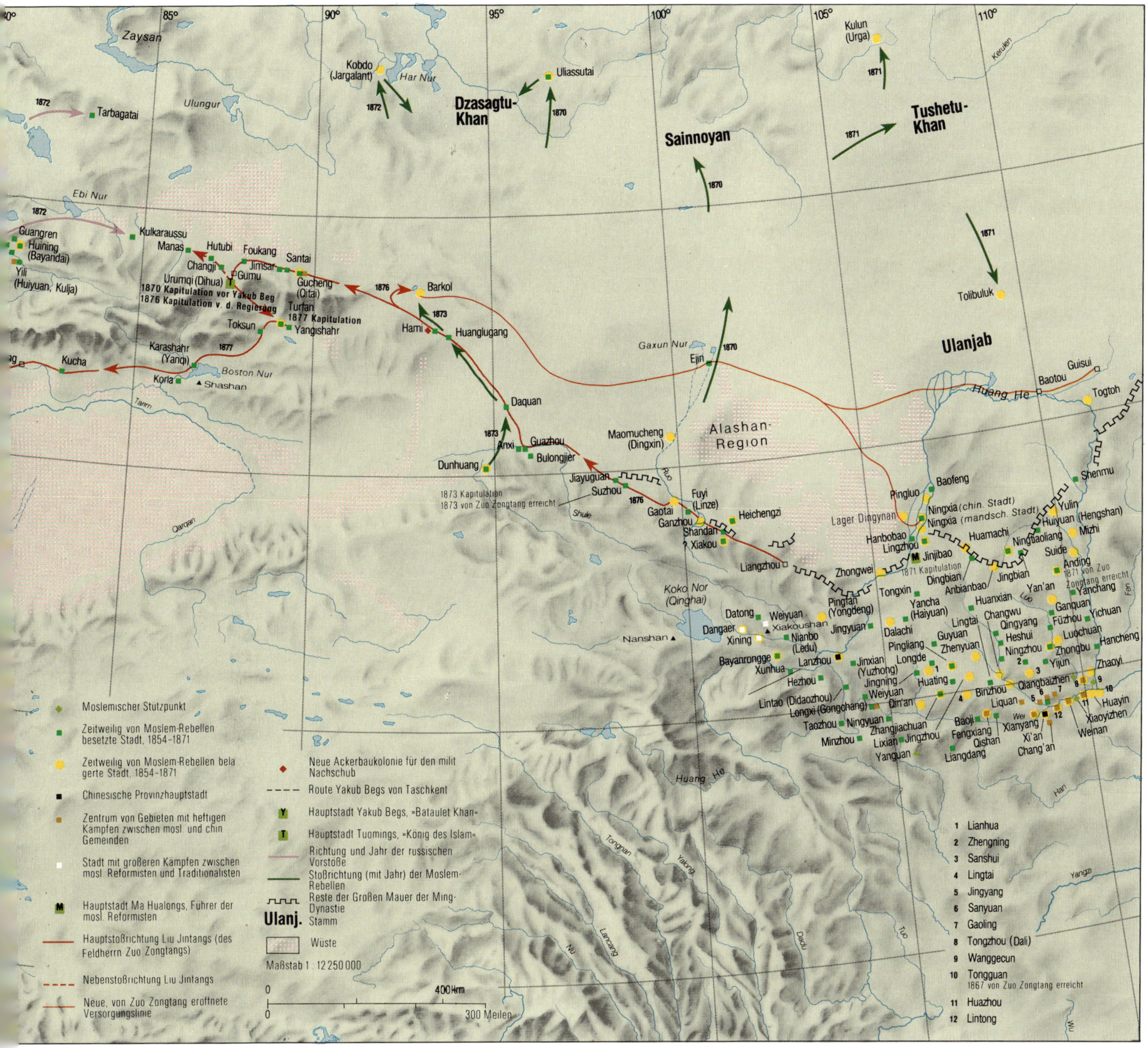

mische Rebellen-Bewegung bildete sich ungefähr gleichzeitig in Urumqi unter Tuolonga heraus, der den Titel »Reiner und Vollkommener König« annahm, woraus sich implizit der Anspruch auf den Titel »Alleinherrscher des Islam« ableitete. Wenig später entstand noch ein drittes islamisches Regime im fernen Westen unter Yakub Beg, eines Abenteurers aus Taschkent, der ursprünglich Generalstabschef eines Oberhauptes der Familie Choja gewesen war. Er dehnte sein Reich über die Oasenstädte des Tarimbeckens und anschließend auch über die Region Urumqi aus, indem er sich um diplomatischen Beistand sowohl Großbritanniens als auch Rußlands bemühte.
Die Niederschlagung der Revolten durch die kaiserlichen chinesischen Truppen war das Werk des Militärstrategen Zuo Zongtang; und dieser Sieg trug entscheidend zur Gestaltung der politischen Landkarte der heutigen Volksrepublik bei, da Xinjiang im Bereich der politischen Kontrolle Chinas verblieb.

rende Wirtschaft der späten Ming- und der Qing-Zeit ähnelten jenen, den die spanischen Schätze aus der Neuen Welt in Westeuropa hatten. Im 17. Jahrhundert wurden außerdem noch große Mengen Kupfer aus Japan eingeführt.

Heutzutage ist die große Mehrzahl der Chinesen fest davon überzeugt, daß die Nicht-Han-Gebiete der Volksrepublik untrennbare Bestandteile des Landes seien. Doch war die allgemeine Ansicht über die Außenregionen Chinas nicht immer so festgefügt wie jetzt. Nach den großen Moslem-Unabhängigkeitsbewegungen in Shaanxi und Gansu während der 60er Jahre des vorigen Jahrhunderts, die von der Qing-Dynastie unter schrecklichen Menschenopfern niedergeschlagen wurden, ereigneten sich weitere Aufstände im modernen West-Xinjiang. Sie führten zur Entstehung des kurzlebigen Staats unter Yakub Beg, der sich auch als »Liebling des Schicksals« bezeichnete. Im Lichte dieser Ereignisse empfahlen damals einige besonnene Beamte, die unruhige Provinz Xinjiang aufzugeben; und dieser Vorschlag hätte sich möglicherweise auch durchgesetzt, wäre nicht der Militärgouverneur Zuo Zongtang gewesen, der in anschließenden generalstabsmäßig durchgeführten Feldzügen der Herrschaft Yakub Begs im Jahre 1878 ein Ende setzte. Sowohl die chinesischen Nationalisten (Guomindang-Regierung Tschiang Kai-scheks) als auch ursprünglich die Kommunisten sollen zumindest mit dem Gedanken gespielt haben, den wichtigsten Nicht-Han-Völkerschaften die Unabhängigkeit zu geben, die Kommunisten ließen diese Überlegungen nach ihrer Machtübernahme jedoch wieder fallen.

Auch heute noch stellt sich die Frage, wer als Chinese bezeichnet werden darf. Derjenige, der in der Volksrepublik China lebt, oder derjenige, der der Han-Bevölkerungsgruppe und deren Kulturkreis angehört? Beide Zuordnungen schließen sich in gewisser Weise gegenseitig aus, und wie der Aufstand der Cham 1959 in Osttibet und die rücksichtslose Vertreibung der Chinesen aus Vietnam ab 1978 gezeigt haben, können die mit dieser Frage verknüpften Unwägbarkeiten auch in Zukunft sehr wohl weiterhin Konfliktstoff in sich bergen.

Links: Der Tianshan (»Himmelsberg«). Das Landschaftsbild ist alpin; im Sommer errichten die Hirtennomaden hier ihre Jurten (Zeltlager) und lassen ihre Schaf- und Ziegenherden weiden.

Unten: Die sandfarbene Trockenregion in der Nähe Turfans an der alten Seidenstraße liegt unter dem Meeresspiegel. In den Gegenden, wo Bewässerung möglich ist, werden im Herbst Weintrauben und Melonen geerntet.

Rechts: Das Charakteristikum der Shanxi-Region ist der Löß, sandiger, windverfrachteter Boden, der vor Tausenden von Jahren hier abgelagert wurde. Dieser Landstrich war auch jahrhundertelang das Zentrum der chinesischen Kultur.

Links: Der Lößboden an den Ufern des Gelben Flusses in der Provinz Gansu ist äußerst fruchtbar. Hier findet man ausgedehnte Raps-Felder, in den nördlich und südlich gelegenen Gebirgsregionen wird Weizenanbau betrieben.

Unten: Der Mount Everest (Qomolangma Feng) von Tibet aus gesehen.

Unten rechts: Waren werden mit Pferd und Wagen über die Zentralebene der Provinz Shanxi befördert, wo verschiedene Getreidearten im lockeren und sandigen Boden gedeihen.

Oben: Kamel- und Schafherden weiden auf den Grassteppen der mongolischen Ebene, in der das Hirtennomadentum die dominante Lebensform ist.

Links: Die spärlich begrünten steinigen Ebenen der Wüste Gobi. In diesem Gebiet leben das scheue Przewalski-Wildpferd und andere seltene Tierarten.

Rechts: Bis zur Errichtung von Schlepppfaden durch die Schluchten des Yangzi während der Tang-Dynastie verlief der Verkehr zwischen Sichuan und dem restlichen China auf den gefährlichen »Galeriestraßen«.

Seiten 44/45: Die karstigen Kalksteinberge Guilins ragen wie eine Reihe jadener Türme aus dem üppig bewachsenen Flußtal auf.

Oben: Dieses fruchtbare Tal liegt südlich von Sichuan in Guizhou. Zahlreiche Minderheitengruppen leben in dieser Region.

Rechts: Die seltsamen Felsformationen von Shilin (»Steinwald«) befinden sich in der Nähe der Stadt Kunming in Yunnan.

Unten: Ein Industrie-Komplex in Anshan, Mandschurei. Wie der größte Teil der Industrieanlagen in diesem Gebiet wurde er in den 30er Jahren unseres Jahrhunderts als Teil des Modernisierungsprogramms von den Japanern erbaut und erinnert an die Periode der Besatzung.

Unten rechts: Die kieferbewachsenen Gipfel des Huangshan (»Gelber Berg«) in der Provinz Anhui haben schon seit jeher die chinesischen Landschaftsmaler inspiriert.

ZWEITER TEIL

GESCHICHTE UND GEGENWART

DAS ALTERTUM

DIE ANFÄNGE DER CHINESISCHEN KULTUR

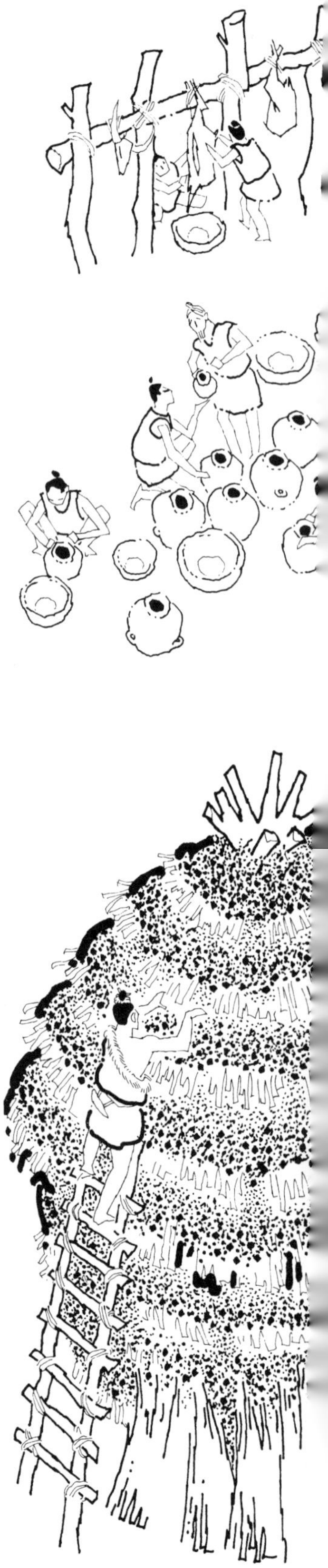

Prähistorie

Der heute als China bekannte Naturraum erlebte im Laufe der letzten Million Jahre dramatische Klimaveränderungen. Es gab vier Eiszeiten, in denen die höher gelegenen Gebiete von Gletschern überzogen waren, während in den Ebenen ein naßkaltes Klima vorherrschte. Die Meere waren größtenteils zugefroren, so daß eine feste Verbindung vom Festland zu den Inseln, etwa nach Taiwan, bestand. Zur Zeit ihres Tiefpunktes lagen die mittleren Jahresdurchschnittstemperaturen wahrscheinlich acht Grad unter ihrem gegenwärtigen Niveau. Die für diese kalten Perioden typische Fauna war das Wollnashorn im Norden und das Mammut im Süden. Die drei interglazialen Perioden waren relativ milder, und in den unmittelbar nacheiszeitlichen Perioden, die vor 12–10000 Jahren begannen, betrug die mittlere Jahresdurchschnittstemperatur zwei Grad mehr als jetzt. Zu den Tieren, die damals in Nordchina lebten, zählten der Elefant, der Wasserbüffel, das Stachelschwein, der Tapir, der Wasserhirsch, der Tiger und die Bambusratte, die heutzutage nur in wärmeren Zonen anzutreffen sind. Weite Bereiche der nordchinesischen Ebene bestanden aus Marschland, und die Halbinsel Shandong war wahrscheinlich noch eine Insel. Später aber fiel die Temperatur erneut, der Norden Ostasiens wurde kälter und trockener, die Bewaldung nahm ab, die ehedem über die ganze Mongolei verstreuten Binnenseen trockneten aus, und die Wüstenlandstriche schoben sich immer weiter vor. Der chinesische Urmensch paßte sich den neuen Umweltbedingungen an und machte eine physische und kulturelle Evolution durch, während die genannten Klimaverschiebungen in der Fauna tiefgreifende Veränderungen hervorriefen.

Normalerweise unterscheidet man drei Hauptepochen der frühen Menschheitsgeschichte: 1. Das Paläolithikum, das mit der letzten Eiszeit zu Ende ging; 2. das Mesolithikum, das für gewöhnlich mit der Verwendung fortschrittlicherer Steinwerkzeuge in Verbindung gebracht wird, für China jedoch nicht besonders ausgeprägt ist; und 3. das Neolithikum, die Zeit vom Beginn des Feldbaus im vierten bis zum Aufkommen der Bronze im frühen zweiten Jahrtausend v.Chr. Da in den einzelnen Regionen die Entwicklung unterschiedlich weit fortgeschritten war, muß man für China als Ganzes ein Überschneiden und Nebeneinanderbestehen dieser Epochen annehmen.

Während des Paläolithikums lebten in Nordchina große Menschenaffen wie der *Gigantopithecus blacki* und verschiedene Arten des *Homo erectus*. Der primitivste unter den Hominiden war der Lantian-Mensch, der berühmteste der Peking-Mensch, der nur zwei Drittel unseres Gehirnvolumens besaß. Die Hominiden stellten gefährlichen Großtieren wie Säbelzahntigern, Bären und Elefanten nach, und sie mußten sich, wollten sie bei der Jagd erfolgreich sein, in gesellschaftlichen Gruppen organisieren. Sie kannten das Feuer und waren, wie aus Funden gespaltener Menschenknochen hervorgeht, Kannibalen. Zu Beginn der letzten Eiszeit jedoch trat der *Homo sapiens* auf, der allmählich den Peking-Menschen verdrängte.

Als am Ende der Eiszeit das Klima trocken und kalt geworden war, begann sich in Nordwestchina ein feiner gelber, windverfrachteter Staub aus den zentralasiatischen Wüstengebieten abzulagern, der sich in einigen Regionen mehrere zehn Meter hoch auftürmte. Der aus diesem sogenannten Löß entstandene Boden war leicht zu bebauen und erwies sich bei Bewässerung als sehr fruchtbar. Er war aber auch tückisch, denn in Regenzeiten verwandelte er sich schnell in unpassierbaren Schlamm und veränderte ständig die landschaftlichen Gegebenheiten, wenn die Flüsse den Schlamm als Schlick forttrugen und später bei langsamerer Strömung wieder ablagerten. Der größte Teil der nordchinesischen Ebene besteht aus wieder abgelagertem Löß, vermischt mit Sand und Kies. In diesen ebenso fruchtbaren wie problematischen Landstrichen nahm später die chinesische Hochkultur ihren Ausgang.

Die möglicherweise bedeutendste Entwicklung im Mesolithikum war die allmähliche Herausbildung zweier unterschiedlicher Kulturkreise in der mit Binnenseen übersäten Steppen- und der nördlichen Wüstenregion auf der einen und in dem bewaldeten südlich davon gelegenen Gebiet im Kernraum China auf der anderen Seite. Die Verschiedenheit dieser beiden Kulturwelten erwies sich später zu kaiserlichen Zeiten als die zentrale Konfliktursache zwischen den Chinesen und den im Norden lebenden Fremdvölkern.

Der Beginn des Ackerbaus fällt in das Neolithikum. Das Hauptanbaugetreide war Hirse, aber auch Weizen und Reis waren bekannt. Die Technik der Feldbestellung machte rasche Fortschritte, möglicherweise wurde sie aus dem Nahen Osten importiert, doch auch eine autochthone Entwicklung scheint nicht ausgeschlossen. Zu den in dieser Zeit domestizierten Tieren gehörten der Hund, das Schwein, die Ziege, das Schaf, das Rind und möglicherweise auch das Pferd. Die menschlichen Behausungen waren stabile, halb unterirdisch angelegte strohgedeckte Bauten mit Herden und Keramiköfen sowie Fußböden aus getünchtem Lehm. Die Siedlungen wurden immer weitläufiger, oftmals erstreckten sie sich über ein größeres Gebiet als die heutigen Dörfer bei den vorzeitlichen Fundorten. Keramikgefäße, mit geometrischen Figuren dekoriert, waren allgemein verbreitet, viele von ihnen hatten schon die typisch chinesischen Formen der späteren Zeit. Sie wurden für die Aufbewahrung und Zubereitung von Nahrung und für den Wassertransport verwendet. Der Fund steinerner Spinnwirtel in neolithischen Ausgrabungsstätten deutet auf die Herstellung von Stoffen hin, und die Überreste zerschnittener Kokons zeigen, daß die

Seiten 48/49: Eine Bronzeaxt aus der Shang-Zeit. Sie wurde an der Eingangsrampe des kreuzförmigen Grabmals in Sufutun, Provinz Shandong, gefunden, in dem 48 Menschenopfer bestattet worden waren. Das ausgestanzte Gesicht auf der Axt trägt furchterregende Züge und wurde mit bemerkenswerter Präzision in der Bronzegußtechnik des Teilformverfahrens hergestellt.

Rechts: Ausgrabungen im Gebiet der Yangshao-Kultur beweisen, daß während des Neolithikums Frauen die leitende Funktion im Dorf ausübten, was auf ein matriarchalisches Stammessystem schließen läßt. Die Gräber befanden sich in einiger Entfernung von den Behausungen, das gleiche galt für die Brennöfen. Die Geschlechter beerdigte man getrennt voneinander, wobei die Frauengräber reicher ausgestattet waren, beispielsweise mit jadenen Kunstgegenständen. Eine Ruhestätte enthielt 8577 kleine Knochenkugeln, die als Schmuck verwendet wurden; außerdem benutzte man Knochenringe, um die aus einem Haarknoten auf dem Scheitel bestehende Frisur zusammenzuhalten.
Die Yangshao-Keramik ist mit Fisch- und Rotwild-Dekors in Form geometrischer Ornamente versehen. Auf einigen Gefäßen sind mehr als 20 verschiedene vertikale, hakenförmige und pfeilspitzenartige Abdrucke zu finden – möglicherweise die ältesten chinesischen Schriftzeichen, doch konnten sie bislang nicht entziffert werden.
Die Häuser besaßen Fußböden aus gestampfter Erde und Wände aus Flechtwerk und Lehm. Das große konische Dach mit überhängenden Regentraufen wurde von hölzernen Pfeilern im Innern des Gebäudes abgestützt. Die Männer des Dorfes verbrachten ihre Zeit mit Fischen und Jagen, während die Frauen sich um die Hausarbeit kümmerten.

Seidenraupenzucht bekannt war. Die sehr sorgfältig ausgeführten Bestattungen und die Weissagung aus Ochsen- oder Hirschschulterblattknochen mit künstlich erzeugten Rissen (vermittels eines glühenden spitzen Gegenstands) lassen erstmals auf religiöse Vorstellungen schließen. Auch die frühesten einfachen Statuetten mit menschlichem Antlitz und merkwürdig selbstbewußten Gesichtszügen stammen aus dem Neolithikum, ebenso die ersten Zeichnungen von Fischen, Vögeln und Haustieren.

Mit der detaillierteren Analyse dieser ziemlich komplexen Periode begibt man sich unweigerlich auf ein in der Wissenschaft stark umstrittenes Terrain: Einigkeit herrscht darüber, daß es während des Neolithikums in Nordchina zwei Hauptkulturen gegeben hat, die als *Yangshao-* und *Longshan-Kultur* bekannt sind. Einige Fachleute unterscheiden außer diesen beiden noch eine dritte, die *Xiaotun*-Kultur, eine Vorläuferin der späteren Shang-Kultur in ihrer vor-bronzezeitlichen Form. Als hauptsächlichste Unterscheidungskriterien der drei Kulturen gelten ihre Keramikerzeugnisse, ihre charakteristischen roten bzw. schwarzen oder grauen Töpferwaren. Die Meinungsverschiedenheiten beginnen bei der Frage nach den geographischen Verbreitungsgebieten der Kulturen und ihrer zeitlichen Aufeinanderfolge. Die Yangshao-Kultur wurde in erster Linie, doch nicht ausschließlich, im nordwestlichen Teil der nordchinesischen Ebene angesiedelt, die Longshan-Kultur im Osten und Nordosten Nordchinas. Die Xiaotun-Kultur bringt man mit dem am Unterlauf des Gelben Flusses gelegenen Gebiet in Verbindung. In den zahlreichen Regionen, in denen alle drei nebeneinander auftreten, trifft man sie vornehmlich in folgender Reihenfolge an: 1. Yangshao –, 2. Longshan – und 3. Xiaotun-Kultur. Es gibt hingegen auch Fundorte, wo sie alle miteinander vermischt vorkommen oder wo eine Kultur aus der genannten Reihenfolge ganz herausfällt. Ein zweiter umstrittener Fragenkomplex erwächst aus der Tatsache, daß es keine entsprechend deutlichen Unterscheidungsmerkmale für die neben den Keramiken entdeckten anderen Gegenstände gibt (etwa bei den steinernen Sicheln).

Einige der Verschiedenheiten zwischen der Yangshao- und der Longshan-Kultur beruhen auf technischen Verbesserungen. Während die Yangshao-Gefäße mit der Hand geformt wurden, entstand der größte Teil der Longshan-Keramik auf der Töpferscheibe. Die Longshan-Ausgrabungsstätten deuten auch auf die Domestikation von Schafen und Rindern hin, während für die Yangshao-Fundorte derartige Hinweise fehlen. Doch es gibt auch Unterscheidungskriterien von grundsätzlicherer Bedeutung. In vielen Yangshao-Ansiedlungen beispielsweise wurden die Toten in einem angemessenen Abstand von den Häusern bestattet, während in den Longshan-Dörfern die Gräber nicht selten inmitten des Wohngebiets lagen. Eine zwar einleuchtende, doch nicht vollständig befriedigende Antwort auf die offenen Fragen wäre, daß die Yangshao-und Longshan-Kulturen von einem gemeinsamen Ausgangspunkt zu verschiedenen Zeiten und in verschiedene Richtungen ausstrahlten; die anderen mehr an der Peripherie gelegenen Kulturen, die Qingliangang-Kultur in Jiangsu und die Qiujialing-Kultur in Hubei könnten ohne Schwierigkeit in dieses Grundmuster eingepaßt werden.

Die Shang-Dynastie

Das früheste der in den traditionellen chinesischen Geschichtsquellen erwähnten Herrscherhäuser ist die Xia-Dynastie. Ihr Gründer soll der »Große Yu« gewesen sein, Minister und Nachfolger der beiden mythischen »heiligen Herrscher« Yao und Shun. Falls diese Dynastie über-

Neolithische Zeugnisse

Oben: Dieses maskenartige Gesicht ist eines der frühesten prähistorischen Tonbildnisse vom Menschen. Es diente als Deckel für ein bemaltes Keramikgefäß der Yangshao-Kultur.

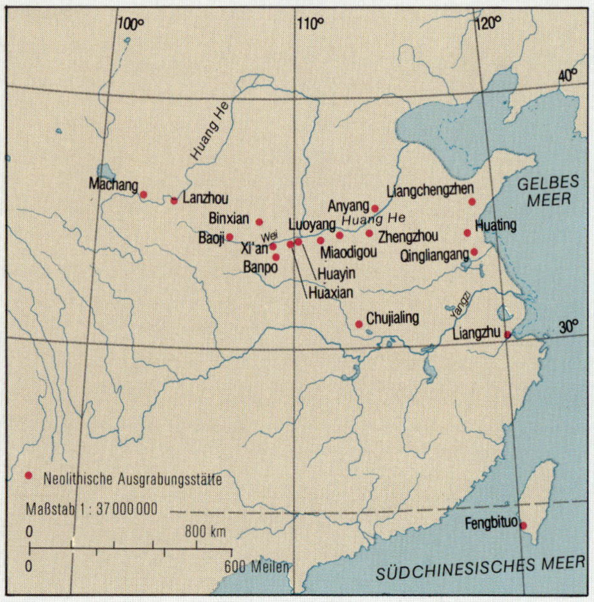

Rechts: Ausgrabungsstätten der Longshan- und Yangshao-Kultur
Die beiden wichtigsten neolithischen Kulturen Zentral- und Nordwestchinas sowie der Ostküste werden aufgrund ihrer Töpferwaren als Yangshao (Buntkeramik) und Longshan (Schwarzkeramik) bezeichnet. Die bedeutendsten Fundorte sind auf der Karte verzeichnet. Die Überreste von Banpo, einer der besterhaltenen neolithischen Siedlungen der Welt, wurden in den 1950ern ausgegraben und gehören zur Longshan-Kultur. In der Ausgrabungsstätte wurden die Grundmauern von Wohnhäusern, Brennöfen, Vorratskammern und Gräber entdeckt.

Rechts und unten: Die Dekors auf der Yangshao-Keramik haben sich sehr wahrscheinlich von realistischen Abbildungen zu abstrakten geometrischen Mustern fortentwickelt. Fische, die mit Angelhaken aus Knochen gefangen wurden, gehörten zu den beliebtesten Motiven.

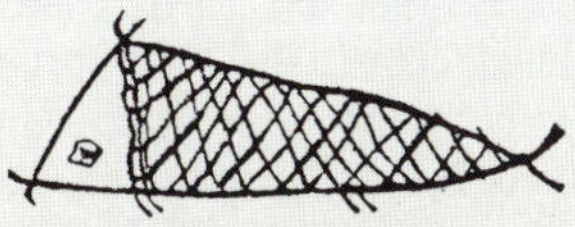

Unten: Eine glänzende schwarze extrem dünnwandige Longshan-Keramik aus der Zeit zwischen 2000 bis ca. 1500 v. Chr. Sie weist keinerlei Verzierung auf.

Ganz unten links: Dieser Dämon auf dem in Gansu gefundenen Krug (drittes Jahrtausend v. Chr.) spiegelt möglicherweise religiöse Vorstellungen der Menschen während der Yangshao-Periode wider.

Ganz unten rechts: Die Yangshao-Gefäße aus der Zeit zwischen 4000 bis ca. 3500 v. Chr. scheinen in erster Linie als Grabbeigaben gedient zu haben. Der obere Gefäßteil wurde mit schwungvollen Linien und geometrischen Ornamenten versehen, der untere fast immer frei belassen, möglicherweise deswegen, weil die Gefäße in Sand eingegraben wurden, um ein Umfallen während des Bemalens zu verhindern.

Von den Menschen des Neolithikums besitzen wir keine schriftlichen Aufzeichnungen, sieht man von den genannten, jedoch nicht eindeutig identifizierten schriftähnlichen Abdrücken ab. Wir sind deshalb für die Charakterisierung dieser Periode auf die erhalten gebliebenen Keramiken, Brennöfen, Steinwerkzeuge und Gebäude angewiesen. Anhand der Töpferwaren lassen sich die Yangshao-(Buntkeramik-)Kultur und die Longshan-(Schwarzkeramik-)Kultur unterscheiden, ihre chronologische Einordnung ist allerdings schwierig. Man hat zahlreiche neolithische Siedlungen aus der Zeit zwischen ca. 6000 bis ca. 1500 v. Chr. freigelegt. In dem bronzezeitlichen Fundort in Anyang, der letzten Hauptstadt der Shang-Dynastie, in der Provinz Henan stieß man auf Longshan- über Yangshao-Zeugnissen, und diese wiederum wurden von Überresten der bronzezeitlichen Shang-Kultur überlagert. Doch dies bedeutet nicht unbedingt, daß die Longshan- und Yangshao-Kultur zeitlich aufeinanderfolgten.

Eine der wichtigsten Ausgrabungsstätten der Yangshao-Kultur ist Banpo in Shaanxi, in der Zentralregion des damaligen China. Die Dorfbewohner lebten in ringförmig angeordneten rechteckigen oder quadratischen Gebäuden mit Rieddächern. Die Fußböden waren unter dem Niveau des umliegenden Grunds angelegt, und die Häuser hatten etwa in ihrer Mitte ein flaches rundes Herdloch. Die Toten bestattete man außerhalb des Dorfes in Rükkenlage und mit dem Kopf nach Nordwesten. Bei der Yangshao-Keramik unterscheiden wir zwei Arten: Einmal die grobe graue Töpferware, die aus Tonwülsten spiralförmig mit der Hand aufgebaut wurde und bei der dann die Nahtstellen der Wülste verstrichen wurden. Die Gefäße sind mit Schnur-, Matten- oder Korbgeflecht-Abdrücken dekoriert. Die zweite Art ist von feinerer Qualität und scheint für Begräbniszwecke verwandt worden zu sein. Sie wurde aus feinkörnigem Ton hergestellt und mit aufgemalten schwarzen, roten und rotbraunen Ornamenten versehen. Die Muster setzen sich aus einfachen geometrischen Formen oder aus Tier- oder Menschenköpfen zusammen.

Die sogenannte Gansu-Yangshao-Kultur im Nordwesten hält man allgemein für jünger als die des Zentralgebiets. Die Dekors bestehen aus sich verzweigenden Spiralen und krummlinigen, mit locker fließenden Pinselstrichen gestalteten Designs. Die Hautfarbe ist Schwarz, aber Braun und Rotbraun sind ebenfalls anzutreffen. Im Osten der Region überlagern sich die Yangshao- und Longshan-Kultur, und die bemalten roten Keramiken haben einen weißen Untergrund, auf dem die anderen Farben aufgetragen wurden. Die Verzierungen sind nicht so ausgefeilt wie im westlichen Landesteil, und die Töpferwaren weichen auch in ihren Formen ab, da sie sich zum Fuß hin verjüngen.

Bei der Longshan-Keramik der Ostküste gestattete der verwendete feinkörnige Ton den Gebrauch der Töpferscheibe zum Herstellen erstaunlich dünnwandiger Stükke. Auch zur Fertigstellung per Hand aufgebauter Gefäße wurde die Töpferscheibe benutzt, wie sich aus Drehscheibenspuren an deren Rändern ablesen läßt. Entlang der Ostküste gab es eine größere Vielfalt an Tonen, einschließlich rot-brauner und grauer Arten. Die feine schwarze Töpferware besitzt wenig Oberflächendekor, sieht man einmal von den einfachen eingravierten Strichornamenten und den gelegentlich reliefartig applizierten Bändern ab. Jedoch weist sie gegenüber der Yangshao-Keramik eine stärkere Variationsbreite bei den Formen auf, so existieren hohe, *bei* bezeichnete Trinkgefäße und Dreifüße (*li*). Die schlanke Gestaltung läßt vermuten, daß die Gefäße höchstwahrscheinlich eher rituellen Zwecken dienten als dem täglichen Gebrauch.

haupt mit den archäologischen Funden in Verbindung zu bringen ist, dann mit der Yangshao- und der Longshan-Kultur. Bis heute jedoch gibt es nicht den geringsten Beweis, der eine derartige Zuordnung gerechtfertigt erscheinen ließe. Trotzdem kann man in Anbetracht der allgemein zuverlässigen Berichte alter chinesischer Quellen die Xia-Dynastie wohl nicht gänzlich in den Bereich der Mythologie verweisen. Möglicherweise verwendete man für die frühesten Aufzeichnungen Pinsel, die ja auch zum Bemalen der Keramiken benutzt wurden, und schrieb ausschließlich auf Materialien wie Holzstreifen, die anders als die etwas später entstandenen Texte auf Knochen, Muscheln und Bronzen heute allerdings nicht mehr erhalten sind.

Die chinesische Vorgeschichte endete ungefähr in der Mitte des zweiten vorchristlichen Jahrtausends mit dem Aufstieg der Shang-Dynastie (um 1700–1025 v. Chr.). Das Zentrum dieses neuen Reiches lag in dem Teil der heutigen Provinz Henan, wo die Hügelketten zur Stromebene des Gelben Flusses abfallen. Zu ihrer Blütezeit reichte die kulturelle Ausstrahlungskraft der Shang-Dynastie nördlich bis in die Mongolei, im Nordwesten bis nach Gansu und im Süden bis ins Yangzi-Tal.

Die Herrschaft lag in Händen einer adligen Oberschicht, die in Glanz und Luxus lebte und über eine Bauernbevölkerung gebot, die noch weitgehend in neolithischen Verhältnissen verharrte. Von wirtschaftlicher Bedeutung war die Zähmung des Wasserbüffels, der zu jener Zeit die warmen und oftmals von Überschwemmungen heimgesuchten Regionen der nordchinesischen Tiefebene in großen Herden bevölkerte. Überreste von Bewässerungsgräben und Ernteberichte lassen vermuten, daß der Reisanbau damals große Bedeutung hatte. Die Führer der Shang-Clans unternahmen häufig Kriegszüge, liebten die Jagd, sprachen dem Wein zu und brachten umfangreiche Menschen- und Tieropfer dar. Charakteristische Elemente dieser Kultur waren die Verwendung der Bronze für Waffen und Ritualgefäße, die Beherrschung der Zeichenschrift, der von Pferden gezogene Streitwagen, ein einheitliches Verwaltungssystem, die Fähigkeit zur Mobilisierung menschlicher Arbeitskraft für den Bau riesiger Wälle aus gestampfter Erde und gewaltiger Grabmäler, städtische Siedlungen, ein ziemlich genauer Mondkalender, Geld in Form von Kaurimuschelschnüren, ein Götterpantheon, eine komplexe Clanstruktur und die Ahnenverehrung. Außerdem sind erstmals Musikinstrumente bezeugt: Trommeln, Gongs, Glockenspiele und Okarinas. Die Shang-Kunst zeichnet sich, im Gegensatz zu den geometrischen Stilformen der vorangegangenen Epoche, durch das Vorherrschen von zumeist

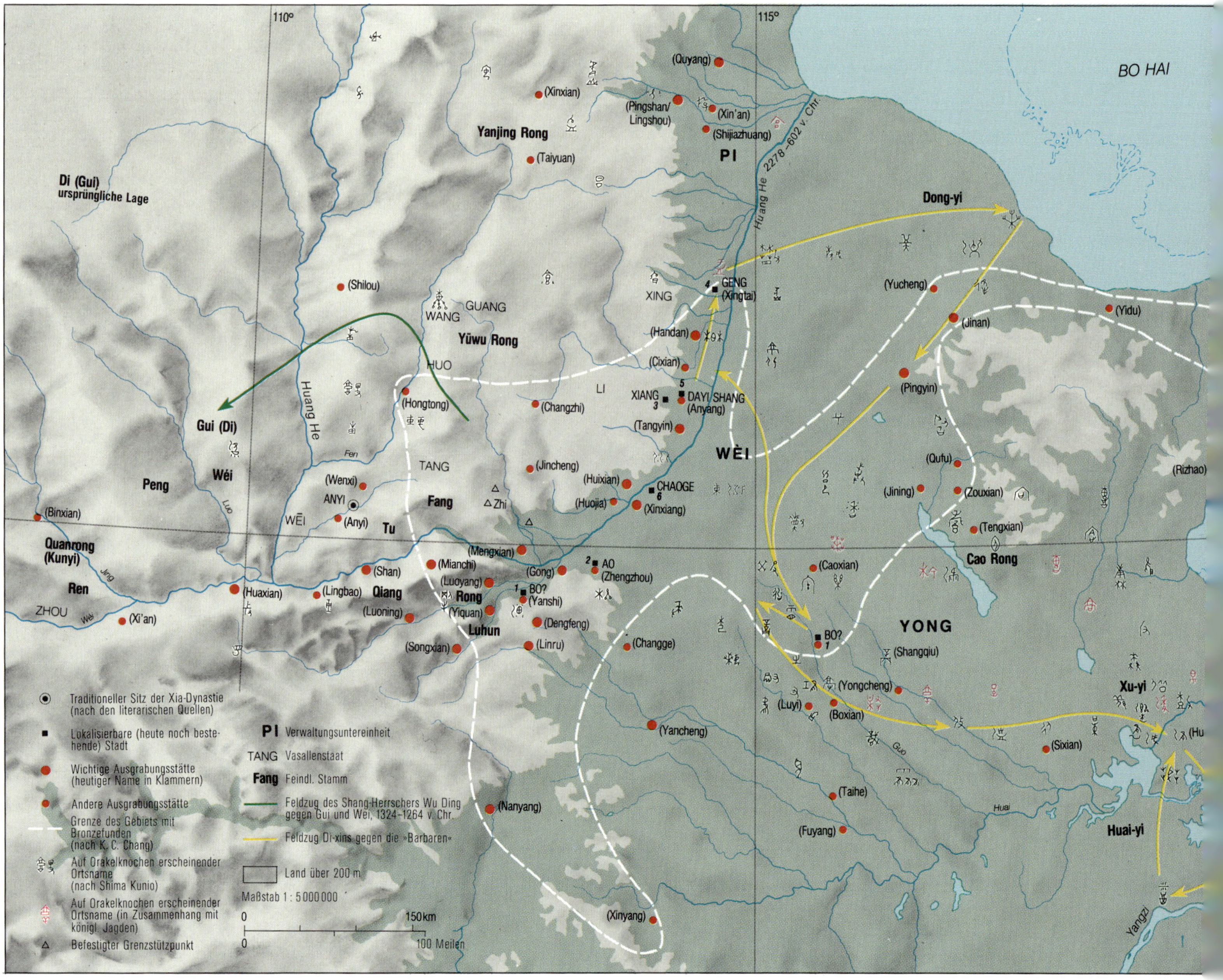

Das Reich der Shang um 1300 v. Chr. Wir besitzen drei Hauptinformationsquellen über das Herrschaftsgebiet der Shang: Zu ihnen rechnen die traditionellen Geschichtswerke, die archäologischen Funde und die Ortsnamen auf den Orakelknochen. Jede von ihnen gibt ein etwas anderes Bild der geographischen Ausdehnung. Die Ausgrabungsstätten befinden sich in dem relativ geschlossenen Areal mit dem Zentrum am Unterlauf des Gelben Flusses und in West-Shandong, während die auf den Orakelknochen erwähnten Orte mehr gen Südosten liegen. Jene Ausrichtung erklärt sich eventuell aus der Bedeutung dieser Region für die königlichen Jagden und Feldzüge. Nur ein geringer Bruchteil der Ortsnamen auf den Orakelknochen konnte genau identifiziert werden, und in den meisten Fällen ist sogar die Aussprache des jeweiligen Schriftzeichens unbekannt; aber ihre ungefähre Lage und die benötigte Reisedauer zwischen den einzelnen Städten ist dank der Untersuchungen des japanischen Gelehrten Shima Kunio ziemlich exakt geklärt. Auch war es bislang nicht möglich, mehr als einige wenige der namentlich bekannten Vasallenstaaten der Shang zu lokalisieren. Vielleicht tragen zukünftige Forschungsarbeiten einmal zu einer Präzisierung bei, doch gegenwärtig müssen wir uns mit dem auf der Karte dargestellten mosaikartigen Bild bescheiden.

Rechts oben: Die Symbolschriften der Shang-Zeit behandeln oft Dinge des alltäglichen Lebens. Die hier gezeigten Symbole geben Hinweise auf die Art des Getreidetransports zu jener Periode.

Rechts: Die Risse, die mit einem glühenden spitzen Gegenstand auf der Unterseite eines Schildkrötenpanzers erzeugt wurden, waren die Grundlage für die Weissagungen während der Shang-Dynastie. Die Antworten auf die Fragen wurden dann mit einem scharfen Griffel auf die Panzeroberfläche geritzt.

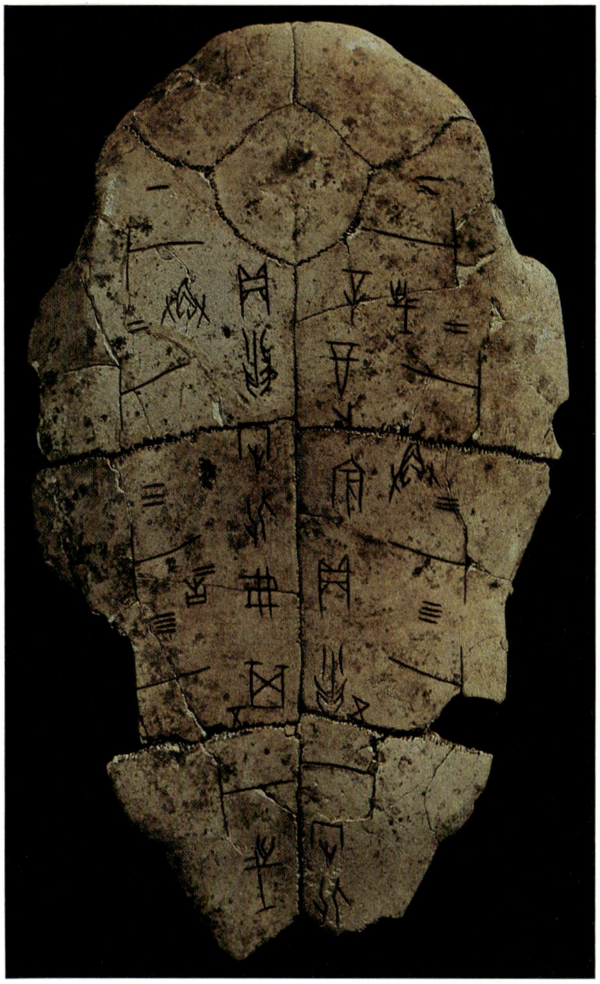

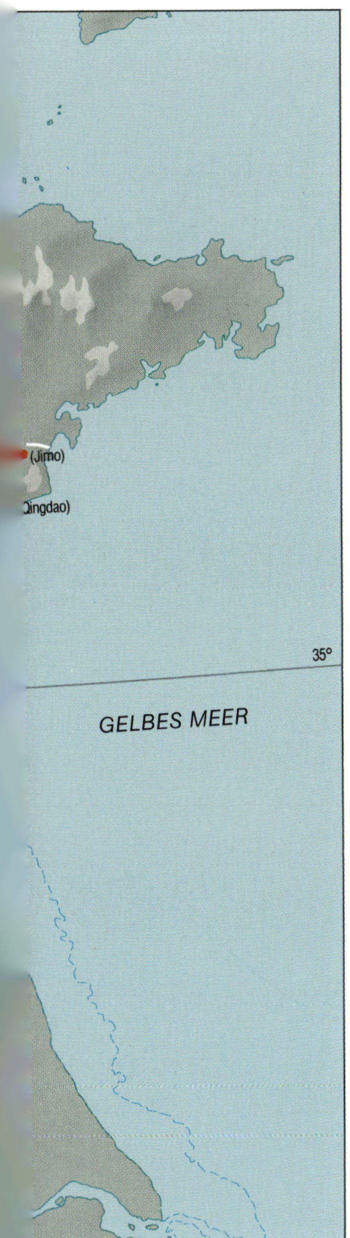

stark stilisierten Tiermotiven aus. Doch gibt es auch naturalistische Beispiele, darunter Kompositionen von realistischen Elementen mit imaginären Monsterwesen.

Ferner sind einige Darstellungen von Menschen überkommen, die in den durch Gürtel zusammengehaltenen und für das archaische China typischen Wendekragen-Hauskleidern gezeigt werden. Die übliche Sitzhaltung scheint das Knien gewesen zu sein, wobei das Körpergewicht auf den Hacken ruhte, wie heute noch in Japan üblich; in China war dies die »korrekte Sitzhaltung« bis in das frühe erste Jahrtausend n. Chr. Die Grundform der Shang-Architektur bestand aus einem auf einer rechteckigen Plattform errichteten hölzernen Ständerbau ohne diagonale Verstrebungen, der über lange steinerne Treppenfluchten zu erreichen war. Die Giebelschenkel der strohgedeckten Dächer waren gerade und unterschieden sich damit von den unter der Tang-Dynastie (618–906 n. Chr.) aufkommenden leicht ausgebauchten und gekrümmten Schenkeln. Diese Konzeption stand Pate bei allen späteren traditionellen palastartigen Bauten.

Die kulturellen Äußerungsformen waren damals also schon unverwechselbar chinesisch. Nirgends wird dies deutlicher als bei der auf Shang-Bronzen verwendeten Schrift. Trotz vieler noch bestehender Unklarheiten bei der Entzifferung handelt es sich dabei zweifellos um den direkten Vorläufer der modernen chinesischen Sprache und Schrift. Die Datierungen der Orakeltexte, Weissagungen, die die Shang-Könige zwischen dem 14. und dem 12. Jahrhundert v. Chr. auf Knochen- und Schildkrötenpanzern festhalten ließen, sind von der wissenschaftlichen Forschung mit der von Joseph Justus Scaliger (1540–1609) für astronomische Zwecke entwickelten Standard-Chronologie fortschreitender Numerierung der Tage in Verbindung gebracht worden; doch bereitet die Shang-Chronologie nach wie vor Schwierigkeiten. Wenn man sich runder Jahresdaten bedient, ist die von König Tang eingeleitete Dynastiegründung sinnvollerweise im Jahr 1750 v. Chr. anzusetzen. Nach den historischen Quellen soll er den moralisch verworfenen Herrscher der Xia vom Thron verdrängt haben. Ungefähr um 1600 v. Chr. verlegten die Shang wahrscheinlich ihren Hof in die späteste ihrer insgesamt sieben Residenzen in der Nähe des heutigen Anyang (Henan). Um 1100 v. Chr. wurde schließlich Dixin, der letzte Shang-Herrscher, vom Staat Zhou gestürzt, einem übermächtig gewordenen Vasallen, dessen Zentrum westlich der Shang im Flußtal des Wei lag.

Im Zusammenhang mit den Shang treten zwei Probleme auf. Zum einen die Frage, wie ihre Hochkultur so urplötzlich aus dem relativen Nichts entstehen konnte. Und zum anderen, warum die politische Macht der Shang-Herrscher über mehr als 600 Jahre offenbar relativ stabil blieb. Trotz der mangelnden Kenntnis von den Vorläufern der Shang ist ein unvermitteltes Auftauchen dieser Kultur wenig wahrscheinlich. Bis vor kurzem glaubte man, daß in China der Bronzeguß in vollkommener und technisch verfeinerter Form aufgetreten sei, und wertete dies als überzeugenden Hinweis dafür, daß diese Technik aus anderen Gebieten, wahrscheinlich dem Vorderen Orient, übernommen wurde. In jüngster Zeit jedoch wurden einige frühe, gröbere Bronzen entdeckt, die möglicherweise aus dem 18. Jahrhundert v. Chr. datieren. Ebenso ist die Schrift, die zur Aufzeichnung der Orakelsprüche benutzt wurde, ganz eindeutig die vereinfachte Form einer älteren, stärker piktographisch ausgerichteten Schrift, die sich gelegentlich auf Shang-Bronzen findet. Gelehrte, die die Shang-Kultur im wesentlichen für rein chinesischen Ursprungs halten, verweisen – zurecht – auf die Einzigartigkeit der Bronzegußtechnik. Die Chinesen verwandten im allgemeinen das Teilformgußverfahren (in Formsand) anstelle des andernorts gebräuchlichen Wachsausschmelzgußverfahrens. Und schließlich betonen die Archäologen noch die Kontinuität mit der frühen Xiaotun-Keramik. Andererseits aber treten auch Fremdeinflüsse so offen zutage und fügen sich zu einem so eindrucksvollen Bild zusammen, daß Einwirkungen aus älteren Hochkulturzentren kaum von der Hand zu weisen sind. Diese Feststellung trifft insbesondere auf den Wagen zu, der kaum zweimal unabhängig voneinander erfunden worden sein dürfte. Auch die Formen verschiedener Werkzeuge und Keramikgefäße deuten unzweifelhaft auf gewisse Kontakte zwischen China, dem Vorderen Orient und dem Indus-Tal hin.

Für die Beantwortung der zweiten, die Stabilität der Shang-Dynastie betreffende Frage müssen wir uns mit den sozialen, politischen und religiösen Strukturen und den Umweltbedingungen befassen. Die Machtgrundlage bildeten wahrscheinlich zwei- bis dreihundert Clans, deren Mitglieder in jeweils eigenen Domänen zusammenlebten; jeder einzelne von ihnen besaß sein spezifisches Emblem, das im Mittelpunkt der religiösen Feste der Clanangehörigen stand. Der Besitz von Bronzewaffen, namentlich der chinesischen Hellebarde und bronzener Pfeil- und Speerspitzen, sowie von Bronzehelmen verlieh ihren Trägern im Krieg einen entscheidenden Vorteil. Diese Waffen waren es, die sowohl die Herrschaft der kriegerischen adligen Oberschicht über das gemeine Volk als auch die Überlegenheit der gesamten Shang-Bevölkerung über die benachbarten und in ihrer Mitte siedelnden kulturell niedrigerstehenden Stämme sicherstellte. Die Shang-Könige führten ständig Kriege, Raubzüge und Tributforderungen waren Teil der Wirtschaftsbasis der Monarchie; Kriegsgefangene wurden entweder als Menschenopfer dargebracht oder versklavt.

Die verbesserten Waffen erklären zum Teil auch die Jagdleidenschaft der Shang-Aristokratie. Die Könige besaßen ein riesiges Jagdrevier an den westlichen Gebirgsausläufern des Tai und Meng im Südteil der heutigen Provinz Shandong. Ausgrabungen in Shang-Siedlungen haben Elefanten-, Rhinozeros-, Bären-, Tiger-, Leoparden-, Hirsch-, Affen-, Fuchs- und Dachsknochen zutage gefördert. Die Jagd galt außerdem als bestes Training für den Krieg, sowohl im Gebrauch der Waffen als auch in der Einübung von Formationen für die Schlacht. Im Gegensatz zu den Bronzewaffen der Militärs waren die Werkzeuge weiterhin aus Stein, Holz und Knochen.

Im Zentrum des Shang-Staates stand der königliche Clan, dessen männliche Mitglieder sich ihre Hauptfrauen, nicht hingegen die Nebenfrauen, innerhalb des eigenen Clans auswählten. Dieser war in zehn Untergruppen aufgeteilt, die mit Schriftzeichen gekennzeichnet waren, die unserem A, B, C ... J entsprechen; die Nachfolgefrage wurde nach einem heute nicht mehr im Detail bekannten System geregelt. Im allgemeinen, aber nicht in jedem Fall, ging der Thron auf einen Bruder des verstorbenen Königs über und vom jüngsten Bruder auf dessen Sohn (siehe Grafik S. 59). Man glaubte, die eigentliche politische Autorität gehe von den königlichen Ahnen aus, auch die Seelen verstorbener Minister hatten einen gewissen Einfluß auf die politischen Ereignisse. Die Toten stiegen in den Himmel auf, über den *shangdi* (»der Herr da oben«) regierte, und sie konnten von dort zugunsten ihrer Nachkommen eingreifen. Zum rituellen Leben am Shang-Hof gehörten aus diesem Grund laufend dargebrachte Ahnenopfer, um diese günstig zu stimmen. Außerdem wurde kein wichtiges Unternehmen ohne vorherige Orakelbefragungen in Angriff genommen. Wie zu Zeiten der Longshan-Kultur bediente man sich des Knochen- und Schildkrötenorakels. Die Weissagungen wurden aufgezeichnet und bilden heute unsere Hauptinformationsquelle über das Leben unter der Shang-Dynastie.

Zu jener Zeit existierten bereits Züge zentralstaatlicher Kontrolle und Vereinheitlichung. Es gab ein dezimales Längenmaß mit der Einheit 1,7 Zentimeter, der Kalender hatte zwölf Monate und abwechselnd 30 bzw. 29 Tage, alle 19 Jahre setzten die Astronomen sieben Schaltmonate ein. Die königliche Domäne wurde von Landarbeitern unter der Aufsicht von Staatsbeamten bewirtschaftet, landwirtschaftliche Geräte wurden von den Behörden ausgegeben und deponiert, und die Ernteerträge wanderten in die staatlichen Kornspeicher. Außerhalb des Zentralgebiets scheinen Lehen bestanden zu haben, die an Königinnen und Prinzen oder auch an verdiente Generäle oder Amtsträger verliehen wurden. Die Lehnsnehmer hatten die Verpflichtung, Heeresfolge zu leisten, Tribut zu

Rechts: Die Thronfolgeregelung der Shang-Könige
Eine in jüngster Zeit geführte wissenschaftliche Debatte beschäftigte sich mit dem Problem der Thronfolgeregelung der Shang-Regenten. Im Mittelpunkt der Kontroverse stand die Frage, ob es innerhalb des königlichen Clans nur eine Hauptlinie oder aber mehrere genealogische Linien gegeben hat, da in allen Linien der königliche posthume Ehrenname als zweiten Namensbestandteil eines der hier verwendeten zyklischen Zeichen hatte. Die Tabelle kann deshalb in zweifacher Weise interpretiert werden: »Väterliche Abkunft« und »brüderliche Abkunft« lassen sich einerseits rein klassifikatorisch verstehen (als bloße Kennzeichnung der Zugehörigkeit entweder zur unmittelbar vorangehenden oder zur selben Generation), oder man kann sie im üblichen Sinn interpretieren.
Strittig ist auch, nach welchem System die Anordnung der zyklischen Zeichen (*jia, yi, bing* etc.) vorgenommen wurde, denn keines der Zeichen taucht in einer Generation zweimal auf. Ferner stellt sich die Frage nach der unterschiedlichen Häufigkeit der Verwendung einzelner Zeichen und warum der Gebrauch des Zeichens *da* (»groß«) nur auf die Hauptlinie beschränkt blieb.

Links: Dieser bronzene Opferweinbehälter (*yu*) mit dem geschwungenen Griff zeigt ein vor Entsetzen erstarrtes menschliches Antlitz in den Klauen eines Monsterwesens. Auf den Shang-Bronzen sind selten Personenabbildungen zu finden, die wenigen vorhandenen stellen möglicherweise Menschenopfer dar. Ein ähnliches Gesicht wie dieses erscheint auf einem *ding*-Gefäß, das 1965 in Ningxiang, Henan, ausgegraben wurde. Das sorgfältig herausgearbeitete Oberflächendekor des hier abgebildeten Behälters vereinigt in sich viele Stilelemente aus der späten Shang-Dynastie des elften vorchristlichen Jahrhunderts.

Rechts unten: Skelette von Wagenlenkern und ihren Pferden sowie Überreste von Streitwagen wurden in den königlichen Shang-Grabmälern in Anyang gefunden. Der Streitwagen war in China nicht vor der Anyang-Periode der Shang-Dynastie, ca. 1300 v. Chr., bekannt. Die Wagen ähneln den in Begräbnisfeldern des Kaukasus entdeckten Exemplaren. Sie besitzen einen ähnlich geformten niedrigen und vorne offenen Wagenaufbau, vergleichbar große Räder mit zahlreichen Speichen und aus zwei gebogenen Holzstücken bestehende Radkränze.

Seiten 56/57: Aufgrund der in königlichen Shang-Gräbern aufgefundenen Streitwagen läßt sich schließen, daß die Herrscher auf der linken hinteren Gefährtseite standen, die Bediensteten rechts von ihnen, während die Wagenlenker vorne Platz nahmen. Die Haartracht des Königs auf der rekonstruierten Zeichnung ist der Frisur einer kleinen Statuette nachgebildet, die vermutlich den Himmelssohn darstellt. Die Soldaten des Gefolges tragen Bronzehelme und rund gearbeitete Körperpanzer nach dem Vorbild ausgegrabener Shang-Rüstungen. Der Streitwagen war entweder zwei- oder vierspännig, bestand aus Holz, mit Radnaben und Beschlägen aus Bronze. Während der Shang-Dynastie wurden Jagdexpeditionen wie militärische Übungen durchgeführt.

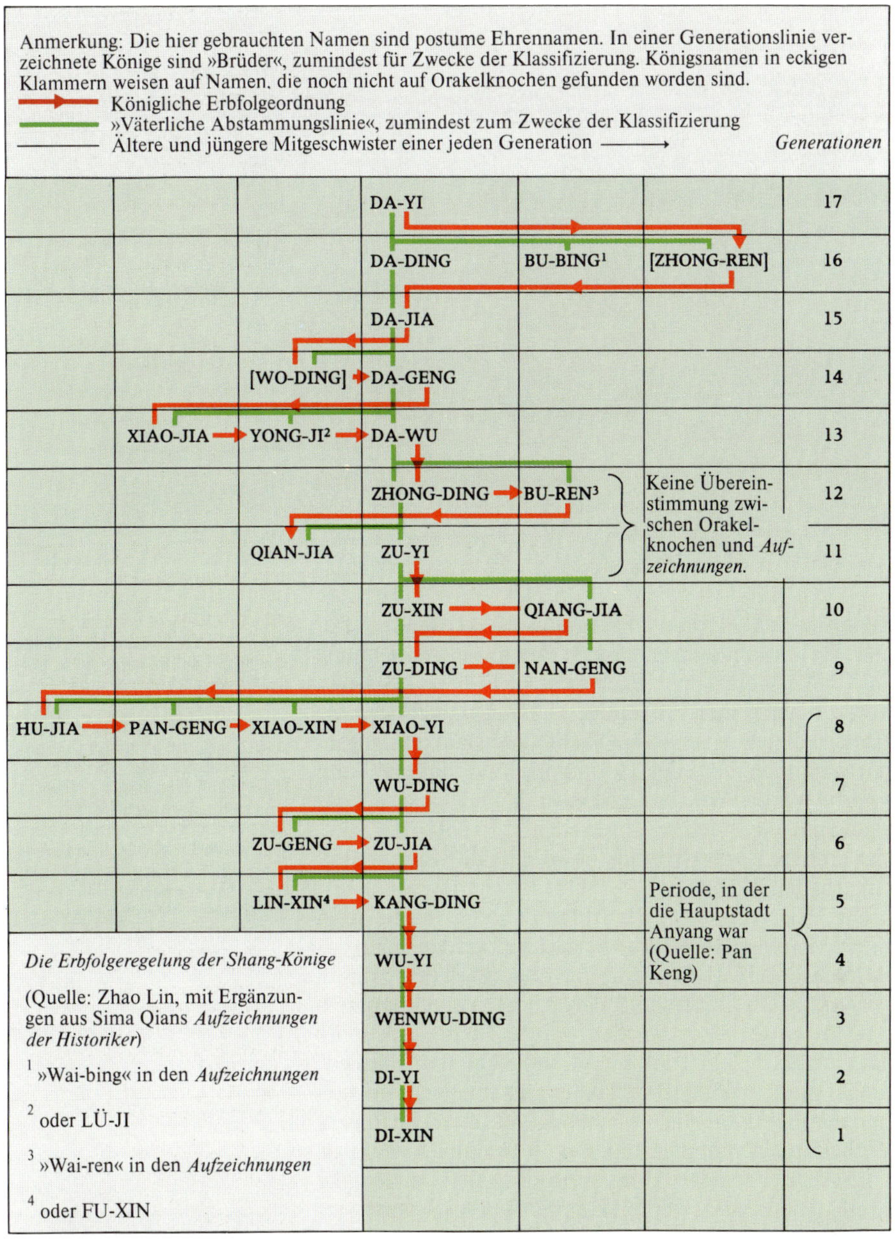

Die Erbfolgeregelung der Shang-Könige

(Quelle: Zhao Lin, mit Ergänzungen aus Sima Qians *Aufzeichnungen der Historiker*)

[1] »Wai-bing« in den *Aufzeichnungen*

[2] oder LÜ-JI

[3] »Wai-ren« in den *Aufzeichnungen*

[4] oder FU-XIN

zahlen und Arbeitskräfte für öffentliche Bauvorhaben zur Verfügung zu stellen.

Die Shang kannten zwei Arten von Göttern und Geistern: die im Himmel lebenden, denen nicht geopfert wurde, und die irdischen Lokalgottheiten, denen man, ebenso wie den Ahnen, Opfer darbrachte. Wahrscheinlich stellte man sich die Existenz nach dem Tode als eine unmittelbare Fortsetzung des diesseitigen Lebens vor. Das könnte das Hinschlachten zahlloser Menschen und Tiere erklären, wenn ein Herrscher oder ein anderer bedeutender Mann zu Grabe getragen wurde. Dutzende oder gar Hunderte von Begleitern – Frauen, Diener und Tiere – fanden den Tod, um ihren Gebietern in die Nachwelt zu folgen. Die Bronze-, Stein- und Jadegegenstände, die neben einigen dieser Skelette gefunden wurden, deuten aber darauf hin, daß nicht alle Begleiter dem einfachen Volk angehörten. Viele Opfer waren auch vor der Bestattung verstümmelt worden, was eine Begleitfunktion unwahrscheinlich macht. Wieder andere trugen Hellebarden, und aus ihrem Standort ist zu folgern, daß sie ihre Herrn vor den unter der Erde hausenden bösen Geistern schützen sollten.

Die Zhou-Dynastie

Gegen Ende des zwölften Jahrhunderts v. Chr. rebellierte König Wu aus dem Geschlecht der Zhou gegen den Shang-Herrscher Di-xin. Wu profitierte von dem aus den Feldzügen gegen die im Osten siedelnden Stämme herrührenden Machtverlust Di-xins und schlug diesen vernichtend in der Schlacht von Chaoge (oder Muye). Die neue Zhou-Dynastie war die langlebigste und angesehenste von allen Herrscherhäusern der chinesischen Geschichte. Insbesondere die ersten beiden Jahrhunderte ihrer Regentschaft galten als Goldenes Zeitalter, in der die Regierungsgeschäfte beispielhaft geführt wurden und das Reich wirtschaftlich prosperierte.

Ihren Erfolg verdankten die Zhou zweifellos einer Reihe von außergewöhnlichen Führerpersönlichkeiten. Als das Zhou-Geschlecht noch in Abhängigkeit zur Shang-Dynastie stand, sorgte König Wen, dessen Name im Chinesischen synonym mit »Kultur« oder »Zivilisation« gebraucht wird, für den Machtzuwachs. Wen ist wegen seiner Ehrfurcht vor Göttern und Ahnen, seiner Sorge um das Wohlergehen des Volkes und wegen seines Geschicks berühmt, mit anderen Staaten politische Allianzen einzugehen. Seinem Sohn, König Wu, der »Kriegerische«, war der Alkoholmißbrauch der Shang verhaßt, weswegen er sich bemühte, die Todesstrafe für jede Art von kollektiven Alkoholexzessen durchzusetzen, ausgenommen waren lediglich Trinkgelage anläßlich von Ritualopfern. (Es hieß, daß die Ahnengeister den Zustand der Trunkenheit liebten.) Er legte auch Wert auf unparteiische Rechtsprechung, und er betonte die Bedeutung vorschriftsmäßiger familiärer Beziehungen. Anders als die späteren chinesischen Herrscher und Philosophen, die nur die Vorschrift von der Unterordnung der Jüngeren unter die Älteren kannten, drohte Wu Vätern und älteren Brüdern bei der Vernachlässigung familiärer Verpflichtungen mit Bestrafung. Das Konsolidierungswerk wurde von König Wus jüngerem Bruder, dem Herzog von Zhou, weitergeführt, der während der Minderjährigkeit von Wus Sohn die Regierungsgeschäfte übernommen hatte. Der Herzog schlug eine Rebellion von Anhängern des alten Shang-Regimes nieder, die sich mit einigen Mitgliedern des Zhou-Geschlechts verbündet hatten. Später betrachtete Konfuzius ihn als Musterbeispiel eines loyalen Ministers.

Obwohl kein Anlaß zum Zweifel besteht, daß während der ersten Jahrhunderte der Zhou-Dynastie Frieden innerhalb des Reiches herrschte, sollte man dem allzu ro-

sigen Bild, das die traditionelle Geschichtsschreibung von diesem Herrscherhaus malt, in vielen Punkten keinen übermäßigen Glauben schenken. Die Zhou können als die frühesten Meister politischer Propaganda in China gelten. Sie vernichteten höchstwahrscheinlich alle Zeugnisse der Shang (von denen keine zweifelsfrei authentischen literarischen Quellen überliefert sind), um die alleinige Tradierung ihrer eigenen Geschichtsauffassung sicherzustellen. Mit der Theorie des »Himmlischen Mandats« *(tianming)* verkündeten sie eine einfache, aber um so überzeugendere Doktrin, um die gestürzten Shang mit ihrer Abhängigkeit von den Zhou auszusöhnen. Nach dieser Theorie galt der Herrscher als »Sohn des Himmels« *(tianzi)*. *Tian* oder Himmel war die höchste Gottheit der Zhou, und die ganze Welt, »was unter dem Himmel ist« *(tianxia)*, bildete das rechtmäßige Herrschaftsgebiet des Königs. Er regierte demzufolge im Auftrag des Himmels und behielt dieses Recht so lange, wie er gerecht und moralisch war und dem Wohlergehen seiner Untertanen diente. Sobald ein Regent diesen Ansprüchen nicht mehr genügte, pflegte der Himmel (den Wünschen des Volkes entsprechend), nicht ohne Vorwarnung allerdings, ihm das Mandat zu entziehen und es an einen anderen (Würdigeren) zu geben (*ge-ming*, wörtlich »den Auftrag ändern«, heute der allgemein übliche Ausdruck für Revolution). Wegen der moralischen Verkommenheit des letzten Xia-Königs (jedenfalls hatte er es nach der Theorie zu sein) ging die Herrschaft an Tang, den Gründer der Shang-Dynastie über. Ebenso verhielt es sich mit Di-xin, dem letzten Regenten der Shang. Er war der Überlieferung nach ein Sadist, der alle nur erdenklichen Foltermethoden erfand, so daß der Himmel das Mandat auf das Haus der Zhou übertrug. Der Sieg der Zhou über die Shang in Chaoge galt demnach als ein himmlischer Richterspruch. Einige der Oden in der als *Buch der Lieder (Shi-jing)* bezeichneten Sammlung, später in den Rang einer der kanonischen konfuzianischen Schriften erhoben, sind Moralpredigten zu diesem Thema an die Adresse der Shang. Sie deuten darauf hin, daß *shangdi*, »der Herr da oben«, unter den Zhou mehr und mehr identisch mit *tian* geworden war. Es scheint also, daß die Theorie des »Himmlischen Mandats« erfolgreich zur – wenn auch nicht der Wahrheit entsprechenden – Rechtfertigung für eine Rebellion benutzt worden ist, die nachweislich bereits mehrere Generationen lang vorbereitet worden war.

Es gab nur wenige sich unmittelbar mit dem Dynastiewechsel zu den Zhou vollziehende kulturelle Veränderungen. Am Zhou-Hof wurde nicht mehr routinemäßig aus Rissen in Schildkrötenpanzern geweissagt, sondern nur noch bei besonderen Anlässen. Auch die Bezeichnung der Clan-Untergruppen nach dem A, B, C ... J-Schema wurde nicht weiter verwendet, wahrscheinlich, weil die Zhou zu einem einfacheren Nachfolgesystem übergegangen waren, bei dem der Thron vom Vater auf den Sohn vererbt wurde. Was die exzessive Jagdleidenschaft der Shang und die rituellen Morde angeht, so übten die Zhou hier größere Zurückhaltung, obwohl beide Sitten weiterhin erhalten blieben.

Die Regierungsform der frühen Zhou-Dynastie kann als ein »Familienkönigtum« bezeichnet werden, denn das Herrschaftsgebiet war in einzelne Lehen aufgeteilt, die an Verwandte des Monarchen oder an dessen unentbehrlichste Stützen verliehen worden waren. Theoretisch sollte das Land nach dem Tode eines Lehnsnehmers (Vasallen) wieder an den König zurückfallen, doch gingen die meisten der Latifundien in erblichen Besitz über. Die Regenten hatten ein zentralgesteuertes Verwaltungssystem als Vorläufer der späteren Bürokratie geschaffen, in dem die Ämter nicht vererbt werden konnten. Dieses System wies allerdings die Tendenz auf, daß der Person des einzelnen Amtsinhabers mehr Bedeutung beigemessen wurde als dem Amt selbst, weswegen oftmals Titel an Männer verliehen wurden, die für die betreffende Funktion nicht sonderlich geeignet waren. Der direkten Kontrolle des Herrschers unterstanden mehrere, an den verschiedensten Punkten des Reiches stationierte Heere. Diese regulären Truppen wurden beim Kampf gegen die angrenzenden nicht-chinesischen Stämme durch Soldaten der Vasallen verstärkt. Für den Angriff blieb die Hellebarde und für die Verteidigung der Bau von ummauerten Städten richtungweisend. Es gibt Anzeichen dafür, daß die Fremdstämme allmählich sowohl die Technik der Metallbearbeitung als auch die Errichtung befestigter Städte erlernten, woraus zu schließen ist, daß sich die Überlegenheit der Zhou in zunehmendem Maße auf ihr effizienteres Verwaltungssystem stützte. Das damals unter Zhou-Herrschaft stehende Gebiet umfaßte das heutige südliche Shaanxi, Shanxi, Henan, Hebei und Shandong. König Zhao (1052–1002 v. Chr.) unternahm mehrere Feldzüge, die ihn bis an den Han führten, wo er während des letzten starb. Sein Nachfolger, König Mu (1001–947 v. Chr.), wurde in der späteren Legendenbildung zum Urbild des Weltreisenden schlechthin hochstilisiert, womit möglicherweise symbolisch die Expansion der Zhou angedeutet wird.

Erste Anzeichen der Schwäche zeigte das Herrscherhaus zu Beginn des neunten Jahrhunderts v. Chr., als

Oben: Die als *taotie* bekannte Monster-Maske ist eines der häufigsten Motive auf Bronzen unterschiedlichster Art während der gesamten Shang- und Zhou-Zeit. Die hauptsächlichsten Merkmale des Monsters sind Hörner, hervorspringende Augen und ein scharfkantiger Oberkiefer. Dieses Motiv erscheint oft als Hintergrunddekoration und ist an den Augen erkennbar, in anderen Fällen sind die Masken-Elemente in Einzelteile aufgelöst. Man glaubte, daß die *taotie*-Maske Unheil abwende, und möglicherweise war sie auch ein Symbol für Gefräßigkeit oder Furcht.

Rechts: Die meisten Shang-Bronzen waren entweder drei- oder einfüßige Gefäße. In der Formgebung lehnten sie sich an die Keramiken des Neolithikums an. Die graziöse Gestaltung der drei- oder vierfüßigen Behälter *(ding)* der frühen Shang-Dynastie wich schwereren und plumperen Formen mit dichterem Dekor. Das *ding*-Gefäß wurde sowohl für rituelle als auch praktische Zwecke benutzt.

Oben: Dieses in Anhui gefundene Gefäß *(yu)* aus der frühen Zhou-Periode ist ein Beispiel für den etwas einfacheren und klassischeren Stil der Bronzen aus dem zehnten Jahrhundert, nimmt man den Opferweinbehälter aus der späten Shang-Zeit zum Vergleich (S. 58).

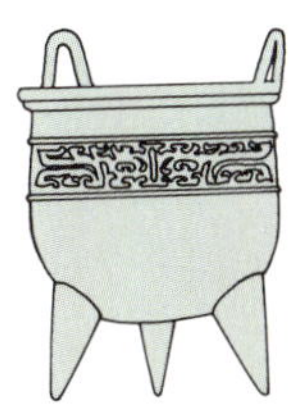

Frühe Shang-Zeit

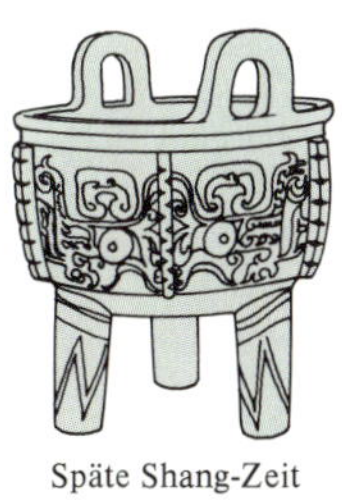

Späte Shang-Zeit

Frühe Zhou-Zeit

Späte Zhou-Zeit

mehrere miteinander alliierte Vasallen die Thronbesteigung König Yis erzwangen. In der darauffolgenden Regierungsperiode König Lis (878–828 v. Chr.) wurde die Monarchie durch die Revolte des Markgrafen von E beinahe zu Fall gebracht, der sich mit einigen nicht-chinesischen Völkerschaften verbündet hatte. Schließlich fand im Jahr 771 v. Chr. König You den Tod, als der Volksstamm der Rong zusammen mit dem Markgrafen von Shen und dessen Bundesgenossen die Zhou-Hauptstadt Hao am Wei angriffen. Daraufhin wurde einer von Yous Söhnen, der die Gunst der Rebellen besaß, inthronisiert und von den meisten Lehnsnehmern anerkannt. Aus Sicherheitsgründen verlegte er seine Hauptstadt nach Osten, in die Nähe des modernen Luoyang. Doch die Macht der Zhou-Herrscher nahm immer mehr ab, bis das Königtum kaum mehr als nur noch rein protokollarische Bedeutung besaß.

Die Historiker pflegen die Zhou-Dynastie im allgemeinen in zwei Abschnitte einzuteilen, in die Zeit vor und nach 771 v. Chr. Die erste Periode, in der die Könige über tatsächliche Macht verfügten, ist als Westliche Zhou-Dynastie (ca. elftes Jahrhundert–771 v. Chr.) bekannt; die zweite, die Zeit der zunehmenden Bedeutungslosigkeit der Herrscher und konkurrierender, aus den ehemaligen Lehnsterritorien hervorgegangener Staaten wird, mit Bezug auf die Verlegung der Hauptstadt nach Osten, die Östliche Zhou-Dynastie (771–221 v. Chr.) genannt.

Die diesem Machtzerfall zugrundeliegenden Faktoren sind nicht in allen Details erforscht. Einer der hauptsächlichsten Gründe dürfte möglicherweise die stetige Ausbreitung fortgeschrittener, aus den chinesischen Zentralgebieten abfließender Militär- und Wirtschaftstechnologien in die angrenzenden Regionen gewesen sein. So war die Herstellung überlegener Bronzewaffen nicht länger das Monopol einer politischen Elite, und gegen Ende der Zhou-Herrschaft hatte die Zahl der Städte, die Wälle aus gestampfter Erde besaßen, rapide zugenommen.

Zu der Zeit, da der Clan-Zusammenhalt abnahm und das traditionelle gegenseitige Abhängigkeitsverhältnis zwischen Vasall und Herrscher ausgehöhlt wurde, gewannen die Lehnsnehmer an Macht und konnten sich so immer besser gegen fremde Stämme ohne die Hilfe der Zentralregierung verteidigen. Auch den Ansprüchen des Königshauses wußten sie sich verstärkt zu entziehen. Gleichzeitig wurden die von den Chinesen so genannten »Barbaren« im heutigen Innenraum China (die von den von außen eindringenden zu unterscheiden sind) zunehmend bedrohlicher, weil sie sich ebenfalls fortschrittlicher Techniken wie des bewässerten Ackerbaus und der Metallbearbeitung zu bedienen lernten. Damals war der kulturelle Abstand weit weniger offensichtlich, als die Chinesen mit dem Gebrauch des Terminus »Barbaren« glauben machen wollten.

In dieser Welt miteinander rivalisierender Staaten scheint das alte Clansystem allmählich ersetzt worden zu sein. In den oberen Gesellschaftsschichten wurde es durch das Aufkommen einer Aristokratenkultur verdrängt, die auf enger gefaßten familiären Banden beruhte und Wert auf Ritterlichkeit, Höflichkeit, Prachtentfaltung, vornehme Abstammung und korrektes rituelles Verhalten legte. Diese Zeit wird von den im traditionellen Denken verhafteten chinesischen Historiographen als »Frühling- und Herbst-Periode« bezeichnet, nach der unter dem Titel *Frühling und Herbst (Chun-qiu)* bekanntgewordenen Chronik des Staates Lu, die die Ereignisse jener Epoche beschreibt. Man datiert sie allgemein von 772–481 v. Chr., läßt sie also zwei Jahre vor dem Tod des Konfuzius enden. Da die klassische Kultur des Chinesischen Reiches sich in dieser Periode herausbildete, verdient sie eine detaillierte Betrachtung.

Frühling- und Herbst-Periode

Am Beginn des Zeitraums existierten zahlreiche kleine Stadtstaaten. Ausgang des achten Jahrhunderts schrieb ein Minister, daß Städte mit mehr als 3000 Ellen im Umkreis dem Staat gefährlich werden würden, und er meinte, daß im vergangenen Goldenen Zeitalter selbst die bedeutendsten unter den von den Zhou abhängigen Städten nur ein Drittel so groß wie deren Kapitale gewesen seien. Die Größe der kleinsten habe nur noch ein Neuntel davon betragen, mit anderen Worten, sie waren kaum mehr als Schloßbezirke gewesen. Diese Bemerkung vermittelt einen klaren Eindruck von der Winzigkeit einiger dieser Stadtstaaten.

Jedoch gingen die kleinen Gemeinwesen bald durch ständige kriegerische Auseinandersetzungen unter, oder sie verschmolzen zu größeren politischen Einheiten, die man eher als »Staaten« im heutigen Wortsinn bezeichnen kann. Jeder von ihnen besaß eine Bevölkerung, die sich ihrer Staatszugehörigkeit bewußt war und ein staatliches Zusammengehörigkeitsgefühl entwickelt hatte. In dieser Hinsicht unterschieden sich die Chinesen deutlich von den im Norden ansässigen Fremdstämmen.

Alle diese chinesischen Staaten besaßen ein klares System von Rängen, sozialen Klassen, zivilen und militärischen Ämtern, und ihre Herrscher fühlten sich verantwortlich – zumindest wurde es von ihnen erwartet – für das Wohlergehen der gesamten Bevölkerung. Ihr Pflichtgefühl äußerte sich in der Fiskal- und Wirtschaftspolitik, in Gesetzesverordnungen und in der Durchführung von religiösen Ritualen, die den Wohlstand mehren und Unglücksfälle abwehren helfen sollten. Das allgemein vorhandene Bewußtsein für die Notwendigkeit eines einheitlichen und umfassenden Regierungssystems kommt exemplarisch in dem uns überlieferten Bericht über den Staat Chu unter seinem Kanzler Zi Mu in der Mitte des sechsten Jahrhunderts v. Chr. zum Ausdruck. Er wies den Kriegsminister an »das bebaubare Land zu registrieren, Berge und Wälder zu vermessen, Marschland und überflutete Wiesen aufzulisten, Hochgebirgsketten und Hügellandschaften getrennt zu verzeichnen, Salinen einzutragen, die Grenzen und die überfluteten Ländereien zu vermessen, eine Skizze der Deiche anzufertigen, die Deichböschungen in Weiden und die Gebiete zwischen den Deichen in kleine Äcker sowie die fruchtbaren Areale in Felder für Gruppen von je acht Familien aufzuteilen, die einzelnen Beiträge zum Kriegsdienst zu kalkulieren, und zwar in bezug auf die zu requirierenden Pferde und Wagen, die zu stellende Streitwagenbesatzung, die zu entsendenden Soldaten und die vorhandenen Rüstungen und Schilde.«

In diesen Staaten gab es oftmals grausame Machtkämpfe zwischen den einzelnen großen Clans, aber bezeichnenderweise besaß – zumindest in einigen von ihnen – der Herrscher die Macht, die Wahl eines neuen Familienoberhauptes gutzuheißen oder zu verwerfen, wenn das alte gestorben war. Es kam nicht selten vor, daß entweder das aufgebrachte Volk oder der unzufriedene Adel den König ermordete. Wenn man diesen politischen Gemeinwesen die Bezeichnung »Staat« versagt (wie das einige Wissenschaftler getan haben), dann ergibt sich das nahezu unlösbare Problem, wie denn »Staat« überhaupt definiert werden sollte.

Die drei Jahrhunderte verwickelter Geschichte während der Frühling- und Herbst-Periode lassen sich zum besseren Verständnis in neun Phasen unterteilen:

1. Gegen Ende des achten Jahrhunderts v. Chr. trat als erster Hegemon Herzog Zhuang von Zheng auf den Plan, der früheste jener Gruppe von Herrschern die, zumindest

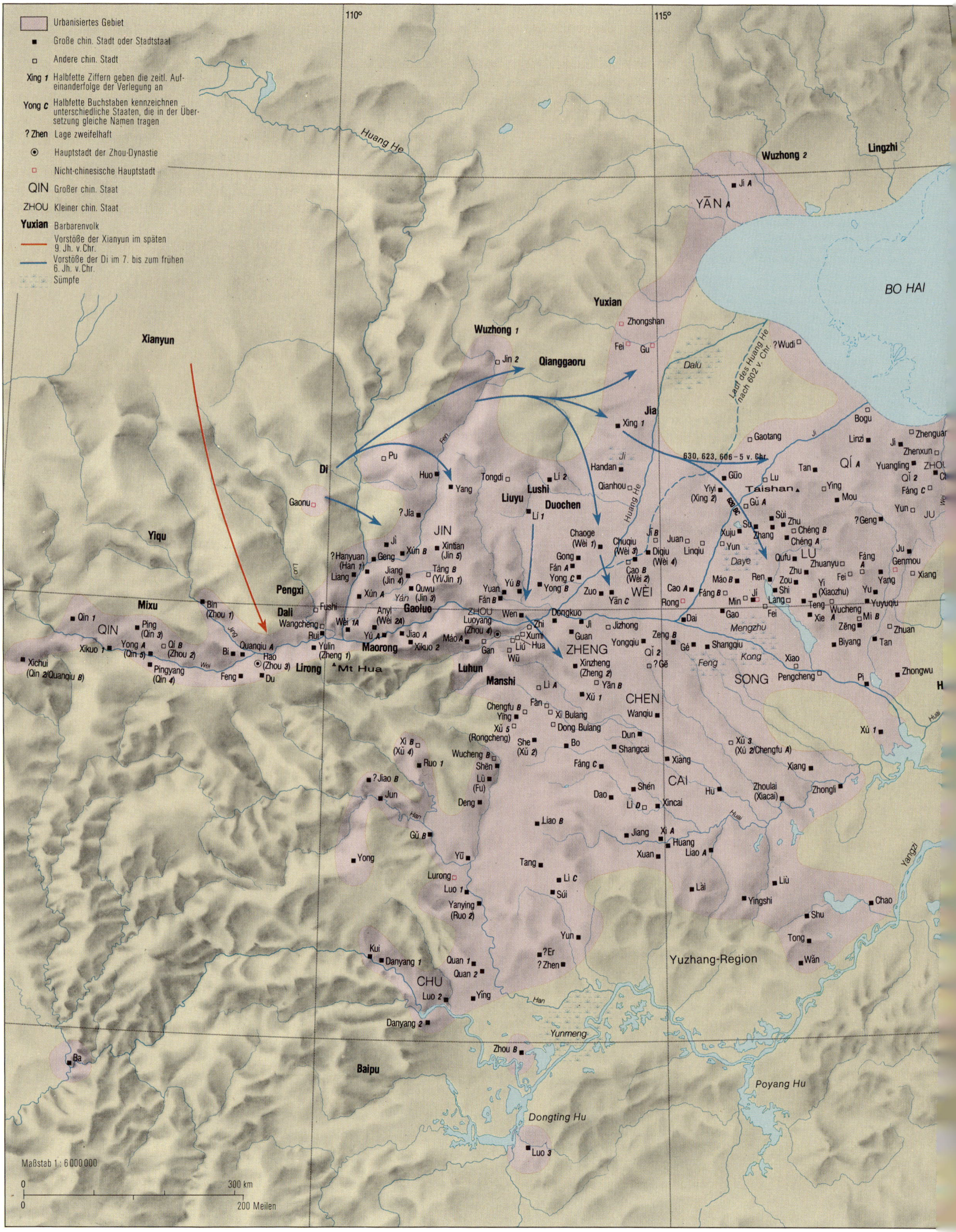

Urbanisiertes Gebiet
Große chin. Stadt oder Stadtstaat
Andere chin. Stadt
Xing 1 Halbfette Ziffern geben die zeitl. Aufeinanderfolge der Verlegung an
Yong C Halbfette Buchstaben kennzeichnen unterschiedliche Staaten, die in der Übersetzung gleiche Namen tragen
? Zhen Lage zweifelhaft
Hauptstadt der Zhou-Dynastie
Nicht-chinesische Hauptstadt
QIN Großer chin. Staat
ZHOU Kleiner chin. Staat
Yuxian Barbarenvolk
Vorstöße der Xianyun im späten 9. Jh. v. Chr.
Vorstöße der Di im 7. bis zum frühen 6. Jh. v. Chr.
Sümpfe
110°
115°
Huang He
Wuzhong 2
Lingzhi
YĀN A
Ji A
BO HAI
Yuxian
Zhongshan
Fei
Gu
?Wudi
Dalü
Lauf des Huang He nach 602 v. Chr.
Wuzhong 1
Jin 2
Qianggaoru
Xianyun
Jia
Xing 1
Di
Pu
Gaonu
Huo
Yang
?Jia
JIN
Tongdi
Li 2
Lushi
Liuyu
Duochen
Li 1
Handan
Qianhou
Gaotang
Bogu
Linzi
Ji
Zhenguan
Zhenxun
630, 623, 606–5 v. Chr.
Tan
QÍ A
Yuangling
Qi 2
Fáng C
Yun
JU
Guo
Lu
Taishan
Ying
Mou
Yiyi (Xing 2)
Gu A
?Geng
Yiqu
Pengxi
Mixu
Qin 1
QIN
Ping (Qin 3)
Bin (Zhou 1)
Xikuo
Yong A (Qin 5)
Qi B (Zhou 2)
Pingyang (Qin 4)
Xichui (Qin 2/Quanqiu B)
Bi
Quanqiu A
Hao (Zhou 3)
Feng
Du
Dali
Wangcheng
Fushi
Lirong
Yulin (Zheng 1)
Mt Hua
Maorong
Gaoluo
Jiang (Jin 4)
Xintian (Jin 5)
Xun B
Geng
?Hanyuan (Han 1)
Liang
Xun A
Tang B (Yi/Jin 1)
Quwu
Yan (Jin 3)
Anyi (Wei 2A)
Wei 1A
Rui
Yu A
Jiao A
Xikuo 2
Mao A
ZHOU
Luoyang (Zhou 4)
Gan
Wu
Liu
Hua
Xumi
Zhi
Wen
Yuan
Fan B
Yu B
Yong B
Yong C
Fan A
Gong
Chaoge (Wei 1)
Chuqiu (Wei 3)
Diqiu (Wei 4)
Cao B (Wei 2)
Zuo
Yan C
WÈI
Juan
Linqiu
Ji B
Cao A
Rong
Dai
Fang B
Mao B
Min
Ji
Gao
Fei
Mengzhu
Ren
Shi
Lang
Zou
Zhu
Qufu
LU
Xuju
Yun
Daye
Su
Zhang
Sui
Zhu
Cheng B
Cheng A
Zhuanyu
Fei
Yi (Xiaozhu)
Teng
Xie
Wucheng
Zeng
Mi B
Yuyuqiu
Yu
Yang
Fang A
Ju
Genmou
Xiang
Zhuan
Biyang
Tan
Dongkuo
Ji
Guan
Jizhong
Yongqiu
Zeng B
Qi 2
Ge
?Ge
Shangqiu
ZHENG
Xinzheng (Zheng 2)
Yan B
Feng
Kong
SONG
Xiao
Pengcheng
Pi
Zhongwu
Luhun
Manshi
Li A
Fan
Xu 1
CHEN
Chengfu B
Ying
Xi Bulang
Dong Bulang
Wanqiu
Xu 5 (Rongcheng)
She (Xu 2)
Bo
Dun
Shangcai
Xu 3 (Xu 2/Chengfu A)
Xu 1
Xi B (Xu 4)
Ruo 1
Wucheng B
Shen
Lü (Fu)
Fang C
Xiang
Xiang
?Jiao B
Jun
Deng
Dao
Shen
CAI
Hu
Zhoulai (Xiacai)
Zhongli
Li D
Xincai
Han
Liao B
Gu B
Jiang
Xi A
Huang
Liao A
Yong
Yu
Xuan
Tang
Lurong
Luo 1
Li C
Sui
Lai
Liu
Yingshi
Chao
Yanying (Ruo 2)
Shu
Tong
Yun
Wan
Kui
Danyang 1
Quan 1
Quan 2
?Er
?Zhen
Yuzhang-Region
CHU
Luo 2
Ying
Han
Danyang 2
Yunmeng
Huai
Yangzi
Zhou B
Ba
Baipu
Poyang Hu
Dongting Hu
Luo 3
Maßstab 1 : 6 000 000
0
300 km
0
200 Meilen

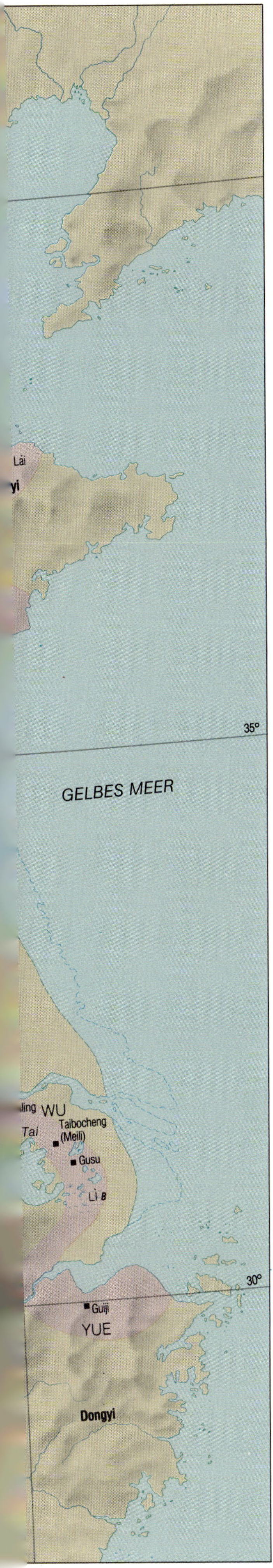

theoretisch, im Namen des Zhou-Königs die Oberhoheit über die anderen Reiche ausübten. Der Staat Zheng lag genau im Süden des großen Knies des Gelben Flusses, unmittelbar dort, wo dieser sich scharf nach Osten in Richtung Meeresküste wendet. Seine äußerst zentrale Lage in der Nähe des Zhou-Kronlandes brachte ihm anfangs wohl Vorteile, später jedoch ernste Schwierigkeiten, als von allen Seiten starke Nachbarn ihren Druck verstärkten.

Zheng organisierte eine Allianz seiner nördlichen Anrainer gegen die immer stärker werdende Bedrohung aus dem Süden, die von Chu, einem Staat im mittleren Yangzi-Tal ausging, von dem es hieß, er besitze »Gebirgszüge als Schutzwälle und den Flußlauf des Han als Burggraben«. Mit Ende des achten Jahrhunderts begann Chu sich nach Norden auszubreiten und zerstörte dabei alle kleineren Mächte, die ihm im Wege waren. Auf diese Weise entstand ein Antagonismus zwischen Nord und Süd, der in den nächsten 500 Jahren Ausgangspunkt aller diplomatischen und kriegerischen Konflikte wurde.

2. In der ersten Hälfte des siebten Jahrhunderts fiel die Rolle des Hegemons Herzog Huan von Qi (und seinem berühmten Minister Guan Zhong) zu. Qi lag im Nordosten und verdankte die Vorherrschaft zum Teil seiner Führungsrolle beim Kampf gegen nichtchinesische Stämme. Seine wirtschaftliche Stärke gründete sich auf das staatliche Salzmonopol, die staatlich kontrollierte Herstellung von Eisengeräten für den Ackerbau, die Münzprägung und die Preiskontrolle. Guan Zhong bediente sich als erster des Instituts der durch Eid besiegelten politischen Allianz, in der alle Bündnisstaaten sich auf die Anerkennung der Oberhoheit eines Hegemons verpflichteten. Obwohl er häufig den friedfertigen Charakter seiner Regierung betonte, zögerte Herzog Huan nicht, diejenigen Reiche anzugreifen, die außerhalb des Bündnisses geblieben waren.

3. Um die Mitte des siebten Jahrhunderts zerfiel die Macht Qis, als mit dem Tod Herzog Huans Nachfolgestreitigkeiten ausbrachen. Diese Ereignisse veranlaßten Herzog Xiang von Song, sich um die Hegemonie zu bewerben, da er sich der Täuschung hingab, die einstige Größe des königlichen Shang-Clans, dessen Nachfahre er war, wiederbeleben zu können. Doch Song, ein relativ kleiner Staat zwischen Gelbem Fluß und Oberlauf des Huai, war für ein solch ehrgeiziges Unterfangen auf Dauer zu schwach. Hinzu kam, daß der Herzog eine Entscheidungsschlacht gegen Chu verlor, weil er auf seiner für den Krieg völlig untauglichen Ritterlichkeit bestanden hatte.

4. Gegen Ende des siebten Jahrhunderts wurde Herzog Wen von Jin Hegemon. Jin umfaßte den Südteil der heutigen Provinz Shanxi. Wen war 15 Jahre lang kreuz und quer durch China gewandert, da er es abgelehnt hatte, sich der gegen ihn ausgesandten Armee seines eigenen Vaters zu stellen. Möglicherweise wäre er niemals zurückgekehrt, doch wußte ihn eine seiner Frauen mit folgendem Argument zu überzeugen: »Wenn man allein seiner Neigung folgt und nur den Frieden sucht, zerstört man seine Hoffnung, jemals Ansehen zu erlangen.« Herzog Wen kam mit Unterstützung des Herrschers von Qin an die Macht, dessen Staatsgebiet westlich von Jin im Tal des Wei lag.

Wen erwarb sich Anerkennung, weil er stets sein Wort hielt, seinen Untertanen Bildung ermöglichte und die Aristokratie exemplarisch bestrafte, »wodurch das Volk gehorsam wurde«. Formal wurde er vom Zhou-König als Primus inter pares seiner Lehnsnehmer anerkannt. Einer seiner Minister urteilte über das Hegemonie-Konzept des Herzogs, daß er »gute Taten belohne, den von Unglück Bedrohten helfe und sich auf diese Weise Autorität verschaffe«. In der Schlacht von Chengpu gelang ihm der ausschlaggebende Sieg über Chu.

Etwa zur Regierungsperiode Herzog Wens und unmittelbar danach übte Herzog Mu von Qin eine Teil-Hegemonie im Westen aus, die er maßgeblich seinen erfolgreichen Kriegszügen gegen das Volk der Rong verdankte. Gegen Ende von Mus Regentschaft brach Qin auf Betreiben von Zheng sein Bündnis mit Jin. Gesandte von Zheng hatten argumentiert, es müsse vor der Macht seines aufstrebenden Nachbarn auf der Hut sein. Mit der Aufkündigung dieses Beistandsversprechens traten Risse im Zusammenhalt des Nordens auf, der danach nicht mehr so entschieden dem erstarkenden Süden Widerstand entgegensetzen konnte.

5. Folglich hieß der nächste Hegemon König Zhuang von Chu. Seinen Machthöhepunkt erreichte er um die Wende vom siebten zum sechsten Jahrhundert. Nachdem er Zheng erobert hatte, trat dessen Herzog ihm in Sklaventracht mit bloßen Schultern entgegen. Seine Berater drängten ihn zur Härte, doch Zhuang ignorierte den Rat, und so blieb Zheng weiter bestehen. Da die Behandlung dieses Staates offensichtlich nicht dem Zeitgeist entsprach, fühlten sich Apologeten bemüßigt, ein günstigeres Bild von Chu zu entwerfen. Bei der Mobilisierung der Armee, so verlautete etwa, würden »Kaufleute, Künstler, Bauern und Ladenbesitzer nicht behelligt«. Der König besetzte hohe Staatsämter klugerweise einerseits mit Mitgliedern seines eigenen Clans, vergaß aber andererseits auch die Angehörigen alteingesessener anderer Familien nicht. Er kümmerte sich um alte Menschen und Fremde, und die gesellschaftlichen Standesunterschiede wurden streng eingehalten.

König Zhuang galt als vorsichtig. Eine seiner Maximen lautete: »Der Sieg ist niemals sicher. Der letzte Shang-König siegte hundert Mal, aber er hinterließ keine Erben.« Und ein anderer seiner Wahlsprüche war: »Des Volkes Wohlergehen hängt von seinem Fleiß ab. Ist es fleißig, wird es ihm an nichts fehlen.« Er soll auch selbstkritisch und bescheiden gewesen sein. Einmal schlug einer seiner Minister vor, einen gewaltigen Hügel über einem Haufen toter Feinde zu errichten. »Es heißt«, erklärte der Minister, »wenn wir unsere Feinde [für immer] besiegen wollen, dann müssen wir unseren Söhnen und Enkeln solche Denkmäler setzen, so daß sie niemals unsere militärischen Leistungen vergessen.« Zhuang aber lehnte derartige Dinge ab. »Wahrhaft kämpferisch ist nur der«, entgegnete er, »der Gewalt unterdrückt und die Waffen beiseite legt.« Er war der Ansicht, daß er trotz seiner Heldentaten auf dem Schlachtfeld in viel wichtigeren Dingen versagt hatte, weil er seinem Volk nicht den ersehnten Frieden schenken konnte.

6. Im frühen sechsten Jahrhundert erhob Jin abermals Anspruch auf die Hegemonie. Sein Herzog Jing hatte allerdings nur teilweise Erfolg. Er ist vor allem in die Geschichte wegen der Bedingungen eingegangen, die er vergeblich dem von ihm besiegten Qi auferlegen wollte. Jing hatte verlangt, daß alle Ackerfurchen in ost-westlicher Richtung gezogen werden sollten (wohl mit dem Hinter-

Die Verbreitung der Städte während der Frühling- und Herbst-Periode
Während der ersten Hälfte des ersten Jahrtausend v. Chr. kam es in Nordchina zu einer bemerkenswerten urbanen Entwicklung. Die meisten der hier als »größere« Städte gekennzeichneten Gemeinwesen waren unmittelbar nach der Jahrtausendwende unabhängige Stadtstaaten gewesen, als die Hegemonialherrschaft der Westlichen Zhou-Dynastie erste Anzeichen der Schwäche zeigte. Im Laufe der Jahrhunderte wurde die Mehrzahl von ihnen durch die neu erstarkten größeren Reiche geschluckt. Ein Charakteristikum dieser frühen Periode der Urbanisierung war die geographische Mobilität von Stadt-Staaten und Staats-Metropolen. Manchmal war eine Verlegung notwendig, weil mächtige chinesische Anrainer Druck auf die Grenzen ausübten, etwa im Falle Xus, das wegen des Konflikts mit dem benachbarten Zheng gen Süden nach She auswich. Zuweilen wollte man durch solche Verlegungen auch den Angriffen von Fremdvölkern entgehen. So verlagerte im siebten Jahrhundert v. Chr. der Staat Wei wegen der Plünderungen des Di-Stammes seine Kapitale von Chaoge ostwärts nach Cao.

gedanken, den Streitwagen seiner Armee die Einnahme von Qi zu erleichtern), und zudem hatte er die Mutter des dortigen Herzogs als Geisel gefordert. Die angereisten Qi-Gesandten aber beschämten Jing, als sie darauf verwiesen, unter den früheren Königen habe man stets entsprechend der Lage des Ackerlandes gepflügt; außerdem sei es nicht mit dem Gebot der kindlichen Pietät zu vereinbaren, seine leibliche Mutter als Geisel auszuliefern. Nachfolger Jins wurde Herzog Diao, der den Zenit seiner Macht um die Mitte des sechsten Jahrhunderts erreichte. Mit Unterstützung seines Ministers Wei Jiang begann er seine Regierung als vorbildlicher Herrscher. Durch Amnestien machte er begangenes Unrecht des Staates wieder gut, erleichterte die Steuerlasten für die Bürger, behandelte Gesetzesbrecher mit Nachsicht, half in Not Geratenen, senkte die öffentlichen Ausgaben und verlangte vom Volk nur dann Dienstleistungen, wenn die Hauptfeldarbeit vorüber war. Alle, der Herzog selbst eingeschlossen, gaben von ihren Vorräten ab (wie ist nicht ganz klar), und »so kannte man keine unsoziale Hortung von Nahrungsmitteln im Land und keine Menschen mehr in Not«.

Diaos Verwaltung trug konservative Züge: Zunächst ließ er eine Zeitlang keine neuen Bronzegefäße gießen, und die vorhandene Zahl an Streitwagen und Gewändern (gemeint sind möglicherweise Zeremonialtrachten) galt ihm als ausreichend. Beamtenbeförderungen wurden nur in der zulässigen Rangfolge vorgenommen. Die größte Schwäche Herzog Diaos war die Jagd. Diese Leidenschaft veranlaßte seinen Minister Wei Jiang, ihm eine historisch bedeutsame Lektion in Sachen Schicklichkeit zu erteilen, indem er darauf verwies, daß das Jagdfieber für Herrscher nicht eben ungefährlich sei. Daraufhin hielt sich der Herzog in dieser Hinsicht etwas mehr zurück.

In seiner Eigenschaft als Hegemon machte er allerdings auch vor Gewaltanwendung nicht Halt. Er setzte Zheng unter Druck, Chu die Gefolgschaft aufzukündigen und sich seinem Bündnis anzuschließen. Dieses Vorgehen brachte ihm sogleich Kritik ein: Die Gesandten Zhengs ließen ihn wissen: »Ein mit Gewalt geschlossenes Bündnis ist wertlos. Die guten Geister versagen ihm ihre schützende Hand.« Sogar einige seiner eigenen Minister waren über diese Entscheidung nicht glücklich und gaben zu bedenken, wie ohne korrektes rituelles Vorgehen die Oberhoheit in der Allianz ausgeübt werden könnte.

7. Um die Mitte des sechsten Jahrhunderts hatten die endlosen Kriege zwischen Jin und Chu und ihren jeweiligen Bundesgenossen viel Blutvergießen gekostet, und es wurde immer deutlicher, daß keine der beiden Parteien den Sieg davontragen würde. Friedensbemühungen, bei denen der Staat Song als Vermittler auftrat, führten schließlich zum Erfolg, da die beiden Hauptgegner mit immer neuen Problemen konfrontiert waren: Jin wurde von internen Streitigkeiten zwischen den bedeutenden Familien des Landes erschüttert, während Chu sich an seiner Flanke der Angriffe des Staates Wu erwehren mußte, der weiter stromabwärts, im unteren Yangzi-Tal, an Einfluß gewonnen hatte. Als Ergebnis dieser Friedensanstrengungen entwickelte sich eine Art Doppel-Hegemonie von Jin und Chu, die den tributpflichtigen kleineren Staaten teuer zu stehen kam.

Zu jener Zeit kursierten auch verschiedene Abrüstungsvorschläge, gegen die sich jedoch kritische Stimmen erhoben, darunter die Zi Hans von Song. Er bezweifelte die generelle Durchführbarkeit derartiger Pläne: »Allein mit Waffengewalt vermögen Jin und Chu ihre Lehnsherren und die kleineren Staaten einzuschüchtern. Allein durch Angst können Wohlwollen und Harmonie zwischen Regierenden und Regierten erzwungen werden ... Ohne Angst kommt es zu Überheblichkeit und als Folge davon zu Aufruhr ... Der Himmel schuf die fünf Elemente, und das Volk bedient sich ihrer als Gesamtheit. Daher ist es nicht möglich, ein Element [d.h. das vierte Element Metall aus der Reihenfolge 1. Wasser, 2. Feuer, 3. Holz, 4. Metall, 5. Erde] herauszunehmen. Wer vermöchte daher die Waffen abzuschaffen? Sie haben eine sehr lange Geschichte. Mit ihnen kann man den Gesetzlosen Furcht einjagen, und mit ihrer Hilfe können sich Zivilisation und Tugend entfalten ... Aufstieg oder Fall, Überleben oder Untergang, Ruhm oder Schande von Staaten, alles hängt vom Gebrauch der Waffen ab.«

Aus diesen harten Worten spricht ein anderer, aber ebenso authentischer Geist der Frühling- und Herbst-Periode: ein kaltblütiger Realismus, bar jeglicher Ehrfurcht vor Religion und Ritual, eine Lebenswirklichkeit, in der ethische Normen, die nicht auf Gewaltanwendung beruhen, keinen Platz haben. Trotzdem konnte während der zweiten Hälfte des sechsten Jahrhunderts meist ein – wenn auch unsicherer – Frieden zwischen Jin und Chu aufrechterhalten werden.

8. Der alle überragende Staatsmann des späten sechsten Jahrhunderts und möglicherweise der gesamten Periode war Zi Chan, Kanzler im Staat Zheng. Zi Chan war scharfsinnig und zugleich skeptisch. »Die Herzen der Menschen«, äußerte er einmal, »gleichen einander so wenig wie ihre Gesichter.« Als in der Hauptstadt Zhengs eine Feuersbrunst ausbrach und einige Leute vorschlugen, einer Wiederholung der Katastrophe durch Opfer vorzubeugen, sprach er sich dagegen aus: »Der Weg des Himmels ist weit entfernt«, sagte er, »nur der Weg der Menschen ist nahe. Da wir den Himmel doch nicht erreichen, wie könnte es uns gelingen, den Weg des Himmels zu ergründen?« Es gab keine weiteren Großfeuer mehr. Seine politische Philosophie faßte er in einem Ratschlag an seinen Nachfolger zusammen: »Nur die Menschen, die das Charisma der Tugendhaftigkeit besitzen, können das Volk mit Milde zum Gehorsam bringen. Für die weniger gesegneten zahlt sich Strenge am besten aus. Es ist sehr schwer, die Regierungsgeschäfte mit Milde zu führen.«

Zi Chan leitete administrative Neuerungen und Vereinheitlichungen ein. Er organisierte die Bauernfamilien in Feldarbeitsgruppen, ließ die Ländereien vermessen und führte die Besteuerung des Ackerlandes ein (hierbei ließ er sich vom Beispiel des Staates Lu leiten). Mitglieder der einzelnen Gesellschaftsklassen hatten unterschiedliche Kleidung zu tragen. Diese Vorschriften waren anfänglich sehr unpopulär, doch Zi Chan hielt hartnäckig an ihnen fest. »Wenn meine Maßnahmen dem Staat Vorteile bringen«, sagte er, »werde ich sie auch durchsetzen, einerlei, ob ich anerkannt werde oder sie mich den Kopf kosten.«

In Zheng gab es ein Netz sogenannter »Landschulen«, in denen das Volk zusammenkam und auch manchmal die Regierungspolitik kritisierte. Als man Zi Chan vorschlug, sie zu schließen, entgegnete er: »Die Menschen sind unsere Lehrmeister. Warum sollten wir sie also mundtot machen?« Und er argumentierte, daß solche drastischen Maßnahmen die Probleme nur vorübergehend lösen würden und verglich ein derartiges Vorgehen mit dem Versuch, das Wasser eines Stroms durch einen Damm zu stauen. Dadurch werde nur ein ständiges Ansteigen des Drucks bewirkt, so daß der Damm schließlich ganz fortgerissen würde. Es sei wirksamer, mehrere kleine Abflußrinnen zu schaffen, damit das Wasser nach und nach absickern könne.

Die Strafgesetze des Staates Zheng ließ er auf bronzene Dreifüße gravieren, eine Maßnahme, die gleichbedeutend mit ihrer offiziellen Bekanntgabe war. Ein Kritiker aus Jin verurteilte dies mit dem Argument, daß frühere

Jagdmotive auf einem bronzenen *hu*-Gefäß mit Tauschierungen aus der Spätzeit der Streitenden Reiche. Die Einlagen rund um die Figuren sind verlorengegangen, so daß der Eindruck eines Flachreliefs entsteht.

Herrscher auf eine Veröffentlichung der Strafrechtsnormen verzichtet hätten, da sie fürchteten, das Volk werde dadurch streitsüchtig. Er erklärte, die Urteile seien damals auf der Grundlage allgemein anerkannten Herkommens *(li)* gefällt worden, und er setzte hinzu: »Wenn das Volk weiß, daß es bestimmte Rechtsnormen gibt, dann begegnet es denen, die die Regierung ausüben, nicht mit der nötigen Ehrfurcht.« Zi Chan wies diese Argumente nicht direkt zurück, er erwiderte nur, daß es ihm an der notwendigen Größe mangele, um Einfluß auf zukünftige Generationen nehmen zu können. Seine Aufgabe sei es lediglich, der gegenwärtigen Generation eine Ordnung zu geben. Später ließ auch der Staat Jin seine Gesetze auf eiserne Dreifüße gravieren und setzte sich damit der Kritik von Konfuzius aus. Zu Zi Chans schwierigsten Aufgaben gehörte es, die Unabhängigkeit und Bedeutung Zhengs zu erhalten, als dessen reale Macht im Laufe der Zeit stark abgenommen hatte. Er entwickelte ein Höchstmaß an diplomatischem Geschick, insbesondere gegenüber Jin, indem er diesem Staat Ehrerbietung zollte, ohne unterwürfig zu sein. Er widersetzte sich prinzipiell allen unbilligen Forderungen, doch in einer Weise, die nie den Verdacht mangelnder Loyalität aufkommen ließ.

9. Die Frühling- und Herbst-Periode endete mit dem Aufstieg zweier Staaten im Südosten, Wu am Unterlauf des Yangzi und Yue im nördlichen Teil des heutigen Zhejiang. Beide waren bedeutende Seemächte. Wu hatte sich zunächst gegen Chu gewandt und dabei die Kriegstaktiken Jins übernommen. Auf Anraten eines rachsüchtigen politischen Flüchtlings aus Chu war es dann dazu übergegangen, die Chu-Verbände durch guerilla-ähnliche Aktionen in Atem zu halten, bevor es sich zur Entscheidungsschlacht stellte. Dies erwies sich als sehr effizient. Danach besiegte Wu auch Yue, doch nach dem siegreichen Gefecht schlug König Fu Chai den gutgemeinten Rat seiner Gefolgschaft in den Wind, den Gegner völlig zu vernichten. Er schenkte Gou Chian, dem König von Yue, die Freiheit und bereitete so den späteren Untergang seines eigenen Staates vor. Mit seiner aggressiven Außenpolitik trug Fu Chai zur Aushöhlung der Macht von Wu bei. Es hieß, »er betrachte seine eigenen Untertanen als Feinde«, da er ihnen hohe Steuern zur Finanzierung seiner Feldzüge und seiner persönlichen Vergnügungen auferlegte. Im Jahre 473 v. Chr. wurde er schließlich von Gou Chians Armee besiegt, womit das Ende von Wu gekommen war.

Allgemein gesehen war die Frühling- und Herbst-Periode eine grausame Zeit. Siegreiche Feldherren pflegten die abgetrennten Ohren ihrer toten Feinde in Tempeln zur Schau zu stellen und Gefangene zu ermorden, um deren Blut auf Zeremonialtrommeln zu schmieren. Leib und Leben galten nichts. Geng Yu etwa, Herrscher des Kleinstaates Jiu, sammelte Schwerter und machte sich einen Spaß daraus, neu erworbene Klingen an unschuldigen Menschen auszuprobieren. Yu Quan aus Chu war ein ergebener Minister, der seinen König erst mit vorgehaltener Waffe dazu brachte, seinem Rat zu folgen, und der sich anschließend zum Beweis seiner Loyalität die Füße abhackte. In dem im Westen gelegenen Staat Qin, aber auch anderswo, begingen enge politische Berater eines Herrschers oftmals freiwillig Selbstmord, um ihm in den Tod zu folgen, andere wurden dazu gezwungen. Gegner dieser Praktiken kritisierten daran hauptsächlich die Tatsache, daß dadurch die fähigsten Männer der Regierung verlorengingen. Im Jahre 496 v. Chr. brachte König Gou Chian von Yue die diszipliniert in Schlachtordnung angetretenen Soldaten der Wu-Armee auf grauenhafte Weise in Aufruhr: Er ließ drei Reihen verurteilter Verbrecher vor den Linien des Gegners mit am Hals angelegten Schwertern Aufstellung nehmen. Dann ließ er sie sprechen: »Wir haben gegen die militärische Disziplin verstoßen und entziehen uns deshalb nicht unserer Strafe. Wir nehmen den Tod auf uns.« Dann schnitten sie sich die Kehlen durch. Während die Wu-Truppen durch dieses makabre Schauspiel abgelenkt waren, fielen die Yue-Soldaten urplötzlich über sie her und machten sie nieder.

Die Bemühungen der Staatsmänner um Ordnung, Harmonie und Stabilität – sei es durch das Ritual, die Wirkkraft der Tugend oder durch systematische Reglementierung des zivilen und militärischen Lebens – müssen in Zusammenhang mit dieser immanenten Grausamkeit gesehen werden. Der größte Teil der damaligen Vorstellungen, die Wirkkraft der Tugend etwa, wurde später von den einzelnen Philosophenschulen aufgegriffen und zum Gegenstand ihrer Abhandlungen gemacht. Anfangs jedoch wurden die diesbezüglichen Anstrengungen der Herrscher schlicht als Beitrag zur Lösung von Problemen in einer gewalttätigen und unruhigen Welt angesehen.

Als Schlüsseltext für den Zeitgeist der Frühling- und Herbst-Periode läßt sich die folgende, von einem Verfasser historischer Anthologien erst im vierten Jahrhundert v. Chr. Zi Chan zugeschriebene Passage deuten. In diesem Text vertritt Zi Chan die Ansicht, daß moralisches Verhalten auf einer in der Natur wirkenden Kraft beruhe und daß die ethisch vollkommene Gesellschaft nur als Widerhall des gleichmäßigen Wirkens der natürlichen Ordnung zu betrachten sei:

Das rituelle Verhalten der Menschen richtet sich aus nach den unwandelbaren Wegen der himmlischen Welt. Es richtet sich aus nach der wohlbegründeten Wirklichkeit der irdischen Welt. Es richtet sich aus nach den vorschriftsmäßigen Verhaltensweisen des Volkes. Dieses nimmt sich die unwandelbaren Wege der himmlischen und der irdischen Welt zum Vorbild. Es nimmt sich die leuchtende Einsicht des Himmels zum Vorbild, und es folgt der der Erde innewohnenden Natur. Wenn Himmel, Elemente, Düfte, Farben und Töne den vernünftigen Maßstab verlieren, dann herrscht Verwirrung und Unordnung; und auch das Volk verliert dann die ihm angeborenen Eigenschaften. Aus diesem Grunde wird das Ritual ausgeführt, um respektvoll an Himmel und Erde festzuhalten.

Zi Chan verglich dann die Beziehungen der jüngeren Clanmitglieder zum Clanältesten mit dem Kreislauf der Gestirne um den Polarstern. Er unterstrich, daß die Anforderungen für die Arbeit und die Regierungsgeschäfte je nach Jahreszeit wechselten. Bestrafungen glichen Donner und Blitz. Gefühlsbewegungen würden von verschiedenen Sphären oder Atmosphären bestimmt. Und er schloß daraus: »Wenn die Menschen ihrer Freude oder ihrem Kummer nur in passenden Augenblicken Ausdruck verleihen, dann können sie im Einklang mit der Natur der himmlischen und irdischen Welt leben.«

Ein charakteristischer Wesenszug dieser universistischen Weltanschauung war, daß der Mensch, in besonderem Maße aber die Regierung, als ein Himmel und Erde ebenbürtiger Partner angesehen wurde. So erklärt sich auch die Bemerkung eines Amtskollegen zu Zhao Wenzi, Kanzler in Jin: »Es ist Euren Bemühungen zu verdanken, daß der Himmel uns keine großen Katastrophen gebracht hat.« Jene Weltsicht läßt sich an folgendem Beispiel verdeutlichen, das fast wie eine Karikatur anmutet: Es handelt sich um die dem Chronisten Cai Mo aus Jin zugeschriebene Erklärung dafür, warum es in China im späten sechsten Jahrhundert v. Chr. so wenig Drachen gegeben haben soll. Dies sei nicht immer so gewesen, meinte er. Die Menschen früherer Zeiten hätten sich Drachen als Haustiere gehalten. Im allgemeinen sei für jede Tierart ein Beamter verantwortlich gewesen, der sich ausschließlich um seinen Bereich gekümmert habe. »Wenn die Beamten ihrer Pflicht nachkommen, dann zeigen sich die Tiere. Wenn aber der Beamtenposten abgeschafft wird, dann verschwinden sie und bleiben im Verborgenen. Ihre natürliche Vermehrung wird unterbrochen, und es werden keine Jungen mehr geboren.« Da der Posten für die Drachen nicht beibehalten wurde, seien sie nun ausgestorben. Indem man diesen Zustand als menschliches – oder richtiger regierungsamtliches – Versagen ansah, wird auch verständlich, warum ungewöhnlichen Naturereignissen, etwa dem Absturz von Kometen, eine so große Bedeutung beigemessen wurde. Sie konnten Anzeichen für moralisches oder rituelles Versagen der Herrscher sein und galten deshalb als Hinweis auf bevorstehendes Unheil. In selteneren Fällen spiegelten sie tugendhaftes Verhalten wider und verhießen Glück.

Es gab aber auch einige, die dieser Denkweise skeptisch gegenüberstanden: Im Jahre 644 v. Chr. fielen fünf Meteoriten auf Song, und man beobachtete außerdem sechs Vögel, die – möglicherweise wegen widriger Windverhältnisse – rückwärts über die Hauptstadt flogen. Als der Herzog von Song einen Chronisten aus Zhou nach der Bedeutung dieser Ereignisse fragte, gab dieser ihm eine politisch relevante Erklärung. Nachdem jedoch die Audienz beim Herzog beendet war, seufzte der Chronist im privaten Gespräch ob dieses Aberglaubens: »Das sind ganz natürliche Geschehnisse«, erklärte er, »sie werden nicht durch bevorstehende gute oder schlechte Ereignisse hervorgerufen. Glück oder Unglück resultieren aus menschlichem Verhalten.« Das eindrucksvollste Beispiel des Spannungsverhältnisses zwischen rituellem und realistischem Denken vermittelt uns ein Wortwechsel zwischen dem genannten Herzog Xiang von Song und seinem Minister Zi Yu. Im Jahre 638 v. Chr. hatte der Herzog am Hong ein Gefecht verloren, da er es abgelehnt hatte, die Chu-Armee anzugreifen, bevor diese den Fluß überquert und Zeit für die Schlachtformation gefunden hatte. Als man ihn deswegen kritisierte, antwortete er: »Ein Mensch von Würde bläst nicht zweimal zum Angriff. Er nimmt keine Feinde gefangen, deren Haar bereits ergraut ist. Als in alter Zeit Krieg geführt wurde, überfiel man seinen Feind nicht an einem Engpaß aus dem Hinterhalt. Obwohl ich nur ein Nachfahre der untergegangenen Shang-Dynastie bin, werde ich trotzdem keinen Angriff auf Truppen befehlen, die noch nicht in Reih und Glied Aufstellung genommen haben.« Zi Yu hielt dem entgegen, daß der Herzog offensichtlich mit den Anforderungen eines Kriegs nicht vertraut sei. Wenn ein Gegner an einem Engpaß in die Falle laufe, so sei dies als Geschenk des Himmels zu sehen. Auch ergraute Feinde blieben immer noch Feinde. Sei eine erste Attacke nicht vernichtend gewesen und man lasse trotzdem keine zweite darauf folgen, so sei dies so gut wie überhaupt nicht angegriffen zu haben. Funktion von Armeen sei es nun einmal, daß man sie auch einsetze, und zwar zum Vorteil des Staates. Damals, als Verrat an der Tagesordnung zu sein schien, gab es ähnlich große Meinungsunterschiede bei der Frage, welchen Wert unter Eid gegebene Bündnisversprechen hätten. Einige sahen in Verläßlichkeit, vor allem in zwischenstaatlichen Beziehungen, »das kostbare Gut des Staates und die Schutzgarantie für das Volk«. Andere, der Kanzler von Chu etwa, verachteten diese Art der Scheinheiligkeit: »Wenn wir das gewünschte Ziel erreichen«, meinte er, »warum sollten wir uns Gedanken über Verläßlichkeit machen?«

Trotzdem sollte man derartigen Konflikten keine allzu große Bedeutung beimessen. Die »Riten« *(li)* galten, in ganz und gar weltlicher Sicht, als Grundbestandteil der hierarchischen Ordnung und des korrekten Verhaltens, durch sie wurde die staatliche und gesellschaftliche Ordnung bewahrt. Selbst ein Aristokrat, der sich in anmaßender Weise über sie hinwegsetzte, konnte auf der Stelle hingerichtet werden. »Musik« *(yue)*, d.h. Tänze zur Darstellung historischer Ereignisse und einer Vielzahl von Zeremonien, war sowohl ein kosmischer Zauber, der »Harmonie unter allen Dingen bewirken sollte«, als auch ein Mittel, »um Frieden in den Herzen des Volkes zu erzeugen« und die Tugend zu festigen. »Die wirkungskräftige Tugend« galt als realer politischer Wert; einem Minister beispielsweise, der über sie in reichlichem Maße verfügte, konnte praktisch nicht widersprochen werden. »Rechtschaffenheit« wurde nicht nur als Wert an sich angestrebt, sondern sie galt darüber hinaus auch als Schutz vor Anfeindungen. »Die, die ihre Macht unrechtmäßig gebrauchen, werden bald zugrunde gehen«, hieß eine gängige Weisheit. Der Nutzen dieser Eigenschaften schien auf der Hand zu liegen. So ist auch die Bemerkung eines Staatsmannes aus Jin zu verstehen: »Wirkungskräftige Tugend und Rechtschaffenheit sind das Fundament jeder [politischen] Überlegenheit.«

Beim Vergleich der damaligen chinesischen Kultur mit anderen alten Kulturen fällt auf, daß in China den Menschen Vorrang vor den Göttern eingeräumt wurde. Die als autoritativ geltenden Schriften, allen voran das *Buch der Lieder (Shi-jing)* und das *Buch der Urkunden (Shu-jing)*, waren »Schatzkammern der Rechtschaffenheit« und keine göttlichen Instruktionen. Die entscheidende Kraft war das Volk, das den Geistern opferte und deshalb oft als »Gastgeber der Geister« bezeichnet wurde. Auf diese Vorstellung berief sich auch der Realist Zi Yu von Song, als er die Absicht seines Herzogs kritisierte, Menschenopfer darzubringen: »Gibt es irgendwelche [Götter]«, fragte er, »die sich über solche Opfer freuen würden?«

Man war überzeugt, daß der Himmel und die himmlischen Geister einen mißliebigen Staat zerstören könnten, aber glaubte auch, daß der Himmel stets den Wünschen des Volkes entspreche. Daraus ergaben sich praktische Folgerungen für die Politik, die Yue Qi von Song so formulierte: »Es hat noch niemals einen Herrscher gegeben, der seine Ziele ohne die Rückendeckung seines Volkes erreicht hätte.« Und Zi Chan drückte diesen Sachverhalt negativ aus: »Wenn jemand seine Beschlüsse einsam durchsetzen will, dann ist das vergebliche Müh. Es ist immer verhängnisvoll, sich gegen den Willen der Mehrheit zu stellen.«

Die Streitenden Reiche

Die letzte Epoche des vorkaiserlichen China wird in der traditionellen Geschichtsschreibung als die Zeit der »Streitenden Reiche« bezeichnet, ein Name, der sich aus den unablässigen Kriegen um die Vorherrschaft zwischen den sieben stärksten Staaten, insbesondere aber zwischen Qi im Nordosten, Chu im Süden und Qin im Nordwesten herleitet. Der Übergang von der vorangegangenen Frühling- und Herbst-Periode zu den zweieinhalb Jahrhunderten der Streitenden Reiche (480 v. Chr.–221 v. Chr.) ist fließend, trotzdem könnte der allgemeine Gegensatz zwischen beiden Zeiträumen nicht augenfälliger sein.

An erster Stelle sind die veränderten Größenverhältnisse zu nennen. Es gab nun Städte mit Hunderten, ja Tausenden von Bewohnern. Eine dieser Zentren war Linzi, die Kapitale des Staates Qi: »Linzi ist derart reich und gut versorgt, daß jeder Einwohner Flöte, Harfe, Zither oder Lyra spielt. Die Menschen vertreiben sich die Zeit mit Hahnenkämpfen, Hunderennen, Glücks- und Ballspielen. Ihre Straßen sind so überfüllt, daß die Wagenräder aneinanderstoßen und die Menschen sich gegenseitig mit

1978 wurden 64 bronzene *bian*-Gongs der Periode der Streitenden Reiche aus dem Grabmal des Markgrafen Yi in der Provinz Hubei zutage gefördert. Sie wurden zusammen mit steinernen Glockenspielen und einer großen Zahl anderer Beigaben entdeckt. Die Gongs sind in drei Reihen auf einem L-förmigen Rahmen angeordnet, und der gesamte Satz bildet eine C-Dur-ähnliche Tonleiter und umfaßt fünf Oktaven. Die alte chinesische Musik hatte wahrscheinlich Ähnlichkeit mit der heutigen balinesischen Musik, in der steinerne Glockenspiele und Gongs eine wichtige Rolle spielen.

den Schultern berühren.« Diese Bevölkerungszunahme ging einher mit einer Ausweitung des Ackerlandes. Im Staat Wei, so hieß es, »wird der gesamte Boden zwischen den dörflichen Hütten und den Galerie-Häusern [in der Stadt] bebaut. Nicht ein Fuß wird für Weiden oder Wiesen verwandt«. Die allgemein praktizierte Dienstverpflichtung bewirkte, daß die Staaten riesige Armeen mobilisieren konnten. Größenordnungen von mehreren hunderttausend Mann gelten in den Quellen als normal.

Der Krieg hatte nun Auswirkungen auf alle Lebensbereiche. Lassen wir Su Qin, einen fast legendären Meister politischer Rhetorik sprechen, der die wirtschaftlichen Folgen der Mobilisierung beschreibt:

Wenn der Ruf zum Krieg ertönt, muß das persönliche Streben nach Wohlstand zurückstehen, denn in erster Linie geht es um die reichliche Versorgung der Soldaten. Speisen und Getränke werden rationiert, um die aufopferungsbereiten Krieger zu verwöhnen. Wagen werden zu Brennholz zerhackt, Ochsen für die Verpflegung der Armeen geschlachtet . . . Die Bewohner beten, die Herrscher opfern, überall, ob es sich um die wichtigsten Städte oder um den kleinsten Distrikt handelt, werden Altäre errichtet. Jede Stadt, in der Markt abgehalten wird, stellt ihren Warenverkauf ein, um den König zu unterstützen . . . [Und nach Kriegsende:] Die Angehörigen der Toten stürzen sich in Unkosten, um ihre Verwandten zu begraben. Die Familien der Verwundeten verwenden ihr letz-

tes Geld, um die Opfer mit Medizin zu versorgen, während die unversehrt Heimgekehrten sich derartig betrinken und so unmäßig Geld verschwenden, daß sie noch einmal so viel brauchen, wie für Tote und Verwundete zusammen ausgegeben wird.

Symbole dieser starken gesellschaftlichen Beanspruchung durch den Staat waren die aus gestampfter Erde errichteten, Hunderte von Kilometern langen Mauern, die seit dem fünften Jahrhundert nicht nur zwischen den chinesischen Reichen und den im Norden siedelnden Fremdstämmen, sondern auch zwischen den einzelnen Staaten entstanden. Sie waren das Resultat jahrelanger Arbeit vieler Millionen zwangsverpflichteter Menschen.

Zu den neuen Errungenschaften des Zeitalters gehörten Eisenwerkzeuge und -waffen, eine Kavallerie, der Einsatz von Pflugochsen sowie effektivere Methoden der Kriegführung und der Administration. Schmiedeeisen hatte es – wie aus den Funden der späten Shang-Dynastie ersichtlich – zumindest in geringen Mengen schon recht früh gegeben, gegossene Eisengeräte hingegen wurden erst im siebten und sechsten Jahrhundert gebräuchlich. Im sechsten Jahrhundert trat an die Stelle der bronzenen Streitaxt oder Hellebarde das Eisenschwert, und die Infanteristen trugen Eisenrüstungen; gleichzeitig wurde auch die Armbrust erfunden. Von den Steppenvölkern hatten die Chinesen gelernt, die Pferde zu reiten, anstatt sie nur zum Ziehen der Streitwagen zu benutzen. Der Staat Zhao im Norden führte für seine Soldaten die Kleidung der nicht-chinesischen Stämme ein, insbesondere die Hosen, da dies den Bedürfnissen der Kavallerie entgegenkam. Der chinesische Adel ahmte die von den Fremdstämmen gepflegte Kunst der berittenen Bogenschützen nach. Außerdem kam der Belagerungskrieg mit Angriffstürmen und Tunnelbauten auf. Aus der Sicht Su Qins war eine Belagerung, die in einem oder zwei Monaten zum Erfolg führte, extrem kurz. Das Soldatenhandwerk wurde nun berufsmäßig erlernt, und man schrieb Abhandlungen über die Kriegskunst.

Das neue Regierungsprinzip – Effizienz ohne Rücksichtnahme auf Tugend oder Ehrenhaftigkeit – kommt in extremer Form in den Reformen zum Ausdruck, die der Staat Qin um die Mitte des vierten Jahrhunderts durchführte. Diese werden traditionellerweise mit Kanzler Shang in Verbindung gebracht, der aus Wei stammte. Shang setzte dem Einfluß der alten Aristokratie ein Ende und schuf einen neuen Militäradel. Er unterteilte das Reichsgebiet in Verwaltungsdistrikte und wandelte das Ackerland, das früher von Familiengruppen bestellt wor-

Die Rüstungen der Kavalleristen unterschieden sich von denen der Infantristen. Die Waffenröcke waren mit gehämmerten Metallplättchen versehen, und über den Lederstiefeln wurden große Schienbeinschützer getragen. Das Pferdegeschirr bestand aus Lederstreifen, bronzenen Ringen und Knöpfen.

den war, die dem Lehnsherren eine Gemeinschaftssteuer entrichtet hatten, in Privatbesitz um. Der An- und Verkauf von Agrarland wurde nun üblich. Bauern, die eine über die staatlich festgesetzte Höhe hinausgehende Ernte einbrachten, wurden vom Arbeitsdienst befreit. Familien wurden zu Gruppen zusammengefaßt, die gegenüber den Behörden Rechenschaft über das Verhalten ihrer Mitglieder ablegen mußten. Arbeitsscheue, Vagabunden und Kriminelle wurden als Staatssklaven eingesetzt, Maße und Gewichte standardisiert, Belohnungen und Bestrafungen mit geradezu maschineller Präzision ausgeteilt.

Im übrigen China erregte Qin sowohl Bewunderung wie Furcht. Für Su Qin verbanden sich mit Qin »ertragreiche Felder, eine blühende Bevölkerung, zehntausend Streitwagen, eine Million tapferer Soldaten, tausend Meilen fruchtbaren Brachlandes und innerhalb verteidigungsfähiger Grenzen angehäufter Überfluß – ein wahrhaftiges Arsenal an Ressourcen, der respekteinflößendste Staat der ganzen Welt!« Zhang Yi, im späten vierten Jahrhundert Kanzler in Qin, unterstrich die Vorzüge des Systems gegenüber seinem König: »Die Menschen entfliehen der Geborgenheit ihrer Eltern, und auch wenn sie noch niemals einen Feind erblickt haben, stampfen sie mit den Füßen und entblößen ihre Brust, sobald sie den Schlachtenlärm hören; sie stürzen sich in die blanken Klingen oder in die Kohlenflöze, entschlossen, in vorderster Front zu sterben. Daran erkennt man den Unterschied zwischen Qin und der [Anti-Qin-] Allianz.« Lu Lian aus Qi aber sprach wohl den meisten Chinesen aus dem Herzen, als er äußerte: »Qin hat sich jeglicher moralischer Grundsätze entledigt . . . Es ist gewalttätig gegenüber seinen Offizieren, und es führt sein Volk in die Sklaverei.«

Qin überragte zwar alle in der systematischen Durchführung der Regierungsgeschäfte, doch auch die Verantwortlichen in den anderen chinesischen Staaten teilten das Streben nach Effizienz und hielten sich sogar voll zynischem Stolz etwas auf ihren Realismus zugute. Charakteristisch für diese Denkweise ist die Äußerung, die Su Dai gegenüber dem König von Yan getan haben soll: »Ich arbeite für den Fortschritt und für meinen [eigenen] Vorteil. Ich glaube, daß für mich keine Hoffnung auf persönlichen Erfolg besteht, wenn ich unbestechlich bin, und daß ich mir meinen Lebensunterhalt nicht verdienen und mir kein hohes Amt sichern kann, wenn ich die Rechtschaffenheit zur Richtschnur meines Handelns mache. Diejenigen, die gütig und rechtschaffen sind, suchen nur nach einem Weg zur eigenen Selbstverwirklichung.« Aus dieser Einstellung resultierte ein innerer Grundwiderspruch, der die Chinesen seither wie kaum ein anderes Problem beschäftigte: Gemeint ist die Feststellung, daß Politik zwar zu den ehrenwertesten, erstrebenswertesten und angesehensten Aufgaben für Männer von Geist gehöre, die Beschäftigung mit ihr aber unweigerlich den Charakter eines Menschen verderbe. Yan Chu umschrieb dieses Dilemma sehr vorsichtig in seiner Antwort an den König von Qi, nachdem dieser ihm ein Amt angeboten hatte: »Jade wird in den Bergen gefunden; sie bekommt Risse, wenn man sie bearbeitet. Das Endprodukt ist zwar immer noch wertvoll, aber die vormalige Einzigartigkeit der Jade ist durch die Bearbeitung verlorengegangen. Der Landedelmann ist an ein einfaches Leben gewöhnt, wird er in ein Staatsamt berufen und akzeptiert staatliche Einkünfte, dann ist er zwar nicht entehrt, doch verliert er etwas von dem Gleichklang zwischen seinem Geist und seinem Körper . . .«.

Noch ein weiteres neues Element der damaligen Zeit soll hier erwähnt werden: das Aufblühen des Handels. Seine Bedeutung läßt sich anhand der in der Literatur vorkommenden Metaphern und Illustrationen aus der Welt der Marktplätze ablesen, obwohl es nur wenig direkte Informationen darüber gibt. Kaufleute stiegen zuweilen in hohe politische Ämter auf, wie z.B. Lü Buwei in der Mitte des dritten Jahrhunderts in Qin. Zwischen den verschiedenen Reichen bestanden Zollschranken, es existierten Handelssteuern, schriftliche Kontrakte auf zweiteiligen Kerbhölzern und viele Arten von gegossenen Münzen, die durch die einzelnen Staaten ausgegeben wurden. In den nördlichen, westlichen und zentralen Regionen wurden spatenförmige Münzen in Münzstätten geprägt, deren Standorte in 142 Fällen identifiziert werden konnten. Im Osten der chinesischen Welt war die messerförmige Bronzemünze dominierend, während man im Süden für kleinere Geschäfte Bronzestücke nach Art der Kaurimuscheln und gestempelte Goldbarren für größere Transaktionen verwandte. Gegen Ende der Periode kamen Münzen mit einem Loch in der Mitte auf, Vorläufer des späteren kaiserlichen »cash«, Münzstränge mit einer Rechnungseinheit von 1000 Kupfermünzen.

Unsere Kenntnis von den Einzelheiten der Geschichte der Streitenden Reiche ist bestenfalls lückenhaft zu nennen. Der größte Teil der Chroniken der verschiedenen Staaten wurde im späten dritten vorchristlichen Jahrhundert vom »Ersten Kaiser« (Shihuangdi) der Qin vernichtet, da er verhindern wollte, daß sie zum Nährboden für neu erwachende Lokalpatriotismen würden. Unter Berücksichtigung der Tatsache, daß wir nur über fragmentarische Zeugnisse verfügen und zur Ergänzung unseres Geschichtsbildes halb romanhafte Darstellungen heranziehen müssen, läßt sich diese Epoche in drei chronologisch aufeinanderfolgende Hauptphasen gliedern:

1. Die Zersplitterung des Nordens (480–ca. 340 v. Chr.): Im Laufe des fünften Jahrhunderts zerfiel Jin in drei Teile, in Zhao, Wei und Han. Diese Staaten trugen den Namen dreier von sechs bedeutenden Familien, die sich nach und nach in den Besitz der Herrschergewalt der Herzöge von Jin gebracht hatten. Die vierte dieser Familien war die des Grafen von Zhi, anfangs die mächtigste von allen. Im Jahre 454 v. Chr. führte der Graf seine eigenen Streitkräfte und die von Wei und Han zum Angriff gegen die Feste Jinyang (das moderne Taiyuan) des Staates Zhao. Unmittelbarer Anlaß für diesen Feldzug war der Streit über die Aufteilung der Ländereien, die den beiden anderen, jetzt besiegten, der sechs großen Familien gehört hatten. Der wahre Grund jedoch war die Absicht des Grafen, sich das ganze ehemalige Gebiet von Jin untertan zu machen. Die Belagerung von Jinyang dauerte über ein Jahr. Die Wassermassen eines Flusses, die man aus seinem natürlichen Bett abgelenkt hatte, um die Stadt zu überfluten, stiegen bis zwei Meter unter deren Mauerkronen. Lakonisch formulierten die traditionell geschulten Chronisten: »Die Bevölkerung der Stadt verkaufte ihre Kinder zum Verzehr.« Als die Heerführer der beiden Staaten Wei und Han erkannten, daß sie nach der Unterwerfung Zhaos wahrscheinlich die nächsten Opfer des Grafen Zhi sein würden, ermordeten sie ihn und schlossen Frieden. Der Anführer der Zhao-Familie ließ den Schädel des Grafen vergolden und gebrauchte ihn als Trinkgefäß.

Der Staat Wei hatte unter Herzog Wen, der von 424 bis 387 v. Chr. regierte, eine kurze glanzvolle Periode, als bedeutende Zeitgenossen seinen Hof zu besuchen pflegten, unter ihnen Zi-xia, der Schüler des Konfuzius. Der Respekt, den der Herrscher diesen Persönlichkeiten zollte, kommt in einer seiner Bemerkungen über Mu Duangan zum Ausdruck: »Er steht an der Spitze der Tugend, so wie ich an der Spitze der Macht stehe.« Während der Amtszeit Wens verfaßte Li Ke den Wei-Gesetzeskodex, der später der Han-Dynastie als Vorbild diente.

Nach dem Tod Herzog Wens geriet Wei durch Bürgerkriegswirren und Druck von außen in Bedrängnis. In den 50er Jahren des dritten Jahrhunderts verhalf König Hui (um den üblicherweise für ihn gebrauchten Titel zu verwenden) dem Staat zum Wiederaufstieg, eine Entwicklung, die jedoch im Jahre 341 v. Chr. durch eine schwere Niederlage gegen Qi zum Stillstand kam. Obwohl Wei anschließend keine große politische Rolle mehr spielte, wurde der Herrscherhof das intellektuelle Zentrum der damaligen Zeit. Unter den Berühmtheiten, die dort verkehrten, waren Meister Zhuang (Zhuangzi), der Taoist, die Logiker Meister Hui (Hui Shi) und Gongsun Long. Auch Menzius (Mengzi), der angesehenste unter den späteren Konfuzianern, hielt sich vorübergehend am Wei-Hof auf.

Han war sogar noch kleiner als die vorgenannten Staatswesen, aber bekannt wegen der besten Armbrüste in ganz China und wegen seiner ausgezeichneten Schwerter. Im späten vierten Jahrhundert schleuderte Zhang Yi aus Qin einmal dem Regenten Hans voller Verachtung ins Gesicht, sein Staat sei »eng, arm und gebirgig«, und, fügte er hinzu, die Bevölkerung »ernährt sich von Bohnen und Grützbrei aus Hülsenfrüchten. Wenn auch nur eine einzige Ernte schlecht ausfällt, müssen Eure Untertanen sich glücklich schätzen, wenn sie ihre leeren Bäuche mit Unrat und noch Schlimmerem füllen können.« Der einzige bedeutendere Erfolg Hans war die Eroberung und Annexion Zhengs im Jahre 375 v. Chr.

Das große, im Südosten gelegene Qi wurde seit dem frühen fünften Jahrhundert von der Familie Tian beherrscht, obwohl sie offiziell erst Anfang des folgenden Jahrhunderts die Macht übernahm. Diese Familie demonstrierte ihren politischen Stil im Jahre 490 v. Chr. beim Staatsstreich, den Tian Qi angezettelt hatte: Nachdem er sich des mißliebigen Herzogs entledigt hatte, zauberte er auf einem Bankett für die führenden Persönlichkeiten des Reiches den Mann seiner Wahl aus einem Sack hervor. Sein Sohn Tian Chang wurde berühmt durch den Vorschlag, den er dem nachfolgenden Herzog unterbreitete: »Wohltaten wünschen sich die Menschen, Ihr, mein Prinz, solltet Euch darum kümmern. Bestrafungen fürchten die Menschen. Es sei mir erlaubt, sie zu vollziehen.« Der Herzog war damit einverstanden, und die eigentliche Macht im Staat fiel so in die Hände von Tian Chang. Er schmiedete politische Loyalitäten, indem er gestattete, daß seine Gäste und seine Anhänger sich in seinem Harem mit mehr als 100 außergewöhnlich hochgewachsenen Schönheiten vergnügten.

Im zweiten Jahrtausend v. Chr., vor dem Aufkommen der Bronze, wurden Kaurimuscheln als Zahlungsmittel verwendet. In Anyang entdeckte man 7000 Kaurimuscheln im Grab der Fu Hao, einer der Gemahlinnen des Shang-Königs Wu-ding. Um das siebte Jahrhundert v. Chr. wurden spaten- und messerförmige Münzen aus Bronze gegossen, dies war zugleich der Beginn des offiziellen Münzsystems. Die runde, in der Mitte mit einem quadratischen Loch versehene Münze war seit dem vierten Jahrhundert v. Chr. in Gebrauch und blieb während der folgenden 2000 Jahre das Standard-Geld für kleinere Transaktionen.

Rechts: Die Ausrüstung dieses Generals aus der Zhou-Zeit basiert auf Ausgrabungsfunden. Seine Stiefel sind wie üblich aus Leder gefertigt und mit metallenen Nägeln beschlagen; der bronzene Brustschild ist mit einer *taotie*-Monstermaske verziert, und der Helm ähnelt vergleichbaren Stücken aus römischer Zeit.

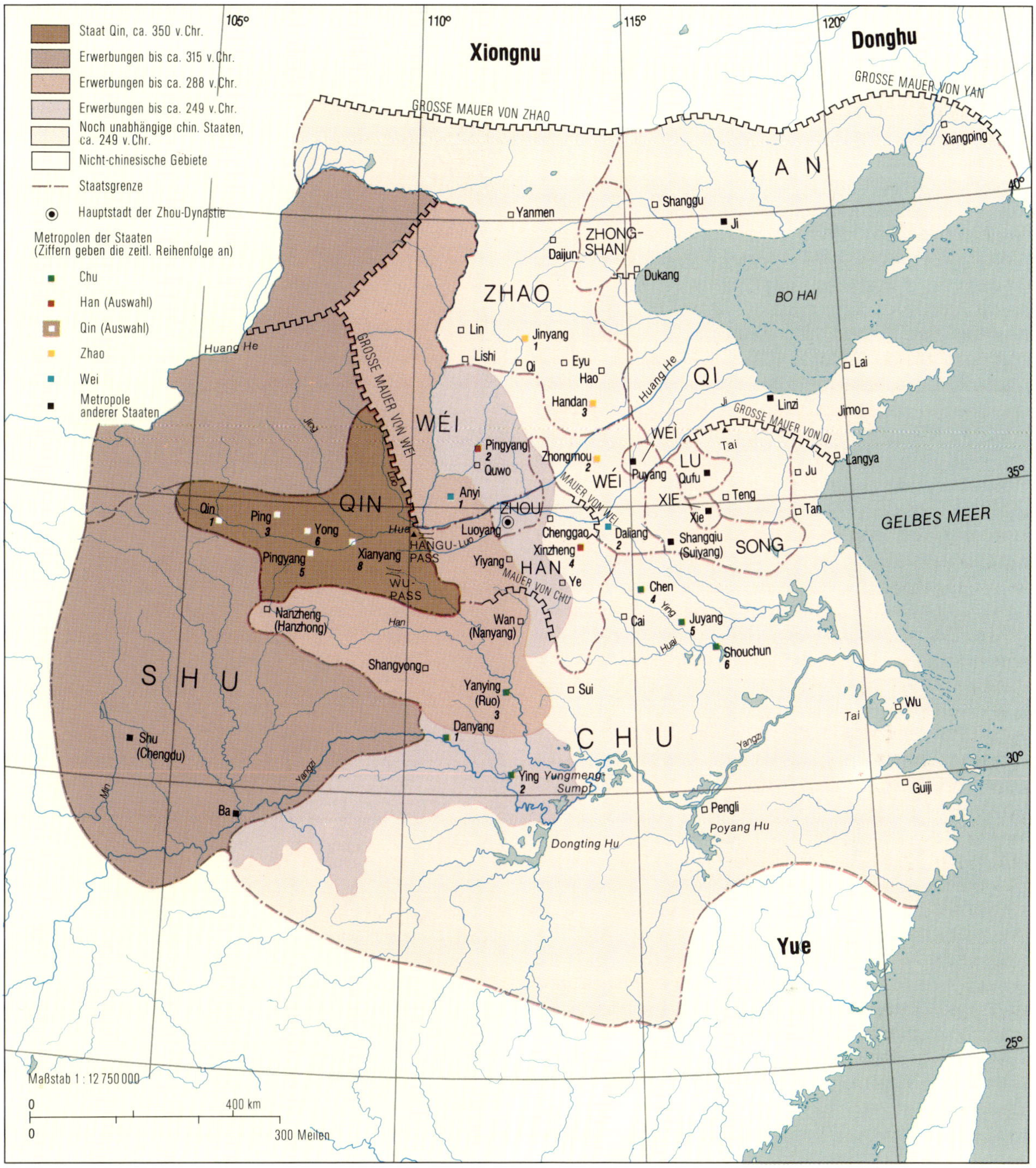

Die Streitenden Reiche und der Machtzuwachs Qins (350–249 v. Chr.)
Der Aufstieg des im Westen gelegenen Qin zur dominierenden Macht über die damalige chinesische Welt dauerte ungefähr 100 Jahre, von der Mitte des vierten bis zur Mitte des dritten Jahrhunderts. Abgesehen von der Unfähigkeit der angegriffenen Staaten, sich zu einer Allianz gegen den Feind zusammenzuschließen, beruhte das Erstarken Qins auf drei Faktoren: den administrativen und sozialen Reformen Shang Yangs, der Eroberung eines reichen und sicheren Hinterlandes durch den Sieg über Shu und der kontinuierlichen Aneignung strategischer Schlüsselgebiete, wodurch es den nördlichen Zugang zum Flußtal des Han und den Unterlauf des Gelben Flusses an der Stelle kontrollierte, wo dieser aus den Gebirgen zu Tal fließt. Der »Erste Kaiser« verdankte die anschließende rasche Niederwerfung der noch unabhängig gebliebenen chinesischen Staaten maßgeblich den Leistungen seiner Vorgänger.

Der bemerkenswerteste Herrscher der Tian-Familie war König Wei. In den ersten neun Jahren seiner Regierung vernachlässigte er völlig seine Pflichten, und überließ die Führung der Staatsgeschäfte seinen Ministern. Um 349 v. Chr. stürzte er sich dann plötzlich in politische Aktivitäten, ließ eine Reihe inkompetenter Beamter durch siedendes Wasser verbrühen und führte einen siegreichen Krieg gegen Zhao und Wei. Bis zu seinem Tode um 320 galt Qi als das stärkste aller chinesischen Reiche.

2. Der Aufstieg von Qin und Chu und die Entstehung eines machtpolitischen Dreiecks (340 bis ca. 280 v. Chr.): In dieser Periode gelang dem im Westen gelegenen Qin ein erstaunlicher Machtzuwachs, der teils auf die bereits erwähnten Reformen im Innern zurückzuführen war, teils aber auch auf der Eroberung eines großen und fruchtbaren Hinterlandes in der heutigen Provinz Sichuan gegen Ende des vierten Jahrhunderts beruhte. Etwa um die gleiche Zeit erwarb Chu im Süden ein vergleichbar weites Hinterland am unteren Yangzi, als es Yue vernichtete. So entwickelte sich für eine gewisse Zeit eine politische Balance zwischen Qi, Qin und Chu.

Während des Jahrzehnts nach 320 v. Chr. verloren Qi und Chu durch zwei unglückliche Ereignisketten ihre Machtstellung, wodurch das Gleichgewicht zerfiel. 284 wurde Qi dann von den verbündeten Staaten Qin, Chu, Yan, Zhao, Wei und Han angegriffen. Anschließend eroberte der Yan-General Yo Yi mit Ausnahme zweier Städte das gesamte Qi-Gebiet und regierte es als Oberlehnsherr sechs Jahr lang. Qis Stärke wurde später durch den genialen Feldherrn Tian Dan wiederhergestellt, der in die Geschichte Chinas als ein Meister der gezielten Desinformation, Propaganda und psychologischen Kriegführung eingegangen ist. Nach etwa 249 v. Chr. jedoch verlor das Reich jeglichen Widerstandswillen und erkaufte sich gegen das Versprechen der Neutralität den Frieden. Im Jahre 221 fiel es schließlich dann doch kampflos in die Hände von Qin. Dieses hatte um die Wende zum dritten Jahrhundert dem Staat Chu große Verluste beigebracht, war in das Flußtal am Oberlauf des Han eingedrungen und hatte auf diese Weise die natürlichen Verteidigungslinien Chus durchbrochen. Der Angriff wiederholte sich 280 v. Chr., und weitere zwei Jahre später eroberte der ebenso grausame wie brillante Qin-General Bo Qi die Chu-Hauptstadt Ying. Danach nahm die Bedeutung Chus rapide ab.

Die militärischen Erfolge des durch innere Reformen erstarkten Qin erfüllten auch König Wuling von Zhao mit Furcht. Auf der Suche nach einer Überlebensstrategie befahl er im Jahre 307 v. Chr. – wie bereits erwähnt – die Einführung der Kleidung nicht-chinesischer Stämme (insbesondere der Hosen) und einer berittenen Bogenschützentruppe. Die scharfen Angriffe seiner Widersacher, er habe die alten chinesischen Werte verraten, konterte er mit den Worten: »Der Weise studiert seine Lage aufmerksam und tut dann das Notwendige. Wenn es um das Wohlergehen des Staates geht, dann müssen wir uns nicht stets das Altertum zum Vorbild nehmen.« Um 296 vereinnahmte Zhao den zwischen ihm und Yan gelegenen Kleinstaat Zhongshan. Jedoch wurde viel von diesem Machtzuwachs leichtfertig in den Fraktionskämpfen aufs Spiel gesetzt, die König Wulings unbedachter Abdankung folgten. Nicht lange danach konnte auch Zhao Qin keinen ernsthaften Widerstand mehr entgegensetzen.

3. Der Siegeszug Qins (280–221 v. Chr.): Wie wir der Karte (S. 71) entnehmen, die die Expansion Qins nach der Eingliederung des in Sichuan gelegenen Staates Shu im Jahre 316 zeigt, hatte es bereits 288 beträchtliche territoriale Gewinne zu verzeichnen. Der Zugang zur nordchinesischen Ebene als auch zum Flußtal des Han war fest in seiner Hand. In den nächsten 40 Jahren erweiterte Qin beständig sein Gebiet: Es drang in das Flußtal des Fen, in das heutige Shanxi vor; es dehnte sich nach Osten über das jetzige Luoyang aus; und sein Ausgreifen in südlicher Richtung führte – wie schon erwähnt – zur Annexion der früheren Chu-Hauptstadt Ying (das heutige Jiangling). Um 249 v. Chr. besaß es eine gewaltige Überlegenheit: Seine Territorien, obwohl nicht alle vollständig erschlossen, waren fast so groß wie die aller chinesischen Reiche zusammen, und seine Bevölkerung war höchstwahrscheinlich zahlreicher als die irgendeines anderen Staates. Wie unerschöpflich die Ressourcen Qins waren, zeigt sich unter anderem darin, daß seine schweren Niederlagen gegen Zhao und Chu in den letzten 14 Jahren der Eroberungsphase kaum die Schwungkraft der Qin-Kriegsmaschinerie beeinträchtigen konnten. Während der 40er Jahre des zweiten Jahrhunderts verbesserte Qin seine Nahrungsmittelversorgung durch zwei umfangreiche Bewässerungssysteme: das Flußregulierungssystem am Min, in der Chengdu-Ebene, und den Zheng-Guo-Kanal, der nördlich des Wei parallel zum Flußlauf verlief und eine Verbindung zwischen Jing und Luo schuf. Das Eisen war ein weiterer Schlüssel zum Erfolg; durch die Angliederung von Shu und wenig später des Verwaltungsbezirks Nanrang, unmittelbar südlich von Luoyang, besaß Qin zwei der wertvollsten eisenverarbeitenden Zentren Chinas. Aufgrund der von Shang Yang im vierten Jahrhundert eingeführten Reformen konnten die Behörden mehr Getreidesteuern eintreiben, mehr Soldaten und mehr zwangsverpflichtete Arbeiter für öffentliche Bauten mobilisieren als irgendein anderer der mit ihm rivalisierenden Mächte. Qin war ein ausschließlich auf Effizienz ausgerichteter Militär-Agrarstaat, der von einem Berufsbeamtentum geleitet wurde. Auffällig ist, daß nicht wenige seiner größten Staatsmänner, so Shang Yang selbst, Lü Buwei und Li Si, der nach Lüs Sturz im Jahre 237 das Einigungswerk weiterführte, nicht aus Qin stammten, und daß die einheimische Aristokratie nur eine sehr untergeordnete Rolle bei den Regierungsgeschäften spielte. Als König Zheng, der spätere »Erste Kaiser«, 246 als zwölfjähriger Knabe auf den Thron kam, setzte er lediglich die bereits von seinen Vorgängern entwickelten Pläne in die Tat um. Der außergewöhnlich schnelle Siegeszug zwischen 230 und 221, als nacheinander Han, Wei, Chu, Zhao, Yan und Qi annektiert wurden, sollte allerdings nicht die Tatsache verstellen, daß der gesamte Eroberungsprozeß fast 100 Jahre gedauert hatte.

Dieser goldene Degengriff wurde in »verlorener Form« (Wachsausschmelzverfahren) gegossen. Die dichte Komposition gekrümmter, ineinander verschlungener Tiere und verschnörkelter Figuren ist charakteristisch für den üppigen Bronzedekor des fünften bis dritten vorchristlichen Jahrhunderts.

Rückblickend auf die mehr als zwei Jahrtausende, die hier im Abriß dargestellt wurden, läßt sich zusammenfassend sagen, daß der chinesische Kulturraum in jener Zeit, ausgehend von einer neolithischen Grundlage, die er mit dem größten Teil der Alten Welt gemeinsam hatte, seine charakteristische Ausprägung erfuhr. Dies geschah teils auf dem Wege der Übernahme, teils aber auch durch die autochthone Entwicklung einzelner Kulturgüter, wobei das gegenseitige Verhältnis schwer zu bestimmen ist. Unbestreitbar einzigartig jedoch war die entstehende Kombination der Einzelelemente. Diese älteste Kulturschicht mochte in den folgenden Jahrhunderten zwar ausgehöhlt, teilweise verändert und auch durch andere Elemente überlagert werden, doch blieb sie bis heute in einem in anderen Regionen dieser Erde nicht erreichten Ausmaß das Fundament der chinesischen Zivilisation.

CLANWESEN UND KÖNIGTUM

Die Shang-Gesellschaft

Das chinesische Gesellschaftssystem während der Shang- und der Westlichen Zhou-Dynastie basierte auf dem Clanwesen und dem Königtum. Diese beiden Elemente waren auf verschiedenste Weise miteinander verknüpft, was besonders augenfällig bei der Ahnenverehrung wird. Unter den Shang galt das gesamte Volk oder der ganze königliche Clan als die jüngeren Verwandten des Monarchen. Nur er und seine Beauftragten hatten das Recht, stellvertretend für die Gemeinschaft den Ahnen zu opfern, deren Autorität auch weiterhin als gegenwärtig galt. Die Herrscher befürworteten oder akzeptierten eine Vielzahl von Ahnenkulten an den Höfen ihrer Vasallen, ebenso wie diese bei ihren eigenen Untergebenen. Der Zhou-Kult war, anders als bei den Shang, auf die direkte Abstammungslinie des Opfernden begrenzt. Auch die Verwandtschaftsstrukturen und das System der individuellen Namengebung wurden immer komplizierter Schließlich bildeten sich seit der mittleren Zhou-Zeit deutlich voneinander unterscheidbare Familienstammbäume und Geschlechter heraus, organisiert nach komplizierten Hierarchien der Zuständigkeit für Ahnenverehrung und Trauerriten. Jede Shang-Sippe hatte ihr eigenes ideographisches Emblem, dessen Abdruck auf den jeweiligen bronzenen Ritualgefäßen erschien. Die Embleme versinnbildlichten Menschen bei verschiedenen Tätigkeiten, Waffen, Gerätschaften, Gebäude, Mausoleen und Gehege für Opfertiere. Diese Sippen standen möglicherweise in Zusammenhang mit bestimmten Berufen oder Aufgabenbereichen am königlichen Hof.

Während der Shang-Zeit gab es Stammbäume der Sippen, bis in die Mitte des zweiten Jahrtausends Sippennamen, seit dem elften Jahrhundert Patronyme, aber noch keine Familiennamen *(xing)*. Da zwar Wert auf Genealogien, hingegen wenig Gewicht auf den leiblichen Vater als Ahnherrn gelegt wurde, hatte die später so wichtige Kardinaltugend der »kindlichen Pietät« *(xiao)* noch keine Bedeutung. Militärische Einheiten waren möglicherweise ebenfalls auf der Grundlage verwandtschaftlicher Bande organisiert. Eines der modernen chinesischen Worte für »Familie« *(zu)*, dessen Zeichen aus einer Flagge und einem Pfeil besteht, leitet sich von der Bezeichnung einer Militäreinheit der damaligen Zeit her.

Der Shang-Herrscher übte die sakrale und religiöse Gewalt über die gesamte königliche Sippe aus. Er war Mittler zwischen der Geister- und der Menschenwelt, denn man glaubte, daß er von Gott *(di)* abstamme, der über die Geister gebietet. Das Zeichen *di* war Bestandteil der postumen Ehrennamen der letzten beiden Shang-Monarchen. Diese hatten versucht, sich über den Rest ihrer Sippe zu erheben, indem sie sich für die direkte Vater-Sohn-Erbfolge aussprachen. 1000 Jahre später war *di* Teil des allgemein gebräuchlichen Terminus für »Herrscher« *(huangdi)* geworden.

Die Wichtigkeit der sakralen Rolle des Königs wird deutlich, wenn wir uns vor Augen halten, daß für die Menschen der Shang-Dynastie die Geister über allen Dingen herrschten: über die Kopfschmerzen der Königin ebenso wie über die Ernte einer Sippe oder den Ausgang einer Schlacht. Es galt als lebenswichtige und nie endende Aufgabe, die Absichten und Wünsche der Geister zu erforschen und sie günstig zu stimmen. Auch Wetterphänomenen legte man mystische Bedeutung bei: Der Regenbogen beispielsweise galt als doppelköpfige Schlange, die das Wasser der Flüsse trank; sein Erscheinen kündigte Unheil an. Die Winde hingegen hielt man für magische Vögel, Gesandte Gottes.

Der Glaube an die Wirkkraft von Geistwesen im Universum kann an den Dekorationen der Shang-Bronzegefäße abgelesen werden. Viele von ihnen sind mit der *taotie*-(Verschlinger-)Maske geschmückt, der Verkörperung eines Dämons, der als Hüter der Grenzen galt; andere Gelehrte jedoch sehen in der Maske die symbolhafte Darstellung der vielgestaltigen Wesen dieser Erde. Der Verschlinger soll die Hörner eines Ochsen, die Ohren eines Elefanten, die Krallen eines Vogels, den Kamm eines Drachen und das Auge eines Menschen besessen haben. Eine weitere häufig auf Bronzen zu findende Dekoration ist das Zikadenmuster, welches das Werden und Vergehen im menschlichen Leben symbolisiert. Dagegen vermitteln die Bronzen der mittleren und späten Zhou-Zeit trotz ihrer Verwendung beim Ahnenkult weltliche Denkweisen, sie sind rundherum verziert und nicht nur mit einem einzigen beherrschenden Motiv versehen. Zumeist tragen sie Inschriften, Aufzeichnungen königlicher Geschenke oder öffentlicher Beförderungen.

Die Städte außer der Metropole wurden von den Verwandten des Königs regiert, seinen Söhnen und manchmal seinen Gemahlinnen. Jenseits dieser Städte oder gelegentlich auch dazwischen lagen die Gebiete anderer wichtiger Stämme, die einen Status zwischen Untergebenen und Verbündeten innehatten. Jenseits dieser Stämme wiederum lebten die nicht-chinesischen Völkerschaften, die als Dämonen in Menschengestalt galten.

Die meisten Archäologen der Volksrepublik China beschreiben den Shang-Staat als »Sklavenhaltergesellschaft«. Es ist natürlich durchaus möglich, daß ein Teil der Untertanen der Shang Sklaven waren. Gefangene aus dem Fremdvolk der Jiang etwa wurden für die Tierhaltung oder in der Landwirtschaft eingesetzt. Auch die eine oder andere Form der Zwangsarbeit kann nicht ausgeschlossen werden, doch scheint es wenig wahrscheinlich, daß das ganze Wirtschaftssystem auf Sklavenarbeit beruhte. Es gibt keinen Anhaltspunkt für ein reguläres Rekrutierungssystem, und die Aussicht auf Kriegsgefangene allein hätte wohl eine zu unsichere Basis für das Funktionieren einer ganzen Volkswirtschaft dargestellt.

Die Verfechter einer Shang-Sklavenhaltergesellschaft argumentieren zumeist, daß nur eine solche in der Lage gewesen wäre, sowohl die notwendigen Arbeitskräfte für den Bau der riesigen Grabmäler zu mobilisieren, als auch jederzeit Personen für die zahlreichen Menschenopfer zur Verfügung zu haben. Es ist jedoch glaubwürdiger, daß durch zeitlich befristete Zwangsverpflichtung untergeordneter Sippenangehöriger die benötigten Arbeiter ausgehoben wurden; und es gilt als ziemlich gesichert, daß die Mehrzahl der als Gefolgschaft für einen Toten ausersehenen ermordeten Menschen nicht-chinesische Kriegsgefangene waren.

Andere Argumente resultieren aus der Interpretation von Orakelinschriften, insbesondere aus dem Wort *jong*, das in späterer Zeit mit »Menge« oder »Massen« übersetzt werden kann. In einigen Texten erscheint der Ausdruck *jong* im Zusammenhang mit Feldarbeit und öffentlichen Bauvorhaben. Folgende Überlegungen verdeutlichen jedoch, daß sie keine Sklaven gewesen sein können: 1. Die *jong* standen in enger Beziehung zur Person des Königs; 2. sie waren am Kriegsgeschehen beteiligt und wurden manchmal an die Reichsgrenzen entsandt; 3. sie waren, ebenso wie Mitglieder des königlichen Haushalts und einige Beamtengruppen, Anlaß für Orakelbefragungen der Herrscher; 4. sie durchliefen eine Art von Schule oder Ausbildungssystem; und 5. wurden sie vom König »versammelt«, »gerufen«, »zusammengerufen« und »mitgenommen«, niemals dagegen tauchen für sie die Vokabeln »kaufen«, »verkaufen« oder »übergeben« auf. Die *jong* waren möglicherweise ein militärisches Wachcorps, das zeitweilig für die verschiedensten Zwecke aufgestellt wurde.

Aus der Zhou-Dynastie jedoch sind eine Reihe von Bronzeinschriften erhalten geblieben, die auf königliche Geschenke in Form von Städten, Sippenverbänden, Mitgliedern des gemeinen Volkes, Aufsehern und Sklaven sowie Dienern und Kriegsgefangenen Bezug nehmen. Es gibt auch einige Hinweise auf den Verkauf von Menschen und auf Schadensersatzleistungen (bei verlorenen Prozessen) in Form von Menschen und Ländereien. Diese Hinweise lassen wohl den Schluß zu, daß die Eroberer-Dynastie der Zhou ihr aristokratisches System, das auf Großgrundbesitz, Lehnswesen und größtenteils auf Vererbbarkeit von Ämtern basierte, der alten Shang-Ordnung der Stämme und Sippenverbände aufgepfropft hatte. Das Ergebnis war ein Gesellschaftssystem, in dem sich – auf vielfältige Weise – kollektivistische mit Elementen von Unterordnung und Knechtschaft verbanden.

Einen ungefähren Eindruck dieser agrarischen Gesellschaft des ersten Jahrtausends v. Chr. vermitteln Teile des als *Buch der Lieder (Shi-jing)* bekannten Werkes. Wir lesen von Arbeitern, die in »Tausenden von Paaren« in »langen Reihen« jäten, damit das Getreide gedeiht, aus dem Alkohol für die rituellen Ahnenopfer gewonnen wurde. Es scheint auch eine Befehlshierarchie gegeben zu haben. Neben dem »Nachfahren«, womit möglicherweise der Clanvorstand gemeint ist, sprechen die Lieder von einem »Feldaufseher«, von Arbeitern als »Feldarbeiter«, »unseren Massen« und sogar (wenn die Übersetzung korrekt ist) von »Abhängigen«. In einem Lied wird die Verfügung über Menschen, oder zumindest über deren Arbeitseinsatz, mit Landbesitz gleichgesetzt:

Man hat sein Land und seine Felder . . .
Man hat sein gemeines Volk.

Daß es sich bei diesem System der Unterordnung nicht um Sklaverei handelt, zeigen die Zeilen eines anderen Liedes, eines Kalenders jahreszeitlicher Aktivitäten:

Im zweiten Monat geht es auf zur Jagd,
wo wir unser Kriegshandwerk *schulen.*

Die jüngeren Keiler behalten wir, die ausgewachsenen
überbringen wir unserem Herrn.

Sklaven sind normalerweise selten bei der kämpfenden Truppe anzutreffen. Einen weiteren Hinweis auf die kollektive Lebensform gibt das Gemeinschaftsfest, das am Ende eines jeden Erntejahres zu Ehren der Ahnen im Gemeinschaftshaus gefeiert wurde, und bei dem auch Bogenschützenwettbewerbe stattfanden.

Die Wertschätzung dieses Gemeinschaftslebens als ethisch hochstehend blieb durch die ganze chinesische Geschichte erhalten, obwohl es in späteren Jahrhunderten ständig abnahm. Viele Herrscherhäuser, bis hin zur Mongolen-Dynastie im 13. Jahrhundert, belohnten diejenigen Sippen, die viele Generationen lang zusammengelebt hatten, ihren Landbesitz zusammenhielten und die Mahlzeiten gemeinsam einnahmen. Hierin liegt möglicherweise auch der Keim zu einer Idealisierung, die in der archaiischen Vergangenheit ein Vorbild für die von den chinesischen Kommunisten befürwortete Kollektivierung sieht.

Die hier beschriebene gemeinschaftliche Lebensform zerfiel um die Mitte des ersten Jahrtausends v. Chr. Die neue soziale Gesellschaftsbasis der Frühling- und Herbst-Periode und der Ära der Streitenden Reiche war die Drei-Generationen-Familie. Diese beruhte auf dem Prinzip, daß die erwachsenen Söhne eines Mannes und dessen Enkel mit diesem zusammenlebten. Die veränderte Familienstruktur stand offensichtlich in Zusammenhang mit dem Aufkommen von privatem Landbesitz, dessen Vererbung und Aufteilung beim Tode des Eigentümers und der zunehmenden Bedeutung, die von nun an der kindlichen Pietät *(xiao)* und dem kindlichen Gehorsam beigemessen wurde.

Menschen- und Tierskizzen von einem hölzernen Musikinstrument, das aus einem Grab des Staates Chu in Xinyang, Henan, stammt (ca. viertes bis drittes Jahrhundert v. Chr.). Chu besaß eine von den Nordstaaten stark abweichende künstlerische Tradition. Die *Lieder aus Südchina (Chu-ci)* sind eine wertvolle Quelle zu den Glaubensvorstellungen von Chu mit ihrer Fülle von fremdartigen Geisterwesen des Himmels und der Erde.

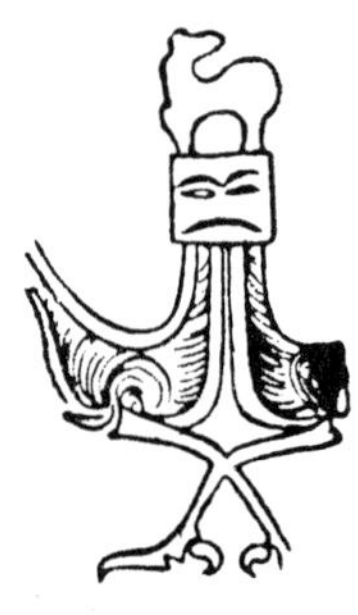

In Qin versuchte um die Mitte des vierten Jahrhunderts v. Chr. Shang Yang die Drei-Generationen-Familie zu zerstören. Sein Ziel war die Stärkung der Staatsgewalt durch Schwächung der väterlichen Autorität und die Erhöhung der Staatseinnahmen durch Bildung von mehr unabhängigen landwirtschaftlichen Betrieben. Er verfügte, daß jeder Mann mit zwei oder mehreren erwachsenen Söhnen, der diesen ihr zustehendes Erbteil an Land versagte und sie so an der Eigenständigkeit hinderte, doppelt so viele Steuern zahlen sollte als normalerweise. Chinesische Historiker späterer Epochen pflegten Qin in negativen Gegensatz zu anderen Staaten zu setzen, in denen der Respekt vor der Rolle des Familienvaters sehr viel stärker ausgeprägt war. So schrieb im zweiten Jahrhundert v. Chr. der Philosoph und Staatsmann Jia Yi:

Herr Shang gab Ritual und Rechtschaffenheit preis, er stellte Menschlichkeit und Pflichtgefühl hintenan und verachtete das Mitgefühl im Interesse von Karriere und Vorteil. Nachdem seine Politik 20 Jahre lang durchgeführt worden war, waren die guten Sitten in seinem Staat verfallen. War eine Qin-Familie reich, dann gab sie ihren erwachsenen Söhnen einen Teil des Landbesitzes und schickte sie fort, damit sie sich selbst ernährten. War eine Familie aber arm, dann wurden die erwachsenen Söhne [ohne Land] als lästige Esser fortgeschickt. Liehen die Söhne ihrem Vater so unbedeutende Dinge wie eine Ackerschleppe oder einen gezahnten Grubber, setzten sie ein huldvolles Lächeln auf. Liehen sich ihre Mütter so unbedeutende Dinge wie einen Korb oder einen Besen, dann pflegten sie sofort abfällig über sie zu sprechen. Ihre Frauen versorgten und fütterten zwar ihre eigenen Kinder liebevoll, aber ihren Schwiegermüttern gegenüber waren sie stets geizig und arrogant . . . In ihrer ausschließlichen Fürsorge um die eigenen Kinder und in ihrer Freude am Gewinn unterschieden sie sich kaum von Tieren.

Jia Yis Verurteilung der Zustände in Qin erlaubt Aufschlüsse über die damit kontrastierende patriarchalische Familienstruktur in den übrigen chinesischen Staaten. Die patriarchalische Familie war das Fundament der Gesellschaft geworden, und sie blieb es über die Jahrhunderte. Nirgendwo wird dies deutlicher als in Konfuzius' berühmt gewordener Zurechtweisung des selbsternannten »Herzogs« von She. Dieser hatte sich damit gebrüstet, daß es in seinem Herrschaftsgebiet einen der aufrechte (Herr) Gong genannten Mann gebe, der so ehrlich gewesen sei,

daß er gegen seinen eigenen Vater ausgesagt habe, als dieser ein Schaf gestohlen hatte. »In meinem Land«, entgegnete der Weise, »sind die aufrichtigen Männer von ganz anderer Art. Ein Vater deckt seinen Sohn und der Sohn seinen Vater.«

Das Königtum der Zhou: Ritual und Wirklichkeit

Das Königshaus der Zhou etablierte sich – wie wir gesehen haben – als eine Eroberer-Dynastie. Das war möglicherweise auch der Grund dafür, daß die Zhou-Herrscher sowohl gegenüber ihren Untertanen größeres Entgegenkommen als die Shang-Regenten zeigen und auch ihre Handlungen stärker rechtfertigen mußten. Der Charakter des Feudalsystems der Zhou wird aus vielen Bronzeinschriften deutlich, die die Beziehungen der Lehnsnehmer zum König beschreiben. So erinnert ein Text auf dem großen Dreifuß des Yu (der über einen Meter hoch war) an die Geschenke König Kangs in Form von Ländereien, Menschen und Regalien an einen gewissen Yu, als dieser die Regierungsgewalt über das Volk der Rong erhielt. Die großzügigen Geschenke wurden mit folgender Mahnung übergeben:

Yu! Der große und erhabene König Wen bekam das Mandat des Himmels übertragen. König Wu war sein Nachfolger und begründete den Staat. Er rottete das Böse aus, nahm die vier Gegenden nah und fern in Besitz und rief seine Untertanen zur Ordnung ... Der Himmel wachte über ihn und beschützte ihn ... Ich nehme mir die aufrechte Tugendhaftigkeit König Wens zum Vorbild und strebe den von ihm festgesetzten Grundsätzen nach. Hiermit gebiete ich Dir, Yu, mir zur Seite zu stehen. Festige respektvoll meine Tugendhaftigkeit und korrigiere meine Handlungsweise. .

Zu diesem feudalen Element traten außerdem die Anfänge einer Bürokratie. Dies zeigt sich anhand der Ernennung von Beamten, deren Titel zumindest auf ganz spezifische Aufgabenbereiche hinweisen, wie etwa der des Ministers für das Forstwesen. Nach den Idealvorstellungen der Westlichen Zhou-Dynastie war der König das »Ebenbild« des Himmels oder Gottes. Er galt als »Gesetz«, »Mo-

dell« oder »Vorbild« für das Volk und die Staaten der Erde. Von seiner erwiesenen Tugendhaftigkeit fühlten sich alle angezogen. Es wurde vom König verlangt, daß er »nachsichtig« und »in Übereinstimmung« mit den Wünschen seiner Untertanen regierte, daß er »auf die Welt einging«, wie es in einer Wendung im *Buch der Lieder* heißt. Er hatte »das Vertrauen des Volkes zu wahren« und »derjenige zu sein, in dem das Volk seine Stütze hatte«. Er und seine Lehnsherren sorgten für Ordnung in der chinesischen Welt, bauten Wälle, bestimmten, welche Ländereien für den Ackerbau genutzt werden sollten und verteilten sie an die Bevölkerung. Der König galt auch als »Gastgeber der 100 Geister«, indem er ihnen Opfer darbrachte, und er »gehorchte den toten Prinzen seines Clans«. Diese waren seine Ahnen, die über ihm wachten, seine Opfer entgegennahmen und den von ihm arrangierten musikalischen Darbietungen lauschten, wozu sie vom Himmel herabstiegen.

Im Laufe des neunten Jahrhunderts v. Chr. fiel es den Zhou-Königen immer schwerer, den Lehnsadel in Schach zu halten. Während Revolten und Naturkatastrophen das Reich erschütterten, machte sich zunehmend Sorge um den Erhalt der alten Gesellschaftsordnung breit. Und auch die Könige selbst entwickelten eine immer größere Sensibilität für ihr eigenes Versagen, und es bemächtigte sich ihrer eine tiefsitzende Angst vor dem Unwillen des Himmels. Dies geht sehr klar aus den Bronzeinschriften und den Liedern der damaligen Zeit hervor:

Es gibt keinen Ahnengeist, dem wir keine Opfer
dargebracht haben,
noch haben wir die Opfertiere widerwillig geschlachtet.
Unsere jadenen Ritualgefäße haben wir alle dargebracht.
Warum werden wir von den Ahnengeistern nicht erhört?

Als nach dem achten Jahrhundert der Niedergang des Hauses Zhou nicht mehr aufzuhalten war, verfiel auch zunehmend deren Staatsverständnis. Zuerst übernahmen die hohen Beamten und später während der Frühling- und Herbst-Periode die unabhängigen Herrscher in den einzelnen Lehnsterritorien die zuvor dem König vorbehaltenen zeremoniellen Verpflichtungen. So existiert beispielsweise eine Bronzeinschrift, die berichtet, daß der Graf von Qi seinen Armeekommandanten mit 300 Distrikten, Pferden, Streitwagen, Waffen und 350 Leibeigenenfamilien belehnte. Eine Bronzeinschrift aus dem späten sechsten Jahrhundert aus dem Staat Qin zeigt, daß das nominell untergeordnete Qin die Staatsdoktrin des Zhou-Königshauses für sich selbst übernommen hatte:

Der Herzog von Qin sagte: Groß und erlaucht sind unsere erhabenen Ahnen. Sie bekamen das Mandat des Himmels übertragen und wandelten auf den Spuren des [heiligen Herrschers] Yu. Die früheren zwölf Herzöge leben jetzt dort, wo Gott wohnt. Sie wachen streng über das Mandat des Himmels, und sie beschützen ihren Staat Qin, der auf vorbildliche Weise über Barbaren und Chinesen herrscht. Obwohl wir noch [vergleichsweise] jung sind, bringen Wir unsere strahlende Tugendhaftigkeit erhaben zur Geltung ... und rufen unsere zahllosen Untertanen zur Ordnung. Wir bilden nach und nach Generationen von Kriegern aus ... Wir unterwerfen die Staaten, die unserem Hof keine Aufwartung machen. Wir bringen ehrerbietig die Opfer dar, fertigen Ritualgefäße für unsere Ahnen und folgen auf diese Weise dem Beispiel unserer erhabenen Vorgänger.

Zu dieser Zeit wurde jedoch de facto dem ursprünglichen, auf einer Ritualkultur beruhenden Herrschaftskonzept der Zhou-Monarchie kaum mehr als nur ein ehrwürdiges Andenken gewahrt. Denn der harte Pragmatismus der Frühling- und Herbst-Periode beherrschte zunehmend das Geschehen.

Das Ideal des wahren Regenten, der nicht durch Gewalt, sondern durch Tugendhaftigkeit und vorbildliches Verhalten regiert, beschäftigte später maßgeblich das chinesische Denken. Je mehr die komplexe historische Wirklichkeit der Zhou-Dynastie im Gedächtnis verblaßte, desto mehr suchten die Chinesen in der Institution des rituellen Königtums den Beweis dafür, daß es einstmals solche (idealen) Herrscher tatsächlich gegeben habe und daß deshalb ihre Wiederkehr durchaus möglich sei. Doch schon bei Konfuzius (551–479 v. Chr.) stand sein restaurativer Eifer im Widerstreit mit dem offensichtlich dominierenden skeptischen Zeitgeist: »Wenn es möglich ist, einen Staat durch Ritual und Rechtschaffenheit zu regieren, was gibt es da noch zu reden? Wenn es aber nicht möglich ist, einen Staat durch Ritual und Rechtschaffenheit zu regieren, welchen Wert hat dann das Ritual?«

Die Kunst der Bronzezeit

Die frühesten Bronzen sind in Erlitou in Henan ausgegraben worden und datieren aus dem 19. Jahrhundert v. Chr. Die Gefäße sind dünnwandig, besitzen schmale, sparsam verwendete Ornamentbänder mit plastischen Linien und wurden unter Verwendung von (tönernen) Teilformen gegossen. Im heutigen Dorf Xiaotun fand man Überreste der alten ummauerten Stadt Anyang, der letzten Residenz (ca. 13.-zwölftes Jahrhundert) der Shang-Dynastie, und eine am Nordufer des Huan angelegte Ritualstätte nebst zahlreichen Gräbern. Unter ihnen war das von Fu Hao, einer königlichen Gemahlin aus dem frühen zwölften Jahrhundert v. Chr.; es enthielt über 400 Bronzen, Waffen, zahlreiche Jadegegenstände, Stein- und Elfenbeinschnitzereien mit Türkis-Intarsien, sowie 7000 Kaurimuscheln. Die Bronzebehälter fungierten zur Aufbewahrung der Ahnenopfergaben. Ein Satz Kochtöpfe trägt die Inschrift »Fu Hao« und diente wahrscheinlich dem alltäglichen Gebrauch, wie aus den Rußflecken an den Füßen und Unterseiten hervorgeht. In dem genannten Grab wurden außerdem die sterblichen Überreste von 16 Menschenopfern freigelegt.

Das Dekor der Shang-Bronzen bestand aus geometrischen bzw. Spiralmotiven und Fabeltieren wie der *taotie*-Monstermaske oder Drachen *(gui)*. Bei den späteren Shang-Bronzen sind die abstrakten Elemente der *taotie*-Masken und der Drachen oftmals völlig aufgelöst und erscheinen auf einem einfachen spiralförmigen Hintergrund, dem sogenannten *leiwen* oder Donnermuster. Die durch das Zusammenfügen der Teilformen entstandenen Nahtstellen wurden mit schmückendem Flansch versehen. Auf einigen wenigen Stücken finden sich realistischere Tierabbildungen, und in einem Fall sogar der Kopf eines Menschen.

Die frühesten Bronzen der Westlichen Zhou-Dynastie ähnelten denen der späten Shang-Zeit, aber auch einige neue Formen wie das *gui*-Gefäß wurden eingeführt, während andere außer Mode gerieten. Die Zhou-Behälter wurden zum Boden hin zunehmend wuchtiger, ganz im Gegensatz zu den sich verjüngenden Formen der Shang-Periode. Das Design war manchmal schlicht, manchmal kunstvoll mit übertrieben hakenförmigem Flansch an den Seiten. Gegen Ende des zehnten Jahrhunderts wurden die *taotie*-Maskenteile soweit in Einzelelemente aufgelöst, daß das ursprüngliche Motiv oft nur anhand der Augen identifizierbar ist. Die Tendenz zur reinen Ornamentik wurde weiterentwickelt und Einzelmotive in ein das ganze Gefäß überziehendes Dekor integriert. Rein abstrakte Darstellungen traten an die Stelle der Vögel, Drachen und Tiermasken und ergossen sich in ruheloser Bewegung über die Bronzen, indem sie sich von der symmetrischen Starrheit der früheren Shang-Vorlagen lösten. Wellenförmige Bänder verliefen ohne Rücksicht auf die durch den Teil-Formguß entstandenen Einzelflächen um das ganze Gefäß, während die früheren Dekorationen auf einzelne Gefäßteile beschränkt gewesen waren.

Die durchgehenden Wellenbänder blieben bis ins achte Jahrhundert gebräuchlich, doch bevorzugte man jetzt wieder Drachenmotive, und die Einzelelemente wurden kleiner und bildeten ein geschlossenes Oberflächendekor. Der sogenannte Liyu-Stil, bezeichnet nach einem Dorf in Shanxi, wo ein Bronzeschatz entdeckt wurde, ist diesem Typus zuzurechnen. Unter den dortigen Funden waren Bronzen in Tiergestalt, ähnlich den Statuetten der zentralasiatischen Steppenvölker, aber auch solche mit verschlungenen Drachen im Hochrelief auf flachem Untergrund. Die Houma-Ausgrabungsstätte im Südwesten Shanxis brachte Bronzen im Liyu-Stil ans Licht, ebenso Gefäße mit Einlegearbeiten, die dominierende Form des Bronze-Dekors in der folgenden Periode. Die in Houma freigelegte Bronzegießerei gibt einen Hinweis darauf, daß für wiederkehrende Designs Stempel verwendet wurden; in der Shang-Zeit hingegen hatte man auch die minuziösesten Spiralen von Hand ausgeführt.

Mit dem Aufkommen der Feudalstaaten entstand eine größerer Fülle regional unterschiedlicher Stile. Eine bedeutende südliche Bronzekultur entwickelte sich im zentralen Yangzi-Tal, wo mit reichen Ornamenten versehene Gefäße durch Kombination der »Verlorenen-Form«-Gußmethode (für das Flachrelief) und der Teilformgußtechnik hergestellt wurden. Der hohe Standard der Gußtechnik der frühen Zeit der Streitenden Reiche läßt sich an den 63 Bronzegongs aus dem Grab des Markgrafen Yi in Leigudun, Hubei, ablesen, die dieser 433 v. Chr. von Prinz

Oben: Unter den Speiseopfergefäßen der späten Shang-Periode nimmt der *ding* einen Ehrenplatz ein. Seine Füße sollen Macht, ehrenhafte Regierung und Stabilität des Staates symbolisieren. Die flachen Gefäßschenkel sind in Form von Drachen *(gui)* gestaltet. Der hier abgebildete *ding* trägt die Namensinschrift Fu Hao, eine königliche Gemahlin, die in Anyang, Provinz Henan, im frühen zwölften Jahrhundert v. Chr. bestattet wurde.

Rechts: Jade-Gegenstände standen während der Shang-Periode hoch im Kurs, und Angehörige des Adels nahmen ihre kostbarsten Jadestücke mit ins Grab, eine Sitte, die sich auch unter den folgenden Dynastien fortsetzte.

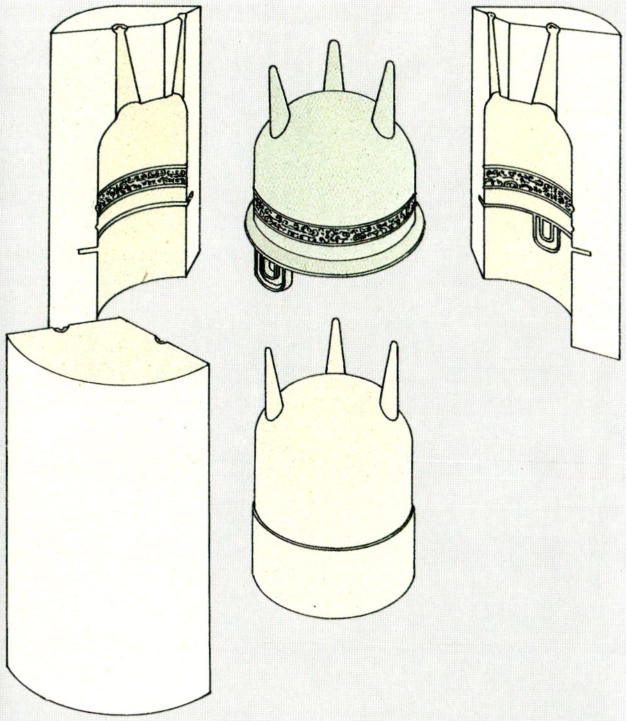

Oben: Der große Vorteil beim Teilformverfahren (in Formsand) war die Klarheit des Dekors. Diese Technik, anderswo zum Gießen von Gerätschaften verwendet, benutzte man einzig in China zur Herstellung großer Gefäße. Daneben gab es das Wachsausschmelzgußverfahren, bei dem man ein Wachsmodell anfertigte und anschließend mit einem Tonmantel umgab. Im Brennofen floß das flüssig gewordene Wachs heraus und wurde dann durch flüssiges Metall ersetzt. Das Teilformverfahren überwog anscheinend bei den Bronzen vor und zur Shang-Zeit, während bei den komplizierten ineinander verwobenen und übereinanderliegenden Designs der Bronzeobjekte der Östlichen Zhou-Periode die Teilform- und Wachsausschmelzgußtechnik möglicherweise kombiniert zur Anwendung kamen. Beim Teilformverfahren waren folgende Arbeitsschritte nötig:

1. Anfertigung einer Hohlform, indem man Ton auf die Oberfläche eines Tonmodells mit den Eingravierungen der hauptsächlichsten Motivelemente preßte.
2. Nach dem Trocknen wurde die Hohlform von dem Modell abgenommen und dann die feinen Details in den harten Ton eingearbeitet.
3. Brennen von Hohlform und Mantel.
4. Die einzelnen Hohlformteile setzte man in einem Rahmen zusammen und füllte sie mit flüssiger Bronze auf.
5. Nach Abkühlung des Gusses wurde die Hohlform entfernt, die Bronze poliert und in einigen Fällen mit Farbstoff tauschiert.

Hui aus der südlichen Provinz Chu zum Geschenk erhalten hatte. Die Weinbehälter aus derselben Ruhestätte mit ihren vielfältigen ineinander verschlungenen Einzelformen zeigen, daß der »Verlorene-Form«-Guß damals bereits zu höchster Perfektion gelangt war.

Die tauschierten Bronzen der Epoche der Streitenden Reiche wurden in ganz China richtungweisend und trugen so zu einer Angleichung der regionalen Stilformen bei, die sich während der Westlichen Zhou-Dynastie (ca. elftes Jahrhundert bis 771 v. Chr.) entwickelt hatten. Obwohl Einlegearbeiten, mit Türkis, bereits unter den Shang auftauchten, wurden sie nicht vor dem sechsten Jahrhundert weithin populär. Die für Einlagen bestimmten Motive schnitzte man in die Teilform ein, alternativ sollen Metalleinlagen auf die Oberfläche der Gefäße gegossen worden sein, indem man die Motivsilhouetten an der Außenseite der Gußform anbrachte. Kupfer, Gold und Silber wurden für Tauschierungen benutzt, die Götter, Menschen, Tiere, Bäume und unterschiedlichste Arten von Gebäuden darstellten.

Möglicherweise war auch bereits damals die künstliche Patinierung des Goldüberzugs der Bronzegefäße bekannt, so daß die Gold- oder Silbereinlagen sich stärker abhoben. Weitere gebräuchliche Materialien waren Malachit und Türkis; durch die Verwendung dunkelgrünen Malachits, der kraß gegen den roten Kupferuntergrund abstach, wurde die Farbe zum hauptsächlichsten Dekorationselement. Für die eingelegten Bronzen zwischen der Mitte des vierten Jahrhunderts und dem Beginn der Früheren Han-Dynastie im Jahre 206 v. Chr. lassen sich zwei Herkunftsgebiete unterscheiden: Erstens das hauptstädtische Nordchina und zweitens Südchina. Die tauschierten geometrischen Verzierungen im Norden wurden immer feiner, ebenso wie die Bronzen selbst, und erhielten ein juwelenartiges Aussehen. Die gewundenen Designs des südlichen Landesteils dagegen weisen mehr Ähnlichkeit mit bemalten lackierten Holzgegenständen und bemalten Seidenstoffen auf und haben wenig gemein mit den geometrischen Formen des Nordens.

Jade

Seit dem Neolithikum wurde die Jade wegen ihrer Härte und Reinheit in China hoch geschätzt. Das Hauptvorkommensgebiet war die zentralasiatische Region; und sowohl die Fundorte als auch die Bearbeitungstechniken übernahmen die Shang aus dem Neolithikum. Jade ist ein extrem hartes Material und läßt sich nur schwer bearbeiten. Von den Handwerkern wird gesagt, daß sie ein Stück Jade erst jahrelang befühlten und seine Beschaffenheit studierten, bevor sie mit dem Schleifen (mit Schleifsand) begannen. Die aus Shang- und Zhou-Gräbern geborgene Jade ist entweder weiß, leicht gelb, seltener grau-grün. Die Jadegegenstände wurden für rituelle Zwecke oder bei Bestattungen verwendet und mit Gravuren versehen, die in der Regel den allgemeinen Trends der Bronze-Dekorationen folgten.

Wegen der Schwierigkeiten bei der Gravur des Steins legte man das Hauptaugenmerk auf die künstlerische Gestaltung der Objekte. Die Jade-Statuetten aus dem im frühen zwölften Jahrhundert angelegten Grab Fu Haos in Anyang sind erstaunlich lebensnah, und die wichtigsten Nahtstellen der Körperteile sind mit eingravierten geometrischen Ornamenten verziert. Während der Zhou-Dynastie wiesen die strukturierten Oberflächen eine zunehmende Verfeinerung auf, und gegen Ende der Periode der Streitenden Reiche waren die Qualität der Arbeiten und die Kunstfertigkeit bei der Herstellung durchbrochener Jadestücke soweit entwickelt, daß sie in späteren Zeiten nicht mehr übertroffen wurden.

Lack

Lack wird aus dem reinen Saft des Lackbaums (Rhus vernicifer) gewonnen, der in Westchina, in den Provinzen Sichuan und Yunnan wächst. Er wurde mit Farben vermischt und in dünnen Schichten auf Holzgegenstände aufgetragen. Lack fand wahrscheinlich bereits als Klebstoff für die Türkiseinlagen der Shang-Bronzen Verwendung, und in Shang-Gräbern hat man sogar noch ältere Lackspuren entdeckt, während die Holzobjekte nicht überdauert haben. Aus der Periode der Streitenden Reiche sind Lackdekorationen auf hölzernen Gefäßen erhalten. Das Grab des Markgrafen Yi in Leigudun in Hubei, vom Anfang dieser Periode, enthält Möbel, Holzbehälter in Tierform und Musikinstrumente, die alle mit farbigem Lack verziert wurden. Der innere Sarg ist mit abstrakten gelben, schwarzen und roten Mustern und mit gehörnten, Hellebarden tragenden Monstern geschmückt. Ein Hirsch (unten) war mit Rauten und Punkten bemalt, und ein lackiertes Nahrungsgefäß in Form und Dekoration Bronzegefäßen nachempfunden. Diese Designs wurden in schwungvollen Linien ausgeführt und beeinflußten ihrerseits den Dekor der tauschierten Bronzegegenstände der Spätzeit der Streitenden Reiche.

Nebenbild rechts außen: Eine Inschrift auf dieser frühen Bronze der Westlichen Zhou (elftes Jahrhundert v. Chr.) berichtet von den Angriffen der Zhou auf die Shang-Dynastie.

Nebenbild Mitte rechts: Das Ritualbronzegefäß aus dem fünften Jahrhundert v. Chr. im »Liyu«-Stil zeichnet sich durch das Design ineinander verschlungener Drachen und durch die belebenden zusätzlichen geometrischen Muster aus.

Nebenbild rechts: Monster-*(taotie-)* Masken wie die hier gezeigte finden sich auf Bronzegefäßen und Beschlägen von Holzsärgen der Periode der Streitenden Reiche. Im späten sechsten Jahrhundert taucht die Maske, möglicherweise in Anspielung auf das Shang-Ritual, erneut als Dekor auf.

Rechts: Dieses Rhinozeros aus dem späten dritten Jahrhundert v. Chr. wurde in der Provinz Shaanxi entdeckt und diente als Weinbehälter. Die Dekormuster waren früher tauschiert.

Unten: Ein kunstvoller kniehoher lackierter Hirsch, der aus dem Grab des Markgrafen Yi (ca. fünftes Jahrhundert v. Chr.) in der Provinz Hubei stammt.

DAS REICH DER QIN

Das Mandat des Himmels

Die Reichseinigung unter der Qin-Dynastie im Jahre 221 v. Chr. gilt allgemein unter Historikern als Beginn einer neuen, bis 1911 dauernden Epoche - als die Kaiserzeit des Chinesischen Reiches. Wenn wir heute, da das Kaiserreich aufgehört hat zu bestehen, auf jene 2000 Jahre zurückblicken, so besitzt diese Einteilung einige Berechtigung. Aber in vielerlei Hinsicht wird man dem historischen Ereignis der Reichseinigung mehr gerecht, wenn man sie als Höhepunkt der während des späten Altertums entwickelten Ideen und Institutionen versteht, also ebenso als Endphase wie als Neubeginn.

Zur Zeit seiner Machtübernahme war der Staat Qin bereits mehr als 500 Jahr alt, und nach dem Verständnis seiner Regenten hatten sie schon seit langem das Mandat des Himmels besessen, wie aus der auf Seite 75 zitierten Bronzeinschrift hervorgeht. Als König Zheng, der sich »Erster Kaiser« *(Shihuangdi)* nannte, den Dank für seinen Sieg über die anderen sechs mit ihm rivalisierenden Mächte abstattete, erklärte er, sich »auf die magischen Kräfte unserer Vorfahren gestützt« zu haben, und gab ihnen rückwirkend den Titel »Erhabene göttliche Herrscher« *(tai shanghuang)*. Die Han-Kaiser, die den Qin folgten, aber eine nicht so angesehene Ahnenreihe vorweisen konnten, beriefen sich lediglich auf den Beistand der magischen Kräfte von Himmel und Erde.

Die Geschichtsschreiber der Späteren Han-Dynastie (25–220 n. Chr.) unterstellten Zheng, er habe sich ein neues Mandat des Himmels angemaßt. Das ist jedoch sehr unwahrscheinlich, da dies das Ansehen seiner berühmten Vorgänger beeinträchtigt hätte. Ebensowenig glaubhaft erscheint die Behauptung der Han-Historiker, er habe seinen Aufstieg zum Herrscher als Teil eines zyklischen Prozesses gesehen, der durch die Aufeinanderfolge von fünf, durch verschiedene Farben und Ziffern gekennzeichnete Elemente oder »Phasen« *(wu xing)* bestimmt war. Auch dies wäre ein Affront gegen seine königlichen Vorfahren gewesen, weil Zheng dadurch das Verdienst der Reichseinigung für sich allein in Anspruch genommen hätte. Schlimmer noch, es hätte die Möglichkeit eines zukünftigen Endes der Qin-Herrschaft impliziert, und der »Erste Kaiser« hatte ausdrücklich hervorgehoben, daß seine Linie für immer, »für zehntausend Generationen«, regieren sollte (deswegen nannte er sich der »Erste Kaiser« dieser zehntausend Generationen).

Zur Propagierung der als bewundernswert dargestellten, jedoch bei weitem nicht allgemein begrüßten Leistung der Errichtung eines Einheitsstaates ließen Zheng und sein Minister Li Si eine Reihe von Inschriften unters Volk bringen. Diese wurden größtenteils in Felswände eingemeißelt. Die früheste dieser Inschriften - am Gipfel des Yi im vormaligen Zhou-Gebiet - unterstrich das kaiserliche Geschenk des Friedens und leitete daraus den Anspruch auf die universelle Monarchie ab:

Der vom Kaiser gegründete Staat
ist der vollkommenste seit altersher.
[Er ist] Nachfahre eines Geschlechts zahlreicher Könige.

Er hat Chaos und Aufruhr erstickt
mit seiner Autorität, die bis in die vier Ecken der Welt reicht,
und mit seiner unwandelbaren und gewissenhaften Militärgewalt.

Nachdem Soldaten und Offiziere seine Befehle erhalten hatten, verstrich nur sehr kurze Zeit
bis sie die aufrührerischen sechs Staaten vernichtet hatten.

Im sechsten und zwanzigsten Jahr seiner Regierung opferte er [anläßlich] der Proklamation seines erhabenen Herrschertitels
und sorgte so dafür, daß der Weg der Pietät sich leuchtend kundtat.

Seit er [den Ahnen] seinen großen Erfolg präsentieren
und auf Erden die Wohltaten seiner vollkommenen Zuneigung [zum Volk] unter Beweis stellen konnte,
reiste er persönlich in ferne Regionen.

Nachdem er den Gipfel des Yi erklommen,
das Beamtengefolge sich ihm angeschlossen hatte,
gedenken alle weit zurückliegender Ereignisse, die einst lange währten.

Sie erinnern sich an das Zeitalter des rebellischen Aufruhrs,
als das Land zersplittert war und sich Einzelstaaten etabliert hatten,
so daß der Zwiespalt der Uneinigkeit sich weit auftat.

Als Überfälle und Kriegshandlungen alltäglich waren,
und die Ebenen von Blut überströmt,
und dies schon seit dem Altertum.

Für die vergangenen Generationen zählte nur
die Zeit der Fünf [heiligen] Herrscher,
und niemand konnte dies untersagen oder unterbinden.

Bis heute, da dieser unser Kaiser die Ökumene zu einer einzigen Familie zusammenfaßte
und nicht länger die Waffen gegeneinander erhoben werden.

Naturkatastrophen und von Menschen verursachtes Leid sind verschwunden,
das chinesische Volk lebt gesund und in Frieden,
Erträge und Reichtum des Landes sind unerschöpflich …

Eine weitere Inschrift, auf dem Gipfel des Tai, stellt die Bedeutung des Kaisers als Gesetzgeber heraus. Sie dokumentiert die charakteristische chinesische Vorstellung von dem auf der Wirkkraft der Tugend basierenden Herrschertum, und zwar im Sinne einer beispielhaften moralischen Lebensführung, als auch im Sinne einer alles durchdringenden lebensspendenden Kraft. Die Inschrift auf dem Felsvorsprung des Langya in Shandong zeichnet das Bild eines idealen Regenten, indem sie sich einer Mischung konfuzianischer, legalistischer und sogar taoistischer Vorstellungen bedient. Der Herrscher ist zugleich Inhaber magischer und moralischer Kräfte, die sowohl Mensch als auch Natur erquicken, oberster Erzieher und unbeugsamer Zuchtmeister, der explizit seine Anordnungen für Institutionen und politische Schritte erläßt. Die

Oben: Die Soldaten der Qin-Dynastie trugen bunte Uniformen, wie aus den Farbresten auf den in der Nähe des Grabmals Qin Shihuangdis gefundenen Tonkriegern hervorgeht. Es gab verschiedene Farbzusammenstellungen für die Kleidung der Infanteristen. Eine Gruppe besaß leuchtend grüne Waffenröcke mit purpurn eingefaßten Krägen und Armstulpen unter schwarzen Schuppenpanzern mit weißen Beschlagnägeln. Hinzu kamen purpurne Gurte und gelbe Schnallen zu dunkelblauen Hosen, schwarze Schuhe und orangene Schnürbänder. Eine andere Einheit trug kurze rote Röcke mit blaßblau gemusterten Krägen und Armstulpen über orangenen Hosen. Ihre Rüstungen waren aus dunkelbraunen Platten mit roten oder hellgrünen Nieten. Die rekonstruierte Zeichnung zeigt die Farbkomposition bei der Uniform eines Infanterieoffiziers.

Rechts: Die Struktur der Qin-Administration

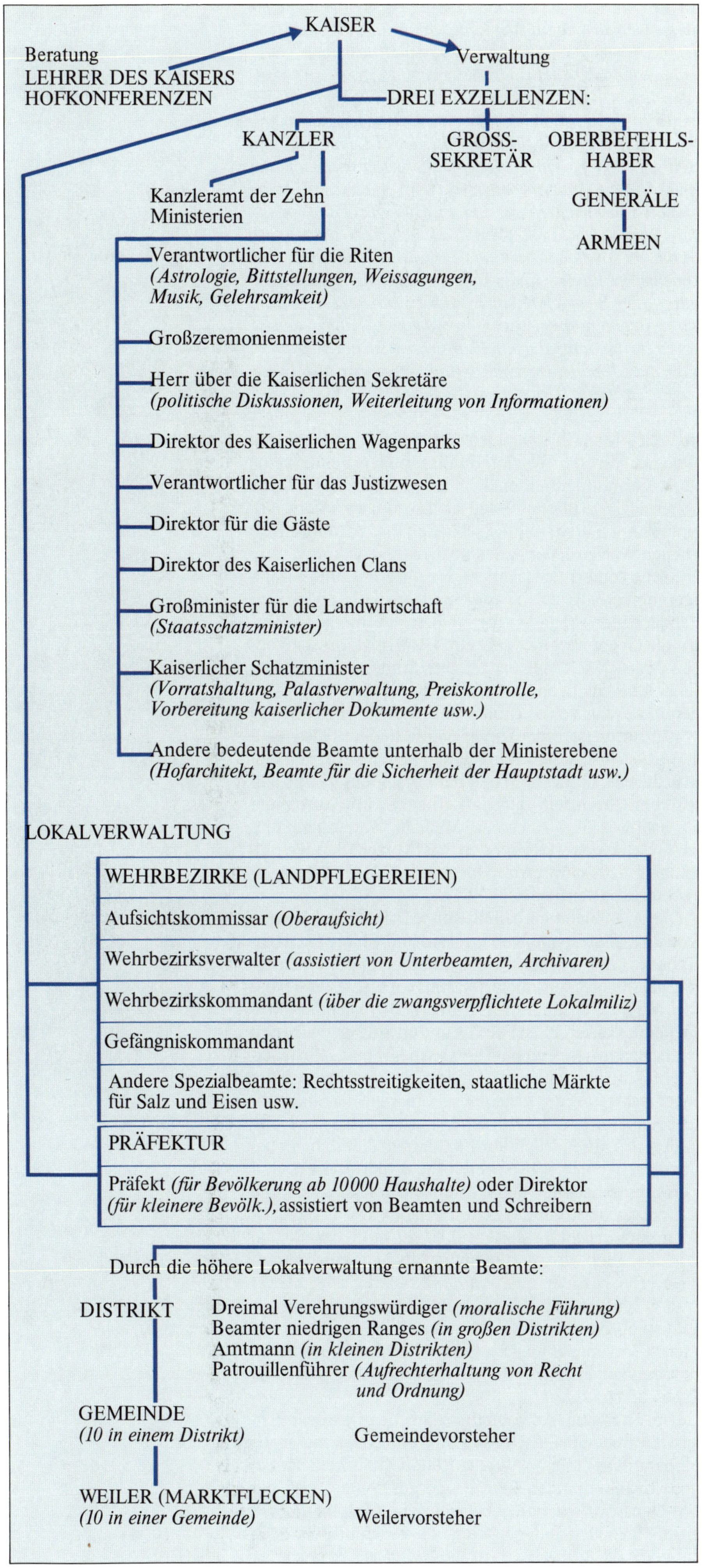

Berechtigung seiner Herrschaftsausübung leitet er daraus ab, daß er dem gemeinen Volk seine Wohltaten angedeihen läßt. Der Sinn für soziale Gerechtigkeit kommt ebenfalls an vielen Stellen zum Ausdruck; dasselbe gilt für sein Eintreten für harte Arbeit und schickliches Verhalten:

Maße und Gewichte werden durch ihn festgelegt und gerecht vereinheitlicht,
er regelt [das Dasein] aller Lebewesen.
Er taucht auf diese Weise die Angelegenheiten der Menschen in helles Licht,
und er führt Vater und Sohn in Eintracht zusammen.
Die Weisheit, Nächstenliebe und Gerechtigkeit seiner Heiligkeit
lassen das Idealbild der Tugend hell und klar erstrahlen ...

Das Verdienst des Herrschers ist es,
daß er sich unermüdlich um die Angelegenheiten [der Untertanen] kümmert.
Er achtet die Feldarbeit, duldet keine menschenunwürdigen Verrichtungen;
er verhilft dem Volk der Chinesen zu Reichtum ...

Gefäße und Gerätschaften haben eine einheitliche Abmessung,
Dokumente werden in Standardschrift verfaßt.
Überall, wo Sonne und Mond scheinen,
überall, wo Schiffe und Wagen verkehren,
verlebt jeder die ihm zugewiesene Lebensspanne,
und es gibt niemanden, der nicht erreicht, was er sich wünscht,
niemanden, der nicht die Dinge so zu richten vermag, wie es die Umstände verlangen.
Das zeichnet einen [wahren] Kaiser aus.

In den anderen Inschriften kommen noch einige neue Akzente hinzu. In der Lobrede am Felsgipfel des Zhifu ist von der Sorge des Kaisers um seine Untertanen die Rede, und daß er die Rettung für das chinesische Volk gewesen sei. Die Inschrift auf dem Stadttor von Jieshi vermittelt den Eindruck, daß der Regent sogar – zumindest bis zu einem gewissen Grad – die natürliche Umwelt verändert habe:

Er ließ die inneren und äußeren Wälle niederreißen,
Wasserstraßen und Deiche wurden angelegt,
eingeebnet wurden die gefährlichen Engpässe.

Nachdem die Gestaltung der Umwelt abgeschlossen war,
hatten die chinesischen Volksmassen keinen Frondienst mehr zu leisten,
und alle Menschen unter dem Himmel wurden hoch geschätzt.

Die in den Gipfel des Guiji eingemeißelte Inschrift spricht von dem Recht und der Pflicht des Kaisers, verbindliche Begriffsbestimmungen einzuführen:

Als der weise [Herrscher] von Qin die Regierung übernahm,
legte er anfänglich die Strafen und die Gesellschaftsklassen fest
und reformierte die alten Standardmaße.

Er schuf zunächst gerechte Regeln und Leitvorstellungen für vorbildliches Verhalten,
bestimmte nach eingehender Prüfung den Rahmen für jedes Amt und jede Aufgabe,
um dadurch feste Normen zu schaffen ...

Er nimmt sich zahlloser Probleme an und regelt sie,
er prüft das Wesen der Dinge,
so daß jedes die korrekte Bezeichnung erhält …

Diese Grundvorstellung vom Wesen und Aufgabenbereich des Herrschers hat – mit nur geringen Wandlungen – das politische Denken der Chinesen bis in die Epoche Mao Zedongs beherrscht und in gewisser Weise auch noch dessen Wirken bestimmt.

Das Regierungssystem

Soweit die Propaganda. Wie aber sahen die typischen Elemente des frühen chinesischen Kaiserreiches in der politischen Wirklichkeit aus?
Das hervorstechendste Merkmal dieses Regierungssystems war die Bürokratie. Das heißt, der Staat wurde von Männern mit bestimmten Aufgabenbereichen geleitet, die aufgrund von Eignung für diese Ämter ausgewählt wurden. Die Kosten für den Unterhalt der Bürokratie wurden durch obligatorische Steuern und staatlich verordnete Dienstleistungen der registrierten Bevölkerung bestritten. Das bürokratische System stand daher von seiner Grundkonzeption her im Gegensatz zum Feudalismus. Dieser war seinem Wesen nach eine Herrschaftsform, bei der die Befehlsstränge vom Vorgesetzten zum Untergebenen verliefen, und zwar auf der Basis eines Geflechts lebenslang bestehender und gewöhnlich vererbter Loyalitätsverhältnisse und Verpflichtungen zwischen einzelnen Individuen, meistens zwischen Feudalherr und Vasall. Grundsätzlich ausgenommen von dem Tabu der Vererbung politischer Macht unter der Qin-Dynastie war natürlich die Kaiserwürde selbst, und auch noch einige andere weniger bedeutende Privilegien konnten von einer Generation auf die andere weitergegeben werden. Die Qin-Bürokratie unterschied sich auch insofern von einem aus der zentralen Staatskasse unterhaltenen Regierungssystem, als bestimmte Aufgabenbereiche im Prinzip spezialisierten Funktionsträgern zufielen.

Unter Zheng wurde die Abschaffung der feudalistischen Ordnung rigoros durchgesetzt. Frühere Qin-Regenten hatten gelegentlich noch auf die eine oder andere Art sowohl hohe Beamte als auch ihre eigenen Söhne belehnt. So wurde Lü Buwei während seiner Kanzlerschaft als Markgraf von Wenxin geadelt und hatte 100000 Haushalte in der Region Luoyang als »Unterhalt« erhalten, wie die zeitgenössische Ausdrucksweise so unverhüllt das benennt, was man als »Steuerpfründe« bezeichnen könnte (im Gegensatz zu Pfründen, die vom Empfänger auch selbst verwaltet wurden). Doch die Erfahrungen, die die Qin vor der Reichseinigung mit der Institution des Feudalismus gemacht hatten, waren alles andere als ermutigend gewesen. Ein als Markgraf von Shu geadelter Prinz aus königlichem Hause, der das annektierte Sichuan als Lehen erhalten hatte, war wegen angeblicher Verschwörung zum Aufruhr hingerichtet worden. Zu Beginn von König Zhengs (des späteren »Ersten Kaisers«) Regierung hatte der gerade erst in den Adelsstand erhobene Markgraf von Changxin, von dem es hieß, daß in seinem Lehen alle Angelegenheiten von ihm selbst entschieden würden, eine Revolte angezettelt, die nur mit größter Mühe niedergeschlagen werden konnte.

Die Stunde der Entscheidung war mit dem Jahr 221 v. Chr. gekommen, als der Kanzler Hang Wan und andere anregten, man solle die Söhne des Kaisers als »Könige« im fernen Nordosten, an der Ostküste und in den Zentralgebieten des Yangzi einsetzen, da diese weit entfernten Regionen auf andere Weise nicht wirksam zu kontrollieren seien. Dieser Vorschlag wurde mit Erfolg von Li Si in einer berühmt gewordenen Rede angegriffen:

Äußerst zahlreich waren die Söhne, jüngeren Brüder und die übrigen aus der väterlichen Linie stammenden Verwandten, die die Könige Wen und Wu der Zhou-Dynastie mit Lehen bedacht hatten. In der Folgezeit lockerten sich ihre verwandtschaftlichen Bande zunehmend, und sie entfremdeten sich immer mehr voneinander, indem sie sich wie Feinde angriffen. Schlimmer noch, die Feudalherren der [Frühling- und Herbst-Periode] vernichteten einander gegenseitig, und der Zhou-Himmelssohn war nicht in der Lage, diesem Zustand Einhalt zu gebieten. Heute sind mit Hilfe der göttlichen und magischen Kräfte Eurer Majestät die Gebiete geeint und vollständig in Kommanderien und Präfekturen aufgeteilt. Den königlichen Prinzen und verdienten Beamten sollten aus staatlichen Steuereinnahmen reiche Apanagen zufließen, um sie auf diese Weise leicht überwachen zu können und sie daran zu hindern, Rebellionsabsichten zu hegen. Nur so kann man den Frieden gewährleisten. Wenn man aber Lehen vergibt, ist dieses Ziel nicht zu erreichen.

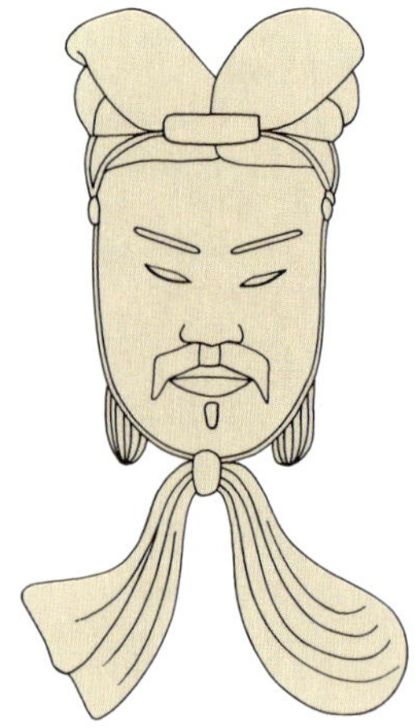

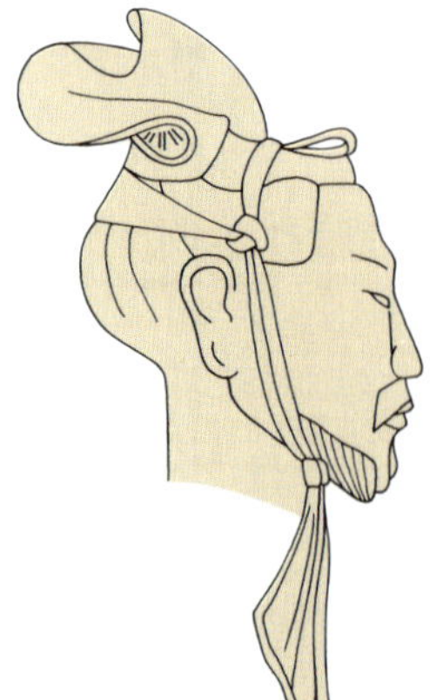

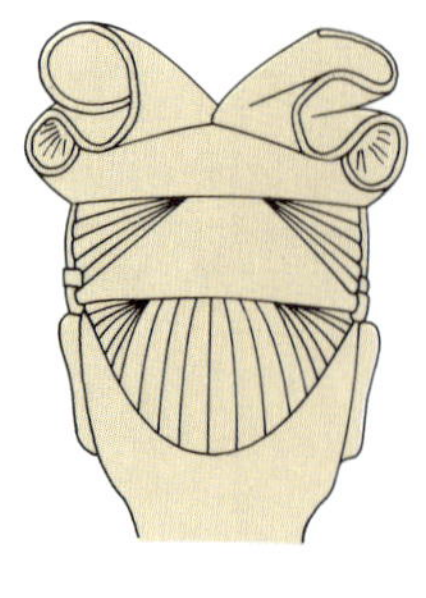

Im Jahr 213 v. Chr. machten sich einige konfuzianische Gelehrte für die Wiedereinführung des Feudalismus stark. Sie argumentierten, die Shang- und Zhou-Dynastie hätten so lange überlebt, weil sie ihre jüngeren Verwandten belehnt hätten, und sie schlossen ihre Ausführungen mit den Worten: »Wir haben noch niemals gehört, daß eine Sache von Dauer sich nicht das Altertum zum Vorbild genommen hätte.« Li Si entgegnete, daß die Zeiten sich ständig änderten, und er fügte hinzu: »Wenn die Gelehrten die Gegenwart nicht als ihre Lehrmeisterin anerkennen und sich statt dessen mit dem Studium der Vergangenheit beschäftigen, um mit ihr die Gegenwart zu kritisieren, werden sie das chinesische Volk verwirren und es in Aufruhr versetzen.« Dieser politische Streit löste eine der rücksichtslosesten Kampagnen der chinesischen Geschichte aus, für die Li Si und der »Erste Kaiser« von den späteren Chronisten nur Haß ernteten: Mit Ausnahme der Schriften über Ackerbau, Medizin, Wahrsagerei und der Geschichtswerke über den Staat Qin wurden alle philosophischen Schriften und historischen Aufzeichnungen systematisch vernichtet.

Diese Maßnahmen bedeuteten jedoch nicht das Ende feudalistischer Tendenzen im Kernland China. Die Han-Dynastie (206 v. Chr.–220 n. Chr.), die in ihrer Anfangszeit viel weniger konsolidiert war, als vor ihr die Qin-Dynastie, mußte eine Reihe von Titularkönigreichen an Mitglieder der kaiserlichen Familie und an Stützen des neuen Herrscherhauses vergeben. Sieben dieser halb selbständigen Monarchien rebellierten 154 v. Chr., und erst nach der Niederschlagung des Aufstands führte man die bürokratische Regierungsform in diesen Lehnsgebieten wieder ein. In den sich anschließenden 1000 Jahren läßt sich ein beständiger Wettstreit zwischen lokalen Machthabern und Verwaltungsbeamten beobachten, die um eine wirksame zentralistische Kontrolle bemüht waren. Die Frage nach der grundsätzlichen Überlegenheit des zentralstaatlichen Prinzips blieb bis zu einem gewissen Grade immer umstritten. Noch im neunten Jahrhundert n. Chr., als der größte Teil des Landes von halb unabhängigen Militärgouverneuren regiert wurde, sah sich der Gelehrte Liu Zongyuan veranlaßt, einen Essay über den Feudalismus zu schreiben, in dem er für den bürokratischen Staat eine Lanze brach.

Die Titel und Aufgabenbereiche der Qin-Beamtenschaft waren – historisch gesehen – ein Konglomerat aus bürokratischen Elementen der frühen Zhou-Zeit, der Periode der Streitenden Reiche und aus Neuerungen der Qin-Dynastie. Wir besitzen nicht genug Informationen, um die genauen Befehlsstränge zu verdeutlichen, doch die generelle Verwaltungsstruktur wird in dem Schema

Die verschiedenen Uniformtypen geben einen Hinweis auf den Rang der Soldaten. Die rekonstruierte Zeichnung, nach dem Vorbild eines Tonoffiziers aus Grube 2 mit dem kaiserlichen Wachpersonal (siehe Seiten 84–87), zeigt eine raffiniert gearbeitete Mütze, die mit einem auffälligen Knoten unter dem Kinn festgeschnürt wurde. Die besagte Figur unterscheidet sich außerdem von anderen durch ihre Größe und durch den kunstvolleren, aus Panzerplatten bestehenden Waffenrock, der durch kleinere Knoten vorne, im Rücken und an den Schultern geschmückt ist.

auf Seite 81 erläutert. Das System der Armeeränge war im Prinzip ziemlich einfach: Unter den Generälen, von denen jeder einen Bürovorsteher zur Seite hatte, standen Oberstleutnant, Kommandant, Major und Hauptmann.

Als charakteristische Administrationseinheit scheint die Präfektur oder *xian* (ein Ausdruck, der möglicherweise mit dem Wort für »herabhängen von« in Beziehung steht) zuerst in den neuen Reichsgebieten eingerichtet worden zu sein. Die später aufgekommene Landpflegerei oder *jun* wurde vermutlich zuerst in einigen Grenzregionen zu nicht-chinesischen Stämmen eingeführt. Die Neuerung der Qin-Dynastie bestand darin, daß sie alte bürokratische Strukturen vereinheitlichte und Verwaltungseinheiten für das ganze Territorium schuf. Die tatsächliche Zahl der Landpflegereien ist umstritten. Allgemein wird für die Zeit der Reichseinigung die Zahl 36 genannt, aber sie kann in späteren Jahren des Herrscherhauses durchaus auf 49 angestiegen sein.

Drei Jahre nach dem Tod Kaiser Zhengs 210 v. Chr. war dieses bemerkenswerte System zusammengebrochen. Aufstände von Fronarbeitern leiteten eine kurze Bürgerkriegsperiode zwischen rivalisierenden Thronprätendenten ein, die mit der Ausrufung der neuen Dynastie der Han 206 endete. Zwei Hauptgründe sind für den Untergang der Qin verantwortlich: Erstens das ungesunde politische Klima bei Hofe, das die Formulierung vernünftiger staatlicher Richtlinien unmöglich machte und die Durchführung wichtiger Maßnahmen verhinderte; an zweiter Stelle ist die wirtschaftliche Überbeanspruchung des Landes zu nennen. Die Ressourcen des frühen Kaiserreiches reichten zur Deckung der Kosten der teuren Feldzüge, der aus strategischen Gründen errichteten Straßen und der Großen Mauer und anderer öffentlicher Bauten, wie etwa des Palast- und des riesigen Mausoleumbaus des »Ersten Kaisers« nicht aus, an letzterem sollen 700000 Zwangsarbeiter beschäftigt worden sein, die nach Fertigstellung angeblich lebendig darin begraben wurden, um das Geheimnis der Grabstätte zu wahren.

Die Ursache für den Verfall der politischen Sitten kann im Größenwahn Kaiser Zhengs gesucht werden, in seiner zunehmenden Kritikfeindlichkeit und seinem Hang zum Aberglauben, der ihn veranlaßte, das Geheimnis des ewigen Lebens zu ergründen. All diese Wesenszüge sprechen aus seinem Wutausbruch, als er von der Flucht des von ihm mit der Suche nach dem Elixier der Unsterblichkeit beauftragten Gelehrten Lu erfahren hatte.

Ich habe alle nutzlosen Bücher dieser Welt vernichtet [erklärte der Kaiser]. Ich habe eine große Zahl von Gelehrten, die in Literatur und magischen Techniken bewandert sind, an meinem Hof versammelt. Ich hoffte dadurch ein Zeitalter des großen Wohlstandes herbeizuführen. Ich wünschte, daß die Alchimisten sich läuterten, damit sie nach den wundertätigen Drogen Ausschau halten könnten. Jetzt ist mir zu Ohren gekommen, daß Han Zhong und die anderen [die ihn auf der Suche nach dem Lebenselixier begleiteten] sich abgesetzt haben, ohne Bericht zu erstatten, und daß die Begleiter Xu Fus [der ausgesegelt war, um die Inseln der Seligen zu finden] große Summen Geldes verschwendet haben, ohne schließlich irgendwelche derartigen Drogen zu finden. Täglich höre ich nur von Profiten, die durch Gaunereien und gegenseitige Verunglimpfung gemacht werden. Ich habe dem Gelehrten Lu und seinen Mitarbeitern reiche Geschenke gemacht, nun aber verleumden sie mich. Das Leitmotiv ihrer Anklagen lautet, ich hätte kein Charisma der Tugend ...

Zheng beraumte durch den Großsekretär eine Untersuchung an, während der die Gelehrten versucht haben sollen, ihre eigene Haut zu retten, indem sie sich gegenseitig anschwärzten. Der Herrscher ließ daraufhin – so heißt es zumindest – mehr als 460 von ihnen lebendig begraben und sorgte dafür, daß dies als Warnung für ihre Kollegen im Reich bekannt gemacht wurde. Die Ermordung der Gelehrten war möglicherweise der erste Fall einer in China auch später zeitweilig auftretenden Tendenz zur Unterdrückung des kulturellen Lebens durch die Zentralregierung. Von einschneidender Sofortwirkung für die Qin-Dynastie war jedoch, daß der talentierte Kronprinz an die Grenze verbannt wurde. Er hatte kritisiert, man könne unmöglich den Frieden im gerade erst geeinten Reich erhalten, wenn man auf derartige Weise mit den Gelehrten verfahre, die alle Konfuzius hochschätzten und sich ihn zum Vorbild nähmen. Nach dem Tod des »Ersten Kaisers« gelang es dem Eunuchen Zhao Gao, sich die Verbannung des Kronprinzen zunutze zu machen und dessen Selbstmord zu erzwingen, die Thronfolge in seinem Sinne zu regeln und selbst die eigentliche Macht zu ergreifen. Kurz danach trieb er auch den gerade erst inthronisierten Herrscher zum Freitod. Der verängstigte »Dritte Kaiser« ließ den Eunuchen umbringen, hielt sich aber nur noch 46 Tage auf dem Thron, bis die Rebellen in die Hauptstadt Xianyang eindrangen.

Die Qin-Dynastie hatte durch die Etablierung und Besteuerung eines freien Bauernstandes die staatlichen Einnahmequellen erweitert und so die finanzielle Grundlage für einen effektiven bürokratischen Staatsapparat geschaffen. In den neu hinzugewonnenen Gebieten hatte sie das Machtmonopol des alteingesessenen Adels gebrochen, indem sie die Bauern von deren Besitzungen abzog und als freie Bauern ansiedelte, die Steuern, Dienstleistungen und Militärdienst auf Anordnung der Zentrale leisteten. Das Gefühl, bisher nicht für möglich gehaltene Vorhaben durchsetzen zu können, war für die Qin-Herrscher sicherlich berauschend, aber dies hat vermutlich Kaiser Zheng den Blick für die Tatsache verstellt, daß dem Machbaren auch Grenzen gesetzt waren. Auf dem Staat lastete ein besonders schwerer logistischer Druck, da er ein aus mehreren Hunderttausend Mann bestehendes Heer gegen die Xiongnu (die ostasiatischen Hunnen) entsenden mußte, die im Norden und Westen der großen Schleife des Gelben Flusses für Unruhe sorgten. Schließlich kam es zu Nachschubschwierigkeiten. Wie es in der *Geschichte der Han-Dynastie (Han-shu)* heißt, war nicht genug Getreide für die Tagesverpflegung des Heeres übrig, obwohl die Bauern hart auf den Feldern arbeiteten, und die Frauen konnten nicht das benötigte Garn zur Herstellung der Zelte spinnen. Das einfache Volk war weitgehend ruiniert.

Die Epoche der Qin-Dynastie war trotz ihrer Kurzlebigkeit in kultureller Hinsicht ein Wendepunkt in der chinesischen Geschichte. Die Büchervernichtung und die zwangsweise durchgesetzte Schriftreform (Einführung der sogenannten »kleinen Siegelschrift«) hatten zur Folge, daß fast alle alten Aufzeichnungen in fehlerhafter Form an die Nachwelt weitergegeben wurden oder sogar vollständig verlorengingen. Andererseits aber fiel in diesen Zeitraum auch die Herausbildung der Grundzüge eines administrativen Systems, das, obwohl zeitweilig nur sehr wenig effizient und bezüglich der Amtsbezeichnungen und Aufgabenbereiche teilweise starken Wandlungen unterworfen, in den nächsten 2000 Jahren bemerkenswert stabil blieb. Den vielleicht wichtigsten Wesenszug dieser Epoche beschrieb der Tang-Essayist Liu Zongyuan mit den Worten, der »Erste Kaiser« habe zum ersten Mal einen Beamtenapparat geschaffen, dessen Rekrutierungspraxis so sozial ausgewogen und unparteiisch gewesen sei, daß jeder qualifizierte Mann die Möglichkeit besessen habe, in ihn einzutreten.

Die Terrakotta-Armee Qin Shihuangdis

In 64 Kilometer Entfernung von der zentralchinesischen Stadt Xi'an wurde 1974 bei Brunnenausschachtungsarbeiten eine Terrakotta-Armee entdeckt, die ungefähr 1200 Meter östlich der Außenmauer des Mausoleums des »Ersten Kaisers« (Qin Shihuangdi) der Qin-Dynastie begraben war, der 246 v. Chr. im Alter von 13 Jahren die Herrschernachfolge seines verstorbenen Vaters angetreten hatte und in der traditionellen chinesischen Geschichtsschreibung als unermüdlich tätiger Regent gerühmt wird. Am Fundort entwickelte sich rasch eine emsige Geschäftigkeit, als Hunderte von Arbeitern die Erde abtrugen und mit Schubkarren fortschafften. Man legte vier verschiedene unterirdische Kammern frei, denen man die Bezeichnung Grube 1–4 gab. Grube 1 ist die größte, und sie enthält über 6000 Tonstatuen. Ihre militärische Formation lehnt sich an Vorschriften in zeitgenössischen Texten über Kriegsstrategie an. Die Tonfiguren wurden zerstört, als das Dach über den Kammern einstürzte, so daß die große Mehrzahl von ihnen Stück für Stück wieder neu zusammengesetzt werden mußte. Außerdem waren aus allen Gruben die Waffen gestohlen worden. Die Plünderung ereignete sich höchstwahrscheinlich 206 v. Chr., als der Rebellen-General Xiang Yu die Paläste der Qin-Metropole geschleift und das Grab des »Ersten Kaisers« zerstört haben soll.

Grube 2, im Nordosten von Grube 1 gelegen, wurde 1976 aufgefunden und besteht aus einer kleineren L-förmigen Kammer mit über 1400 Streitwagen und Kavalleristen. Man kann vier Grundeinheiten unterscheiden: Eine Bogenschützen-Vorhut zusammen mit Fußsoldaten ohne Rüstungen; zwei Kavallerie-Einheiten mit Streitwagen und eine weitere Kavallerie-Einheit mit Streitwagen, die in acht Kolonnen aufmarschiert ist. 1977 stieß man auf eine dritte Grube, nordwestlich der Grube 1. Es handelt sich um eine schmale, unregelmäßig geformte Kammer mit nur 1/7 der Fläche von Grube 1. Die darin gefundenen Tonskulpturen stellen offenbar eine Elitetruppe dar. Schließlich wurde noch eine vierte – leere – Kammer entdeckt, was darauf schließen läßt, daß die Arbeiten möglicherweise wegen des plötzlichen Tods Qin Shihuangdis 210 v. Chr. und des Sturzes des Qin-Herrscherhauses drei Jahre später durch Liu Pang, den Gründer der Han-Dynastie, vor Fertigstellung abgebrochen wurden.

Der Grundriß des Mausoleums nährt die Vermutung, daß die Anlage einer Muster-Residenz geplant war, wobei der innere Teil die kaiserliche »Verbotene Stadt« und der äußere Teil die Außenbezirke repräsentieren sollten. Die Wachtruppen während der Qin-Dynastie kann man in kaiserliche Wachsoldaten bei Hofe und in Garnisonsmannschaften unterteilen, die die Kapitale bewachten. Aufgrund der Lage der Kammern verkörpern die aufgefundenen Tonsoldaten wahrscheinlich letztere Truppen: Grube 1 die Infanterie-Division am rechten Flügel, Grube 2 die Kavallerie-Einheit am linken Flügel, Grube 4 mit ihren rund 4050 Quadratmetern war möglicherweise für die in der Mitte postierten Streitkräfte gedacht, und Grube 3 enthielt die Soldaten der Kommando-Einheit.

Die Terrakotta-Armee wurde nicht in Massenproduktion mittels Hohlformen hergestellt, sondern man formte jede einzelne Figur individuell. Köpfe, Arme und Körper wurden separat modelliert und dann mit Tonstreifen zu-

Unten: 1974 fanden Arbeiter im Bezirk Lintong, Provinz Shaanxi, die erste von insgesamt vier Gruben mit Tausenden von tönernen Soldaten und Pferden. Sie wurden vor über 2000 Jahren modelliert, um dem »Ersten Kaiser« (221–210) der Qin-Dynastie im Jenseits als Leibwache zu dienen.

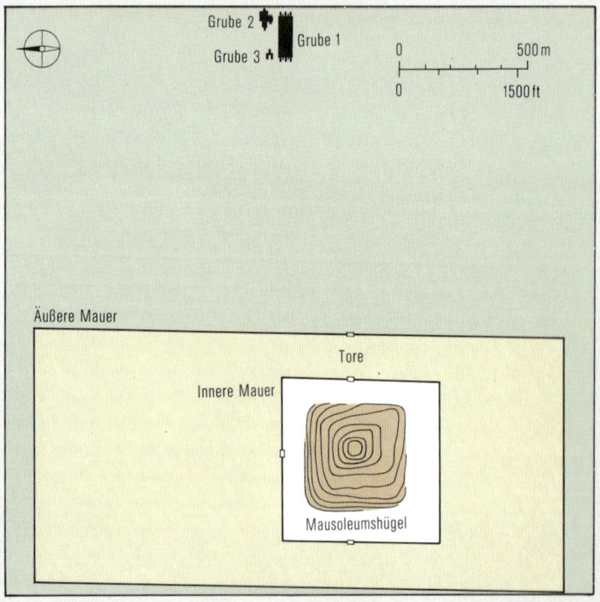

Links: Dieser lebensgroße Krieger stammt aus Grube 2. Fast die Hälfte der 252 Tonfiguren in dieser Grube nehmen eine Haltung ein, die an die *taijiquan*-Stellung (traditionelles chinesisches Schattenboxen) erinnert, eine Kampfart, die noch heute in China praktiziert wird.

Oben: Ein Plan des Mausoleums Qin Shihuangdis (noch nicht freigelegt), der die Lage der Gruben im Verhältnis zum Mausoleumshügel zeigt.

Rechts: Der Plan der Grube 1 mit der rekonstruierten Aufstellung der Terrakottaarmee, welche die Ruhestätte des Herrschers schützte.

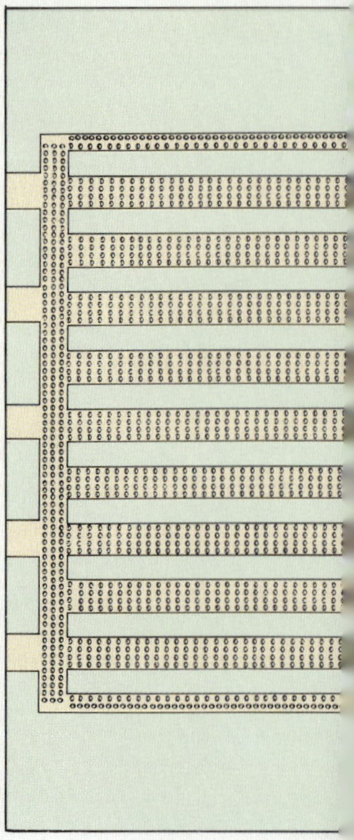

Wie die freigelegten Tonsoldaten zeigen, trugen die Kavalleristen der Qin-Zeit enganzitzende Kappen, die ursprünglich ockerfarben und mit einem roten Punkt-Muster geschmückt waren. Die Infanteristen besaßen keine Kopfbedeckung, sondern wickelten ihr Haar zu phantasievollen Knoten, wie man in der rekonstruierten Zeichnung sieht *(links)*. Die Wagenlenker hatten weniger kunstvolle Mützen als die Offiziere und auch andere Mützenbänder, doch standen sie rangmäßig über dem gemeinen Fußvolk.

Unten: Ausgrabungsarbeiten bei Grube 1 nahe des Mausoleums.

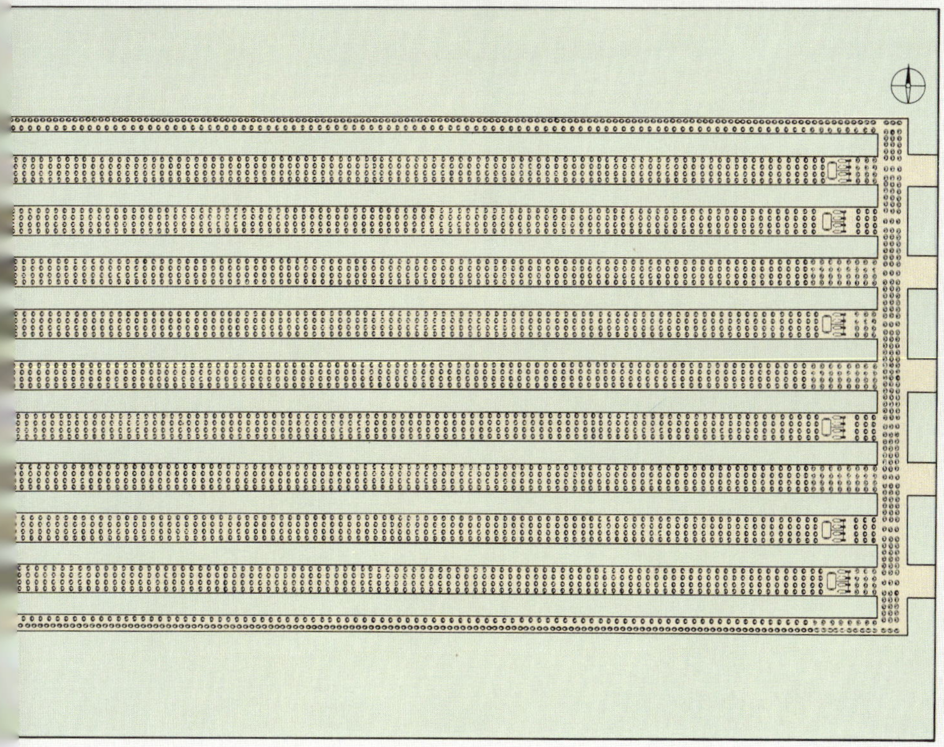

sammengefügt. Die Körper sind hohl und aus Tonrollen aufgebaut und besitzen kompakte Beine. Wie der Querschnitt eines zerbrochenen Kriegers zeigt, ging man von einem groben Modell aus, überzog dieses mit einer feinen Tonschicht und drückte schließlich die Einzelheiten wie Augen, Mund, Nase und Details der Kleidung in den Ton. Ohren, Bart und Rüstung wurden getrennt gestaltet und dann der Figur angefügt. Die Statue wurde anschließend bei hoher Temperatur gebrannt und auf den vorgebrannten Sockel gesetzt.

Große Sorgfalt verwandte man auf die Haartracht, so daß die verschiedensten Frisurarten mit einer Vielfalt an Scheitel-Haarknoten vertreten sind. In ähnlicher Weise wie die Soldaten entstanden die Pferde. Die großen runden Pfropfen an beiden Seiten ihrer Rümpfe verschlossen die während des Brennens erforderlichen Luftlöcher. Jedes Tier trug ursprünglich bronzenes Zaumzeug, doch konnte nur ein einziges Exemplar vollständig rekonstruiert werden. Krieger und Rosse wiesen ehedem leuchtende Farben auf, die heute fast vollständig verblaßt sind. Für die gepanzerten Soldaten gab es zwei hauptsächliche Farbzusammenstellungen, und auf die jeweiligen Ränge verwiesen die unterschiedlichen Uniformen; zusätzlich waren die einzelnen Regimentseinheiten durch spezielle Farben gekennzeichnet. Die Pferde waren im wesentlichen schwarz oder braun bemalt, besaßen weiße Zähne und Hufe und rote Mäuler und Nüstern.

Gepanzerte Berufssoldaten gab es erst zwei Jahrhunderte vor der Reichseinigung, zuvor mußten die Krieger mit wattierten Jacken und Gewändern aus Haifischhaut oder mit Tierfellen auskommen. Bei der Qin-Armee hat es wenigstens sieben verschiedene Rüstungstypen gegeben. Quasten und Streifen galten als Rangabzeichen, und Offiziere konnten von den Mannschaften leicht durch ihre kunstvollen Rüstungen mit kleinen aneinandergeschichteten Plättchen und Dekorationen an Schultern, Brust und Rücken wie auch durch ihre geschmückten Kopfbedeckungen mit doppeltem Falz und Bändern unterschieden werden. Die nicht gepanzerte Vorhut aus Grube 1 trug leichte Kleidung und war mit weittragenden Bogen ausgestattet. Die Streitwagen wurden von Infanterie-Kolonnen mit langen Lanzen abgeschirmt, um zu verhindern, daß die Pferde zu Tode kamen. Zwei der sechs Streitwagen aus Grube 1 führen Trommeln und Gongs mit, mit denen wahrscheinlich das Kommando zum Vor- oder Rückmarsch gegeben wurde. Die Rüstung der Infanteristen war leicht und bedeckte nur einen kleinen Teil des Körpers, was vermuten läßt, daß die Qing-Generäle großen Wert auf die Beweglichkeit ihrer Truppen legten.

Trotz aller lebensnahen Details sind die Tonfiguren jedoch eher Typologisierungen als Individualporträts. Sie verkörpern den Geist der mächtigen Qin-Armee, indem sie Wirklichkeit illusionieren. Anstelle exakter Porträts stehen vor uns Krieger, die das Gefühl geballter Kraft und unmittelbar bevorstehender Aktion vermitteln, noch gesteigert durch die wachsamen Pferde mit den geblähten Nüstern und aufgestellten Ohren. Trotzdem ist das realistische Element nicht zu übersehen. Während der Zhou-Dynastie waren bestimmte Bronze-Gegenstände nach Motiven des realen Lebens gestaltet worden, etwa Jagdszenen. Bei den Qin-Figuren wird dieser Trend zur wirklichkeitsbezogenen Genauigkeit fortgesetzt und durch das neue Element der Monumentalität ergänzt. Die Monumentalität, das grandiose Konzept und die zahlenmäßige Stärke der Terrakotta-Armee allein zeugen von dem imperialen Anspruch und der Macht des »Ersten Kaisers«, der – so heißt es – eine Million gepanzerter Soldaten, tausend Streitwagen und zehntausend Pferde angeführt habe, um die Welt zu erobern.

DIE KAISERZEIT

DIE BEWAHRUNG DES IMPERIUMS

Reichseinigung und Zersplitterung

Als eine der imposantesten politischen Leistungen in Antike, Mittelalter und Moderne kann die Bewahrung des Chinesischen Kaiserreichs gelten. Es war dem Imperium Romanum ebenbürtig, jedoch weniger weitläufig als der Herrschaftsbereich des türkischen Kalifats auf seinem Machthöhepunkt, und es war zeitweise nur Teil des eurasischen Weltreichs der Mongolen. Es hatte nicht die verzweigte, weltumspannende Ausdehnung des spanischen Kolonialreichs, und seine Bevölkerung war nicht so zahlreich wie die des British Empire zu seiner Blüte. Doch in bezug auf seine Überlebensdauer hat das Chinesische Kaiserreich alle anderen Mächte in den Schatten gestellt.

Diese Leistung wollen wir anhand der beigefügten Tabelle nun im Abriß würdigen. Mehr als 500 Jahre lang, von 221 v.Chr. bis 316 n.Chr., blieben die Zentralgebiete des Kernraums (zu ihnen zählen die nordchinesische Ebene, das Tal des Yangzi und das Sichuan-Becken) als politische Einheit erhalten, abgesehen von einer kurzen Zeit der Dreiteilung im dritten Jahrhundert n.Chr. (Periode der Drei Reiche 221–280). Dann, von 316 bis 589 n.Chr., war das Innere China in zwei Teile zersplittert. Eine Reihe teils sinisierter Fremddynastien kämpfte im Norden um die Vormachtstellung. Im mittleren und unteren Yangzi-Gebiet bewahrte eine Anzahl Han-chinesischer Herrscherhäuser das Erbe ihrer traditionellen Kultur und sorgte für die wirtschaftliche Entwicklung dieser noch dünn besiedelten und rückständigen Region (Periode der Südlichen und Nördlichen Dynastien). Für ein weiteres halbes Jahrtausend, von 589 bis 1126 n.Chr., war das Reich wieder geeint, mit Ausnahme der Zersplitterung von 907 bis 960 (Periode der Fünf Dynastien). Zwischen 1127 und den späten 70er Jahren des zwölften Jahrhunderts gab es eine weitere Aufspaltung zwischen Nord und Süd: Die Jin-Dynastie der Ruzhen (Dschurdschen, die als Vorfahren der Mandschus bezeichnet werden können) regierte nördlich des Flußtals des Huai, während dem chinesischen Herrscherhaus der Südlichen Song der Süden unterstand. Die Mongolen vernichteten die Jin-Dynastie im Jahre 1234 und die Südliche Song-Dynastie 1279 und vereinten auf diese Weise China abermals im Rahmen ihres ausgedehnten Weltreiches. Seither hat, sieht man einmal von kurzen Übergangsphasen ab, der Kernraum China unter einer zentralen politischen Gewalt gestanden. Die wichtigsten Zwischenperioden waren die Zeit der Militärmachthaber, mit ihrem Höhepunkt zwischen 1916 und 1927, und die teilweise Besetzung durch Japan von 1931 bis 1945. Aus der Tabelle geht hervor, daß der politische Zusammenhalt einer chinesischen Bevölkerung, die von etwa 50 Millionen vor 2000 Jahren heute auf ungefähr eine Milliarde angewachsen ist, über fast drei Viertel des Zeitraums seit der Regierung des »Ersten Kaisers« gewahrt werden konnte.

Bei der Betrachtung dieser erstaunlichen Tatsache ergeben sich zwei miteinander verknüpfte Fragenkomplexe: Welche Kräfte bewirkten einerseits und verhinderten andererseits die Zersplitterung im Innern und welche waren für die erfolgreiche Verteidigung bzw. die Eroberung des Imperiums von außen verantwortlich? Bevor wir versuchen, diese Fragen im einzelnen zu klären, läßt sich generell feststellen, daß immer dann, wenn ein annähern-

Seite 88: 24 Kaiser der Ming- und Qing-Dynastien lebten in der »Verbotenen Stadt« in Beijing (Peking). Nur selten verließen sie das 250 Morgen große Areal. Bemerkenswert ist die große Harmonie, die zwischen den Plätzen und Gebäuden besteht.

Links: Eine Steinabreibung aus der Han-Zeit, die einen einspännigen Wagen in voller Fahrt darstellt. Diese Abbildung hat Ähnlichkeit mit den Wandmalereien eines Grabmals in Liaoyang im Nordwesten Chinas.

Unten: Reichseinigung und -teilung im Kernraum China seit 221 v.Chr.
Diese chronologische Tabelle zeigt die Perioden der Reichseinigung, Zweiteilung und Zersplitterung der Zentralregion auf.

Reichseinigung und -teilung des Kernraums seit 221 v. Chr.

Einigung	Zweiteilung	Zersplitterung	Daten	Bevölkerung in Millionen	Wichtige Dynastien
			200		Qin Frühere Han
			100		
			v. Chr. / n. Chr.	57	Spätere Han
			100		
			200		
					Drei Reiche
			300		Westl. Jin Nördl. und Südl. Dynastien
			400		
			500		
			600		Sui Tang
			700	65	
			800		
			900		Fünf Dynastien und Zehn Königreiche
			1000		Nördl. Song
			1100		
				140	Südl. Song/Jin (Ruzhen)
			1200		
			1300		Yuan (Mongolen)
			1400	70 (?)	Ming
			1500		
			1600		
			1700		Qing
			1800	393	
			1900		Republik/Kriegsherren/
				1000	Nationalisten/
			2000		Volksrepublik

Oben: Ausschnitt aus einem hängenden Rollbild mit dem Titel *Kaiser Ming Huangs Reise nach Shu* (alter Name für die Provinz Sichuan). Das prächtige Gemälde wurde von einem anonymen Künstler mit Tusche und Farben auf Seide geschaffen und ist höchstwahrscheinlich die Song-zeitliche Kopie eines Originals aus dem achten Jahrhundert. Der Tang-Kaiser Ming Huang hatte eine berüchtigte Romanze mit der Konkubine Yang Guifei, die zur damaligen Zeit als eine der vier schönsten Frauen ganz Chinas galt. Hofintrigen und die Rebellion An Lushans (755 n. Chr.) erzwangen die Flucht des Herrschers nach Sichuan. Unterwegs kam es zur Meuterei unter den Soldaten, die Ming Huang zwangen, seine geliebte Yang Guifei zu erdrosseln, da man sie für seine Niederlage (und anschließende Abdankung) verantwortlich machte. Dieses Ereignis wurde zu einem populären Sujet in Prosa- und Dramenliteratur.

des Gleichgewicht zwischen diesen Kräften bestand, Zufallsfaktoren eine Rolle gespielt haben. Ein schlagendes Beispiel für diese Behauptung ist die überraschende Eroberung Nordchinas durch die Ruzhen im Jahre 1126, als die Nördliche Song-Dynastie im Zenit ihrer Macht zu sein schien. Allgemein aber gilt, daß der Bestand oder das Auseinanderfallen des Reichs entscheidend von drei miteinander verknüpften Umständen abhing. Diese waren die jeweilige Kampfstärke der chinesischen bzw. nicht-chinesischen Armeen; die Fähigkeit der kaiserlichen Regierung, menschliche und materielle Ressourcen zu mobilisieren und Truppen und Nachschub über große Entfernungen zu befördern; schließlich die topographischen Gegebenheiten und das Problem der Nachrichtenübermittlung, mit dem sich Militärs wie Zivilbeamte auseinanderzusetzen hatten. Diese Faktoren sollen jetzt in angemessener Ausführlichkeit behandelt werden.

Verwaltung und Logistik

Die zur Regierung und Verteidigung eines großen Reichs notwendigen Berufsbeamten und -soldaten (oder zumindest professionell ausgebildeten Soldaten) müssen aus Steuereinnahmen finanziert werden. Voraussetzung ist deshalb ein hoch entwickeltes Wirtschaftssystem, das über den Lebensunterhalt der produktiven Bevölkerungsteile hinaus noch einen Überschuß für die Besoldung der Beamtenschaft und Soldaten abwirft; weiter ist eine Administration erforderlich, die diesen volkswirtschaftlichen Überschuß eintreibt und effektiv verwaltet. Reicht der Überschuß zur Deckung der Personalkosten eben gerade aus, stellt sich bei steigenden Militärausgaben oder bei steigenden Verwaltungskosten schnell eine Finanzkrise ein. Im Verlauf der chinesischen Geschichte wurde oftmals ein langfristiger Mechanismus sinkender Staatseinnahmen dadurch in Gang gesetzt, daß die Bauern versuchten, die hohe Steuerlast von sich abzuwälzen, indem sie sich dem Patronat mächtiger lokaler Gutsbesitzer unterstellten. Auf diese Weise wurde der verbliebenen steuerpflichtigen Bauernschaft eine noch schlimmere finanzielle Belastung aufgebürdet, was diese Tendenz weiter verstärkte. Die großen Grundherrn nahmen für gewöhnlich eine ambivalente Haltung ein: Als Mitglieder der herrschenden Klasse hatten sie ein Interesse an einer effektiven und finanziell gesicherten Verwaltung, aber als Individuen brachte es ihnen Vorteile, wenn sie ihre örtliche Machtstellung ausnutzten und den Bauern Schutz anboten, wofür letztere zeitweilig hohe Pachtkosten oder die Unfreiheit in Kauf nahmen. Während der längsten Zeit der Späteren Han-Dynastie (25–220 n. Chr.) war dies der Fall, da die Han die Wiederherstellung ihrer Herrschaft (nach dem Interregnum des Wang Mang) größtenteils der Unterstützung der mächtigen Lokalaristokratie verdankten und der Kaiser deshalb auf ihr Wohlwollen angewiesen war. Bei einer starken Produktivitätssteigerung und der Erwirtschaftung eines großen Überschusses pro Arbeitskraft hingegen fällt die Steuerlast für die Betroffenen weniger ins Gewicht. Der Bau des Großen Kanals im frühen siebten Jahrhundert unterstützte das Einigungswerk der Sui- und Tang-Dynastien (spätes sechstes bis frühes zehntes Jahrhundert), da die Transportkosten für das billige Getreide aus dem Yangzi-Tal in den Norden sanken. Die wirtschaftlichen Verbesserungen zu Ende des ersten Jahrtausends n. Chr., insbesondere beim Reisanbau im Süden, erleichterten den Unterhalt der riesigen stehenden Heere der Nördlichen Song-Dynastie, die zu ihrer mannschaftsstärksten Zeit weit über eine Million Soldaten umfaßten.

Es ist schwer einzuschätzen, welchen Einfluß der Faktor Größe, und zwar sowohl hinsichtlich der Bevölkerung als auch hinsichtlich des Territoriums, bei einem vorneuzeitlichen Imperium spielte. Die Kosten für den Unterhalt eines Nachrichtenwesens von der Zentrale in die Grenzregionen waren augenscheinlich direkt proportional zu den zu überbrückenden Entfernungen. Alle kaiserlichen Dynastien hatten ein verzweigtes und kostspieliges Kuriersystem zu unterhalten, bei dem der Verkehr zwischen den einzelnen speziell eingerichteten Stationen durch Pferde, Schiffe oder Läufer abgewickelt wurde. Die Karte auf Seite 94 erläutert das Kuriersystem der Qing (1644–1911 n. Chr.). Die konzentrischen Kreise zeigen die maximal zulässige Zeit in Wochen, die einem berittenen Boten zur Erreichung seines Ziels zur Verfügung stand. Da wahrscheinlich auch 1000 Jahre früher die Reisegeschwindigkeiten nicht erheblich geringer waren, hatten die auf den Kernraum China gestützten Dynastien einen annähernden Kommunikationsradius von 5–6 Wochen.

Eine wichtige Rolle spielte auch das Transportproblem. Standen keine schiffbaren Wasserstraßen zur Verfügung, waren die Kosten des Nachschubs für die außerhalb des Zentralgebiets operierenden Armeen oftmals erheblich höher als der tatsächliche Wert der zu befördernden Gü-

Die Überdehnung des Imperiums
Das chinesische Reich erlangte seine maximale Ausdehnung nach Westen unter dem Tang-Kaiser Gaozong gegen Ende des siebten Jahrhunderts. Seine Protektorate erstreckten sich über den Pamir hinaus nach Sogdien und Tocharistan und bis an die Grenzen des modernen Iran. Doch war diese Hegemonie nicht von langer Dauer. Wegen des Erstarkens der Araber im Westen, symbolisiert durch ihren militärischen Erfolg über die Chinesen 751 am Talas, und der zunehmenden Machtfülle der Tibeter und des Königreichs Nanzhao im Südwesten geriet das durch den Aufstand An Lushans innerlich geschwächte Imperium immer stärker unter Druck. Mehrere Jahrzehnte währende Übergriffe der Tibeter auf den schmalen Gansu-Korridor gipfelten 791 schließlich im tibetischen Sieg über die Chinesen und deren uigurische Bundesgenossen in der Nähe von Beshbaliq (Beiting), und damit war für fast ein Jahrtausend die chinesische Herrschaft in Zentralasien beendet. Einige Jahre später jedoch stoppte die Tang-Dynastie mit ihren Gegenangriffen die tibetische Expansion, und um die Mitte des neunten Jahrhunderts war der Staat Tibet dem Zerfall anheimgegeben.

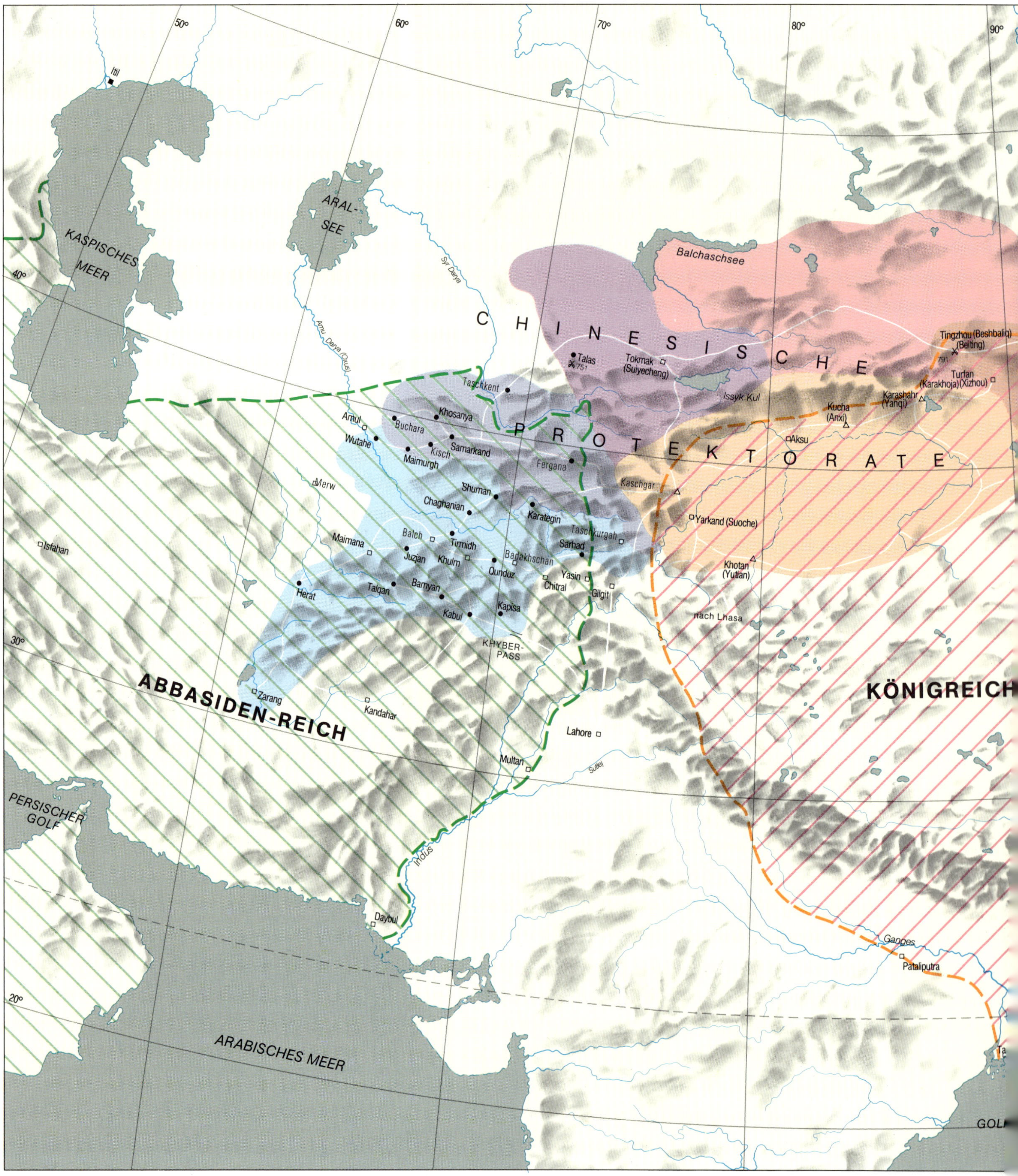

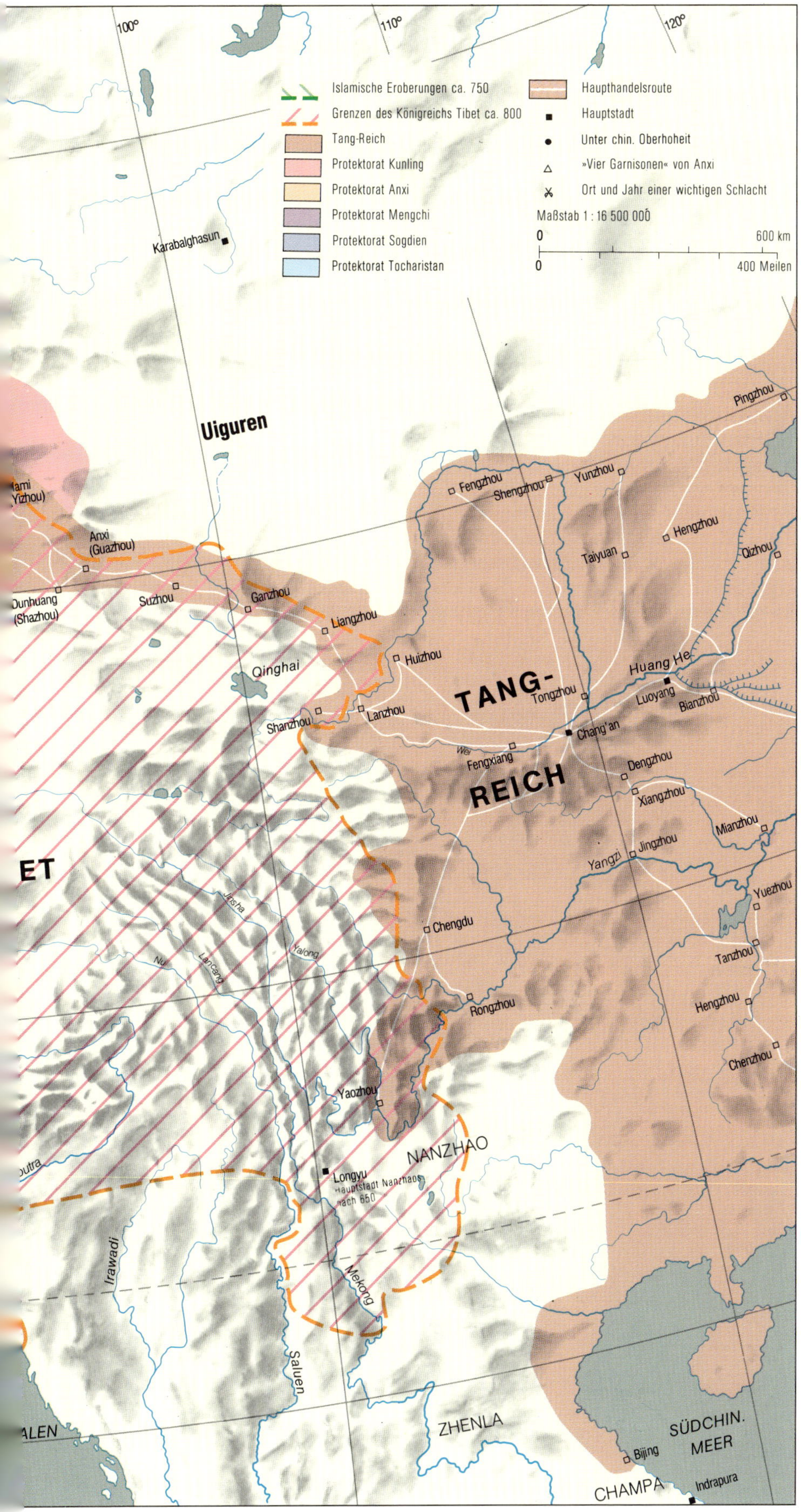

ter, das gilt insbesondere für die frühe Zeit. Ein ziemlich drastisches Beispiel für die Überdehnung logistischer Möglichkeiten war das ausgehende siebte Jahrhundert unter Kaiser Gaozong, als sich der Einflußbereich der Tang-Dynastie für kurze Zeit bis weit hinter den Pamir in Richtung auf den Persischen Golf erstreckte und dabei praktisch bis an die Grenze Indiens reichte. Anhand der Karte (links) der zentralasiatischen Protektorate wird deutlich, wie schwierig sich die Aufrechterhaltung der chinesischen Nachschublinien entlang des von Lanzhou nach Anxi verlaufenden Korridors gestaltete, der im Norden von Wüsten und im Süden von Gebirgen flankiert war. Tatsächlich konnten die Protektorate angesichts lokaler Aufstände auch nicht lange gehalten werden. Die chinesischen Hoffnungen auf die Kontrolle der im fernen Westen gelegenen Regionen wurden endgültig mit der Niederlage gegen die islamischen Streitkräfte in der Schlacht am Talas im Jahre 751 n. Chr. begraben, die als eine der bedeutendsten Kriegsentscheidungen des Mittelalters gilt. Darauf folgte der durch die Rebellion des An Lushan im Jahr 755 n. Chr. verursachte innere Niedergang des Tang-Reiches. Wie aus der Karte hervorgeht, wurde China durch die wenig später erfolgte Expansion des tibetischen Königreichs in den Korridor von Gansu der Zugang nach Turkestan gänzlich versperrt.

Die logistischen Probleme des Imperiums konnten teilweise dadurch gemildert werden, daß die Soldaten bis zu einem gewissen Grad eine Doppelfunktion erfüllten und sich als Bauern völlig oder teilweise selbst ernährten. Die von Soldaten-Bauern bewohnten Militärkolonien wurden so nicht selten zum Schlüsselelement imperialer chinesischer Herrschaftssicherung. Wegweisend für diese Einrichtungen war die Umsiedlung von ca. 700000 Kolonisten in den Gansu-Korridor durch Kaiser Wudi gegen Ende des zweiten Jahrhunderts n. Chr. und die Schaffung von autarken Garnisonen in den Halbwüsten-Regionen weiter westlich. Die Garnisonen bestanden aus einer bunt gemischten Bevölkerung von zivilen Einwanderern (die meisten von ihnen waren auf Regierungskosten dort angesiedelt worden), Garnisonssoldaten, Soldaten-Bauern, die nach festgesetzten Plänen unter Aufsicht arbeiteten, Hirten, Familienangehörigen der Militärs, persönlichem Dienstpersonal, Sträflingen, Sklaven, Reisenden und Angehörigen nicht-chinesischer Stämme, die sich unterworfen hatten. Die Siedlungen waren durch ein Netzwerk von bewehrten Städten, Forts und Wachtürmen geschützt. Die »Bezirkstruppen« (Miliz) der Sui- und der frühen Tang-Zeit, die sich aus militärisch geschulten Bauern rekrutierten, waren eine Einrichtung mit einigen dem Militärkolonie-System verwandten Zügen, aber sie wiesen bei weitem nicht diese fortgeschrittene bäuerlich-militärische Organisationsform auf. Als wirkungsvollste Spielart dieses Konzeptes müssen wohl die »Provinzgarnisonen und Verteidigungskontingente« der Ming-Dynastie (1368–1644 n. Chr.) gelten. Mehr als zwei Drittel der drei Millionen Soldaten, mit denen die Herrschaft von den Mongolen zurückgewonnen worden war, wurden im Laufe des späten 14. Jahrhunderts in den Provinzen angesiedelt. Interessant ist in diesem Zusammenhang auch, daß noch in den späten 70er Jahren des 18. Jahrhunderts der Qing-Heerführer Zuo Zongtang sich bei seiner Rückeroberung Ostturkestans auf dieses Militärkolonie-Konzept stützte. Seine Soldaten waren im Nebenberuf Bauern, die vor dem entscheidenden Feldzug die Nachschubgüter systematisch speicherten.

Andererseits aber darf nicht übersehen werden, daß Größe auch Vorteile mit sich bringt. In dem Maße wie das kaiserliche China sich schließlich bis an »natürliche« Grenzen ausdehnte, nahm die Gefahr eines schnellen Eroberungsfeldzugs durch äußere Feinde ab. Die Meeresküste im Osten, die Dschungelgebiete im Südwesten und die Gebirge im Westen waren alle in gewisser Weise »natürliche« Grenzen. Ferner kann als Regel gelten, daß die Errichtung eines zusammenhängenden, strategisch günstig gelegenen Bollwerks ein Sinken der effektiven Verteidigungskosten pro Kopf der Reichsbevölkerung nach sich zieht. Die Große Mauer (die ein Verteidigungskomplex aus Militärlagern und Nachschubrouten war und kein einfacher linearer Wall) erfüllte eine solche Bollwerk-Funktion. Die Song-Dynastie besaß noch keine derartige Anlage, sie bediente sich lediglich ausgehobener Wassergräben und speziell angepflanzter Weidenhaine, um das Vorrücken der Kavallerie ihrer nördlichen Feinde zu erschweren, während die Ming-Dynastie den Neubau der Großen Mauer in Angriff nahm, diese mit Ziegelwerk verkleidete und mit Kanonenschlitzen versah. Schließlich muß noch auf die nicht gering zu schätzende Tatsache verwiesen werden, daß mit der Größe eines Landes auch die verfügbaren Ressourcen zunehmen.

»Barbaren« und Sinisierung

Eine permanente Ursache für Instabilität war die fast stetige Verbesserung der Kampftechnik bei den feindlich gesinnten Fremdvölkern. So sahen sich die Chinesen in vorkaiserlicher Zeit genötigt, auf die Einführung der Kavallerie bei den Nomaden mit der Aufstellung einer eigenen Reiterschaft zu reagieren. Diese war oftmals erstaunlich gut ausgebildet und sehr effizient, so etwa jene der Tang-Dynastie (618–906 n.Chr.), berühmt wegen ihrer taktischen Manöver. Da der Kernraum China jedoch nicht gut für die Pferdezucht geeignet ist, mußten die verschiedenen Herrscherhäuser spezielle Weidekoppeln unterhalten und Reitpferde von jenseits der Grenzen einführen. Wang Anshi, der die Reform des Beamtentums anstrebte und für kurze Zeit während des elften Jahrhunderts an der Macht war, versuchte durchzusetzen, daß der Staat den Bauern Pferde zur Verfügung stellte, die dann in Kriegszeiten in der Armee eingesetzt werden sollten. Der Plan erwies sich aber als undurchführbar, weil die Unterhaltskosten für die Tiere wohl zu hoch waren und sie leicht erkrankten. Gegen die berittenen Bogenschützen und Stoßtrupps der nicht-chinesischen Völker wurden erfolgreich Armbrüste, primitive »Tanks« (mit ungegerbten Rinderhäuten bedeckte und manchmal durch eiserne Ketten miteinander verbundene Wagen) und schließlich seit dem 14. Jahrhundert die Feldartillerie eingesetzt. Auch die Kavallerie-Technik entwickelte sich immer weiter: Der Steigbügel tauchte im chinesischen Kulturraum um das fünfte Jahrhundert auf (genaue Datierung und Einführungsgebiet sind umstritten), und die Xixia (Tanguten) und die Jin (Ruzhen) rüsteten ihre Streitrösser mit Eisenpanzern aus.

Die Fortschritte der Fremdstämme beruhten auch auf der Übernahme von chinesischen Techniken, die oftmals durch Deserteure oder Abenteurer bekannt gemacht wurden. Die zunehmende Fähigkeit der »Barbaren«, sich zu organisieren und schließlich teilweise auf seßhafter Ackerbaukultur und der Errichtung von Städten basierende eigene Staatswesen zu gründen, bedeutete, daß die Chinesen, wollten sie sich erfolgreich zur Wehr setzen, entweder mehr Mittel für die Ausrüstung und Aufstellung größerer Streitkräfte verwenden oder ihre Fertigkeiten auf militärischem, finanzpolitischem oder diplomatischem Sektor verbessern mußten. Ein klassisches Beispiel für die Auswirkung des Technologietransfers ist die Er-

Steinabreibungen vom Grab der Wu-Familie in Shandong (Han-Dynastie). Die Figuren zeigen die zeitgenössische Kriegstracht und die Art der Bewaffnung.

Links: Das kaiserliche Kuriersystem während der Ming-Dynastie
Das Kurierwesen war von zentraler Bedeutung für das Imperium. Auf der Karte sind die Haupt- und Lokalrouten unter den Ming sowie die Städte verzeichnet, durch die sie verliefen. Eine Vorstellung von dem Operationsradius des späten Reichs vermitteln die wenig danach unter der Qing-Dynastie geschaffenen Zonen, mit deren Hilfe maximal zulässige Reisezeiten für berittene Kuriere von Peking nach bestimmten Zielorten festgelegt wurden. Auf der Karte werden nur die Kurierzonen zu den Hauptzentren gezeigt, hinsichtlich der weniger bedeutenden Städte ergeben sich möglicherweise kleinere Ungenauigkeiten. Wie ersichtlich, konnte das Herrschaftsgebiet in annähernd sechs bis sieben Wochen durchquert werden.

Der Toba-Wei-Staat
Die von den Toba (oder Tabgatsch) im späten vierten Jahrhundert n.Chr. gegründete Wei-Dynastie etablierte anfänglich ein ziemlich grausames Regime auf der Basis einer starken Kavallerie. Mit der Zeit nahm das Herrscherhaus chinesische Züge an, stützte sich zunehmend auf die Bürokratie und auf Steuereinnahmen aus der Landwirtschaft. Dieser Wandel war 494 unübersehbar geworden, als die Hauptstadt von Pingcheng, im heutigen Nord-Shanxi, nach Luoyang in der Zentralebene des Gelben Flusses verlegt wurde, ein Ereignis, das 524 zur Erhebung unzufriedener Stammesgarnisonen beitrug und schließlich zur Zweiteilung des Reiches führte.

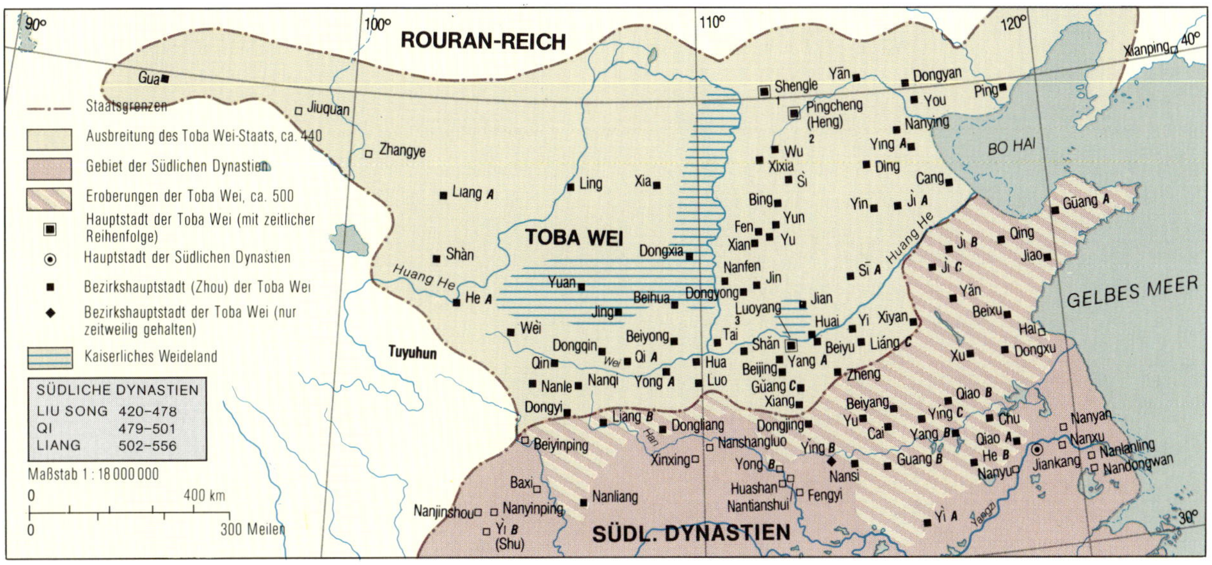

Alternativbezeichnungen für die Bezirkshauptstädte der Toba Wei-Dynastie	
Beihua	Fucheng
Beijing	Yiyang
Beixu	Langya
Beiyang	Beidu
Beiyang	Danyang
Beiyu	Chenggao
Bing	Taiyuan
Cai	Xincai
Chu	Chenliu
Ding	Zhongshan
Dongjing	Huaian
Dongliang	Ankang
Dongqin	Longdong
Dongxia	Biancheng
Dongxu	Xiapi
Dongyan	Changping
Dongyi	Wuxing
Dongyong	Zhengping
Fen	Xihe
Gua	Dunhuang
Guang A	Donglai
Guang B	Beiguang
Guang	Xiangcheng
He A	Baohan (or Fuhan)
He B	Ruyin/Nanruyin
Hua	Huashan
Huai	Henei
Ji A	Changle
Ji C	Jibei
Jian	Gaodu
Jiao	Dongwu
Jin	Pingyang
Jing	Anding
Liang A	Wuwei
Liang B	Hanzhong
Liang C	Chenliu
Ling	Baogulüzhen
Luo	Shangluo
Nanfen	Dingyang
Nanle	Chouchi
Nanliang	Longzhou
Nanqi	Gudao
Nansi	Yiyang B/Si B
Ping	Liaoxi
Qi A	Pingqin
Qiao A	Xinchang
Qin	Tianshui
Qing	Dongyang
Shan	Hengnong
Shan	Xidu
Si	Jiuyuan
Si A	Weiyin
Tai	Hedong
Wei	Longxi
Wu	Qi B
Xia	Huacheng
Xian	Jianping/ Liubicheng
Xiang	Beinanyang
Xixia	Taian
Yan	Guangning
Yang A	Yiyang A
Yang B	Liang/Nanliang
Yin	Nanzhao
Ying A	Zhaodu
Ying B	Helong
Ying C	Ruyin/Yiyang B
Ying C	Yiyang C (Sizhou under Southern dynasties)
Yong A	Chang'an
Yong B	Xiangyang
You	Yan
Yu	Runan
Yuan	Gaoping
Zheng	Yingchuan

oberung Chinas und Rußlands durch die Mongolen: Als die Qidan-(Liao-)Dynastie im elften Jahrhundert die Herrschaft über die heutige Mandschurei, große Teile der Inneren und Äußeren Mongolei sowie einen Teil Nordchinas ausübte, untersagte sie strikt den Export des Eisens zu den umliegenden unterworfenen Stämmen in der Mongolei – eine mittelalterliche Form des Waffenembargos. Die Ruzhen (Jin-Dynastie), die erst die Qidan vernichteten und anschließend, im frühen zwölften Jahrhundert, der Song-Dynastie Nordchina entrissen, waren nicht so weitblickend. Der Gebrauch von importierten eisernen Pfeil- und Speerspitzen und Eisenschwertern in Verbindung mit der genialen Persönlichkeit eines Chinggis Chan (Tschingis Khan) machte die Mongolen zu einer tödlichen Gefahr. Im Jahre 1234 nahmen sie die Jin-Hauptstadt Kaifeng ein und beauftragten alsbald alle verfügbaren chinesischen Schmiede mit der Ausrüstung des Expeditionskorps, das einige Jahre später unter Batu das Kiewer Reich zerstörte. Unterdessen gelang es der Südlichen Song-Dynastie (1127–1279 n.Chr.) mit ihren gewaltigen Stadtmauern, ihren Steinschleudern und frühen Feuerwaffen, nicht zuletzt auch durch Ausnutzung der großen Ströme und des verwirrenden Netzes kleinerer Flüsse im Yangzi-Tal, die Mongolen 40 Jahre lang in Schach zu halten. Erst als diese die Kriegführung zu Wasser und die fortschrittlichen Belagerungsmethoden erlernt hatten, konnten sie nach Süden vorstoßen. Nach Aneignung koreanischer, später chinesischer Seefahrttechniken starteten die Mongolen dann ihre großen Expeditionen gegen Japan (1274 und 1281) und gegen Java (1292–1293).

Die Übernahme chinesischer Verwaltungstechniken und Kulturelemente half auch den Koreanern und insbesondere den Vietnamesen, sich der direkten Vorherrschaft des Kaiserreiches zu entziehen. Unmittelbar vor Ende des zweiten Jahrhunderts v.Chr. hatten die Armeen des Han-Regenten Wudi (141–87 v.Chr.) Nordvietnam und den größten Teil Westkoreas dem Imperium einverleibt. In den folgenden 1000 Jahren kam es immer wieder zu Kampfhandlungen zwischen Chinesen und den verschiedenen auf den beiden Halbinseln entstandenen einheimischen Staaten. Die Tang-Dynastie vereinigte nach einer Serie von verlustreichen Kriegen im Jahre 668 n.Chr. Korea mit dem tributpflichtigen Silla (oder Xianle), nachdem es die beiden miteinander rivalisierenden Staaten Paekche und Koguryo zerstört hatte. Einige Jahrzehnte nach dem Niedergang der Tang entledigte sich 935 n.Chr. die einheimische koreanische Koryo-Dynastie der chinesischen Oberhoheit, annektierte Silla und errichtete ein unabhängiges Königreich über die ganze Halbinsel. Kurze Zeit später führte die Koryo-Dynastie das chinesische Prüfungssystem zur Rekrutierung seiner Beamten ein. Am anderen Ende der chinesischen Welt befreiten sich etwa um die gleiche Zeit die Vietnamesen von der Herrschaft der Südlichen Han, die zur damaligen Zeit das Gebiet des heutigen Guangdong regierten, und 1009 n.Chr. gründete die Ly-Dynastie den Staat Dayue (oder Dai Viet), der bis ins Jahr 1225 bestehen blieb.

Während des zweiten Jahrtausends n.Chr. mußten Korea und Vietnam sowohl diplomatische wie militärische Anstrengungen unternehmen, um ihre De-facto-Unabhängigkeit zu wahren. Sie erkannten tunlichst die Oberhoheit der chinesischen Kaiser an und entrichteten Tribut, widersetzten sich jedoch der direkten Besetzung. So vertrieben die Vietnamesen 1425 die Streitkräfte der Ming-Dynastie, die das Land 1406 wieder als Provinz vereinnahmt hatte; und 1787 wurde ein Eroberungsheer der Qing-Dynastie ebenfalls zurückgeschlagen. Die Vietnamesen ahmten zwar seit 1554 das chinesische Prüfungssystem für den zivilen Beamtendienst nach, doch hielt sich die Sinisierung in Grenzen. Wie in Korea gab es auch in Vietnam ein Spannungsverhältnis zwischen eingewurzelten einheimischen Traditionen (etwa dem vietnamesischen Ideal vom »Volkshelden« als König) und dem chinesischen Kultureinfluß. Auch rassische Spannungen suchten sich von Zeit zu Zeit ein Ventil, so wurden während des vietnamesischen Bürgerkrieges im Jahr 1782 zahlreiche chinesische Einwanderer getötet.

Außer Korea und Vietnam gab es noch andere teilweise sinisierte Staaten innerhalb oder am Rand der chinesischen Einflußsphäre, doch waren sie alle weniger langlebig. Ein frühes Beispiel war die Wei-Dynastie der Toba (oder Tabgatsch), die vom vierten Jahrhundert bis zu Beginn des sechsten Jahrhunderts n.Chr. die heutige Innere Mongolei und einen großen Teil Nordchinas beherrschte. Ihre ursprüngliche, von Kaiser Daowu, der auch die alte Stammesorganisation aufgelöst hatte, gegründete Metropole Pingcheng lag an der Grenze zwischen dem Weide- und Ackerbauland; die Verwaltung wurde immer mehr dem chinesischen Vorbild angeglichen, und die wirtschaftliche Grundlage der Regierung wurde zunehmend die Besteuerung seßhafter Bauern. Im Jahre 494 verlegten die Toba ihre Hauptstadt weiter nach Süden, in die alte chinesische Kapitale Luoyang. Dies beschleunigte die Krise, die, wenn auch mit sehr unterschiedlichen Ergebnissen, alle Regime mit antagonistischen Gesellschaftsstrukturen erfaßte. Gemeint ist der Konflikt zwischen dem sinisierten Bevölkerungsteil und jenen, die ihr altes Erbe bewahren wollten.

Die auffälligsten Unterschiede der im Norden lebenden Fremdstämme zu den Chinesen waren die größere Freiheit und Achtung, die die Frauen bei ihnen genossen, ein Regierungssystem, bei dem gesteigerter Wert auf Konsultation der Mitglieder der herrschenden Klasse gelegt wurde, und die Hochschätzung martialischer Härte. Diese Stämme fürchteten den verweichlichenden Einfluß chinesischer Sitten. Ein im vierten Jahrhundert n. Chr. lebender General der Xianbi (zu denen auch der Stamm der Toba gehörte) äußerte einmal: »Wir täten gut daran, die Chinesen in den ummauerten Städten anzusiedeln und ihnen Ackerbau und Seidenraupenzucht als Aufgaben zuzuweisen ... Wir aber täten gut daran, uns in der Kriegskunst zu üben, damit wir diejenigen töten können, die sich uns nicht unterwerfen.« Die radikalste Einstellung vertraten fast 1000 Jahre später die Generäle Chinggis Chans, von denen berichtet wird, sie hätten die chinesischen Städte dem Erdboden gleichmachen wollen, da sie nicht verstanden, wie menschliche Wesen in derartigen Kaninchenbauen leben könnten. Doch auch die Mongolen hatten sich den unerbittlichen Gesetzen der Logistik im Militärwesen zu fügen: Nur der Zugang zu den Reichtümern Nord- und später auch Südchinas ermöglichte es Kublai Chan (Khubilai Khan), Kaiser Chengzu der Yuan-Dynastie, zunächst die versuchte Reichsgründung seines jüngeren Bruders in der mongolischen Steppe zu verhindern und dann eine Koalition aufrührerischer mongolischer Stammesführer zu vernichten, die sich verschworen hatten, das Nomadenleben und das Brauchtum ihrer Ahnen beizubehalten. Dieserart war auch der Zivilisationskonflikt, der dazu führte, daß die Wei-Dynastie der Toba durch eine Revolte ihrer eigenen Frontgarnisonen 524 n. Chr. zu Fall gebracht wurde.

Zu den anderen hier zu nennenden teilweise sinisierten Reichen gehören der Liao-Staat der Qidan, der seit ungefähr 900 n. Chr. die dominierende Macht in der Mongolei, Mandschurei und in Korea geworden war (Dynastiegründung 937 n. Chr.); die Jin-Dynastie (1115–1234) der Ruzhen, die 1125 die Qidan und 1126 die Nördliche Song-Dynastie vernichtete und Nordchina bis zum Huai besetzt hielt; schließlich der Tanguten-Staat Xixia. Dieser zählte zu seiner Bevölkerung auch die Nachfahren der Toba (seit 1038 n. Chr. von China formell unabhängig) und beherrschte bis zu seiner Vernichtung durch die Mongolen 1227 das Gebiet in der großen Schleife des Gelben Flusses (Ordos-Gebiet) und die westlich davon gelegenen Regionen. Sowohl die Qidan als auch bis zu einem gewissen Grad die Ruzhen besaßen ein dualistisches Verwaltungssystem, das sich zur Hälfte nach chinesischem Vorbild und zur anderen nach alten stammesaristokratischen Strukturen ausrichtete. Alle drei Reiche hatten eine eigene Schrift hervorgebracht, die von der chinesischen beeinflußt war, doch bisher konnte nur die Schrift Xixias verläßlich entziffert werden. Die Herrscher Xixias, insbesondere

Ausschnitt einer Quer- oder Handrolle mit der Abbildung berittener Nomaden (Tusche und Farben auf Seide im Stil der späten Tang-Zeit). Die Rebellion An Lushans Mitte des achten Jahrhunderts n. Chr. zwang die Tang-Dynastie zum Abzug ihrer Garnisonen aus dem Nordwesten des Landes. Adlige, wie der in kostbare chinesische Gewänder gehüllte Führer der hier abgebildeten Gruppe, beherrschten den größten Teil des Nordwestens während der Periode der Fünf Dynastien und der (beiden) Song-Dynastien (zehntes–13. Jahrhundert). Die Tang behielten auch nach ihrem Rückzug die kommerziellen Kontakte mit ihren nordwestlichen Nachbarn bei, die hauptsächlich am Pferdehandel interessiert waren.

Yuanhao, der Gründer des unabhängigen Staatswesens, stützten sich stark auf chinesische Berater und protegierten konfuzianische Gelehrte; gleichzeitig aber versuchten sie ihre eigene landessprachliche Literatur durch Übersetzungen chinesischer und buddhistischer Texte zu fördern. Erstaunlich ist, daß Xixia, dessen Bevölkerung nicht größer als die eines einzelnen Kreises der Nördlichen Song war, so starke Armeen unterhalten konnte, daß es seinen Feinden nicht gelang, es zu unterwerfen. Offensichtlich hatte jeder erwachsene männliche Bewohner in einer Kampfeinheit zu dienen oder einem Soldaten unterstützend zur Seite zu stehen, und die Xixia-Kavallerie wurde von Generälen befehligt, die sich angesichts eines Gegners, der auf lange Nachschubwege angewiesen war, mit Vorliebe der Taktik von Störangriffen und Hinhaltegefechten bedienten und die deshalb außerordentlich schwer zu besiegen war.

In späterer Zeit, im 17. Jahrhundert, bildeten die Mandschus, die Nachfahren der Ruzhen, das Paradebeispiel für die Sinisierung eines den Chinesen gefährlich gewordenen Fremdvolkes. Hauptwegbereiter der Mandschu-(Qing-)Dynastie (1644–1911 n. Chr.) in den 20er und 30er Jahren des 17. Jahrhunderts war Abahai (1626–1643), der zahlreiche chinesische Zivil- und Militärberater an seinen Hof zog und sich deren Wissen zunutze machte. Wie im Falle der anderen Fremddynastien war der Aufstieg der Mandschu von der Erfindung eines Schriftsystems für die eigene Sprache begleitet. Obwohl in diesem Fall die mongolische Schrift als Vorlage diente, wurde sie von Mandschu-Gelehrten, die mit dem Chinesischen vertraut waren, ausgearbeitet. Ihren ersten bedeutenden Machtzuwachs hatten die Mandschus durch die Übernahme der ackerbaulichen und eisenverarbeitenden Techniken von den Chinesen und den Koreanern erlangt. Doch blieben ihre Streitkräfte erfolglos gegen die Feuerwaffen der Ming, da sie in der Hauptsache aus schwerbewaffneten Fußsoldaten bestanden, die mit Speeren und Schwertern ausgerüstet waren. Die Mandschus haben nicht eigentlich China erobert, denn das Ming-Reich ging an seinen eigenen unbewältigten inneren Problemen zugrunde, und chinesische Frontgouverneure (wie Wu Sangui) halfen den Mandschus, als sie in einer Zeit heftigen internen Aufruhrs zu diesen überliefen. Der Sinisierungsgrad der Mandschus, obwohl damals noch keineswegs abgeschlossen, war so groß, daß man sie im allgemeinen als Herrscher akzeptierte.

Ein anderer wichtiger Aspekt der Beziehungen zwischen den Chinesen und den in der Nachbarschaft lebenden Fremdvölkern war, daß letztere oftmals als militärische Hilfstruppen benutzt und in großer Zahl im Reich angesiedelt wurden. Schon 27 n. Chr. hatte der erste Regent der Späteren Han-Dynastie eine fremde Reiterei ins Land geholt, um innere Aufstände niederzuschlagen. Der größte Teil der später im ersten Jahrhundert n. Chr. von

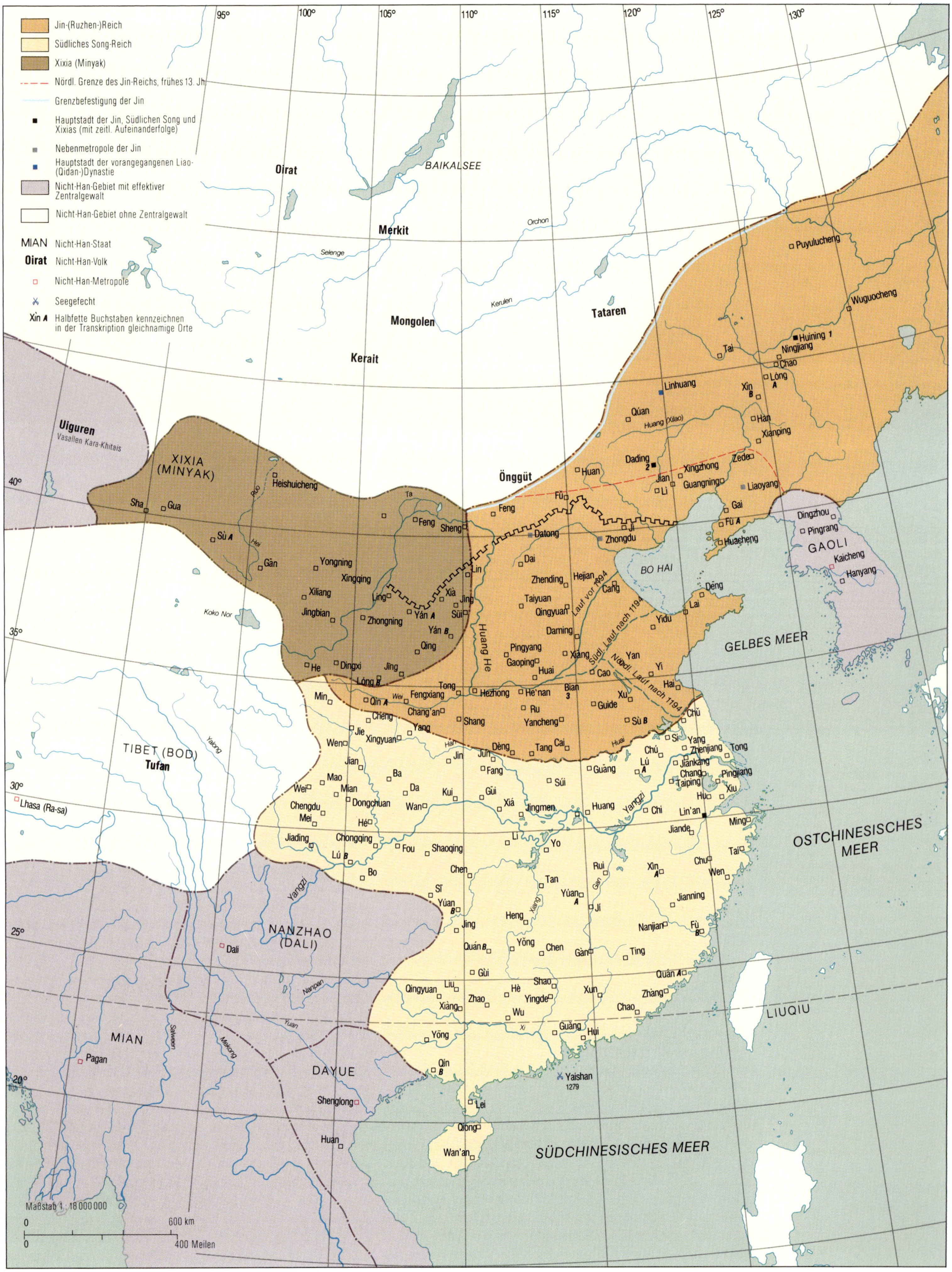

Jin-(Ruzhen-)Reich
Südliches Song-Reich
Xixia (Minyak)
Nördl. Grenze des Jin-Reichs, frühes 13. Jh.
Grenzbefestigung der Jin
Hauptstadt der Jin, Südlichen Song und Xixias (mit zeitl. Aufeinanderfolge)
Nebenmetropole der Jin
Hauptstadt der vorangegangenen Liao-(Qidan-)Dynastie
Nicht-Han-Gebiet mit effektiver Zentralgewalt
Nicht-Han-Gebiet ohne Zentralgewalt
MIAN Nicht-Han-Staat
Oirat Nicht-Han-Volk
Nicht-Han-Metropole
Seegefecht
Xin A Halbfette Buchstaben kennzeichnen in der Transkription gleichnamige Orte
95°
100°
105°
110°
115°
120°
125°
130°
40°
35°
30°
25°
20°
BAIKALSEE
Oirat
Merkit
Mongolen
Kerait
Tataren
Öngüt
Uiguren
Vasallen Kara-Khitais
XIXIA (MINYAK)
TIBET (BOD)
Tufan
NANZHAO (DALI)
MIAN
DAYUE
GAOLI
LIUQIU
BO HAI
GELBES MEER
OSTCHINESISCHES MEER
SÜDCHINESISCHES MEER
Koko Nor
Huang He
Yangzi
Südl. Lauf nach 1194
Nördl. Lauf nach 1194
Lauf vor 1194
Lhasa (Ra-sa)
Dali
Pagan
Shenglong
Yaishan
1279
Linhuang
Huining 1
Dading 2
Bian 3
Lin'an
Zhongdu
Datong
Liaoyang
Kaicheng
Hanyang
Heishuicheng
Xingqing
Maßstab 1 : 18 000 000
0
600 km
0
400 Meilen

Links: Der Liao- und Xixia-Staat und die politische Zweiteilung Chinas unter der Südlichen Song- und der Jin-Dynastie
Nach der mittelalterlichen Wirtschaftsrevolution konnte der Süden aufgrund seines gestiegenen Reichtums und seiner Produktivität erstmals gegenüber der Nordregion ein militärisches Gleichgewicht halten. Nach der überraschenden Einnahme Kaifengs, der Hauptstadt der Nördlichen Song, durch die Jin (Ruzhen) 1126, die zuvor den Liao-Staat vernichtet hatten, und der anschließenden raschen Eroberung des Nördlichen Song-Reiches war der chinesische Kernraum für mehr als einenhalb Jahrhunderte zweigeteilt. Die Jin-Dynastie herrschte nördlich des Huai und die Südliche Song-Dynastie im Süden. Letztere erkor Hangzhou zu ihrer Residenz und nannte es Lin'an, was soviel wie »vorübergehender Friede« heißt. Die Stadt war die einzige Hafenmetropole der chinesischen Geschichte, und die Südlichen Song stützten sich bei ihren Staatseinnahmen stärker auf Handels-, vor allem Seehandelssteuern, als irgendeine andere Dynastie.
Der Tanguten-Staat Xixia (Eigenbezeichnung Minyat, 1227 von den Mongolen überrannt) umfaßte das Ordos-Gebiet und die westlich davon gelegenen Regionen. Eine für China sicherlich günstige Entwicklung war der politische Machtzerfall Tibets, tibetisch *Bod*, da die tibetische Gesellschaft sich immer stärker religiös auszurichten begann, eine Orientierung, die bis in die Moderne andauern sollte. Im frühen 13. Jahrhundert verlor das Jin-Herrscherhaus seine nördlichen Territorien an die aufstrebenden Mongolen unter Chinggis Chan, die 1234 auch die Jin-Hauptstadt Kaifeng eroberten, 1279 die Südlichen Song niederzwangen und China so wieder vereinten.

General Du Xian so erfolgreich gegen die Xiongnu eingesetzten Streitkräfte bestand aus einer nicht-chinesischen Kavallerie. Ebenso waren viele Soldaten der Elitetruppen des Staatsmannes und Dichters Cao Cao (155–220 n.Chr.), der eigentliche Gründer der kurzlebigen Wei-Dynastie im dritten Jahrhundert n.Chr., nicht-chinesische berittene Bogenschützen. Trotz seiner Problematik kann dieser Rückgriff auf potentielle Feinde als naheliegende Form der »Arbeitsteilung« verstanden werden. Unter der Frühen Han-Dynastie (206 v.Chr.–8 n.Chr.) hatte es einen obligatorischen zweijährigen Militärdienst für jeden erwachsenen Bauern gegeben. Unter der Sui- (589–618 n.Chr.) und der frühen Tang-Dynastie (ab 618 n.Chr.) wurden ausgewählte halb-professionelle Bauern-Soldaten (Milizionäre) mobilisiert, denen bestimmte Steuererleichterungen eingeräumt wurden. Beide Systeme besaßen Vorteile: Man verfügte über ein riesiges Reservoir ausgebildeten militärischen Personals, das relativ immun gegen die Verführungskünste aufrührerischer Generäle war und das – unter den Tang – weitgehend für seine eigene Verpflegung aufkam. Aber mit keinem der beiden Systeme konnten die Grenzen des riesigen Reichs effektiv geschützt werden. Es erwies sich als sinnvoller, für diesen Zweck Berufssoldaten einzusetzen, denen es einerlei war, ob sie fern der Heimat zum Einsatz kamen oder ob sie die wichtigsten Feldarbeitszeiten verpaßten, und für deren Unterhalt die Bauern zu besteuern. Einige dieser Berufssoldaten waren Chinesen, die Mehrheit jedoch Angehörige von Fremdvölkern. Ihre Rekrutierung brachte natürlich Gefahren mit sich, insbesondere stellten sie eine viel größere Bedrohung für die innere Stabilität als die Milizen dar. Der berühmteste Fall einer solchen Erhebung war die im Jahre 755 n.Chr. angezettelte Revolte des An Lushan, eines sogdischen Generals und Befehlshabers verschiedener Grenzbezirke.

Auch lokale Militärmachthaber spielten eine bedeutende Rolle bei der Zerstörung der Reichseinheit. Eine der Folgeerscheinungen der Rebellion des An Lushan war, daß China während der späten Tang-Ära von halb unabhängigen Militärgouverneuren beherrscht wurde, und während der darauffolgenden Zeit der Fünf Dynastien (907–960 n.Chr.) war diese Tendenz sogar noch ausgeprägter. Die Kaiser der Nördlichen Song-Dynastie (960–1126 n.Chr.) unternahmen große Anstrengungen, um die Wiederholung einer derartigen Entwicklung zu verhindern, indem sie die Heereseinheiten so oft wie irgend möglich ihre Standorte wechseln ließen und dafür sorgten, daß keine dauerhaften persönlichen Bindungen zwischen Befehlshabern und Truppen entstanden. Unweigerliche Folge dieser Politik war die Beeinträchtigung der Schlagkraft dieses Heeres. Einer der Gründe dafür, warum die Nördliche Song-Dynastie so wenig gegen die Eroberung durch ein Fremdvolk (Ruzhen) gefeit war, ist zweifellos in ihrer übertriebenen Sorge um die Konsolidierung im Innern zu suchen.

Wiederherstellung der Reichseinheit

Im ersten Teil des Buches wurde angedeutet, daß die Schlüsselfunktion der nordchinesischen Ebene gegenüber anderen Regionen des Landes eine Rolle beim Zusammenhalt des Kaiserreichs gespielt haben könnte. Allerdings trifft diese Feststellung nicht unterschiedslos für alle Perioden chinesischer Geschichte zu, ja in ein oder zwei Fällen wäre dies sogar völlig irreführend. Zur Untermauerung der These können allerdings die beiden eindrucksvollsten vom Norden ausgehenden Rückeroberungen ganz Chinas im Anschluß an eine Zeit der Zersplitterung herangezogen werden. Zu nennen ist einmal die von Kaiser Wen (Sui-Dynastie) zwischen 588 und 589 n.Chr. erreichte Reichseinigung, zum anderen jene der Song-Kaiser Taizu und Taizong zwischen 960 und 976. Beide Ereignisse waren in vieler Hinsicht nicht miteinander vergleichbar. Der Sui-Herrscher Wen übernahm nach seinem Putsch (581) ein um Sichuan erweitertes vereintes Nordchina von der Nördlichen Zhou-Dynastie (557–581), in deren Diensten er gestanden hatte. Wen sah sich dann nur noch einem ernstzunehmenden Kontrahenten gegenüber, dem Staat Chen (557–589) südlich des Yangzi. Die Unterwerfung Chens gelang durch gewaltige logistische Anstrengungen, zu denen Erweiterungen der Transportkanäle, der Bau einer Flotte und schließlich der Einsatz von mehr als einer halben Million Soldaten gehörten. Die noch kaum sinisierten Gebiete weiter im Süden wurden nicht erobert, sondern sie fielen der Sui-Dynastie zu, nachdem eine dort herrschende weitsichtige nicht-chinesische Aristokratin sich Kaiser Wen ergeben hatte.

Rechts: Nicht-chinesische Reiterei mit gepanzerten Pferden (hier repräsentiert durch Tonstatuetten aus dem sechsten Jahrhundert n.Chr.) wurde ins Land geholt, um Revolten im Innern niederzuschlagen.

Im Gegensatz dazu hatte es der Song-Regent Taizu mit sieben gegnerischen Staaten zu tun und außerdem mit einer Südregion, deren wirtschaftliche Ressourcen jetzt um vieles entwickelter waren als noch zu Wens Zeiten. Taizu ging systematisch vor, indem er zunächst das kleinste und schwächste Reich angriff und zuletzt das stärkste. Anfänglich eroberte er Jingnan (im zentralen Yangzi-Gebiet), das nur 16 Kreise besaß, dann das südlich davon gelegene Chu (die heutige Provinz Hunan), das aus 66 Kreisen bestand. Als nächstes bedrängte der Song-Monarch Shu, ein Armeeteil griff von Norden an, der andere aus dem Tal des Yangzi. In einem 44-Tage-Feldzug wurden schnell die 198 Kreise unterworfen, aber wegen der Ausschreitungen der Soldaten gegen die einheimische Bevölkerung kam es anschließend zu einem Aufstand, der nur mit Mühe niedergeschlagen werden konnte. Fünf Jahre dauerte die Konsolidierung Shus, und erst dann wandte sich die Song-Armee gegen die Südliche Han-Dynastie, deren Territorium in der Region Guangzhou (Kanton) lag. Entscheidend für den Sieg war der gute Ausbildungsstand der Song-Kontingente und nicht ihre zahlenmäßige Stärke, denn in dieser Hinsicht waren sie ihren Gegnern eher unterlegen; mit diesem Erfolg kamen weitere 240 Kreise zum Reichsgebiet der Song hinzu. Das nächste Opfer waren die Südlichen Tang, die ihre Dynastiebezeichnung abgewandelt hatten und sich jetzt bescheidener Jiangnan (»Südlich des Yangzi«) nannten, um nicht die imperialen Ansprüche der Song zu verletzen. Die von Taizu entsandten Verbände machten nur ein Fünftel der vom Sui-Kaiser Wen gegen den Staat Chen moblilisierten Truppen aus, und sie waren auch jetzt wieder in der Minderzahl. Doch verfügten die Song über ein militärtechnisches Übergewicht, was sie unter anderem dadurch bewiesen, daß es ihnen gelang, eine Schiffsbrücke über den Yangzi zu bauen. Die durch Intrigen erreichte allmähliche Abwerbung einzelner Jiangnan-Truppenteile war das wichtigste taktische Mittel, das den Song den Sieg und damit weitere 180 Kreise einbrachte. Der Jiangnan benachbarte Staat Wuyue zog es daraufhin vor, sich kampflos zu ergeben. Auf diese Weise blieb nur noch die Nördliche Han-Dynastie mit der Hauptstadt Taiyuan in der heutigen Provinz Shanxi übrig. Die Feldzüge gegen die Metropole und gegen andere Städte erwiesen sich als weitaus schwieriger als alle bisherigen Eroberungen, zum Teil sicherlich auch deshalb, weil das Fremdvolk der Qidan die Nördlichen Han unterstützte. Die endgültige Entscheidung errangen die Song-Armeen erst unter Taizus Nachfolger Taizong (siehe Karte S. 102).

Das augenfälligste Moment bei der Reichseinigung durch die Song war, daß keine Allianz gegnerischer Staaten zustande kam. Eine geeinte Front hätte sehr wohl ihrem Vormarsch Einhalt gebieten können, wie die erfolgreiche Intervention der Qidan zugunsten der Nördlichen Han-Dynastie zeigt. Dieser Einigungsprozeß war nicht so sehr ein Beweis für die logistische und materielle Überlegenheit des Nordens, obwohl dies zweifellos eine Rolle spielte, als vielmehr eine Bestätigung für die These, daß die über die zentralchinesische Ebene herrschende Macht normalerweise auch in der Lage war, von dort aus ihre Feinde einen nach dem anderen einzeln anzugreifen.

Die Ming-Dynastie bildet insofern eine Ausnahme, als sie das einzige Herrscherhaus des Chinesischen Kaiser-

Oben: Diese rekonstruierte Zeichnung erinnert an den Feldzug Kaiser Taizus der Song-Dynastie gegen die Südlichen Tang. Die Song verdankten ihren Sieg Fan Ruoshui, dem die Errichtung einer Schiffsbrücke über den Yangzi gelang. Nachdem er bei den staatlichen Examina für den höheren Beamtendienst gescheitert war, hatte er sich mit dem ehrgeizigen technischen Projekt des Schiffsbrückenbaus beschäftigt. Mehrere Monate lang war er in einem kleinen Boot auf dem Yangzi gerudert und hatte mittels eines nachgezogenen Seidenfadens die Breite und Stärke der Strömung gemessen. Schließlich präsentierte er dem Kaiser seinen Konstruktionsplan, in dem er anregte, mehrere 1000 Drachenboote mit Bambus zusammenzubinden, um auf diese Weise eine Brücke über den Fluß zu schlagen. Der Kaiser akzeptierte diesen Vorschlag und ernannte Fan Ruoshui zum Gouverneur von Cizhou. Die Fertigstellung der Brücke nahm drei Tage in Anspruch. Die Zeichnung stellt General Pan Mei und Fan Ruoshui dar, die ihre Truppen am Südufer des Yangzi befehligen.

reichs war, das die Reichseinigung vollzog, indem es seine Truppenkontingente von ihrem Kerngebiet in der Yangzi-Ebene nordwärts marschieren ließ. Diese Umkehrung des normalen Einigungsprozesses erklärt sich aus der starken wirtschaftlichen Beanspruchung des Nordens, verursacht durch das rigorose Regiment der Jin-Dynastie der Ruzhen und der Yuan-Dynastie der Mongolen während des 12., 13. und frühen 14. Jahrhunderts und durch den gleichzeitigen wirtschaftlichen Aufschwung des Südens, der in der Hauptsache auf der Ausdehnung und technischen Verbesserung des Reisanbaus beruhte.

Als Paradebeispiel zur Illustration der Probleme, die sich beim Kampf gegen die Zerstückelung des Reichs ergaben, kann der Feldzug des Tang-Kaisers Xianzong gelten, der zwischen 815 und 817 seine Truppen zur Unterwerfung der unabhängigen Provinz Huaixi entsenden mußte. Huaixi war von den anderen unabhängigen nordöstlichen Provinzen geographisch isoliert und hatte zu dieser Zeit nur rund eine Million Einwohner, doch war hier der Lokalpatriotismus stark ausgeprägt. Als Sicherheitsvorkehrung gegen unerwünschten Machtzuwachs erfolgreicher Militärführer hatte die Zentralregierung eine aus möglichst vielen verschiedenen Regionen sich rekrutierende Truppe zusammengestellt. Die Mannschaften bestanden zwar aus Berufssoldaten, doch mangelte es wegen der zersplitterten Befehlsstruktur an Mannschaftsgeist. Die Provinz Huaixi dagegen wies eine bessere militärische Organisation auf, und sie konnte zusätzlich noch über ihre lokalen Milizeinheiten verfügen. Die Kopfstärke der angreifenden Tang-Armee war kaum doppelt so groß wie die der Verteidiger; zur Verbesserung dieses Verhältnisses hätte Xianzong Soldaten von anderswo abziehen müssen und dadurch die Sicherheit der Grenzen und anderer wichtiger strategischer Punkte gefährdet. Wegen der Schwierigkeiten, die befestigten Städte und selbst die von den Huaixi-Kommandeuren errichteten kleineren Feldstützpunkte zu nehmen, wurde der Feldzug im wesentlichen ein Zermürbungskrieg. Huaixi war in der ungewöhnlich glücklichen Lage, seinen Nachschubbedarf an Pferden für die Kavallerie aus eigenen Beständen decken zu können; es bediente sich außerdem einer aktiven Verteidigungstaktik, indem es laufend Gegenangriffe startete. Die Regierungskontingente hingegen waren bemüht, die Mobilität der gegnerischen Truppen durch einen Ring von Forts und Posten zu behindern und die wirtschaftliche Versorgungsgrundlage der Provinz Huaixi zu zerstören. Den schließlichen Sieg verdankte die Zentralregierung größtenteils ihrem herausragenden Strategen Li Su, der sich vorzüglich auf die Schulung einzelner Truppenteile für Spezialaufgaben verstand und außerdem mit großem Erfolg nicht-chinesische Kavalleristen, Spione und Diplomaten einsetzte. Schließlich begann die Huaixi-Bevölkerung unter der durch die belagerungsähnlichen Zustände verursachten Nahrungsmittelknappheit zu leiden; da auch die Zentralregierung der großen finanziellen Belastung kaum noch gewachsen war, hätte sich langfristig sicher nur ein politischer Kompromiß als Lösung angeboten. Doch der Krieg kam dann doch durch einen plötzlichen Entscheidungsschlag zu einem jähen Ende: Li Su startete während eines Schneesturms einen brillant geplanten Überraschungsangriff, durchbrach die Verteidigungsstellungen und nahm die Provinzhauptstadt ein.

Links: Die Feldzüge der Song-Kaiser Taizu und Taizong
Von 963 bis 979 n. Chr. unternahmen Taizu, Gründer der Song-Dynastie, und anschließend sein Bruder und Nachfolger Taizong eine Reihe von Feldzügen gegen die Reiche an der Peripherie der nordchinesischen Ebene. Auf der Karte werden die wichtigsten militärischen Vorstöße gezeigt und außerdem zwei Punkte herausgestellt: 1. Die Song konnten ihre Feinde einzeln angreifen ohne auf organisierten Widerstand zu treffen. Der Staat Wuyue kollaborierte sogar mit den Song bei ihrem Feldzug gegen Jiangnan, aber anschließend befand er sich in einer so schwachen Position, daß er sich ihnen ohne Gegenwehr unterwarf. 2. Die Eroberung einer feindlichen Metropole war für gewöhnlich kriegentscheidend. Das Hinterland, und mochte es auch noch so groß sein, ergab sich im allgemeinen widerstandslos, sobald die Metropole gefallen war. Nur in Shu rief das brutale Verhalten einiger Song-Truppen allgemeine Gegenwehr hervor, nachdem sich die Hauptstadt bereits ergeben hatte.

Entscheidend für den Ausgang dieser Auseinandersetzung war, wie auch in anderen ähnlich gelagerten Fällen, die logistische Überlegenheit der kaiserlichen Regierung, obwohl auch weitere Faktoren eine Rolle gespielt haben.

Einer der Hauptgründe dafür, daß die Ruzhen der Jin-Dynastie, die nach 1127 den größten Teil Nordchinas unter ihre Herrschaft gebracht hatten, die Südliche Song-Dynastie nicht unterwerfen konnten, ist darin zu suchen, daß zu dieser Zeit der Süden erstmals wirtschaftlich stark genug war, um dem Norden langanhaltenden militärischen Widerstand entgegensetzen zu können. Die Bedeutung dieses veränderten Kräfteverhältnisses zeigte sich erneut in der Periode des inneren Zerfalls der Mongolenherrschaft (Yuan-Dynastie, 1280–1367) nach 1355. Aus der Zahl der miteinander rivalisierenden regionalen Kriegsherren und der seinerzeit entstandenen unabhängigen Mächte ging Zhu Yuanzhangs Reich mit der Hauptstadt Nanjing schließlich als Sieger hervor. Wie bereits dargestellt, war die von diesem südlichen Staat, später unter der Herrschaft der Ming-Dynastie, ausgehende Eroberung des Nordens eine bis dahin einzigartige Leistung.

Der Zerfall des Mongolischen Reichs der Yuan-Dynastie hatte zwei miteinander verzahnte Ursachen. Zum einen herrschte im Innern latente soziale Unruhe, zurückzuführen auf die harten Lebensbedingungen der Leibeigenen und der an die Scholle gebundenen unfreien Pächter, die die riesigen Latifundien der damaligen Zeit bewirtschafteten. Sobald die staatliche Kontrolle nachließ, wuchs sich die Unzufriedenheit zu Aufständen aus, die oftmals mit einer vom Geheimbund der Weißen Lotos gepflegten messianischen Richtung des Buddhismus in Verbindung gebracht werden. Diese Erhebungen ereigneten sich in den späten 30er Jahren und abermals in den 50er Jahren des 14. Jahrhunderts. Die zweite Ursache war die Unfähigkeit des Yuan-Regimes, eine stabile politische Herrschaft zu errichten, die von den bedeutenderen Bevölkerungsgruppen, den Mongolen, Zentralasiaten und Chinesen, akzeptiert wurde bzw. diese in Schach halten konnte. Um 1328 hatte sich die konfuzianische-bürokratische Tradition weitgehend gegenüber der ausschließlich von den Mongolen getragenen Steppenkultur durchgesetzt, doch antichinesische rassistische Ressentiments

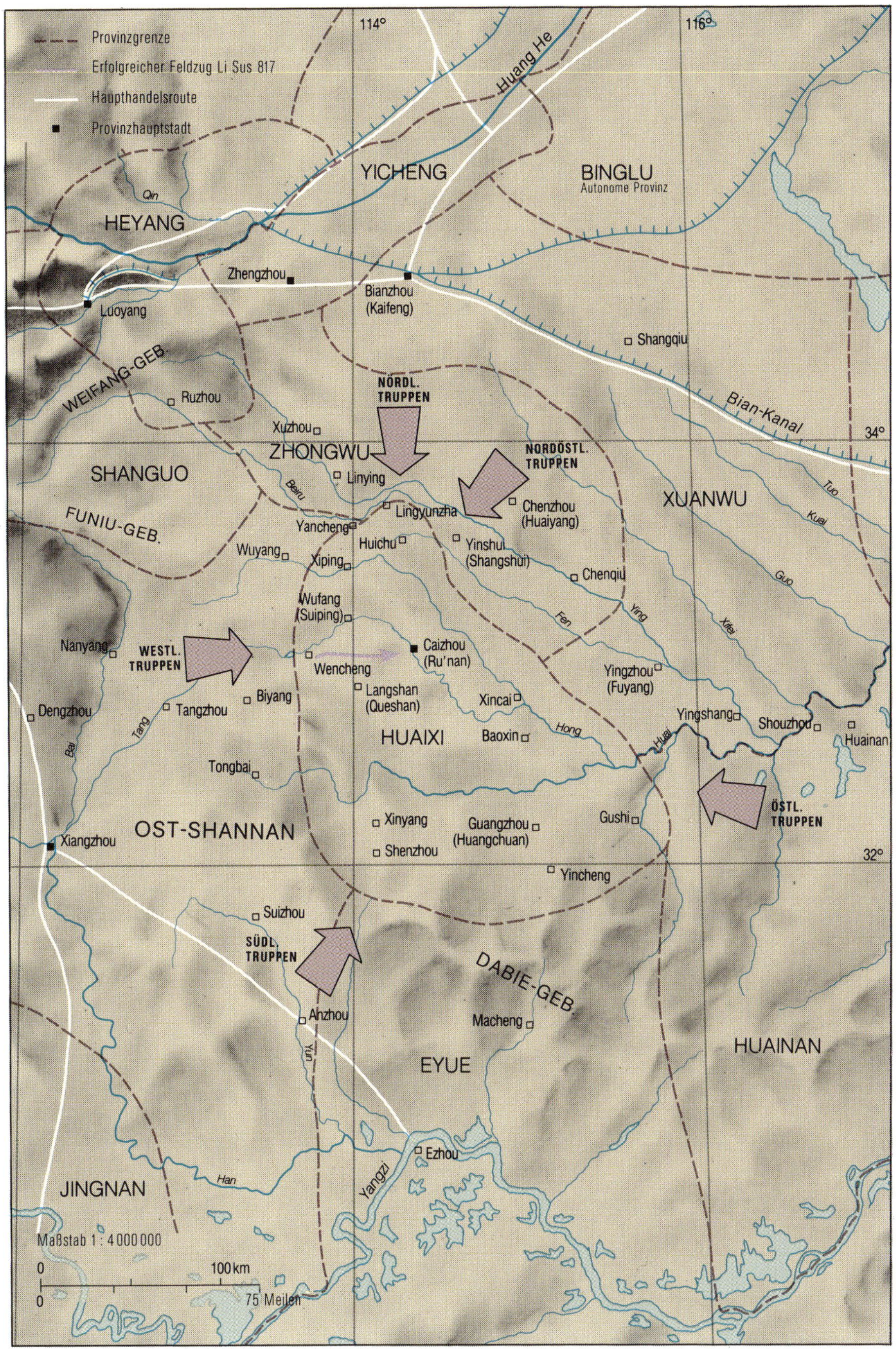

Die Rückeroberung der Provinz Huaixi durch die Tang-Dynastie
Die Erhebung An Lushans Mitte des achten Jahrhunderts, obwohl schließlich niedergeschlagen, hinterließ starke Risse im imperialen Herrschaftsgebäude der Tang. Die Macht außerhalb der Metropole lag damals weitgehend in Händen mächtiger, auf eigene Armeen gestützter Provinzgouverneure, und die Zentralgewalt konnte nur mühevoll wieder hergestellt werden. Auf der Karte wird der von Kaiser Xianzong gegen die widerspenstige Region Huaixi geführte Feldzug dargestellt (815-817). Obwohl der Krieg auf spektakuläre Weise mit einem Angriff Li Sus während eines Schneesturms beendet wurde, verdankten die Tang den Sieg ihrer überlegenen Logistik, während sich die Huaixi-Truppen auf Ausfallmanöver beschränken mußten.

vergifteten hin und wieder noch die Atmosphäre in der Gesellschaft, etwa zur Zeit Großkanzler Bayans. Ebenso bezeichnend aber war, daß dieser sich nicht einmal die Loyalität einer Reihe einflußreicher Mongolen und Zentralasiaten sichern konnte und sie daraufhin verfolgen ließ. Seine Abschaffung der staatlichen Examina für den Zivildienst brachte nicht nur die Chinesen gegen ihn auf, sondern auch viele Nicht-Chinesen, die durch eine sie begünstigende Zulassungsquote zur Beamtenschaft Vorteile genossen. Während der beiden Amtsperioden Kanzler Toqtos (1340–44 und 1349–55) wurde der Zusammenhalt des zentralen Regierungsapparats durch heftige Fraktionskämpfe zweier Gruppen zerstört. Die eine (zu der auch der Kanzler selbst gehörte) trat für eine aktive Regierungspolitik ein, während die andere staatliche Interventionen begrenzen wollte. Als dann wieder lokale Aufstände ausbrachen, wäre allein die Toqto persönlich ergebene Regierungsmannschaft in der Lage gewesen, dieser Gefahr zu begegnen. Das Herrscherhaus jedoch entzog dem Kanzler aus Angst vor dessen möglicherweise hochverräterischen Ambitionen die Leitung des Befriedungsprogramms und trug damit selbst zum eigenen Machtverlust und zum inneren Verfall bei. Diese Ereignisse zeigen auf, welch große politische Leistung in der darauffolgenden Zeit sowohl die Ming- als auch die Qing-Dynastie vollbrachten, als sie China für jeweils mehr als zwei Jahrhunderte wieder einten.

Es wird oft behauptet, die (chinesische) Erfindung der Feuerwaffen habe zwar die militärisch ausgerichtete Sozialstruktur des feudalistischen Europa zerstört, aber in China selbst keinen vergleichbar großen Einfluß ausgeübt. Dies ist nur zum Teil richtig. Der Einsatz der Feldartillerie, der berühmten »übernatürlich gesteuerten Kanonen«, war das Geheimnis des im frühen 15. Jahrhundert errungenen Erfolgs der Ming-Dynastie gegen die Kavallerie des Steppenvolks der westmongolischen Oirat. Fest montierte Kanonen zur Verteidigung von Stadtmauern und insbesondere der Großen Mauer waren eine große Hilfe bei der Abwehr von Fremdvölkern aus dem Norden. Der chinesische Sieg über Nurhaci, den Begründer des Mandschu-Staates, außerhalb der Stadtmauern Ningyuans im Jahre 1626 belegt, daß auch später noch Artillerie mit Erfolg eingesetzt wurde. Die Verwendung von Feuerwaffen also war es, die die Ming-Dynastie vor der Einnahme ihres Reichs bewahrte. Der zweite entscheidende Faktor bei der Abwehr von Feinden war das effektive militärische Nachschubsystem der Ming, das in der Hauptsache auf dem wiedereröffneten Schiffsverkehr auf dem begradigten Großen Kanal basierte. Die Verteidigung des Staates zwischen 1368 und 1644 stützte sich also in wesentlichem Maße auf die beiden Säulen Logistik und Schießpulver.

Unter der Mandschu-(Qing-)Dynastie (1644–1911) waren einerseits die chinesischen Militärressourcen und -techniken, insbesondere die Feuerwaffen, andererseits eine Reihe chinesischer Generäle in Führungspositionen der mandschurischen Kriegsmaschinerie für die Annexion des Außenraums China verantwortlich. Taiwan wurde von Admiral Shi Lang im Jahre 1683 erobert; 1696 kam durch den Sieg über Galdan, den Herrscher der Dsungarei, ein riesiges Territorium im Nordwesten hinzu, das den größten Teil Ostturkestans und der Äußeren Mongolei umfaßte; nur die Zentralregion der Dsungarei verblieb einstweilen außerhalb des chinesischen Reichs. Streitigkeiten über die Hoheitsrechte in Tibet führten dazu, daß zuerst die Dsungaren dort einmarschierten und später, 1720, die Mandschus. Die Unterwerfung der Dsungarei und der noch unabhängigen Gebiete Ostturkestans wurde schließlich in den 50er Jahren des 18. Jahrhunderts mit viel Blutvergießen abgeschlossen.

Anders als die Artillerie, die zuvor eine positive Rolle beim Reichszusammenhalt gespielt hatte, zog die Verbreitung von Handfeuerwaffen unter der Zivilbevölkerung im späten 17. und 18. Jahrhundert eine Beeinträchtigung der zentralstaatlichen Kontrolle nach sich und trug zur Zersplitterung des Territoriums bei. Jedoch hatte das Verbot privaten Feuerwaffenbesitzes schon 1749 in der Provinz Fujian und 1760 landesweit aufgehoben werden müssen, damit das Banditenunwesen nicht überhand nahm. Handfeuerwaffen waren technisch leichter zu handhaben als Pfeil und Bogen und die meisten der anderen traditionellen Waffen. Das führte dazu, daß die Berufssoldaten ihre frühere militärische Überlegenheit gegenüber den Zivilisten weitgehend einbüßten. Diese negativen Auswirkungen traten offen während der sich ständig steigernden inneren Instabilität des frühen 19. Jahrhunderts zutage, als sich das Reich einer neuen, ganz andersgearteten militärischen und kulturellen Herausforderung gegenübersah – der Herausforderung durch die Nationen Westeuropas.

Die Großen Kanäle

Nebenkarte rechts: Die frühesten Transportkanäle
Die tiefgelegenen Flußtäler des Huai und seiner Nebenarme bildeten ein günstiges natürliches Terrain zur Anlage von Kanälen. Diese stellten eine Verbindung her zwischen den beiden großen Flußsystemen Chinas, dem Huang He und dem Yangzi, und zeichneten sich durch so mäßige Steigungen aus, daß bereits mit verhältnismäßig geringem technischem Können der Wasserpegel auf dem erforderlichen Niveau gehalten werden konnte. Die frühesten künstlichen Wasserverbindungen zwischen Nord und Süd datieren im fünften Jahrhundert v. Chr. und wurden wohl für den Transport militärischer Nachschubgüter geschaffen.

Während der Song-Zeit wurden gewaltige Mengen an staatlichen Versorgungsgütern über den Großen Kanal (siehe große Karte S. 105) in die Hauptstadt transportiert – mehr als sechs Millionen *shi* Getreide jährlich (über eine Drittel Million Tonnen). Das Wasserstraßensystem der Song verfügte wahrscheinlich als einziges über die Doppel- oder Kammerschleuse, wodurch der Einsatz größerer Schiffe als der Schleppkähne möglich war. Mit der Verlegung der Hauptstadt unter der Mongolen- (Yuan-)Dynastie in die Region des heutigen Beijing (Peking) wurde eine Norderweiterung des Kanals über die westlichen Ausläufer der Shandong-Berge notwendig. Die technischen Probleme bei der ausreichenden Wasserversorgung dieser über die Berghänge verlaufenden Rinne konnten erst unter der frühen Ming-Dynastie befriedigend gelöst werden. Die Mongolen bedienten sich aus diesem Grund vom Yangzi-Delta aus zum Teil auch einer Seetransportroute über die Jiaozhou-Bucht, was die Anlage eines Kanals über die Halbinsel Shandong erforderlich machte.

Rechts: Der Transport des Steuerreises nach Beijing im 18. Jahrhundert Die Versorgung der kaiserlichen Residenz mit Steuerreis oblag einer begrenzten Zahl von Präfekturen; die meisten von ihnen befanden sich im unteren Yangzi-Tal. Auf der Karte sind die Lieferquoten für den Reis während der Qing-Zeit verzeichnet und außerdem die Stationierungsorte der Soldatenbataillone, die für den größten Teil des Transports verantwortlich waren.

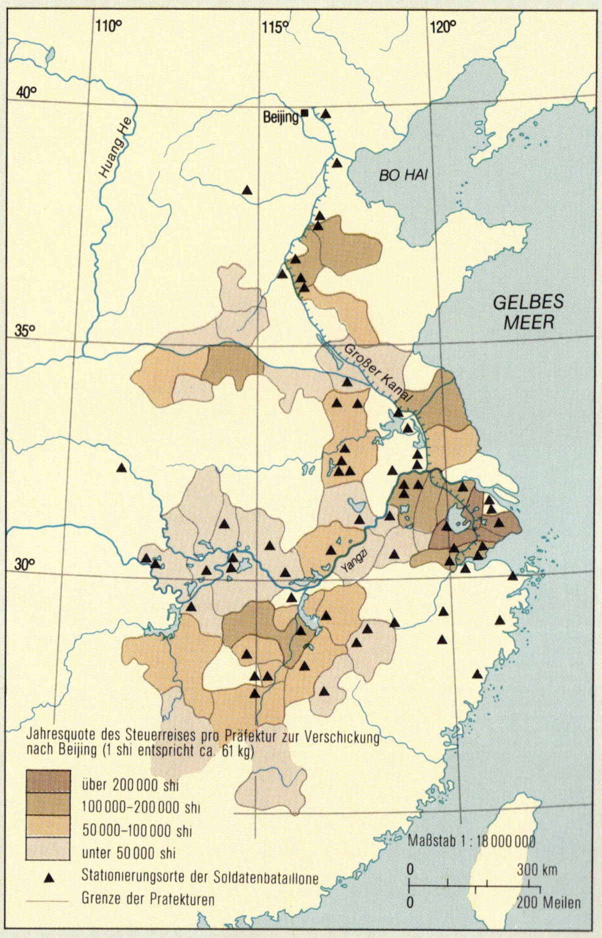

Unten: Schiffsverkehr auf dem äußersten Südabschnitt des Großen Kanals, unmittelbar vor Suzhou, eine Stadt, die wegen ihrer zahlreichen kleinen Wasserstraßen berühmt war. In der Vergangenheit gehörten das Ziehen vom Ufer aus, das Staken und der Einsatz von Heckrudern zu den wichtigsten Antriebsmethoden. Heute sind Motoren die Norm, lange Bootsketten hinter einem Schlepper sind ein alltägliches Bild. Früher lebten viele Menschen an Bord ihrer Schiffe, aber augenscheinlich hat man sie im Laufe der letzten Jahre alle auf dem Land angesiedelt.

Nebenkarte rechts: Das Kanalsystem der Sui-Dynastie
Das erste Wasserstraßensystem, das von den Geschichtsschreibern als Großer Kanal bezeichnet worden ist, wurde erst sehr viel später, zu Anfang des siebten Jahrhunderts n. Chr., unter dem Sui-Kaiser Yangdi von einem gewaltigen Fronarbeiterheer angelegt. Dieses System kreuzte das Flußtal des Huai und besaß darüber hinaus einen südlichen Arm, der bis in das fruchtbare Dreieck im Süden der Yangzi-Mündung führte, und schließlich noch eine Nordost-Verlängerung zur Versorgung der Armeen an der Grenze. Die Sanmen-Schluchten, unmittelbar unterhalb der Stelle, an der der Huang He sich scharf gen Osten wendet, verhinderten die Schaffung eines durchgehenden Versorgungsweges von Südosten in die Sui-Hauptstadt. Dies war unter der nachfolgenden Tang-Dynastie ein Hauptgrund für die Schwierigkeiten bei der Beibehaltung der Metropole.

Kanal sowohl der Song- wie der Yuan-Dynastie
Kanal der Song-Dynastie
Unterer Verlauf des Huang He zur Song-Zeit
Kanal der Yuan-Dynastie
Unterer Verlauf des Huang He zur Yuan-Zeit
Transportroute für den Steuerreis unter der Yuan-Dynastie
Land über 200 m
Maßstab 1 : 4 500 000
0
300 km
0
200 Meilen
115°
120°
40°
35°
30°
Yongding
Luan
Dadu
(Beijing)
Tongzhou
Tonghui-
Kanal
Zhigu
Hai
BO HAI
Ziya
Yongji-
Kanal
(Wei)
Huang He (zur Song-Zeit)
Fen
Linqing
Huitong-
Kanal
Dongchang
Ji'nan
Laizhou
Halbinsel Shandong
Jiao-Lai-
Kanal
Jiaozhou
SEETRANSPORTROUTE UNTER
DER YUAN-DYNASTIE
Wei
Donga
Dongping
Jishou-
Kanal
Jizhou
(Jining)
GELBES MEER
Qimen
LANDTRANSPORTROUTE
UNTER DER YUAN-DYNASTIE
Zhongluan
Kaifeng
(Bianliang)
Huang He (zur Yuan-Zeit)
Weishan Hu
Shangqiu
Xuzhou
(Tongshan)
Bian-
Kanal
Huaiyin
Huai'an
(Chuzhou)
Suzhou
Sizhou
Hongze
Ying
Huai
Xuyi
Yangzhou-Kanal
(Shanyang-Graben)
Gaoyou
Yangzhou
Zhenzhou
(Yizheng)
Guazhou
Zhenjiang
Jiangnan-
Kanal
Changzhou
Wuxi
Liuhe (Hafen)
Pingjiang (Suzhou)
Tai
Huzhou
Jiaxing
Yangzi
Hangzhou
Langdung-Graben
Huang He
Ji
Huangchi
Hong-
Kanal
Mokou
Huai
Han-
Kanal
Shouchun
Wu
Yangzi
Maßstab 1 : 25 000 000
110°
Huang He
Jojun
(Beijing)
Yongji-
Kanal
Huang He
Guangtong-
Kanal
Sanmen-
Schluchten
Daxingcheng
Luoyang
Banzhu
Tongji-Kanal
Shanyang
Shanyang-
Kanal
Huai
Jiangdu
Jingkou
Yangzi
Jiangnan-
Kanal
Yuhang
Maßstab 1 : 20 000 000

DIE KUNST DER KAISERZEIT I

Grabmäler der Qin- und Han-Dynastie

Aus der Qin-Zeit (221–207 v. Chr.) sind nur wenig Funde erhalten, sieht man einmal von der kürzlich ausgegrabenen lebensgroßen Terrakotta-Armee ab, die als Geleitschutz dem Grab des »Ersten Kaisers« beigegeben wurde. Nach Sima Qians *Aufzeichnungen der Historiker (Shi ji)* war der Eingang der Grabstätte Shihuangdis von selbstauslösenden Armbrüsten geschützt, außerdem hätten sich in den Grabkammern Modelle von Palästen, Türmen und staatlichen Gebäuden befunden sowie Gerätschaften, wertvolle Steine und andere Kostbarkeiten. Den Fußboden soll eine Weltkarte mit quecksilbernen Flußläufen bedeckt haben, während das Deckengewölbe mit Darstellungen der Sternbilder geschmückt war.

In den Begräbnisstätten der Han-Dynastie (206 v. Chr.–220 n. Chr.) sind eine große Zahl von Jade-, Bronze- und Lackgegenständen und Tonmodelle von Gebäuden, Menschen und Szenen aus dem bäuerlichen Alltag entdeckt worden. Speziell letztere geben uns einen Einblick in die Lebensweise während dieser Periode. Einige Grabmäler und Schreine besaßen Steinplatten mit eingravierten Szenen aus Mythologie und Geschichte, aber auch mit Jagd- und Ackerbaumotiven. Diese Mischung aus Realem und Imaginärem ist charakteristisch für die Kunst des frühen Kaiserreichs.

Unsere Kenntnisse von der Architektur der Han-Periode beruhen maßgeblich auf den Reliefziegeln und den Gravuren auf den Steinplatten, die an den Innenwänden der Grabkammern angebracht waren. Die Abbildungen auf diesen Wandverkleidungen zeigen die Ständer- und Querbalkenarchitektur, mit der die schweren ziegelbedeckten Dächer gestützt wurden. Das Gewicht des Daches wird durch gestaffelte Kragkonsolen aufgefangen und auf hölzerne Querbalken übertragen, die auf Längsbalken über der Wand aufliegen. Die Wände hatten keine tragende Funktion und bestanden aus Ton, der auf Bambusmatten aufgebracht war. Größere Bauten entstanden durch Aneinanderreihung identischer Gebäudeteile, mehrgeschossige Konstruktionen stellten eher die Ausnahme dar. Aus Ton gefertigte Miniaturmodelle, sowohl farbig bemalt als auch glasiert, erlauben Rückschlüsse auf das Aussehen der Originale. Menschen und Tiere wurden aus Tonrollen naturalistisch modelliert, andere Modelle wurden mittels Hohlformen in größerer Menge gefertigt. In tonarmen Regionen waren die Statuetten zum größten Teil aus Holz oder Stein.

Die Skulpturen der Han-Dynastie standen in engem Zusammenhang mit Beerdigungsbräuchen und Grabstätten. Ein »Geisterweg«, gesäumt von monumentalen steinernen Tierplastiken, führte gewöhnlich zum Grab. Manchmal wurde der Zugang zum »Geisterweg« durch Steinsäulen markiert. Von diesen Zeugen der Han-Periode ist heute kaum noch etwas erhalten; erst als Mitte des fünften Jahrhunderts die Herrscher der Nördlichen Wei-Dynastie den Buddhismus zu fördern begannen, wurden allenthalben zahlreiche Steinskulpturen geschaffen. Die bemerkenswertesten unter den damaligen steinernen Tierplastiken sind die Löwen und anderen geflügelten katzenartigen Geschöpfe des fünften und sechsten Jahrhunderts, die die Eingänge zu den kaiserlichen Grabmälern der Qi- und Liang-Dynastien bewachen.

Die Steinplatten der Schreine und Grabgewölbe weisen häufig Verzierungen in Form eingravierter Konturlinien oder silhouettenhafter Darstellungen auf. Die Dekorationen der aus der Zeit zwischen 145 bis 168 n. Chr. stammenden Steintafeln in den Familienschreinen der Wu-Familie in der Nähe von Jiaxiang in der Provinz Shandong vereinen mythologische Szenen mit Episoden aus der offiziellen Geschichtsschreibung. Die jeweilige Episode wird in szenischer Aufeinanderfolge auf horizontal angeordneten übereinanderverlaufenden Bändern erzählt. Hinter- und Vordergrund sind kaum voneinander abgesetzt, doch wird Tiefe manchmal dadurch angedeutet, daß die Figuren leicht über der Grundlinie stehen. Im Gegensatz zu diesen Steintafeln zeigen die in Hohlformen gepreßten Tonziegel, mit denen die Wände eines Grabes der Späteren Han-Dynastie (25–220 n. Chr.) in Guanghan, Provinz Sichuan, verkleidet sind, lebendige skizzenartige Szenen von der Jagd, der Ernte und aus dem Alltag. Daneben sind auch mit Pinsel und Tusche ausgeführte Grabmal-Dekorationen überkommen, wie die flüchtig hingeworfenen Pferd- und Wagendarstellungen auf dem Gemäuer einer Ruhestätte der Han in Horinger, Innere Mongolei, die zwischen 140 und 177 n. Chr. entstand. Erhaltene Szenen aus dem Leben der Schafhirten und von einer Akrobatenschau stehen vor einem flachen, leeren Hintergrund, wodurch der Eindruck eines endlosen Raums vermittelt wird. Diese Raumauffassung ist auch charakteristisch für die späteren Rollbilder. Die bemalten Tonziegel aus den Gräbern der Späteren Han-Dynastie, die sich heute im Museum of Fine Arts in Boston befinden, lassen Rückschlüsse auf die figürliche Malerei auf dem heute zerstörten Gemäuer der ehemaligen Han-Pa-

Oben links: Die Inschrift auf dieser Lampe verrät, daß sie einst zum Inventar des Changxin-Palastes gehörte. Sie wurde im Grab der Dou Wan (spätes zweites Jahrhundert v. Chr.), in Mancheng, Provinz Hebei, entdeckt. Der Zylinder der kniehohen Lampe ist mittels des Griffs drehbar, so daß die Helligkeit reguliert werden kann. Der Rauch steigt durch den Arm der Hohlfigur in deren Körper, womit der Raum rauchfrei bleibt.

Oben: Das berühmte bronzene »Fliegende Pferd«, dessen einer Huf auf einer Schwalbe steht, stammt aus einem Grab bei Leitai in der nordwestlichen Provinz Gansu. Es mißt ungefähr 30 Zentimeter in der Höhe und zeichnet sich durch vollkommene Harmonie der Bewegung aus. Es scheint sich um die bildnerische Umsetzung der chinesischen Metapher zu handeln, die besagt: »Ein Körper so leicht wie eine Schwalbe«.

Rechts: Diese kunstvoll gearbeiteten, teilweise vergoldeten Bronze-Leoparden mit Silbereinlagen und Granataugen bilden ein Paar aus einem Vierersatz. Möglicherweise verwendete man sie als Beschwerer. Sie wurden zusammen mit anderen wertvollen Gegenständen in der Ruhestätte Prinzessin Dou Wans gefunden.

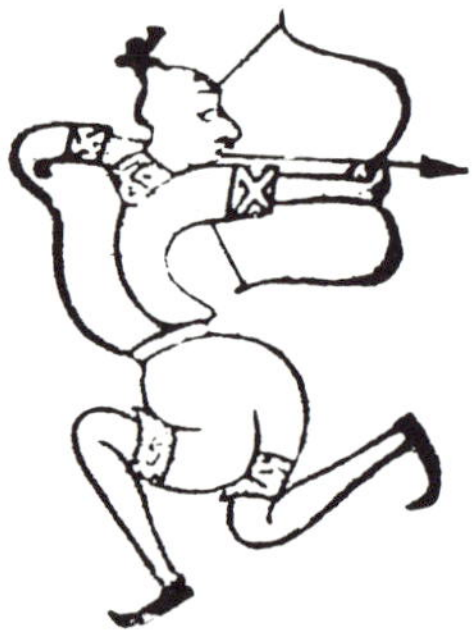

Links: Ein Hund und ein Huhn schauen einem Bauern der Han-Zeit zu, der neben einer steinernen Kornmühle mit einem Schwanzhammer Getreide zerstößt.

Oben: Ein Bogenschütze, der seine Armbrust auf einen Hirsch und eine Hirschkuh anlegt. Detail eines Ziegels über dem Portal eines Han-zeitlichen Grabmals.

Rechts: Eine auf Ziegel geprägte Wächter-Gestalt, bewaffnet mit der alten chinesischen Hellebarde.

Oben: Ein kniehohes glasiertes Steingut-Modell eines Kornspeichers aus dem zweiten Jahrhundert n. Chr.

Rechts: Die Innenseiten des Mauerwerks in Han-Gräbern waren mit gravierten Steinplatten oder geprägten Steingut-Ziegeln geschmückt. Diese Abreibung aus einem Fundort in Sichuan zeigt Szenen vom Dreschen und Ernten im Genrestil, die während des ersten oder zweiten Jahrhunderts n. Chr. entstanden.

Unten: Monumentale geflügelte Katzenwesen aus Stein säumten den »Geisterweg« zu den Ruhestätten des dritten und vierten Jahrhunderts n. Chr. Ähnliche Wächterplastiken gab es auch im alten Mesopotamien.

Oben: Die abgebildete Steingut-Statuette mit dem ziemlich mürrischen Gesichtsausdruck verkörpert eine Fisch zubereitende Frau.

Links oben: Dieses Modell aus dem ersten oder zweiten Jahrhundert n. Chr. stellt einen Schweinestall und einen Abort dar. Das Grundmuster dieser Einrichtungen hat sich im Laufe der Zeit kaum geändert und ist noch heute anzutreffen.

Links: Das steinerne Modell eines Han-zeitlichen Wachtturms wurde vermutlich so plaziert, daß es das Begräbnisfeld schützte.

läste zu. Diese Malereien beweisen, daß man schon individuelle Gesichtszüge gestalten konnte, und die Figuren wurden mit schwungvollem kalligraphischen Duktus gezeichnet, wobei unwichtige Details entfielen.

Während der Han-Zeit entstanden Grabmäler in unterschiedlichster Bauweise. Die Familiengruften des Markgrafen von Dai (um 160–150 v. Chr. angelegt), die in Mawangdui, in der Nähe von Changsha, Provinz Henan, entdeckt wurden, sind ein Beispiel für den Schachtgrab-Typus. Das Grab 1, das die sterblichen Überreste einer Frau barg, wahrscheinlich der Gemahlin des Markgrafen, ist sehr gut erhalten. Es besteht aus drei ineinander verschachtelten Särgen, die in ein großes hölzernes Gehäuse eingefaßt sind. Das Gehäuse ist mit Einzelfächern für die persönliche Habe versehen und wurde in einen 20 Meter tiefen Schacht versenkt. Den Boden der Grube bildete eine weiße Tonauflage, während die Särge mit einer eng gepreßten 4,5 bis 5,8 Meter dicken Holzkohlenschicht umhüllt waren, auf der eine weitere Schicht weißen Tons aufgebracht war; nach oben hatte man die Grube dann noch mit Erdreich aufgefüllt. Unter den Grabbeigaben, jetzt im Museum von Changsha, befindet sich ein bemerkenswertes Seidenbanner, das den innersten Sarg bedeckte; es zeigt Darstellungen aus der himmlischen, der irdischen Welt und der Unterwelt. Drachen und andere mythologische Fabeltiere bewegen sich sowohl in realen als auch in imaginären Räumen. Zu den anderen Beigaben zählen Gebrauchsartikel wie Kannen, Gefäße und Löffel, verziert mit roten Ranken- und Spiralornamenten auf schwarzem Grund, und verschiedenste Seidenstoffqualitäten. Aus den Gräbern 2 und 3 wurden zahlreiche Schriften ans Tageslicht befördert; als Material verwendete man mit Tusche beschriebene Seide. Unter ihnen waren zwei Ausgaben des Werks *Tao und seine Wirkung (Daode jing)* und ein medizinisches Traktat mit Tausenden von Rezepten, Krankheitsursachen und -symptomen, und schließlich stieß man noch auf die ältesten bisher bekannten chinesischen Landkarten.

Zum Kammergrab-Typus gehören zwei Grabstätten der Westlichen Han-Dynastie in Nordchina, die in die Felsen bei Mancheng in Hebei getrieben worden waren. Sie bestehen aus mehreren miteinander verbundenen Kammern, in denen Liu Sheng, gestorben 113 v. Chr., und dessen Frau Dou Wan ruhten, die in Totengewänder aus Jadeplättchen gehüllt waren. Die jeweils hinterste Kammer enthielt die menschlichen Gebeine, in der mittleren wurden zahlreiche Gegenstände aus Bronze, Eisen, Lack, Gold und Silber gefunden, aber auch viele Tongefäße und Steinstatuetten von Dienern. Die Kammern an der Nordseite des Eingangs dienten der Aufbewahrung von Lebensmitteln und Wein, die an der Südseite waren für Pferde und Wagen reserviert. Das Grab Liu Shengs wies die Gebeine von 17 Pferden auf, und anhand der erhalten gebliebenen Metallteile konnten sechs hölzerne Wagen rekonstruiert werden. Nach den vereinzelten Lackstücken zu urteilen, waren die Gefährte ursprünglich rot grundiert und mit roten, weißen, grünen und braunen Wolkenbändern versehen. Zu den Funden aus Dou Wans Ruhestätte zählen eine vergoldete Bronzelampe in Form einer Dienerin und zwei bronzene, mit Gold und Silber verzierte Leopardenminiaturen. Die Technik der teilweisen Bronzevergoldung verdrängte allmählich die Bronze-Intarsientechnik. Ein Amalgam aus Gold und Quecksilber wurde nach vorgegebenem Muster auf die Bronze aufgebracht, danach die Bronze erhitzt, wobei das Quecksilber verdampfte, so daß die goldfarbenen Motive übrigblieben.

Ein Grab der Östlichen oder auch Späteren Han-Dynastie aus dem zweiten Jahrhundert n. Chr. enthielt über 200, meist bronzene Beigaben. Es wurde zufällig 1969 von Bewohnern des Dorfes Leitai in der Provinz Gansu aufgespürt. Die Inschrift auf der Brust eines Miniaturpferdes – die idealisierte Nachbildung eines sogenannten »Himmlischen Pferdes«, einer Pferderasse, die im frühen zweiten Jahrhundert v. Chr. nach dem Fergana-Feldzug nach China gelangt war – nennt uns den Namen des Toten mit General Zhang Yechang. Unter den zahlreichen dortigen Bronzen war auch das berühmte »Fliegende Pferd«, das mit einem Huf auf einer Schwalbe steht, womit möglicherweise an »Fliegende Schwalbe« erinnert werden sollte, eines der neun Pferde Kaiser Wendis (Regierungszeit 179–157 v. Chr.).

Buddhistische Einflüsse

Die frühesten buddhistischen Missionare gelangten im ersten nachchristlichen Jahrhundert über Handelsstraßen nach China. Buddhistische Höhlentempel und Schreine, geschmückt mit Plastiken und Fresken, lassen sich entlang der Routen von Nordwestindien in Kizil, Kucha und Bazaklik, in der Nähe von Turfan, dem heutigen Xinjiang, bis nach Dunhuang in der Provinz Gansu nachweisen. Doch erst im fünften Jahrhundert fand der Buddhismus weite Verbreitung; dies wird mit einem Zweig der Xianbi in Verbindung gebracht, der die Nördliche Wei-Dynastie (386–534 n. Chr.), auch Toba-Wei-Dynastie genannt, gründete, die den größten Teil Nordchinas unter ihre Gewalt brachte. Die frühen Höhlentempel wurden Ende des vierten Jahrhunderts in die Klippen von Dunhuang getrieben; Mitte des fünften Jahrhunderts entstanden dann die ersten Höhlentempel in den Felsen von Yun'gang (»Wolken-Hügel«) westlich von Datong in Shanxi. Die Höhlen in Dunhuang waren mit Fresken und bemalten Lehmstuckplastiken geschmückt. Die ursprünglichen kleinen Höhlen enthielten nur eine Buddha-Statue, die von Reihen kleiner, auf die Wandflächen gemalten Buddhas umgeben war. Mit der späteren Vergrößerung der Höhlen entstanden auch vielseitigere Fresken, außer Buddha-Figuren wurden nun Musikanten, fliegende Apsaras und Jatakas aus den früheren Leben Buddhas dargestellt. Letztere befanden sich auf horizontal verlaufenden Bändern an den Seitenwänden, wie in Höhle Nr. 257, oder an den Schrägflächen der Deckengewölbe, wie in Höhle Nr. 428. Der Malstil war bemerkenswert leicht und luftig, schmale Bänder flatterten von den Gewändern der Gestalten, deren Körperform durch dicke Striche nur angedeutet wurde.

In den Sandsteinklippen von Yun'gang sind mehr als 53 Höhlen entdeckt worden, von denen der größte Teil 494 n. Chr. bei der Verlegung der Wei-Hauptstadt nach Luoyang vollendet war. Die fünf ältesten Höhlen (Nr. 16 bis 20) enthalten riesige, aus Stein gemeißelte Buddha-Statuen. Die größte von ihnen ist ein sitzender quaderförmiger Koloß mit fast 13,7 Metern Höhe, über dessen eine Schulter der Faltenwurf des Gewandes in parallelen Bändern verläuft. In den Höhlen 7 und 8 befinden sich Beispiele für einen runderen, plastischeren Stil. Beleibte Gestalten mit rundlichen Gesichtern stehen in den zahlreichen in die Wand eingelassenen kleinen Nischen, die von dekorativen Bändern aus floralen und geometrischen Motiven eingefaßt sind. In den Höhlen 5 und 6 hingegen trifft man auf einen stärker ziselierten und analytischeren Stil. Das Gemäuer ist hier in verschiedene Zellen unterteilt und einerseits mit Relieffiguren geschmückt, die von Bildnissen Buddhas, fliegenden Apsaras und Musikanten umgeben sind, während in den unteren Abschnitten Ereignisse aus dem Leben Buddhas illustriert werden.

494 n. Chr. wurde die Kapitale der Nördlichen Wei-Dynastie nach Luoyang verlegt, und so entstand in den frühen 90er Jahren des fünften Jahrhunderts eine neue Höh-

lentempel-Anlage in Longmen (»Drachentor«) in der Nähe der Hauptstadt an den Ufern des Feng. Die Höhlen am Ostufer sind zum größten Teil zerstört; am Westufer wurden über 1000 Höhlen in die Klippen getrieben, aber das Gestein war hier dunkler und härter als bei Yun'gang. Viele dieser Höhlen sind nicht mehr als kleine schmale in die Felsoberfläche gehauene Nischen. Etliche der größeren von ihnen tragen datierte Inschriften und können so mit Hilfe der Stifternamen bezeichnet werden. In der Guyang-Höhle setzt sich der analytische Stil der Höhlen 5 und 6 von Yun'gang fort; die Statuen sind länglich zugespitzt, und ihre Gewänder bestehen aus faltenlosen Flächen, die in »Fischschwänzen« auslaufen. Länglich zugespitzte Formen sind auch bezeichnend für die Statuetten in den Gräbern aus der Spätphase der Sechs Dynastien (317–589). Die tönernen Pferdemodelle wirken erdnaher als die »Fliegenden Pferde« aus der Han-Zeit; ihre Körper sind ein wenig verzerrt und in die Länge gezogen. Die tönernen Frauen-Statuetten, sowohl glasiert als auch unglasiert, weisen ebenfalls diese leicht überdehnte schlanke Gestalt auf.

Die verschiedenen Stilformen, die in die Zeit der Sui-Dynastie (589–618 n. Chr.) überleiten, lassen sich schwer unterscheiden, da sie nicht kontinuierlich auf älteren Formen aufbauten. Im fünften und sechsten Jahrhundert befand sich die buddhistische Bildhauerkunst in einem Experimentierstadium, für das plötzlich auftretende Wandlungen und scharfe Stilkontraste charakteristisch sind.

Während im Norden der buddhistische Einfluß auf die Künste überwog, entwickelte sich während der Periode der Sechs Dynastien im Süden die Malerei und die Kalligraphie. Durch die allgemein übliche Verwendung von Pinsel und Tusche war von Anbeginn an die Kalligraphie eng mit der Malerei verknüpft gewesen. Die Einführung und weite Verbreitung des Papiers während der Han-Dynastie eröffnete den kalligraphischen Künsten neue Möglichkeiten. Die Vollkursivschrift oder »Grasschrift« *(cao shu)* entwickelte sich als Schnellschrift aus der offiziellen und eckigeren »Kanzleischrift« *(li shu),* und mit ihrer Entstehung wurde die Kalligraphie zu einer eigenständigen Kunstgattung. Wang Xizhi (ca. 303 – ca. 379 n. Chr.), einer der frühesten der großen Kalligraphen, schuf die fließende Halbkursivschrift *(xing shu),* eine Vereinfachung der »Modellschrift« *(kai shu)*; nach der Han-Zeit war letztere zur Standardschrift erhoben worden. Aus der Periode vor der Tang-Dynastie ist wenig erhalten geblieben, das zur Illustration des Kalligraphie- oder Malstils der frühen Meister dienen könnte, deren Namen in den überkommenen Texten erwähnt werden. Doch zum Bestand des British Museum gehört auch ein Werk, das vermutlich aus dem Umkreis des im vierten Jahrhundert n. Chr. lebenden Malers Gu Kaizhi stammt; es trägt den Titel *Die Ermahnungen der Hoflehrerin* und zeigt Strenge in Linienführung und Stil. Die Szenen sind gegen einen schlichten Seidenhintergrund gesetzt, die Konturen wurden in schwarzer Tusche ausgeführt und die Flächen dann mit wenig Farbe ausgefüllt; zu jeder einzelnen Szene gehört ein erläuternder kalligraphischer Text. Der Duktus der Figuren ist gleichmäßig und durchgehend; sowohl Malerei als auch Kalligraphie verraten eine souveräne Pinselbeherrschung. Eine flüchtige Linienführung weist dagegen die Steingravierung auf dem Sarkophag aus dem sechsten Jahrhundert auf (heute in der Nelson Gallery in Kansas City), die Szenen zur Illustration kindlicher Pietät zeigt. Die Figuren wandeln zwischen Felsen und Bäumen, die gleichzeitig einzelne Szenen voneinander trennen; diese Darstellungen haben Ähnlichkeit mit den Fresken der erzählerischen Jatakas auf dem Deckengewölbe des buddhistischen Höhlentempels Nr. 428 in Dunhuang an der alten Seidenstraße.

Oben: Diese Buddha-Darstellungen in tibetischem Stil schmücken das Dekkengewölbe der Mogao-Höhle 465 bei Dunhuang im Gansu-Abschnitt der Seidenstraße. Sie liegt abseits des zentralen Höhlenkomplexes und entstand höchstwahrscheinlich im 13. Jahrhundert.

Der Buddhismus in China vom ersten bis zum fünften Jahrhundert n. Chr. Der Buddhismus breitete sich während des ersten Jahrhunderts n. Chr. in China aus, obwohl möglicherweise ein indirekter Einfluß sogar noch früher nachgewiesen werden kann. Ausgehend von Nordindien und Kaschmir über die buddhistischen Königreiche Zentralasiens, Chotan und Kucha, wurde er entlang der beiden Seidenstraßenrouten durch den Gansu-Korridor nach Chang'an getragen. In selteneren Fällen erreichte buddhistisches Gedankengut das Land über die See aus Südostasien.
Zunächst war der neue Glaube die Religion der Fremden, aber gegen Ende des dritten Jahrhunderts n. Chr. hatte er auch zahlreiche Anhänger unter der chinesischen Oberschicht gefunden. Die Karte zeigt in der Hauptsache die frühen Zentren des von der Elite praktizierten Buddhismus. Über die sicherlich vorhandene volkstümliche Spielart gibt es zu wenig Quellen, als daß sie vergleichbar präzise dokumentiert werden könnte. Anfänglich blieb der Glaube wohl in der Hauptsache auf die Städte beschränkt, aber bald wurden von taoistischen Mönchen Klöster und Einsiedeleien gegründet, von denen einige heilige Stätten beider Konfessionen wurden.
Das Verzeichnis endet mit dem frühen fünften Jahrhundert, da in den folgenden 100 Jahren eine so starke Zunahme buddhistischer Klostergründungen zu verzeichnen war (von 1768 bis zu über 15 000 im frühen sechsten und beinahe 40 000 zu Ende des Jahrhunderts), daß eine kartographische Erfassung auf Schwierigkeiten stößt.

Links außen: Drei Mauern der Höhle 465 in Dunhuang sind in jeweils drei Abschnitte unterteilt, die alle tantrische Figuren im höchsten Stadium der Erleuchtung zeigen (vermutlich aus dem 13. Jahrhundert). Nach tantrischem Glauben symbolisiert das männliche Geschlecht das Mitleiden und die Methode (zur Erlangung der Erlösung) und das weibliche das Wissen und die Weisheit: Bei einer Vereinigung beider wird der Zustand des Nirwana erreicht. Der Lamaismus, im Westen als Tantrismus (magische Richtung des Buddhismus) bezeichnet, wurde im Laufe des 13. Jahrhunderts am mongolischen Kaiserhof eingeführt.

Links: Eine Sektion im chinesischen buddhistischen Kanon besteht aus Kodices mit Verhaltensmaßregeln für Mönche und Nonnen. Sie schreiben die zulässigen Speisen und die Art der Bekleidung vor. Auf diesem Abschnitt der Wandmalereien der Mogao-Höhlen in Dunhuang unterziehen sich Nonnen der Kopfrasur für die Priesterweihe.

Ganz oben: Kopf des Mönchs Kasyapa aus den buddhistischen Höhlen in Longmen, Henan, im frühen sechsten Jahrhundert unter der Nördlichen Wei-Dynastie (386–534 n. Chr.) entstanden. Dieser Arhat oder Lohan gehört zu den buddhistischen Heiligen, die durch ein beispielhaftes religiöses Leben den Zustand der Vollkommenheit erlangten. Die späten Tang-zeitlichen Darstellungen des Heiligen zeichneten sich durch ein hohes Maß an Realismus aus.

Oben: Gautama Buddha oder Shakyamuni Buddha zusammen mit einem Buddha aus seinem Gefolge, aus der Stirnseite eines Felsens in Yun'gang gemeißelt, späte Nördliche Wei-Dynastie, um 470–480 n. Chr.

Ganz oben rechts: Kolorierte Reliefdarstellungen von Episoden aus Buddhas Leben schmücken das Innere der Höhlen in Yun'gang, in der Nähe Datongs, Provinz Shanxi. Sie datieren mit großer Wahrscheinlichkeit aus der Zeit zwischen ca. 470–480 n. Chr.

Rechts: Die außerordentlich wirklichkeitsgetreue Abbildung des sitzenden Lohan aus der Zeit der Liao-(Qidan-) Dynastie, die im elften Jahrhundert die Mandschurei und Mongolei regierte, steht in starkem Kontrast zu dem oben gezeigten Lohan-Kopf.

Oben: Diese vergoldete Bronze-Miniatur stellt die Buddhas Prabhutaratna und Shakyamuni dar, der den erstgenannten durch die Kraft seiner Predigt veranlaßt hatte, sich in die himmlischen Gefilde zu begeben. Daraufhin stieg auch Shakyamuni auf und ließ sich neben Prabhutaratna nieder, um seine Predigt zu beenden. Dieses exzellent gearbeitete Stück trägt die Jahreszahl 518 und befindet sich heute im Musée Guimet in Paris.

ca. 460–480

ca. 495–530

ca. 550–580

ca. 580–620

ca. 620–750

Oben: Die Entwicklung der Buddha-Darstellung.

Rechts: Ein eindrucksvolles, ca. 70 m hohes Buddha-Bildnis in Leshan, Sichuan, aus dem achten Jahrhundert. Das winzig anmutende Gebäude rechts unten gibt eine Vorstellung von der gewaltigen Größe dieser Plastik.

Tradition und Erneuerung

Chang'an (das heutige Xi'an) wurde die Metropole des Imperiums der Tang (618–906), das zur Zeit seiner Blüte Zentralasien bis zum Pamir beherrschte, während chinesische Vorhuten noch weiter bis ins Oxus-Gebiet und nach Afghanistan vordrangen. Die Stadt war während der kurzlebigen Sui-Dynastie (589–618) angelegt und unter den Tang erweitert worden. Der Stadtplan bestand aus einem netzartigen großen Rechteck mit einer von Nord nach Süd verlaufenden Achse. Aus der Tang-Zeit haben kaum Bauten überlebt, da die meisten von ihnen aus Holz waren. Eines der frühesten überkommenen Gebäude aus Mauerstein ist die Große-Gans-Pagode in Xi'an. Sie wurde im Auftrag des Mönchs Xuan-zang (596–664) nach dessen Rückkehr von seiner Pilgerreise nach Indien Mitte des siebten Jahrhunderts errichtet und im frühen achten Jahrhundert unter der Tang-Kaiserin Wu nach den Originalplänen neben einem hölzernen Turm aus der Han-Zeit wiederaufgebaut. Beispiele für die Sakralarchitektur dieser Zeit findet man heutzutage in Japan, auf dem Horyuji-Areal in Nara, dessen Tempel getreuliche Nachbildungen der im siebten Jahrhundert in Chang'an entstandenen Bauten sind.

Außerhalb des alten Stadtbezirks von Chang'an säumen riesige Steinskulpturen von Kriegern und Pferden den »Geisterweg«, der zum Grabmal Kaiser Gaozongs (gestorben 684) führt. Vierkantig und plump gearbeitet, sind sie weniger lebendig als die katzenartigen Geschöpfe und die geflügelten Löwen aus der vorangegangenen Epoche. Ebenso gestaltet sind auch die sechs Lieblingspferde Kaiser Taizongs aus der Mitte des siebten Jahrhunderts.

Die großen buddhistischen Steinplastiken verraten einen während der frühen Periode der Tang-Dynastie aufkommenden neuen Naturalismus. Damals herrschte am Kaiserhof große religiöse Toleranz, und man pflegte die Kontakte mit der Außenwelt. Zwischen 672 und 675 entstand die gewaltige Statue des Vairocana-Buddha (Der Erleuchtende) in Longmen, die sich mit ihrer runden Formgebung stark von den geometrischen und säulenartigen Skulpturen des ausgehenden sechsten Jahrhunderts unterscheidet. Dieser sogenannte indische Stil fand auch Eingang in die Freskomalerei, und im achten Jahrhundert war dann ein internationaler buddhistischer Kunststil entstanden, der die indische Vorliebe für das Monumentale mit den für China charakteristischen fließenden Linien verband.

Bei den Seidenbildern der *Damen beim Schachspiel*, die im Grab Nr. 187 in Astana, nahe Turfan, gefunden wurden, sind die Flächen innerhalb der Konturlinien mit leuchtenden Farben ausgemalt, die Konturen wurden in *gong-bi*-Technik (genaue Pinselführung) ausgeführt. Die Körper und Gewänder erhalten durch Schattierungen eine plastische dreidimensionale Form. Die gleichen Stilelemente finden sich auf der Quer- oder Handrolle mit dem Titel *Idealporträts von Kaisern*, deren letzte Sektion dem Hofmaler Yan Liban (gestorben 673) zugeschrieben wird. Wie bei den Figuren auf den Seidenbildern von Astana ist die Körperform durch Schattierung und Gestaltung der Gewänder angedeutet, während die Körperumrisse selbst mit feinen dünnen Konturstrichen zusätzlich skizziert sind. Feine Konturen und blasse Schattierungen kehren auch auf dem vermutlich von Han Gan (tätig zwischen 740–760) stammenden Bild von »Tugend der Nacht« wieder, dem Lieblingspferd Kaiser Ming-huangs.

Von dem im achten Jahrhundert lebenden großen Meister der Malerei Wu Daozi (gestorben 762) sind keine Originale erhalten geblieben. Doch bekommt man einen Eindruck von seinem kalligraphischen Pinselduktus durch die szenische Darstellung des Gesprächs zwischen den beiden Bodhisattvas Vimalakirti und Manjusri, die sich unter den Fresken in Höhle 103 in Dunhuang befindet. Hier sind die Konturen nicht gleichmäßig stark, sondern gestrichelt und in der Dicke variierend, je nach Pinselfluß. Die Fresken im Durchgang zum Grabmal des Prinzen Zhang Huai, innerhalb des Qian-Ling-Mausoleums Kaiser Gaozongs vor den Stadttoren Xi'ans, sind ebenfalls ein Beispiel für einen leichteren kalligraphischen Stil. Hier sind die Personen in eine ansatzweise dargestellte Landschaft mit skizzierten Felsen und Bäumen hineingestellt. Raumtiefe wird durch hinter den Bäumen galoppierende Pferde angedeutet. In der der Tang-Dynastie vorangehenden Periode diente die Landschaft dazu, einzelne Szenen voneinander abzugrenzen, und sie besaß weniger Bedeutung als die gezeigten Personen. Auch auf den während der Tang-Zeit entstandenen Fresken in Dunhuang spielt die Landschaft bei den wichtigsten Paradiesszenen im Vergleich zu den Personen eine nebensächliche Rolle, aber anhand der im Hintergrund verlaufenden Gebirge und Flüsse auf den Nebentafeln kann bereits von den Anfängen einer eigenständigen Landschaftsmalerei gesprochen werden.

Der kosmopolitische Geist und der kulturelle Austausch spiegeln sich deutlich in den dekorativen Künsten während der Tang-Herrschaft wider. Persische Münzen wurden entlang der Seidenstraße in den Tang-Gräbern von Astana, aber auch in einer versteckten Begräbnisstätte außerhalb Xi'ans gefunden, und umgekehrt sind Scherben chinesischer Töpferwaren in Samarra aufgetaucht, im frühen neunten Jahrhundert Residenz der Abbasiden-Kalifen. Die in Astana entdeckten Seidenstoffe sind mit für die Sassaniden typischen Perlmedaillon-Motiven geschmückt, während die Metallarbeiten aus dem Grab in der Nähe von Xi'an florale Motive und Jagdszenen aufweisen, charakteristisch für den Nahen Osten und Zentralasien. Einen Eindruck von der Prachtentfaltung des Tang-Hofes erhält man heute noch in Japan durch die Kunstsammlung Kaiser Shomus im Shosoin-Schatzhaus, das 756 in Nara feierlich von Kaiserin Koken eingeweiht wurde. Unter den dortigen Kostbarkeiten befinden sich mit Einlegearbeiten versehene Lackgegenstände, aber auch Metallwaren und Textilien mit verschlungenen Designs nahöstlichen oder chinesischen Ursprungs.

Fremde Einflüsse treten auch bei den dreifarbig glasierten Begräbnis-Statuetten zutage, vor allem bei den Kör-

Oben: Eines der sechs berühmten Pferde des Tang-Kaisers Taizong, Relief nach Zeichnungen des Hof-Bildhauers Li Yanben (gestorben 673). Die Reliefs wurden aus Sandsteinplatten herausgemeißelt und im Grabmal des Herrschers angebracht. Vier von ihnen sind heute im Museum von X'ian zu besichtigen, die anderen beiden im Pennsylvania University Museum, Philadelphia.

Rechts: Dreifarbig, gelb, grün und braun, glasierte Keramik-Gegenstände erlebten ihre Hochblüte unter der Tang-Dynastie, in der sie vor allem Bestattungszwecken dienten. Wegen ihrer blauen Glasur rechnet man diese Statuette zu den selteneren Erzeugnissen, die man als »dreifarbig mit zusätzlichem Blau« bezeichnet.

Unten: Glasierte und unglasierte Steingut-Statuetten tanzender Mädchen, Musiker, Kamele und bärtiger Fremder wurden in den Ruhestätten aus der Tang-Dynastie gefunden und spiegeln den kosmopolitischen Geist dieser Periode wider. Ende des zehnten Jahrhunderts kam die reiche Grabausstattung außer Mode, und in der folgenden Zeit waren die Beigaben weniger wirklichkeitsnah und auch weniger kunstvoll gestaltet.

performen. Kamele etwa tragen »langnasige« Ausländer auf dem Rücken. Glasierte und unglasierte Tonpferde von fast einem Meter Höhe wirken erstaunlich naturgetreu, während die Gesichtszüge monsterartiger Wächtergestalten karikaturartig verzerrt sind. In den Brennöfen von Huangdao, im Kreis Jiaxian, Provinz Henan, entstand wunderschönes Steinzeug, das mit polychromer Glasur besprenkelt war; in Südostchina wurden in der Tang-Zeit die Grundlagen für die Einführung des Porzellans anstelle des Steinguts geschaffen. Die Ausgangsbasis war sehr feiner kaolinartiger Ton, der beim Brennen unter hohen Temperaturen kristallisierte und auf diese Weise sehr hart wurde. Durch die Plastizität und Härte des Materials konnte sehr dünnwandiges Geschirr hergestellt werden.

Nach der Verfolgung der Buddhisten im neunten Jahrhundert verfiel die monumentale buddhistische Steinbildhauerkunst. Doch in Nordchina wurden die Holzbildhauerei und die Freskomalerei während der Song-, Liao- und Jin-Dynastien weiter gepflegt. Tönerne Lohan-Figuren mit dreifarbiger Bleisilikatglasur sind bemerkenswert lebensnah gestaltet und verdeutlichen den weltlichen Einfluß auf die buddhistische Plastik. Sie stehen in Kontrast zu den überladen dekorierten Guanyin- (Göttin der Barmherzigkeit) Holzstatuen mit ihrem hohen Kopfputz und dem wirbelnden Faltenwurf. Diese zeigen die Göttin entweder stehend mit leicht vornübergeneigtem Körper oder sitzend mit einem gebeugten Knie und nachlässig darauf aufgestütztem Arm.

Betonung des Pinselduktus und Auflösung der Form waren die Hauptcharakteristika der Künstler der Chan- (oder Zen-) Schule des Buddhismus, die in den Klöstern Südchinas während des 13. Jahrhunderts wirkten. Die *Sechs Dattelpflaumenbäume* Mu Chis und Liang Kais Bildnis des Dichters Li Bo sind typische Beispiele für ihre flüchtige Pinselführung und die meisterliche Beherrschung verschiedenster Tuscheschattierungen.

Landschaftsmalerei

Das Rollbild *Reisen in der Natur* von Fan Kuan (künstlerisch tätig von ca. 990–1030) gibt einen Eindruck von dem monumentalen Stil der Landschaftsmalerei während der Nördlichen Song-Dynastie: Ein vorspringender Felsen erhebt sich in der Mitte des Bildes aus dem Nebel, während die Einzelheiten des Vordergrunds mit minuziösen Pinselstrichen herausgearbeitet sind. Strukturstriche (*cun*, sogenannte Rauhmalerei) füllen die Flächen zwischen den Konturen des Felsmassivs, das die gesamte Szene beherrscht. Die Schule des Neo-Konfuzianismus dieser Zeit fand in der Landschaftsmalerei eine Ausdrucksmöglichkeit, denn sie betonte die Bedeutung der Natur und das Studium der irdischen Welt, um zum Verständnis des ganzen Universums zu gelangen.

Auf seinem Gemälde *Zeitiger Frühling* (datiert 1072) zeigt Guo Xi eine dürre Landschaft in Nordchina; die Nebelschwaden dienen zur Darstellung der Entfernungen. In seiner Doktrin über die »drei Abstände« faßte er die bildnerischen Möglichkeiten der Raumgestaltung folgendermaßen zusammen: Der Effekt der Höhe wird erzielt, indem man vom Fuße eines Bergs zu dessen Gipfel aufschaut, Tiefe dagegen, indem der Betrachter vor einem Berg steht und auf die sich im fernen Hintergrund ausdehnende Landschaft blickt; der Eindruck einer horizontalen Ebene wird geschaffen, indem man von einem nahen Berg zu einem in der Ferne liegenden hinübersieht. Diese Definitionen geben die Sichtweise eines Betrachters wieder, der sich im imaginären Raum inmitten des Bildes befindet (und so an der Bildhandlung teilnimmt). Um mit Guo Xi zu sprechen, soll ein Gemälde beim Betrachter den Eindruck seiner unmittelbaren Gegenwart erwecken, und das Aussehen einer Landschaft soll sich mit dessen Standort- und Blickfeldverschiebung ändern. Auf diese Weise vermitteln die Bilder einen ständigen Wechsel von Höhen- und Tiefeneindrücken.

Guo Xi übernahm den monumentalen Bildaufbau der Werke Li Chengs, der in der Periode der Fünf Dynastien (907–960) wirkte. Die Kompositionen von Guo Xis Zeitgenossen Dong Yuan und Ju Ran weisen mit ihrer blassen Tusche und den dichten Nebeln einen neuen Stil auf; auf den Dong Yuan zugeschriebenen Gemälden sind mit nasser Tusche ausgeführte Pinselstriche ohne harte Konturen zu sehen. Mi Fei (1051–1107) ging noch einen Schritt weiter bei der Ausnutzung der Tuscheeffekte: Auf den ihm zugerechneten Landschaften erscheinen große und gleichförmige Tuschekleckse, die die persönliche Empfindung des Künstlers wiedergeben. Mi Feis Arbeiten unterscheiden sich erheblich von der *gong-bi*-Technik, die von Kaiser Huizong, selbst ein begnadeter Künstler, bevorzugt wurde, und die überaus akkurat und dekorativ war. In der figürlichen Malerei setzte sich während der Song-Zeit die Tradition der Tang-Dynastie fort. Blumen- und Vogelbilder wurden ganz besonders von Huizong geschätzt, der eine staatliche Malakademie einrichtete und ihr seinen eigenen Kunststil verordnete. Im Jahre 1127 wurde die Nördliche Song-Dynastie von den Ruzhen vernichtet und der Herrscherhof nach Nanjing und später nach Hangzhou verlegt, wo Kaiser Gaozong die Wulin-Akademie gründete. Die Hauptvertreter der Landschaftsmalerei

Rechts: Zeitiger Frühling (hier ein Ausschnitt) von Guo Xi (ca. 1020–1080) entstand in Tusche und zarten Farben auf Seide und trägt das Datum 1072. Guo Xi malte in Chinas nördlichen Gebirgsregionen, während die großen Meister des zehnten Jahrhunderts die sanfteren Konturen der Landschaft in der Region Jiangnan um Hangzhou bevorzugt hatten. Auf den berühmten Landschaftskompositionen unter den Nördlichen Song-Herrschern werden Menschen zu winzigen Gestalten reduziert (wie im Vordergrund rechts dieses Bildes zu sehen). Guo Xi verwendet Nebel, um die im Hintergrund unvermittelt ansteigenden Gipfel zu kaschieren und den Eindruck unermeßlicher Weite zu schaffen.

Unten: Ausschnitt aus einer Quer- oder Handrolle von Xia Gui (tätig zwischen 1180–1230), einem der hervorragendsten Hofmaler der Kunstakademie Hangzhou in der Südlichen Song-Zeit. Solche Landschaftsbilder pflegte man langsam mit der Hand zu entrollen, so daß die einzelnen Abschnitte nach Belieben betrachtet werden konnten. Im Gegensatz zur großflächigen Genre-Malerei des elften Jahrhunderts bevorzugten die Künstler unter den Südlichen Song eher intimere Themen.

Ganz unten: Dieser Ausschnitt des Gemäldes *Aufenthalt in den Fuchun-Bergen* von Huang Gongwang zeigt den individuellen Pinselduktus bei der Gestaltung von Landschaften Mitte des 14. Jahrhunderts.

Oben: Zypressen (Tusche auf Papier) von Wen Zhengming (1470–1559), ein führender Vertreter der Wu-Schule. Wie die Meister der Yuan-Dynastie vor ihm arbeitete auch er für einen Freundeskreis mit literarischen und künstlerischen Interessen.

Links außen: Rückkehr in die Heimat am Abend von Dai Jin (1388–1462), einem Mitglied der Zhe-Schule, so benannt nach der Malerei in der Provinz Zhejiang. Der Stil zeigt Einflüsse der im 13. Jahrhundert wirkenden Meister unter den Südlichen Song, die Tuschlavierungen zur Gestaltung des Nebels benutzten.

Links: Ausschnitt einer Landschaft von Wang Hui (1632–1717) gemalt im Stil Huang Gongwangs (1269–1354). Wie bei anderen Mitgliedern der orthodoxen Schule während der Qing-Dynastie basierten Wang Huis Bilder auf einer kreativen Neuinterpretation früherer Meisterwerke.

während der Südlichen Song-Dynastie waren Ma Yuan und Xia Gui. Ma Yuan (tätig von 1190–1225) hatte einen kantigen Stil, verwendete leicht aufgetragene Tusche und feine Linien und malte seine Landschaften stets auf einer Seite der Rollbilder oder Albumblätter, was ihm den Spitznamen »Eine-Seite-Ma« einbrachte. Xia Gui (aktiv von 1180–1230) schuf dynamischere Kompositionen, verwendete nur Tusche und keine Farben und machte häufig Gebrauch von der *cun*-Pinseltechnik (Rauhmalerei).

Die Meister der Landschaftsmalerei unter der Yuan-Dynastie (1280–1367)

Die Malerei während der Yuan-Zeit folgte einerseits alten Vorbildern, beschritt jedoch auch eigenständige Wege. Qian Xuan (ca. 1235–ca. 1300) orientierte sich an den Meistern der Tang-Dynastie und gestaltete seine Landschaften absichtsvoll im archaischen Stil, und doch sind auf seinen Kompositionen auch Pinselstriche zu entdecken, die nicht typisch für die frühe Periode chinesischer Malerei sind. Noch deutlicher wird dies bei den Arbeiten Zhao Mengfus (1254–1322), so etwa bei seiner Querrolle *Herbstfarben auf den Bergen Qiao und Hua*, ein Werk, das in seiner Bildauffassung archaisch anmutet, aber mit seinen leicht strukturierten Pinselstrichen in eine neue Richtung weist. Bei seinen Bambus-, Baum- und Felsbildern bedient er sich eines schnellen »flüchtig weißen« Pinselduktus, so daß einige Papierflächen weiß bleiben. Zhao Mengfu nahm sich die Meister der Tang- und der Nördlichen Song-Dynastie zum Vorbild und ergänzte ihren Stil durch einen freien graphischen Pinselduktus, eine Entwicklung, die durch die vier Yuan-Meister Huang Gongwang, Ni Zan, Wu Zhen und Wang Meng weitergeführt wurde.

Aufenthalt in den Fuchun-Bergen von Huang Gongwang (1269–1354) gehört zu den bedeutendsten Werken der chinesischen Malerei. Das Bild fängt das Charakteristische der Landschaft durch wechselnden Duktus und Abschattierung der Tusche ein und zeichnet sich durch perfekt ausgewogene Pinselführung aus. Die Widmung auf dem Bild verrät, daß der Meister es für einen Freund gemalt und bis zur Fertigstellung 1350 mehr als drei Jahre daran gearbeitet hatte. Wu Zhen (1280–1354) verband die Pinselführung der Maler Dong Yuan und Ju Ran aus der Nördlichen Song-Dynastie mit einer kühnen Verwendung des freien Raums, doch vermied er den geheimnisvollen Romantizismus der Ma/Xia-Schule. Ni Zan (1301–1374) entzog sich wie viele Maler und Dichter seiner Zeit dem höfischen Leben und dem öffentlichen Dienst unter der weniger kunstsinnigen Fremddynastie der Mongolen, entfloh in die Einsamkeit und lebte wie ein Eremit. Die Sujets seiner Kompositionen waren zumeist schlicht gemalte Landschaften, auch übte er meisterliche Zurückhaltung beim Einsatz der Tusche. Über seine Bambusbilder sagte er einmal: »Ich habe sie nur geschaffen, um meinem überfließenden Herzen Ausdruck zu verleihen.« Sein Gemälde *Rongxi Studio* entstand mit flinken horizontalen Pinselstrichen, zu denen die vertikal verlaufenden Linien der Bäume in vollkommener Harmonie stehen. Wang Meng (1308–1385) bevorzugte ein dichter verlaufendes Netzwerk von Strichen und schuf Landschaften mit kompakterer Linienstruktur. Dabei verwendete er für das Laubwerk einen trockenen Pinsel, und erreichte so eine rastlos vibrierende Bewegung. Außerdem benutzte er die Technik der Tuschlavierung für das Laubwerk im Hintergrund und gebrauchte »gehärtete« Tusche für die Struktur der Baumrinde; seine Landschaften zogen sich über die ganze Höhe des Rollbildes hin. Diese genannten vier Meister der Yuan-Periode wurden richtungweisend für die Maler der verschiedensten Schulen unter der Ming-Dynastie.

Ausschnitt aus dem Gemälde *Nordmeer*, einer Quer- oder Handrolle von Zhou Chen (ca. 1455–ca. 1536).

GESELLSCHAFTLICHE ENTWICKLUNGEN

Während des mehr als 2000jährigen Bestehens des Kaiserreiches hat sich die chinesische Gesellschaft ständig gewandelt, und es ist nicht einfach, befriedigende Formeln zu finden, mit denen diese Veränderungen eingängig dargestellt werden können. Insbesondere ist zu beachten, wie deutlich gemacht werden wird, daß verschieden angelegte Maßstäbe auch unterschiedliche Klassifizierungsmethoden mit sich bringen.

Der tiefgreifendste Einschnitt erfolgte zwischen den beiden Perioden, die vor bzw. nach der von uns so bezeichneten »mittelalterlichen Wirtschaftsrevolution« anzusetzen sind. Dieses Ereignis fand ungefähr in der Mitte der Kaiserzeit, um das Jahr 1000 n.Chr. statt. Vereinfacht ausgedrückt, war die chinesische Gesellschaft nach diesem Umbruch viel produktiver, kommerzialisierter, stärker vom Geldwesen geprägt, urbanisierter, gelehrter und schließlich in stärkerem Maße staatlicher Reglementierung unterworfen als zuvor. Auch die Bevölkerung hatte beträchtlich zugenommen. Sie stieg von ihrem bisherigen Höchststand in früheren Blütezeiten von schätzungsweise 60 bis 70 Millionen auf wahrscheinlich 140 Millionen auf dem Gipfelpunkt der Song-Dynastie, und in den darauffolgenden Epochen – nach einem Rückgang im 14. Jahrhundert – auf 430 Millionen Menschen im Jahr 1850, dem Höchststand der Vormoderne. Es gibt keine allgemein anerkannte Formel, um diesen großen sozialen Wandel schlüssig zu erklären. Bis zu einem besseren Vorschlag wollen wir die Epochen vor und nach 1000 n.Chr. daher als »präökonomische« bzw. »ökonomische Gesellschaft« bezeichnen. »Ökonomisch« steht hier nicht nur für die Einbeziehung des gesamten Volkes in Handels- und Geldtransaktionen während der Song-Dynastie und der anschließenden Perioden, sondern der Terminus benennt in unserem Falle auch das Entstehen eines das ganze Reich umfassenden Systems des Waren-, Bevölkerungs- und Ideenaustausches. Charakteristisch für diese Zeit war, daß die Gesellschaft nach funktionalen und rationalen Gesichtspunkten ausgerichtet wurde, wofür die generelle Einführung eines verbindlichen Examenssystems für die Zivilbeamten ein Symptom war.

Mit dem Ausdruck »präökonomische Gesellschaft« wollen wir nicht unterstellen, es habe in der ersten Epoche der Kaiserzeit keine rege Wirtschaftstätigkeit geherrscht. Selbstverständlich gab es Warenverkehr, doch war dieser weitgehend auf die Bedürfnisse der oberen Gesellschaftsschichten zugeschnitten. Möglicherweise wäre es korrekter, die bereits sehr komplexen sozialen Verhältnisse unmittelbar vor der Song-Zeit als »protoökonomisch« zu bezeichnen. Desgleichen können wir als exakteren Begriff »vorrationale ökonomische Gesellschaft« gebrau-

Ein kurzer Abschnitt aus der Panorama-Bildrolle Zhang Zeduans mit dem Titel *Flußaufwärts zum Qingming-(Frühlings-)Fest.* Unter Wissenschaftlern herrscht allgemein Einigkeit, daß das Gemälde die Hauptstadt der Nördlichen Song-Dynastie Kaifeng um die Wende vom elften zum zwölften Jahrhundert darstellt. Der Betrachter beginnt seinen imaginären Rundgang durch die Szenerie ganz rechts bei den Weiden, wendet sich sodann nach links, taucht über die Brücke in das immer geschäftiger werdende Treiben der Vorstadt ein und beendet seinen Bildrundgang – den Blicken entzogen – mit seinem Eintritt in die Residenz durch eines der steinernen Tore in der großen Stadtmauer aus gestampfter Erde.

chen, um die späte Kaiserzeit von der Frühphase der Moderne zu trennen, jener Periode also, in der westliche Technologien und westliches Denken auf China Einfluß zu nehmen begannen. Die Bezeichnungen »vorindustriell« oder »vorkapitalistisch« hingegen sind nicht angebracht, denn schon unter der Song-Dynastie trifft man auf standardisierte Massenanfertigung (besonders in der staatlichen Rüstungsindustrie, in der 16,5 Millionen Pfeilspitzen jährlich produziert wurden), und auch auf große Kapitalkonzentrationen unter Kaufleuten.

Die Einzelheiten der mittelalterlichen Agrarrevolution werden im Abschnitt über die chinesische Landwirtschaft dargelegt (siehe Seiten 208–213). Die Umwälzung fand auf vier Gebieten statt: effektivere Bodenbearbeitung und -erhaltung, inklusive Fruchtwechsel; bessere Getreidesorten (entweder durch Einfuhr oder selektive Zuchtwahl gewonnen), die Doppelbestellung und Kreuzpflanzung mit verschiedenen Reifeperioden ermöglichten; Verbesserungen bei der Flutkontrolle und vermehrte Anlage von Bewässerungssystemen; schließlich ausgedehntere lokale Anbauspezialisierung, ermöglicht durch Ausweitung des Handels und Fortschritte auf dem Transportsektor. Der Überlandverkehr wurde durch den Bau vieler städteverbindender, mit Steinplatten oder Mauersteinen gepflasterter Straßen erleichtert. Doch die Grundlage für das neue auf dem Handel basierende Wirtschaftssystem bildete der Binnenwasserstraßentransport. Das Wasserstraßennetz wurde zu einem integrierten System ausgestaltet und durch die Errichtung von Schlepppfaden, auf denen die Dschunken die Yangzi-Schluchten aufwärts gezogen werden konnten, durch die Einführung der Doppel- oder Kammerschleuse in Teilabschnitten des Großen Kanals und durch den Gebrauch des Schaufelradschleppers in den Häfen verbessert. Beim Hochseeschiffsbau verwendete man jetzt Eisennägel und zur Abdichtung der Planken das Öl des Tong-Baums. Das Axialruder ersetzte den früheren Steuerriemen, und die Schiffe hatten wasserabstoßende Planken, Bambusfender, Auslegeboote und magnetische Kompasse für die Navigation. Bald waren sie den aus Südostasien, Persien und den arabischen Ländern stammenden überlegen.

Handel und Industrie

Das enorme Anwachsen des Geldumlaufs zwischen der Epoche der Tang- und der Song-Dynastie war sowohl ein Symptom für die Revolution im wirtschaftlichen Bereich, als auch ein zu dieser Revolution beitragender Faktor. Wie aus einigen Textstellen hervorgeht, suchte man im zehnten Jahrhundert geradezu verzweifelt nach mehr Zahlungsmitteln. Zeitweise war es verboten, Kochtöpfe aus Kupfer anzufertigen, und buddhistische Statuen wurden für die Münzprägung eingeschmolzen. Während der Blütezeit der Nördlichen Song wurden jährlich zwanzigmal soviel Kupfermünzen in Umlauf gebracht wie maximal unter der Tang-Dynastie. Aber das Ansteigen des Geldumlaufs war noch gewaltiger als diese Verhältniszahl zeigt, denn hinzu kam eine kolossale Zunahme bei der Verwendung der verschiedensten Arten von Wechseln, Kerbhölzern, Pfandscheinen und primitiven Kreditgeldformen. Im Jahre 1024 wurde das erste echte Papiergeld der Welt in der Provinz Sichuan gedruckt. Es dauerte nicht lange, bis China auch seine erste Inflation durch das Ingangsetzen der Notenpresse erlebte, da es den kostspieligen Krieg gegen die Xixia finanzieren mußte.

In der von uns als »protoökonomisch« bezeichneten Epoche waren Salz und Eisengeräte die einzig gehandel-

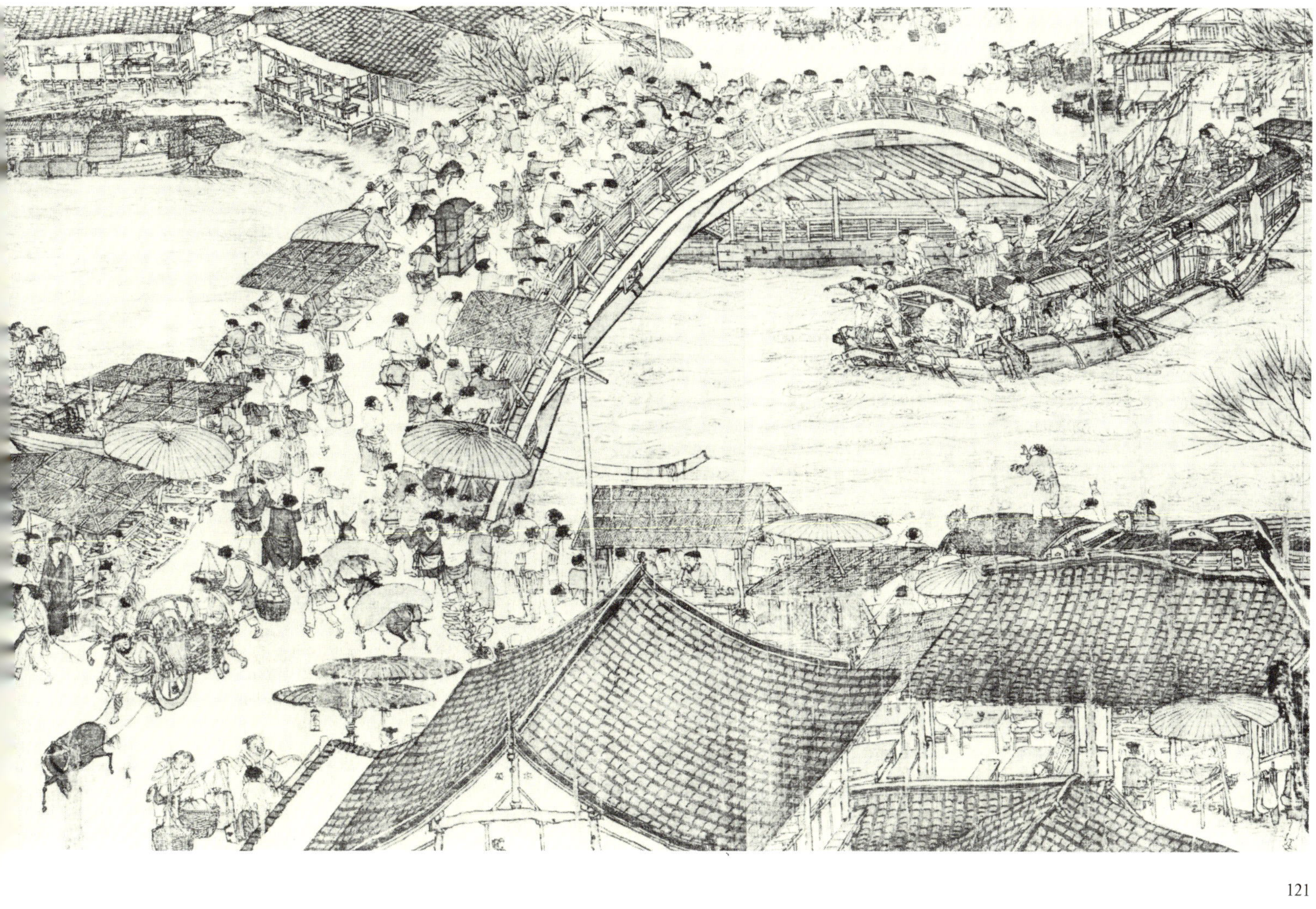

ten Massenartikel. Sonst beschränkte sich – wie bereits erwähnt – der Markt zumeist auf Waren für die Oberschicht. Staatliche Aufträge und Beamtengehälter (bezahlt aus Steuergeldern) waren möglicherweise der wichtigste Motor für die Nachfrageentwicklung der chinesischen Wirtschaft, nicht aber die Kaufkraft des Privatverbrauchers. Eine derartige Konzentration der Nachfrage im administrativen Bereich erklärt, wie es möglich war, daß der legale Handel auf spezielle Marktplätze in oder unmittelbar außerhalb größerer Städte konzentriert blieb. Geschäfte, die Waren aus der gleichen Handelssparte anzubieten hatten, wurden zusammengelegt und unter Regierungsaufsicht gestellt. Um das achte Jahrhundert jedoch war ein blühendes Netz inoffizieller Märkte auf dem Land entstanden, die gewöhnlich in periodischen Abständen abgehalten wurden, und auch die Kaufleute in den Städten begannen, Geschäfte und Buden nach eigenem Gutdünken einzurichten. Das alte reglementierte System brach im neunten Jahrhundert zusammen und wurde durch ein neues ersetzt, das sich durch ein beachtliches Maß kommerzieller Freiheit auszeichnete. Die Besteuerung der Händler oblag nun Zollbehörden, die entlang der Hauptverkehrsrouten angesiedelt waren; speziell unter der Südlichen Song-Dynastie beruhte ein beträchtlicher Teil der Staatseinnahmen auf dem Handel.

Durch den vermehrten Kontakt mit den Warenmärkten wurden die chinesischen Bauern zu einer Klasse rational gesinnter, anpassungsfähiger und gewinnorientierter Kleinunternehmer. Der Landbevölkerung eröffnete sich eine ganze Palette neuer Erwerbszweige: Nutzholzanbau, Speiseöl- und Zuckergewinnung, Fischzucht, Papierherstellung, Fertigung von Textilgeweben aus Hanf, Nesselgewächsen und – seit dem 13. Jahrhundert – aus Baumwolle sowie die Erzeugung von Gegenständen aus Lack und Eisen. Die lokalen Umschlagplätze waren die niedrigste Ebene eines wohlgeordneten Netzes übergeordneter Märkte, durch die beinahe das ganze chinesische Wirtschaftsleben zu einem geschlossenen System zusammengefaßt wurde. Es gab drei Hauptwirtschaftsregionen: Nordchina, mit dem Zentrum um die Metropole Kaifeng der Nördlichen Song-Dynastie; Ost-Zentralchina, dessen Schwerpunkt um die Städte am Tai-See lag; und Sichuan, dessen Kern die Städte der Chengdu-Ebene waren. Innerhalb dieser Regionen wurde ein reger Handel mit den Gütern des täglichen Bedarfs getrieben, insbesondere mit Getreide und Kleiderstoffen. Der überregionale Handel hingegen beschränkte sich auf die wertvolleren Artikel wie Seidenstoffe, Porzellan und Arzneien. Außerdem gab es einen blühenden Warenaustausch mit Japan, Südostasien und den weiter westwärts gelegenen Ländern.

Die steigende Produktivität in der Landwirtschaft und die billigeren Transportmöglichkeiten trugen zur Entstehung größerer Städte bei, obwohl wir nicht übersehen dürfen, daß in vielen Fällen möglicherweise erst das städtische Wachstum den ersten Anstoß für diese Fortschritte gab. Die alten Städte wuchsen eine nach der anderen über ihre ursprünglichen Mauern hinaus und gemeindeten die umliegenden Landbezirke ein. Nach einer groben Schätzung, die wir aufgrund von Extrapolierung der wenigen uns vorliegenden Zahlen vornehmen können, lebten damals zwischen 6 und 7,5 Prozent der Gesamtbevölkerung in Städten von 100000 und mehr Einwohnern.

Auch in Wissenschaft und Technik gab es große Fortschritte, doch wäre es übertrieben, hier von »Revolution« zu sprechen, da sich der grundlegende Wissensstand nicht radikal veränderte. Man machte nicht nur neue Erfindungen, sondern verbesserte auch die alten Verfahren und Maschinen. In der Mathematik wurde eine allgemein gültige Methode zur Lösung von algebraischen Gleichungen mit einer Unbekannten gefunden. In der Astronomie erreichte man durch die Herstellung erheblich größerer Instrumente und durch die Perfektionierung des hydraulischen Uhrwerks zur Drehung von Himmelskugeln einen zuvor nicht gekannten Genauigkeitsgrad bei der Beobachtung der Gestirne. In der Medizin begann man mit der systematischen Erforschung der menschlichen Anatomie durch die Wiederaufnahme von Leichensezierungen, und Fortschritte gab es gleichfalls bei der Beschreibung von Krankheiten, darunter auch einiger Massenleiden und Berufskrankheiten. Bei der Metallgewinnung gebrauchte man mit Sicherheit Kohle (wahrscheinlich auch Koks), um im Schmelztiegelverfahren das Eisen aus dem Eisenerz auszuschmelzen. Auf militärischem Gebiet gelang die Herstellung von wirklich explosivem Schießpulver, weiter wurden Feuerwerfer, Giftgas, Splitterbomben und schließlich das Gewehr erfunden. Ein Großteil der neuen Erkenntnisse wurde durch im Holzblock-Druckverfahren entstandene Schriften verbreitet, eine Technik, die wahrscheinlich im neunten Jahrhundert von buddhistischen Mönchen entwickelt worden war. Der Staat gab zahlreiche Werke heraus, angefangen von konfuzianischem Schrifttum bis zu Arzneimittelbüchern (die auch Pharmakopöen waren), während von privater Seite Werke wie Yang Huis *Mathematik für den täglichen Gebrauch* in Druck gingen (1262).

Die wohl interessanteste chinesische Erfindung während der mittelalterlichen ökonomischen Revolution war das mechanische Spinnen. Zu einer nicht genau datierbaren Zeit während der Nördlichen Song-Dynastie hatte man eine Methode zum mechanischen Aufhaspeln von Seidenfäden perfektioniert. Die durch einen Fußhebel angetriebene Haspelmaschine konnte eine Reihe von Fäden gleichzeitig aus einem mit kochendem Wasser gefüllten Bottich herausziehen, in den die Seidenraupenkokons geworfen worden waren. Die Fäden wurden durch Ösen und Haken auf einen schrägliegenden Hebelarm geführt, der sie durch Hin- und Herschwenken in breiten Bändern auf ein rotierendes durchbrochenes Haspelgestell brachte. Im 13. Jahrhundert übertrug man die Grundidee dieser Haspelmaschine auf das Spinnen von Hanffäden. Eine Reihe von Spindeln mit Hanfvorgespinst (eine lose gezwirnte Rohfaser des Hanfs) trat an die Stelle der ähnlich geformten, aber natürlich viel kleineren Kokons. Hohle Schußspulen, nicht unähnlich den Ringen der späteren Rund-Spinnerei, die durch schnelles Drehen ein mehrfädiges Garn erzeugten, ersetzten die Ösen. Die Apparatur konnte von Menschenhand, von Zugtieren oder von einem Wasserrad betrieben werden, die Kraftübertragung erfolgte durch einen Treibriemen. Sie wurde von Wang Zhen in seinem Werk *Abhandlung über die Landwirtschaft* (1313) beschrieben, wonach auf ihren 32 Spindeln täglich rund 60 Kilogramm Garn produziert werden konnten. Diese Maschine wurde niemals – soweit bekannt – auf die Baumwollspinnerei umgestellt, was auch wegen der Kürze der Baumwollfasern, insbesondere der chinesischen Arten, ohne erhebliche Veränderungen kaum durchführbar gewesen wäre. Doch interessanterweise war die Grundvoraussetzung für den von R. Arkwright ein halbes Jahrtausend später (1769) konstruierten Spinnrahmen – der Gebrauch von einem Walzenpaar zum Herausziehen der Baumwollfaser während des gleichzeitigen Spinnvorgangs – den Chinesen der damaligen Zeit bereits in Form der Baumwoll-Egreniermaschine bekannt, mit der der Samen aus der Rohbaumwolle herausgepreßt wurde.

Die chronologische Grenzziehung von »vorökonomischer« zu »ökonomischer« Gesellschaft wird ein wenig durch die wirtschaftliche Krise verwischt, die China während des 14. und 15. Jahrhunderts durchmachte. Nordchi-

Die Periode der Drei Reiche und die Handelsregionen unter den Nördlichen Song
Nach dem Zusammenbruch der Späteren Han-Dynastie gegen Ende des zweiten Jahrhunderts nach Chr. zerfiel China in drei Königreiche: Wei im Norden, Wu im Osten und Süden und Shu im Sichuan-Becken. Diese Dreiteilung erwies sich als militärisch labil, und der chinesische Kernraum wurde 265 n. Chr. von Norden aus durch die Westlichen Jin, die Nachfolge-Dynastie der Wei, wiedervereint. In ökonomischer Hinsicht jedoch hatte diese Dreiteilung den natürlichen Wirtschaftszonen entsprochen, und so bestand das Reich der Nördlichen Song aus drei zusammengefaßten Wirtschaftsregionen, die den Herrschaftsgebieten der drei untergegangenen Monarchien Wei, Wu und Shu entsprachen. (Die Stellung des Nordwestens in dieser Konstellation war ein wenig ambivalent, denn er verfügte sowohl über Beziehungen zur Nordregion als auch zu Sichuan.) Diese geographische Unterteilung des Landes wurde noch durch die Tatsache unterstrichen, daß alle Hauptverbindungsrouten zwischen den drei Wirtschaftsregionen künstlich geschaffen worden waren: Der Große Kanal als Verkehrsader zwischen Nord und Süd, der Schlepppfad durch die Yangzi-Schluchten als Verbindung des Südens und Ostens mit dem Sichuan-Becken, und die Galeriestraße als Route zwischen Sichuan und dem Nordwesten.

105°
110°
115°
120°
35°
30°
25°
20°
BO HAI
GELBES MEER
SÜDCHINESISCHES MEER
WEI
SHU
WU
Huang He
Wei
Han
Huai
Yangzi
Min
Wu
Yuan
Zi
Xiang
Gan
Dong
Gui
Xi
Yu
Fen
Jialing
Fu
Yongding
Tai
Dongting Hu
Poyang Hu
Fugu
Dai
Baoding
Ding
Zhending
Cang
Yongjingjun (Dongguang)
Yanshan
Wudi
Bing (Taiyuan)
Zhao
Di (Huimin)
Dezhou
Deng (Penglai)
Suide
Gaoyuan
Zhaoyankou (Jiyang)
Qing (Yidu)
Wei (Weifang)
Banqiaozhen
Yan (Yan'an)
Daming
Jin (Linfen)
Yun (Dongping)
Mi (Zhucheng)
Pu
Jinjiakou
Yuncheng
Yi
Longxian
Qin (Tianshui)
Guzhen (Fengxiang)
Hezhong
Shan (Sanmenxia)
Xijing (Luoyang)
Henan
Dongjing (Kaifeng)
402 379 »cash«
Hai
Jingchao (Xi'an)
Hua
Nanjing (Shangqiu)
Tongshan (Xuzhou)
Fengxian
Shang
Taikang
Lianshui
Suzhou
Si
Chu (Huai'an)
Yang
Xing (Nanzheng)
Sizhou
Gaoyou
Li (Guangyuan)
Deng
Tang
Yingshang
Shou
Zhen (Yizheng)
Yang (Jiangdu)
Chu
Huoqiu
Run (Zhenjiang)
Xiang
Xinyang
Lu (Hefei)
Jianye (Jiangning)
Chang
He
Lu'an
Mian
Han (Guanghan)
Peng
Zi (Santai)
Da
Yun'an
Kui
Wuwei
Su (Suzhou)
Guangde
Xiuzhou
Chengdu
Qu
Wan
Hu (Huzhou)
Ningguo
Qiong
Minghshan
Jian
Sui (Suining)
Guang'an
Huang (Huanggang)
Anqing
Chi (Guichi)
Li'nan (Hangzhou)
Mei
Hanyang
Wuchang
Jiangling
Jinkou
Yuezhou
Jia
He
Zizhou
Fengdu
Yuling
Hukou
Tonglu
Ming (Ningbo)
Chongqing
Li
Jiujiang
Yue (Yueyang)
Nankang
Lu
Shaoqing
Changde
Qu
Wu (Jinhua)
Tai (Linhai)
Hongzhou
Chen
Tan (Changsha)
Fu
Wen
Baoqing
Heng
Ji (Ji'an)
Shaowu
Jian
Hengyang
Nanjian
Fu
Qian (Gan)
Ting
Dao
Chen
Gui (Guilin)
Nanxiong
Quan
Lian
Shao (Shaoguan)
Zhang (Zhangzhou)
He
Ying (Yingde)
Qingyuan
Chao
Guang (Guangzhou)
Hui
Yong
Nan'en
Qiongshan
Reichsgrenze 220–265 n. Chr.
Metropole
Neben-Metropole
Grenze des Song-Reichs im 11. Jh.
Song-Metropole
Grenze zwischen den nördl. und südl. Handelsregionen
Grenze der Nordwestregion, verbunden mit der Nordregion und Sichuan
Haupthandelsstraße
Schiffbarer Fluß
Salzerzeugendes Gebiet
Teeerzeugendes Gebiet
Wichtiges Handelszentrum
Städtische Handelssteuerquoten 1077 (in »cash«, Münzstränge mit 1000 Kupfermünzen)
mehr als 60 000
mehr als 40 000
mehr als 30 000
mehr als 20 000
Maßstab 1 : 9 000 000
0
400 km
0
300 Meilen

na litt zuerst stark unter der Besetzung durch die Jin-Dynastie der Ruzhen, dann unter der Eroberung durch die Mongolen und schließlich unter den Feldzügen der Ming zur Rückgewinnung der Herrschaft. Auch das Flußtal des Huai wurde stark entvölkert, da sich hier der größte Teil der verheerenden Kriegshandlungen zwischen der Südlichen Song-Dynastie und ihren nördlichen Feinden (den Ruzhen und später den Mongolen) abspielte.

Die Jin-Besatzungsmacht stützte sich nach der Verlegung der Hauptstadt nach Beijing im Jahr 1153 auf nach Nordchina umgesiedelte Ruzhen-Familien, die sich in Militärkolonien niederließen und große Flächen besseren Farmlandes als Wehrbauern zugeteilt erhielten. Sie waren zur Steuerzahlung verpflichtet, die nach Größe der Felder, der Zahl der Rinder und Pferde, Diener und Leibeigenen bemessen wurde. Nicht selten versuchten sie, ihre Steuerlasten zu senken, indem sie Dienstpersonal verkauften und dann Chinesen überredeten oder zwangen, sich als Pächter ihres Bodens zu verdingen. Die Ruzhen verfügten über wenig ackerbauliche Kenntnisse, was dann im allgemeinen zum Niedergang der Landwirtschaft in Nordchina führte. Unter der Jin-Nachfolge-Dynastie der mongolischen Yuan wurden anfangs außerdem riesige Areale Ackerland in Weiden umgewandelt.

Die chinesische Wirtschaft konnte sich von dieser Talfahrt nicht schnell erholen. Dies lag zum Teil daran, daß sich während der vorangegangenen Epoche die geflohene Bevölkerung des Nordens in den fruchtbaren Gegenden des Südens angesiedelt hatte. Diese war mittlerweile so zahlreich geworden, daß die von der Erschließung neuer Ressourcen an den Randzonen der bewohnten Landstriche ausgehenden dynamischen Impulse, die einst der Gesamtwirtschaft zugute gekommen waren, jetzt vollständig ausblieben. Die ökonomische Revolution des Mittelalters hatte der schnellen Ausbreitung des Naßfeld-Reisanbaus viel zu verdanken gehabt; jetzt aber gab es nur in den chinesischen Außenregionen noch nicht kultiviertes Ackerland, und der vormalige Getreideüberschuß wurde durch das Bevölkerungswachstum aufgesogen. Die zuvor positiv zu Buche schlagenden Effekte einer erhöhten Pro-Kopf-Nachfrage blieben nun aus.

Die genannten Entwicklungen waren möglicherweise schicksalhaft. Dies kann jedoch nicht für die Politik der Ming-Dynastie gelten: Während des ausgehenden 14. und des beginnenden 15. Jahrhunderts wurde im Bereich des Überseehandels, der Küstenschiffahrt und der Geldpolitik unnötiger und verheerender Schaden angerichtet. Unter der Südlichen Song-Dynastie hatten ehedem fast keine Restriktionen im Außenhandel bestanden, wenn man im Besitz einer Lizenz war. In der folgenden Epoche hatten die Mongolen dann von Zeit zu Zeit den Außenhandel staatlicher Kontrolle unterworfen. Der Gründer der Ming-Dynastie wandelte dieses System der Außenhandelsfreiheit in ein reines Tributhandelssystem um, in dessen Genuß diplomatische Missionen fremder Mächte kamen, die Chinas Oberhoheit anerkannten. Seit 1371 durften Chinesen nicht mehr ins Ausland reisen, und im frühen 15. Jahrhundert wurde dann auch noch die Küstenschiffahrt verboten. Dieses »Maritime Verbot« hielten die Ming bis 1567 aufrecht und hoben es erst danach teilweise wieder auf. Ihre Politik zerstörte in nicht geringem Maße die wirtschaftlichen Grundlagen der Küstenlandstriche im Südosten und beraubte China des stimulierenden Einflusses neuer Ideen und Techniken von außen.

Wirtschaftliches Autarkiestreben und Neigung zum Isolationismus spielten auch eine Rolle bei der staatlichen Zwangsverordnung von nichtkonvertierbarem Papiergeld zu Beginn der Ming-Herrschaft. Darüber hinaus war der einheimische Umlauf von Kupfer und anderen Metallen zu gering, eine teilweise Folge des Silbergeldabflusses nach Westasien aufgrund der rücksichtslosen Ausgabe nichtkonvertierbarer Papiergeldnoten durch die letzten Mongolen-Kaiser. Hatte die maritime Verbotspolitik schon den Widerstand der mächtigen Lobby der Küstenbewohner hervorgerufen und diese zu illegalen Schmuggelpraktiken verleitet, so führte die Geldpolitik der Ming dazu, daß der Staat auch noch in Konflikt mit dem Kaufmannsstand geriet. Der verordnete Gebrauch von Papiergeld wurde im zweiten Drittel des 15. Jahrhunderts allmählich unterlaufen, und die Liquiditätslage verbesserte sich in gewisser Weise durch die illegale oder auch quasi-legale Einfuhr von Silber aus Übersee. Durch das aus der Neuen Welt via Manila importierte Silber konnte China seit Ende des 16. Jahrhunderts zu einem Silber-Währungssystem für alle größeren kommerziellen Transaktionen übergehen.

Doch scheint selbst während der ökonomischen Krise der Niedergang nicht so groß und die Geldknappheit nicht so gravierend gewesen zu sein, daß man von einer Rückkehr zu »präökonomischen« Zuständen sprechen könnte. Und doch blieb ein nicht geringer Schaden zurück: Die Chinesen büßten zu dieser Zeit weitgehend ihre Kreativität auf technischem Gebiet ein. Bis heute ist noch nahezu ungeklärt, warum dies Geschick gerade ein Volk traf, das sich bis dahin durch besondere Erfindungsgabe ausgezeichnet hatte. Wir wollen auf diese Frage später noch einmal zurückkommen, wenn wir uns mit dem Problem befassen, warum China keine eigene industrielle Revolution hervorgebracht hat.

Beamte und Grundbesitzer

Der oben dargestellte grundlegende Einschnitt in der Wirtschafts- und Sozialgeschichte hatte gewisse Entsprechungen im politischen und geistigen Bereich. Mit Einschränkungen lassen sich die höheren Beamten der ersten Epoche als »aristokratisch« in dem Sinne beschreiben, als sie von namhaften alten und einflußreichen Sippen abstammten und gewöhnlich auf eine Art lokale Machtbasis zurückgreifen konnten. Dies traf freilich nur bedingt auf die Frühere Han-Dynastie zu, und natürlich hat es auch immer wieder Aufsteiger gegeben, die in den Kreis der Staatsdiener eindrangen, aber als Arbeitshypothese ist diese Feststellung brauchbar. Im Gegensatz hierzu kann man die hohen Beamten von der Song-Dynastie an – mit der gelegentlichen Ausnahme einiger Nichtchinesen unter der Mongolen- bzw. der Mandschu-Dynastie – als »Bürokraten« oder als »Verdienstadel« bezeichnen. Jetzt gelang es nur noch sehr wenigen Geschlechtern mehr als eine oder allenfalls zwei Generationen im nationalen (im Gegensatz zum lokalen) Rahmen ihren politischen Einfluß zu wahren. Von der Tang- über die Song- bis zur Ming-Dynastie wurde das soziale Schichtgefüge, das die Beamtenelite stellte, immer breiter, danach jedoch blieb es wohl mehr oder weniger konstant. Auf lange Sicht sollte sich als bedeutsam erweisen, daß die neuen hohen Beamten immer mehr zu »Mandarinen« wurden, d.h., sie waren aufgrund ihrer erworbenen Titel staatlich anerkannte Meister neokonfuzianischer Orthodoxie, wie sie im zwölften Jahrhundert von dem Philosophen Zhu Xi (1130–1200) etabliert worden war. Sie gehörten somit in gewisser Weise zu einer Art politischer Priesterkaste, die spezielle, für die Regierungsaufgaben verlangte ideologische Qualifikationen besaß. Unter der Nördlichen Song-Dynastie umfaßten die Examina für den Zivildienst noch eine Reihe praktischer Disziplinen, darunter Mathematik, aber unter den Ming wurden dann nur noch ideologische und literarische Kenntnisse verlangt. Das Mandarinen-Ideal erfaßte über die Jahrhunderte allmählich auch die

Oben: Der Nördliche Zhou-Herrscher Wu ist hier von Yan Liban (tätig zwischen 640 und 670) im höfischen Stil der Tang-Dynastie porträtiert, obwohl ein Teil der Handrolle für eine Kopie aus der Song-Zeit gehalten wird. Yan Liban porträtierte 13 Kaiser von der Han- bis zur Sui-Dynastie in Tusche und Farben auf Seide. Auf dem Gemälde werden die weniger bedeutenden Personen kleiner abgebildet.

Links: Ausschnitt aus einer Hand- oder Querrolle aus der Ming-Dynastie, das Opfer einer Hungersnot zeigend. Das Gemälde entstand in Tusche und Farben auf Papier.

unteren Schichten, bis schließlich fast jeder, der Anspruch auf literarische Bildung und Gelehrsamkeit erhob, von ihm durchdrungen war.

Besonders aufschlußreich ist es, die chinesische Gesellschaftsgeschichte der Kaiserzeit unter dem Blickwinkel sich wandelnder Konfrontationsformen zwischen dem – von uns versuchsweise sogenannten »Prinzipienstaat« und der »organischen Gesellschaft« zu betrachten. Seit der Qin-Dynastie haben immer wieder reformfreudige Herrscher mit Gewalt versucht, der Gesellschaft die verschiedensten Organisationsmodelle aufzuoktroyieren; und stets hat die Gesellschaft diese aufoktroyierten Modelle entstellt und ausgehöhlt. Die tatsächliche Form des gesellschaftlichen Lebens – an welchem Ort und zu welcher Zeit auch immer – kann generell nur als Kompromiß zwischen diesen beiden Kräften verstanden werden, als Kompromiß zwischen »Prinzipienstaat« und »organischer Gesellschaft«.

Während der frühen Kaiserzeit war die Konzentration von Großgrundbesitz in den Händen von Beamten und Kaufleuten die größte Gefahr für die ordnungsgemäße Eintreibung staatlicher Steuergelder oder die Einhaltung der Militärdienstpflicht. In der Praxis konnten die Gutsherrn die meisten der von den Lokalbehörden auferlegten Verpflichtungen umgehen. Zu Beginn der Früheren Han-Dynastie gab es außerdem eine lokale Aristokratie, Angehörige der Seitenlinie des Kaiserhauses, die in einem Großteil des Imperiums über faktisch unabhängige Domänen gebot. Ende des zweiten Jahrhunderts v. Chr. ging der Han-Kaiser Wu gegen ihre Machtbasen vor und begründete die Enteignungen damit, daß 127 von 197 Prinzen und Markgrafen sich eines Verbrechens schuldig gemacht hätten oder ohne rechtmäßigen Erben seien. Durch die Konfiszierung solch beträchtlicher Ländereien wurde der Staat nun selbst zum größten Grundeigentümer. Außerdem verfügte man neue Gewerbesteuern, die auf direktem oder indirektem Wege (wenn man die Gewerbetreibenden der Zuwiderhandlung gegen bestimmte Vorschriften beschuldigte) viele der reicheren Kaufleute in den Ruin trieben. Staatsmonopole auf Salz, Eisen und Wein wurden wohl auch zum Teil deswegen eingeführt, um einige der wichtigsten Ertragsmöglichkeiten für den Handel zu versperren.

Den radikalsten Versuch, die Machtstellung der Großgrundbesitzer zu brechen, unternahm Wang Mang, ein hoher Beamter, der 9 n. Chr. den Kaiserthron der Han usurpierte. Sein soziales Modell hatte er den *Riten der Zhou (Zhou li)* entnommen, einer stark idealisierten Darstellung der Institutionen des Altertums, nach dem die Menschen in der Frühzeit in gemeinschaftlichen Gruppen von acht Familien für die Feldbestellung zusammengefaßt gewesen sein sollen. Wang strebte die Neuverteilung von Ackerland an und verbot Kauf und Verkauf von Ländereien und den Handel mit Privat- oder Staatssklaven. Doch konnte er diese Maßnahmen in der Praxis nicht durchsetzen.

Nach der Restauration der Späteren Han-Dynastie kam es quasi zu einer Refeudalisierung, indem die lokalen Machthaber den größten Teil der sozialen und ökonomischen Macht an sich rissen. Ihre Domänen ließen sie von Leibeigenen oder abhängigen Pächtern bestellen, und ihre Dienstmannen mußten mit privaten Einheiten Heeresfolge leisten. Die Bauernaufstände wurden immer häufiger und erreichten 184 n. Chr. ihren Höhepunkt mit der Revolte der Gelben Turbane, Sektenmitgliedern, die in kommuneähnlichen Gemeinschaften lebten und auf ein kommendes Zeitalter der »Großen Wohlfahrt« warteten. In den sich an die Erhebung anschließenden Bürgerkriegswirren zerfiel das Imperium der Han als funktionstüchtige Einheit.

Ein weiteres soziales Modell von Bedeutung rief der Feldherr und Dichter Cao Cao ins Leben, der eigentliche Gründer des Staates Wei (220–265 n. Chr.). Finanzielle Grundlage der Regierung waren die Einnahmen (oder Ertragssteuern) aus den Ländereien der staatlichen Wehrbauer-Kolonien, die von Pächtern bestellt wurden. Dieses System lehnte sich teilweise an das Vorbild der Han-zeitlichen Wehrbauer-Kolonien an. Der Kern der Wei-Armee bestand aus ihren Status weitervererbenden Militärfamilien, aus denen ursprünglich Cao Caos persönliche Gefolgsleute rekrutiert worden waren. Wehrbauern und Militärs stellten fast die Hälfte der Bevölkerung im neuen Wei-Staat. Cao Cao ging gegen das Institut der abhängigen Pachtbauern und privaten Militär-Dienstmannen der anderen Machthaber vor, befreite die Bauern, indem er ihnen Land zuwies und reihte die Soldaten der Privatarmeen in das offizielle Heer ein.

Das Konzept der Wehrbauer-Kolonien geriet durch die ihnen vorstehenden Landwirtschaftsbeamten in Verruf, die nicht selten die Bauern wie Hörige behandelten. Es wurde 280 n. Chr. unter der Westlichen Jin-Dynastie

(265–316 n. Chr.) ausgehöhlt und von einem anderen, zweckmäßigeren und komplexeren Modell überlagert: dem Landrecht, das unter der Bezeichnung »beschlagnahmte und zugewiesene Felder« *(kezhan)* bekannt ist. Früheres Wehrbauern-Land wurde den Bauern je nach Familienstärke in bestimmten Standardgrößen zugewiesen und mit ziemlich hohen Steuern belegt. Außerdem führte man Obergrenzen für den privaten Bodenbesitz in Händen nichtadeliger Familien ein, und dieser Privatgrund wurde geringer besteuert. Großgrundbesitz war nur in Form von Dienstland zulässig, dessen Größe an den Rang des beamteten Eigentümers gekoppelt war. Dieses System stellte einen Kompromiß mit den bestehenden Realitäten dar: Der Staat machte seine Ansprüche auf die Kontrolle des Bodens geltend, aber in der Praxis konnten sich lokale Machthaber, in Gestalt von Großgrundeignern in staatlicher Funktion, weiter behaupten.

Als im frühen vierten Jahrhundert in Nordchina die Dynastie der Westlichen Jin unter dem Ansturm von Fremdvölkern zusammenbrach, zeigte sich in einigen der weiter bestehenden Enklaven chinesischer Herrschaftsausübung besonders deutlich, wie die von uns so bezeichnete »organische Gesellschaft« zu jener Zeit funktionierte. Nachdem die bürokratische Regierung von der Bildfläche verschwunden war, verpflichteten sich die führenden Männer per Eid, den Anordnungen des Angesehensten in ihrer Mitte Folge zu leisten; dann pflegte sich eine sorgfältig festgelegte Rang- und Altershierarchie unter den natürlichen Führerpersönlichkeiten herauszubilden. Nicht selten entstand ein starkes, von sittlicher Kraft getragenes Zusammengehörigkeitsgefühl, und man achtete auf die gerechte Verteilung der Lasten von Kriegsdienst und Steuerpflicht.

Das nächste soziale Modell, das einen solchen Namen verdient, wurde zwischen 484 und 486 n. Chr. im Xianbi-Staat der Toba- (oder Tabgatsch-) Wei-Dynastie in Nordchina eingeführt. Es entstand unter der Federführung einer Clique chinesischer Gutsherrn aus dem Umkreis der Kaiserinmutter und muß vor dem sozialen Hintergrund gesehen werden, daß die lokalen Großgrundbesitzer in Personalunion Beamte waren, die ihren Stand weitervererbten und auf den Pachtzins aus ihren eigenen Ländereien zur Deckung der Administrationskosten angewiesen waren. Nicht ortsansässige Beamte dagegen hatten auf Frondienste, Handelssteuern und Geldverleiher zur Finanzierung der Verwaltung zurückzugreifen. Die Grundlage der Bevölkerungsregistrierung und damit für die Steuerpflicht bildete jetzt das Ehepaar und nicht mehr der einzelne Haushalt; so wollte man der allgemein geübten Praxis begegnen, daß ein ganzer Clan unter einem mächtigen Vorstand sich als einzige Familie in die Steuerlisten eintragen ließ. Aus den Kernfamilien wurden dann künstlich geschaffene Einheiten wie »Nachbarschaft«, »Bezirk« und »Gruppe« gebildet. Man hat zwei Formen des Eigentums bzw. der Nutzung zu unterscheiden: Das zum Haus gehörige Gartengelände mit Bäumen war fester Besitz, während das freie Ackerland ohne Baumbestand nur zum Nießbrauch, also befristet überlassen wurde; zusätzliches Land erhielten Personen, die eigenes

Die Darstellung eines Polo-Spielers findet sich auf dem Mauerwerk des zur Gruft Prinz Zhang Huais (654–684) führenden Durchgangs, der in Qianling, im kaiserlichen Mausoleum seines Vaters Gaozhong nahe Liangshan, Provinz Shaanxi, begraben wurde. Diese Wandgemälde zeigen auch prunkvolle kaiserliche Jagdveranstaltungen mit zahlreichen Bogenschützen und einigen Falken tragenden Jagdgefährten. Polo wurde im siebten Jahrhundert aus Persien in China eingeführt und entwickelte sich zu einer populären Sportart unter den Kaisern und Prinzen der Tang-Dynastie. Der spätere Tang-Herrscher Xuanzong nahm in seiner Jugend zusammen mit drei weiteren Angehörigen der kaiserlichen Sippe an einem internationalen Wettbewerb teil und gewann gegen eine tibetische Mannschaft.

Vieh oder Haussklaven besaßen. Skepsis ist angebracht, inwieweit dieses Landzuteilungssystem allgemein durchgesetzt wurde; aber im sechsten Jahrhundert war es mit Sicherheit in einigen Regionen Chinas unter den Nachfolgestaaten der Toba-Wei eingeführt worden. Wie unter dem System der »beschlagnahmten und zugewiesenen Felder« der Westlichen Jin-Dynastie gab es ein Gesetz, das Beamten den Besitz größerer – je nach Rang abgestufter – Ländereien gestattete. Im Unterschied zur früheren Bestimmung jedoch sollten diese den Beamten aus Staatsdomänen in ihrem Regierungsbezirk zugewiesen werden. Dieses System ist unter der kurzen Bezeichnung »gleichmäßige Landverteilung« *(juntian)* bekannt geworden. Eine seiner Folgeerscheinungen, geboren aus der Notwendigkeit, die lokalen Großgrundbesitzer versöhnlich zu stimmen, scheint ein Überhandnehmen niedriger Verwaltungseinheiten gewesen zu sein, um die notwendige Zahl von öffentlichen Ämtern für diese Gutsherrn zu schaffen.

Mitte des sechsten Jahrhunderts wurde im Reich der Westlichen Wei-Dynastie (535–556) eine neue militärische Institution ins Leben gerufen, die unter anderem die zentralstaatliche Kontrolle über die von lokalen Machthabern auferlegten Frondienste verstärken sollte. Zunächst verlieh man diesen Männern offizielle Titel und Funktionen und gliederte sie somit in die zentrale Befehlsstruktur ein. Später wurde ein effizienteres Kontrollsystem geschaffen, indem jeder sechste der reicheren Bauernhaushalte einen Milizsoldaten zu unterstützen und auszurüsten hatte. Dies war die berühmte Institution der »Bezirksgruppen« *(fubing)* oder Milizen, rekrutiert aus über das ganze Land verstreut lebenden eliteähnlichen Wehrbauern, die erstaunlich loyal waren.

Sowohl das System der gleichmäßigen Landverteilung als auch das der Milizen wurde im wiedervereinigten Imperium der Sui-Dynastie (589–618) und auch von der frühen Tang-Dynastie (618–906) übernommen und weiterentwickelt. Doch dauerte es nur wenig mehr als ein Jahrhundert, bis beide Einrichtungen völlig ausgehöhlt waren. Für diesen Gang der Dinge sind zwei praktische Gründe ausschlaggebend: Die halb-professionelle Miliz konnte ferne Grenzregionen nicht ausreichend schützen, und die in Abständen durchgeführte Neuverteilung von Grund und Boden war nicht sinnvoll für Regionen mit Naßfeld-Anbau, da dadurch diejenigen, die diese Felder mühsam angelegt hatten, um die Früchte ihres Arbeitseinsatzes gebracht wurden. Das System der gleichmäßigen Landverteilung fand wahrscheinlich aus diesem Grund niemals bis ins Yangzi-Tal Anwendung, obwohl der Süden zu dieser Zeit immer mehr an wirtschaftlicher Bedeutung für das Imperium gewann.

Im siebten Jahrhundert wollten die Tang-Herrscher den Dienst in Miliz und Bürokratie so attraktiv gestalten, daß er das selbstverständliche Karriereziel aller reichen und begabten jungen Männer würde. Der Staat verfügte jedoch nicht über die notwendigen finanziellen Mittel, um verdienstvolle Heeresangehörige angemessen zu entlohnen. Verständlicherweise schwand daher der Enthusiasmus für den Militärdienst immer mehr. Noch ernstere Folgen hatte, daß der Sui-Kaiser Wen versuchte, die Macht der Zentralregierung zu stärken, indem er Präfektur- und Kreisbeamte alle drei Jahre auf ihren Posten rotieren ließ. Ferner hob er die zuvor gewährte Vergünstigung zusätzlichen Landbesitzes für Sklaveneigner auf. Dadurch wirkten sich die Landgesetze nun nachteilig für die Interessen einer großen Zahl von Grundbesitzern aus. Anders als unter dem Toba-Wei-Herrscherhaus und in ihren unmittelbaren Nachfolgestaaten waren die Amtsträger der Sui- und Tang-Dynastie im allgemeinen keine lokalen Gutsherrn, die bis zu einem gewissen Grad ihre Funktionen und damit den ihnen zustehenden größeren Grundbesitz weitervererben konnten, sondern es handelte sich im wahrsten Sinne des Wortes um bürokratische Beauftragte des Reiches. Da diese Beamten damit rechnen mußten, bei Versetzung oder Ausscheiden aus dem Amt ihre dem Staat gehörenden Ländereien zu verlieren, suchten sie verstärkt privaten Boden zu erwerben. Im späten achten Jahrhundert dominierten in China wieder die großen privaten Latifundien, die von abhängigen Pächtern bestellt wurden, die fast durchweg einen quasi Leibeigenen-Status besaßen.

Von der mittleren Tang-Zeit an hatte die kaiserliche Regierung endgültig die Möglichkeit der direkten Einflußnahme auf die Gesellschaft verloren. Danach hat es allerdings noch staatliche Interventionsversuche in bestimmten gesellschaftlichen Teilbereichen gegeben. So wollten die Südlichen Song während der Endphase ihrer Herrschaft den Umfang von Großgrundbesitz reduzieren (1263/64 Landreformbewegung unter dem Kanzler Jia Sidao); und der Begründer der Ming-Dynastie (seit 1368) konfiszierte zahlreiche private Latifundien im unteren Yangzi-Tal und machte die dort ansässigen Bauern zu Staatspächtern. Die Mongolen (Yuan-Dynastie) schufen ein ethnisches Vier-Klassen-System, dessen Rangfolge lautete: 1. Mongolen, 2. Zentral- und Vorderasiaten, 3. Nordchinesen, sinisierte Ruzhen, Qidan und Koreaner und schließlich 4. Südchinesen. Das Hauptmotiv für die Etablierung dieses System war das Bestreben der Mongolen, die Vorrangstellung der beiden ersten Gruppen in der Bürokratie zu erhalten. Obwohl die Mongolen nur drei Prozent der registrierten Bevölkerung stellten, konnten sie auf diese Weise rund 30 Prozent der Posten im regulären zivilen Beamtenapparat beanspruchen. Die einzelnen Klassen besaßen außerdem einen unterschiedlichen rechtlichen Status. Am einschneidendsten war der Erlaß des mongolischen Kanzlers Bayan um das Jahr 1435, nach dem kein Chinese Waffen tragen oder zurückschlagen dürfe, wenn er von einem Mongolen oder Zentralasiaten angegriffen werde. Der erste Ming-Kaiser führte für eine begrenzte, aber nicht unbedeutende Zahl von Handwerkszweigen und für Soldaten die obligatorische Vererbung der Berufsgruppenzugehörigkeit ein. Jedoch kann keine dieser Maßnahmen mit den früheren Versuchen verglichen werden, allgemein verbindliche soziale Modelle durchzusetzen.

Bei der Organisation der Lokalverwaltung auf niederer Ebene gelang es der Song-Dynastie, die Gegebenheiten der bäuerlichen Gesellschaft mit ihren eigenen Interessen zu verbinden. Sie verlieh der Institution des allgemein so bezeichneten »Fronverwaltungsbeamten« eine viel stärkere Bedeutung. (Die historischen Wurzeln dieser Institution sind in den »ländlichen Beamten« der Qin- und Han-Dynastie wie den Gemeinde- und Dorfvorstehern zu suchen, doch die Zwangsverpflichtung war ein neues, von den Song eingeführtes Element.) Die reichsten Mitglieder der ortsansässigen registrierten Haushalte, mit Ausnahme der kleinen Zahl (vielleicht 20000), die einen regulären kaiserlichen Beamten stellten, mußten der Reihe nach unentgeltlich die wichtigsten Aufgaben der Dorfverwaltung übernehmen. Sie waren verantwortlich für die Eintreibung der Steuern, die Aufrechterhaltung von Recht und Ordnung, die Schlichtung von kleineren Streitfällen, die Durchführung der staatlichen Hilfsmaßnahmen bei Hungersnöten, die Organisation von Straßenreparaturarbeiten, die Erstellung von amtlichen Dokumenten, und sie hatten schließlich auch noch die verschiedensten Hilfsdienste für die regulären Staatsdiener zu leisten. Die Durchführungsbestimmungen des Systems änderten sich von Zeit zu Zeit und variierten von Ort zu Ort. Die wichtigsten dieser Dorfbeamten waren im allgemeinen die sogenannten Oberaufseher *(dubaozheng)* und Haushaltsvorstände *(hu-zhang)*. Die Amtspflichten waren derart belastend – z. B. mußten alle nicht eintreibbaren Steuergelder des betreffenden Bezirks von den Fronverwaltungsbeamten selbst erstattet werden –, daß einige versuchten, sich dieser Aufgabe zu entziehen. Andererseits hatten die Fronverwaltungsbeamten eine starke Machtstellung über die ihnen Untergebenen, da sie sowohl die Miliz beaufsichtigten als auch die Steuerquoten für die einzelnen Haushalte festlegten.

Diese Mitglieder der ländlichen Elite wie auch die Inhaber von regulären Beamtenposten bestritten ihren Unterhalt meist aus Ländereien, die von »Pächter-Leibeigenen« bestellt wurden. Sie waren praktisch an die Scholle gebunden, obwohl der Staat wiederholt Anstrengungen unternahm, ihr Los zu lindern. So wurde etwa – mit zwar geringem Erfolg – verfügt, daß sie das Land nach Einbringung der Jahresernte oder bei einem Besitzerwechsel verlassen dürften. Einen guten allgemeinen Eindruck von den Knechtschaftsverhältnissen auf dem Lande vermittelt eine Briefpassage des Gelehrten Hu Hong, der die Zustände Mitte des zwölften Jahrhunderts folgendermaßen beschreibt: »Der Befehlsstrang verläuft von den Herren zu den Pächtern. So bleibt gewährleistet, daß der Staat mit Gütern versorgt wird. Nicht einen Tag könnte man auf dieses System verzichten. Und da dies unbestreitbar ist, wie könnte man da Pächtern erlauben, nach ihrem freien Willen zu handeln? Dies würde bewirken, daß die Herren die Kontrolle über sie verlören! Und auch die Pächter sind von ihren Herren abhängig, wenn sie ihren Lebensunterhalt bestreiten wollen, und deshalb haben sie ihnen ihre Dienste zu leisten und sich ihrer Aufsicht zu unterwerfen. Reicht ein Herr eine Beschwerde im Zusammenhang mit einem der folgenden Tatbestände ein, sollten die zuständigen Beamten die Betreffenden hart bestrafen: 1. Wenn die Pächter verstockt sind und sich weigern, den Rangunterschied zwischen Herr und Untergebenem anzuerkennen; 2. wenn sie sich im Handel betätigen und versäumen, angemessen in der Seidenraupenzucht und auf den Feldern zu arbeiten; 3. wenn sie zügellos trinken oder spielen und für Disziplinarmaßnahmen unzugänglich sind; 4. wenn sie, als unverheiratete Männer, anderen Männern ihre Frauen wegnehmen; 5. wenn sie, bei zahlreicher männlicher Nachkommenschaft und mehr als genug Essen und Kleidung, einen halben oder einen ganzen Morgen Ackerland und ein Haus kaufen und einen eigenen steuerpflichtigen Haushalt gründen könnten und deshalb unbedingt ihren Herrn verlassen wollen.«

Wie in allen agrarischen Gesellschaften waren die Lebensbedingungen lokal stark verschieden. In einigen Regionen, wie etwa in der Chengdu-Ebene der Provinz Sichuan, existierten riesige Latifundien mit leibeigenen Bauern. In anderen Regionen unterteilte sich der Großgrundbesitz normalerweise in ein zentralgelegenes Herrenland, das von »Pächter-Leibeigenen« unter Bewachung bestellt wurde, und Feldern in Außenbezirken, für die nur Pacht zu entrichten war. Es gab auch »Amtsland«,

Unter der Mongolen-(Yuan-)Dynastie war der Zugang zur Beamtenlaufbahn für chinesische Gelehrte weitaus schwieriger als zuvor (zum Teil, weil die Ämterzuteilung durch ein Quotensystem auf rassischer Grundlage manipuliert wurde), so daß viele von ihnen sich der bildenden Kunst und der dramatischen Literatur zuwandten. Die Zeichnung stellt die Aufführung eines *zaju* (»Gemischtes Theater«) dar. Banner machen Reklame für Weinlokale und Pfandleihgeschäfte, und im Hintergrund rechts ist eine mongolische Dagoba zu erkennen. Zwei berittene Mitglieder der mongolischen Herrenschicht in Nationaltracht reiten vorüber, während die einheimische Han-Bevölkerung dem Schauspiel zusieht.

元

etwa im nördlichen Jiangsu (um die heutige Bezeichnung zu verwenden), das nach Jahren des Krieges und der Verwüstung wieder kultiviert werden mußte. Andernorts, beispielsweise im südlichen und gebirgigen Teil des modernen Zhejiang, dominierte die freie Bauernschaft, und Pächter-Leibeigene waren hier so gut wie unbekannt.

Eine aufschlußreiche Schätzung des prozentualen Anteils der leibeigenen Bauern ist nicht möglich, vor allem, weil so viele unterschiedliche Abhängigkeitsgrade existierten. Unstrittig hingegen ist, daß es in den meisten Regionen Chinas auch zahlreiche formal freie Bauernhaushalte gegeben hat, möglicherweise waren diese sogar manchmal in der Überzahl. Als gesichert kann gelten, daß die reicheren Grundbesitzer, die eine dominierende Stellung in der bäuerlichen Gesellschaft durch ihre offizielle Funktion als Oberaufseher und Haushaltsvorstände besaßen und den größten Teil der ländlichen Wirtschaft durch die Aufsicht über die Bewässerungsbauten kontrollierten, von einem auf Zwangsarbeit beruhendem System Vorteile hatten. In diesem Sinne kann von einer »Gutsbesitzer-Gesellschaft« gesprochen werden, wenn man auch die starken Unterschiede zwischen den einzelnen Gütern und den jeweiligen Abhängigkeitsverhältnissen nicht außer acht lassen darf. Die Verzahnung von Großgrundbesitz mit dem Organisationsprinzip der Fronverwaltungsbeamten war auf jeden Fall tiefgreifend, und die eine gesellschaftliche Erscheinungsform war ohne die andere nicht denkbar. Als gegen Ende des 17. Jahrhunderts die Institution des von Leibeigenen bewirtschafteten Gutshofes abgelöst wurde, verschwanden zwangsläufig auch die Überreste des Fronverwaltungssystems.

Die Reformen Wang Anshis

Der letzte Versuch in der chinesischen Vormoderne, von staatlicher Seite eine Veränderung des gesamtgesellschaftlichen Systems zu bewirken, wurde zwischen 1069 und 1076 unternommen. Gemeint sind die größtenteils kurzlebigen Reformen des bedeutenden Kanzlers des Song-Kaisers Shenzong, des Ersten Staatsrates Wang Anshi. Dieser begann seine Karriere als Provinzbeamter, gleichzeitig war er aber auch ein anerkannter Philosoph und ein begnadeter Dichter. Sein politisches Denken gründete auf einem halb-mystischen Zweig des Konfuzianismus, der die Fähigkeit des Geistes betonte, die innere Struktur des Universums zu erfassen, und darin die Möglichkeit sah, in die geistige Sphäre einzutreten. Wang Anshi war der Überzeugung, daß der Mensch durch innere Ruhe, die zur Perfektionierung der wirkkräftigen Tugend führe, in die Lage versetzt werde, effektiv und im richtigen Augenblick zu handeln. Wie Wang Mang schöpfte auch er die Anregungen für sein institutionelles Modell aus der idealisierten Gesellschaftsdarstellung des Werkes *Riten der Zhou (Zhou li),* in dem seiner Meinung nach »der Edle« und der »kleine Mann« die ihnen zustehenden Plätze einnahmen, und Jüngere und Ältere die ihnen gemäße Rangordnung innehatten. Aber er war sich auch der Tatsache bewußt, daß man alte Rezepte nicht mechanisch auf veränderte Verhältnisse anwenden konnte. Seiner Ansicht nach war der Mensch von Haus aus weder gut noch böse. Deswegen maß er dem Herkommen, der Beeinflussung und der Erziehung allergrößte Bedeutung bei, obwohl er glaubte, daß die Wirkung moralischer Erziehung so subtil sei, daß die Zöglinge selbst ihre Wandlung kaum wahrnähmen.

In Wang Anshis Denken gab es daneben Elemente der legalistischen oder realistischen chinesischen Philosophenschulen. »Bei der Leitung der Staatsgeschäfte ist seit undenklichen Zeiten Autorität das einzige [probate] Mittel gewesen, das Volk zu regieren und zu erreichen, daß Herrscher und Untertanen eine Einheit bilden. Wenn man zuläßt, daß das Volk sich seine Lebensumstände nach eigenem Gutdünken schafft, wie kann man dann noch an die Notwendigkeit der Institution eines Herrschers glauben?« Einige seiner Dichtungen offenbaren, daß Wang auch von der buddhistischen Vorstellung erfüllt war, daß die irdische Welt nur eine Illusion sei, und er vertrat in gewisser Weise ebenfalls das Mahayana-Ideal des Buddhismus, das Mitgefühl und Dienst an der Menschheit betont.

Die zahlreichen »Neuen Gesetze«, für die Wang ein offenes Ohr bei Kaiser Shenzong fand, waren sorgsam konzipiert und orientierten sich grundsätzlich an den realen gesellschaftlichen Gegebenheiten. Kernstück seiner Reformvorstellungen war die qualitative Verbesserung des Beamtenapparates, da er diesen auch zur Förderung der nationalen Wirtschaft einsetzen wollte. Er trat für die Ausweitung des Staatsbudgets ein und suchte die erforderlichen Mittel hierfür über die Ankurbelung der Wirtschaft durch höhere Steuereinnahmen aufzubringen. Bei den Prüfungen für die höhere Beamtenschaft stellte er statt literarischer Themen mehr praktische Disziplinen in den Vordergrund, darunter das Recht. Die nichtakademischen Beamten der Subbürokratie erhielten ein Gehalt und durften ihre Auslagen nicht mehr aus der Besteuerung der Marktplätze oder staatlicher Spirituosenfabriken bestreiten. Gleichzeitig ermöglichte er diesem Beamtentyp den Zugang zur regulären Bürokratie, der an bestimmte Auflagen geknüpft wurde, wie die Ablegung eines Eignungstests. Einige der Fronverwaltungsbeamten wurden nun durch bezahlte Beamte ersetzt. Wangs Finanzplanungskommission erstellte eine gesamtwirtschaftliche Erhebung und kalkulierte die voraussichtlichen Staatseinnahmen. Es initiierte auch einige großangelegte Bewässerungsbauten und ließ eine Bestandsaufnahme des bebaubaren Ackerlandes durchführen, da das vorhandene, fiskalischen Zwecken dienende Register nicht mehr den Realitäten entsprach. Verschiedene Steuerbestimmungen wurden vereinfacht und Ungerechtigkeiten teilweise ausgemerzt. Zu den am schwersten durchzusetzenden und hochfliegendsten Plänen jedoch gehörte, daß er allen Bauern, die finanzielle Schwierigkeiten hatten, über die kritische Periode vor der Herbsternte zu kommen, einen staatlichen Kredit zu dem für die damalige Zeit niedrigen Zinssatz von 20 Prozent einräumen wollte. Dieser sollte auch kleinen Kaufleuten gewährt werden, die wegen zu dünner Eigenkapitaldecke nicht auf günstige Abschlüsse warten konnten und deswegen gezwungen wären, ihre Waren zu Schleuderpreisen an gut betuchte Makler zu veräußern. Bei der Durchführung der Reform stieß Wang auf zwei unüberwindliche Hindernisse: Zunächst einmal berührte sein Vorhaben unmittelbar die finanzielle Grundlage der besitzenden Schicht, insbesondere das von dieser betriebene Geschäft der Wucherer, so daß es einen Sturm des politischen Protests hervorrief, der jedoch in ein respektables konfuzianisches Mäntelchen gekleidet wurde. Der Staat, so lauteten die Argumente der orthodoxen Konfuzianer, sollte sich nicht »mit dem Volk« den Profit streitig machen. Das zweite Problem ergab sich daraus, daß die Beamten, die mit diesen Maßnahmen und so schwierigen Unterfangen wie der Landerhebung betraut wurden, viel zu korrupt waren, als daß eine ordnungsgemäße Durchführung möglich gewesen wäre. Fälle von Machtmißbrauch gaben den Kritikern von Wangs Maßnahmen schnell recht, dennoch blieben sie bis zum Tod Kaiser Shenzongs im Jahre 1085 in Kraft.

Die einzige wirklich dauerhafte von Wangs Neuerungen war die Polizei- und Wach-Miliz, die Aufstellung sogenannter Bürgschaftsfamilien *(baojia).* Sie basierte auf

Porträt des Philosophen Zhu Xi (1130–1200), der der Überzeugung war, daß moralisches Handeln die Erkenntnis der verschiedenen Naturprinzipien voraussetze, die alle wiederum Einzelaspekte eines einzigen Urprinzips seien. Seine Interpretation des konfuzianischen Schrifttums wurde orthodoxe Staatslehre und bildete die Grundlage des Examensstoffs für den zivilen Beamtendienst.

Gruppen von zehn, 50 oder 500 Familien, die Wachsoldaten für Patrouillen in der Gemeinde abzustellen hatten und gegenseitig für das korrekte Verhalten der Gruppenmitglieder verantwortlich waren. Wang wollte diese Streitkräfte später in eine Bürgerwehr ähnlich den Bezirkstruppen unter der Tang-Dynastie umwandeln und sie anstatt der von den Song unterhaltenen extrem kostspieligen Berufsarmeen einsetzen. Dieser Wunsch erfüllte sich jedoch nicht, doch das *baojia*-System ging allmählich eine Verbindung mit der Institution der Fronverwaltungsbeamten ein und wurde dann die unterste lokale Verwaltungsebene, die für die innere Sicherheit zu sorgen hatte.

Das Prüfungswesen für den zivilen Staatsdienst und die gelehrte Lokalelite

Seit der mittleren Tang-Zeit also hatte die chinesische Staatsgewalt der Gesellschaft kein neues institutionelles Modell mehr aufoktroyieren können. Statt dessen gelang es ihr allmählich, einen geistig-moralischen Verhaltenskodex im Volk zu verankern, der das Denken der einflußreicheren und ehrgeizigeren Gesellschaftsmitglieder prägte. Dieser Prozeß begann unter der Südlichen Song-Dynastie (1127–1279), doch war er erst in der mittleren Ming-Zeit, um 1500, abgeschlossen. Ja man könnte sogar behaupten, daß seine ganze soziale Tragweite sogar noch später, kurz nach 1700, sichtbar wurde. Diese neue gesellschaftliche Entwicklung beruhte darauf, daß nahezu jede Art von angesehenem Sozialstatus, fast jeder Zugang zu politischen Machtpositionen und quasi der Genuß aller Privilegien – sei es die Befreiung von Pflichten wie die Wahrnehmung von Fronverwaltungsaufgaben oder ein geringeres Strafmaß bei Verbrechen – praktisch von dem Besitz eines Titels abhingen, der in den Prüfungen für den zivilen Staatsdienst erworben worden war. Die Studienvorbereitung für die Verwaltungsexamina war langwierig und wurde ausschließlich von der Familie des Kandidaten finanziert. Der Prozentsatz der erfolgreichen Kandidaten dürfte kaum mehr als ein Prozent betragen haben. Auf diese Weise wurden die Energien und Karrierewünsche der begabtesten Männer fast vollständig auf die Vorbereitung für diesen engstirnigen Prüfungswettbewerb gelenkt, um so mehr, als alle drei Jahre eine obligatorische Wiederholungsklausur anstand, wenn man seinen niedrigsten akademischen Grad behalten wollte.

Die Studieninhalte hatten sich im Laufe der Zeit gewandelt und beruhten seit der Südlichen Song-Dynastie fast völlig auf der Kenntnis der neo-konfuzianischen kanonischen Schriften in der Auslegung des Philosophen Zhu Xi (1130–1200) und auf der Beherrschung eines verfeinerten literarischen Schreibstils. Die intellektuellen Fähigkeiten der Prüfungsanwärter wurden so automatisch in Richtung auf ein uniformes und engstirniges geistiges Betätigungsfeld gelenkt. Kein direkter äußerer Zwang hätte jemals den Menschen derart absolute geistige Fesseln anlegen können. Absolut auch in dem Sinne, als die neokonfuzianische Orthodoxie kein anspruchsloser Katechismus von Dogmen war, sondern eine geistvolle Gedankensynthese, entwickelt aus den philosophischen Leistungen vieler Generationen fähiger Köpfe seit dem späten achten Jahrhundert. So äußerte Wu Zhifang, Mentor des Mongolen-Kanzlers Toqto, Mitte des 14. Jahrhunderts: »Unter dem bestehenden Examenssystem kann nicht jeder [Kandidat] ein Staatsamt und ein Staatsgehalt erhalten. Und trotzdem wird durch dieses System gewährleistet, daß Familien sich für ihre Studenten engagieren; und wenn jedermann lernt, so ist es nur natürlich, daß niemand auf dumme Gedanken kommt. Auf diese Weise hat das System eine wichtige Funktion für die Aufrechterhaltung einer ordnungsgemäßen Regierung.«

Diese Einengung der freien geistigen Entfaltung war zweifellos auch dafür verantwortlich, daß China keine moderne Wissenschaft auf der Grundlage seines reichen mittelalterlichen empirischen und theoretischen Erkenntnisschatzes entwickeln konnte. Für Westeuropa war es ein beispielloser Glücksfall, daß aufgrund der historischen Entwicklung eine Trennung von Staat und Kirche zustande kam. In dem durch diese Trennung der Gewalten eröffneten sozialen und intellektuellen Freiraum konnte neues Gedankengut in einer Weise entstehen, wie dies für die Spätzeit des kaiserlichen China undenkbar gewesen wäre. Dort standen orthodoxe Staatsideologie und weltliche Autorität nicht nur auf allen Ebenen miteinander in Beziehung, sondern bildeten sogar eine völlige Einheit.

Unter der Tang-Dynastie (618–906) und den ihr vorangegangenen Herrscherhäusern hatte das staatliche Prüfungssystem nur einen sehr beschränkten Einfluß auf die Zusammensetzung der Bürokratie gehabt. Neue Staatsdiener wurden auf die verschiedenste Weise durch Empfehlung oder Bürgschaft bereits beamteter Männer ausgewählt, und in selteneren Fällen wurden höhere Ämter vererbt, eine Einrichtung, die man »Schatten-Privileg« nannte. Während der Song-Dynastie gab es dann praktisch nur noch den Weg über die staatlichen Examina. Nachdem die neo-konfuzianische Ideologie Examensstoff geworden war, entwickelte sich eine neue Klasse von Beamten, die »Mandarine«, eine Bürokratenschicht, ausgestattet mit einer priesterähnlichen ideologischen Qualifikation, die sie zur Herrschaft berechtigte. Unter dem neuen Auswahlsystem konnten im allgemeinen anfangs nur Mitglieder hoch angesehener und reicher Familien auf die Beamtenlaufbahn hoffen, während Bewerber aus dem Kaufmanns- und Handwerkerstand und bestimmten anderen Berufszweigen von den Prüfungen ausgeschlossen blieben. Unter der Ming-Dynastie (1368–1644) hob man den Ausschluß von Kaufleuten und Handwerkern auf, wodurch das soziale Schichtgefüge, aus dem sich die Mandarine rekrutierten, erheblich erweitert wurde. Die Examina wurden zu einer »Karrieremöglichkeit für den Begabten« und bildeten die Grundlage für den sozialen Aufstieg. Die Verfügbarkeit von billigen, im Holzplatten-Druckverfahren hergestellten Büchern reduzierte die Studienkosten, und die Einstellung von Lehrern, die sich aus den Reihen der weniger erfolgreichen Titelträger oder Examenskandidaten zusammensetzten, war auch einigermaßen erschwinglich geworden.

Der niederste akademische Grad des *shengyuan* oder »Bakkalaureus« berechtigte noch nicht zur Übernahme eines Staatsamtes, da hierfür einer der beiden höheren Grade erforderlich war. Darüber hinaus überstieg die Zahl der Inhaber höherer akademischer Titel bald bei weitem die vorhandenen bedeutenden Beamtenposten. Auf diese Weise entwickelte sich die Schicht der Gelehrtenelite (Literati, chinesisch *shi),* die zusammen mit den ehemaligen, nicht mehr aktiven Beamten (Notablen, chinesisch *shen)* neben der aktiven Bürokratie (Mandarine, chinesisch *guan)* bestand und in ihren jeweiligen Heimatorten lebte. Diese Klasse hatte im Chinesischen die verschiedensten Namen, unter denen die verbreitetste Bezeichnung möglicherweise *shenshi* war, wörtlich »Gelehrte, die Gürtel mit herunterhängenden Enden tragen«. In westlichen Sprachen wird dieser Ausdruck manchmal wegen der phonetischen Ähnlichkeit irrtümlich mit *gentry* übersetzt (das englische Wort für gebildete Stände), das jedoch dem chinesischen *shenshi* nicht entspricht. Die *shenshi* brauchten kein Fronverwaltungsamt übernehmen (unter der Ming-Dynastie war diese Institution als *lijia* oder System der Bezirke und Zehntschaften bekannt), und diese Tatsache machte für sie den Erwerb großer Güter besonders lohnend. Oftmals »vertrauten« andere ihnen ihr Land an, um auf diese Weise der Verpflichtung zum Fronverwaltungsdienst zu entgehen. Diese Gesellschaftsschicht der *shenshi* wurde zur neuen lokalen Elite. Ihre Mitglieder konnten sich jederzeit an die Bezirksbeamten wenden, da sie ja praktisch den gleichen sozialen Status wie diese hatten. Die Vertreter beider Gruppen hielten bei der Verteidigung ihrer Interessen zusammen, wobei ihnen die gemeinsamen Kontakte zu ihren Prüfern und zu den ministeriellen Beamten zugute kamen. Spätestens im 17. Jahrhundert war die *shenshi*-Elite so dominant und einflußreich im örtlichen gesellschaftlichen Leben geworden, daß jeder ehrgeizige Mann studieren mußte, um in ihre Kreise vorzudringen - oder zumindest mußte er sich einen akademischen Titel kaufen.

Das Entstehen und der Machtzuwachs der gebildeten Eliteschicht sorgten zusammen mit verschiedenen anderen Entwicklungen dafür, daß sich der Charakter der ländlichen Gesellschaft im Laufe des 17. Jahrhunderts wandelte. Da die Gutsherren aus dem Gelehrtenstand keinen Fronverwaltungsdienst leisten mußten, lastete eine um so schwerere Verantwortung auf den nicht so bemittelten Landeignern, die diesen Funktionen finanziell aber weit weniger gewachsen waren. Die Situation auf dem Land verschlechterte sich noch dadurch, daß eine steigende Zahl von Domänenbesitzern nun in der Stadt lebte und ihre Latifundien oftmals an den verschiedensten Orten hatte, so daß auch sie nicht zu lokalen Administrationsaufgaben herangezogen werden konnten. So wurde es immer schwieriger, das *lijia*-System der Ming funktionsfähig zu erhalten. Und dies wiederum hatte weitreichende Konsequenzen: Im unteren Yangzi-Tal etwa hatte der Staat sich zunehmend in einigen Bewässerungsprojekten zu engagieren, die ohne öffentliche Hilfe nicht mehr hätten durchgeführt werden können. Im Laufe des 17. Jahrhunderts löste sich deshalb das alte soziale System Schritt für Schritt auf.

In diese Epoche fiel auch das allmähliche Verschwinden des von Leibeigenen oder quasi Leibeigenen bewirtschafteten Landguts. In einigen Regionen, beispielsweise im unteren Yangzi-Gebiet, dem wirtschaftlichen Schlüsselraum der Ming, lockerte sich durch die Ausbreitung ländlicher Handwerksbetriebe, die an ein dichtes Netz lokaler Märkte gekoppelt waren, die Abhängigkeit der Bauern vom Ackerland und dessen Eigentümern immer mehr. Mit dem Aufkommen intensiverer Anbaumethoden wurde man sich auch wohl der Tatsache bewußt, daß die unabhängige Einheit des Einfamilienhaushalts die produktivste Form des bäuerlichen Betriebes sei - ob unter dem Status des freien Pächters oder des kleinen Landbesitzers. Der Trend zu einem rein monetären Pachtsystem verstärkte sich noch durch die schon erwähnte Abwanderung vieler Gutsherren in die Städte, weshalb sie ihre Arbeiter nicht mehr unmittelbar beaufsichtigen konnten. Der im 16. Jahrhundert beginnende Aufschwung des Handels, aber auch die zunehmende Weigerung der Landnehmer, ihre Pacht zu entrichten, zog den Strom neuer Investitionen vom Grundbesitz ab und lenkte ihn in Pfandleihgeschäfte, Kaufmannsunternehmen und in städtische Immobilien - alles Anlageobjekte, die weniger stark besteuert wurden und mehr Gewinne abwarfen. Als kein neuer Großgrundbesitz mehr geschaffen wurde, sorgte das chinesische System der Erbschaftsteilung sehr schnell dafür, daß der Besitz in viele kleine Ländereien zerfiel.

Die kontinuierliche Aushöhlung der Institution des leibeigenen Pächters wird in den unter der Ming-Dynastie entstandenen Handbüchern deutlich, die den Grundher-

江南府

ren Anleitungen für den Umgang mit ihren Leibeigenen geben sollten. Aus ihnen spricht die Sorge vor einem eventuellen Verlust herrschaftlicher Autorität im Falle schlechter Behandlung von Untergebenen. Die Machtstellung der Gutseigner verschlechterte sich zusätzlich, da es unter der Ming-Dynastie de jure nicht statthaft war, Leibeigene zu besitzen; ein solches Eigentum mußte verschleiert werden, indem man Leibeigene zu »adoptierten Söhnen« erklärte, und das wiederum brachte die Gefahr mit sich, daß aus diesem Adoptivverhältnis später eine Blutsverwandtschaft konstruiert werden konnte. Die Abkehr vom System leibeigener Pächter fand ihren Höhepunkt in den großen Leibeigenen-Aufständen Mitte des 17. Jahrhunderts im Yangzi-Tal. Einige der Anführer nahmen den Titel »Könige des Ausgleichs« an und erklärten, »sie nivellierten den Unterschied zwischen Herren und Abhängigen, Akademikern und Leuten aus dem Volk, Reichen und Armen«. In der Lokalchronik eines Kreises der Provinz Jiangxi hieß es: »Tausende rotteten sich zusammen, brannten Häuser nieder und bemächtigten sich der [Leibeigenschafts-]Zertifikate. Die Luft war rauchgeschwängert. Die Leibeigenen nahmen von den Häusern der Reichen Besitz, und ihre [vormaligen] Herren mußten sie bewirten. Zeigte ein Gutsbesitzer auch nur das geringste Anzeichen des Widerwillens, wurde er auf der Stelle ausgepeitscht. Dies war ein Aufstand, wie er sich seit einem Jahrtausend nicht mehr ereignet hatte.« Mit nur ganz geringen Ausnahmen, zu denen beispielsweise die Leibeigenengeschlechter in Teilen der Provinz Guangdong gehörten, war das kaiserliche China nach 1700 eine Gesellschaft freier Menschen, und in dieser Beziehung stand es jedenfalls Westeuropa näher als Osteuropa oder dem zaristischen Rußland.

In den letzten Jahrzehnten des 17. und während des 18. Jahrhunderts füllte die gebildete Lokalelite die durch das Verschwinden der Fronverwaltungsbeamten entstandene Lücke auf. Aber diese in der Verwaltungsarbeit tätigen Männer, die Wasserbauten und andere Projekte leiteten, wohltätige Einrichtungen verwalteten, die Kontrolle über Märkte ausübten und manchmal (illegal) Steuern eintrieben, versahen – anders als ihre zwangsverpflichteten Amtsvorgänger – den Dienst ehrenhalber und freiwillig. Diese Funktion brachte ihnen außerdem wohl nicht unerhebliche Vorteile. Ein deutlicher Beweis für die veränderte Lage waren die periodisch durch die Präfekten einberufenen Bezirksversammlungen der Gelehrten, wo jene z. B. Amtshilfe für Wasserbauten erhalten konnten.

Vom Standpunkt der kaiserlichen Administration aus gesehen waren die Gelehrten ein billiges Reservoir für die indirekte Lokalverwaltung, denn die zentrale Staatsgewalt reichte, abgesehen von so unbedeutenden Ausnahmen wie kaiserlichen Bekanntmachungen in chinesischen Dörfern, nicht weiter als bis zu den Amtsstuben der Kreispräfekten. Unter der Qing-Dynastie (1644–1911) bestand das Personal auf Kreisebene aus rund 1000 Leuten, zu ihnen gehörte der Präfekt selbst (der alle paar Jahre auf einen neuen Posten abkommandiert wurde), seine persönlichen Berater, ständige Büroschreiber, Amtsdiener und Boten. Die Bevölkerung in einem durchschnittlich großen Kreis betrug rund 200 000 bis 250 000 Menschen, zuviel für eine effektive Kontrolle, selbst wenn man berücksichtigt, daß die Präfekten auf ein Netz lokaler Amtsbüttel (Männer, die ihre Stellungen gekauft oder geerbt hatten) zurückgreifen konnten. De facto mußte sich die Kreisverwaltung ganz auf die Gelehrtenschicht verlassen, die dank ihrer Kenntnis der örtlichen Verhältnisse und ihrer weitverzweigten gesellschaftlichen Beziehungen in der Lage war, bestimmte Maßnahmen durchzuführen und Streitigkeiten zu schlichten. Der zentralstaatliche Eingriff war auf die Auswahl dieser örtlichen Elite und ihre durch das Prüfungssystem gewährleistete Schulung im Geiste der herrschenden Staatsideologie beschränkt.

Das heutige kommunistische Regime der Volksrepublik China hat sowohl die althergebrachte Tendenz übernommen, der Gesellschaft ein vorgezeichnetes institutionelles Modell aufprägen zu wollen, als sich auch die jüngere, aber immerhin noch jahrhundertealte Praxis zu eigen gemacht, mit Hilfe einer ideologisch indoktrinierten lokalen und nationalen Eliteschicht zu regieren. Die Reglementierung der ländlichen Gesellschaft durch das Kommune- und Brigadesystem hat zwar ihre eigenen charakteristischen Züge hervorgebracht und sich nach eigenen Gesetzen entwickelt, aber sie ist auch – zumindest teilweise – noch das Produkt historisch gewachsener Ansichten über die Notwendigkeit einer staatlichen Steuerung der gesamtgesellschaftlichen Prozesse. Dies äußert sich im wesentlichen darin, daß im modernen China einem komplexen Vorschriftenkatalog der Vorzug gegenüber einer allmählichen Veränderung gesellschaftlicher Verhältnisse gegeben wird. Die im Jahre 1853 von den Taiping-Rebellen verabschiedeten Landgesetze, die freilich nur eine Idealvorstellung blieben und niemals in die Praxis umgesetz wurden, beweisen, daß auch zur Spätzeit des kaiserlichen China diese Denkweise noch allgegenwärtig war. Die Taiping entwarfen das Modell einer strikten Disziplin unterworfenen, ideologisch indoktrinierten und von Gemeinschaftsbesitz lebenden Gesellschaft, das in vieler Hinsicht auf das Werk *Riten der Zhou (Zhou li)* zurückging, und sie übernahmen in ihrem Entwurf sogar ein Großteil von dessen Terminologie. Die kommunistische Partei unterscheidet sich zwar von der Literatenschicht der Qing-Dynastie sowohl durch ihre Doktrin als auch hinsichtlich ihrer inneren Struktur, doch in ihrem Anspruch, vom ganzen Volk anerkannt zu werden, und in ihrem gesellschaftlichen Selbstverständnis macht sie große Anleihen bei den älteren politischen Traditionen.

Seiten 132/33: Diese rekonstruierte Zeichnung einer Bauernerhebung während der Ming-Dynastie zeigt Unfreie, die ihre Leibeigenschaftsurkunden im Innenhof eines Gutsherrensitzes verbrennen, um sich ihres Knechtschaftsverhältnisses zu entledigen. Die Herrin muß sie an der Tafel bewirten, während der an eine Säule gebundene Grundeigner ausgepeitscht wird. Die Aufständischen plündern und brandschatzen und nehmen Getreide und Seidenstoffe als Beutestücke mit.

Links: Ausschnitt eines Gemäldes von vier Gelehrten mit einem Diener, das Han Huang (723–789) zugeschrieben wird und sich im Palastmuseum in Beijing befindet. (Ein sehr ähnliches Bild aus dem 17. Jahrhundert gehört zum Bestand der Freer Gallery of Art, Washington, D.C.). Der Gelehrte scheint über die Komposition eines Gedichts nachzudenken, während der Bedienstete die Tinte (auf einem Reibstein) anrührt. Das Examenssystem für den zivilen Beamtendienst war bereits zur Tang-Zeit vollständig entwickelt (obwohl es erst unter der Song-Dynastie zum wichtigsten Kriterium für die Auswahl der Staatsdiener wurde) und man legte großen Wert auf poetische Fähigkeiten.

Rechts: Die Große Mauer gehört zu den Wundern dieser Welt, und es hieß, sie sei das einzige von Menschen errichtete Bauwerk, das vom Mond zu erkennen sei. Während der späten Frühling- und Herbstperiode und zur Zeit der Streitenden Reiche wurden die verschiedensten Wälle aus gestampfter Erde sowohl zwischen den einzelnen chinesischen Staaten als auch an der Grenze zu den Fremdstämmen errichtet, besonders bemerkenswert waren die der Staaten Yan und Zhao. Unter dem »Ersten Kaiser« der Qin-Dynastie im dritten Jahrhundert v. Chr. wurden letztere mit einem Verbindungsstück versehen und renoviert, und so entstand die erste der Großen Mauern, die aber sehr viel weiter nördlich verlief als die heute noch erhaltene. Diese ist ein Überrest der Großen Mauer der Ming-Dynastie und windet sich 4000 Kilometer über die Berge Nordchinas. Ihre durchschnittliche Höhe beträgt acht Meter, ihre Breite ungefähr sieben Meter am Fuß und sechs Meter an der Krone. Das Bollwerk besitzt an strategisch wichtigen Punkten Wachttürme mit Kanonenschießscharten, die ständig bemannt waren. Heutzutage befindet sich der am leichtesten zugängliche Teil der Mauer, ein kürzlich renovierter Abschnitt, bei Badaling, 80 Kilometer vor Beijing.

DIE KUNST DER KAISERZEIT II

Die Verbotene Stadt ist eine von einem Graben umgebene kaiserliche Palastanlage im Zentrum Beijings. Die Kaiserstadt entstand im wesentlichen während der Ming- und Qing-Perioden nach Plänen aus der Yuan-Zeit. Die südlichen Außenbezirke wurden unter der frühen Qing-Dynastie errichtet, und die Bauwerke der Kaiserstadt sind symmetrisch entlang einer zentralen Nord-Süd-Achse angeordnet, flankiert vom Tempel der Landwirtschaft im Westen und vom Himmelstempel im Osten. Vom Yongding-Tor verläuft die Nordachse fast acht Kilometer bis zum Glockenturm nahe der nördlichen Innenstadtmauer, unterbrochen von Toren, Alleen und den Tempelhallen der Verbotenen Stadt, jetzt nördlich des Mausoleums Mao Zedongs auf dem zentral gelegenen Platz des Himmlischen Friedens (Tiananmen-Platz). Die Gebäude der Verbotenen Stadt sind in der traditionellen, auf steinernen Plattformen errichteten Ständer- und Querbalken-Architektur aus Holz ausgeführt.

Auch der erhaltene Teil der Großen Mauer datiert aus der Ming-Periode. Unter dem ersten Ming-Kaiser, der Nanjing zu seiner Residenz machte, begann man mit der Rekonstruktion früherer Mauerabschnitte. Der dritte Ming-Regent verlegte seine Hauptmetropole wieder nach Beijing, wo er und seine Nachfolger auch beerdigt wurden. Ein aus massiven Marmorfelsblöcken gemeißeltes Spalier von Löwen, Fabeltieren, Kamelen, Elefanten, Pferden, Wächtern und Beamten bewacht den »Geisterweg«. Die 13 Grabmäler der Ming-Kaiser haben leuchtend gelbe, grüne und rote Ziegeldächer, und jeder Dachfirst ist zusätzlich mit Statuetten und Fabeltieren geschmückt. Die mit Ziegelsteinimitationen unter der Dachrinne angefüllten Kragstützen besitzen lediglich dekorative Funktion, ebenso wie die Kragkonsolen der Holzbauten der Verbotenen Stadt.

Durch die Förderung des Herrscherhofs erlebte das Kunsthandwerk eine Blüte. Die kaiserlichen Keramikwerkstätten befanden sich in Jingdezhen in Jiangxi, wo seit der späten Tang-Dynastie unter anderem auch ein Vorläufer des Celadon-Porzellans und weiße Xingzhou-Keramiken hergestellt worden waren. Unter den Song-Regenten entstand auch Qingbai-Keramik, eine Qualität zwischen Celadon und rein weißem Porzellan. Während der Yuan-Zeit experimentierte man mit neuen Techniken und entwickelte eine Methode zur Dekoration der Qingbai-Gefäße mit ausgekehlten und blauen Unterglasurmotiven.

Die Errichtung staatlicher Werkstätten in Jingdezhen während der Yongle-Ära Ende des 14. Jahrhunderts führte zur Verbesserung aller Qualitäten von Töpferwaren. Während der darauffolgenden Ming-Dynastie wurden die blau-weißen Keramiken durch ausgefeiltere Formgebung und bessere Beherrschung der Farbnuancen weiterentwickelt. Als gegen Ende der Ming-Periode reines Kobalt nur unter Schwierigkeiten aus dem Abendland importiert werden konnte, benutzte man statt dessen einheimische Farbstoffe, die ein blasseres Blau erzeugten.

Die Werkstätten in Jingdezhen produzierten den größten Teil des unter der Ming-Dynastie hergestellten Dekor-Porzellans; der Dekorstil wandelte sich von flüchtig angedeuteten zu natürlicheren floralen Motiven; außerdem wurden während des 16. Jahrhunderts zunehmend po-

Obwohl Sima Qian (Verfasser des bedeutenden Geschichtswerks *Shiji*, 145 bis ca. 86 v. Chr.) Beijing in der Han-Zeit bereits als eine große nordchinesische Stadt beschrieb, erlangte es erst unter dem Mongolen-Herrscher Qubilai Chan nationale Bedeutung, der Beijing 1260 zu seinem Regierungssitz bestimmte. Im frühen 15. Jahrhundert wurde es vom dritten Kaiser der Ming-Dynastie zur Hauptmetropole erhoben, und sein heutiges Gesicht erhielt es durch die in den folgenden Jahrhunderten errichteten Bauten. Die äußere Stadt entstand während der Qing-Dynastie. Der *rechts* gezeigte Stadtplan blieb bis 1949 unverändert erhalten, als die Mauern und Tore zugunsten einer neuen Prachtstraße geschleift wurden.

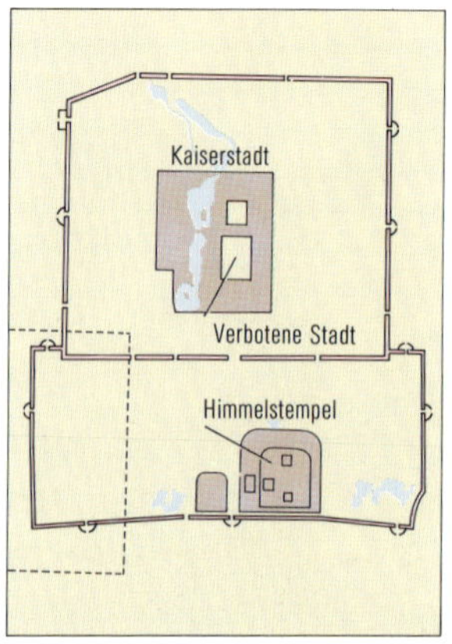

Unten: Der Plan der Verbotenen Stadt.

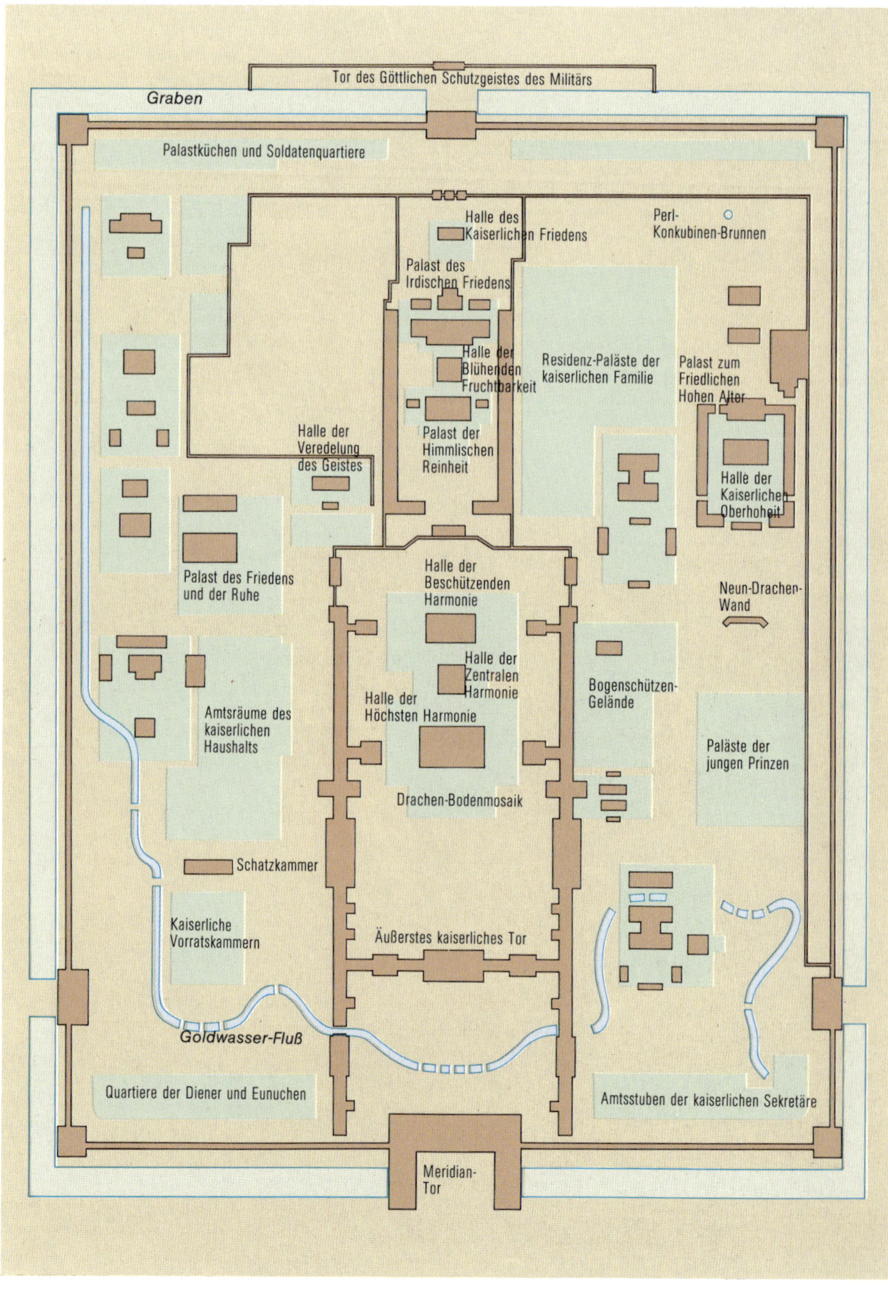

Oben: Dieser romantische Blick über die Skyline von Beijing in Richtung Westberge wurde vom Dach der neuerbauten Akademie der Schönen Künste fotografiert.

Links außen: Früher war der Nordostteil der Verbotenen Stadt Residenz der kaiserlichen Familie. Eine gekachelte Zwischenwand mit neun Drachendarstellungen an der Südmauer schützte den Eingang des »Palastes zum Friedlichen Hohen Alter« und die »Halle Kaiserlicher Herrschaft«. Heute steht die Wand vor einer dort untergebrachten Gemäldegalerie.

Links Mitte: Furchterregende Zwitterwesen bewachen die Eingänge zu den Palästen der Verbotenen Stadt.

Oben links: Der Himmelstempel im Südosten Beijings entstand während des frühen 15. Jahrhunderts. Die hier gezeigte Halle wurde im Anschluß an eine Feuerkatastrophe, für die 32 Beamte und Wärter verantwortlich gemacht und enthauptet wurden, im Jahre 1889 nach den Originalplänen wiederaufgebaut.

Links: Blick nach Süden über die Verbotene Stadt, 1901 vom Kohlehügel aus aufgenommen. Heutzutage sieht man von derselben Stelle eine Reihe mehrstöckiger Gebäude im Hintergrund, während der Vordergrund unverändert blieb.

lychrome – in drei bis fünf verschiedenen Farben – Verzierungen verwendet. Gelbe und rote Aufglasurfarben gaben den Ming-Keramiken eine stärkere Leuchtkraft. Auf Metallgefäße brannte man in verschwenderischen Farben Emailüberzüge; Schnitzlacke wurden in lebhaftem und rundlicherem Stil mit reichen Bildmotiven versehen, oftmals mit Drachendarstellungen, ähnlich denen auf Porzellan.

Das Drucken mit Holz-Druckplatten hatte bereits eine lange Tradition in China; die *Diamant-Sutra* des Jahres 868 n. Chr. war die früheste datierte Buchillustration, sie wurde in Dunhuang gefunden. Viele schöne Buchausgaben, darunter einige illustrierte, waren während der Song-Dynastie gedruckt worden, so das erste Malbuch mit Pflaumenblüten. Zu Ende der Ming-Zeit wurde die Technik des Farbdrucks mit verschiedenen Holzplatten perfektioniert, und es entstanden Erotika und andere illustrierte Buchausgaben, die prächtigsten von ihnen kamen aus der Zehn-Bambus-Halle. Späteren Datums ist das einflußreiche *Handbuch der Malerei aus dem Senfkorngarten* (1679–1701). Die Buchproduktionen der Qing-Dynastie erreichten selten diesen handwerklichen Standard, anders hingegen die Monodrucke aus Suzhou und anderen Druckereizentren, die sich durch ihre bemerkenswerte Qualität auszeichneten.

Die Vorliebe für Farben zeigt sich auch an den Beamtenroben der Ming- und Qing-Dynastie, bei denen man die *kesi-* (Seidenschnitt-) Tapisserie-Webtechnik zur Er-

Riesige Statuen von Beamten, Kriegern und Tieren säumen den »Geisterweg« zu den Ming-Gräbern außerhalb Beijings, wo 13 Ming-Kaiser beerdigt worden sind. Es heißt, wenn man einen Stein auf den Rücken eines der steinernen Tiere schleudere und dieser bleibe dort liegen, gehe ein Wunsch in Erfüllung. Das gepolsterte Kummet der Zugpferde ist eine chinesische Erfindung, die seit dem fünften Jahrhundert n. Chr. in Gebrauch war; es wurde aus dem Brust-Riemen-Geschirr, in China seit dem dritten Jahrhundert v. Chr. verwendet, und aus dem Kehl-Bauchgurt-Geschirr entwickelt. Dieses neue Pferdegeschirr gelangte erst ungefähr 500 Jahre später ins Abendland.

zielung von Bildeffekten verwendete. Seit dem 14. Jahrhundert wurde die Anzahl der zulässigen Klauen auf der »Drachen-Robe« nach Rang gestaffelt. Fünf Klauen waren allein dem Kaiser und dessen Familie vorbehalten, vier Klauen wurden Beamten und Adligen zugestanden. Der Rang eines Beamten war auch an den dekorativen »Mandarin-Vierecken« auf den Roben sichtbar.

Der erste Ming-Regent gründete eine Malakademie in Nanjing, und auch als der Hauptsitz im 15. Jahrhundert in das nördliche Beijing verlegt wurde verblieb das künstlerische Zentrum im Süden, in der Jiangnan-Region Süd-Jiangsus und Nord-Zhejiangs. Die Städte Suzhou, Wuxi, Nanjing und Yangzhou waren reiche Handelszentren; Maler, Gelehrte und private Kunstsammler zogen es vor, in diesem Gebiet zu leben, anstatt eine Karriere bei Hofe einzuschlagen.

Dai Jin (1388–1462) malte lange Zeit am Ming-Hof, bis er den Kaiser verärgerte, weil er einen Fischer in einem roten Rock dargestellt hatte (die Farbe Rot war Höflingen bei Audienzen vorbehalten). Dai kehrte daraufhin in seine Heimatstadt Hangzhou zurück, sein Name aber blieb weiterhin mit einer Gruppe professioneller Hofkünstler verknüpft, die im romantischen Stil der Akademie der Südlichen Song-Dynastie arbeiteten und als die Maler der Zhe-Schule bekannt wurden. Dai Jins Werk *Rückkehr in die Heimat am Abend* (S. 117) zeigt deutliche Stilelemente der Südlichen Song-Dynastie, so etwa die asymmetrische Komposition, die kantigen Baumzweige und die mit Nebel verdichteten Räume. Doch seine Pinselführung ist freier als beim frühen Ma/Xia-Stil, und die *dian-* (Punkt-) Striche und die Oberflächen des Laubwerks treten stärker hervor. Der zur Zhe-Schule zählende Wu Wei (1459–1508) malte Genreszenen von Fischerdörfern; Bian Wenqin (ca. 1400–1440) schuf Blumen- und Vogel-Bilder im Stil der Akademie der Südlichen Song-Dynastie mit präziser Linienführung und leuchtenden Farben. Derartige akademische »Hof«-Bilder wurden von den Gelehrten-Malern der konkurrierenden Wu-Schule wegen ihrer »Artigkeit« verachtet.

Diese Gelehrten-Maler der frühen Ming-Zeit gestalteten weiterhin Landschaften im Stil der vier Meister der Yuan-Zeit und gründeten einen Zirkel um Shen Zhou (1427–1507), der aus Suzhou oder Wu in der Jiangnan-Region stammte. Shen Zhou selbst bevorzugte den Stil Ni Zans, Wu Zhens und Huang Gongwangs, doch waren seine Kompositionen kühner, und er gebrauchte kräftigere *dian*-Pinselstriche, um die Landschaft zu betonen und die Tuschfarbtöne zu variieren. Er verwendete außerdem fein abgestufte Tuschlavierungen im Bildhintergrund und fügte Farbtupfer hinzu, die als Unterscheidungsmerkmale seines Werks zu frühen Yuan-Meistern gelten können.

In Suzhou verwandelten im 16. und 17. Jahrhundert viele der noblen Literaten, die in komfortablen Stadtvillen lebten, ihre Hofgärten in »Panorama-Landschaftsgemälde«. Felsen und Bäume wurden so plaziert, daß sie von den verschiedensten Positionen aus, von hölzernen Balkonen und durch vergitterte Fenster, sichtbar waren. Man wandelte wie im Gebirge durch eine Miniaturlandschaft aus Felsgestein, so wie man auch im Geiste ein Landschaftsbild durchschritt.

Die Künstler Tang Yin (1479–1523) und Qiu Ying (ca. 1494– ca. 1552) werden weder der Zhe- noch der Wu-Schule zugerechnet. Tang Yin malte konservativ und orientierte sich am Monumentalstil unter den Nördlichen Song, während Qiu Ying, ein bedeutender Kopist, seine Vorbilder sogar noch weiter in der Vergangenheit suchte, beim archaischen »Grün-blau«-Stil der Tang-Dynastie. Gegen Ende des 16. Jahrhunderts ging sehr starker Einfluß von dem Literaten-Maler Dong Qichang (1555–1636) aus. Er unterteilte die Malerei in eine »nördliche« und in eine »südliche« Schule mit ihren nicht berufsmäßigen Literaten-Malern *(wen-ren)*, die sich auf poetische Einsichten und auf die Landschaft als Ausdrucksform konzentrierten. Zur »nördlichen« Schule rechnete er alle akademischen und höfischen Maler, darunter Ma Yuan und Xia Gui aus der Südlichen Song-Dynastie bis einschließlich der Meister der »Grün-blau«-Malerei der Tang-Periode. Dong Qichang vertrat die Ansicht, ein Gelehrter könne mit seinen Bildern seine Erkenntnis der Natur und damit auch seine menschlichen Erfahrungen zum Ausdruck bringen. Diese Theorie schöpfte er aus der Synthese aller seiner Kenntnisse der chinesischen Klassiker, die ihm tiefe Einsichten in die Dinge und einen feinen Schönheitssinn vermittelten, Erfahrungen, die die Berufsmaler, gebunden an die Konventionen der Akademie, nicht erlangt hätten. Dong Qichangs Bilder waren streng strukturiert. Er führte den Begriff *shi* (Schwerkraft oder Neigungstendenz) der Berge als die Kraft ein, die deren Steigung und Abfallen bewirke. Er benutzte schräge Flächen und stilisierte Einzelheiten zum Aufbau seiner Landschaften in deutlich sichtbaren Strukturteilen. Die Literaten-Tradition Dong Qichangs wurde von den als die »Vier Wang« bekannten Künstlern fortgesetzt, welche die konservativen Maler der frühen Periode der Qing-Dynastie repräsentierten. Vorbilder für ihre Werke waren die Yuan-Landschaftsmaler, die im Stil der Nördlichen Song-Dynastie gearbeitet hatten. Wang Shimin (1592–1680) war Schüler Dong Qichangs und Lehrer der drei anderen Wang: Wang Qian (1598–1677), Wang Hui (1632–1717, siehe S. 117) und Wang Yuanqi (1642–1715), der talentierteste unter den vieren.

Im 17. Jahrhundert begann individuelle Komposition allmählich den individuellen Pinselduktus zu ersetzen. Die unterschiedlichen Reaktionen der Literaten-Maler auf die Mandschu-(Qing-) Fremdherrschaft lassen sich an den Bildern Gong Xians (1620–1689) und Hong Rens (1610–1664) ablesen. Während die Landschaften Gongs das Gefühl unmittelbar bevorstehenden Untergangs vermitteln, scheinen die unbeschwerten Kompositionen Hongs keinerlei düstere Vorahnungen zu verraten. Die unorthodoxen Künstler dieser Periode werden »Individualisten« genannt, die bedeutendsten unter ihnen sind Zhu Da (ca. 1626–1705) und Dao Ji (1641–ca.1710). Zhu Da (auch bekannt als Bada Shanren), ein Sproß des Kaiserhauses der Ming, wurde buddhistischer Mönch und verbrachte sein Leben auf Wanderschaft. Er versuchte sich in verschiedenen Stilen, einmal nach dem Vorbild Dong Qichangs, allerdings benutzte er einen feuchteren Pinsel als dieser, und zum anderen im Malstil des Chan-(Meditations)- Buddhismus, wobei er sowohl von der Tusche ungestüm und verschwenderisch Gebrauch machte als auch mit nassen und trockenen Pinselstrichen experimentierte, um seinen Bildern Ausgeglichenheit und Harmonie zu verleihen. Dao Ji (auch unter dem Namen Shi Tau bekannt) stammte wie Zhu Da von der kaiserlichen Linie der Ming-Dynastie ab. Er trat gleichfalls in ein Kloster ein und führte ein Wanderleben, bevor er sich schließlich als Gartenbauarchitekt in Yangzhou niederließ. Seine Werke zeichnen sich durch kreative Komposition aus, er beschäftigte sich gründlich mit den Details und arbeitete das Charakteristische der Felsen in übersteigerter Weise heraus. Außerdem trug er Farbe mit nassen *dian*-Strichen auf und verwendete die Tusche sehr großzügig.

Dao Jis Tendenz zur Übertreibung machten sich die »Acht Exzentriker« aus Yangzhou zu eigen, ein bedeutender Künstler-Zirkel des 18. Jahrhunderts. Die Formen ihrer Bilder sind verzeichnet und bewußt nonkonformistisch gestaltet. Gao Qipei (ca. 1672–1734) malte nicht mehr mit dem Pinsel, sondern benutzte seine Fingernägel. Jin Nong (1687–1764) und Lo Bing (1733–1799) verzerrten mit großem Vergnügen die Formen alter Vorlagen. Im 19. Jahrhundert ließ dann die Protektion der Künste nach; der individualistische Stil der Literaten-Maler verblaßte immer mehr, die Verfechter der konservativen Malerei, angeführt von den »Vier Wang«, brachten kaum neue Ideen hervor, und die nicht berufsmäßigen Literaten-Maler mußten sich jetzt vor allem um ihren Lebensunterhalt kümmern.

Das Kunsthandwerk der frühen Qing-Zeit mit seinen komplizierten Designs und klaren Farben war auf den Geschmack der Mandschus zugeschnitten. Die Jade-Schnitzerei war von hoher Qualität und konnte sich, was die handwerkliche Fertigkeit betraf, mit den Jade-Gegenständen aus der Periode der Streitenden Reiche messen, doch die Designs waren verschnörkelt und ließen die Zurückhaltung und Schlichtheit der alten Stücke vermissen. Emaillearbeiten, Textilien, Jade, Elfenbein, geschnitzte Lackgegenstände und Porzellan wiesen oftmals die gleichen Dekormotive auf und wurden in den Werkstätten angefertigt, die Kaiser Kangxi 1680 innerhalb des Palastareals eingerichtet hatte. Lackwaren wurden im Süden geschnitzt, und die Jingdezhen-Töpferwerkstätten erlebten nach ihrem Verfall im 17. Jahrhundert einen neuen Aufschwung. Zu den fünf in der Ming-Zeit bekannten Aufglasurfarben kamen weitere hinzu, und es entstand die in Europa sogenannte *familie verte* (bezeichnet nach einer vorherrschenden grünen Kupferoxydfarbe) und später auch die *familie rose* (nach einer dicken rosa Schmelzfarbe). Die Designs wurden mit farbigem Emaille auf weißes Porzellan gemalt, und Emaille wurde auch auf Bronzegefäße gebrannt, die mit den gleichen, oftmals archaisierenden Motiven wie das Porzellan geschmückt waren.

Links: Ein sehr schönes Beispiel für das kunsthandwerkliche Können während der Ming-Zeit: ein kupferner Dreifuß aus dem 16. Jahrhundert mit Emailmalerei (Cloisonné) in Rot, Weiß, Blau, Grün, Gelb und Aubergine auf hellem Blaugrund.

Unten: Der Beihai-Park in Beijing, angelegt zwischen Pavillons und Seen. Der Aufenthalt in einem chinesischen Garten gleicht einem (imaginären) Spaziergang durch ein traditionelles chinesisches Landschaftsbild.

Oben: Ausschnitt einer seidenen Beamtenrobe aus dem 19. Jahrhundert. Die Fledermaus-Symbole sollen dem Träger des Kleidungsstücks Glück bringen. Die verschiedensten Schriftzeichen waren Bestandteile des Designs von Gewändern für spezielle Anlässe, so etwa *xi* (»Freude«), *ji* (»Glück«) und *shou* (»langes Leben«). *Rechts* sind vier Versionen dieser Schriftzeichen abgebildet.

农业学大
自力更生，艰苦奋斗。

DIE MODERNE

ÜBERFEINERUNG UND STAGNATION

Gegen Ende des 18. Jahrhunderts hatten Wirtschaft, Staatswesen, Geistesleben und Künste einen Zustand glanzvoller Erstarrung erreicht. Es ist geboten, beide Aspekte zu betonen, den Glanz - Reichtum, Macht und Überfeinerung - und die Erstarrung bzw. die Unfähigkeit, im Rahmen der alten chinesischen Tradition neue Wege des Denkens, Schauens, Fühlens und Handelns zu beschreiten. Die Politik der Qing-Dynastie hatte bewirkt, daß China erneut, wie schon zu Beginn und in der Mitte der Ming-Zeit, zu einem fast völlig isolierten Reich geworden war. Man hatte die Grenzen für Reisende geschlossen, ausgenommen einige wenige Sonderfälle wie Mitglieder von Tributgesandtschaften. Auch gab es katholische Missionare, die das Risiko des illegalen Grenzübertritts auf sich nahmen. Der legale Handel mit den Europäern blieb auf zwei Grenzstädte beschränkt, Kiachta für die Russen (Vertrag von Kiachta 1727) und Kanton für die westlichen Staaten (ab 1760). Selbst das schwache Rinnsal ausländischen Gedankenguts, das durch die Jesuiten-Missionare während der späten Ming-Dynastie ins Land gedrungen war, war jetzt ausgetrocknet. Auf die Vermittlung der Jesuiten gehen zurück: Westliche Hydraulik-Techniken, Astronomie und Mathematik, perspektivisches Zeichnen, verbesserte Techniken beim Gießen von Kanonen, der große *Jesuiten-Atlas* aus dem Jahre 1717 und auch ein System der Musiknotation auf der Grundlage von Schriftzeichen. Ein generelles Verbreitungsverbot der christlichen Lehre erfolgte 1724 durch kaiserliches Edikt. Legal im Lande hielten sich nur die katholischen Priester und eine Handvoll Jesuiten-Missionare auf, die am kaiserlichen Hof nützliche wissenschaftliche Funktionen erfüllten.

Oberflächlich betrachtet erweckte die Wirtschaft im späten Kaiserreich dennoch den Anschein erstaunlicher Dynamik. Die Bevölkerung hatte ungefähr die 400-Millionen-Marke erreicht, arbeitete äußerst hart und war vom Konkurrenzdenken geprägt. Ein französischer Missionar, Mitverfasser der im 18. Jahrhundert herausgegebenen *Berichte über die Chinesen* bemerkte, daß sich das Volk »ohne Unterlaß durch Leistung zu noch größerer Leistung, durch Fleiß zu noch größerem Fleiß, durch Arbeit zu noch mehr Arbeit ansporn«. Intensiver Reisanbau in den mittleren und südlichen Landesteilen erbrachte Pro-Hektar-Erträge, wie sie unter Einsatz prämoderner landwirtschaftlicher Techniken höher kaum möglich waren (siehe Seiten 209–210). Das Netz ländlicher und städtischer Handelsplätze war immer dichter geworden, und für Außenstehende hatte der Warenumschlag geradezu erstaunliche Ausmaße angenommen. Ein britisches Handelsschiff, in den 1830ern vor der Küste von Shanghai liegend, hatte fast den gleichen Warenumschlag wie ganz London. Als Pater Huc Mitte des 19. Jahrhunderts durch das Yangzi-Tal reiste, schrieb er: »In allen großen Städten gibt es Handelsniederlassungen, in die sich die Waren aller Provinzen - gleichsam wie in Wasserspeicher - ergießen. Aus sämtlichen Teilen des Landes strömen die Menschen zu diesen riesigen Lagerhäusern, um sie herum herrscht beständiges Treiben - eine fieberhafte Aktivität, wie man sie in den bedeutendsten Städten Europas kaum antreffen dürfte.« Und weiter spricht er von »dem Streben nach Profit und der Lust an händlerischer Aktivität, von der dieses Volk erfüllt ist.« »Das ganze Land«, versichert er, »gleicht einer dauernden Warenmesse, und ganze Bände könnten gefüllt werden mit Betrügereien chinesischer Kaufleute. Gaunereien sind so alltäglich und verbreitet, daß niemand sich hintergangen fühlt; mit Betrügereien demonstriert man nur, daß man klug und aufgeweckt ist ... Man muß jedoch gerechterweise sagen, daß dieser Hang zu Unredlichkeit und Unehrlichkeit in der Hauptsache bei kleinen Händlern vorkommt; die großen Handelshäuser sind für Ehrlichkeit und Integrität bei ihren Geschäftspraktiken bekannt.« Der von chinesischen Quellen vermittelte Eindruck wirtschaftlicher Dynamik ist ähnlich eindrucksvoll. Hierfür mag die Beschreibung des bedeutenden Porzellan-Zentrums Jingdezhen in der Provinz Jiangxi sprechen. »Der Lärm von Zehntausenden von Stößeln läßt den Boden erbeben. Das Himmelsgewölbe erglüht im Feuerschein, so daß man während der Nacht nicht schlafen kann. Der Ort heißt zum Scherz ›die Stadt des ganzjährigen Donners und Blitzes‹ «. Auf dem Lande sah man unzählige, durch Wasserkraft oder durch Zugochsen angetriebene Maschinen zum Enthülsen von Reis, zum Zerstampfen von Zuckerrohr, zur Herstellung von Papierholzbrei und für viele andere Zwecke mehr.

Doch die vormalige Erfindungsgabe der Chinesen war verlorengegangen. Die Zahl bedeutsamer technischer Neuerungen seit der Ming-Zeit läßt sich fast an den zehn Fingern abzählen: die chinesische Windmühle (an den Wind gedrehte Segel, die am Rand einer karussellartig sich drehenden Scheibe befestigt waren); Holzplatten-Farbdruck; Verbesserungen bei den Brutapparaten für die Geflügelzucht und bei der Baumwoll-Egreniermaschine; effektivere Methoden zur Abtötung und gleichzeitigen Konservierung des Seidenspinners, indem dieser mit einer Schicht Salz bedeckt und dann durch Hitzeeinwirkung getrocknet wurde. Hinzu kam die Herstellung von reinem Zink, die Verwendung neuer Arten von Ölpflanzensaatgut und Frischdünger, schließlich Luftgebläse für die Frischluftzufuhr in Bergwerken. Einige Tüftler experimentierten mit in Vergessenheit geratenen landwirtschaftlichen und hydraulischen Techniken aus alten chinesischen Werken oder mit westlichen Erfindungen wie der archimedischen Schraube (Wasserschnecke).

Doch traf man auch eine gewissermaßen herablassende Verachtung Neuerungen gegenüber an. Cheng Tingzou schrieb in der Mitte des 18. Jahrhunderts: »Entferntes Europa! ... Seine Bevölkerung ist bekannt für seine vielseitigen Fähigkeiten, besonders in der Mathematik leisten sie Hervorragendes. Aber hiervon abgesehen sind alle anderen Dinge, mit denen sie sich beschäftigen, von übertriebenem Erfindergeist und lediglich dazu angetan, Laien zu beeindrucken. Wenn man mit den Dingen leichtfertig spielt, dann bürdet man sich oftmals auch eine große Last der Verantwortung auf. Sie haben die zerstörerischen Feuerwaffen bis zur höchsten Stufe der Vollkommenheit entwickelt.« Obwohl Handwerker und Bauern begierig jede kleine Verbesserung übernahmen, mangelte es den Gebildeten an dem sprudelnden Erfindungsgeist der Europäer, der manchmal absurde Wege ging, häufig genug aber von Erfolg gekrönt war.

Die gemessen an der frühen Moderne Europas allmählich nachlassende intellektuelle Lebenskraft in der späten

Seiten 142/43: Arbeiter beim Bau eines Wasserspeichers in der Nähe Xi'ans. Da die Mechanisierung in China noch nicht weit fortgeschritten ist, werden Arbeitermassen in Produktionsteams organisiert.

Oben: Jesuiten-Pater wurden von den Chinesen als ausländische Gelehrte akzeptiert und wegen ihrer Kenntnisse bewundert. Sie kleideten sich chinesisch, um ihre Bekehrungsarbeit zu erleichtern. Bei einigen angesehenen Persönlichkeiten hatten sie mit der Missionierung Erfolg, etwa bei Xu Guangqi, dem Direktor des Ritenministeriums, im ganzen jedoch nahm man ihre christliche Lehre weniger enthusiastisch auf als ihr Wissen in Astronomie, Geographie und Physik.

Oben rechts: Der Qing-Kaiser Kangxi (1654–1722) protegierte den Jesuiten Ferdinand Verbiest, der im 17. Jahrhundert die Ausstattung des Observatoriums (erbaut 1296) im Südosten Beijings mit den neuesten Instrumenten leitete. Die Instrumente hat das gegenwärtige Regime kürzlich entfernt, und die Umgebung des Observatoriums wurde geräumt, um Platz für Schnellstraßen und große Hotels zu schaffen.

Kaiserzeit mag auch mit dem Fehlen von Hochschulen oder spezialisierten Bildungseinrichtungen für Disziplinen wie Medizin und Rechtswissenschaften zusammenhängen. Sogenannte Studenten wurden von Lehrmeistern auf individueller Basis unterrichtet. Die sogenannten Akademien waren fast ausschließlich Paukinstitutionen zur Vorbereitung auf die Prüfungen für den höheren zivilen Beamtendienst geworden. Im 16. Jahrhundert war unter dem Einfluß des Philosophen Wang Yangming ein kurzes Aufflammen unabhängigen Geisteslebens zu verzeichnen gewesen, das jedoch 1579 auf Betreiben des ausschließlich praxisorientierten und intoleranten Staatsmannes Zhang Jucheng durch teilweise Schließung der privaten Lehranstalten unterbunden wurde. Zhang Jucheng fürchtete, daß der neue Geist der orthodoxen Staatslehre gefährlich werden, und daß die Gelehrten sich in die Politik bestimmter Interessengruppen einmischen könnten. Der Angriff gegen diese Institutionen wurde mit einem abermaligen Lehrverbot im Jahre 1625 erneuert. Während der letzten Jahrhunderte des Kaiserreichs scheinen die Einrichtungen mehr und mehr in den Dienst rein partikularistischer Ziele gestellt worden sein, so fungierten sie etwa zum Erwerb von Bildung als Mittel des persönlichen Fortkommens und zur Indoktrinierung der Elite – zuweilen aber dienten sie auch beiden Zwecken gleichzeitig. Bildungseinrichtungen scheinen – mit Ausnahme vielleicht einiger weniger Klöster – in China niemals übergeordneten, außerhalb der Staatsinteressen liegenden universalen Zielen gedient zu haben, etwa der Erziehung zu Frömmigkeit oder Gelehrsamkeit.

Die moderne Wissenschaft hat es sich zur Aufgabe gemacht, chinesische Denker der letzten Jahrhunderte der Kaiserzeit »auszugraben«, deren häretische Anschauungen, wissenschaftliche Originalität oder praktische Anliegen dem zeitgenössischen Geschmack zu entsprechen scheinen. Zu den interessantesten Vertretern dieses Personenkreises zählen einige der häretischen Philosophen von der Südostküste mit ihren Idealen von universeller Brüderlichkeit und ihrer tiefempfundenen Abneigung gegen Verfechter des konfuzianischen Gebots »der mitfühlenden Anteilnahme für andere«, das , in den Worten Li Zhis, »Tugend und Ritual vorschiebt, um das Denken der Menschen zu reglementieren und Institutionen und das Gebot der Rechtlichkeit benutzt, um die Freiheit der Menschen zu beeinträchtigen.« He Xinyin verwarf das hierarchische Beziehungsgefüge, etwa die Unterordnung des Sohnes unter den Vater, und maß statt dessen der allgemeinen Freundschaft einen ebenso hohen Wert bei. Er propagierte, die Menschheit solle »außer dem gesamten Universum keinen Herrscher über sich haben« und schlug die Ersetzung des persönlichen Besitzes durch kollektives Clan-Eigentum vor. Li Zhi, Autor des 1590 veröffentlichten Werks *Briefe für die Flammen*, war ein rastlos agierender Gegner konfuzianischen Gedankenguts. Er vertrat die Meinung, Moral äußere sich in der bedingungslosen Anerkennung der Würde der anderen Menschen und postulierte, »wer immer die Intuition der Kindheit verloren hat, der ist der wahren Intuition verlustig gegangen.« Wie He Xinyin vor ihm, wurde auch er wegen Verbreitung gefährlicher Ansichten ins Gefängnis geworfen und beging dort mit 76 Jahren Selbstmord.

Belege dafür, daß auch China zu eigenständigen wissenschaftlichen Leistungen fähig gewesen wäre, liefern das späte 16. und die erste Hälfte des 17. Jahrhunderts: Die traditionelle Gattung der Kräuterbücher erreichte ihre höchste Vollendung mit der Veröffentlichung des *Katalogs der Materia Medica* (*Pencao gangmu*) von Li Shizhen (1578); er basierte zum größten Teil auf eigenen Forschungsergebnissen des Verfassers. In seinem Werk *Über Epidemien* (1642) legte Wu Yuxing quasi eine Mikroorganismen-Theorie der Krankheiten vor, die er mit systematischer Beweisführung und mit Beobachtungen untermauerte. Song Yingxing verfaßte ein gelehrtes Kompendium der (traditionellen) Produktionstechniken, *Die Schöpfungen der Natur und des Menschen* (*Tiangong kaiwu*, 1637), und sein Essay *Über das Urfluidum* ging weit über die grundlegende Begriffsbestimmung des Philosophen Zhang Zai hinaus, der unter der Nördlichen Song-Dynastie (960–1126 n. Chr.) gelebt hatte. Auch ging Song Yingxing viel systematischer vor als der ältere brillante Polyhistor Shen Gua, einer der führenden Köpfe unter den Song-Wissenschaftlern, obwohl ihm Shens Gabe für Quantifizierungen und Darlegung von Denkmodellen fehlte. Sein Abschnitt über Akustik beispielsweise spricht vom Ton als dem Urfluidum (*qi*) der Luft, das durch eine Kraftquelle in Bewegung gesetzt würde, und damit demonstrierte er sein Unvermögen, für die Erzeugung und die Schwingungen eines Tons andere Voraussetzungen für denkbar zu halten. Obwohl Song Yingxing fest in der philosophischen Denktradition vom Musterbild eines organisch-harmonischen Kosmos verhaftet blieb, sind bei ihm embryonale Denkansätze zu finden, denen man im

Nachhinein gewisse, wenn auch nicht genutzte Entwicklungsmöglichkeiten nicht absprechen kann. Ein Beispiel dafür aus dem genannten Essay ist die Vorstellung von der »Behauptungskraft des Urfluidums« (*qi shi*), aufgezeigt am Beispiel des von einem hohen Berg herabstürzenden Wassers.

Fang Yizhis *Kurze Darlegung des Ursprungs der Dinge* (1664) ist über weite Strecken ein typisches Werk traditioneller enzyklopädischer Gelehrsamkeit, das wissenschaftliche Beispiele aus früheren Werken zitiert. Aber es widmet sich auch einigen Themen, der Optik etwa, für die der Verfasser und sein Sohn besonderes persönliches Interesse hatten und zu denen sie höchstwahrscheinlich Experimente durchführten, um relevante und allgemein gültige Theorien zu finden, wie beispielsweise eine Theorie über die Brechung von Lichtstrahlen. Fang Yizhi war höchstwahrscheinlich auch der erste chinesische Denker, der eine klare Unterscheidung zwischen Moral- und Naturgesetzen traf. »Die Neo-Konfuzianer der Song-Dynastie«, postulierte er, »befaßten sich nur mit normativen Prinzipien. Was die allgemein gültigen Prinzipien des Daseinszwecks betrifft und die Ordnungsfunktion der Zeitabläufe, so drangen sie nicht bis zur Wahrheit vor.« Er fügte hinzu, normative Prinzipien hätten ihre Berechtigung bei Administrationsproblemen und Staatsdoktrin, aber »wenn man sich ausschließlich darüber äußert, wie die noch unentwickelten Kausalzusammenhänge erfaßt werden können, dann hat man es mit grundlegenden allgemeingültigen Prinzipien zu tun, die das Dasein zu dem machen, das es ist.« Aber für Feng konnte selbst eine nur verstandesmäßig zu erfassende Erkenntnis nicht allein durch Induktion aus »maßgeblichen Forschungsergebnissen« erzielt werden. Sie verlangte, meinte er, einen intuitiven Geistesblitz, um mit der alles durchdringenden, das Universum bewegenden geistigen Kraft in Verbindung zu treten. Von seiner inneren Überzeugung her blieb er zeitlebens an die alten Wahrsageformeln des Werks *Buch der Wandlungen (Yi jing)* gebunden.

Das historisch Bedeutsame ist, daß alle diese verheißungsvollen Ansätze zu nichts führten. Die Arbeiten Li Zhis und Song Yingxins gerieten während der Qing-Dynastie praktisch völlig in Vergessenheit und wurden erst im 20. Jahrhundert wiederentdeckt. Wichtige Teile des Werks Wu Yuxings waren verstümmelt, und er hatte keine Fortdenker gefunden. Abgesehen von Li Shizhen, der sich im Rahmen der traditionellen Literatur bewegte, waren alle diese Denker von ihren Landsleuten fast vollständig in Vergessenheit geraten.

Im spätkaiserlichen China wurde die Entwicklung einer modernen Wissenschaft durch erkenntnistheoretische Haarspaltereien vereitelt, die in Abrede stellten, durch empirische Forschung könne das Wesen eines Dings überhaupt erfaßt werden. Fang Yizhi formulierte die weitverbreitete (obwohl nicht allgemein vorherrschende) Meinung der Ming-und frühen Qing-Zeit mit den Worten: »Da nur der Intellekt Dinge erfahren und begreifen kann, ist alles nur Schall und Rauch.« Deshalb »sind die Gesetzmäßigkeiten des Daseinszwecks ... lediglich eine andere Methode, die Gesetzmäßigkeiten des Intellekts zu befragen.« Cheng Tingzuo wiederum war Exponent einer humanistischen Gesinnung, die instinktiv die moralischen und gesellschaftlichen Konsequenzen eines prometheischen Wissensdurstes fürchtet.

Kunst und Literatur

Auch die schönen Künste waren in ihrer Überkultiviertheit zu einem völligen Stillstand gekommen. In Europa gab es zwischen der Kunst der Renaissance und den frühen Naturwissenschaften eine Beziehung, deutlich abzulesen an dem Bemühen abendländischer Maler, die Darstellungsmöglichkeiten des dreidimensionalen Raums zu erforschen, an der Sorgfalt ihrer Beobachtungen von Anatomie und Naturphänomenen (wie etwa Leonardo da Vincis Studien von Wasser und Stürmen), wie an ihrem Umgang mit Farben und Licht, denen sie fast eine eigenständige Kraft zuerkannten. Die chinesischen Künstler hingegen bedienten sich nicht, abgesehen von einigen Holzschnitten mit Szenen aus dem täglichen Leben, der Zentralperspektive. In den *Abhandlungen zur Malerei,* die 1728 publiziert wurden und zu den bedeutendsten Werken der Weltliteratur über die Ästhetik gehören, betont ihr Autor Shi Tau, es komme darauf an, durch die Malerei einen bestimmten inneren Erregungszustand zu erzielen und diesen dann wiederum in der Landschaftsdarstellung zum Ausdruck zu bringen, so daß sie zum Medium dieser Gefühle werde. »In dem Augenblick, da man das einzigartige Grundprinzip erfaßt hat, erklärt sich die Vielzahl der Einzelprinzipien von selbst.« Der Maler ist dann imstande, »an der Umgestaltung des Universums teilzuhaben.« »Berge und Flüsse«, schrieb er, »haben mich beauftragt, für sie zu sprechen. Sie existieren in mir, und ich existiere in ihnen.«

Zur selben Zeit, da Shi Tau diese faszinierende Vision formulierte, begann der größte Teil der chinesischen Malerei in einer stereotypen Wahrnehmungswelt zu versinken. Die Malerei auf der Grundlage vorgegebener Formen fand ihre höchste Ausprägung im *Handbuch der Malerei aus dem Senfkorngarten*, das zwischen 1679 und 1701 von Wang Gai und dessen Brüdern herausgegeben wurde. Dieser komplette Leitfaden gibt Vorschriften für Pinselstriche und Anordnung von Einzelelementen bei der Darstellung der verschiedensten Dinge, von Heuschrekken über Esel bis zu Felsen, Kiefern, Orchideen und Chrysanthemen. Gerade weil die Synthese aus verschiedensten Elementen so nuancenreich, so allumfassend und damit so zufriedenstellend war, blieben die chinesischen Maler in diesen Vorschriften befangen. Es gab zwar Exzentriker wie den Mitte des 19. Jahrhunderts lebenden kantonesischen Künstler Su Renshan mit seiner seltsam steifen und doch kraftvollen Formgebung, doch niemand brach gänzlich aus dem vorgegebenen konzeptionellen Rahmen aus.

Die Prosadichtung stellte den einzigen Bereich dar, in dem ausdrucksstarke Kreativität sich erhalten hatte. Die Ming- und Qing-Perioden waren das große Zeitalter der chinesischen Novelle. Von ihrer Struktur her war die Erzählkunst ursprünglich episodenhaft gewesen, mit Handlungspersonen, die abrupt auftauchten und wieder verschwanden. Diese Art der Darstellung war das Vermächtnis der Marktplatz-Geschichtenerzähler, auf deren Erzählkunst die Novellen dieser Zeit zurückgehen. Ihre Motive entnahmen sie den verschiedensten Bereichen, der Legende, der Geschichte und der gesellschaftlichen Gegenwart. Allmählich lernten die Autoren, ihre Werke durch eine Grundstruktur zu ordnen; höchster Ausdruck der Erzählkunst war schließlich der Roman *Die Geschichte des Steins* (bekannter unter dem Titel *Der Traum der Roten Kammer*), der 1791 erschien. Dieses Werk, verfaßt von Cao Xueqin (80 Kapitel) und vollendet von Gao E (40 Kapitel), der im wesentlichen als Herausgeber des literarischen Nachlasses von Cao wirkte, gehört zu dem Dutzend bedeutender Romane der Weltliteratur. *Die Geschichte des Steins* ist durchdrungen von einer Atmosphäre der Unwirklichkeit der »realen Welt« und der immerwährenden Präsenz von Vergänglichkeit und Verfall inmitten von Pracht und Erfolg und beschreibt auf diese Weise den langsamen moralischen und finanziellen Ruin einer angesehenen Familie. Zu den Stärken des Werks gehört die dif-

Die chinesischen Künstler des 17. Jahrhunderts waren durchaus in der Lage, nach dem perspektivischen Fluchtpunkt zu zeichnen, wie aus dieser im Holzplatten-Druckverfahren hergestellten Illustration hervorgeht. In der Malerei jedoch verzichtete man bewußt auf die geometrische Perspektive, da bei ihr nur das von einem Zentralpunkt Sichtbare dargestellt werden konnte. Die chinesische Malerei mit ihrer Mehrpunkt-Perspektive gibt die Möglichkeit, die Szene aus mehreren Blickwinkeln zu betrachten.

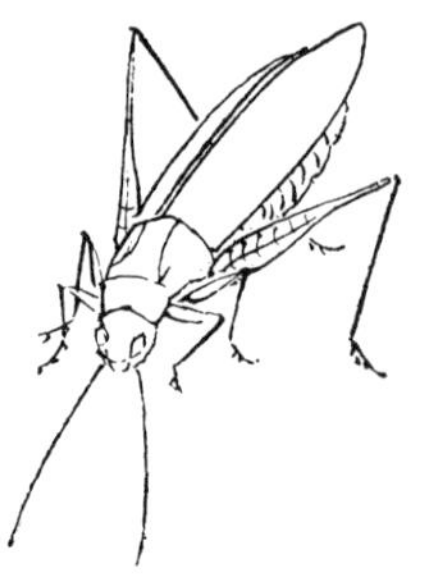

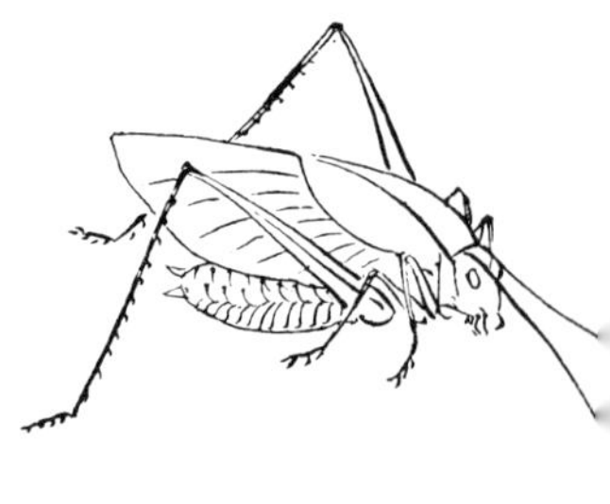

Während der letzten 300 Jahre bezogen die Maler ihre Anleitungen aus speziellen Handbüchern für Stil und Technik. Das *Handbuch der Malerei aus dem Senfkorngarten* enthält Beschreibungen und Schritt-für-Schritt-Anleitungen. Zu den darin abgebildeten Insektenarten gehören Grillen, Käfer, die Gottesanbeterin und der hier abgebildete Grashüpfer. Dieser Typ Lehrbuch hatte einen negativen Einfluß, da er die Fähigkeit zu individueller Naturdarstellung hemmte.

ferenzierte Darstellung der weiblichen Psyche und die Erforschung stark verdrängter Themen wie Angst, Entfremdung, Verdruß und Konkurrenzdenken, Gefühle, die normalerweise versteckt blieben hinter der Fassade des obligatorischen Gehorsams des Sohnes gegenüber dem Vater. Die Dynamik in dieser gedankentiefen traditionellen Prosa des späten Kaiserreichs ist bemerkenswert, und von allen Künsten Chinas war sie die einzige Gattung, die sich mit den Herausforderungen und Anregungen des modernen Abendlandes auseinandersetzte.

Wirtschaftlicher Stillstand

Zu der kulturellen Sterilität in der Qing-Zeit (unter Berücksichtigung der gerade gemachten Einschränkung) kamen noch schwerer zu bewältigende wirtschaftliche Schwierigkeiten. Die wichtigsten Elemente dieser Probleme sind leicht aufzuzählen, aber da es für die diesbezüglichen Verhältnisse im Westen keine bekannten historischen Parallelen gibt, lassen sich die daraus resultierenden Konsequenzen nicht ganz einfach erklären. Kurz gesagt, der technische Fortschritt in Landwirtschaft und Wassertransportwesen war zum Stillstand gekommen und hätte nur durch ein Mindestmaß an moderner Technologie überwunden werden können. Die Konsequenzen dieses Stillstands machten sich mit mangelndem Fortschritt in anderen Wirtschaftszweigen bemerkbar und schränkten die problemlose Ausweitung von Angebot und Nachfrage bei wichtigen Versorgungsgütern ein.

Ein entzückender Holzschnitt von Baochai (»kostbare Spange«), einem der vielen weiblichen Charaktere, die einfühlsam in dem Roman *Der Traum der Roten Kammer* (*Die Geschichte des Steins* ist ein anderer Titel dieses Werks) gezeichnet worden sind. Das sensible und verständige Mädchen wird durch die Familien zur Frau des Helden Baoyu (»kostbare Jade«) bestimmt, obwohl dessen tiefste Gefühle zu ihrem großen Kummer seit langem einer anderen gelten.

Anders ausgedrückt: Das hohe Niveau prämoderner Technik in Landwirtschaft und Wassertransportwesen bewirkte, daß mit einfachen Maßnahmen nichts mehr zu erreichen war, um die Produktivität der Landwirtschaft - sei es die Produktivität pro Arbeiter oder der Pro-Hektar-Ertrag - zu steigern. Daher war es außerordentlich schwierig, solide und gleichzeitig schnell expandierende Märkte zu schaffen, die innovationsfreudigen Unternehmern neue Chancen eröffnet hätten.

Da überdies jeder Flecken anbaufähigen Ackerlandes, bereits unter den Pflug genommen worden war (mit Ausnahme der Mandschurei), konnte die Rohmaterialproduktion, der Baumwoll-Ertrag etwa, unter den bestehenden technischen Verhältnissen nicht mehr gesteigert werden, um den Erfordernissen der industriellen Revolution auf dem Textilsektor gerecht zu werden. Auch die Arbeitskraft war billig in der stark kommerzialisierten chinesischen Gesellschaft, wenngleich diese auch nahe dem Existenzminimum lebte. Zwar gab es weder Gesellschaftsklassen noch politische und kulturelle Barrieren, die soziale und geographische Mobilität verhindert hätten, doch die Arbeitskraft blieb billig, weil sich damals für Bauern kaum eine Gelegenheit bot, in eine produktivere Grenzregion auszuwandern. Die letzte Möglichkeit hierzu in der Vormoderne war die Provinz Yunnan, in der die Bevölkerung zwischen 1775 und 1825 von 3,1 auf 6,3 Millionen stieg, und zwar als Folge der sich bietenden Möglichkeiten in Landwirtschaft, Bergbau und Handel. Im ganzen gesehen verhinderte die problemlose geographische Mobilität im Land die Entstehung von Regionalzentren, in denen Reichtum und eine starke Pro-Kopf-Nachfrage nach Waren herrschte. So zeigten sich die Arbeitgeber im allgemeinen mehr daran interessiert, bei Lohnkosten zu sparen statt bei anderen Produktionsfaktoren wie Rohmaterialien. Nicht zuletzt war es schon wegen der Größe des integrierten chinesischen Marktes - im 18. Jahrhundert der größte der Welt - unwahrscheinlich, daß durch interne oder externe Nachfragesteigerung ein Arbeitskräftemangel entstand, der zwangsläufig zur Mechanisierung hätte führen müssen.

Zu betonen ist aber, daß in der späten Kaiserzeit durchaus ausreichend Investitionskapital zur Finanzierung industrieller Produktionstechnologie zur Verfügung gestanden hätte. Die bedeutenden Salzkaufleute und die Mitglieder der Kaufmannsgilde, die als Regierungsagenten das Überseehandels-Monopol betrieben (die sogenannte Cohong), verfügten pro Kopf über mehrere Millionen Unzen Silber Betriebskapital. Das Problem bestand darin, daß es für sie keine einträgliche Geldanlagemöglichkeit gab, die somit eine Revolution der Produktionsmittel in Gang hätte setzen können. Auch existierten einige riesige Spezialwarenmärkte: In Shanghai hergestellte Baumwollstoffe wurden in 1300 Kilometer entfernten Regionen verkauft. Die wichtigsten der Baumwollstoff-Großhändler aus Suzhou hatten einen Warenumschlag von mehr als einer Million Ballen von je 40 chinesischen Fuß (1 Fuß ca. 32 cm) jährlich. Ähnlich weit verbreitet wurden die Eisenwaren aus Foshan und das Porzellan aus Jingdezhen. Wäre unter den vorherrschenden chinesischen Bedingungen des ausschließlichen Strebens nach kurzfristigen Gewinnen eine industrielle Revolution möglich gewesen, sie hätte mit Sicherheit auch stattgefunden.

Die vorangegangene gedrängte Darstellung einer komplexen Theorie wirft mit Recht einige kritische Fragen auf: Die exakte Definition der Begriffe »prämoderne« und »moderne« Landwirtschaftstechnologie ist nicht leicht zu geben. Das Fehlen oder Vorhandensein von Energieeinsätzen (Inputs), basierend auf einer Industrieproduktion für die Mechanisierung der Landwirtschaft und/oder experimenteller Wissenschaft, ist - zugegebenermaßen - ein behelfsmäßiges, aber dennoch brauchbares Kriterium. Genauer: Als charakteristische »moderne« Inputs gelten chemische Düngemittel, aufgrund wissenschaftlicher Erkenntnisse selektiertes Saatgut, Beton-, Metall- oder Plastik-Röhrenanlagen und der Verbrennungsmotor bei Pumpvorrichtungen oder bei Zugmaschinen. Die Exaktheit unseres generellen Eindrucks einer hohen chinesischen Input-Output-Rate beim Saatgut ist empirisch ebenfalls schwer zu erhärten. Aufgrund lückenhaften Materials kann man im Falle von Weizen auf eine dreifache Menge Saatgut des im Europa des 18. Jahrhunderts üblichen Input-Output-Mittelwertes von rund 1 zu 5 schließen. Ebenfalls in Frage gestellt worden ist, daß überall stets nur die besten Techniken zum Einsatz kamen. Bei einigen der von den Kritikern dieser Ansicht angeführten Fällen stellte sich heraus, daß die Erklärung dafür in der Erschöpfung der Ressourcen durch Kulturanbau und große Bevölkerungsdichte lag. So war der Mangel an Weideland oftmals für einen unzureichenden Einsatz von tierischem Dünger verantwortlich. Auf immer geringer werdende Gewinnaussichten bei landwirtschaftlichen Investitionen - obwohl auch das empirisch schwer zu belegen ist - deuten die abnehmende Zahl neuer Wasserregulierungsprojekte unter der Qing-Dynastie und die Fehlschläge bei der Erschließung neuen Ackerlandes.

Dies ist der historische Hintergrund, vor dem wir die erzwungene Öffnung Chinas durch den Westen in der zweiten Hälfte des 19. Jahrhunderts zu bewerten haben. Diese Öffnung setzte - in gesamtgesellschaftlichem Sinne - einen verheerenden Prozeß kultureller Erosion, Erniedrigung und Verarmung in Gang, der sich später unter der nationalistischen Regierung und ganz besonders unter den Kommunisten noch beschleunigte. Gleichzeitig wies diese Öffnung jedoch einen Weg aus der Sackgasse: Sie ermöglicht die Einführung neuer Technologien zur Förderung des Wirtschaftswachstums und eröffnete China Zugang zu Märkten, Geisteswelt und Künsten der übrigen Welt. Diese historische Epoche wollen wir jetzt einer soliden, aber notwendigerweise nicht emotionslosen Betrachtung unterziehen.

DIE KETTE DER EREIGNISSE

Um die Entwicklung Chinas in der Moderne zu verstehen, wollen wir mit einem kurzen Überblick der letzten 150 Jahre beginnen. Man kann diese Periode in zehn Abschnitte gliedern, von denen sich einige teilweise überschneiden.

Die Öffnung Chinas

Gegen Ende des 18. Jahrhunderts verstärkten die Engländer, die zu diesem Zeitpunkt bereits die führende Position unter den mit China Handel treibenden westlichen Mächten erlangt hatten, ihren Druck auf den chinesischen Markt. Das Monopol des englischen Chinahandels lag bei der Ostindischen Kompanie, die seit 1786 über eine feste Niederlassung in Kanton verfügte. Über diese Gesellschaft wurden Seide und vor allem große Mengen Tee ausgeführt (im Jahr 1800 im Wert von 3 665 000 Pfund Sterling) und lediglich kleinere Mengen Zinn, Blei und Wollstoffe nach China importiert. Diplomatische Missionen Englands (durch Lord Macartney 1793 und Lord Amherst 1816) um stärkere Öffnung des Landes für Industrieprodukte scheiterten, da die kaiserliche Regierung an ihrem Ideal wirtschaftlicher Autarkie festhielt. Mit der Ausweitung der Opiumeinfuhr durch die Ostindische Kompanie verschärften sich die latenten Spannungen, und als der kaiserliche Kommissar Lin 1839 von dem englischen Handels-Superintendenten Charles Elliot die Herausgabe des in Kanton lagernden Opiums erzwang (das im Meer versenkt wurde) und alle Beauftragten der Kompanie des Landes verwies, kam es zum offenen Konflikt. Ohne offizielle Kriegserklärung von einer der beteiligten Parteien beschossen britische Kriegsschiffe die chinesische Flotte vor der kantonesischen Küste und eroberten rasch die Küstenstädte Hongkong, Kanton, Amoy, Ningbo, Fuzhou und Shanghai. 1842 erschienen die Engländer mit 80 Schiffen vor Nanjing, woraufhin Kaiser Daoguang Friedensverhandlungen anbot. Im Vertrag von Nanjing mußte China der Abtretung Hongkongs auf 99 Jahre, der Zahlung einer Kriegsentschädigung von 21 Millionen Silberdollar und der Öffnung der anderen fünf eroberten Hafenstädte als sogenannte »Vertragshäfen« zustimmen. Im Zusatzvertrag von Humen erreichte England darüber hinaus die Meistbegünstigungsklausel, nach der ihm automatisch alle von China anderen Mächten gegenüber gewährte Sonderrechte ebenfalls zustanden. China wurde gezwungen, seine Außenbeziehungen nach dem europäischen Modell der Gleichheit zwischen den Nationen abzuwickeln und nicht auf der einheimischen Traditionen entsprechenden Grundlage eines Tributsystems, das China als universalen Lehnsherrn ansah und die anderen Nationen als seine Vasallen. Die wegen ihres gewaltsamen Zustandekommens von den Chinesen stets als »ungleich« bezeichneten Verträge (1844 erzielten Frankreich und die USA ähnliche Privilegien) sahen neben den genannten Bestimmungen die ungehinderte Betätigung christlicher Missionare im Land, die Freizügigkeit für westliche Kaufleute und die Beschränkung des Einfuhrzolls auf 5% vor. Außerdem mußten in China wegen eines Verbrechens angeklagte Ausländer vor ein Gericht ihrer eigenen Landsleute gestellt werden. Von diesen Bestimmungen kann nur die extraterritoriale Rechtsprechung als moralisch gerechtfertigt gelten: Zu den chinesischen Prozessen jener Zeit gehörte nämlich ganz selbstverständlich die Folterung der Angeklagten und der Zeugen (außer den Absolventen der Beamtenprüfungen), und der Brauch, daß zur Sühnung eines Totschlags automatisch irgend jemand hingerichtet werden mußte, führte gelegentlich zum Justizmord an Unschuldigen. Die kaiserliche Regierung leistete den ausländischen Forderungen keinen längeren Widerstand, weil sie bald erkannte, daß die fremden Mächte keine eigentliche Eroberung von Gebieten beabsichtigten und weil sie durch Aufstände und interne Richtungskämpfe geschwächt war.

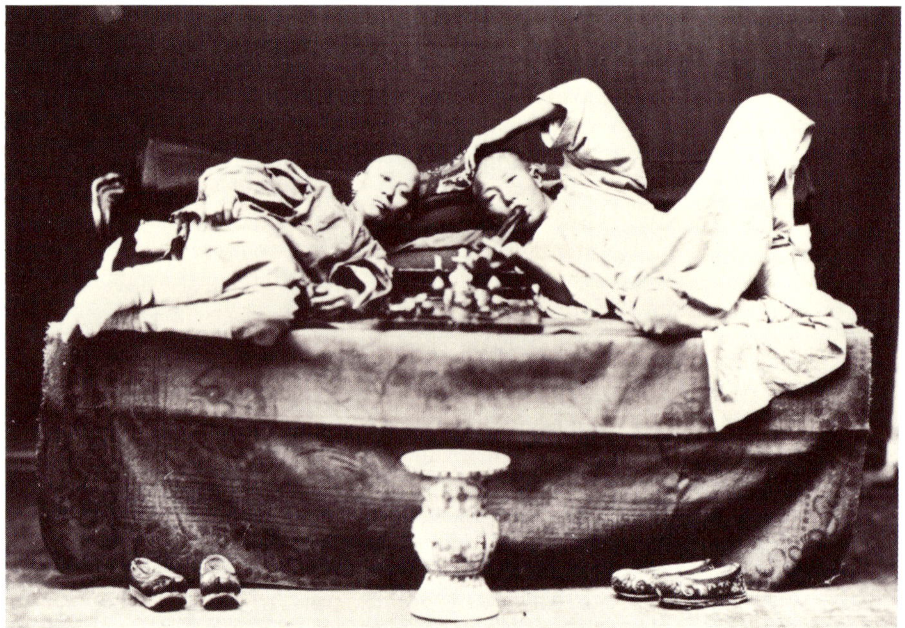

Entspannte Opium-Raucher in Shanghai um die Jahrhundertwende. Das Opium-Rauchen wurde sowohl von den Nationalisten als auch von den Kommunisten verboten.

Die Rolle, die das Opium bei diesen Auseinandersetzungen spielte, ist oft überbewertet worden. Die Kriege von 1839–1842 und 1856–1860 werden in der Regel »Opiumkriege« genannt. Eine bessere Bezeichnung wäre »Kriege um diplomatische Anerkennung«. Die weitverbreitete Ansicht, die massive Opiumeinfuhr durch die Ostindische Kompanie hätte den Chinesen den Genuß der Droge erst aufgezwungen und die militärischen Interventionen hätten vorrangig der Absicherung dieses lukrativen Handels gedient, ist in dieser Form nicht haltbar, wie eine kurze Rückschau auf die Geschichte des Opiums in China zeigt.

Bis um 1600 nahmen die Chinesen Opium nicht als Rauschmittel, sondern als Arznei gegen Schmerzen, genauso wie im Viktorianischen England bis gegen Ende des 19. Jahrhunderts, als es durch Aspirin ersetzt wurde. Durch die Gewohnheit, die Droge mit Tabak zu versetzen, begann sich die Opiumabhängigkeit im 17. Jahrhundert in China zu verbreiten. Die erste Verordnung gegen Anbau und Handel von Opium stammt von 1729. In der zweiten Hälfte dieses Jahrhunderts begannen Europäer, Verbindungen mit dem chinesischen Drogenhändlernetz zu knüpfen, um zahlungskräftige Käuferschichten mit indischem Opium hoher Qualität zu beliefern. Wenig später stößt man auf chinesische Kaufleute, die indisches Opium zu den Niederländisch-Westindischen Inseln schmuggelten. Die Einfuhr nach China wurde erstmals im Jahr 1800

Von den Taiping kontrolliertes Gebiet 1854
Unter Kontrolle der Taiping 1862
Nördl. Taiping-Feldzug 1851–55
Shi Dakais Expedition 1857–63
Kerngebiet der Nian-Rebellion 1858–63
Von der Nian-Rebellion erfaßtes Gebiet 1851–68
Letztes (eingekesseltes) Rückzugsgebiet der Nian-Rebellen
Von der Rebellion der »Roten Turbane« erfaßtes Gebiet 1855–57
Von der Miao-Rebellion erfaßtes Gebiet 1850–72
Vom Moslemaufstand in Yunnan und Sichuan erfaßtes Gebiet 1855–74
Von dem nordwestl. Moslemaufstand erfaßtes Gebiet 1863–74
Von der Rebellion auf Taiwan erfaßtes Gebiet 1862–63
Aufstand der »Triade« oder einer anderen Geheimgesellschaft
Hauptstadt

Die Rebellionen in der Mitte des 19. Jahrhunderts

Wie durch ein Wunder entging die Qing-Dynastie zu jener Zeit dem Zusammenbruch, denn beinahe die Hälfte des Reiches, sieht man von der Mandschurei und Tibet ab, wurde zwischen den 50er und frühen 70er Jahren von Rebellionen verschiedenster Art erfaßt. Die Mandschu hielten sich hauptsächlich deshalb auf dem Thron, weil die Aufständischen unterschiedlichste Ziele verfolgten und deshalb kaum jemals ihre Kräfte zu gemeinsamer Aktion vereinigten. Die islamische Separatistenbewegung des Du Wenxiu (»Sultan Suleiman«) in Dali, die Stammeserhebung der Miao (in Yunnan), die Aktivitäten der Geheimgesellschaften der »Roten Turbane« in Guangdong und des »Kleinen Messers« in Shanghai, die christlich-konfuzianischen Utopisten des Taiping Tienguo (das »Himmlische Reich des allgemeinen Friedens«) im unteren Yangzi-Tal und die periodischen Raubzüge der Nian-Banditen in der Huai-Region – um nur einige der wichtigsten Akteure zu nennen – hatten zuwenig Gemeinsames, um eine vereinte Oppositionsbewegung zustande zu bringen, ja sie befehdeten sich teilweise sogar untereinander, wie die Moslems und die Taiping. Wegen Streitigkeiten unter der Taiping-Führerschaft brach Shi Dakai, einer der »Könige«, zu seiner Expedition nach Westen auf, ein Unternehmen, das den Langen Marsch der Kommunisten vorausnahm, aber im Gegensatz zu diesem mit dem Untergang endete.

ausdrücklich verboten; doch aus den kaiserlichen Verordnungen gegen den Handel geht klar hervor, daß sogar in den 30er Jahren, dem Höhepunkt der Kampagne gegen den Opiumzufluß, der Staat vor allem mit der Bekämpfung der einheimischen Produktion befaßt war. Obwohl 1834 ca. 22000 und 1838 bereits 40000 Kisten (à 65 kg) Opium eingeführt wurden, scheint die Produktion im Land selbst stets höher gewesen zu sein als die Importe.

Ferner wird behauptet, daß das Opium der Wirtschaft große Silbermengen als Zahlungsmittel entzog und daß es der Volksgesundheit ernstlichen Schaden zufügte. Der Opiumhandel war für die Europäer zweifellos von großer Bedeutung, da die Nachfrage nach westlichen Gütern in China enttäuschend gering war und diplomatische Vorstöße um Erleichterung des Handels erfolglos blieben. Die chinesische Handelsbilanz konnte bis Mitte der 30er Jahre des 19. Jahrhunderts durch die umfangreiche Teeausfuhr aktiv gehalten werden, danach verschlechterte sie sich rapide. Der Eindruck eines Zahlungsmittelabflusses, der den Zustrom von Silber aus der Neuen Welt nach China seit dem späten 16. Jahrhundert umkehrte, rührt allerdings auch von dem sich verschlechternden internen Wechselkurs von Kupfermünzen gegen Silber her. Dies hat man nun als eine Auswirkung der Verfälschung und Wertminderung der Kupferwährung durch die Regierung jener Zeit erkannt. Die Folgen des Opiumrauchens für die Volksgesundheit schließlich sind meist überschätzt worden. 1835 soll es in China annähernd zwei Millionen Opiumabhängige gegeben haben, doch viele, darunter wichtige Beamte, waren bis ins hohe Alter leistungsfähig. Stärker ins Gewicht fiel wohl die Korruption unter der Beamtenschaft, die am Opiumschmuggel verdiente, und daß Familien durch die finanzielle Belastung ruiniert wurden. Zusammenfassend läßt sich sagen, daß der Opiumhandel zwar ein nicht geringer Störfaktor in den Beziehungen zwischen China und dem Ausland, hingegen keine eigentliche Kriegsursache war und daß seine historische Bedeutung übertrieben worden ist.

Die Aufstände um die Jahrhundertmitte

Von den frühen 50er bis zur Mitte der 70er Jahre des letzten Jahrhunderts wurde das Kaiserreich von einer Reihe

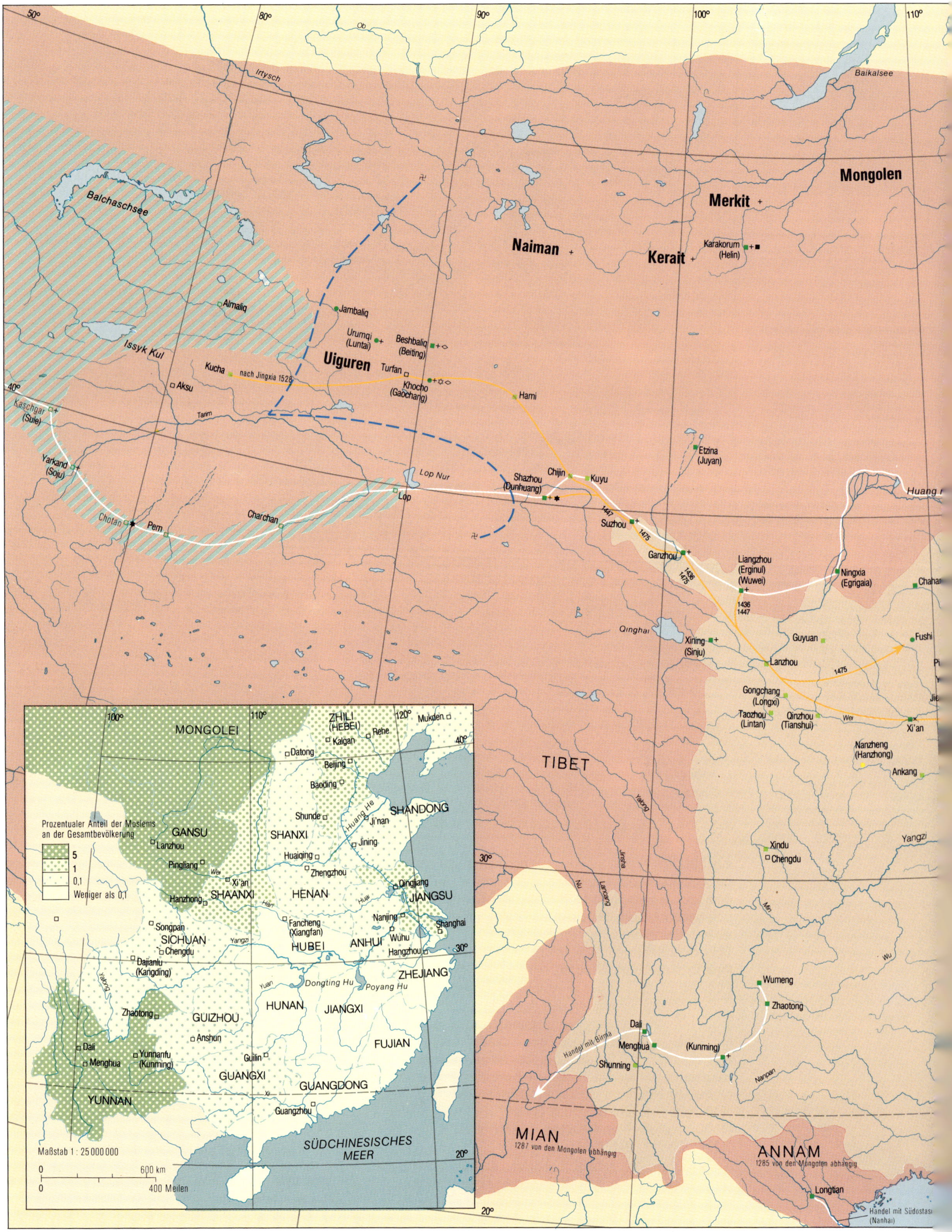

Irtysch
Ob
Baikalsee
Balchaschsee
Issyk Kul
Mongolen
Merkit
Naiman
Kerait
Karakorum
(Helin)
Almaliq
Jambaliq
Urumqi
(Luntai)
Beshbaliq
(Beiting)
Uiguren
Turfan
Kucha
nach Jingxia 1528
Aksu
Khocho
(Gaochang)
Hami
Kaschgar
(Sule)
Tarim
Yarkand
(Soju)
Lop Nur
Lop
Etzina
(Juyan)
Shazhou
(Dunhuang)
Chijin
Kuyu
Huang
Chotan
Pem
Charchan
Suzhou
Ganzhou
Liangzhou
(Erginul)
(Wuwei)
Ningxia
(Egrigaia)
Chahan
Qinghai
Xining
(Sinju)
Guyuan
Fushi
Lanzhou
Gongchang
(Longxi)
Taozhou
(Lintan)
Qinzhou
(Tianshui)
Wei
Xi'an
Nanzheng
(Hanzhong)
Ankang
TIBET
Yalong
Jinsha
Lancang
Nu
Yangzi
Xindu
Chengdu
Min
Wu
Wumeng
Zhaotong
Dali
Menghua
Shunning
(Kunming)
Handel mit Birma
Nanpan
MIAN
1287 von den Mongolen abhängig
ANNAM
1285 von den Mongolen abhängig
Longtian
Handel mit Südostasien
(Nanhai)
MONGOLEI
ZHILI
(HEBEI)
Mukden
Rehe
Kalgan
Datong
Beijing
Baoding
SHANDONG
Ji'nan
Shunde
SHANXI
Jining
Huang He
Prozentualer Anteil der Moslems an der Gesamtbevölkerung
5
1
0,1
Weniger als 0,1
GANSU
Lanzhou
Pingliang
Xi'an
Huaiqing
Zhengzhou
Qingjiang
Hanzhong
SHAANXI
HENAN
JIANGSU
Han
Huai
Nanjing
Shanghai
Songpan
Fancheng
(Xiangfan)
SICHUAN
Chengdu
HUBEI
ANHUI
Wuhu
Hangzhou
Dajianlu
(Kangding)
ZHEJIANG
Dongting Hu
Poyang Hu
Yuan
HUNAN
JIANGXI
Zhaotong
GUIZHOU
Anshun
Dali
Menghua
Yunnanfu
(Kunming)
FUJIAN
Guilin
GUANGXI
GUANGDONG
Xi
YUNNAN
Guangzhou
SÜDCHINESISCHES MEER
Maßstab 1 : 25 000 000
600 km
400 Meilen

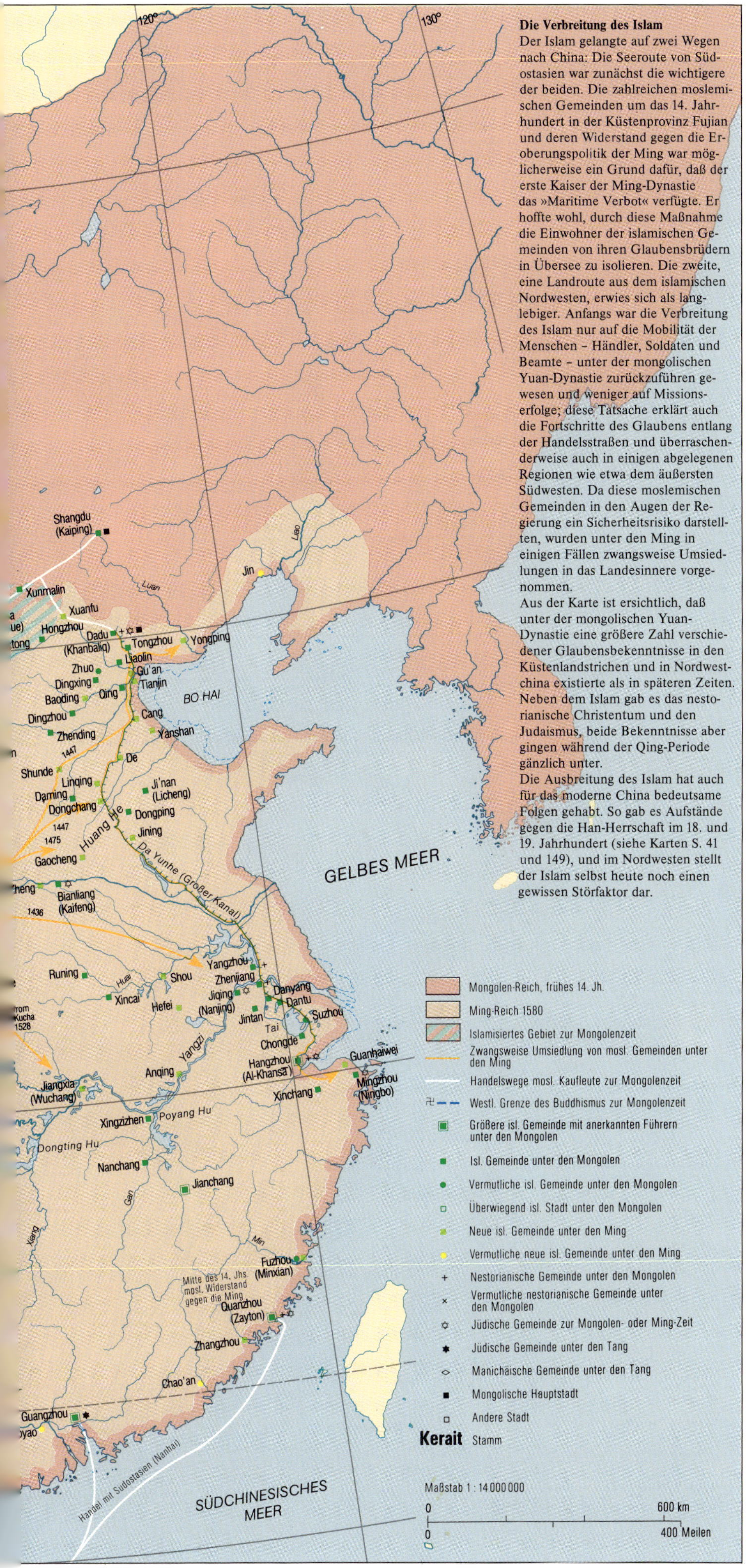

Die Verbreitung des Islam
Der Islam gelangte auf zwei Wegen nach China: Die Seeroute von Südostasien war zunächst die wichtigere der beiden. Die zahlreichen moslemischen Gemeinden um das 14. Jahrhundert in der Küstenprovinz Fujian und deren Widerstand gegen die Eroberungspolitik der Ming war möglicherweise ein Grund dafür, daß der erste Kaiser der Ming-Dynastie das »Maritime Verbot« verfügte. Er hoffte wohl, durch diese Maßnahme die Einwohner der islamischen Gemeinden von ihren Glaubensbrüdern in Übersee zu isolieren. Die zweite, eine Landroute aus dem islamischen Nordwesten, erwies sich als langlebiger. Anfangs war die Verbreitung des Islam nur auf die Mobilität der Menschen – Händler, Soldaten und Beamte – unter der mongolischen Yuan-Dynastie zurückzuführen gewesen und weniger auf Missionserfolge; diese Tatsache erklärt auch die Fortschritte des Glaubens entlang der Handelsstraßen und überraschenderweise auch in einigen abgelegenen Regionen wie etwa dem äußersten Südwesten. Da diese moslemischen Gemeinden in den Augen der Regierung ein Sicherheitsrisiko darstellten, wurden unter den Ming in einigen Fällen zwangsweise Umsiedlungen in das Landesinnere vorgenommen.
Aus der Karte ist ersichtlich, daß unter der mongolischen Yuan-Dynastie eine größere Zahl verschiedener Glaubensbekenntnisse in den Küstenlandstrichen und in Nordwestchina existierte als in späteren Zeiten. Neben dem Islam gab es das nestorianische Christentum und den Judaismus, beide Bekenntnisse aber gingen während der Qing-Periode gänzlich unter.
Die Ausbreitung des Islam hat auch für das moderne China bedeutsame Folgen gehabt. So gab es Aufstände gegen die Han-Herrschaft im 18. und 19. Jahrhundert (siehe Karten S. 41 und 149), und im Nordwesten stellt der Islam selbst heute noch einen gewissen Störfaktor dar.

größtenteils unzusammenhängender Aufstände erschüttert. Die meisten konnten durch regionales Militär niedergeworfen werden, das für die Zentralregierung kämpfte, jedoch nur locker unter ihrer Kontrolle stand. Zu ihrem Sieg trug entscheidend die Verwendung von Feuerwaffen bei, die aus dem Westen eingeführt oder nach westlichen Modellen angefertigt worden waren.

Die bedrohlichste dieser Erhebungen bildete die Taiping-Bewegung unter ihrem Führer Hong Xiuquan, einem gescheiterten Kandidaten der Beamtenprüfung. Er agitierte anfänglich in Guangxi und gründete bald die »Gesellschaft für Gottesverehrer«, der sich schnell Mitglieder anderer Geheimgesellschaften anschlossen; binnen zwei bis drei Jahren umfaßte seine Gefolgschaft bereits an die 30 000 Mann. 1850 kam es zum Aufstand, der sich so vehement ausbreitete, daß die Taiping bereits im Jahr darauf ihren eigenen Staat gründen konnten. Auf seinem Machthöhepunkt von 1853–1864 umfaßte ihr »Himmlisches Reich des allgemeinen Friedens« (*Taiping Tinguo*) weite Teile des unteren Yangzi-Tals mit dem Regierungssitz in der »Himmlischen Hauptstadt« Tianjing, dem heutigen Nanjing. Die Taiping-Rebellen nahmen die chinesische kommunistische Bewegung in mehrerlei Hinsicht vorweg. Ihre Führer predigten eine neue Ideologie, von der sie behaupteten, sie wäre eine göttliche Offenbarung, die sowohl die persönliche Erlösung der Gläubigen als auch eine bessere Gesellschaftsordnung verhieß. Es handelte sich dabei um eine Mischung aus dem utopischen Konfuzianismus der *Riten der Zhou* und alttestamentarischem christlichem Gedankengut, mit dem Hong Xiuquan durch ein Missionarstraktat bekannt geworden war. Das Taiping-Gesellschaftsideal basierte auf einem theokratischen Kollektivismus in kleinen ländlichen Gemeinschaften. Ein hervorstechendes Merkmal ihrer Ideologie war die vehemente Bekämpfung der traditionellen chinesischen Volksreligion, die als »teuflisch« bezeichnet wurde. Die Ausrottung des »Aberglaubens« blieb später ein wichtiger Programmpunkt fortschrittlicher Parteien.

Dazu muß man wissen, daß das Leben in den Gemeinden vor der Moderne von einem Komplex von Ritualen durchzogen war, welche die Beziehungen zwischen den Menschen und der vielfältigen Götter- und Geisterwelt regelten. Kleine Gruppen von Familien waren durch gemeinsame Räucheropfer verbunden, größere Gruppen durch zeremonielle Opfer und Reinigungen sowie religiöse Feiern. Durch solche gesellschaftlichen Anlässe wurde das Jahr gegliedert. Die Bildersprache der Zeremonien, der Märchen, Balladen und Schauspiele beherrschte die Vorstellungen des Volks, in denen es von Göttern, die gewissermaßen Diener der Gemeinde waren, und von Unsterblichen wimmelte, die sich von den Beschränkungen durch menschliche Moral und die Gesellschaft befreit hatten. Im Mittelpunkt des sozialen Lebens in Dörfern und Stadtteilen standen oft prächtige Tempel mit glänzenden gekachelten Dächern, bemalten und geschnitzten Säulen und Götterstatuen, die zu bestimmten Zeiten in Prozessionen durch die jeweiligen Bezirke getragen wurden. Diese Volksreligion kam ohne einen geistlichen Stand im westlichen Sinn aus, obschon es Geistermedien (zur Beantwortung der Fragen der Ratsuchenden) und daoistische Ritualmeister für größere Zeremonien gab.

Hong Xiuquan wandte sich von Anfang an gegen die traditionelle Volksreligion und predigte stattdessen einen stark von konfuzianischen Moralvorstellungen geprägten Monotheismus. Er betonte die Bedeutung des kindlichen Gehorsams und der gesellschaftlichen Eintracht und bekämpfte Theateraufführungen, Glücksspiel und Prostitution. Seine Anhänger gerieten in steigenden Konflikt mit ihren Nachbarn, und als der Druck und Argwohn der Behörden immer stärker wurde, waren sie geradezu zur Rebellion gezwungen. Mit ihrer Machtübernahme rissen sie in den von ihnen beherrschten Gebieten viele Tempel und Klöster nieder – eine Kulturverwüstung vergleichbar der Zerstörung von Kirchen und Kathedralen in Europa zur Zeit der Reformation. Die Taiping-Anhänger waren noch in einem anderen Punkt revolutionär, denn sie vertraten größere gesellschaftliche Freiheiten für die Frau und ihre zumindest theoretische Gleichberechtigung in vielerlei Hinsicht, wie etwa beim Recht auf Landbesitz. Frauen hatten Zugang zu den Ämtern, dienten als Soldaten, und die Sitte des Füßeeinbindens wurde verboten.

Nach 1859 legte der Premierminister der Taiping, Hong Ren'gan, der sein westliches Wissen in Hongkong erworben hatte, ein ausführliches Programm zur wirtschaftlichen Modernisierung vor. Seine Anregungen, die allerdings genauso wenig verwirklicht wurden wie der Plan von kollektivem Landbesitz, umfaßten die Einrichtungen von Banken, Eisenbahnen, Zeitungen, Postämtern und sahen geheime Wahlen, Patente auf Erfindungen, Alkoholverbot, Schaffung einer Geheimpolizei und Untersagung der Geomantik vor, da diese eine rentable Ausbeutung der Bodenschätze verhinderte. Die Niederwerfung des Taiping-Aufstandes und der anderen Erhebungen der Jahrhundertmitte durch die Zentralregierung konnte nur unter größten Schwierigkeiten erreicht werden, und die bestehende Ordnung war so der Zerstörung nur mit knapper Not entgangen. Daher rührte wohl die übervorsichtige Haltung des Hofs gegenüber selbst kleinsten wirtschaftlichen, gesellschaftlichen und politischen Neuerungen in den 70er und 80er Jahren. Trotzdem blieb technische Modernisierung stets am Rande im Gespräch. 1865 erklärte Li Hongzhang, der maßgeblich an der Vernichtung der Taiping beteiligt gewesen war, dem Kaiser: »Westliche Maschinen können Geräte für die Landwirtschaft, Weberei, Druckerei und Töpferei, also für den täglichen Gebrauch der Leute, herstellen. Sie dienen nicht ausschließlich der Waffenfertigung. Dabei ist verblüffend, wie sie Wasser- und Feuerkraft ausnutzen, um Arbeitskräfte und Rohstoffe einzusparen.« Aber er hatte die Konservativen gegen sich, die wie Woren argumentierten, daß es »die grundsätzliche Politik des Staates sei, den Geist der Menschen zu kultivieren und nicht die Technik.«

Agitation für institutionelle Reform

Die Eroberung Annams durch Frankreich in den 80er Jahren und Japans rascher Sieg über China im Krieg von 1894–1895, der die Abtretung Koreas, Formosas und der Pescadoren-Inseln, die Öffnung vier weiterer Freihäfen und die Zahlung einer Kriegsentschädigung von 200 Millionen Silberdollar nach sich zog, riefen zunehmend Reformvorschläge für die bestehenden Institutionen ins Leben. Ihr Ziel war, durch eine bessere Verbindung (*tong*) zwischen Regierenden und Untertanen gegenseitige Anteilnahme und Unterstützung zu erreichen. Anfangs gingen diese Forderungen von Männern mit Auslandserfahrungen wie Dr. He Kai oder Personen außerhalb des politischen Lebens aus, aber sie fanden bald auch Anhänger unter der jüngeren Beamtenschaft. Ein Vertreter dieser Gruppe war Chen Zhi, dessen Reformideen mit dem absichtlich vorsichtig formulierten Titel *Über das gleichbleibende Element in den Angelegenheiten der Menschen* vom Kaiser persönlich begutachtet wurden. Die Hauptziele der Reformer waren ein kodifiziertes Recht, gewählte Gemeindebeamte und ratgebende Versammlungen, ein Nationalparlament und Zeitungen, die staatlicher Aufsicht unterstehen sollten, denn »es gibt nichts Besseres für ein Land, als unzählige Menschen in einem Denken zu vereinen.«

Die Ursprünge der Boxerbewegung
Die gegen das Christentum und gegen die Fremden gerichtete Boxerbewegung der Jahre 1898–1900 ging aus der Verschmelzung mehrerer separater lokaler Organisationen hervor, von denen eine – die proto-Boxer Dorfmilizen – im Gebiet nördlich des Huang He in Shandong aktiv war, eine andere – die »Gesellschaft der Großen Schwerter« – südlich davon operierte. Nach ihrer Vereinigung zogen die Aufständischen ostwärts bzw. nordwärts.
Aus der Karte geht die enge geographische Verknüpfung der Boxerbewegung mit der Region des Großen Kanals hervor, sie zeigt auch die relativ wenigen geographischen Berührungspunkte mit den Gegenden Chinas, in denen das Christentum verbreitet war (rund um die christlichen Missionen) und in denen sich Ausländer angesiedelt hatten (in den Vertragshäfen).

Rechts: Die Kaiserinwitwe Cixi mit Hofstaat und dem Obereunuchen.

In den 90er Jahren begann dann der moderne chinesische Nationalismus Gestalt anzunehmen. Seine älteste Schicht ist ein prämoderner Kulturuniversalismus, der an der Doppeldeutigkeit des chinesischen Ausdrucks »Alles unter dem Himmel« (*tianxia*) erkennbar ist, was sowohl »das chinesische Kaiserreich« als auch »die ganze Welt« bedeuten kann. Man lebte in dem Bewußtsein, daß China gewissermaßen die Menschheit repräsentierte, zumindest ihren kulturell hochstehenden Teil (im Gegensatz zu den das Land umgebenden »Barbaren«). Daher war das Schicksal der Menschheit fast deckungsgleich mit dem Schicksal der chinesischen Kultur oder sogar – was nicht ganz dasselbe ist – mit dem der chinesischen Rasse. Anfangs stellte diese Haltung ein Hindernis für Veränderung dar. Alcock, der britische Gesandte nach Beijing in den späten 60er Jahren des 19. Jahrhunderts, machte bei den Chinesen Rassenstolz und ein sicheres Gefühl ihrer zivilisatorischen Überlegenheit gegenüber allen anderen Völkern aus.

Der traditionelle Universalismus wurde in den 90er Jahren von einer wachsenden Sorge über den internationalen Überlebenskampf verdeckt, eine dem damals in Mode gewesenen Sozialdarwinismus entlehnte Vorstellung. Den Kern bildete die bittere Erkenntnis, daß China ein Nationalstaat unter vielen war und mit seinen Rivalen in eine Auseinandersetzung um Leben und Tod verwikkelt war. Die offenkundige Überlegenheit des technisch-naturwissenschaftlichen Know-hows der Europäer gegenüber der konfuzianischen Tradition öffnete vielen Gelehrten die Augen für die Notwendigkeit einer umfassenden Modernisierung. Yan Fu, der Übersetzer von Huxley, Adam Smith und J. S. Mill, brachte die vorherrschende Stimmung im Jahre 1900 deutlich zum Ausdruck:

Im Zustand grenzenloser Unwissenheit, müssen wir im Streben nach Wissen größte Anstrengungen unternehmen. Es bleibt uns keine Zeit zu fragen, ob dieses Wissen chinesisch oder westlich, ob es alt ist oder neu. Wenn der eine Weg zu Unwissenheit und daher zu Schwäche führt, so müssen wir ihn verwerfen, selbst wenn er von unseren Vorfahren stammt oder sich auf die Autorität unserer Herrscher und Lehrer gründet... Wenn ein anderer Weg unsere Unwissenheit überwindet und uns so von Armut und Schwäche befreit, dann müssen wir ihn anstreben, auch wenn er von Barbaren und wilden Tieren kommt.

Angesichts der Niederlage gegen die Japaner im Krieg von 1894-1895 veranstalteten Prüfungskandidaten in Beijing einen Massenprotest, und Kang Youwei, damals noch ein untergeordneter Beamter, verlieh der neuen nationalistischen Gesinnung erstmals wirkungsvoll Ausdruck. Mit beißender Rhetorik stellte er fest, daß »es kein konservatives Land auf der Welt gibt, das nicht einem zerschmetterten Ziegel gleicht«, und das britische Indien beschrieb er als ein Land, in dem »die einheimischen Massen wie Vieh gehalten werden«. Zusammen mit Wen Tingshi, dem Erzieher der kaiserlichen Konkubinen, gründete er die »Gesellschaft zum Erlernen der Selbststärkung« und dies führte bald zur weiten Verbreitung von »Studiengesellschaften«, den Vorläufern der politischen Parteien.

1898 schließlich erfolgte die Ernennung Kangs zum kaiserlichen Sonderberater, und er machte sich mit dem Übereifer eines unerfahrenen Enthusiasten an vielerlei Reformen. Im Vordergrund standen die Modernisierung des Beamtenprüfungssystems, die Rationalisierung der Verwaltungsstruktur, die Einführung zeitgemäßer Lehrpläne und erste Schritte zur Demokratisierung. Doch nicht die Überzeugung von den Rechten des Volkes war Beweggrund für diese »Demokratisierung«, sondern die Ansicht, daß sie der Nation durch organische Einheit Stärke verleihe. Chen Zhi drückte das folgendermaßen aus: »Wird etwas vorgeschlagen, dann gibt es keine unnötige Diskussion und keine Unterlassungen in der Ausführung. Es ist so, wie der Körper den Arm steuert und der Arm die Finger, indem er mit einem Herzen und einem einheitlichen Verhaltensmodus alle Regungen vereinigt und so einen mächtigen Schutzwall bildet«. Nach wenig mehr als drei Monaten wurden Kang und seine Mitstreiter jedoch durch einen konservativen Staatsstreich entmachtet, dessen Anführer die Kaiserinwitwe Cixi, ihr Vertrauter Ronglu und der mächtige Beamte Yuan Shikai waren, der auf eine nahe der Hauptstadt stationierte Armee zurückgreifen konnte. Cixi ließ den reformfreudigen Kaiser verhaften und internieren, übernahm selbst die Regierung und machte fürs erste alle Reformen rückgängig. Kang Youwei entging der Gefangennahme und Hinrichtung nur durch seine Flucht nach Hongkong.

Ultrakonservatismus

Das dritte Element des modernen chinesischen Nationalismus ist eine tiefeingewurzelte Feindseligkeit gegen alles Nichtchinesische. Bildlich gesprochen ist dies wie heiße emotionelle Lava, die von Zeit zu Zeit an die Oberfläche tritt und mit kurzlebiger, doch zerstörerischer Wirkung hervorbricht. Der Boxer-Aufstand von 1899 und 1900 ist ein typischer Ausdruck dafür.

Eine zeitgenössische Zeichnung, die einen Boxer bei Fechtübungen darstellt. Den Kampfsportübungen maß man große Bedeutung bei, und die Anhänger der Bewegung glaubten, sie seien durch ihre übernatürlichen Kräfte gegen Klingen und Kugeln gefeit. Die Lehrmeister versetzten ihre Schüler oftmals vor Beginn der Übungen in Hypnose, und manchmal behaupteten sie auch, von Göttern, etwa Guandi, dem Gott des Krieges, besessen zu sein.

Die Massengrundlage für die Erhebung bildete die Verschmelzung zweier antichristlicher Bewegungen, deren Opfer in der Hauptsache chinesische Christen und angebliche Vertreter dieses Glaubens waren. Die Anhänger der Bewegung, meist Jugendliche, übten sich in Kampfsportarten (daher der Name »Boxer«, eigentlich »Faustkämpfer für Gerechtigkeit und Eintracht«, *yihequan*) und bedienten sich der theatralischen Aura der traditionellen Religion wie behaupteter Geisterbesessenheit und Unverletzbarkeit. Der Zulauf beschränkte sich vor allem auf das Gebiet des nördlichen Teils des Großen Kanals, das stark unter Rezession litt und voll von entwurzelten und deklassierten Menschen war. Die Boxer fanden Unterstützung bei einigen örtlichen Beamten, Ultrakonservative, die die Kompromißpolitik des Hofs gegenüber den Ausländern stets verdammt hatten. Die wichtigsten unter ihnen waren Li Bingzheng, Gouverneur der Provinz Shandong in den 90er Jahren, und Yuxian, Gouverneur in den Jahren 1898 und 1899. Doch sobald die Bewegung ins Rollen gekommen war, entglitt sie ihrer Kontrolle: Beamte wurden ignoriert, beleidigt, mißhandelt und sogar umgebracht. Die Boxer beabsichtigten alle zu töten, in denen sie die Quelle des Übels sahen. Ein damaliges Plakat aus Beijing verdeutlicht die dahinterstehenden Einstellungen:

Die durch übernatürliche Mächte unterstützten Boxer haben sich nur erhoben, weil die nordchinesische Ebene von Teufeln [d. h. Christen und Ausländern] heimgesucht wird. Diese haben die Leute bedrängt, ans Christentum zu glauben und versuchen so, die Macht des Himmels an sich zu reißen. Sie achten die Götter und Buddhas nicht und vergessen ihre Ahnen. Sie kennen in ihren zwischenmenschlichen Beziehungen keine Prinzipien ... Kein Regen fällt. Der Boden ist verdorrt. Dies ist geschehen, weil die christlichen Kirchen den Himmel [d. h. das Walten des Himmels] zum Stillstand gebracht haben. Die Götter sind zornig, die Unsterblichen verärgert. Wollt ihr die Teufel vertreiben, so bedarf es dazu vieler Mühen. Reißt die Eisenbahnschienen heraus! Zerschlagt die großen Dampfschiffe! ... Wenn die Teufel alle abgeschlachtet sind, wird die erhabene Qing-Dynastie einen großen Aufschwung erleben.

Diese und andere Ängste, wie die vor allgegenwärtigen Spionen, wurden kompensiert durch den Glauben an eine augenblickliche magische Regeneration, sobald die »Teufel« vernichtet und die Boxer-Rituale befolgt würden. Die meisten konservativen Beamten vertraten zu dieser Zeit ein Programm begrenzter Verwestlichung, besonders auf militärischem Gebiet, um so tiefgreifenden Veränderungen zu einem späteren Zeitpunkt vorzubeugen. Ihnen gegenüber stand eine kleine Gruppe von Ultrakonservativen, meist Beamte am Hof ohne nennenswerte Erfahrung in der Verwaltung, die selbst dieses geringe Maß an Verwestlichung ablehnten und mit der Ausländerfeindlichkeit der Boxer sympathisierten. Sie glaubten, daß durch ein gestärktes ideologisches Bewußtsein und die richtig gesteuerte Willenskraft der mobilisierten Massen die Ausländer ganz hinausgeworfen und die Folgen der »ungleichen Verträge« wie das Christentum und die Vertragshäfen beseitigt werden könnten. Yuxian erklärte: »Unser Land verfällt immer mehr, weil der Wille des Volks nicht entwickelt ist.« Der Thron sprach vom »Willen der Massen« wie von einem Bollwerk. Manche versuchten, die abergläubischen Aspekte der Bewegung zu rationalisieren; andere, wie Prinz Duan, waren zynischer: »Es kommt nur darauf an, ihre Gefühle zu benutzen. Warum von ihrem Zauber reden?«

Als die Ultrakonservativen bei Hof die Oberhand ge-

Prozentuale Verteilung des Brutto-Inlandsprodukts von China der Jahre 1914–1918 und 1931–1936, wobei die Sektoren in der Reihenfolge der Wachstumsrate angegeben sind

	Leistung (in Billionen *Yuan* von 1933)		Prozentualer Anteil am Brutto-Inlandsprodukt		Index (1914–18 = 100)
	1914–18	1931–36	1914–18	1931–36	
Modern					
Industrie	0,33	1,21	1,4	4,2	367
Transport	0,25	0,50	1,0	1,7	200
Bau	0,26	0,48	1,1	1,6	185
Finanzwesen	0,17	0,28	0,7	1,0	165
Traditionell					
Handel	2,23	2,71	9,2	9,3	122
Regierung	0,76	0,91	3,1	3,1	120
Persönliche Dienstleistungen	0,30	0,35	1,2	1,2	117
Landwirtschaft	16,00	18,32	66,0	62,9	115
Miete	0,91	1,04	3,8	3,6	114
Handwerk	1,93	2,18	8,0	7,5	113
Transport	1,10	1,15	4,5	3,9	105
Brutto-Inlandsprod.	**24,26**	**29,13**	**100,0**	**100,0**	**120**

Anmerkung: Die Untersummen sind aufgerundet.
»Transport« beinhaltet das Nachrichtenwesen.

Pro-Kopf-Leistung in der Landwirtschaft und Industrie in den vier Wirtschaftszonen Chinas 1952–1953 im Währungsstand von 1952

	Bevölkerung (1953) (in Millionen)	Leistung (1952) (in Millionen *Yuan*)		Pro-Kopf-Leistung (in *Yuan* pro Person)	
		Landwirtschaft	Industrie	Landwirtschaft	Industrie
Hinterland	507	38158	16932	75	33
Ehemalige Vertragshäfen	8,9	-	8346	-	938
Rohstoffreiche Grenzgebiete	46,9	5063	7514	108	160
Äußeres China	12,7	1835	404	144	32

Oben: Mit dem Bau eines Eisenbahnnetzes wurde während der letzten Jahre des 19. Jahrhunderts begonnen; bis zur Revolution von 1911 machte seine Erweiterung rapide Fortschritte, dann aber trat ein vorübergehender Stillstand ein. Auf dieser Fotografie sieht man einen überfüllten Bahnsteig in der Hafenstadt Tianjin im Jahre 1908.

Links: Wirtschaftliches Wachstum
Tabelle 1: Prozentuale Verteilung des Inlandprodukts während der Jahre 1914–1918 und 1931–1936, gestaffelt nach Wachstumsraten einzelner Wirtschaftssektoren.
Die ersten beiden Spalten zeigen den Ertragswert der verschiedenen Wirtschaftssektoren in China (einschließlich der Mandschurei), grob unterteilt in die beiden Hauptkategorien moderne und traditionelle Wirtschaftssektoren. Der hohe Anteil der traditionellen Wirtschaftszweige – speziell der Landwirtschaft mit über 60% – wird in der dritten und vierten Spalte deutlich, wo der prozentuale Anteil der einzelnen Sektoren am Bruttoinlandsprodukt aufgeführt ist. In der letzten Spalte sind die proportionalen Zuwachsraten zwischen den beiden Erfassungszeiträumen aufgeführt, wobei das Äquivalent des Bruttoinlandsprodukts von 1914–1918 mit 100 bewertet wurde. Die viel raschere Steigerung in den modernen Wirtschaftssektoren (die um das Dreieinhalbfache anwuchsen) ist deutlich abzulesen.
Tabelle 2: Landwirtschaftlicher und industrieller Pro-Kopf-Ertrag in den vier Wirtschaftszonen während der Jahre 1952–1953, Yuan-Wert des Jahres 1952.

wannen, entfachten sie eine Kampagne zur Ausrottung der chinesischen Christen (oder ihrer Umerziehung durch »Selbsterneuerungs-Ämter«) und zur Vertreibung der Ausländer. Die »Boxer« zogen mit offizieller Billigung in Beijing und Tianjin ein, ermordeten den deutschen Gesandten in Beijing, Klemens von Ketteler, und belagerten das Gesandtschaftsviertel. Am 21. Juni 1900 erklärte die chinesische Regierung Großbritannien, Frankreich, Deutschland, Italien, Österreich, Holland, Belgien, den USA und Japan gleichzeitig den Krieg. Durch die Weigerung der realistischer eingestellten Provinzbehörden in Zentral- und Südchina, die kaiserlichen Befehle auszuführen, konnte ein längerer Krieg mit den fremden Mächten vermieden werden, der wohl zu einer Zerstückelung Chinas geführt hätte. Der Nordosten wurde durch ein internationales Expeditionskorps befriedet, das auch die Hauptstadt eroberte, den Hof zur Flucht zwang und Paläste plünderte und zerstörte. Nach dieser Niederlage hatte sich die Situation Chinas noch erheblich verschlechtert. Das Boxerprotokoll von 1901 legte die Zahlung einer enormen Kriegsentschädigung an die Westmächte in Höhe von 450 Millionen Silberdollar fest, verbot jegliche Waffeneinfuhr und alle fremdenfeindlichen Aktionen.

Am Beispiel des Boxer-Aufstands wurden Aspekte des politischen Verhaltens der Chinesen deutlich, die von Zeit zu Zeit wieder auftreten sollten, besonders in der Kulturrevolution der 60er Jahre unseres Jahrhunderts. Die Grundlage für die Mobilisierung der Massen war Haß. Es wurden Sündenböcke für die Leiden erfunden und in dem Glauben umgebracht, durch ihre Vernichtung würde sich alles automatisch zum Besten wenden. Technische Überlegenheit galt im Vergleich mit Glaubensstärke für unwichtig, und viele einfache Leute vertrauten auf das Versprechen, die richtige Ideologie befähige sie zu übermenschlichen Leistungen. Man wollte alles (außer ausländischen Feuerwaffen) abschaffen, das durch fremde Herkunft befleckt war. Die begeisterungsfähige Jugend stellte die Mehrheit derer, die sich der Sache verschrieben und dafür starben. Durch die Ermutigung von staatlicher Seite, die das Menschenpotential gegen die Ausländer einsetzen wollte, wuchs die Bewegung an, doch die Zivil- und Militärbürokratie spaltete sich darüber in zwei Lager, und aus diesem Gegensatz erwuchsen tödliche Fehler. Obschon die Bewegung sich kaisertreu gab, war sie in Wirklichkeit der staatlichen Kontrolle entzogen. An manchen Orten setzte sie ihre eigene Konkurrenzverwaltung ein, und sie wurde verschiedentlich von der Unterwelt als Deckmantel für Verbrechen benutzt. Das Volk war zwar leicht zu gewinnen, aber nur oberflächlich überzeugt. Die Unterstützung brach zusammen, als der gesunde Menschenverstand merkte, daß die Versprechungen der Boxer nicht eingelöst werden konnten.

Erste Schritte zur Demokratisierung

Um 1903 waren fast alle Gebildeten zu der Ansicht gelangt, daß eine umfassende politische und gesellschaftliche Reform für den Fortbestand des Landes unabdingbar sei. Dies fand 1902 seinen Niederschlag in der Theorie einer neuen Bürgerschaft von Liang Qichao, dem vielleicht einflußreichsten Publizisten in der chinesischen Geschichte. Nach seiner Überzeugung brauchte China eine neue Gesellschaft und ein neues Menschenbild mit Freiheit, Gleichheit, Unabhängigkeit, Selbstachtung, Selbstverwaltung und einem Sinn für öffentliche Moral als zentrale Werte. Mit dieser Betonung der Volkssouveränität verlagerte er den Schwerpunkt der alten Vorstellung von »Loyalität« *(zhong)* zum individuellen Herrscher oder der Dynastie auf die Nation als Ganzes, und so ersetzte das »Volk« *(min)* den »Himmel« *(tian)* als Legitimationsprinzip. Durch ein intensives Studium der Weltgeschichte kam Liang aber zu dem Schluß, daß die Entwicklung organisch verlaufen müsse und eine republikanische Regierungsform zu drastisch mit der chinesischen Tradition breche, um durchführbar zu sein. Diesen Standpunkt behielt er bis Ende 1910 bei. In Tokyo gab es eine radikalere Gruppe, den »Chinesischen Revolutionsbund« um Sun Yixian (Sun Yat-sen), ein Kantonese, der in Hawaii studiert hatte, und um Hu Hanmin. In ihrer »Volkszeitung« *(minbao)* propagierten sie nicht nur die Abschaffung der Monarchie, sondern auch die teilweise Kollektivierung der Wirtschaft. Bis 1905/06 hatten ihre Konzepte allerdings wenig Einfluß.

Zu dieser Zeit wurden die Auswirkungen verschiedener allmählicher technischer und institutioneller Veränderungen auf die politische Szene spürbar. Durch die Verbreitung des Telegrafen, die in den 80er Jahren begonnen hatte, waren nun fast alle Kreisstädte an das nationale Nachrichtennetz angeschlossen, und die Kommunikationszeit der Regierung hatte sich innerhalb von 20 Jahren um zwei Größenordnungen (von Wochen auf Stunden) verringert. Die mittleren Verwaltungsebenen wie die Präfekturen verloren an Bedeutung, weil Informationen jetzt unmittelbar zwischen den Gemeinden und der Zentrale ausgetauscht werden konnten. Auch der Personen- und Güterverkehr zwischen den wichtigsten Städten war aufgrund der Dampfschiffahrt und des ausgebauten Eisenbahnnetzes beträchtlich schneller geworden. Das Aufkommen der Zeitungen schuf – zumindest in den Städten – zum ersten Mal so etwas wie eine authentische öffentliche Meinung.

Aber dabei entstand ein Problem. Die besagten Fortschritte waren auf die städtischen Ballungsräume, besonders die führenden Vertragshäfen wie Shanghai und Tianjin, beschränkt, und als Folge der ungleichmäßigen Verteilung ausländischer Einflüsse ergaben sich große Unterschiede hinsichtlich der einzelnen chinesischen Gebiete. Die volle Tragweite der Veränderungen sollte sich erst einige Jahre später erweisen und deshalb wollen wir hier von der rein chronologischen Darstellung abgehen und das Wirtschaftswachstum im modernen Sektor während des nächsten Zeitabschnitts betrachten, der als erster ausreichend statistisch belegt ist. Die rechte äußere Spalte der oberen Tabelle auf Seite 154 zeigt die Zuwachsrate für den modernen und den traditionellen Sektor im Vergleich zwischen 1914 und 1936. Daraus geht hervor, daß der moderne Wirtschaftsbereich trotz seines geringen Gesamtanteils sehr erfolgreich war. Das industrielle Wachstum in China einschließlich der Mandschurei betrug für den Zeitraum von 1912 bis 1949 durchschnittlich 5,6% per anno und sogar 13,4% jährlich zwischen 1912 und 1920, als die europäische Konkurrenz durch den Ersten Weltkrieg weitgehend ausgeschaltet war. Zwischen 1928 und 1936, als unter der nationalistischen Regierung relativer Frieden und Einheit herrschten, waren es 8,4%.

Von entscheidender gesellschaftlicher Bedeutung erwies sich die überaus ungleichmäßige geographische Verteilung dieses Wachstums. In der unteren Tabelle, welche die Lage kurz nach der kommunistischen Machtübernahme zeigt, ist China grob in vier Zonen gegliedert: das Hinterland, die ehemaligen Vertragshäfen, die rohstoffreichen Grenzgebiete (hier bezogen auf die Mandschurei, aber auch Taiwan könnte dazugezählt werden) und das Äußere China. Die beiden rechten Spalten, die die Pro-Kopf-Leistung jeder Zone angeben, lassen erkennen, daß wir es mit vier unterschiedlichen Wirtschaftsräumen zu tun haben. Die Behauptung, der »westliche Wirtschaftsimperialismus«, der sich vor allem auf die Vertragshäfen (und nach 1932 auch auf die Mandschurei) konzen-

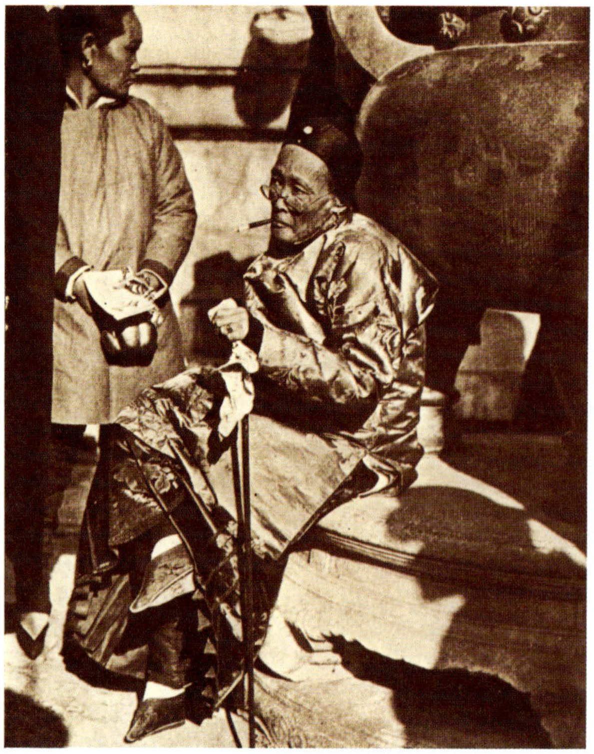

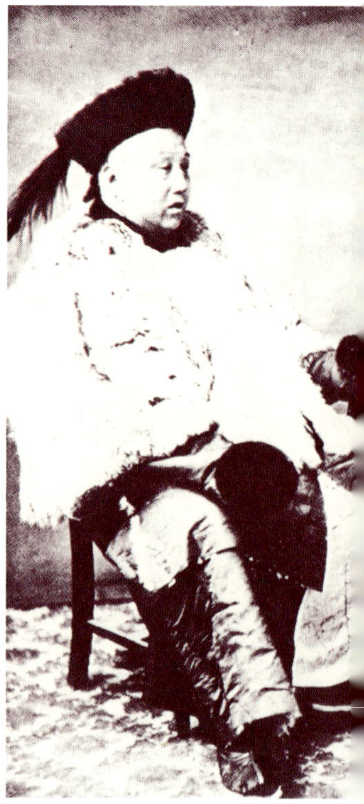

Oben: Im ersten Jahrzehnt des 20. Jahrhunderts verfügten die Kaufleute in Shanghai über beträchtliche Machtpositionen, sie hatten sogar ihre eigene lokale Selbstverwaltung. Die hier abgebildeten beiden Kaufleute sind ausgezeichnete Beispiele der vermögenden luxusgewohnten Kaufmannsschicht.

Oben links Mitte: Eine wohlhabende alte Dame ruht sich aus, während ihre Dienerin den Messing-Handwärmer mit Holzkohlenasche hält.

Oben links außen: Dieses junge Mädchen auf einem Stuhl in europäischem Stil posiert so steif für ein Porträtfoto wie ihre Geschlechtsgenossinnen im wilhelminischen Deutschland. Seine Füße sind bereits eingebunden und verkrüppelt.

Links: Dieses Foto illustriert, welch unterschiedliche Dinge man unter freiem Himmel erledigte: man aß und trank, ließ sich weissagen oder die Haare schneiden oder schaute lediglich dem Treiben zu.

trierte, hätte den modernen Ökonomiesektor unterdrückt, muß aufgrund der Zahlen zurückgewiesen werden. Dieser Erfolg läßt sich ähnlich wie die Wirtschaftswunder jüngerer Zeit in Hongkong und Taiwan dadurch erklären, daß die von den Ausländern geöffneten Vertragshäfen an das Welthandelsnetz angeschlossen und so von der Beschränkung der Nachfrage und des Angebots befreit waren, die von einem Gleichgewicht auf hoher Ebene herrührte und im Hinterland das Wachstum hemmte.

Sobald einzelne Gebiete für die Industrie erschlossen waren, ließen sich immer mehr Unternehmen dort nieder. Der ausländische Handel über die Vertragshäfen öffnete die Märkte für neue Waren durch den Vorführeffekt. Chinesische Unternehmen wurden durch die bereitstehenden infrastrukturellen Einrichtungen angezogen: Telegraphen, Telefone, Zeitungen, Dampfschiffe und Bahnhöfe; Kapital war durch inländische Banken mit westlicher Stützung vorhanden, technisches Know-how, fähige Manager und Facharbeiter gab es ebenfalls. Der von Chinesen kontrollierte Anteil am modernen Wirtschaftssektor produzierte 1933 schätzungsweise schon dreimal mehr an Wert als der Anteil in ausländischer Hand. Shanghai beispielsweise ist einer der erstaunlichsten Fälle von effektivem Technologie-Transfer in der ganzen Welt. Die einheimischen Industriellen wurden durch die ansässigen ausländischen Fabriken mit den neuesten Maschinen bekannt und gingen schrittweise von der Reparatur, Montage und Ersatzteilherstellung zu Billigimitationen und zur Fertigung nach eigenen Entwürfen über. Chinesische Werkzeugmaschinen aus Shanghai wurden schon während des Ersten Weltkriegs exportiert.

Die genannten Unterschiede in der regionalen wirtschaftlichen Entwicklung waren der Hauptgrund für das Scheitern der institutionellen Reformen, die so hoffnungsvoll begonnen hatten, denn sie setzten sich nur in den wenigen bereits industrialisierten Städten durch, während die meisten ländlichen Gegenden und Kleinstädte zur Anpassung unfähig waren und zurückblieben.

Die Zentralregierung, obwohl bis zum Tod der konservativen Kaiserinwitwe Cixí unter ihrer Leitung, baute in den ersten Jahren des Jahrhunderts viel von der alten gesellschaftlichen und politischen Ordnung ab. Die Beamtenprüfungen wurden abgeschafft, die Bildung eines modern geschulten Offizierskorps wurde vorangetrieben, es gab Handelskammern, gewählte Kreisräte und Versammlungen für die Selbstverwaltung auf städtischer und ländlicher Bezirksebene, gewählte Provinzversammlungen und 1910 schließlich ein Proto-Parlament, das halb indirekt gewählt und halb ernannt war. Die höher entwickelten Organe der lokalen Selbstverwaltung, wie die in den chinesischen Teilen von Shanghai und Tianjin, führten wirkungsvolle Verbesserungen auf zahlreichen Gebieten durch, wie Erweiterung der Grundschulbildung, Aufsicht über Fabriken und Polizei, Einschränkung von Brand- und Gesundheitsgefahren, Trinkwasserversorgung, öffentliche Hygiene, Verkehrsplanung mit Straßen- und Brückenbau und ein Straßenbahnprojekt. Unter dieser Welle von Reformen veränderte sich das Wesen der politischen Macht. Indem mit der Abschaffung des Prüfungssystems die enge Verbindung zwischen konfuzianisch geprägter Bildung und Zugang zu Ämtern, die über 1000 Jahre bestanden hatte, zerschnitten worden war, entstand eine neue Klasse von Intellektuellen, die keine starken Bindungen an die alte Ordnung mehr besaß. Das nun für den Zugang zur Elite notwendige westliche Wissen war auch teurer zu erwerben als das traditionelle, weil zumeist ein Studienaufenthalt in westlichen Ländern oder in Japan als Abschluß verlangt wurde.

Die neue Situation erzeugte eine Kluft zwischen der halbverwestlichten herrschenden Gruppe und dem Rest der chinesischen Gesellschaft hinsichtlich der Wertvorstellungen. Die Gelehrtenschicht und die mit ihnen in Orten wie Shanghai verbündeten Kaufleute erhielten auf Gemeinde- und Provinzebene nun offiziell die Macht, die sie vorher schon inoffiziell ausgeübt hatten, und dort, wo die Selbstverwaltung gut funktionierte, spielten die kaiserlichen Beamten bald eine untergeordnete Rolle.

Die republikanische Revolution von 1911

Der Mandschu-Kaiser Zaifeng wandte sich gegen Ende 1910 plötzlich gegen die von allen Seiten getragene Bewegung für die sofortige Einführung eines gewählten Nationalparlaments und eines verantwortlichen Kabinetts. Obwohl diese Entscheidung eigentlich keine Frage des Prinzips sondern nur eine hinsichtlich des richtigen Zeitpunkts war, rief das abrupte Verhalten bei vielen einflußreichen Bürgern eine mandschu-feindliche Stimmung hervor. An der Spitze standen Gelehrte und Kaufleute aus den örtlichen Selbstverwaltungsräten und Provinzversammlungen und Offiziere des modernisierten Heeres, die sich mit den wenigen professionellen Revolutionären zusammenschlossen, welche dem Revolutionsbund um Sun Yixian, der »Gesellschaft zur Niederbringung des Lichts« *(Guangfuhui)* und anderen weniger wichtigen Untergrundbewegungen angehörten.

Die Mandschu-Feindlichkeit war seit dem 17. Jahrhundert durch Geheimgesellschaften wie der »Triade« genährt und von den Taiping fortgesetzt worden, die den Kaiser als »dieser tatarische Unhold, der ewige Feind unserer Rasse« bezeichneten. Sun Yixian verstärkte diese Stimmung in den 90er Jahren. Einer seiner Verbündeten bei der gescheiterten Rebellion von 1895 erklärte, bevor er von den Behörden zu Tode gefoltert wurde: »Die Mandschu-Qing, die Räuber aus der Mandschurei, haben unser Land erobert, den Boden an sich gerissen, unsere Vorfahren getötet, unsere Söhne und Töchter verschleppt ... Wenn wir die Mandschu jetzt nicht ausrotten, dann wird es für immer unmöglich sein, die chinesische Rasse wiederherzustellen.«

Diese simple, doch überzeugende Propaganda, die dem Herrscherhaus die Schuld an allen Übeln zuschob, gipfelte in einem zum Völkermord aufrufenden Pamphlet mit dem Titel *Die Revolutionsarmee* von Zou Rong, erschienen im Jahre 1903. Gemäßigtere Revolutionäre wollten keine Massaker, sondern argumentierten wie Hu Hanmin, daß die Mandschu, sobald ihre politische Macht gebrochen sei, sich den Chinesen assimilieren und auf diese Weise verschwinden würden. Die Mandschu-Feindlichkeit bildete den Kitt, durch den ein Bündnis zwischen unterschiedlichen gesellschaftlichen Elementen einige Monate zusammengehalten wurde, die sonst wenig gemeinsam hatten. Anders als meist angenommen, war die Revolution von 1911 nicht von Sun Yixian organisiert, der sich damals in Denver, Colorado, aufhielt; ja, es handelte sich nicht einmal um eine sorgfältig vorbereitete Aktion. Im Oktober erhob sich überstürzt eine revolutionäre Gruppe aus dem in Wuhan stationierten Militär, um einem Präventivschlag der Behörden zuvorzukommen. Nach ihrem anfänglichen Erfolg schlossen sich eine Reihe Städte des mittleren Yangzi-Tals und Westchinas an, und einen Monat später folgten das untere Yangzi-Delta und Südchina. Wie aus der Karte unten hervorgeht, war die Revolution von 1911 eine überwiegend städtische Angelegenheit, die mit Hilfe des Telegrafen die weiten Landstrecken übersprang. Nur im Guangzhou-Delta hatte sie in den sogenannten Volksarmeen eine eindeutig ländliche Komponente. In jeder Stadt war das machtergreifende

Bündnis folgendermaßen zusammengesetzt: Offiziere, Selbstverwaltungsräte, Kaufleute mit ihren eigenen Milizen, Studenten und Lehrer, Geheimgesellschaften, Schauspieler, Bauernmilizen (in Guangdong), natürlich die Berufsrevolutionäre und – in Shanghai – Teile der Unterwelt. Es ist kaum erstaunlich, daß diese Bündnisse auseinanderfielen, sobald die Theorie, die für alle Mißstände die Mandschu verantwortlich machte, sich als offensichtlicher Unsinn erwies.

Die kaiserliche Macht war urplötzlich in drei Vierteln des chinesischen Reiches zusammengebrochen, mancherorts fast ohne Blutvergießen, doch mit heftigen Kämpfen im Nordosten und in der Hauptstadt. Um eine Situation zu verhindern, in der interne Konflikte Gelegenheit für fremde Interventionen boten, verhandelten die Revolutionäre mit Yuan Shikai, einem ehemaligen hohen Beamten, den schon der Hof in seiner Not aus dem Ruhestand zurückberufen hatte. Nun sollte er im Auftrag der Aufständischen die Mandschu endgültig absetzen und die Republik ausrufen, deren erster Präsident er dann wurde.

Doch sobald er an der Macht war, sabotierte Yuan die neuen demokratischen Institutionen, indem er Erlässe, Terror, Mord und Militärgewalt gegen seine Gegner einsetzte, und Anfang 1914 war von den Neuerungen des vorangegangenen Jahrzehnts kaum etwas übriggeblieben. In seiner Verblendung strebte er sogar den Kaiserthron an, doch fand er weder die Unterstützung der Fortschrittlichen, die ihn als Zerstörer der Demokratie haßten, noch der Traditionalisten, die ihn als Verräter an der Dynastie verabscheuten. Er verzichtete notgedrungen auf den Thron, doch in seinem Todesjahr 1916 marschierten Rebellen unter Führung von Armeeoffizieren aus dem Süd-

Oben: Das durch die Revolution von 1911 hervorgerufene Chaos im Innern wird durch dieses erschütternde Foto gut dokumentiert.

Links: Die Revolution von 1911
Jede Erhebung in der chinesischen Geschichte vor 1911 war mit einem Durchmarsch der Rebellentruppen durch das Land verbunden gewesen, im Jahre 1911 aber war es anders. Das revolutionäre Gedankengut wurde in der Hauptsache durch Zeitungen in den weit voneinander entfernt liegenden Städten bekannt gemacht. Nach der Initialzündung in Wuhan breitete sich der Aufstand nicht als Kettenreaktion aus – der größte Teil der ländlichen Gebiete blieb ruhig –, sondern durch telegrafische Übermittlung. In den frühen 1880er Jahren waren durch die Schaffung eines Telegrafennetzes die langen Kommunikationswege des Reiches wesentlich verkürzt worden, und dies hatte in starkem Maße die schnellere Verbreitung politischer Ideen begünstigt. Die 1911 vorherrschende räumliche Verteilung der Aufstandsbewegungen war zum großen Teil das Ergebnis dieser technischen Revolution, obwohl für jede einzelne Region auch andere Faktoren ausschlaggebend waren, etwa die nahe Stationierung regierungstreuer Streitkräfte.

westen gegen ihn auf.

Die Revolution von 1911 war vielleicht die größte Tragödie des modernen China – nicht aufgrund der unmittelbaren Leiden, sondern weil sie mehreren Generationen den friedlichen und organischen Übergang in eine moderne und demokratische Zukunft unmöglich machte. Sie wurde von vielen tapferen Idealisten geführt, die besser waren als ihre kaiserlichen Gegner, dennoch löste der Wegfall der politischen Autorität ein Chaos im Innern aus, für das es keine Abhilfe außer Gewaltmethoden gab. Die alte Ordnung, die auf der konfuzianischen Ideologie und dem Mandarintum beruhte, war zerstört, und die neue auf Volkssouveränität und Wahlen basierende Ordnung hatte keine Zeit gehabt, hinreichend Fuß zu fassen.

Kriegsherren, Parteien und Massenbewegungen

Mit dem Tod des Präsidenten Yuan fiel die eigentliche Macht an zwei seiner militärischen Untergebenen, Feng Guozhang und Duan Qirui, deren Offizierscliquen sich während der nächsten vier Jahre bekämpften. Die Zhili-Clique von Feng gewann schließlich die Oberhand, inzwischen allerdings unter der Führung von Wu Peifu, dessen Vorrangstellung aber 1924 von Zhang Zuolin mit seiner Fengtian-Clique gebrochen wurde, einem Ex-Banditen und Militärmachthaber der Mandschurei, der sich nun seinerseits mit dem als »christlicher General« bekannten Feng Yuxiang um die Herrschaft in Nordchina stritt. 1927 gelang den nationalistischen Streitkräften unter Jiang Jieshi (Chiang Kai-shek) im Verlauf der seit 1921 von Sun Yixian geplanten sogenannten Nordexpedition *(beifa)* die Wiedervereinigung des größten Teils des Inneren China. Von 1916 bis 1928, mancherorts bis unmittelbar vor dem kommunistischen Sieg, wurden die hauptstadtfernen Provinzen von »Warlords« (Kriegsherren, chinesisch *dujun*) beherrscht. Diese Militärs in der Position von Provinzgouverneuren verfügten über regionale Einheiten und teilten ihren Offizieren die Steuerpfründe in fast feudaler Manier zu. Diese trieben die Abgaben ihrer Bezirke direkt ein oder bedienten sich dabei der ansässigen Gelehrtenschicht und der Miliz. Die wirtschaftliche Belastung der Landbevölkerung durch die Militärmachthaber und ihren Apparat war viel größer als durch die Pachtabgaben und Steuern unter der Kaiserzeit. Im allgemeinen hatte jede Kriegsherren-Domäne sogar ihre eigene Währung – ein Beweis für das Ausmaß der regionalen Zersplitterung.

Die durch die Oktoberrevolution von 1917 in Rußland entfachte Begeisterung bewirkte 1924 die Reorganisierung der Nationalistischen Partei *(Guomindang, KMT)*, die von Sun Yixian als Nachfolgeorganisation des Revolutionsbundes gegründet worden war. Die Umgestaltung geschah unter Mithilfe von sowjetrussischen Beratern wie M. Borodin, dem Delegierten der Komintern, nach bolschewistischem Modell, und man erhob die von Sun Yixian seit Anfang des Jahrhunderts entwickelten »Drei Volksprinzipien« *(sanmin zhuyi)* zum Programm. Dieselbe Begeisterung führte auch zur Gründung einer chinesischen Kommunistischen Partei *(Gongchandang, KPCh)* durch Chen Duxiu und Li Dazhao zusammen mit zehn anderen, darunter auch Mao Zedong (Mao Tse-tung). Ihr offizielles Geburtsjahr ist 1921, doch hatten verstreute Gruppen bereits davor bestanden. Beide Parteien schlossen sich bald zu einer Einheitsfront zusammen, wobei die zahlenmäßig wesentlich geringeren Kommunisten der Nationalistischen Partei beitraten und dort schnell viele Schlüsselstellungen einnahmen.

Die großen Bewegungen der 20er Jahre der Fabrikarbeiter, Frauen und Bauern wurden von den verbündeten Parteien für ihre Zwecke benutzt und teilweise auch erst initiiert. Als sich nach ersten Erfolgen dieser Bewegungen immer schärfer die Frage stellte, ob es eine grundlegende gesellschaftliche Umwälzung geben sollte oder nicht, wandten sich 1927–28 die Rechte und Mitte der Nationalistischen Partei unter Jiang Jieshi gegen ihren linken Flügel und die Kommunisten, von denen sie so viele wie möglich umbrachten, so daß die Partei, auf ein Zehntel reduziert, nur noch im Untergrund weiterbestand.

Im China der 20er Jahre umfaßte die Klasse der Industriearbeiter nur etwa zwei Millionen Menschen, darunter ein Großteil Frauen und Kinder. Die Mehrzahl von ihnen war wahrscheinlich nicht unmittelbar vom Arbeitgeber eingestellt, sondern über Arbeitsvermittler. Ein Ziel der neugegründeten Gewerkschaften war, diese auszuschalten und die Funktion selbst zu übernehmen. In den Fabriken herrschte strenge Disziplin; Körperstrafen und Einbehaltung eines Teils des Lohns waren üblich. In den frühen 20er Jahren gab es die ersten größeren von ständigen Organisationen veranstalteten Streiks, die neben Lohnerhöhungen verbesserte Einstellungs- und Arbeitsbedingungen verlangten.

Zwischen den revolutionären Arbeiterorganisationen unter kommunistischem Einfluß und den reformerisch ausgerichteten Gruppen, von denen einige durch die Unternehmer kontrolliert wurden, kam es unvermeidlich zum Konflikt. Die geheime *Kurze Geschichte der Kommunistischen Partei* von 1926 erwähnt auch ganz offen die anfängliche Furcht der Arbeiter, für politische Zwecke mißbraucht zu werden: »Die werktätigen Massen hielten die Aktionen der Partei für gefährlich und radikal. Sie waren der Ansicht, die Arbeiterbewegung solle im Rahmen der Gesetze bleiben ... Angesichts ihres hitzigen Auftretens wurden die Kommunisten verdächtigt, kapitalistische Spione oder Propagandisten für Sun Yixian zu sein. Kurz, die Arbeiter befürchteten, von anderen als Werkzeug in einem gewaltsamen Kampf benutzt zu werden.« Die Radikalisierung eines Großteils der Arbeiterschaft erfolgte dann durch die Verbindung von gewerkschaftlicher Aktivität mit Protesten gegen die ausländische Präsenz in China. Der Höhepunkt dieser Entwicklung war eine Reihe von Ereignissen – von der »Bewegung des 30. Mai« 1925 in Shanghai bis zu den durch Kommunisten und Nationalisten unterstützten Streiks in Guangzhou und Hongkong 1925–1926. In Shanghai entwickelte sich der Protest eines Zusammenschlusses von Arbeitern, Geschäftsleuten und Studenten gegen die Erschießung von unbewaffneten Demonstranten durch britische Polizisten der Internationalen Niederlassung zu einem dreimonatigen Generalstreik. Die Aktivitäten hatten zunächst eine umfassende Veränderung der Arbeitsbedingungen zum Ziel, unter anderem die Einführung des 8-Stunden-Tags und die Abschaffung des Arbeitsmakler-Systems. Als in Guangzhou Teilnehmer einer Solidaritätskundgebung für Shanghai von den Engländern und Franzosen getötet wurden, verhängten die Chinesen einen Wirtschaftsboykott über Hongkong, der ein Jahr dauerte und die Stadt so in die Enge trieb, daß sogar Trinkwasser importiert werden mußte. Am bedeutendsten aber war, daß das Streikkomitee von Guangzhou sich zu einer »zweiten Regierung« entwickelte, mit Polizei, Gerichten, Militär, Schulen und anderem mehr.

Die größten Anstrengungen zur Errichtung einer Arbeiterregierung wurden in den Wintermonaten des Jahres 1927 von der kommunistischen Allgemeinen Gewerkschaft unternommen. Der erste Versuch wollte vor allem eine geeinte Front gegen die vorrückenden Truppen der Nordexpedition schaffen, wurde aber von Sun Chuanfeng, dem örtlichen Kriegsherrn vereitelt. Ein amerikanischer Reporter berichtete: »Nachdem man den Opfern die Köpfe abgeschlagen hatte, wurden diese auf Stangen gespießt oder auf Tabletts gelegt und durch die Straßen getragen.« Der zweite Versuch unter Zhou Enlai brach nach drei Wochen zusammen, weil seine Führer als Mitglieder der Kommunistischen Internationale Stalins Weisung befolgten, nicht gegen Jiang Jieshi zu kämpfen, und das Angebot eines seiner führenden Militärkommandeure ausschlugen, mit seinen Truppen zu ihnen überzulaufen. Jiang tarnte seine Soldaten als Arbeiter und massakrierte die Revolutionäre mit Hilfe der Geheimgesellschaft »Grüne Gilde«.

Die Frauenbewegung dieser Zeit besaß verschiedene Vorläufer. Unkonventionelle Philosophen wie Li Zhi, Romanciers wie Cao Xueqin, Lyriker wie Yuan Mei, der Schriftstellerinnen ermutigte und ihre Werke veröffentlichte, und Satiriker wie Li Ruzhen (in dessen *Blumen im Spiegel* Frauen Männerrollen übernehmen) hatten alle auf die Verschwendung von Begabungen durch die Unterschätzung und falsche Behandlung der Frauen hingewiesen. Die Soldatinnen der Taiping und die »Roten Laternen« bei den Boxern boten Leitbilder für politischen und militärischen Aktivismus. Die Vorkämpferin der Frauenbefreiung in China, Qiu Jin (geboren 1875), war durch sie und durch zumeist legendäre Geschichten von Ritterheldinnen, die für Gerechtigkeit kämpften, beeinflußt. Sie übte sich im Reiten und Schwertkampf, war trinkfest und dichtete, aber nahm auch an revolutionären Unternehmungen teil, stellte Bomben her, unterwies Mädchen in militärischem Drill und gründete die erste chinesische Frauenzeitschrift.

Oben: In den frühen 20er Jahren waren strenge Disziplin und körperliche Züchtigungen an der Tagesordnung. Die hier gezeigte Form der Strafe war in China seit Jahrhunderten üblich gewesen, wie eine in Südchina ausgegrabene Trommel aus dem ersten Jahrhundert v. Chr. belegt: ihr oberer Teil besteht aus kleinen Bronzestatuetten, deren Köpfe jeweils in einem Holzkragen eingespannt sind.

Rechts: Dieser ausdrucksstarke Holzschnitt mit dem Titel *Aufschrei* von Li Hua fängt die Unterdrückung und aufgestaute Wut der chinesischen Bauernschaft der 1930er Jahre ein.

Die Suffragetten hatten bereits 1912 das Parlament in Nanjing gestürmt und erfolglos versucht, die politische und soziale Gleichberechtigung der Frau zu erreichen. Erst in den 20er Jahren bekam die Bewegung eine breite Basis, war aber in einen sozialrevolutionären und einen im engeren Sinn feministischen Flügel gespalten. Xiang Jingyu, die bedeutendste Kommunistin dieses Jahrzehnts, klagte, die meisten Frauen wollten lediglich eine Familie nach westlichem Modell, Teilnahme am Gesellschaftsleben und persönliche Freiheit; am schärfsten kritisierte sie die Romantischen, die an freie Liebe und individuelles Glück glaubten.

Es kam zu einem unlösbaren Konflikt zwischen der feministischen und der revolutionären Richtung. Als die Frauenverbände die Scheidung durchsetzten, fühlten sich die Bauern, die oft einen hohen Brautpreis gezahlt hatten, geprellt und wurden der ländlichen Revolutionsbewegung entfremdet. Andererseits waren die Frauen ohne Recht auf die Scheidung nicht bereit, die Bauernbewegung zu unterstützen. Es gab auch einen Generationskonflikt: Die Schwiegermütter wollten die alltäglichen Dienste ihrer Schwiegertöchter nicht verlieren, über die sie bislang unumschränkt verfügt hatten.

Die zukunftsträchtigste Bewegung war die der Bauern. Sie begann 1922 in den Kreisen Haifeng und Lufeng (im Osten von Guangdong nahe Hongkong), in denen sich in den nächsten sechs Jahren die meisten charakteristischen Formen der chinesischen Revolution herausbildeten.

Wie in den meisten Gebieten im äußersten Süden Chinas herrschten hier große Sippen vor, die etwa die Hälfte des landwirtschaftlich genutzten Landes kollektiv besaßen. Sie verfügten auch über eigene Truppen, und die Regierung hatte nie viel Macht über sie ausüben können. Die Pächterquote war mit 70% ausgesprochen hoch, aber etwa zwei Fünftel davon hatten das Recht auf Dauerpacht. Es handelte sich um einen außergewöhnlich wilden Menschenschlag, und viele waren Mitglieder des »Roten« oder des »Schwarzen Banners« *(hongqihui, heiqihui),* halbgeheimen Gesellschaften aus dem 19. Jahrhundert, die sich von Zeit zu Zeit grausam bekämpften.

Die jüngsten Entwicklungen hatten das Entstehen der Bauernbewegung begünstigt. Das Anwachsen der wirtschaftlichen Unterschiede innerhalb der Sippe und die Ausbeutung niedrigstehender Mitglieder durch die Sippenvorstände führten dazu, daß die Bauern die Hochschätzung verwandtschaftlicher Bindungen teilweise einbüßten und obengenannten Organisationen beitraten. Die traditionellen Führer der Gemeinden verloren das Vertrauen in ihre Untergebenen, die zunehmend nach eigener Macht und eigenem Wohlstand strebten, anstatt ihrem gesellschaftlichen Auftrag nachzukommen. Die Gelehrtenschicht schuf sich deshalb zur Bewahrung ihrer Privilegien eine eigene Miliz. Die Bauern bekamen den Eindruck, daß die Sicherheit der Dauerpacht abbröckelte und die herkömmlichen Steuern erweitert wurden, um eine vergrößerte Armee und neue Projekte wie moderne Bildung zu finanzieren, aus denen die Landbevölkerung wenig Nutzen ziehen konnte.

Aber der Unmut der Bauern war kein »Klassenhaß«, sondern sie lehnten sich dagegen auf, daß es in der grundsätzlich akzeptierten gesellschaftlichen Ordnung keine Gerechtigkeit gab. Sie wollten die Gerechtigkeit wiederherstellen, gesellschaftliche Anerkennung finden und wirtschaftliche Sicherheit erlangen. Auch die Methode zur Erreichung dieses Ziels war traditionell: einen Beschützer zu finden – egal ob Sippenführer, Geheimgesellschaft, Kriegsherr oder kommunistischer Kader –, jemanden, an den sie glauben konnten und der ihre Wünsche erfüllte. So liefen die Interessen der Bauern und die der Revolutionäre im Grunde immer auseinander: Die einen kämpften allein gegen ihre wirtschaftliche Ausbeutung, die anderen versuchten, die Unzufriedenheit auszunutzen, um die Macht an sich zu reißen und dann die Gesellschaft radikal zu verändern.

1921 kam Peng Pai (1896–1929), der aus einer mächtigen Sippe stammte und in Japan studiert hatte, mit der Bauernbewegung in Berührung, und er war es, der der Kommunistischen Partei zeigen sollte, wie man die ländlichen Gegenden aufrüttelt. Peng vertrat die Ansicht, daß »die Welt allen gehört und alle in gleicher Weise daran teilhaben sollen«. Als er erkannte, daß die Agitation unter Studenten zu nichts führte, gründete er 1922 den Bauernverband. Er verbrannte die Eigentumsurkunden seiner Ländereien und bemühte sich, seine Persönlichkeit der eines Bauern anzugleichen. Auch als er sehr einflußreich geworden war, betrachtete er sich als Diener seiner Anhänger und ließ sie bestimmen. Dies stellte eine ganz neue Haltung in China dar.

Der Bauernverband war eine Schutz- und Wohlfahrtsorganisation und fand durch Gewinnung der Mitglieder alter Geheimgesellschaften wie der »Banner« rasch Verbreitung. Er widersetzte sich dem Wucher der Großgrundbesitzer und führte Neuerungen ein, wie eine praxisorientierte Schulausbildung für die Landjugend. Der Erfolg des Verbandes bewirkte, daß er manche Regierungsfunktionen wie die Streitschlichtung übernahm. 1923 wurde Peng Pai Mitglied der Kommunistischen Partei und war die treibende Kraft des 1924 in Guangzhou mit Unterstützung der Nationalisten gegründeten Ausbildungsinstituts für Bauern, wo er erste Ansätze zu einer Revolutionsarmee schuf. Auch Mao Zedong unterrichtete dort und wurde vor allem durch Peng zu seiner Idee der Bauernrevolution angeregt.

Nachdem der Widerstand der ländlichen Gelehrtenschicht und ihrer Verbündeten im Militär entschlossener wurde, verlegte sich der Bauernverband von den beschränkteren Zielen der Wohlfahrt auf den Klassenkampf, wobei er mehr Beifall bei den Anführern als bei der Basis fand. In den folgenden vier Jahren waren der Kreis Haifeng und das umliegende Gebiet Schauplatz eines Bürgerkriegs, in dem nationale, provinzielle und lokale Konflikte miteinander verwoben waren. Als sich das Blatt abwechselnd nach der einen oder anderen Seite wendete, griffen beide Parteien zum Mittel des Terrors. Schon früh hatte Peng verkündet: »Es ist rechtens Gutsbesitzer zu töten, denn die interessiert nur das Geld«, und 1926 waren Prozesse und Hinrichtungen von Grundherrn weit verbreitet. Im folgenden Jahr erließ die Kommunistische Partei von Guangdong das Dekret, »die Verfolgung der Großgrundbesitzer soll so lange fortgesetzt werden, bis keiner übrig ist.« Schließlich wurde befohlen, alle zu töten, die »den alten Machthabern auf irgendeine Weise offiziell dienten« oder solchen Personen Beistand gewährten. Viele flohen trotz der Versuche, ihre Familien für die Rückkehr haftbar zu machen. Wie bei den Vergeltungsaktionen früherer Zeit wurden große Versammlungen abgehalten, bei denen die Gefangenen vor der Hinrichtung verstümmelt und gefoltert wurden. Die reaktionären Kräfte zahlten dies mit gleicher Münze heim.

Zwischen 1924–1926, als Haifeng vom Bauernverband bzw. seinem Nachfolger, der Bauernvereinigung, regiert wurde, und 1927–1928 unter der Räterepublik von Hai-Lu-Feng kamen viele später wichtige Praktiken auf. Die Bauern wurden zur Unterstützung der regulären Truppen durch Transportdienste, Spionage und Sabotage angehalten. Die traditionelle und die christliche Religion wurden angegriffen, Pagoden zerstört, Klöster aufgelöst und Tempel umfunktioniert, zuweilen gegen den Willen der

Bauern. Die Indoktrinierung der Kinder ging soweit, daß sie manchmal ihre eigenen Mütter als Konterrevolutionäre denunzierten. Man versuchte, Prostitution, Konkubinat, Menschenhandel, Opiumrauchen und Glücksspiel auszumerzen. Ende 1927 kündigte Peng Pai die Zerstörung des Privateigentums an. Weil das Hauptziel die wirtschaftliche Gleichheit aller war, sollten die Fabriken den Arbeitern übergeben und das Land sollte nach Größe und Arbeitskraft der Familien verteilt werden. Doch diese Maßnahme blieb mangels Zustimmung der Bevölkerung unausgeführt. Man beabsichtigte die Verbrennung aller Bücher in Bibliotheken und Privatsammlungen, »weil sie Konterrevolutionäre heranzüchten« und baute eine Geheimpolizei auf. Alles in allem war die neue revolutionäre Welt eine Mischung von rigoroser Moralität und urwüchsiger Barbarei, halb modern und halb mittelalterlich. Trotz heldenhaften Widerstandes wurde die Räterepublik 1928 von den nationalistischen Truppen mit ihrer überlegenen Bewaffnung zerschlagen.

Viel von der Tragik der chinesischen Revolution ist an der persönlichen Wandlung von Peng Pai erkennbar. Seine Selbstlosigkeit und Aufrichtigkeit beeindruckten selbst seine Gegner, und sein humanistischer Idealismus der Jahre 1921–1922 fand unmittelbaren und praktischen Ausdruck. Doch 1927–1928, als die meisten seiner Freunde umgebracht worden waren, propagierte er den Massenmord und ging gar so weit, bei einer Großveranstaltung Jugendlichen eigenhändig zu demonstrieren, wie man einem Gefangenen mit dem Messer den Kopf abtrennt. Der Bezirk Haifeng war die Wiege der Bauernrevolution in Ostasien, aber dies war ein besonderer Landstrich, nicht einmal typisch für weite Teile Chinas. Es ist wahrscheinlich, daß einige seiner spezifischen Merkmale – die Bedeutung des Großgrundbesitzes der in Nordchina keine große Rolle spielte, und die Überzeugung, Blutvergießen sei unabdingbar für gesellschaftliche Veränderung – sich auf die folgenden Ereignisse auswirkten.

Die Regierung der Nationalisten

Wie vor ihm Yuan Shikai neutralisierte oder vernichtete Jiang Jieshi die gesellschaftlichen und politischen Kräfte, die ihn an die Macht gebracht hatten. Er löste die Massenbewegungen auf, soweit er konnte, und vernachlässigte die Nationalistische Partei. Die Regierung von Nanjing, der er von 1928–1937 vorstand, beruhte auf einem dirigistischen System; die meisten Institutionen wurden unter minimalen Veränderungen beibehalten und das Personal der eroberten Kriegsherren-Gebiete von seinem Regime übernommen. Jiang hielt seine Spitzenposition als unverzichtbarer Schiedsrichter zwischen den rivalisierenden Fraktionen. Zur Überwindung der Korruption und Trägheit der Verwaltung schuf er die »Blauhemden«, eine Art faschistisch-kommunistischer Elite, die eine selbstlose und nationalistische Moral, militaristische Werte und einen Personenkult um Jiang fördern sollten. 1938 wurden die »Blauhemden« als selbständige Organisation aufgelöst und gingen in der Einheitsfront mit den Kommunisten gegen Japan auf. Vor der Erneuerung dieses formalen Bündnisses angesichts äußerer Bedrohung war die Kommunistische Partei fast völlig aus den Städten vertrieben worden. 1927 (im Jahr des Verrats) wurde der kommunistische Aufstand in Nanchang, der Hauptstadt der Provinz Jiangxi, niedergeworfen, ebenso die Kommune von Guangzhou (Kanton), die sich nur vier Tage (vom elften bis 14. Dezember) halten konnte. Die Kommunisten zogen sich in den Süden von Jiangxi zurück, wo sie eine revolutionäre Verwaltung einsetzten, den Großgrundbesitz an die Kleinbauern verteilten und 1931 eine »Chine-

Oben: Soldaten der Nationalregierung auf dem Marsch auf der Großen Mauer während des Kriegs gegen Japan (1937–1945).

Unten: Der Bürgerkrieg zwischen den Anhängern der Kommunistischen Partei und der Guomindang (Nationalistische Einheitspartei) wurde von Mitte 1946 bis zum Sieg der Kommunisten 1949 auf dem Festland ausgetragen. Dieses Ölgemälde von Tang Muli mit der Darstellung der beiden kommunistischen Führer Mao Zedong und Zhou Enlai ist ein Beispiel für den Stil des sowjetischen Realismus, der nach der Machtergreifung in der Kunst dominierte.

Li Huas Holzschnitt *Zornausbruch* veranschaulicht die Verbitterung der chinesischen Bauern über die Japaner zur Zeit der antijapanischen Einheitsfront kommunistischer und nationalistischer Streitkräfte. In Wirklichkeit war der Widerstand im allgemeinen zurückhaltender als auf diesem Bild zum Ausdruck kommt.

sische Sowjetrepublik« mit der Hauptstadt Ruijin gründeten. Hier hielten sie den ersten vier »Vernichtungsfeldzügen« Jiang Jieshis stand, und erst der fünfte Feldzug der Jahre 1933/34 brachte den Nationalisten den Sieg. Den Resten der Roten Armee gelang nur mit knapper Not die Flucht, und sie begannen den »Langen Marsch« (Oktober 1934 – Oktober 1935), der sie in das nur schwach bevölkerte Nord-Shanxi im Nordwesten des Landes führte. Da die meisten der übriggebliebenen »Warlords« kapituliert hatten, lebten 1937 fast zwei Drittel der Gesamtbevölkerung im Machtbereich der nationalistischen Regierung.

Das Regime von Nanjing brachte Wirtschaftswachstum durch innere Befriedung, Aufhebung der Binnenzölle und eine einheitliche Währung. Dieses 1935 ausgegebene Papiergeld war nicht in Metall konvertierbar, womit man den Schwierigkeiten durch den Abfluß von Silber nach Amerika begegnen wollte. Dies führte jedoch zu Inflation und diente unbeabsichtigt als eine Art Keynessche Maßnahme, die dazu beitrug, China aus der Depression der 30er Jahre herauszuhelfen. Die Regierung setzte auch eine Erweiterung der Grund- und Hochschulbildung durch, wurde jedoch an größeren Modernisierungen gehindert, weil die Abzahlung der Auslandsschulden 30% und die Militärausgaben 40% des Haushalts verschlangen und die Einnahmen aus der Bodensteuer weiterhin bei den Provinzen verblieben.

Jiangs Regime war militärisch-bürokratisch und nicht Repräsentant von Großhandel und Industrie, wie oft behauptet wird. Es behandelte diese Wirtschaftszweige als Einnahmequellen und ging teilweise so weit, den nötigen Druck durch Entführungen zu erzeugen. Wie aus der Verstaatlichung von 70% der einheimischen Banken 1934 und der Einrichtung von Aufsichtsbehörden für die Stahl- und Maschinenproduktion hervorgeht, war das langfristige Ziel eine Art Staatskapitalismus. Indem die nationalistische Regierung jedoch die Interessen der herrschenden Klasse auf dem Land schützte (trotz gewisser Konflikte hinsichtlich der Steuerabgaben und der Kontrolle von Polizei und Militär), versäumte sie die drängende Agrarreform als Grundvoraussetzung für die Verbesserung der Lebensbedingungen der Bauernschaft, die etwa 85% der Gesamtbevölkerung stellte. Die Bauern erhielten weder eigenes Land zugewiesen, noch wurden die hohen Pachtzinsen und Grundsteuern gesenkt oder der Geldverleihwucher wirksam bekämpft. Die Regierung beschränkte sich auf einige technische Verbesserungen in der Landwirtschaft sowie auf gelegentliche Bewässerungs- und Aufforstungsarbeiten. Während des »Dezenniums von Nanjing«, wie diese Periode von amerikanischen Historikern benannt worden ist, scheint sich die Versorgungslage der Bauern kontinuierlich verschlechtert zu haben. Die Hoffnungen, die die Bauern in die KMT gesetzt hatten, wurden auf diese Weise gründlich enttäuscht, was der kommunistischen Agitation wesentlich Vorschub leistete.

1931 waren die Japaner in die Mandschurei eingerückt, wo sie unter massivem Einsatz von japanischem Kapital und Fachpersonal mit erstaunlicher Geschwindigkeit Industrie und neue Städte aufbauten. 1944 hatte sich im Vergleich mit 1927 die Eisenerzförderung vervierfacht, die Stahlproduktion war von annähernd Null auf fast eine halbe Million Tonnen jährlich gestiegen, die Zementherstellung hatte sich verzehnfacht und die Elektrizitätserzeugung war mehr als 13mal so hoch. Der japanische Imperialismus hatte der Mandschurei Ende des Zweiten Weltkriegs also eine wirtschaftliche Entwicklung beschert, die es vom Hinterland des restlichen Zentralchina wesentlich unterschied. Diese Veränderung vollzog sich in einer umfassend geplanten gemischten Wirtschaft. Die maßgeblichen Sektoren unterstanden direkt den japanischen Behörden, und in den anderen Sektoren waren private Unternehmen unter einem Lizenzsystem zugelassen. 1945 fiel etwa die Hälfte der Produktionskapazität im modernen Sektor den Russen zum Opfer, die ganze Fabriken in ihr Land überführten; Infrastruktur und Techniken blieben jedoch größtenteils erhalten. Jiang Jieshi gab der inneren Konsolidierung den Vorrang gegenüber dem Widerstand gegen die Japaner in der Mandschurei; doch als diese den Erfolg seiner Bemühungen befürchteten, fielen sie 1937 in die nordchinesische Ebene ein. Ihre Truppen rückten in der Regel längs der Eisenbahnlinien vor und eroberten rasch die wichtigsten Teile Nordchinas. Bei ihrem Vormarsch trafen sie zumeist nur auf schlecht ausgerüstete und befehligte nationalistische Regionalarmeen, denen Jiang Jieshi Flugzeuge und schwere Artillerie verweigerte. Bereits im Oktober 1938 hatten die Japaner die Linien erreicht, die sie dann im wesentlichen bis ins Frühjahr 1944 halten konnten.

Der Widerstandskrieg und der Aufstieg der Kommunistischen Partei

Nach der Einnahme seiner Hauptstadt Nanjing durch die Japaner zog sich Jiang Jieshi mit der Zentralregierung nach Chongqing zurück, indem er »Raum für Zeit eintauschte«, ähnlich wie die Russen beim Widerstand gegen Napoleon, weil er hoffte, daß Japan sich im Kampf mit den anderen Mächten des Zweiten Weltkriegs aufreiben würde. Die Japaner hielten die wichtigsten Städte und Verkehrsadern in zwei Dritteln Chinas besetzt. Dieser Umstand und das Beharren des Volks auf Zusammenarbeit von Nationalisten und Kommunisten in einer geeinten Widerstandsfront nahm viel von dem Druck auf das belagerte Hauptquartier der Kommunisten in Yan'an in der Provinz Shanxi. Der Abzug der Zentralregierung ließ weite Teile des Landes hinter der japanischen Front zurück, welche die Kommunisten infiltrierten und viele der zerstreuten örtlichen Widerstandstruppen, Räuberbanden und Selbstverteidigungseinheiten unter ihre Kontrolle brachten. Besonders günstig wirkte sich die Schwächung Japans durch die USA gegen Ende des Zweiten Weltkriegs aus, und die Kommunisten bewiesen großes Geschick dabei, ihre Macht in den von ihnen beherrschten Gebieten durch eine kompromißlose Haltung gegenüber der japanischen Besatzungsmacht und eine kluge Mischung gemäßigter politischer und wirtschaftlicher Reformen zu festigen. 1945 war die Rote Armee von ca. 40000 Mann auf etwa eine halbe Million (hinzu kamen

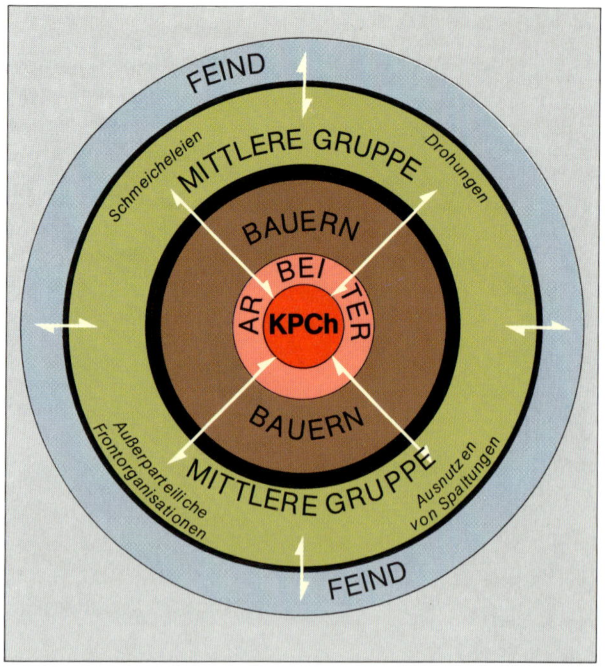
FEIND
MITTLERE GRUPPE
Schmeicheleien
Drohungen
BAUERN
AR BEI TER
KPCh
BAUERN
Außerparteiliche Frontorganisationen
Ausnutzen von Spaltungen
MITTLERE GRUPPE
FEIND

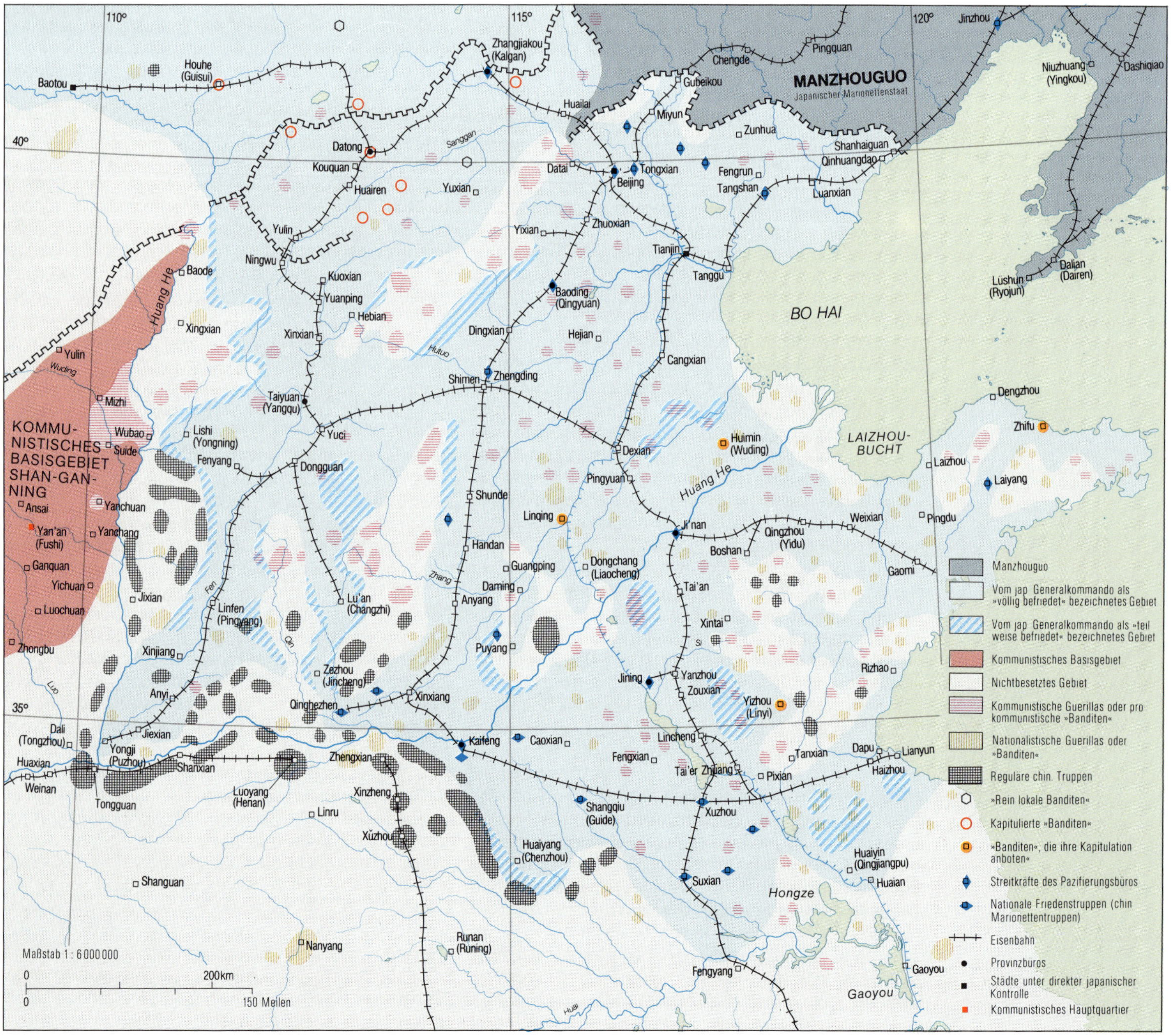
110°
115°
120°
40°
35°
MANZHOUGUO
Japanischer Marionettenstaat
BO HAI
LAIZHOU-BUCHT
KOMMUNISTISCHES BASISGEBIET SHAN-GAN-NING
Huang He
Baotou
Houhe (Guisui)
Zhangjiakou (Kalgan)
Datong
Kouquan
Huairen
Yuxian
Yulin
Ningwu
Kuoxian
Yuanping
Hebian
Xinxian
Taiyuan (Yangqu)
Yuci
Lishi (Yongning)
Fenyang
Dongguan
Shunde
Handan
Lu'an (Changzhi)
Linfen (Pingyang)
Jixian
Xinjiang
Anyi
Jiexian
Yongji (Puzhou)
Dali (Tongzhou)
Huaxian
Weinan
Tongguan
Shanxian
Luoyang (Henan)
Linru
Shanguan
Nanyang
Zezhou (Jincheng)
Qinghezhen
Xinxiang
Kaifeng
Zhengxian
Xinzheng
Xuzhou
Runan (Runing)
Huaiyang (Chenzhou)
Shangqiu (Guide)
Caoxian
Fengxian
Puyang
Anyang
Daming
Guangping
Dongchang (Liaocheng)
Linqing
Pingyuan
Dexian
Ji'nan
Tai'an
Xintai
Jining
Yanzhou
Zouxian
Yizhou (Linyi)
Lincheng
Tai'er Zhuang
Pixian
Tanxian
Xuzhou
Suxian
Hongze
Huaiyin (Qingjiangpu)
Huaian
Fengyang
Gaoyou
Dapu
Lianyun
Haizhou
Rizhao
Gaomi
Weixian
Qingzhou (Yidu)
Boshan
Pingdu
Laiyang
Laizhou
Zhifu
Dengzhou
Huimin (Wuding)
Cangxian
Hejian
Dingxian
Shimen
Zhengding
Baoding (Qingyuan)
Yixian
Zhuoxian
Tianjin
Tanggu
Beijing
Tongxian
Datai
Huailai
Miyun
Gubeikou
Chengde
Pingquan
Zunhua
Fengrun
Tangshan
Luanxian
Qinhuangdao
Shanhaiguan
Jinzhou
Niuzhuang (Yingkou)
Dashiqiao
Dalian (Dairen)
Lushun (Ryojun)
Baode
Xingxian
Yulin
Wuding
Mizhi
Wubao
Suide
Yanchuan
Ansai
Yan'an (Fushi)
Yanchang
Ganquan
Yichuan
Luochuan
Zhongbu
Sanggan
Hutuo
Zhang
Fen
Qin
Luo
Huai
Gaoyou
Maßstab 1 : 6 000 000
0
200 km
0
150 Meilen
Manzhouguo
Vom jap. Generalkommando als »völlig befriedet« bezeichnetes Gebiet
Vom jap. Generalkommando als »teilweise befriedet« bezeichnetes Gebiet
Kommunistisches Basisgebiet
Nichtbesetztes Gebiet
Kommunistische Guerillas oder pro kommunistische »Banditen«
Nationalistische Guerillas oder »Banditen«
Reguläre chin. Truppen
»Rein lokale Banditen«
Kapitulierte »Banditen«
»Banditen«, die ihre Kapitulation anboten«
Streitkräfte des Pazifierungsbüros
Nationale Friedenstruppen (chin. Marionettentruppen)
Eisenbahn
Provinzbüros
Städte unter direkter japanischer Kontrolle
Kommunistisches Hauptquartier

Links außen: In Yan'an, dem Kriegshauptquartier der chinesischen Kommunisten, bemühte man sich unter erschwerten Bedingungen und unter Zuhilfenahme einfachster Mittel um die Vermittlung von Bildung. Hier wird eine Klasse vor dem Eingang eines Gebäudes unterrichtet, das höhlenartig in den Bergrücken getrieben worden ist.

Graphik links: Die politische Gliederung der Gesellschaft nach der KPCh. Das Schema (nach L. Van Slyke) veranschaulicht die Vorstellung der Kommunistischen Partei vom politischen Aufbau der Gesellschaft. Die Partei wird als der Kern eines Bündnisses zwischen Arbeitern und Bauern aufgefaßt, innerhalb dessen Konflikte im Prinzip »nichtantagonistisch« sind. Außerhalb des Bündnisses gibt es eine mittlere Gruppe, die potentiell für die Partei gewonnen werden kann und daher Zielscheibe einer Mischung von Drohungen und Schmeicheleien ist. Die beiden äußeren Gruppen werden von Zeit zu Zeit verschieden definiert, aber als Grundsatz gilt, daß der »Feind« so bestimmt werden soll, daß er stets weniger als 10% der Bevölkerung ausmacht.

Links: Die japanische Besetzung Nordchinas im Jahr 1940
Die japanischen Invasionstruppen waren zahlenmäßig zu schwach, um ganz Nordchina wirksam beherrschen zu können. Sie konzentrierten sich deshalb darauf, die Städte und die Verkehrsnetze unter ihre Gewalt zu bringen. Die Karte zeigt das daraus resultierende Besatzungsschema im Jahr 1940, das auf japanischen Militärakten basiert. Innerhalb der mehr oder weniger unterworfenen Regionen gab es bedeutende Widerstandsgebiete, in denen Guerillas und »Banditen« sowohl der Kommunisten als auch der Nationalisten aktiv waren. Gewisser Widerstand ging auch von Gruppen aus, die von den Japanern als »rein lokale Banditen« bezeichnet wurden. Die Hauptmasse der regulären chinesischen Guerillas operierte entlang der Südwestfront. Das kommunistische Zentrum im Norden, in der Shaanxi-Gansu-Ningxia-Region mit der Hauptstadt Yan'an, lag außerhalb der von den Japanern kontrollierten Zone.

mehr als zwei Millionen gut ausgerüstete und geschulte Mitglieder der örtlichen Milizen) und die Parteimitgliederzahl auf über eine Million angewachsen. Außerdem übten die Kommunisten eine Art Jurisdiktion (oftmals nur partiell) über 16 geographisch getrennte Stützpunktgebiete aus, deren Bevölkerung mit 90 Millionen angegeben wird. Als der Abwurf der amerikanischen Atombomben Japan zur Kapitulation zwang, hatte sich das innere Kräftegleichgewicht Chinas verändert, und die Kommunisten waren ernsthafte Konkurrenten um die Regierungsmacht geworden.

Der Erfolg der Kommunisten beruhte nicht auf einem durch die Schrecken der Besatzung hervorgerufenen Nationalismus der Bauern. Ihre bestorganisierten Stützpunkte befanden sich in entlegenen Gebieten, die kaum vom japanischen Angriff berührt wurden. In Gegenden mit starker japanischer Präsenz hielten die Guerillas sich weitgehend aus Furcht vor Racheakten an der sie unterstützenden Bevölkerung zurück. Das Hauptziel war die Erhaltung ihrer Macht für die endgültige Kraftprobe mit den Nationalisten. Also hat der von den Kommunisten getragene Widerstand auch nicht, wie weithin angenommen, entscheidend zum Sieg über die Japaner beigetragen. Die Partei verdankte ihren Erfolg der Vitalität und Durchschlagskraft ihrer Organisation, der seit der Räterepublik von Hai-Lu-Feng stark verbesserten politischen Strategie und der Hingabe ihrer Mitglieder, welche die Partei zu einem quasi politisch-religiösen Orden machte.

Diese Wandlung kann man an den Parteidokumenten der späten 30er und der frühen 40er Jahre ablesen. Liu Shaoqi erklärte, daß jemand, der Parteimitglied ist, »die Sorgen der Welt jetzt trägt um ihres späteren Glücks willen ... Er ist so beschaffen, daß Reichtum ihn nicht korrumpieren, Armut ihn nicht verändern und Terror ihn nicht überwinden kann«. Die freudige Unterwerfung des Individuums unter die Partei kommt deutlich zum Ausdruck in Chen Yuns *Wie man ein Mitglied der Kommunistischen Partei ist* von 1939:

Die Kommunistische Partei ist eine Partei, die für die vollständige Befreiung der Menschheit kämpft ... Ein Mitglied der Kommunistischen Partei, das sich der kommunistischen Sache widmen will, muß ... sich eine revolutionäre Sicht des Lebens zulegen, die ihn unermüdlich für die Verwirklichung des Kommunismus kämpfen läßt ... und er muß fest an die zwangsläufige Verwirklichung der kommunistischen Gesellschaft in der Zukunft glauben ... Die Interessen des Staats, des Volks und der Partei sind identisch ... Die Interessen des Parteimitglieds sind identisch mit denen des Staats, des Volks und der Partei ... Jedes Parteimitglied sollte ohne Zögern seine individuellen Interessen opfern und sich den höherstehenden Interessen der Revolution und der Partei unterordnen ... in jeder konkreten Handlung des täglichen Lebens.

Obwohl die Partei nicht so weit ging, den »blinden Gehorsam« der Jesuiten zu fordern, verkündete Liu Shaoqi:

Ein Kommunist beweist seine Disziplin gerade, wenn er in Gefahr ist oder wenn zwischen ihm und der Partei über prinzipielle Fragen oder persönliche Probleme ernste Meinungsverschiedenheiten bestehen. Nur wenn er die Prinzipien der Organisation selbst dann bedingungslos ausführt, wenn er sich in der Minderheit befindet, kann er als ein Parteimitglied von hohen Prinzipien und großer Disziplin gelten, der das Ganze im Auge hat und die Unterordnung von Teilinteressen unter das Ganze, die Unterordnung einer kleinen Wahrheit unter eine große Wahrheit und die Notwendigkeit einsieht, Meinungsverschiedenheiten über Prinzipien von zweitrangiger Bedeutung und persönliche Probleme der Parteidisziplin und der Einheit der Partei unterzuordnen.

1960 machte die Volkszeitung dies noch weit deutlicher: »Ein gefügiges Werkzeug der Partei zu sein ist eine dem Proletariat eigene vornehme Eigenschaft.« Die Parteimitglieder lebten in dauernder Angst vor »Abweichung« im Denken und Handeln, die aus persönlichen moralischen Mängeln erwuchs und den Erfolg der Bewegung gefährden konnte. Deshalb gab es einen ständigen Kreislauf von Kritik, Selbstkritik und gewaltsamer Korrektur, Mittel, derer sich auch die rivalisierenden Parteigruppierungen gerne bedienten. Die vielleicht deutlichste Formulierung stammt von 1959: »Was das Individuum angeht, so wird die Teilnahme an politischen Kampagnen, die Entfaltung des ideologischen Kampfes und die Überprüfung der eigenen Fehler seelische Agonie bringen.« Aber »... wenn jemand den ideologischen Kampf durchmacht, um sein Bewußtsein zu erhöhen, wird er seine Fehler erkennen können und eine andere geistige Verfassung erlangen. Er wird fühlen, daß wo die See der Bitternis gestern noch grenzenlos war, heute das Ufer zum Greifen nah ist und eine glänzende Zukunft vor ihm liegt.«

Diese Seelenmassage wurde verschiedentlich in ein Instrument zur Machtausübung umfunktioniert. Liu Shaoqi meinte dazu: »Kampfversammlungen werden oft abgehalten ..., um bestimmte Personen anzugreifen, nicht um gegen »Sachen« vorzugehen, sondern gegen Individuen ... Die Kampfversammlung ist eigentlich ein von Parteimitgliedern eingesetztes Gericht ... mit dem Ziel der Unterdrückung solcher Kameraden, die auf ihrer eigenen Meinung bestehen, oder solcher, die im Weg sind.« Und er fuhr fort:

Sie (die Parteimitglieder) greifen einen »Gegner« als Vertreter des Opportunismus heraus und opfern diesen einzelnen Kameraden, damit Kader und Parteimitglieder eifrig arbeiten ... Auf formalistische und unsystematische Weise ziehen sie diejenigen Aussagen und Handlungen heraus, die nicht ganz richtig sind, isolieren sie und stellen sie als die ganze Wahrheit hin. Manches ist sogar aus der Luft gegriffen, beruht auf subjektiven Verdächtigungen und völlig unzuverlässigen Gerüchten, und sie bringen alle möglichen Anschuldigungen gegen den Kameraden vor ... Natürlich wird er ganz verwirrt ... Wenn er etwas zu seiner Verteidigung sagt, wirft man ihm vor, er wolle seine Fehler absichtlich beschönigen und sein Schuldbekenntnis sei nicht vollständig ... Um den Angriffen zu entkommen, ist nichts dienlicher, als sich völlig schuldig zu erklären ... So geschah es in der Partei, daß im Verlaufe des Kampfes manche Genossen mehr Fehler eingestanden, als sie begangen hatten. Um Angriffen aus dem Weg zu gehen, glaubten sie, daß es besser sei, keine Anklagen zurückzuweisen. Obwohl sie aber alle Fehler eingestanden, wußten sie immer noch nicht, worum es eigentlich ging. Dies ist der Beweis dafür, daß solche Kampfmethoden für die Wahrheitsliebe eines Kommunisten nicht förderlich sein können.

Wang Shiwei, der die materiellen Privilegien der höheren Kader von Yan'an kritisierte und sich für einen humanistischeren Marxismus einsetzte, beschrieb die Psychologie der Kommunisten folgendermaßen: »[Der Kommunist] gibt sich in jeder Hinsicht anders als der Normalmensch. Was seine Kameraden angeht, so ist es ihm egal, ob sie krank oder gesund, lebendig oder tot sind ... [Kommunisten] schwingen schöne Reden – Freundschaft, Liebe und was nicht alles. Aber sie haben kein menschliches Mitgefühl. Wenn man sie trifft, lächeln sie übers ganze Gesicht, aber das ist nur oberflächlich. Bei der geringsten

Provokation gehen sie hoch, werden rechthaberisch und weisen einen zurecht.« Wang wurde inhaftiert und später für solche Bemerkungen erschossen.

Die Parteistrategie jener Zeit gegenüber Nichtmitgliedern ist in dem Diagramm von Van Slyke (S. 164 oben) zur Darstellung der Einheitsfront zusammengefaßt. Die Partei wurde als Kern eines Bündnisses von Arbeitern und Bauern angesehen, umgeben von einer großen Gruppe unbestimmter Loyalität, die ungefähr die Hälfte der Bevölkerung umfaßte. Außerhalb lag der Feind, der nie mehr als 5 bis 10% der Gesamtbevölkerung betragen sollte. Die Parteilinie wurde immer so ausgerichtet, daß die politischen Sympathien diesem Schema entsprachen, denn es war lebenswichtig, sich keinen zu mächtigen Gegner zu schaffen. Also bedurfte das Parteiprogramm dringend einer sogenannten »Massenlinie«, die in der im Jahr 1943 von Mao Zedong im Namen des Zentralkomitees verfaßten Resolution über »Führungsmethoden« so dargestellt wird:

... In der gesamten praktischen Arbeit unserer Partei muß eine richtige Führung stets »aus den Massen schöpfen und in die Massen hineintragen«, das heißt: die Meinungen der Massen (vereinzelte und nicht systematische Meinungen) sind zu sammeln und zu konzentrieren (sie werden studiert und in konzentrierte und systematisierte Form gebracht) und dann wieder in die Massen hineinzutragen, zu propagieren und zu erläutern, bis die Massen sie sich zu eigen gemacht haben, sich für sie einsetzen und sie verwirklichen; dabei wird die Richtigkeit dieser Meinungen in den Aktionen der Massen überprüft. Dann gilt es, die Meinungen der Massen erneut zusammenzufassen und sie erneut in die Massen hineinzutragen, damit diese sie beharrlich verwirklichen. Und so geht es unendlich spiralförmig weiter, wobei diese Meinungen mit jedem Mal richtiger, lebendiger und reicher werden. Das ist die marxistische Erkenntnistheorie ...

Dies war keine Führung auf der Grundlage von ständiger Befragung der öffentlichen Meinung, sondern auf diese Weise sollte eine vorübergehende Interessengemeinschaft von Partei und Mehrheit geschaffen und gestärkt werden zugunsten des Machtzuwachses der Partei. Dazu bedurfte es der Geheimhaltung an der Spitze und der Täuschung der Mehrheit der zeitweiligen Verbündeten hinsichtlich der wahren langfristigen Ziele. Um die größtmögliche Unterstützung beim Volk gegen die feindlichen 5% zu erreichen, mußten außerparteiliche Frontorganisationen geschaffen oder unterstützt werden, die von geheimen Parteimitgliedern unterwandert und kontrolliert wurden.

Ein weiteres Ziel war, »repräsentative politische und wirtschaftliche Daten aller Schichten in den Gemeinden zu sammeln«. Dazu wurden ausführliche Dossiers über bestimmte Personen angelegt, und geheime Parteimitglieder wurden angewiesen:

Es müssen Pläne gemacht werden, wie man Personen aussucht, mit denen man sich befreundet ... Wir müssen alle verfügbaren gesellschaftlichen Verbindungen (Verwandte und Familie, gleiche Heimat, Schulkameraden, Kollegen usw.) und Gebräuche (Geschenke, Feierlichkeiten, gemeinsame Feindschaften, gegenseitige Hilfeleistung usw.) nutzen, nicht nur, um politische Freundschaften anzuknüpfen, sondern auch, um ihre persönlichen Freunde zu werden, so daß sie uns gegenüber rückhaltlos offen werden.

Geheimpolizeiliche Dokumente aus den Archiven der Nationalisten lassen manchmal eine grollende Bewunderung für die gekonnte Doppelzüngigkeit der Kommuni-

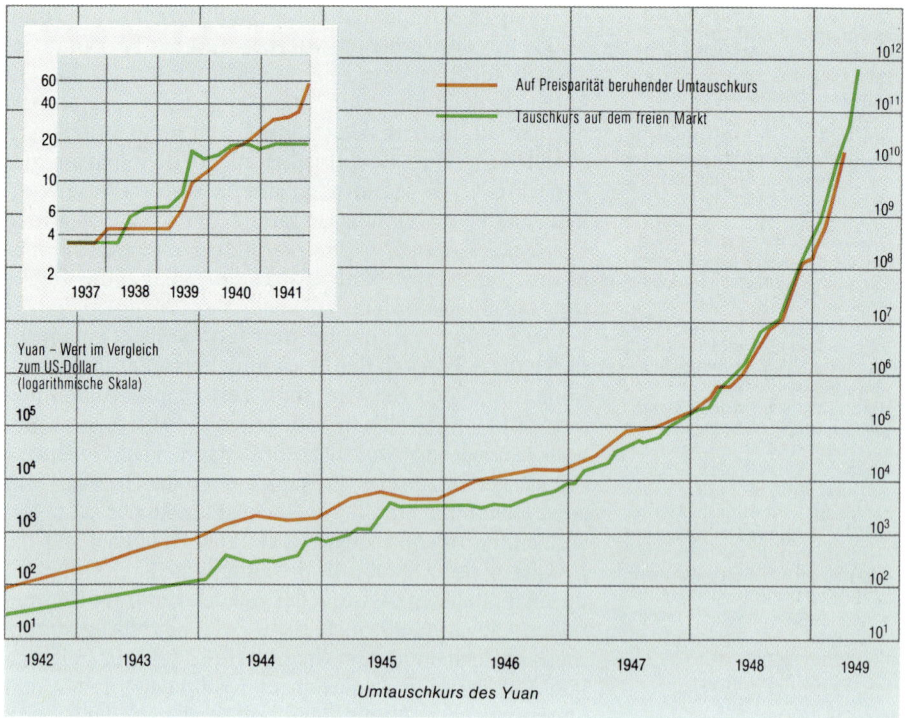

Oben: Die galoppierende Inflation in China der Jahre 1942 bis 1949
Das Schema zeigt den Wechselkurs des chinesischen Dollars (Yuan) mit dem amerikanischen Dollar von 1942 bis 1949. Wegen der galoppierenden Inflation dieser Jahre war es notwendig, eine logarithmische Skala zu benutzen, die von 10 bis 1000 Billionen reicht.

Unten: Nach der Machtübernahme hatte die kommunistische Regierung sich mit den Problemen der Neuverteilung des Landes und der Wiederherstellung der durch den Krieg zerrütteten Wirtschaft auseinanderzusetzen. Trotz der Hinrichtungen im Zusammenhang mit den Kampagnen gegen Grundbesitzer und Konterrevolutionäre und der Gewalttätigkeiten gegen viele Kaufleute, Bürokraten und Gelehrte waren die Jahre unmittelbar nach dem Sieg der Kommunisten 1949 eine vergleichsweise glückliche Zeit für die Mehrheit der Bevölkerung, die gemeinsam am Aufbau des Landes arbeitete.

Oben: Die Bekämpfung der galoppierenden Inflation war ein weiteres akutes Problem. Dieses Foto aus Shanghai (1948/49) zeigt Menschen, die ihr Papiergeld in Gold umtauschen wollen. Bei dem entstandenen Gedränge wurden viele in der Menge totgetrampelt.

sten verspüren. In einer Beschreibung, wie die Armee des Kriegsherrn Yan Xishan von Shanxi unterwandert wurde, heißt es: »Anfangs waren sie voll honigsüßer Reden, Schmeichelei und kriecherischer Verdrehungen.« Sie arbeiteten so hart und mit solch auffälliger Treue, daß »jeder Herr über solche Sklaven entzückt gewesen wäre«. Doch sobald sie fest im Sattel saßen, »veränderten sie sich schlagartig und bissen ohne Umschweife zu«. Der Bericht schließt mit der Beobachtung: »Je mehr Achtung und Gehorsam sie zu Anfang zeigen, desto schrecklicher und grausamer sind sie später.«

Die Volksrepublik

Nach wirkungslosen Bemühungen der USA, zwischen den Nationalisten und den Kommunisten zu vermitteln, brach 1946 der Bürgerkrieg wieder aus. Aber die Konstellation hatte sich seit 1937 verändert. Jiangs Regime war, besonders seit dem Widerstand gegen die Japaner, durch und durch korrupt, und der Versuch, den Krieg durch die Notenpresse zu finanzieren, hatte eine galoppierende Inflation verursacht. Die Kommunisten standen jetzt unter der Führung von Mao Zedong, der Ende 1934 bei der Zunyi-Konferenz schließlich seine von Moskau unterstützten Gegenspieler im Zentralkomitee ausgeschaltet hatte und unumschränkte Macht besaß. Sein Prestige wurde durch sein »Denken« erhöht, eine persönliche Ideologie, die dazu diente, Gegenspieler, die bessere Theoretiker als er waren, auszuschalten, indem ihre Ideen als »mechanisch« oder »dogmatisch« abgestempelt wurden. Es handelte sich um eine vorgeblich den chinesischen Bedingungen angepaßte Form des Marxismus-Leninismus, die teils von Mao selbst, teils von seinen Parteigängern Chen Boda, Ai Siqi und anderen für ihn entwickelt worden war und 1945 als offizielle Parteiideologie der KPCh angenommen wurde.

Die Kommunisten konnten auch bei den patriotischen Intellektuellen und der öffentlichen Meinung überhaupt einen Popularitätsanstieg verzeichnen. Selbst der Philosoph und demokratische Sozialist Zhang Dongsun, der sich über die Greueltaten der russischen Kommunisten völlig im klaren war, kam zu dem Schluß, daß der Kommunismus Chinas einziger Ausweg sei. Trotz dieses Meinungsumschwungs zu seinen Ungunsten erfolgte die Niederlage Jiang Jieshis nur aufgrund schwerwiegender militärischer Fehler so schnell. Ursprünglich hatte er dreimal mehr Truppen als die Kommunisten (ganz zu schweigen von der amerikanischen Waffen- und Finanzhilfe sowie der Vorteile, die sein vergleichsweise ausgedehnteres und reicheres Hinterland bot), aber den Rat von Militärexperten mißachtend, opferte er seine besten Einheiten anfänglich völlig sinnlos bei einem kläglich scheiternden Rückeroberungsversuch der Mandschurei, wobei die logistische Schwäche in langen und anfälligen Nachschubverbindungen bestand.

Die Strategie der Nationalisten war die statische Verteidigung fester Punkte, die jedoch relativ einfach überrannt werden konnten. Nur selten setzte Jiang seine gut ausgebildete Luftwaffe gegen feindliche Bodentruppenkonzentrationen ein. Er hielt sich zudem lieber an Kommandeure von erwiesener politischer Loyalität als an militärisch fähige Männer, und trotzdem liefen in entscheidenden Momenten führende Offiziere zum Feind über. Um die Jahreswende 1948/49 kam es bei Xuzhou zur Entscheidungsschlacht, die auf kommunistischer Seite von ihrem Oberbefehlshaber Zhu De in genialer Manier geführt wurde. Die Nationalisten unterlagen, weil auch ihre überlegene Bewaffnung die schlechte Strategie und mangelnde Koordination, den unzureichenden Nachschub und den Zusammenbruch der Kampfmoral nicht wettmachen konnte. Man unternahm auch keine echte Anstrengung, die Stellung am unteren Yangzi zu halten, und wenig später floh Jiang nach Taiwan. Im Oktober nahmen die Kommunisten Guangzhou ein. Die Durchschnittsgeschwindigkeit der letzten Etappe ihres Vordringens in Südchina betrug zehn Kilometer am Tag und ist wahrscheinlich einmalig in der Geschichte.

Die Machthaber der im Oktober 1949 gegründeten Volksrepublik gingen daran, alle bestehenden gesellschaftlichen Institutionen zu zerstören mit teilweiser Ausnahme der Kleinfamilie. Zu diesem Zweck wurden Massenkampagnen durchgeführt, sorgfältig gelenkte Bewegungen, die sich der Propaganda und des Terrors in Form von Schauprozessen, Folterungen und Hinrichtungen bedienten und alle Bereiche der Gesellschaft einbezogen. Das Agrarreformgesetz vom 28. Juni 1950 wies bereits eindeutig in die kommunistische Programmrichtung einer grundlegenden sozioökonomischen Umwälzung der Gesellschaft – wenn auch nur als erste Vorstufe (ab 1952 leitete die Organisation von »Vereinigungen für gegenseitige Hilfe« und »Landwirtschaftlichen Produktionsgenossenschaften« dann die Phase des »Übergangs zum Sozialismus« ein). Der mit der Umverteilung einhergehenden Verurteilung und Hinrichtung der enteigneten Großgrundbesitzer folgte 1951 die Kampagne »Niederwerfung von Konterrevolutionären«, die alle Personen beseitigen sollte, die in irgendeiner Weise mit den Nationalisten in Verbindung gestanden hatte. Im Frühjahr 1951 (dem Höhepunkt der Kampagne) fanden in den Städten fast täglich öffentliche Schauprozesse statt. Die ermordeten Grundbesitzer bei der Agrarreform eingeschlossen, kamen bei den Säuberungsaktionen nach vorsichtigen Schätzungen mindestens eine Million Menschen ums Leben (andere Schätzungen sprechen von bis zu drei Millionen Opfern). Daran schlossen sich die weniger blutigen Bewegungen der »Drei Antis« (gegen Korruption, Verschwendung und Bürokratentum der Beamtenschaft) und der »Fünf Antis« an, die die »nationale Bourgeoisie« gefügig machte. Die Kampagne »Reform des Gedankens« zielte vor allem auf die Intellektuellen und strebte die Zerstörung der psychologischen und emotionalen Bindungen der Menschen an die alte Ordnung durch geistige Reinigung und ideologische Umerziehung an. Der Prozeß der Umerziehung stützte sich auf den mehrere Millionen Personen zählenden Apparat für öffentliche Sicherheit, den Luo Ruiqing aufgebaut hatte, und ein Netzwerk von Arbeitslagern überzog bald das Land.

Es kam zur Herausbildung einer Zwei-Klassen-Gesellschaft: Mitglieder des Apparats (»Kader«, *ganbu)* und die Massen, wobei beide Klassen weiter unterteilt waren. Natürlich bemühte man sich, den Konflikt zwischen den Klassen zu vertuschen: Die Propaganda unterstrich die Identität ihrer Interessen, die neuen Führer kultivierten in ihrem öffentlichen Auftreten Strenge und Genügsamkeit, und die Öffentlichkeit wurde durch inszenierte Kampagnen gegen meist künstlich aufgebaute Feinde – »Reaktionäre«, »Rechte«, »kapitalistische Verräter« und andere – abgelenkt.

Diese Ereignisse bleiben unbegreiflich, wenn wir uns nicht vor Augen halten, aus welch großem Reservoir an patriotischer Hingabe und öffentlicher Zustimmung der Kommunismus schöpfen konnte. Das Ideal des selbstlosen Dienstes für das Allgemeinwohl schien in eine bessere Zukunft zu weisen, die frei war von den Beschränkungen und der Ausbeutung der alten Ordnung. Der Anstieg von Macht und Ansehen Chinas auf internationaler Ebene nach einem Jahrhundert der Erniedrigung war gleichfalls für viele berauschend. Wie in nicht wenigen Revolutionen gingen freudige Ekstase und Terror Hand in Hand, wobei ersteres das zweite erträglich machte. Aufgrund der ernüchternden Erfahrung mußten die Menschen feststellen, daß die neu propagierten Ideale in Wahrheit als Herrschaftsinstrumente dienten und daß im Streben nach Wachstum und einer besseren Gesellschaft Begeisterung kein Ersatz für Wissen war. Heute ist der revolutionäre Schwung weitgehend zum Erliegen gekommen, und übrig bleibt ein System, das zu starr für schnelle Veränderungen ist und Neuerungen nur in begrenztem Rahmen zuläßt, um sein Überleben zu sichern.

Der fundamentale Widerspruch des chinesischen Kommunismus besteht zwischen gesellschaftlicher Lebenskraft und politischer Kontrolle. Es ist unmöglich, das individuelle Dasein des Volkes, seine wirtschaftlichen Aktivitäten, sein Denken und seine Kreativität langfristig politisch zu kontrollieren und gleichzeitig eigenständige und schöpferische Menschen, engagierte Unternehmer, erfinderische Wissenschaftler, Gelehrte und Künstler hervorzubringen. Ohne gesellschaftliche Vitalität bleiben Fortschritt und Modernisierung allenfalls oberflächliche Phänomene, die durch das politische Wollen aufgezwungen sind und sich auf die bloße Nachahmung des anderswo Erreichten beschränken. Als die Parteispitze sich dieses Problems bewußt wurde, hat sie auf zweierlei Weise reagiert. Zuweilen wurde versucht, Spontaneität und Kreativität staatlich zu verordnen, aber die folgende emsige Aktivität war lediglich ein Abklatsch der eigentlichen Sache, wie die Bewegung der »Millionen Gedichte«. Oder man experimentierte mit teilweiser Liberalisierung und mußte erkennen – wie nach dem Zwischenspiel der »Hundert Blumen« 1956–1957 –, daß man nicht sehr weit gehen konnte, ohne sich selbst zu gefährden. Jedes Wiederaufleben gesellschaftlicher und kultureller Vitalität kommt, sobald ein gewisser Punkt erreicht ist, zwangsläufig mit den orthodoxen Institutionen und der Doktrin in Konflikt und muß also wieder unterdrückt werden. Der Journalist Zhu Anping richtete 1957 folgende Anfrage an die Partei: »Ist es nicht übertrieben, daß es in unserem Land in jeder Einheit, jeder kleinen oder großen Gruppe und Untergruppe ein Parteimitglied als Führer geben muß und daß überhaupt nichts, Wichtiges oder Unwichtiges, ohne Zustimmung der Partei getan werden kann?« Die Antwort lautete: »Es muß begriffen werden, daß alle Maßnahmen der Partei nur durch die Organisation der Partei ausgeführt werden können.« Mit den Worten Mao Zedongs: »Es ist die Partei, die alles steuert.«

Partei und Volk

Das chinesische kommunistische System basiert vereinfacht gesagt auf zwei parallelen Hierarchien, die nicht nur die Regierung im engeren Sinn beherrschen, sondern auch den größten Teil der Wirtschaft. Es sind dies die Verwaltungshierarchie und die Parteihierarchie. Die zweite übt eine allgemeine Überwachung der ersten aus, indem die meisten wichtigen Posten mit Parteimitgliedern besetzt sind. Ein ähnlicher Dualismus besteht in der Volksbefreiungsarmee in der doppelten Kommandostruktur von regulären Offizieren und Offizieren mit politischen Funktionen, den »Kommissaren«.

Obwohl es Staats- und Parteikongresse mit Delegierten gibt, handelt es sich um keine demokratische Ordnung, da die Delegierten nicht über freie Kandidatur gewählt werden. Teilnahme des Volkes an der Politik ist jedoch Bürgerpflicht und hierzu gehören regelmäßige Studiensitzungen, Zusammenkünfte und Diskussionen, Demonstrationen und Paraden. Es existieren keine Gesetze im europäischen oder amerikanischen Sinn und keine Vorstellung von Rechten und klar definierten Regeln über die politische Zweckmäßigkeit hinaus, der alles ausnahmslos untergeordnet ist.

Die Wirtschaft ist keine reine Planwirtschaft nach sowjetischem Vorbild, denn es fehlt an statistischen Büros für die genaue Überwachung jedes Produktionssektors und an dafür geschultem Personal. Es besteht auch keine solche Einrichtung wie das sowjetische Amt für Steuerung der Materialversorgung (*Gossnab*). Produktion und Investition der staatlich gelenkten Unternehmen richten sich nach politisch ausgehandelten Plänen. Die Erfüllung des Plans wird nach dem Profit bewertet (der teilweise durch staatlich festgesetzte Preise für viele Artikel bestimmt ist) und nach anderen Kriterien, die Schwankungen unterliegen. Das Wirtschaftsleben wird durch die Volksbank kontrolliert, über die alle finanziellen Transaktionen laufen sollen. Materialbeschaffung und Verkauf sind die wichtigsten Bereiche, in denen noch Marktbeziehungen zwischen den Unternehmen bestehen.

Die Steuerung der Wirtschaft hat eine Parzellierung bewirkt. Die Wirtschaftsbeziehungen sind soweit wie möglich auf Provinzebene oder noch engere Grenzen eingeschränkt worden. Diese drastische Beschneidung des großen Netzes von zusammenhängenden Märkten des spättraditionellen und frühmodernen China hat zu Vermögensverlusten geführt. Anders als in vorkommunistischer Zeit sind die Arbeitskräfte fast völlig immobil. Junge Erwachsene werden Arbeitseinheiten zugewiesen, in denen sie oft für den Rest ihres Lebens verbleiben. Die Einheit *(danwei)* ist ein bestimmender Faktor geworden in der Gestaltung des persönlichen Daseins, bei der Lösung von Schwierigkeiten wie Wohnungssuche und der Entscheidung, wann Frauen ein Kind haben dürfen.

In der Landwirtschaft hat sich schrittweise viel verändert. Anfang der 50er Jahre beseitigte die Landreform die Pacht aus dem System der Familienhöfe. Später wurde die Kollektivierung in kleinem Ausmaß eingeführt und 1958 durch Gründung der Volkskommunen *(gongshe)* auf größere Einheiten ausgedehnt, die mehrere 1000 Personen umfassen konnten, und in denen Ende des Jahres schon 90% der Landbevölkerung Chinas organisiert waren. In den frühen 60er Jahren wurde angesichts schwerwiegender Nahrungsmittelverknappung und Hungersnöten in einigen Provinzen wie Anhui wieder mehr Land zur privaten Bestellung freigegeben. Ausgang der 70er Jahre

Ganz oben: Studenten schwenken Plakate mit dem Bild des Vorsitzenden Mao und das *Kleine Rote Buch* mit seinen Zitaten während der »Großen Proletarischen Kulturrevolution« von 1966–1976. Zu jener Zeit waren die Schulen vielfach geschlossen, und die Roten Garden ergingen sich in Grausamkeiten gegen die Bevölkerung, bis die Armee einschritt. Heute wird die Kulturrevolution als bequeme Entschuldigung für alle Mißerfolge dieser Periode angeführt.

Rechts: Die Zerschlagung der »Viererbande«. Im Jahr 1976 wurden Maos Frau Jiang Qing und ihre drei radikalen Bundesgenossen Wang Hongwen, Zhang Chunqiao und Yao Wenyuan gestürzt. Die gezeigte Darstellung suggeriert das Wirken göttlicher Vorsehung. Die Reaktion im Volk hingegen war profaner: Am Tag der Verhaftung der Viererbande sollen in allen Weinhandlungen Beijings alkoholische Getränke ausverkauft gewesen sein.

Oben: Riesige Propagandaplakate mit Zitaten aus Maos Werken prangten an den Mauern im ganzen Land. Seit seinem Tod 1976 sind diese politischen Plakate durch Reklametafeln für Tonbänder, Haarspray und anderes ersetzt worden.

kam es unter dem »Selbstverantwortlichkeits-System« zur teilweisen Wiedereinführung von Familienhöfen, die vom Kollektiv verpachtet wurden.

Diese Veränderungen sind Reaktionen auf die sich teilweise widersprechenden Ziele des Programms. Kollektivierung stellt ein Mittel zur Kontrolle der Bauern dar und sichert die für den Staat notwendigen Steuereinnahmen. Kader teilen die Aufgaben zu, die nach einem Verdienstpunkte-System bewertet werden; manchmal wurden solche Punkte auch für eine fortschrittliche politische Haltung vergeben. Das Kollektiv bietet auch den Rahmen für solche Investitionen, die nicht einfach unter die einzelnen Bauern aufgesplittert werden können wie Anlagen zur Wasserregulierung und die Anschaffung großer Maschinen. Darüber hinaus lassen sich saisonal überschüssige Arbeitskräfte durch die Volkskommunen und die ihr untergeordneten Brigaden leicht für Spezialprojekte mobilisieren. Das Kollektiv bindet die Bauern an den Boden und verhindert Abwanderung in die Städte, wo Unterbeschäftigung und sogar Arbeitslosigkeit seit langem ein Problem sind. Andererseits hemmt das System die Arbeitsfreudigkeit und verhindert die Initiative im kleinen, und die knappen Fachkräfte werden in der aufgeblähten Verwaltung gebraucht. Die begrenzte Wiederbelebung von Familienhöfen in den letzten Jahren hat sich gewinnbringend bewährt, aber es ist fraglich, ob die Entspannung lange genug andauern wird, damit diese Verbesserungen sich halten können.

Die allgemeine Wirtschaftsphilosophie der Chinesen betont Willenskraft und Anstrengung und nicht Effizienz, die breit angelegte Mobilisierung der Ressourcen und nicht ihre bestmögliche Verwendung. Das spiegelt die frühen Erfahrungen der Kommunisten in unterentwickelten Stützpunktgebieten wie Yan'an wider, wo kaum technische Mittel zur Verfügung standen. Mobilisierung der Massen ist ohnehin eine der großen Stärken der Partei. Der erste, nach sowjetischem Muster ausgerichtete, Fünfjahresplan für die Jahre 1953–1957 legte den Schwerpunkt auf den raschen Ausbau der Schwer- und Grundstoffindustrie und vernachlässigte den Agrarsektor. 74,7% der staatlichen Investitionen gingen in die Industrie und das Transportwesen, nur 8,2% in die Landwirtschaft. Trotz einer beachtlichen Steigerung des jährlichen Bruttosozialprodukts von durchschnittlich 6% und der Industrieproduktion von 18,5% während dieses Zeitraums wurde der weitere ökonomische Fortschritt durch die nur langsam wachsende Agrarproduktion gefährdet. Darauf reagierte die Regierung 1958 mit der Strategie des »Großen Sprungs nach vorn«, derzufolge die Landwirtschaft durch verstärkten Einsatz von Arbeitskräften ebenso rapide wie die weiter beschleunigt ausgebaute Industrie entwickelt werden sollte. Man glaubte, die sofortige Anhebung der gesamten Wirtschaft auf ein ganz anderes Niveau in einer plötzlichen mächtigen Anstrengung allein durch Einsatz des Arbeitskräfteüberschusses erreichen zu können und ohne Mitwirkung von Kapital und technischem Knowhow eine neue Produktionskapazität zu schaffen. Bereits im Herbst 1958 mehrten sich allerdings die Anzeichen, daß die hochgesteckten Erwartungen nicht erfüllt werden könnten und daß man die jährlichen Planziele erheblich zurückschrauben müsse. Trotz einiger dann vorgenommener Korrekturen führte das von Mao propagierte Entwicklungskonzept in eine ökonomische Katastrophe, die sich durch Mißernten in den Jahren 1960–1962 weiter verschlimmerte. Zwar trat ab 1964 eine spürbare Erholung ein, doch blieben die Nachwirkungen der Krise noch lange spürbar. Das Scheitern des »Großen Sprungs« offenbarte die Unangemessenheit der maoistischen Vorstellungen von der Wirtschaft und löste 1959 auch eine politische Krise aus, die der Parteivorsitzende unter großen Machteinbußen gerade noch überstand.

Um dieselbe Zeit kam es zum Streit mit der UdSSR. Mit dem Zugang zu militärischer Atomtechnologie als Köder hatte Chruschtschow versucht, dieselbe Kontrolle über Chinas Verteidigungssystem zu erlangen wie bei den Staaten des Warschauer Pakts. Das chinesische Beharren auf Handlungsfreiheit führte zur Abberufung der russischen Techniker, die dem Land beim Aufbau der modernen Industrie halfen. Das war ein schwerer Rückschlag. Seitdem vermeidet China enge Beziehungen mit der Sowjetunion aus Furcht vor Einmischung in seine inneren Angelegenheiten.

Die Krise ab 1959 verschärfte die innerparteilichen Spannungen und politischen Differenzen, die 1966 schließlich die Kulturrevolution auslösten. Der Vorsitzende Mao bediente sich seiner letzten Machtstütze, der Militärkommissare, zur Schaffung eines halbmagischen Kultes um seine Person und zielte dann besonders auf den enttäuschten Idealismus und die Hoffnungen der Jugend ab. Mit der Roten Garde schuf er ein Gegenstück zu den jungen Boxern, und diese entfachten eine Kampagne gegen Maos Gegner in der Parteibürokratie mit dem Staatspräsidenten Liu Shaoqi und dem Parteisekretär Deng Xiaoping an der Spitze. Mit der Behauptung, die Übel der alten Gesellschaft auszurotten und eine wiederauferstandene Bourgeoisie unschädlich zu machen, griffen die Jugendlichen auch Intellektuelle an, die gedemütigt, gequält und zum Arbeitsdienst aufs Land geschickt wurden. Die Roten Garden stürmten Universitäten, welche eine Zeitlang schließen mußten, und Forschungsinstitute, wo sie großen Schaden anrichteten, indem sie beispielsweise Neuzüchtungen landwirtschaftlicher Nutzpflanzen vernichteten. Es wurden keine neuen Bücher herausgegeben, zahlreiche alte Tempel und historische Stätten wurden beschädigt oder zerstört, und das Geistesleben war völlig gelähmt. Manchmal fanden Menschen einfach deswegen den Tod, weil sie Kontakte zu Auslandschinesen oder Ausländern unterhielten. Letztendlich mußte die Armee zu Hilfe gerufen werden, um dem Wüten der Rotgardisten und anderer Gruppen, manchmal unter Blutvergießen, Einhalt zu gebieten. Offiziere, die natürlich auch Parteimitglieder waren, verblieben danach auf vielen Posten in der Zivilverwaltung, meist als führende Mitglieder der Revolutionskomitees, die man auf Provinzebene und darunter eingerichtet hatte.

In den Fraktionskämpfen an der Parteispitze während der folgenden acht Jahre wurden viele Veteranen (wie General He Long) getötet. Anfangs beherrschte Lin Biao, der von Mao zu seinem Nachfolger bestimmt worden war, die Szene; er starb jedoch 1971 unter mysteriösen Umständen, angeblich nach einem mißlungenen Staatsstreich. Jetzt wurde Maos dritte Frau, Jiang Qing, eine begabte Propagandistin, die die Allmacht revolutionärer Moral predigte, gegen den eher pragmatischen Premierminister Zhou Enlai und seinen Stellvertreter Deng Xiaoping ausgespielt. Nach Zhous Tod Anfang 1976 übernahm Deng Xiaoping die Führung der Gemäßigten. Das Hinscheiden Maos im September des gleichen Jahres brach die Machtstellung seiner Frau, die zusammen mit ihren engsten Vertrauten inhaftiert wurde. Zur Überraschung der Weltöffentlichkeit hieß der neue Vorsitzende Hua Gofeng, ein Funktionär aus dem Apparat für öffentliche Sicherheit. Deng wurde all seiner Staats- und Parteiämter enthoben, im Juli 1977 jedoch wieder in seine früheren Funktionen eingesetzt. Danach verstärkte er kontinuierlich seine politische Stellung und ist gegenwärtig eindeutig die kursbestimmende Kraft in Beijing. Seither zeigt sich in der chinesischen Innenpolitik eine Tendenz zur Einführung differenzierter Leistungslöhne und materieller Anreize in der Industrieproduktion, die Rückkehr zur individuellen Leitung der Betriebe und die Öffnung für westliche Technologieimporte. In der Landwirtschaft ist das Kollektivierungsniveau herabgesetzt, und die Bauern besitzen größere Freiheiten für individulle Initiativen. Die Erziehungspolitik betont jetzt den Vorrang der Fachausbildung vor politischer Indoktrinierung, und auch die Künste genießen größere Freiräume. Trotz dieser leichten Liberalisierung jedoch ist unverkennbar, daß die Exzesse der letzten 15 Jahre einen Vertrauensschwund gegenüber der Regierung bewirkt haben. In Partei und Verwaltung sind Korruption weit verbreitet, das Volk ist desillusioniert und »die Herzen der Jugend sind kalt«, wie die Volkszeitung enttäuscht vermerkte.

In Taiwan ergab sich unter den Nationalisten eine ganz andere Entwicklung. Die Regierung von Jiang Jieshi und seinem Sohn und Nachfolger Jiang Jingguo hat sich von einem unterdrückerischen Regime, das anfänglich vor allem die Vormachtstellung der Festlandsflüchtlinge von 1949 über die Taiwanesen zementieren wollte, allmählich zu einem System mit beträchtlichen persönlichen Freiheiten und einem, wenn auch unvollständigem, Maß an Demokratie gewandelt. Die *Kuomintang* besitzt de facto die politische Monopolstellung und verfügt über eine überwältigende Mehrheit in den verfassungsmäßigen Gremien. Man führte eine erfolgreiche Landreform durch und brachte das moderne Wirtschaftswachstum in Gang, das sogar Japan übertraf. Heute beträgt das Pro-Kopf-Einkommen in Taiwan das Fünffache von dem der Volksrepublik. Mehrere Faktoren bewirkten den Wirtschaftsaufschwung: die geringe Fläche des Landes, die engen Beziehungen zum internationalen Markt und nicht zuletzt eine amerikanische Zivilhilfe von ca. 100 US-Dollar pro Kopf der Bevölkerung bis Mitte der 60er Jahre. Überraschend ist auch, daß die Verteilung des Einkommens mit der Modernisierung gleichmäßiger geworden ist. Man hat nicht ganz zu Unrecht behauptet, daß die Nationalisten wohl kaum zum Verlassen des Festlandes gezwungen gewesen wären, wenn sie es so regiert hätten wie Taiwan.

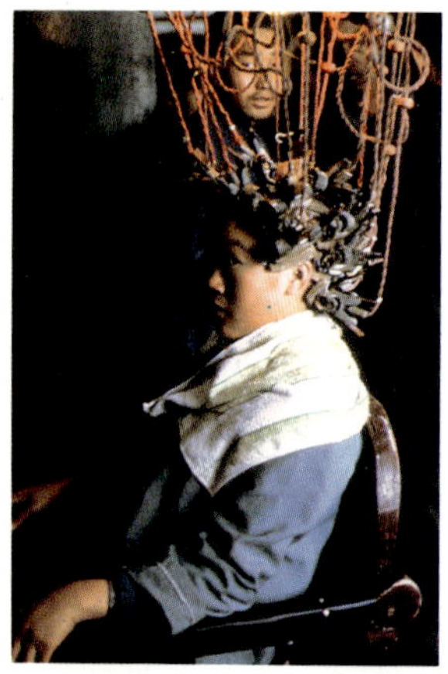

Oben: Seit Beginn der Moderne hat sich das Stadt-Land-Gefälle vergrößert. Wie eh und je übt die Stadt mit ihren besseren Bildungsmöglichkeiten, mit ihrem Unterhaltungs- und Arbeitsplatzangebot und ihren sozialen Leistungen große Anziehungskraft aus. Dieses Foto der Altstadt Shanghais zeigt, daß hier die Vergangenheit noch stark nachwirkt.

Rechts: Während der »Großen Proletarischen Kulturrevolution« hatten alle Frauen ihr Haar entweder so kurz geschnitten, daß es kaum über die Ohrläppchen reichte, oder sie trugen es zurückgekämmt und zum Zopf geflochten. Langes, offen herabfallendes Haar galt als »bourgeois« und »reaktionär«. Heutzutage herrscht größere Freiheit, und schulterlange Frisuren sind erlaubt. Auf diesem Foto sieht man ein chinesisches Mädchen bei der Dauerwelle.

Rechts unten: Vor dem 20. Jahrhundert erhielten Frauen keine formale Erziehung, und über höhere Bildung – die Kenntnis der konfuzianischen Schriften – verfügte nur eine kleine Zahl von Studierten, Beamten und Kandidaten. In den 1920er und 1930er Jahren führten einige Organisationen wie die YMCA (Christliche Vereine Junger Männer) Bildungskampagnen für die breite Masse durch. Nach 1949 bemühten sich die Kommunisten, allen Bevölkerungsteilen eine grundlegende Ausbildung zu ermöglichen. Politische Indoktrinierung begann schon im Kindergarten und wurde während der Kulturrevolution bis zum Exzess getrieben. Seit 1976 gilt in den Schulen ein stärker fachbezogener Lehrplan.

Oben: Seit der »Befreiung« fördert die chinesische Regierung streng durchgeführte Massen-Sportübungen. Moderne Gymnastik hat wenig mit dem traditionellen *tai ji quan* (Schattenboxen) gemeinsam, bei dem es auf den richtigen Strom und die richtige Verteilung der Energie *(qi)* im Körper ankommt.

Links: Ein Ausspruch des Vorsitzenden Mao lautete: »Die Frauen tragen auf ihren Schultern die Hälfte des Himmels«, aber in der heutigen chinesischen Gesellschaft ist die Gleichberechtigung der Geschlechter bei weitem noch nicht verwirklicht. Auf den Frauen lastet die zusätzliche Bürde der Hauptverantwortung für den Haushalt, und sie werden für Feldarbeit schlechter als die Männer bezahlt.

ZEITGENÖSSISCHE KUNST

Unten: Um der Sommerhitze zu entgehen, pflegte der Qing-Hofstaat den Kaiserpalast zu verlassen und im Sommerpalast, nordwestlich von Beijing am Kunming-See, zu residieren. Der See wurde landschaftlich so gestaltet, daß er dem Westsee in Hangzhou ähnelte. Dieser Druck zeigt den Lageplan des Sommerpalastes mit den Westbergen im Hintergrund.

Ganz unten: Blick über den Kunming-See auf den Hügel des Langen Lebens und den Pavillon des Wohlriechenden Weihrauchs Buddhas, einen vierstöckigen, den See überragenden Turm. Da der See am

Vom Qing-Hof des 19. Jahrhunderts ging wenig Unterstützung für die Künste aus. Im allgemeinen wiederholte sich bereits Bekanntes und wurde lediglich verfeinert. Zu Ende dieses Jahrhunderts erlebten die Künste noch einmal einen kurzen Aufschwung unter dem Patronat der Kaiserinwitwe Cixi, die den heutigen Sommerpalast wieder aufbauen ließ und ihn zu ihrer Residenz machte. Struktur und Dekorationen der einzelnen Bauwerke waren charakteristisch für den schwülstigen Architekturstil der späten Qing-Dynastie. Die Kaiserinwitwe verwandte für die Palastbauten zweckentfremdete Gelder, die eigentlich für die Modernisierung der Marine bestimmt gewesen waren. Die Dachstützbalken des geschlossenen Wandelganges entlang des Sees, der zum »Marmorgiebel« führt, sind mit legendären Szenen und Landschaften geschmückt. Während der Kulturrevolution (1966–1976) wurden diese Darstellungen mit weißer Farbe übertüncht; die für eine Restauration zu stark beschädigten Gemälde sind mittlerweile durch steif und hölzern anmutende Landschaftsbilder ersetzt worden. Seit der späten Qing-Zeit entstanden in den wichtigsten Industriehäfen und -städten Bauwerke mit einer Mischung aus chinesischen und westlichen Architekturelementen. Das Hauptstädtische Krankenhaus in Beijing etwa besitzt ein mit grünen Ziegeln gedecktes, typisches chinesisches Dach und eine abendländische Backsteinfassade. Doch diese Mischform konnte außerhalb der Industriezentren der neuen Republik China kaum Fuß fassen.

Das Kunsthandwerk des späten 19. und frühen 20. Jahrhunderts setzte den prachtvollen Stil der Qianlong-Periode des späten 18. Jahrhunderts fort, obwohl die auserlesene Qualität der früheren Erzeugnisse nicht mehr erreicht wurde. Der größte Teil des heute in Europa bekannten reich verzierten Porzellans und der Jade- und Lackgegenstände stammt aus dieser Zeit. Auf den Keramiken, die um die Jahrhundertwende für den Export hergestellt wurden, finden sich Dekors mit minuziös kopierten abendländischen Motiven und ornamentalen Einfassungen in traditionell chinesischer Machart: Dieses Dekor war im damaligen Europa sehr beliebt. Polychrom glasiertes Porzellan wurde erst mit leuchtenden Farben bemalt und die Konturen dann schwarz nachgezeichnet. Mit Gold verzierte Lackwandschirme und schwarze Lackschränke stellten eine Synthese aus einheimischen und fremden Stilelementen dar und wurden in die ganze Welt ausgeführt. Die chinesische Glasmalerei war europäischen Ursprungs und bediente sich vorrangig ornamentaler Genreszenen. Zwar standen das Kunstschaffen am späten Qing-Hof und auch die Exportgüter unter starkem abendländischen Einfluß, doch die Volkskunst und die kunsthandwerklichen Gegenstände blieben im wesentlichen der einheimischen Tradition verhaftet.

Die chinesische Kunst des 20. Jahrhunderts zerfällt in zwei Perioden: jene vor und jene nach 1949. In den 20er und 30er Jahren zeigte sich in der Malerei ein Konflikt zwischen neuen ausländischen und althergebrachten Formen. Kunstakademien öffneten ihre Pforten in Shanghai, Beijing (Peking), Nanjing (Nanking) und Hangzhou, wo Studenten mit Ölmalerei und Modellzeichnen experimentierten. Abgesehen von stilisierten Porträts, hatten die Vertreter der traditionellen Malereischulen nicht nach

Sommerpalast künstlich angelegt wurde, ist er sehr seicht und friert schnell zu, so daß er im Winter zu einer ausgezeichneten Eislaufbahn wird. Die Sommerpalastanlage ist heutzutage ein öffentlicher Park, und während des Sommers kann man sich dort mit Bootfahren vergnügen.

Unten: Ein gedeckter Wandelgang führt um den See herum zu einer marmornen Barke. Nach dem Volksglauben kann ein verliebtes Paar seine Verlobung feiern, sobald es die Barke erreicht hat. Die Kaiserin-Witwe Cixi ließ den Sommerpalast 1888 mit Geldern renovieren, die eigentlich für die Modernisierung der Marine bestimmt waren.

Ganz unten: Blick vom Pavillon des Wohlriechenden Weihrauchs Buddhas auf die goldenen Ziegeldächer des darunter gelegenen Palastvorplatzes.

menschlichen Modellen gearbeitet. Jetzt wurden Gipsabgüsse als Vorlage verwendet, und besonders der Rückgriff auf Aktmodelle löste einen öffentlichen Skandal im Shanghai der 20er Jahre aus. Chinesische Maler studierten jetzt auch in Europa und Japan, doch die abendländische Kunst fand wenig Anklang im Land, sieht man einmal von den Werken einer kleinen kosmopolitischen Gruppe von Malern und Schriftstellern in Shanghai ab. Als Xu Beihong (1864–1955) aus Europa heimkehrte, trug er Schlapphut und Schlips und experimentierte mit einem westlich beeinflußten Stil. Qi Baishi (1863–1957) dagegen, der in China geblieben war, pflegte eine sehr individuell geprägte herkömmliche Malerei, während der in Japan ausgebildete Fu Baoshi (1904–1965) seine Anregungen aus einer großen Palette alter chinesischer Techniken schöpfte. Im allgemeinen verlagerte sich der Schwerpunkt von der Landschaftsmalerei auf die Darstellung von Menschen.

In den 20er Jahren propagierte der Schriftsteller Lu Xun (1881–1936) den Holzschnitt, der sich maßgeblich an der deutschen Druckgraphik orientierte, insbesondere an den Werken Käthe Kollwitz', die in ihrem Schaffen die nackte Armut im Nachkriegsdeutschland zeigte. Die Holzschnitte Li Huas (geboren 1907) hatten die 1937 erbittert gegen die japanischen Invasoren ankämpfenden chinesischen Bauern als Sujet. Während des Chaos und Aufruhrs in den 40er Jahren blieb den Künsten dann nur noch wenig Raum.

Seit 1949 leidet die Qualität der Künste stark unter der staatlichen Reglementierung. Holzschnitt und Holzplattendruck blühten, da sich diese Kunstgattung am besten für die politische Propaganda eignete. Nach der kommunistischen Machtübernahme wurden viele Studenten zur Ausbildung in die Sowjetunion geschickt; auf diese Weise gewann der sowjetische Sozialistische Realismus in den 50er Jahren einen sehr großen Einfluß im Land. Auch in der Architektur entstanden phantasielose öffentliche Gebäude nach sowjetischem Vorbild. Doch die Anlehnung an die UdSSR war nicht von langer Dauer. Schon die »Große Halle des Volkes« an der Westseite des »Platzes des Himmlischen Friedens« (Tiananmen-Platz), die 1959 in nur elf Monaten vollendet wurde, weist internationale Stilelemente auf und hat außer Massigkeit keine besonderen Merkmale. Überall in Peking wurden seither Hochhäuser im sogenannten modernen internationalen Architekturstil errichtet und veränderten das auf eingeschossigen Gebäuden beruhende Gesicht der Stadt.

Nach 1949 wurden ideologische Kriterien zum wichtigsten Faktor in der Kunst. Die Ausstellungsstücke im Nationalen Historischen Museum wurden von nun an danach ausgewählt, ob sie »die Fähigkeit des werktätigen Volkes« und »die Habgier der Unterdrücker der Feudalzeit« zeigten. Die Künstler unterwarfen sich dem politischen Diktat, und ein engstirniger Realismus begann die Szene zu beherrschen. Dies läßt sich an den Skulpturen im Besitz der amerikanischen *Rent-Collection* ablesen, lebensgroßen Tonfiguren, die Szenen aus einem ehemaligen Gutsbesitzerhaushalt darstellen. Die Grundherren sind degenerierte Gestalten mit verschlagenem Gesichtsausdruck, während die zornig dreinblickenden Bauern mit gestählten Muskeln ihr Recht behaupten.

Abstrakte expressionistische Malerei unterlag dem staatlichen Verbot, auf der Tagesordnung stand vielmehr ein revolutionärer Romantizismus. Zu den Sujets in der Malerei, sowohl bei den traditionellen Techniken als auch bei den Ölbildern, gehörten Episoden aus dem Leben der Volkskommunen, lachende Fabrikarbeiter und Stahlwerke; es gab kaum ein Landschaftsporträt ohne Hochspannungsmasten und Elektroleitungen. Auf den Akademien wurden strenge Auflagen bezüglich der Thematik gemacht; die Folge war eine Einengung der künstlerischen Ausdrucksmöglichkeiten und eine zunehmende Konformität. 1958–1959 wurde im Land die Massenkampagne des »Großen Sprungs« inszeniert, zwischen 1963–1965 gefolgt von einem Angriff auf die »Rechtsabweichler« (»Sozialistische Erziehungsbewegung«), und diese Strömungen bewirkten die Verfolgung vieler Künstler. Opportun waren nur noch Darstellungen von Bauern, Soldaten und Werktätigen. Mit dem Beginn der Kulturrevolution 1966 setzte die Zerstörungswut der Roten Garden ein. Akademien wurden geschlossen, Künstlergruppen gewaltsam aufgelöst. Zahlreiche Künstler wurden eingesperrt, andere aufs Land zur Feldarbeit verbannt. Seit 1966 wurde für sechs Jahre das Erscheinen von Kunstzeitschriften eingestellt. Die Unterdrückung der Kultur ging bis zur Zerschlagung der »Viererbande« im Herbst 1976 und dem dadurch eingeleiteten Ende der Kulturrevolution weiter. Mit dem darauffolgenden Anstieg des Außenhandels und dem verstärkten Tourismus begann das Kunsthandwerk wieder aufzublühen, und es kam zu einer beachtlichen Wiederbelebung der Jade- und Elfenbeinschnitzerei, der Korbflechterei und der Textilherstellung. Synthetiks in neuen, um die Jahrhundertwende in China eingeführten Farben verbreiteten sich und verdrängten allmählich bei der Alltagsbekleidung die Baumwolle. Das kunsthandwerkliche Können blieb zwar auf hohem Niveau, doch meist triumphierte mit fortschreitender Mechanisierung die Technik über den künstlerischen Ausdruck. Der Rückgriff auf traditionelle Themen wurde dadurch legitimiert, daß man sie mit revolutionärem Symbolismus ver-

Fortsetzung auf Seite 176

Malerei

Eines der Hauptanliegen der heutigen chinesischen Künstler besteht in der Schaffung einer Synthese von fremden und einheimischen Traditionen. Die auf diesen Seiten abgebildeten Werke bieten keinen vollständigen Überblick über die verschiedenen Malstile und -techniken, aber sie spiegeln doch den sich vollziehenden Wandel seit der Kulturrevolution.

Die hier gezeigten Beispiele sind sowohl von ausländischen Kunstrichtungen beeinflußt als auch von der traditionellen Malerei. Die Arbeiten von Fang Zhaoling wurden kürzlich in Beijing als auch in London ausgestellt. Obwohl sie seit 1947 nicht mehr im Lande lebt, lassen ihre Bilder noch einen starken chinesischen Einfluß erkennen. Yuan Yunshengs Kompositionen stellen eine Synthese westlicher und althergebrachter Stile dar und weisen den Weg für künftige Entwicklungen. Chen Dehong, als Bildhauer ausgebildet, widmet sich gegenwärtig intensiv der Malerei. Zwar ist die Thematik seiner Werke eng mit der chinesischen Tradition verknüpft, doch seine Experimente mit Form und Struktur weisen auf westliche Einflüsse; Wang Jia'nans Bilder hingegen zeichnen sich durch kreative Neuinterpretation einheimischer Malerei aus. Tang Muli ist Autodidakt und versucht sich in den verschiedensten Stilen. Die Vielseitigkeit in Thematik, Stil und Technik ist kennzeichnend für das Experimentierstadium, in dem sich die Kunst Chinas heute befindet.

Links: Dieser Ausschnitt aus dem großen Wandgemälde Yuan Yunshengs (geb. 1937) mit dem Titel *Festival des spritzenden Wassers, Lied des Lebens* im Ausländer-Speisesaal von Beijings Internationalem Flughafen rief wegen der Darstellung von nackten Körpern in einem öffentlichen Gebäude erhebliche Kontroversen hervor.

Oben: Der Wasserbüffel Yuan Yunshengs wurde mit Tusche auf Papier gestaltet. Das lebendige Bild gibt die Eigenarten dieses Tiers perfekt wieder. Obwohl Yuan sich traditioneller Maltechniken bedient, unterscheidet sich sein Werk doch wesentlich von der traditionellen Darstellung dieses Motivs.

Rechts: Dynamik und Wucht der Pinselführung charakterisieren dieses Gemälde mit dem Titel *Drift* von Yuan Yunsheng. Seine Arbeiten sind als revolutionär zu bezeichnen, da er sich von den Fesseln des Realismus zu befreien sucht.

Oben: Hier führt Chen Dehong mit seiner Darstellung der beiden chinesischen Schriftzeichen *song* (»Kiefer«) und *yun* (»Wolke«) die traditionelle einheimische Malerei auf einen neuen Weg. Kalligraphischer Duktus und Landschaftselemente verschmelzen zu einer abstrakten Komposition.

Links: Der Ausspruch des Tang-Dichters Li Bo »Das Wasser des Gelben Flusses strömt vom Himmel« scheint auf dem Bild Chen Dehongs mit Leben erfüllt zu sein. Hier wurde Neues und Traditionelles faszinierend miteinander verknüpft.

Unten: Dieses Bild *Schöne auf gefährlichen Höhen* wurde von Fang Zhaoling (geb. 1914) gemalt, die als Pionier der modernen chinesischen Kunst des 20. Jahrhunderts gelten kann.

Links: Eine Illustration des *Wiegenlieds* von William Blake, gezeichnet von Tang Muli (geb. 1947), einem der ersten Künstler, der von der chinesischen Regierung zum Studium ins Ausland geschickt wurde (an das Royal College of Art, London). Charakteristisch für sein Werk ist die Verschmelzung östlicher und westlicher Techniken und der unverkennbar chinesische lyrische Ausdruck.

Rechts: Diese lebendige mythologische Szene eines Kriegers und seiner Frau während des Schwerter-Gießens von Wang Jia'nan (geb. 1956) ist eindeutig chinesisch und in Linienführung und Farbe ein Beispiel für die traditionelle *gong-bi*-(genaue Pinselführung) Technik. Der Einfluß alter buddhistischer Wandmalereien ist unverkennbar.

brämte; So ließen sich selbst populäre Sujets und legendäre Gestalten mit der Parteilinie in Einklang bringen.

1978 führte man in den Akademien sogar wieder die Aktmalerei ein, nachdem diese 1965, ein Jahr vor der Kulturrevolution, verboten worden war: Jetzt wurde sie als »wissenschaftliche« Methode zur Abbildung des menschlichen Körpers und als realistische Ausdrucksform propagiert. Abstrakte Darstellungen hingegen standen nicht auf dem Lehrplan, sondern der Stil bewegte sich zwischen krassem Realismus und nur leichter Verzeichnung der Wirklichkeit. Im theoretischen Unterricht beschäftigen sich die Kunststudenten heute vorwiegend mit der Synthese von traditioneller chinesischer und westlicher Kunst, mit westlicher abstrakter Malerei und mit Aktzeichnen. Marxistische Ästhetik, Maos kunsttheoretische Schriften, Sozialistischer Realismus und die Huxian-Bauernmalerei sind dagegen kein Lehrstoff mehr. Es herrscht ein Nachholbedarf an »moderner« Kunst und weitgehende Unwissenheit über zeitgenössische Kunstrichtungen, da China seit 1949, abgesehen von einer kurzen Kontaktperiode mit der Sowjetunion in den 50er Jahren, von der Außenwelt isoliert war. In der Sowjetunion ausgebildete Dozenten hatten seinerzeit französische Impressionisten als Vorlagen für Zweitkopien kopiert.

An der Pekinger Kunstakademie werden in einzelnen Klassen Ölmalerei, figürliches Zeichnen, traditionelle Landschafts-, Blumen- und Tier-Malerei, Bildhauerei, Fresko-Malerei und Graphik unterrichtet. Die Schüler sind nach wie vor strenger Disziplin unterworfen und erhalten genaueste Anweisungen für ihre Arbeiten. Sobald sie sich außerhalb der zulässigen Grenzen bewegen, werden sie kritisiert. Da Konformität erwünscht ist, kann der einzelne nur mit großem Risiko eigenständige Wege beschreiten. Trotzdem wird innerhalb des erlaubten Rahmens faszinierend experimentiert.

Liu Hong, ein ehemaliger Absolvent der Klasse für Fresko-Malerei, ließ sich von antiken Bronzemotiven inspirieren und griff auf die Mosaiktechnik zurück. Auch Han Xin, ein talentierter junger Künstler, der heute in den Vereinigten Staaten lebt, beschäftigte sich mit verschiedenen Techniken, und sein Ölbild *Die Geige* besticht durch seine Exaktheit. Chen Danqing, der sich gleichfalls der Ölmalerei verschrieben hat, verbrachte in den späten 70er Jahren einige Zeit in Tibet, seine Werke über die Tibeter sind wegen ihrer großen Einfühlungsgabe und Sensibilität äußerst realitätsnah. Ein ebenso begabter junger Graphiker, Wang Jian'an aus Harbin, kombiniert in seinen Radierungen und Holzschnitten westliche und traditionelle chinesische Elemente. Seine Landschaftsdarstellungen basieren auf fließenden Linien, und geschwärzte und nichtgeschwärzte Flächen stehen in einem ausgewogenen Verhältnis zueinander.

Grundverschieden vom realistischen Stil der Ölmalerei arbeitet Yuan Yunsheng, einer der bedeutensten Künstler im heutigen China. Er erprobte die Grenzen gestalterischer Freiheit mit zwei nackten Gestalten auf seinem Wandgemälde im Pekinger Internationalen Flughafen und entfachte damit eine leidenschaftlich geführte Kontroverse über Fragen der Schicklichkeit. Seine Komposition *Festival des spritzenden Wassers, Lied des Lebens* stellt eine Legende des in Süd-Yunnan lebenden Minderheiten-Volksstammes der Dai dar. Die Absicht Yuans war es, die Legende künstlerisch umzusetzen und nicht das tatsächliche alljährliche Festival-Geschehen zu zeigen. Man bezichtigte ihn der Verzerrung menschlicher Körper und beschuldigte ihn, »dem Dai-Volk Schande zugefügt« zu haben. Am Ende wurde der betreffende Bildabschnitt durch eine Stoffverkleidung verhängt. Bei der Arbeit standen Yuan Yunsheng zwei Assistenten zur Seite. Zunächst deckten sie die ganze Wand mit einer Leinwand ab, fertigten dann eine Skizze an, die anschließend auf die Leinwand übertragen und mit aus Hongkong importierten Acrylfarben vollendet wurde. Yuan Yunsheng malt außerdem mit Pinsel und Tusche auf Papier.

Seit dem Ende der Kulturrevolution werden auch fremde Studenten an den Kunstakademien in Beijing und Hangzhou zugelassen, und jüngere Chinesen dürfen jetzt auch wieder auf Universitäten im Ausland. Einige Vertreter der älteren Generation, beispielsweise Wu Zuoren, der in den 30er Jahren in Paris studierte, sind aber mittlerweile zur traditionellen einheimischen Malerei zurückgekehrt. Ausstellungen ausländischer Künstler in den großen Städten seit Ende der Kulturrevolution erfreuen sich großen Zuspruchs; umgekehrt gehen aber auch Präsentationen chinesischer Werke in den Westen. Im Frühjahr 1982 fand eine große Ausstellung in Paris statt, die einen Querschnitt durch die zeitgenössische chinesische Kunst bot, darunter viele Arbeiten im Stil der revolutionären Romantik, aber auch solche im althergebrachten *gong-bi*-Stil, beispielsweise jene von Pan Jiezi.

Bei diesem Anlaß wurde auch ein monochromes Werk Zhang Lichens gezeigt, ein mit Fingern und Tusche ausgeführtes Bild, ferner Zhang Dehuas Plastik eines weiblichen Kopfes, der aus einem groben Holzklotz herausgemeißelt worden war. Die Arbeiten des talentierten Pekinger Bildhauers Wang Keping sind gleichfalls voll kühner Ausdruckskraft. Faszinierende Experimente werden heute von kleinen Künstlergruppen selbst in den entlegensten Teilen der Volksrepublik durchgeführt. Die Variationsbreite bei den unterschiedlichsten Stilen und Techniken zeigt, daß sich China nunmehr, nach dem Ende der Kulturrevolution, in einer Experimentierphase befindet, wozu ein toleranteres Kunstklima maßgeblich beiträgt. Auf die Frage, ob die Kunst immer noch dem Volk zu dienen habe, soll der Kultusminister Huang Zhen geantwortet haben: »Ich glaube, daß man heutzutage unbeschränkt gestalten kann«, und so besitzen die Künstler jetzt größere Freiheiten als zu irgendeiner Zeit seit 1949.

Der Vorsitzende Mao starb am 9. September 1976, und sein Mausoleum errichtete man im Mittelpunkt des Platzes des Himmlischen Friedens (Tiananmen-Platz) unter Mithilfe von fast einer Million Freiwilliger. Die Architektur weist kaum typisch chinesische Züge auf.

DRITTER TEIL

KULTUR UND GESELLSCHAFT

Sprache, Schrift, Kalligraphie

Die Sprache

Das Chinesische ist in mehrerer Hinsicht die einfachste Sprache der Welt, aber zugleich auch eine der am schwersten zu erfassenden. Die nachfolgende Darstellung ist der Versuch, dem Leser etwas vom Nuancenreichtum dieser Sprache zu vermitteln, und erhebt keinen Anspruch auf detaillierte Analyse oder Vollständigkeit.

Die wichtigste Eigenart des Chinesischen besteht darin, daß die grundlegenden semantischen Einheiten im Prinzip stets die gleiche Form beibehalten. Dies impliziert, daß zusammengesetzte Wörter (Polynome) nicht so eng miteinander verschmelzen wie in den europäischen Sprachen. So lautet das chinesische Wort für »Heliotropismus« (Phototropismus) *xiàng-rì-xìng* oder wörtlich »gegen die Sonne Natur« (= Krümmungstendenz bei einseitigem Sonnenlichteinfall). Die Bauweise des Begriffs ist ähnlich wie beim deutschen Wort (bei dem allerdings statt germanischer griechische Wortwurzeln verwendet werden), doch im Chinesischen behält jede einzelne Sprachsilbe ihre eigene, in sich abgeschlossene Bedeutung.

Da die semantischen Grundeinheiten ein vergleichsweise größeres Eigengewicht haben, ist es möglich, zusammengesetzte Wörter in zwei Bestandteile zu trennen. So bedeutet etwa *zǒu-lù* »gehen« (wörtlich »gehen – Straße«), aber »drei Meilen gehen« heißt zǒu sān-lǐ-dê-lù (wörtlich: »drei Meilen Straße gehen«). Daraus folgt, daß die Wörter im Chinesischen keine so festgelegte Funktion haben wie etwa im Deutschen. Die klassische chinesische Schrift basiert auf diesen festen semantischen Einheiten. Jedes »Schriftzeichen« entspricht in der Regel einer solchen Einheit, und daher benötigt man im täglichen Leben einen Grundstock von 5000 bis 6000 Schriftzeichen. Die einzigen in China gebräuchlichen nichtchinesischen Schriftzeichen sind die Ziffern 1, 2, 3 usw.

Das chinesische Schriftsystem würde sich schlecht für flektierende Sprachen wie das Deutsche eignen. Wollte man mit ihm etwa »wir sind eine Familie von sechsen oder achten« schreiben, müßte man neue Schriftzeichen für die flektierten Ziffern erfinden, etwa »6en« und »8en«, und das wäre sehr umständlich. Als die Japaner im siebenten/achten Jahrhundert die chinesische Schrift übernahmen, mußten sie eine ähnliche Veränderung vornehmen, denn das Japanische ist eine flektierende Sprache. Das Ergebnis ist ein hybrides Schriftbild, in dem chinesische Zeichen für die Grundbedeutungen und eine japanische Silbenschrift für die Wortendungen verwendet werden.

Bei den sprachgeschichtlich ältesten chinesischen Wortformen gab es noch eine Veränderung der Sprachsilben, um einen Bedeutungswandel anzuzeigen. Die Überreste hiervon sind heute noch bei bedeutungsverwandten Wortgruppen zu erkennen, die sich nur im Ton oder in ihrem Anfangskonsonanten voneinander unterscheiden. Beispiele hierfür sind *hǎo* (3. Ton) in der Bedeutung »gut« und *hào* (4. Ton) in der Bedeutung »eine gute Meinung haben von jemandem«, »lieben«; ferner *jiàn* (4. Ton) in der Bedeutung »sehen« und *xiàn* (4. Ton) in der Bedeutung »offenbaren«, »sichtbar werden«.

Da das Chinesische keine Flexionen besitzt, basiert seine grammatische Struktur notwendigerweise auf Hilfswörtern und Wortstellung. Die Substantiva haben weder einen formal unterschiedenen Numerus (Singular, Dual oder Plural) noch formal unterschiedene Kasusformen (Nominativ, Vokativ, Akkusativ etc.); bei den Verben gibt es keine formalen Unterschiede hinsichtlich Tempora (Imperfekt/Präteritum, Präsens oder Futur), Modi (Indikativ, Konjunktiv, Imperativ, Optativ), Genera verbi (Aktiv, Reflexiv, Passiv) und keine durch das Verb gegebenen Aktionsarten (perfektive oder imperfektive Aktionsart). Aus diesem Grunde ist das Chinesische für Europäer in seiner verallgemeinernden und zeitlosen Aussageweise verwirrend. Der Kontext spielt eine eminent wichtige Rolle für das Verständnis einer bestimmten Aussage. Zur Klärung der Bedeutung tragen außerdem Partikel für Zeitangaben (etwa »gestern«) oder Zahlenangaben (etwa »alle«, »drei«, »einige«) bei oder Hilfswörter wie *bèi* (in voller Verbbedeutung »leiden«), um den Passiv anzudeuten, und *yǐ* oder *yǐ-jīng* (»bereits«), um das Imperfekt zu kennzeichnen.

Die Wortstellung des Chinesischen hat viel Ähnlichkeit mit dem Deutschen (Grundstellung der Satzteile: Subjekt-Prädikat-Objekt), doch können dem ungeschulten Übersetzer vielerlei Mißverständnisse unterlaufen. So können die chinesischen Wörter – von einigen Ausnahmen abgesehen – lediglich aus ihrem Kontext einer bestimmten Wortklasse, etwa Substantiva oder Verba, zugeordnet werden. Zwar treten sie häufig sowohl in der einen als auch der anderen Funktion auf, jedoch wird ihre Funktion erst durch ihre Stellung im Satz deutlich. So bedeutet *zǒu* »gehen«, »zu Fuß gehen«, aber es ist ebenso korrekt zu sagen *zǒu hǎo* »es ist gut, spazierenzugehen« oder »Spazierengehen ist gut«. Weiter besitzen chinesische Sätze keine Subjekt-Prädikat-Gliederung, sondern haben eine Thema-Erläuterung-Struktur. Der erste Teil des Satzes beginnt mit der Frage: »Wie steht es mit XY?« Worauf der zweite Teil des Satzes die Antwort gibt: »So und so.« Die Bedeutung dieser Besonderheit der chinesischen Sprache demonstriert folgender Satz: *shū mǎi-lé,* wörtlich: »Buch kaufen-beendet«. Formal gesehen unterscheidet sich dies nicht von dem Satz: *wǒ mǎi-lé* (»Ich kaufe-beendet« oder in korrekter Übersetzung: »Ich habe es gekauft.«). Aber der erste Satz bedeutet für gewöhnlich »Das Buch ist gekauft worden.« Wir müssen also den Satz interpretieren: »[Was das] Buch [betrifft], [so] hat [es jemand] gekauft.«

Innerhalb semantischer Strukturen steht das bestimmende Wort stets vor dem bestimmten, also heißt es beispielsweise »an einem sehr frühen Frühlingsmorgen«. Auf Satzebene aber tendiert das Chinesische dazu, von der allgemeinen zur bestimmten Aussage voranzuschreiten. Sätze beginnen oft mit Zeit- und Raumangaben und mit thematischen Aussagen, denen sinngemäß die folgende Bedeutung unterliegt: »Vorausgesetzt die Sache verhält sich so und so, dann . . .«; und erst danach folgen das eigentliche Thema und die Erläuterung des Satzes. An die Erläuterungen können sich weitere Spezifizierungen anschließen, etwa Aussagen über Absicht und Ziel einer Handlung.

Bisher haben wir die chinesische Sprache so dargestellt, als sei sie eine Einheitssprache und damit impliziert, ihr Sprachcharakter sei zu allen Zeiten, in jeder Region und in jeder angewandten Sprachsituation im wesentlichen gleich gewesen. Für die diskutierten allgemeinen Charakteristika kommt dies der Wahrheit ziemlich nahe. Wir wollen diese Ausführungen jedoch mit einem kurzen Blick auf einige Veränderungen abschließen, die während der letzten 2500 Jahre stattgefunden haben.

Das archaische Chinesisch war sehr viel reicher sowohl an Vokalen als auch an Konsonanten als das moderne. Viele einst der Aussprache nach unterschiedliche Silben sind heute zu identischen Silben verschmolzen. Diese

Dialekte
In gewisser Hinsicht läßt sich das Chinesische als eine einheitliche Sprache bezeichnen, da die unterschiedlichen Dialektgebiete durch eine Kette dazwischenliegender Orte verbunden sind, deren Bewohner ihre unmittelbaren Nachbarn ohne Schwierigkeiten verstehen können. Bei näherer Betrachtung jedoch besteht die chinesische Sprache aus einem verwirrenden Mosaik verschiedenster Unterdialekte, so daß beispielsweise die gesprochene Sprache des weniger als 170 Kilometer von Beijing entfernten Ortes Baoding erheblich von der Hochsprache differiert. Ein scharf gegeneinander abgegrenztes Schema verschiedener Dialektgebiete wird daher weder der zugrundeliegenden Einheitlichkeit noch den lokalen Unterschieden gerecht. Die vorliegende Karte basiert auf der Forschungsarbeit des tschechischen Wissenschaftlers Paul Kratochvil, der die chinesischen Dialekte in den 50er Jahren vor Ort untersuchte.

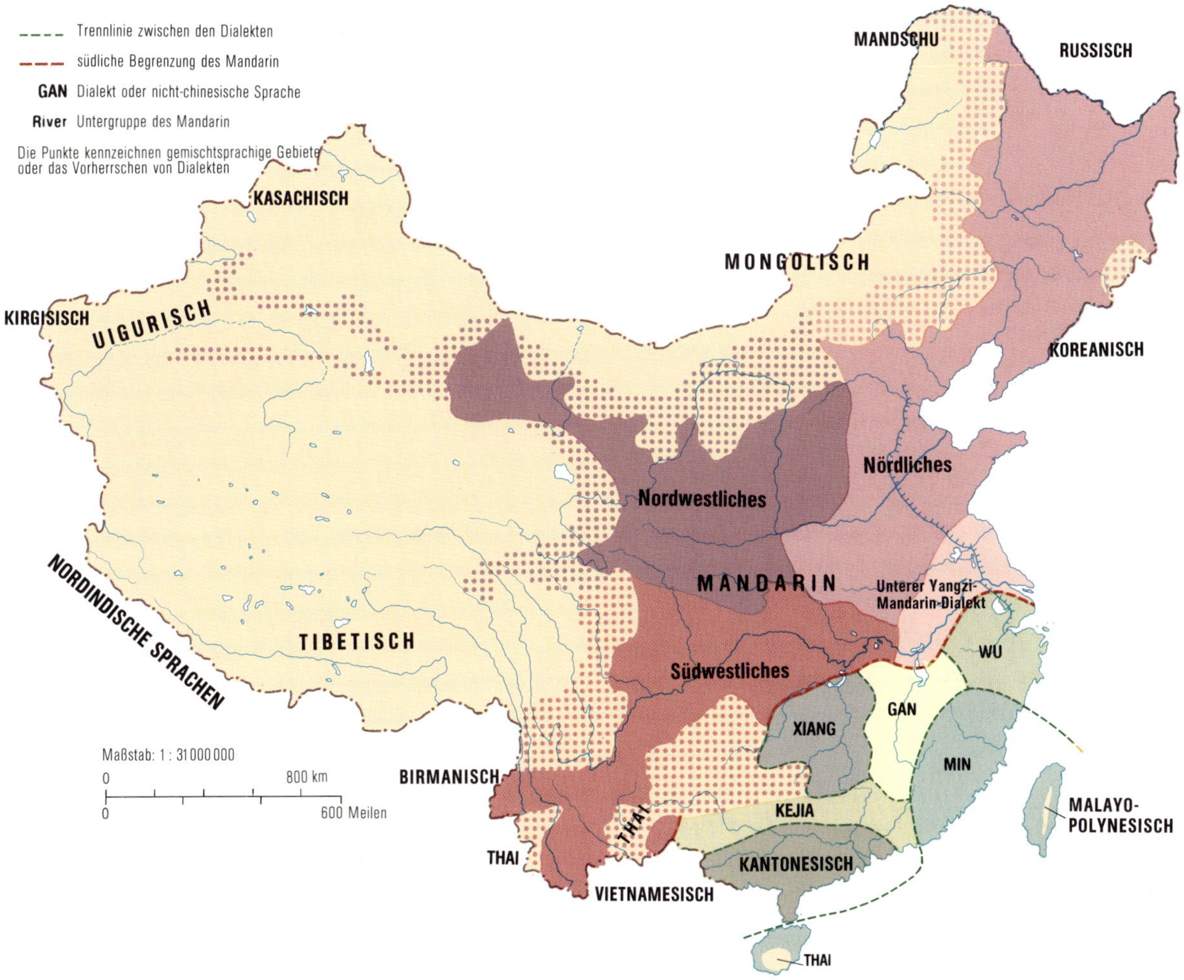

phonetische Verarmung hatte drei Konsequenzen: Erstens wurden die Töne immer häufiger als Unterscheidungsmerkmale bei Wörtern benötigt, die andernfalls gleich gelautet hätten. So ersetzte der vierte oder fallende Ton möglicherweise ein verlorengegangenes archaisches Endungs-s. Um die Verständlichkeit der gesprochenen Sprache zu erhöhen, kam es zweitens zur Doppelung sinnverwandter semantischer Einheiten und dadurch zur Bildung polysyllaber Wörter wie z.B. *kanjian* in der Bedeutung »schauen-sehen« = »sehen«. Das moderne Chinesisch kann vernünftigerweise nicht als monosyllab bezeichnet werden, obwohl seine archaische Form dem sehr nahe kam. Drittens entwickelten sich geschriebenes und gesprochenes Chinesisch so weit auseinander wie bei kaum einer anderen Sprache. Jedes einzelne Wort wurde weiterhin mit einem unterschiedlichen Schriftzeichen geschrieben, so daß die ältere und knappere Sprachform in der Schrift völlig verständlich blieb. Da diese literarische Schriftsprache bis in die 20er Jahre des 19. Jahrhunderts in weitem Maße für regierungsamtliche Dokumente, Geschichtswerke, philosophische Traktate, den überwiegenden Teil der lyrischen wie auch der Prosa-Dichtung verwendet wurde, waren diese Texte mehr als ein Jahrtausend lang teilweise oder gar völlig unverständlich, wenn sie nur vorgetragen wurden und nicht mitgelesen werden konnten.

Die chinesischen Dialekte haben sich nach einem langen Differenzierungsprozeß aus einer gemeinsamen Ursprache zu heute fast eigenen Sprachen entwickelt (siehe Karte oben). Die nordchinesische Ebene mit ihrem ständigen Bevölkerungsaustausch ist sprachlich noch am homogensten, während an der Südostküste mit ihren abgeschlossenen Gebirgstälern die größte sprachliche Vielfalt herrscht.

Die sprachliche Einheit des Chinesischen Kaiserreichs war durch die traditionelle Schriftsprache gewährleistet, die von allen Gebildeten verstanden wurde. Die höheren Regierungsbeamten sprachen eine Form des Beijing-Dialekts, der als »Amtssprache« bezeichnet wurde und bei den Abendländern »Mandarin« hieß. Da die höheren Beamten gesetzlich verpflichtet waren, außerhalb ihrer Heimatregion Dienst zu tun, konnten sie sich meist kaum mit den Bewohnern ihres Amtsbereichs verständigen. Zu Beginn dieses Jahrhunderts wurde versucht, eine allgemeinverbindlich gesprochene »Nationalsprache« auf der Grundlage der Beijinger »Amtssprache« einzuführen, wenn auch nur als Zweitsprache. Dieses ziemlich künstliche Idiom fand zunächst unter den Nationalisten, dann unter der gegenwärtigen kommunistischen Regierung weite Verbreitung. Obgleich die Gründe für die Vereinheitlichung politischer Natur waren und sind, könnte daraus ein weiterer Vorteil erwachsen: Wenn die Aussprache einmal überall annähernd gleich ist, könnte man die alten Schriftzeichen durch ein alphabetisches System ersetzen, ohne dadurch die interne Verständigung zu erschweren.

Parallel zu diesem Programm unternahm man noch Anstrengungen, die traditionelle literarische Schriftsprache durch eine stark vereinfachte Form davon zu ersetzen oder die neue »Nationalsprache« auch als Schriftsprache einzuführen. In der Volksrepublik China wird heutzutage die vereinfachte Form der früheren Schriftsprache nicht mehr verwendet. In Taiwan und unter den Überseechinesen ist sie jedoch noch anzutreffen, am unverfälschtesten in Regierungsdokumenten und Zeitungen.

Der größte Schaden, den die beiden Sprachreform-Bewegungen angerichtet haben, ist darin zu sehen, daß sie das Ende der ausdrucksstarken regionalen Dialektdichtungen bedeuteten. Für die meisten Schriftsteller ist die neue Sprache fast ebenso künstlich wie die alte und nicht mit der Kultur bestimmter Regionen verwurzelt.

Die Schrift

Die Schreibkunst war in China seit jeher hoch angesehen. Das Schriftzeichen für »Zivilisation« *(wén)* ist das gleiche wie für »Zeichen« oder »Schrift«. Beschriftetes Papier galt im Altertum als heilig und war für profane Zwecke tabu. Greise pflegten Papierfetzen mit Schriftzeichen für rituelle Verbrennung in speziellen Pagoden zu sammeln.

Die älteste Schriftart bestand aus bildlichen Darstellungen verschiedener Objekte. Dieses piktographische System ist heute noch bei einer Reihe einfacher Zeichen erkennbar, etwa bei jenen für »Mund« (ein Viereck = geöffneter Mund), für »Wald« (zwei Bäume) und »Morgendämmerung« (eine sich über den Horizont erhebende Sonne). Da aber der piktographischen Darstellung enge Grenzen gesetzt waren, hat man dieses System bald durch phonetische Lehnschreibungen ergänzt. Wörter, die nicht ohne weiteres bildlich dargestellt werden konnten, wurden durch gleich oder ähnlich lautende Piktogramme ersetzt. So wurde etwa *wàn* (»zehntausend«) mit dem Zeichen für *wàn* (»Skorpion«) geschrieben. Verwandte Wörter gab man häufig durch identische Schriftzeichen wieder. Beispielsweise wurde für *shēng,* das Zeichen für die Hörner eines Ochsen in der Bedeutung »ein lebendiges Wesen, ein Opfertier« und das daraus abgeleitete »Leben, Leben schenken«, und für *xìng,* in der Bedeutung »natürliche Veranlagung, mit der ein Mensch geboren wird«, früher das gleiche Piktogramm verwendet.

Sobald aber längere und fortlaufende Texte entstanden, traten wegen des Gebrauchs phonetischer Entlehnungen Mißverständnisse auf. So fügte man den Zeichen bestimmte graphische Elemente hinzu, welche die generelle Bedeutungskategorie des Schriftzeichens anzeigten: Das Zeichen *shēng* z.B. wurde durch den Klassifikator »Rind« ergänzt, wenn man die Bedeutung »Opfertier« meinte, während der Klassifikator »Herz« das Zeichen *xìng* der Bedeutung »natürliche Veranlagung« zuordnete. Es gibt 214 solcher Klassifikatoren, die üblicherweise als »Radikale« bezeichnet werden. Die meisten chinesischen Wörter werden heute mit den beiden Bestandteilen phonetisches Element und Radikal geschrieben. So hat *yáng* (»Ozean«) das phonetische Element *yáng* (»Schaf«) und das Radikal »Wasser« an der linken Seite. Dies war das sogenannte phono-ideographische Schriftstadium.

Gegen Ende des dritten Jahrhunderts v. Chr. wurde der Schriftstil einschneidend verändert. Auf Betreiben seines Ministers Li Si ließ der »Erste Kaiser« von Qin (Qin Shihuangdi) ungefähr die Hälfte der alten Zeichen abschaffen und die weiterhin verwendeten umstrukturieren. Eine Folge dieser Maßnahme war die Verfälschung der literarischen Texte aus der Vor-Qin-Periode, die durch handschriftliches Kopieren tradiert wurden. Mit Ausnahme der Inschriften auf Tier- und Schildkrötenknochen und auf Bronzen sind alle heute erhaltenen Texte aus jener Zeit keine Originaldokumente. Die abgeschafften Zeichen wurde höchstwahrscheinlich durch neue ersetzt, wodurch es wohl zu den Irrtümern beim Kopieren kam. Es fällt außerdem auf, wie häufig die Eindeutigkeit bei bildlichen Darstellungen verlorenging. Ein Beispiel dafür ist das Zeichen für »weiß« *(bái),* das wahrscheinlich ursprünglich ein Ei darstellte. Bei dem umstrukturierten Zeichen aber ist dies nicht mehr zu erkennen, es sei denn, man ist mit der früheren Form vertraut.

Nach der Schriftreform während der Qin-Dynastie (drittes Jahrhundert v. Chr.) blieb die Struktur der offiziell gebrauchten Schriftzeichen bis in unser Jahrhundert erhalten. Im privaten Schriftverkehr aber führte man Kursiv- und Kurzformen ein, durch welche die Überreste der einstigen piktographischen Darstellungsweise eliminiert und die strukturellen Ursprünge der Schriftzeichen verwischt wurden. Zwischen den späten 1950ern und den 1970er Jahren machte die kommunistische Regierung für eine immer größere Zahl von Zeichen den Gebrauch der Kurzversionen zur Pflicht; außerdem bildete man neue vereinfachte Formen. Die Folge dieser Maßnahme war, daß die chinesische Schrift heute in zwei Systeme gespalten ist: In Taiwan und auch bei den meisten Überseechinesen werden noch die traditionellen Langschriftzeichen gebraucht, während in der Volksrepublik die Verwendung der Kurzzeichen obligatorisch ist. So fällt es den meisten Menschen dort schwer, die ältere Literatur zu lesen, wenn sie nicht in Neuauflage mit den Kurzschriftzeichen zur Verfügung steht.

Formgebung und Ästhetik der Zeichen waren stets von den Schreibwerkzeugen und -materialien geprägt. Mit der Radiernadel erhält man gleichmäßig dicke Linien, und man kann nur relativ langsam damit arbeiten, dafür aber erlaubt sie sanft geschwungene Formen. Die Striche werden – je nach ihrer Ausrichtung – gruppenweise auf der Oberfläche eingeritzt. Spiegelbildlich ausgeführte Gravuren von Schriftzeichen sind durchaus üblich, manchmal in Verbindung mit der Umkehrung der üblichen Rechts-links-Anordnung der vertikal verlaufenden Kolumnen. Beim Bronzeguß hingegen lassen sich Linien unterschiedlicher Stärke erzielen. Bei der Anfertigung von Einzelhohlformen für Schriftzeichen, der frühesten Form des Handsatzes, ist man an eine vorgegebene Fläche für das einzelne Schriftzeichen gebunden. Zur Erleichterung der Textmontage hat jedes Zeichen eine gleich große quadratische Fläche auszufüllen. Auch beim Druck mit schmalen Holzstreifen muß eine begrenzte mittlere Normbreite eingehalten werden. Der Pinsel wiederum verlangt vom Schreiber eine zügige Arbeitsweise und schließt spätere Korrekturen oder zögernde Bewegungen aus, da Tusche auf saugfähigem Papier zerfließt, wenn der Pinsel zu lange darauf verweilt. Sanft geschwungene Linien sind am leichtesten mit dem Pinsel zu erreichen. Die Ausführung der Striche erfolgt von oben nach unten und von links nach rechts. Durch Variieren mit Linienstärken und unterschiedlich dickem Tuschauftrag erhalten die Zeichen eine zusätzliche ästhetische Dimension.

Der Holzplattendruck war eine etwas gröbere Version der Pinsel-Kalligraphie: Man schrieb die Zeichen zunächst auf ein dünnes Blatt Papier, welches dann umgekehrt auf eine Holzplatte geklebt wurde, so daß eine spiegelbildlich verkehrte Version des Textes aus dem Holz geschnitzt werden konnte. Kopien entstanden, indem man Tusche auf die Holzplatte schüttete, Papier auf die Platte legte und dann die Tusche mit einem starren trockenen Pinsel abrieb. Gegossene Metall-Typen, Schreibmaschinen und Computer-Graphiken erfordern weitere Standardisierung, weil jedes Schriftzeichen nur auf eine Weise geschrieben werden kann, was beim Holzplattendruck noch nicht der Fall war.

Die Entwicklung des Schriftzeichens *wàn* (Skorpion). Von links nach rechts: die archaische Form der Shang-Dynastie, die Form auf Orakelknochen der Shang-Zeit und die moderne Form.

Die Entwicklung des Schriftzeichens *yáng* (Schaf). Von links nach rechts: archaische Form, Form in kleiner Siegelschrift, moderne Schreibschrift.

Das Schriftzeichen *bái* (weiß): links die Originalform in Gestalt eines Eis, rechts die nach der Schriftreform Ende des dritten Jahrhunderts v. Chr. gebräuchliche Form.

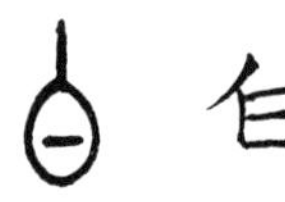

In Hohlformen geschnitzte Schriftzeichen für den Druck, aus dem sechsten oder fünften vorchristlichen Jahrhundert.

Kalligraphie

Oben: »Auf kaiserlichen Befehl«, ein vom Song-Kaiser Hui Zong (Regierungszeit 1101–1135) ausgeführtes Schriftzeichen.

Die Kalligraphie galt in China seit altersher als eigenständige Kunstgattung. Die klassische Ästhetik bewertete die einzelnen Pinselstriche anhand von vier Qualitätsmerkmalen, die in wohlausgewogenem Verhältnis zueinander zu stehen hatten:

1. **Knochen:** Die Pinselstriche sollen soviel Kraft besitzen, daß sie unzerbrechlich, aber nicht spröde erscheinen.
2. **Fleisch:** Die Pinselstriche sollen wohlgenährt, jedoch weder zügellos noch fett wirken.
3. **Muskeln:** Jeder Pinselstrich muß mit dem nächsten wie durch unsichtbare Sehnenstränge verbunden sein, wie auch die einzelnen Schriftzeichen miteinander.
4. **Blut:** Die Tusche hat satt und weder wässrig noch schmutzig auszusehen.

Vor allem aber muß das Schriftbild »lebendig« wirken. Die Komposition soll ausgewogene Bewegung vermitteln, als ob ein Tänzer sich wiegend und gleitend, schreitend und springend über das Papier bewegt hätte. Die Natur aber ist für die chinesische Kalligraphie der bedeutendste Quell der Inspiration. Die Pinselstriche erinnern im Duktus an Blätter, Schlingpflanzen, Stämme, Wolken, Felsen, Flammen, Wassertropfen und Wellen. Die durch die moderne Drucktechnik erforderliche Standardisierung steht in krassem Mißverhältnis zu diesen ästhetischen Vorstellungen.

Während der letzten 3000 Jahre hat es vier hauptsächliche Schreibstile gegeben:

1. **Siegelschriften:** Diese hat man sich als krummlinig »ge-

zeichnete« Formen vorzustellen, mit wenig Variationsmöglichkeiten bei der Strichdicke. Hierzu zählen die Inschriften auf den Orakelknochen bis hin zur offiziell von den Qin eingeführten »Kleinen Siegelschrift«.

2. **Reguläre Pinselschriften:** Sie bestehen aus einem festgelegten Typen-Reservoir an Pinselstrichen, von denen jeder einzelne abgesetzt vom anderen geschrieben wird. Dazu gehören die »Amtsschrift« (oder »Kanzleischrift«), die zunächst informell unter den Qin gebraucht wurde und dann offiziell unter der Han-Dynastie, und schließlich die »Modellschrift« *(kaishu),* die Grundlage für die heutigen gedruckten Schriftzeichen.
3. **Halbkursiv-Schrift:** Eine schneller ausgeführte Kursiv-Version des vorgenannten Schriftstils, bei dem die einzelnen Pinselstriche ineinander übergehen.
4. **»Gras«- oder Vollkursiv-Schrift:** Eine elegante Kurzschrift, deren stark vereinfachte Zeichen nicht ohne Spezialausbildung gelesen werden können.

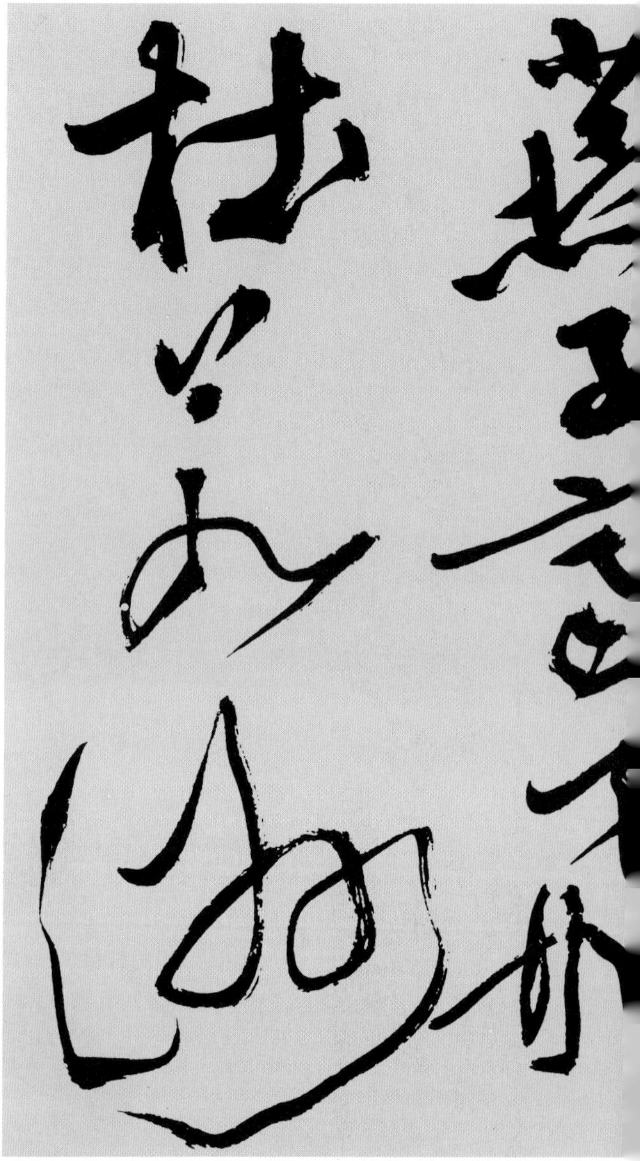

Rechts: Diese kalligraphische Kursivschrift von Wen Zhengming (1470–1559) ist »Tanz des Pinsels« genannt worden und wird als Medium künstlerischen Ausdrucks verstanden: Die Wortbedeutung der einzelnen Schriftzeichen tritt hinter der Ausdrucksstärke zurück.

Unten: Das Schriftzeichen *yong,* »Ewigkeit«, vereint die acht in der chinesischen Kalligraphie gebräuchlichen Grundstriche. Obwohl es außer diesen Grundstrichen noch zahlreiche andere gibt, hängt die Schönheit einer Kalligraphie doch weitgehend von der individuellen Ausführung der einzelnen Pinselstriche ab.

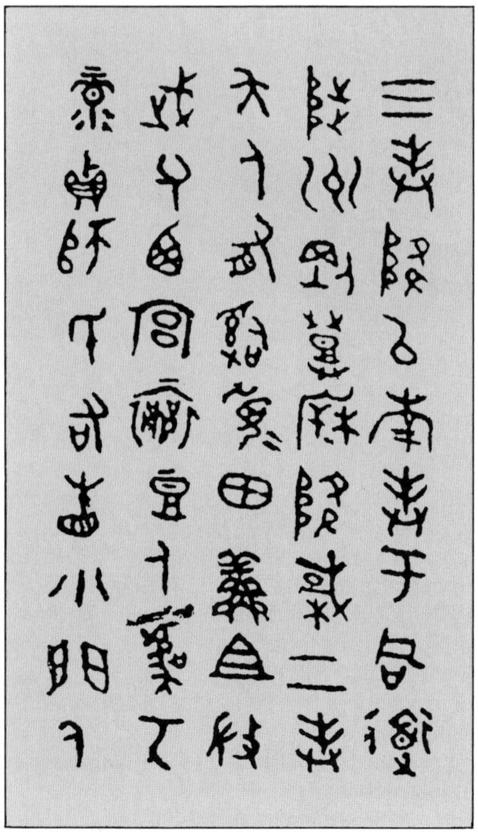

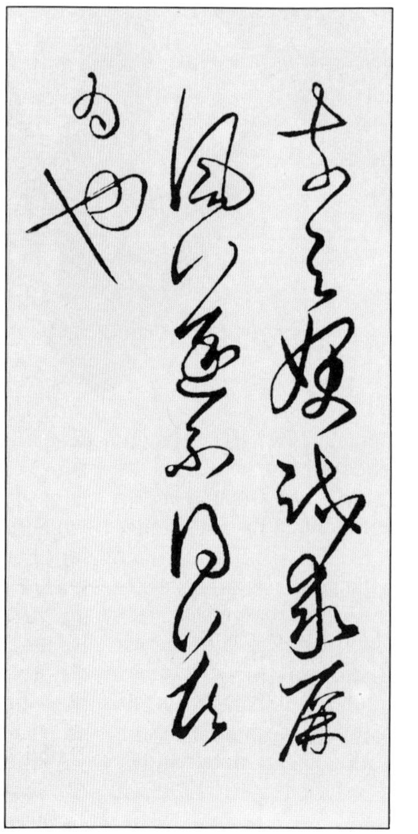

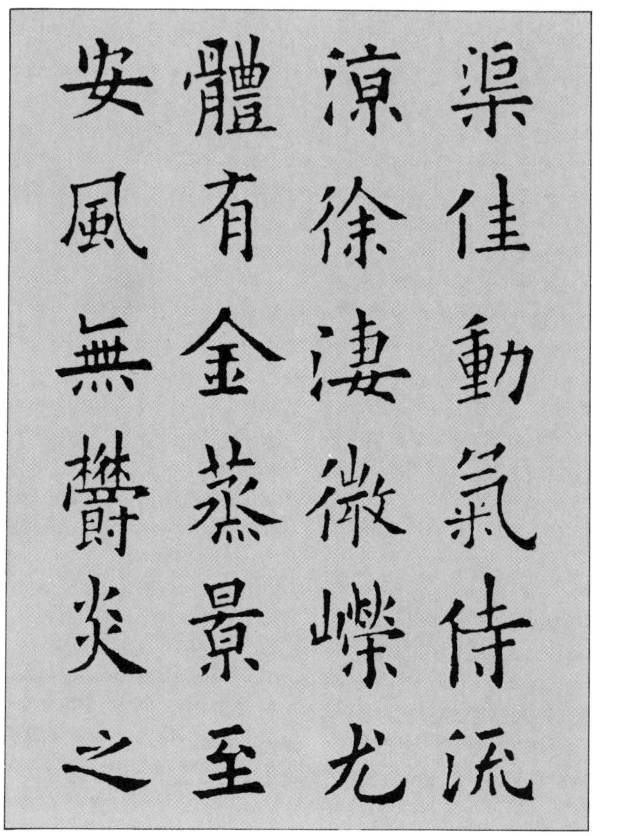

Unten links: Dieses Beispiel der Siegelschrift stammt von einem Bronzegefäß aus der Zhou-Dynastie.

Unten Mitte: Schriftprobe in *caoshu* (»Gras«-Schrift). Es handelt sich um die Abreibung einer Steingravierung von Wang Xizhi (viertes Jahrhundert n. Chr.), einem der berühmtesten Kalligraphen Chinas, mit dem man *caoshu* schlechthin assoziiert. Es war üblich, die Pinselstriche ineinanderfließen zu lassen und mehrere Zeichen in einem ununterbrochenen Duktus auszuführen, wodurch diese Schrift oftmals extrem schwer zu lesen war.

Unten rechts: Die »Standard«- oder »Modellschrift« *(kaishu)* wurde aus der »Amts«- oder »Kanzleischrift« *(lishu)* abgeleitet und im ersten Jahrhundert n. Chr. entwickelt. Die einzelnen Striche müssen deutlich voneinander abgesetzt und kraftvoll gestaltet sein.

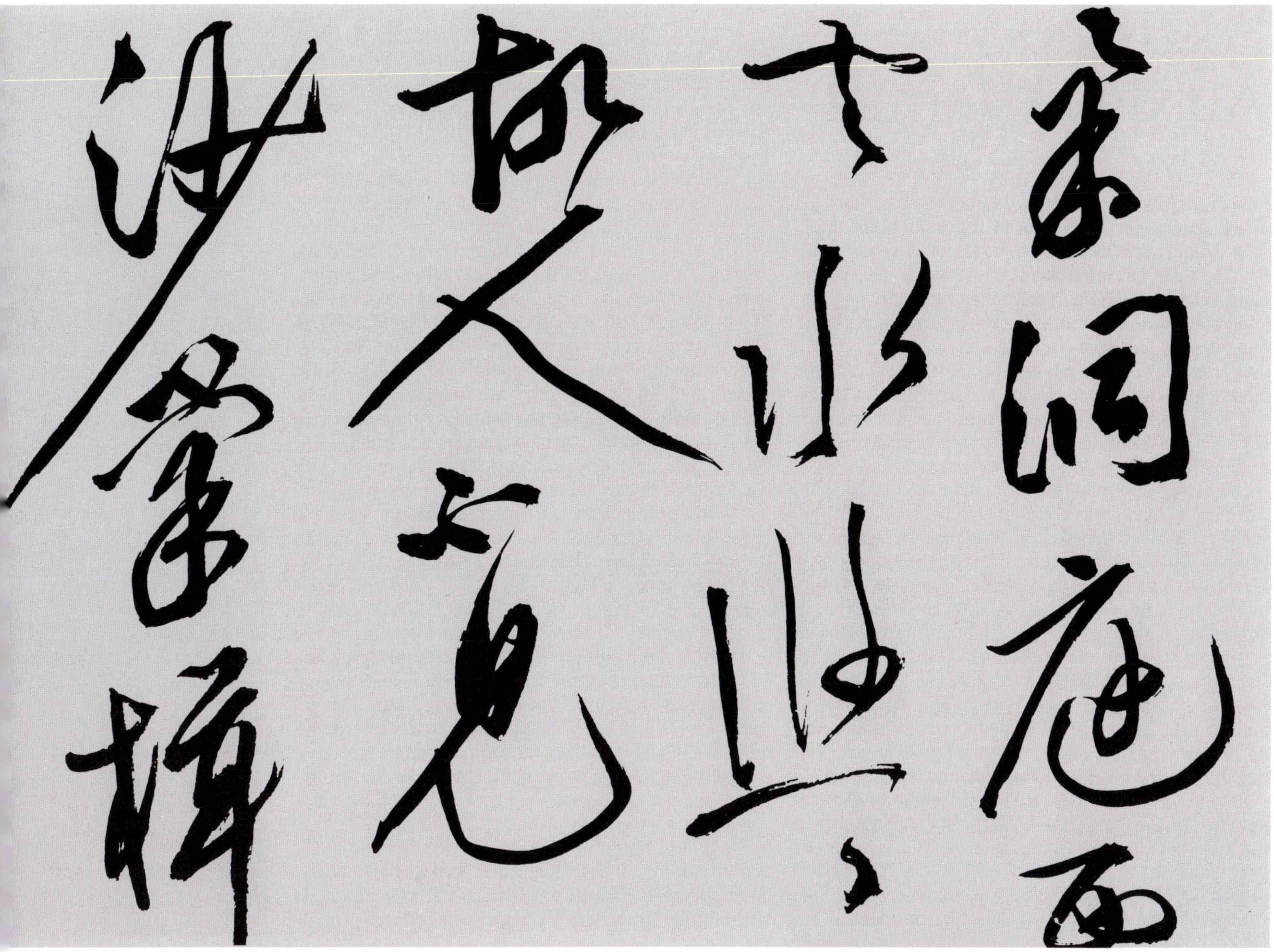

Oben: Hier sind drei Arten archaischer Schriftzeichen dargestellt. Die obere Reihe zeigt komplexe Zeichen aus einem Element, deren moderne Versionen unmittelbar aus diesen archaischen Formen entwickelt wurden; die mittlere Reihe zeigt einfache Zeichen aus mehreren Elementen, für die es keine modernen Äquivalente gibt; die untere Reihe besteht aus komplexen Zeichen mit mehreren Elementen, die entweder moderne Abwandlungen besitzen oder moderne Äquivalente.
Die archaischen Schriftzeichen auf Schildkrötenpanzern oder Orakelknochen wurden höchstwahrscheinlich ursprünglich von Piktogrammen abgeleitet, aber in vielen Fällen ist ihre Formalisierung schon so weit fortgeschritten, daß es nahezu unmöglich ist, sie piktographisch zu deuten.

Rechts: Die Chinesen haben im Gegensatz zu arabischen Kalligraphen Schriftzeichen selten zu Bildern zusammengefügt. Diese Stele der Tang-Zeit trägt Schriftzeichen in Kursiv-Schrift, die in der Form eines Mannes angeordnet sind; sie befindet sich im Museum in Xi'an.

Poetische Ausdrucksformen

Es gibt ein Medium, durch das wir noch heute etwas von den Gefühlen der Menschen im alten und mittelalterlichen China erfahren können: Wir meinen die Dichtkunst. Im Laufe der Jahrhunderte entstand durch die Vereinigung von Stilen aus den verschiedensten Regionen und Perioden eine außerordentlich vielseitige poetische Tradition, die den Dichtern ein großes Spektrum an Formen und Normen zur Wahl an die Hand gab. Statt diese Stile einzeln zu beschreiben, wollen wir unseren Ausführungen die vereinfachte These zugrunde legen, daß vier Hauptausdrucksformen existierten, und versuchen, sie mittels Beispielen kurz zu beschreiben.

Die erste Ausdrucksform kann man als »bardisch« in dem Sinne charakterisieren, als der Dichter einem gesamtgesellschaftlichen Gefühl Ausdruck verleiht, unabhängig davon, ob sein Thema kollektive oder individuelle Erfahrungen beinhaltet. Die früheste chinesische Anthologie, das *Buch der Lieder (Shi-jing)* mit Liedern aus Nordchina, die um das achte Jahrhundert v. Chr. entstanden sind, gehört in diesen Bereich. Die Lieder sind in Reimform abgefaßt und von balladenähnlicher Bündigkeit und beherrschter, rational gesteuerter Gefühlslage. Sie alle wurden zu bestimmten Melodien geschrieben – ob Liebeslieder, Arbeitslieder, Oden für Gastmahl, Kult und Jagd – und häufig bei Hof vorgetragen.

Die zweite Ausdrucksform läßt sich insofern als die »besessene« bezeichnen, als man die Versrezitatoren in Verbindung mit der Geisterwelt glaubte. Sie war für die Dichtkunst des Staates Chu typisch, in dem die Liedersammlung des ausgehenden Altertums entstand, die *Lieder aus Südchina (Chu-ci)*. Die Lieder bestehen aus langen rhapsodischen Versen, in denen sinnliche und religiöse Themen miteinander verschmelzen, und die Phantasie – durch ekstatische Jenseitsreisen der Schamanen inspiriert – schweift in einer den Nordchinesen unbekannten Weise jenseits von Raum und Zeit. In diese Kategorie ist auch der größte Teil der im eigenen Ich befangenen Lyrik einzuordnen.

Die dritte Ausdrucksform ist die der »entpersönlichten Versunkenheit«, charakteristisch für die Naturlyrik, bei der der Dichter nur als neutraler Interpret zugegen ist. Während der ersten 500 Jahre unserer Zeitrechnung entwickelte sich diese Lyrikart von der kalten Pracht panoramaartiger Naturbeschreibungen, wie etwa jener des Meeres in den Prosagedichten der Späteren Han-Dynastie, bis zur eleganten Ausdrucksform des von Xie Lingyun zu Beginn des fünften Jahrhunderts gerühmten »entzückten Herzens«, einer Wahrnehmungsfähigkeit, die imstande war, hinter den vielfältigen Phänomenen die innere Logik und Struktur des Universums zu erfassen.

Die letzte poetische Ausdrucksform, beispielhaft für das kulturell hochentwickelte Imperium der Tang, läßt sich schwerer mit einem einzigen Satz erklären. Vereinfachend könnte man sie als die Poesie der »Menschlichkeit und des Wohlklangs« bezeichnen. Mensch und Natur stehen in einem neuen Harmonieverhältnis zueinander, die menschlichen Belange jedoch besitzen absoluten Vorrang; der Dichter hält größeren psychologischen Abstand von seinem Stoff und setzt Bezugspunkte und Anspielungen kunstvoll und bewußt. Die für Poesie als angemessen empfundene Thematik wurde immer vielfältiger; dies gilt insbesondere für Du Fu, dem die Umsetzung intimer Familienszenen oder das Feilschen um ein paar Pfund Reis während einer Naturkatastrophe ebenso leicht von der Hand ging wie die Darstellung gewichtigerer Themen.

Als fünfte Ausdrucksform mag die des »täglichen Lebens« gelten. Mit ihrer unsentimentalen und mitfühlenden Schilderung irdischer Pflichten und Leiden ist diese im zweiten nachchristlichen Jahrtausend weitverbreitete Dichtung zu Unrecht in Vergessenheit geraten.

1

Du Mann des Volkes, wie hast du mich lachen gemacht,
Den Hanfstoff im Arm wolltest für Seide du tauschen.
Doch wolltest du mehr als nur Seide.
Mich wolltest du locken, mit dir zu geh'n.

Und – ich folgte dir über den Qi.
Zu den Dun-Hügeln wanderten wir.
Und sage nicht, ich hätte den Tag unserer Hochzeit aufgeschoben –
Du hattest uns keinen Heiratsvermittler gefunden.
Doch ich glättete deinen Zorn,
Wir einigten uns auf einen Tag im Herbst.

Ich erklomm die mürbe Mauer.
Ich ließ die Zollschranke nicht aus dem Blick und harrte dein,
Ich ließ die Zollschranke nicht aus dem Blick, doch sah ich dich nicht.
Meine Tränen sie strömten.

Früher warst du doch durch die Schranke geschritten zurück zu mir,
Wir lachten, wir schwatzten.
Du branntest Risse in den Panzer der Schildkröte, du warfst die Schafgarbe,
Von Unglück kein Zeichen.

Ehe die Blätter fallen vom Maulbeerbaum
Sind sie glänzend und grün.
Eßt nicht von den Früchten des Maulbeerbaums, ihr Tauben!
Ihr Mädchen meidet die Lust mit dem Mann!
Denn nimmt sich der Mann, wonach ihm verlangt, so ist ihm Nachsicht gewiß.
Doch gibt ein Mädchen dem Sehnen nach, ist Schande ihr Lohn.

Fallen die Blätter vom Maulbeerbaum,
Braun und bleich liegen sie am Boden.
Die drei Jahre an deiner Seite,
brachten mir nur karges Mahl.

Die Fluten des Qi schwellen und treten über die Ufer.
Nun bedrängen die Fluten auch uns.
War es nicht anständig, was immer ich tat?
Und nichts als verworfen, was du unternahmst?
Grenzen hast du dir nie gesetzt,
– Du Mann mit tausend Ichs in der Brust.

Drei Jahre – Weib!
Nichts war mir zuviel,
Raus in der Früh, spät zur Ruh,
Kein Tag wirklich mein.
– Nun ist es vorbei.
Meine Brüder meiden mich
Mit schneidendem Gelächter.
Ich sinne schweigend,
Traurig, allein.

Mit dir alt zu werden war ich gekommen.
Älter wurden wir. Dich zu hassen lehrtest du mich.
Der Qi hat wenigstens seine marschgesäumten Ufer.
– Als ich mein Haar noch hochgebunden, wie es die Mädchen tun,
Wie schwatzten wir da noch fröhlich und lachten vor Glück,
Und schworen Treue so fest,
Und dachten nicht, daß sich all dies könnte wenden,
Doch dieser Wandel, der undenkbare,
Dieser Wandel tritt nun ein.

2

Am Himmel beginnt es zu glühen; bald hebt sich im Osten die Sonne.
Jetzt fällt auf meinen Altan ein Lichtstrahl aus Fu-sang.[1]
Ich gebe den Rossen ein Zeichen und fahre gemächlich dahin.
Bleich wird die Nacht; jetzt scheint das Taglicht schon hell.

Er schirrt seine Drachendeichsel[2], reitet auf Donnerrädern,
Trägt Wolkenbanner, die sich bäumen und dreh'n.
Doch tiefer Seufzer entringt sich ihm: Da er aufbrechen will,
Mangelt ihm jegliche Neigung; voll Verlangen blickt er zurück.

Ch'iang! Gewiß sind Musik und Anmut ergötzliche Dinge![3]
Wer zuschaut, bleibt und vergißt seinen Weg.[4]
Gespannt sind die Saiten der Zither, Trommel erwidert der Trommel;

Die Glocken werden geschlagen, bis ihre Ständer schwanken.
Flötenklang und Mundorgelschall;
Ein Geisterdiener, gewandt und schön,
Schwebt leise auf Eisvogelschwingen.
Die Verse sind dem Tanz angemessen,
Die Sängerinnen halten die Höhe, die Instrumente streng ihren Takt,
Vom Nahen vieler Geister verdunkelt sich die Sonne.[5]

Im Mantel von dunklem Gewölk, im Schleier lichter Regenbogen
Ergreif' ich die Zügel, und gleich jagt mein Wagen empor.
Meinen Langpfeil nehme ich auf und erlege den Himmelswolf,[6]
Dann zieh ich die Schöpfkelle her und schenke mir Kassiawein[7] ein.
In der Hand meinen Bogen, tauch' ich hinab in den Abgrund,
Versinke in Düster und Nacht, die Fahrt gen Osten zu beginnen.

4

Denn was ist das Wesen dieses, des Großen Berges?
In der Tiefe, am Qi und am Lu, zieht sich endlos das Grün,
Hier in der Höh', von der Schöpfung vereint, dämonische Schönheiten,
Wo die Macht des Finstern und die Macht des Lichts Schatten und Sonne spalten.

In meinem überquellenden Herzen bilden sich die Berge der Wolken,
Und auf Vögel, heimwärts schwingend, trifft mein suchender Blick.
Einmal, als ich den höchsten Gipfel erklommen,
und ich schaute umher – schrumpften drunt' die Berge.

Oben: Der mächtig aufragende Huangshan in der Provinz Anhui.

Gedicht 1: Das schönste Gedicht im *Buch der Lieder* (obwohl eines der am wenigsten »bardischen«) stammt von einer Frau und hat die Geschichte ihrer unglücklichen Ehe nach einer vorehelichen Liebesaffäre zum Inhalt. (Die Anspielung auf Tauben in diesem Gedicht verweist auf den Glauben, diese würden vom Genuß der Maulbeerbaumblätter ebenso berauscht wie Mädchen vom vorehelichen Geschlechtsverkehr.)

Gedicht 3: Diese Zeilen stammen von Zuo Si, geschrieben Ende des dritten Jahrhunderts n. Chr. Sie berühren die während jener Zeit aktuelle Thematik der Lebensweise eines Einsiedlers, der sich von der Gesellschaft zurückzieht, um in den Bergen Unsterblichkeit oder Erleuchtung zu finden.

Gedicht 5: Was Virtuosität, lebhafte Phantasie und dramatische und ironische Aussagekraft anbelangt, so war Li Bo niemand ebenbürtig. Das Thema in seinem Gedicht »Lied vom Krähenschwarm« klingt nur durch Anspielung auf die ablaufende Zeit an; es handelt von der letzten Nacht des Königs von Wu mit seiner schönen Geliebten Xishi, der noch nicht ahnt, was der Leser bereits weiß: daß der nächste Tag den Untergang des Reiches durch den Angriff des Staates Yue bringen wird.

3

Auf meinen Stab gestützt besuche ich den Eremiten.
Der überwachsene Pfad legt sich vor das Gestern und Heute.
Die Höhle im Berg hat keine Balken,
Von den Hügeln herüber klingt das Lied einer Zither.

An den dunklen Nordhängen ist noch Schnee,
In den lichtdurchfluteten Wäldern leuchten rote Knospen,
Der Felsquell springt über edles Gestein,
Geschmeidige Fische schnellen hoch und tauchen hinab.

Nicht braucht es Lautenklang und Flötenlied.
Reiner Klang erfüllt die Natur.
Was braucht es Menschen Gesang
Bei des Waldes sehnend Rauschen?

5

Während sich die Krähen auf Gusus Turme sammeln,
Sitzt Xishi zum Trunke in König Wus Saal,
Lieder aus Wu und Tänze aus Chu sind nicht die höchsten ihrer Lüste,
Halb versunken, hinter dem grünen Hügel, die Sonne.

Der silberne Uhrzeiger taucht in das goldene Becken,
Schnell tropft das Wasser durch die Uhr.
Sie erheben sich, sehen den Herbstmond auf die Wogen sinken ...
Wenn die Sonne langsam aus dem Osten steigt – welche Freuden harren ihrer noch?

Gedicht 2: »Der Herr des Ostens« erlaubt einen Einblick in die Glaubensvorstellungen des Staates Chu, in die ekstatische Einswerdung der Priesterinnen mit der Gottheit. Es fällt nicht schwer, sich die dramatischen Tänze vorzustellen, die die Rezitation dieser Verse begleiteten.

Anmerkungen zu Gedicht 2:

1. Fu-sang (der »abgestützte Maulbeerbaum«) ist der Ort, an dem die Sonne aufgeht.
2. Ein Wagen, dessen Deichsel mit geschnitzten Drachen geschmückt ist. Der Donnergott wird immer auf radähnlichen Gegenständen dargestellt.
3. Gemeint ist die Anmut der Sängerinnen.
4. Das heißt der Schamane.
5. Sie werden von der Musik herbeigelockt.
6. »Himmelswolf« ist der Name eines unheilvollen Sterns.
7. Schöpfkelle ist der Name von vier Sternen im Großen Bären. Der Kassiawein wird hier zur Feier des Sieges getrunken.

Übersetzung entnommen aus: A. Waley, *Die neun Gesänge, Elegien von Ch'u*, Übers. Franziska Meister, Hamburg 1957, S. 69.

Gedicht 4: Du Fu, der im achten Jahrhundert lebte, war ein Meister des unvermittelten Wechsels visueller und emotionaler Grundstimmungen. In diesem frühen Gedicht über den Taishan beendet er seine Verse, indem er den Leser plötzlich von der realen auf die philosophische Ebene führt.

Konfuzius und Konfuzianismus

Zwischen dem späten sechsten und dem frühen dritten Jahrhundert v. Chr. wurden sich die chinesischen Denker zunehmend der Problematik hinsichtlich Fragen der Moral und Wahrheit bewußt. Hatte man in der vorangegangenen Epoche noch vorwiegend das Geheimnis erfolgreichen Handelns zu ergründen gesucht – Handeln in Harmonie mit dem Willen des Himmels und den Wünschen der Geister –, so gingen die Menschen nun daran, für ihre Wertvorstellungen fundiertere Erklärungen als bisher zu suchen.

Vier hauptsächliche philosophische Schulen entstanden. Der relativ agnostisch und weltlich ausgerichtete und sozial konservative Humanismus Kongzis (Konfuzius) und der späteren Konfuzianer Mengzi (Menzius) und Xunzi betonte die Pflege organisch gewachsener gesellschaftlicher Bindungen zwischen Individuen und die Bedeutung der konfuzianischen Tugend persönlicher Humanität, die in diesem Beziehungsnetz in gebührender Weise zum Tragen kommen sollte. Mozi (Mo Di) verfocht eine hiervon abweichende Morallehre mit utilitaristischen, leistungsbetonten und autoritären Zügen, außerdem war er der Ansicht, daß der Himmel aufgrund seines unbestechlichen Urteilsvermögens gutes Verhalten belohne und schlechtes bestrafe. Der Taoist Zhuangzi hingegen glaubte an eine amoralische Versenkung des Ich in die alles beherrschende kosmische Ordnung (*Tao* oder »Weg«). Schließlich vertraten die Legalisten Shang Yang (oder richtiger, das ihm zugeschriebene, aber später verfaßte legalistische Werk *Shang-jun shu, Buch des Herrn von Shang*) und Hanfeizi eine gegensätzliche – teils mit kollektivistischen, teils mit machiavellistischen Zügen behaftete – Morallehre. Sie hatte zum Kern, daß die Institution Staat gewisse Normen und Wertmaßstäbe verlange, die in diametralem Gegensatz zu den bei Individuen allgemein als bewunderungswürdig geltenden stünden. Die taoistische Staatslehre des dritten vorchristlichen Jahrhunderts, dargelegt im *Buch vom Weg und der Tugend (Daodejing)* teilte zwar die Auffassung der Legalisten vom Herrscher als einem totalitären, von menschlichen Gefühlen unberührten Herrscher, aber sie interpretierte die Welt gleichzeitig als zu widersprüchlich und schwer faßbar, als daß man sie durch Gesetzgebung kontrollieren könnte und vertrat daher eine Rückkehr zur alten naturgebundenen Einfachheit.

Kongzi (spätes sechstes Jahrhundert v. Chr.) behauptete von sich, er überliefere nur die Werte der (goldenen) Vorzeit, in Wahrheit aber waren seine Lehren ein klarer Bruch mit dieser Vergangenheit. Anstelle der einstigen Verbindung von Ritual und Staatsgeschäften und der überlieferten soziopolitischen Institution des Zhou-Feudalismus befürwortete er die Herrschaft durch eine moralisch hochstehende Eliteschicht, die Edlen. Für ihn war die höchste Tugend *ren*, ein oftmals mit »Güte« (Humanität) übersetzter Begriff in der Hauptbedeutung »mitfühlende Sorge um andere Menschen«. Dagegen postulierte Mengzi (spätes viertes Jahrhundert v. Chr.) als Reaktion auf die ziemlich festgefügten hedonistischen Anschauungen eines Yang Zhu, der einen unversöhnlichen Gegensatz zwischen den natürlichen menschlichen Bedürfnissen und den Forderungen des Staates konstruierte, daß der Charakter des Menschen *(xin)* von Natur aus gut sei und das Böse in ihm nur entstehe, weil er verdorben worden sei. Daher betonte er die Notwendigkeit, die dem Menschen eigene »moralische Lebenskraft« *(qi)* wiederzuerwecken und zu stärken. Der in seiner Grundeinstellung weniger optimistische Xunzi (frühes drittes Jahrhundert v. Chr.) beraubte den Himmel seiner sakralen Stellung und setzte ihn auf eine Stufe mit »Naturkraft«, dem unwandelbaren, unabhängig von der Menschenwelt wirkenden Naturgesetz. Er argumentierte, der Mensch mit seinen Neigungen sei im wesentlichen neutral und somit beeinflußbar, so daß er in jedem Fall das Produkt seiner kulturellen Umwelt werde. Der Mensch überlebe unter schwierigen Bedingungen nur, wenn er sich sozial organisiere, und diese gesellschaftliche Ordnung beruhe auf dem harmonischen Zusammenwirken verschiedenster Institutionen und der Existenz eines Solidaritätsgefühls.

Das beklagenswerteste Schicksal in der spätarchaischen Zeit erlitt die vielschichtige Denkrichtung der Logik, die von den Anhängern des Mozi (den Mohisten) entwickelt worden war und bis zu einem gewissen Grade in den Paradoxa der *ming-jia*-Schule, der Dialektiker- oder Logiker-Schule, zu finden ist, etwa bei Gongsun Long (»ein weißes Pferd ist kein Pferd«, »ein verwaistes Füllen hat niemals eine Mutter gehabt« usw.). In Anbetracht der dringenden realen Probleme der Periode der Streitenden Reiche war der Beitrag dieser Denkschule bestenfalls wertlos zu nennen, wenn nicht gar gesellschaftlich schädlich. Ebenso wie Xunzi griff auch der Taoist Zhungzi – wenn auch vom mystischen Standpunkt her – diese Denkweise an und führte gegen sie ins Feld, daß die durch Worte vollzogene Klassifizierung von Erfahrungswerten in bestimmte Denkkategorien eine grundlegende Verfälschung sei und daß man formal konstruierte Gedankengebilde nicht in Beziehung zur Wirklichkeit setzen könne.

Zu Beginn des frühen Kaiserreichs waren Konfuzianismus, Taoismus, die Theorien von den Wandlungsphasen der fünf Elemente, Zahlensymbolik und andere philosophische Strömungen zu der synkretistischen metaphysischen Lehre verschmolzen, die die Hauptgrundlage für die chinesische Philosophie späterer Jahrhunderte bildete. Die klassische Ausprägung dieses Synkretismus war das *Buch der Wandlungen (I-jing)*, das auf 64 Hexagrammen basiert, der Gesamtzahl der Wandlungsmöglichkeiten, die sechs durchgezogene oder in der Mitte unterbrochene Linien durchlaufen können. Diese stehen entweder für das »Feste« oder das »Weiche«, das helle Element *(yang)* oder das dunkle Element *(yin)*. Sobald die einzelnen Striche eines Zeichens sich vollständig umgewandelt haben (die »festen« erweichen sich, die »weichen« verfestigen sich), schlägt die Bedeutung des Zeichens in sein Gegenteil um. Jedes Zeichen ist das Abbild *(xiang)* eines archetypischen Zustands (in der Natur) und setzt sich aus einem Netz verborgener Entsprechungsmöglichkeiten zusammen, durch die sich bestimmte Zustände der Erlebniswelt zusammenfügen.

Das gesamte metaphysische System bestand aus einem multidimensionalen Dualismus, basierend auf zahllosen Gegensatzpaaren: weiblich – männlich, warm – kalt, Zustand – Bewegung usw. Eine solche Denkweise war eher organisch als mechanistisch, und die Zyklen der 64 archetypischen Zeichen symbolisierten die ewige Veränderung

Dieser Abklatsch einer Steingravierung soll die Reproduktion eines Gemäldes des unter der Tang-Dynastie lebenden Künstlers Wu Daozi sein (tätig ca. 720–760), der wegen seiner meisterhaften Linienführung berühmt ist. Konfuzius wird hier als Hofbeamter dargestellt. Die Stirninschrift lautet: »Bildnis von Konfuzius, des angesehensten aller Lehrer, der die Doktrin in die Praxis umsetzt«.

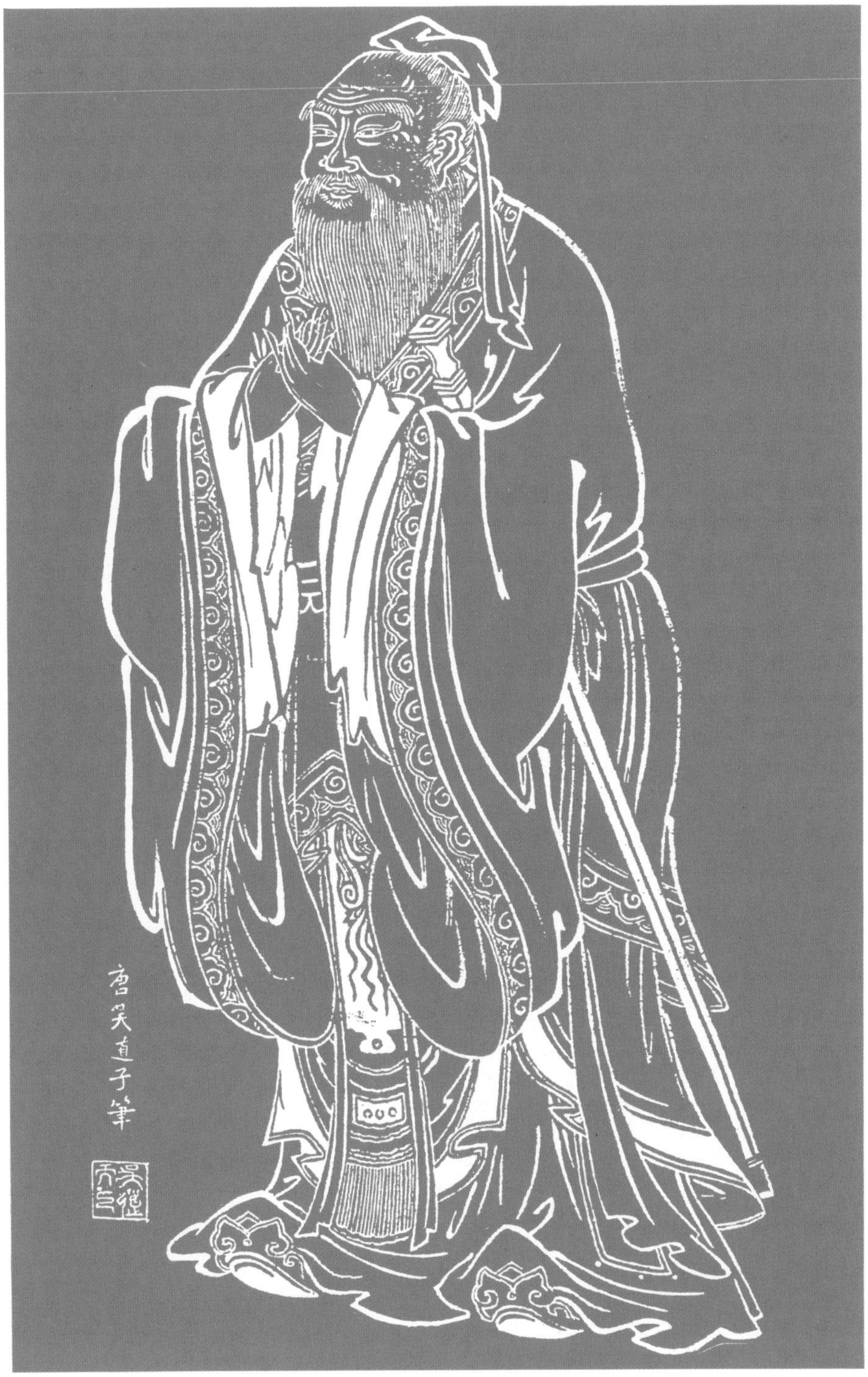

im Naturkreislauf, aber keinen linearen Fortschritt. Die den Wandel in der Welt verursachende Kraft war der Natur immanent und wirkte nicht – wie in der abendländischen Denktradition – jenseits und außerhalb davon. Während die grundlegenden Entwicklungstendenzen einer jeden Situation als Handlungsleitfaden mitgeliefert wurden, blieb es jedem durchschnittlichen Menschen überlassen, innerhalb dieses gegebenen Rahmens klug oder dumm, effektiv oder unentschlossen zu handeln.

In der Mitte des ersten Jahrtausends n. Chr. wurde dieses synkretistische metaphysische Gedankengebäude durch den Buddhismus in Frage gestellt, als die Chinesen sich allmählich der tiefgreifenden Implikationen dieser importierten Religion bewußt wurden. Die buddhistische Doktrin von der »Leere« *(kong)* beinhaltete, es sei eine Illusion, trotz des ewigen Kreislaufs sowohl materiell als auch moralisch bedingter Ursachen und Wirkungen an die selbst von einem Augenblick zum nächsten fortdauernde Existenz irgendeines Dings oder Wesens (sei es ein Tisch oder eine Seele) zu glauben. Die scharfsinnigsten Denker, unter ihnen Fazhang (spätes siebtes Jahrhundert), unterstrichen die vollständige Vermischung und gegenseitige Durchdringung aller Phänomene. Aus dieser Sicht bleibt keine Existenz (insoweit man überhaupt von einer »Existenz« sprechen kann) unberührt vom Leiden oder vom Bösen oder hat nicht teil an der Güte oder Erleuchtung anderer Existenzen. Die endgültige Erlösung von Illusion und Begierde ist für den einzelnen so lange nicht möglich, wie alle anderen Menschen diese noch nicht erlangt haben. Dies ist der zugrundeliegende Kern für die Verehrung der Bodhisattvas in der Mahayana-Lehre des Buddhismus, der zukünftigen Buddhas, die auf der Welt verweilen, um anderen Menschen zu helfen.

Der allgemein verbreitete Widerwille vieler Chinesen gegen die buddhistische Herabwürdigung der konfuzianischen Familienideale und des staatspolitischen Gehorsams, schließlich auch der dem Buddhismus eigene Zug zum moralischen Nihilismus führte zu Beginn des zweiten Jahrtausends n. Chr. zu einer rationalistisch-säkularistischen philosophischen Gegenbewegung, die auf altem synkretistischem Gedankengut, auf Mengzis Glauben an das angeborene Gute im Menschen und vielen Elementen buddhistischer Lehre – allerdings in veränderter äußerer Erscheinungsform – basierte. Diese Reaktion bezeichnet man üblicherweise als »Neo-Konfuzianismus«.

Zhang Zai (elftes Jahrhundert) erweiterte den Begriff *qi* »Lebenskraft« zum Begriff »Urfluidum«, dem Nährboden für die latente Kraft (*xu,* wörtlich »Leere«), aus dem die Naturphänomene im Zusammenwirken mit dem »ordnenden Prinzip« *(li)* hervorgehen. Den konfuzianischen Begriff *ren* (»Humanität«) erweiterte er zu der Vorstellung »einer empfindsamen Bewußtheit für alle anderen Wesen«, so daß, wie sein jüngerer Zeitgenosse Cheng Mingdao es formulierte, »es nichts gibt, das nicht auch in einem selbst ist«. Das Spannungsverhältnis zwischen der konfuzianischen Ordnungsvorstellung und dem buddhistischen Gleichheitspostulat jedoch blieb bestehen.

Cheng Yichuan, Mingdaos jüngerer Bruder, veränderte den Begriff »ordnendes Prinzip« *(li)* dahingehend, daß er sowohl naturbedingt als auch normativ, sowohl beschreibend als auch verordnend verstanden wurde. Dies brachte die Verknüpfung von »ist« und »sollte« als (unlösbares) Problem mit sich; denn wenn einer Wesenheit notwendigerweise eine ihm eigentümliche Eigenart zukommt (etwa Mitleid), die sie zu einem wirklichen Etwas macht (z.B. zum Vater), dann folgt daraus, daß eine solche Wesenheit, besitzt sie die betreffende Eigenart nicht, notwendigerweise dieses Etwas auch nicht sein kann. Aber die Implikation, daß der Mensch (in seiner Gesamtheit) von Natur aus gut sei, bedeutete, daß die Neo-Konfuzianer den Ursprung des Bösen nicht erklären konnten. Zhu Xi (zwölftes Jahrhundert) sah sich veranlaßt, einen vorhandenen Dualismus zwischen »ordnendem Prinzip« (immer gut) und »Urfluidum« (manchmal gut und manchmal schlecht) zu behaupten. Dieses Postulat indes brachte keine Klärung der philosophischen Grundproblematik.

Den letzten Versuch, das philosophische Dilemma zu bewältigen, unternahmen Lu Xiangshan (zwölftes Jahrhundert) und Wang Yangming (spätes 15. bis frühes 16. Jahrhundert). Sie gestanden zu, für moralisches Verhalten gebe es keine außerhalb des Individuums zu suchende Begründung und meinten, es könne durch unmittelbare Intuition des menschlichen Herzens *(xin)* bewirkt werden. Immoralität erklärten sie damit, daß die intuitiv gesteuerte moralische Erkenntnisfähigkeit durch Egoismus zerstört worden sei. An diesem Punkt brach die philosophische Debatte ab und wurde erst im 20. Jahrhundert durch Zhang Dongsun wiederaufgenommen.

Religion

Unten links: Anläßlich eines Begräbnisses hat dieser animistische Priester auf seinem Glücksaltar die verschiedensten Dinge ausgebreitet, darunter Reis, getrocknete Wurzeln und Zigaretten. Nach der Beerdigung wird er jedem Trauergast einige Reiskörner reichen – Reis gilt als Symbol der Fruchtbarkeit –, die diese zum Andenken des Toten aussäen werden.

Unten: Nachdem Tibet 1959 eine »Autonome Region« der Volksrepublik geworden war, wurden über 2000 lamaistische Mönchsgemeinschaften aufgelöst und viele ihrer Klöster dem Erdboden gleichgemacht. Der Lamaismus ist aber nach wie vor sehr lebendig, und Pilger verrichten immer noch in buddhistischen Schreinen ihre Andacht.

Es gibt keine allgemein anerkannte Bezeichnung für das Glaubensbekenntnis Gesamtchinas zu kaiserlichen Zeiten. Sicher ist lediglich, daß diese Religion eine Verschmelzung verschiedenster Elemente war. Eine gebräuchliche Charakterisierung im Hinblick auf Konfuzianismus, Taoismus und Buddhismus lautete, daß »alle drei Bekenntnisse eine einzige Religion seien«. Nach einer ebenso gängigen Volksweisheit hielt man sich an den Konfuzianismus als Anleitung für das tägliche Leben, wendete sich an taoistische Adepten für rituelle Läuterung und Exorzismus und an buddhistische Priester bei Begräbnissen. Aber diese »Arbeitsteilung« wird der so vielschichtigen Realität in keiner Weise gerecht.

Es existierte eine unsichtbare Sphäre der mannigfachen Geister (*shen*), die verschiedenste Machtpositionen innehatten. Diese jenseitige Welt war mit der sichtbaren verwoben und ähnelte ihr in vieler Hinsicht. Der Jade-Kaiser an der Spitze der himmlischen Hierarchie und Yanluo (Yama), der Herrscher der Unterwelt, waren die Entsprechungen des Herrschers in Beijing. Der Stadtgott einer jeden Kreisstadt war gleichzeitig der *Spiritus rector* des Stadtmandarins. Nicht nur Ahnen und Gespenster, sondern auch viele Geister oder sogar Gottheiten hatten ihr Dasein als Menschen begonnen. So war Guan Yu, Gott der Krieger unter der Qing-Dynastie, ein bedeutender Kriegsheld im dritten Jahrhundert n. Chr. gewesen; Li Madou, Gott der Uhren, war einst – Ironie des Schicksals – Pater Matteo Ricci, ein italienischer Jesuiten-Missionar.

Götter konnten entsprechend der von ihnen geleisteten Dienste oder auch aufgrund kaiserlichen Dekrets befördert oder abgelöst werden. Die Chinesen kommunizierten mit diesen Geistwesen im Traum, oder sie holten sich bei ihnen mit Hilfe eines spiritistischen Mediums Rat.

Unten rechts: Räucherstäbchen werden im buddhistischen Qiong-Bambus-Kloster nordwestlich von Kunming in der »Halle der Fünfhundert Lohans« abgebrannt. Das Eindringen des Buddhismus in China während der ersten Jahrhunderte n. Chr. wird auf der Karte auf Seite 110 veranschaulicht. Als Lohan (Arhat) bezeichnet die Theravada-Tradition des Buddhismus, welche die individuelle Erlangung des Nirwana betont, einen Mönch, der den Zustand der Erleuchtung erreicht hat; im Gegensatz dazu lehrt die in China verbreitete Mahayana-Tradition, daß alle Lebewesen das Nirwana erlangen werden.

Unten rechts oben: Die Ahnenverehrung gründet sich auf den Glauben an die wechselseitige Fürsorge der Lebenden und der Toten. Wird der Geist eines Vorfahren vernachlässigt, kann er sich in einen »hungrigen bösen Geist« verwandeln und den Lebenden schaden. Im Gegensatz dazu ist die Geomantik (die Suche nach einer permanenten Grabstätte für die Ahnen unter Berücksichtigung einer für bestimmte Nachfahren glückverheißenden Örtlichkeit) eher manipulativ als ehrfurchtsvoll und oftmals der Quell für Streitigkeiten. Unter der kommunistischen Regierung nehmen diese geomantischen Praktiken immer mehr ab, doch sind sie keineswegs ausgerottet, wie dieses Beispiel aus Yunnan zeigt.

Unten Mitte: Die ersten Moslem-Siedler waren arabische und persische Kaufleute, die während der Tang-Dynastie auf dem See- und Landweg nach China gelangten. Der spätere Vormarsch des Islam wird auf der Karte Seite 150 gezeigt. Der *minbar* dieser Moschee in Kunming besitzt ein typisch chinesisches Dach.

Oben: Während der Kulturrevolution (1966–1976) wurden christliche Kirchen als unpatriotische und imperialistische Relikte diffamiert. Viele von ihnen wurden geschlossen oder auch zerstört. Seither sind einige Gotteshäuser wieder eröffnet worden, doch wird von staatlicher Seite der Akzent auf ein »außer-konfessionelles Christentum« frei von ausländischen Bindungen gelegt, und die Freiheit der Religionsausübung ist gewissen Beschränkungen unterworfen.

Links: Eine Überseechinesin in Singapur befragt ein spiritistisches Medium.

Tempel- und Palastarchitektur

In China gibt es keinen architektonischen Unterschied zwischen einem konfuzianischen, taoistischen oder buddhistischen Tempel, sie besitzen zudem allesamt den gleichen Grundriß und die gleiche Bauweise wie weltliche Gebäude. Die traditionellen Bauwerke seit der Song-Dynastie stehen auf einer erhöhten Plattform, und das Gewicht der mit schweren Ziegeln gedeckten Dächer wird durch eine kunstvolle Konstruktion aus Kragkonsolen und Holzsäulen getragen, die in Steinsockeln auf der Plattform ruhen. Die bedeutsamsten Bauten sind nach Süden ausgerichtet und haben ihre Öffnungen ausschließlich an der Südseite. Alle Teile der Kragkonsolen sind fest miteinander verzahnt und gelten als wichtige Schmuckelemente. Das Holz wurde zum Schutz vor Witterungseinflüssen oder aus dekorativen Gründen bemalt, die Säulen waren, falls nicht mit Schnitzereien versehen, normalerweise rot, die Plattform weiß, die Wände rot, die Kragkonsolen grün und blau und die Dachziegel gelb oder grün. Der Kaiserpalast in der Verbotenen Stadt in Beijing weist die gleiche Architektur und die gleichen Verzierungselemente wie etwa der Konfuzius-Tempel in Qufu (Provinz Shandong) auf, beide entstanden während der Ming-Dynastie.

Die Pagode hat ihren Ursprung in Indien. Sie kam zusammen mit dem Buddhismus nach China, und man benutzte sie zur Aufbewahrung heiliger Gegenstände. Die Buddhisten kannten auch Höhlentempel. Andere Sakralbauten folgten in ihrer Architektur den in Zhou-Texten dargelegten Vorschriften, d.h., ein rituellen Zwecken dienendes Gebäude sollte im oberen Teil rund und im unteren viereckig sein, um die Beziehung zwischen Himmel und Erde zu versinnbildlichen. Ein Beispiel hierfür findet man in Gyantse in Tibet. Der aus der Qing-Zeit datierende Himmelstempel in der Verbotenen Stadt in Beijing ist rund und steht inmitten eines quadratischen Hofraums. Die Moscheen in Xi'an und Kunming zeigen den traditionellen chinesischen Stil, während die Moschee in Turfan in der Manier der islamischen Architektur des Mittleren Ostens erbaut wurde.

Links: Diese christliche Kirche abseits der Wangfujing-Straße im Osten Beijings wurde 1666 gegründet. Verschiedentlich renoviert, ist sie heute eine Schule.

Unten: Die Moschee in Turfan, 1776 erbaut.

Oben: Der aus dem 14. Jahrhundert stammende taoistische Tempel in Yonglegong in Süd-Shanxi wurde im klassischen chinesischen Tempelbaustil errichtet.

Unten links: Der Konfuzius-Tempel in Qufu, dem Geburtsort des Philosophen, in der heutigen Provinz Shandong, datiert ursprünglich aus der Zhou-Dynastie, doch erhielt der Bau seine gegenwärtige Form erst zur Ming-Zeit. Der hier abgebildete Hauptaltarraum entstand 1724. Der Tempel besitzt eine Sammlung verschiedener Musikinstrumente, von denen einige nur in konfuzianischen Tempeln gespielt werden.

Unten: Dieses Bauwerk in Staffelbauweise in Dunhuang, Provinz Gansu, liegt an einer Felswand, in die über 400 buddhistische Höhlentempel hineingetrieben worden waren.

Oben: Der im 17. Jahrhundert renovierte und erweiterte Potala-Palastbezirk in Lhasa war die Winterresidenz des Dalai Lama.

Ganz links: Diese Halle des buddhistischen Tempels in Jinci mit ihren reich verzierten Kragkonsolen, in der Nähe Taiyuans, Provinz Shanxi, entstand im zwölften Jahrhundert.

Links: Das tibetische Palchorchorten, bekannt als die große Stupa von Gyantse, wurde im 15. Jahrhundert erbaut und war das geistige Zentrum der Gelbmützen-Sekte des tibetischen Buddhismus, eines Zweigs der Mahayana-Tradition. Ihr Grundriß gleicht einer Mandala – ein Kreis in einem Viereck. Im Innern der Stupa befinden sich bemerkenswerte Fresken. Die Ringe um den Turm symbolisieren die 13 Stufen, die der Gläubige durchlaufen muß, um die Buddhanatur zu erlangen. Die rund um die Stupa angebrachten Augen Buddhas blicken in alle Himmelsrichtungen und symbolisieren so dessen Sorge um die ganze Menschheit.

Medizin und Geomantik

Links: Ein geschnitztes und bemaltes anatomisches Modell aus dem 17. Jahrhundert mit Akupunktur-Einstichpunkten.

Unten: Der Holzschnitt aus der *Sancai*-Enzyklopädie (späte Ming-Zeit) zeigt ein Fingerkraut *(shehan)*, dessen getrocknete Wurzeln gegen Insektenstiche verwendet wurden.

Ganz unten: In traditionellen Kräuterbüchern, die seit dem zehnten Jahrhundert in gedruckter Form erschienen, werden die einzelnen Heilkräuter mit ihren spezifischen Heileigenschaften aufgelistet und außerdem die Zubereitungsmethoden verschiedener Arzneien erklärt. Chinesische Apotheken verkaufen heute sowohl diese traditionellen Kräuter als auch westliche Medikamente.

Rechts: In archaischer Zeit wurden Akupunktur und Moxibustion höchstwahrscheinlich zur Austreibung Krankheit erzeugender Dämonen aus dem Körper verwendet. Unabhängig von der Gültigkeit der Theorie von der vitalen Energie im Körper setzt man Akupunktur und Moxibustion gegenwärtig als Therapie und auch zur Schmerzlinderung ein.

Rechts: Ein mit Wasserfarben koloriertes traditionelles Diagramm aus dem 16. Jahrhundert mit Akupunktureinstichpunkten auf dem Herzbeutelkanal.

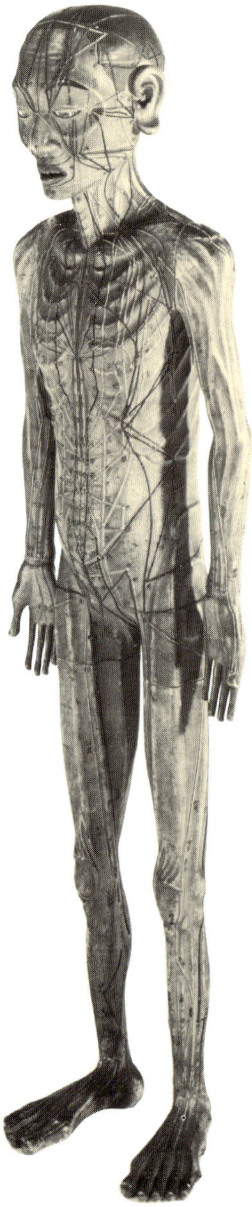

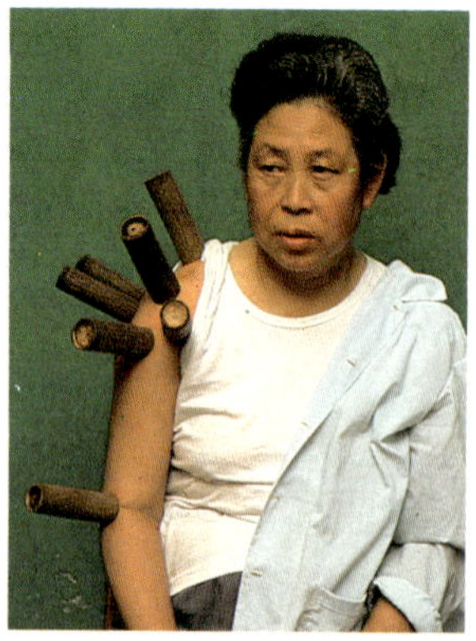

Die Chinesen sind seit altersher eines der gesundheitsbewußtesten Völker der Welt gewesen. Die konfuzianische Tradition lehrte, daß es Bestandteil der kindlichen Ehrfurcht sei, weder seine physische Gesundheit aufs Spiel zu setzen noch sie zu beeinträchtigen, da man seinen Körper von den Eltern zum Geschenk erhalten habe. Die einzige zulässige Ausnahme von diesem Gebot war die von besonders demütigen Söhnen und Töchtern praktizierte Sitte, ein Stück des eigenen Arms, Oberschenkels oder sogar der Leber für die Herstellung einer magischen Suppe zu opfern, um mit ihr einen erkrankten Elternteil zu heilen. Gelehrte widmeten sich oftmals dem Medizinstudium mit dem primären Ziel, die eigenen Erzeuger ärztlich versorgen zu können.

Die Taoisten verstanden den Körper als einen »inneren Lebensbereich«, als eine von vielfältigen Geistern bewohnte Welt, von denen einige der körperlichen Hülle gegenüber wohlwollend, andere hingegen feindlich eingestellt waren. Die taoistische Alchimie beschäftigte sich vor allem mit der Suche nach einem Elixier der physischen Unsterblichkeit; jedoch ironischerweise waren viele der gefundenen Elixiere tödliche Gifte.

Der emotionslosen wissenschaftlichen Erforschung menschlicher Anatomie standen in China viele Hindernisse entgegen. Mit der Leichensezierung begann man zu Anfang des ersten Jahrtausends n. Chr., dann aber wurde diese Methode wieder verworfen, für kurze Zeit erst unter der Song-Dynastie neu belebt, um dann bis zur Moderne abermals fast völlig in Vergessenheit zu geraten. Die seit dem Mittelalter vorherrschende Einstellung der Chinesen zum menschlichen Körper war eine Mischung aus Prüderie und pornographischer Ergötzung. Die Krankheit einer Frau aus der Oberschicht konnte ein Arzt – im günstigsten Fall – durch Fühlen des Pulses ihres vorgestreckten Arms diagnostizieren, während sie selbst hinter einem Vorhang verborgen blieb; gleichzeitig aber delektierten sich die »Literaten« an Büchern vom Genre des späten Ming-zeitlichen *Gebetsteppich der Fleischeslust*, in dem dem Titelhelden das Glied eines Rüden transplantiert wird, um seine »Männlichkeit« zu steigern.

Die traditionelle chinesische Medizin stützte sich auf einen zweifachen Fundus empirischen Wissens: die Kräuterkunde und die Auswirkungen der Stimulierung bestimmter empfindlicher Punkte des menschlichen Körpers. Die erste Disziplin fand ihren Niederschlag in einer Reihe systematisierter Kräuterbücher, die zuerst unter der Song-Dynastie im Druck erschienen und ihren krönenden Abschluß mit dem Werk Li Shizhens, dem *Katalog der Materia medica (bencao gangmu)*, der späten Ming-Zeit fanden. Noch in unseren Tagen wird aus einigen der traditionellen Heilkräuter wirksame Medizin hergestellt. Die sorgfältig entwickelten mittelalterlichen Theorien zur Erklärung der Wechselwirkung von Kräutern und Krankheiten, die auf Körpersäften, »kosmischer Energie« *(qi)* und Wohlgerüchen basieren sollte, scheinen jedoch kaum von Wert zu sein. Zur zweiten Gruppe empirischer Erfahrungen in der Medizin gehörte die Therapie mit der Akupunktur und Moxibustion, die beide in erster Linie auf das Nervensystem einwirken. Ein Großteil dieses chinesischen medizinischen Erbes hat sich in moderner Zeit als wertvoll erwiesen und konnte weiter ausgebaut werden.

Rechts oben: Die obere Zeichnung zeigt die sechs Pulse (drei Positionen und zwei Lagen, die oberflächliche und die tiefe), die an jedem der beiden Handgelenke erfühlt werden können (zwölf Pulse insgesamt). Darunter sieht man eine traditionelle Darstellung. Die Diagnose in der althergebrachten chinesischen Medizin beruht auf dem Gesichtsausdruck des Patienten, seiner Stimme und Ernährung und insbesondere auf seinen Pulsen. Jede Puls-Position korrespondiert mit einem einem bestimmten Organ zugeordneten »Meridian«, und der Pulsschlag soll das störungsfreie oder krankhafte Funktionieren dieses Organs anzeigen.

Rechts Mitte: Mit dem Geomantik-Kompaß wird der glückverheißendste Platz für eine Ruhestätte ermittelt. Die Pseudowissenschaft der Geomantik (Erdmagie) spürt die Ströme der verborgenen Naturkräfte auf, die in gewisser Weise den Strömen der vitalen Energie entlang der Körpermeridiane entsprechen und Glück oder Unglück bewirken können, und legt dann den geeignetsten Grabort fest.

Ganz unten: Diese Särge verbleiben so lange an ihrem vorläufigen Platz, bis eine günstige Zeit und ein günstiger Ort für die zweite und endgültige Beerdigung von einem Meister der Geomantik bestimmt worden ist.

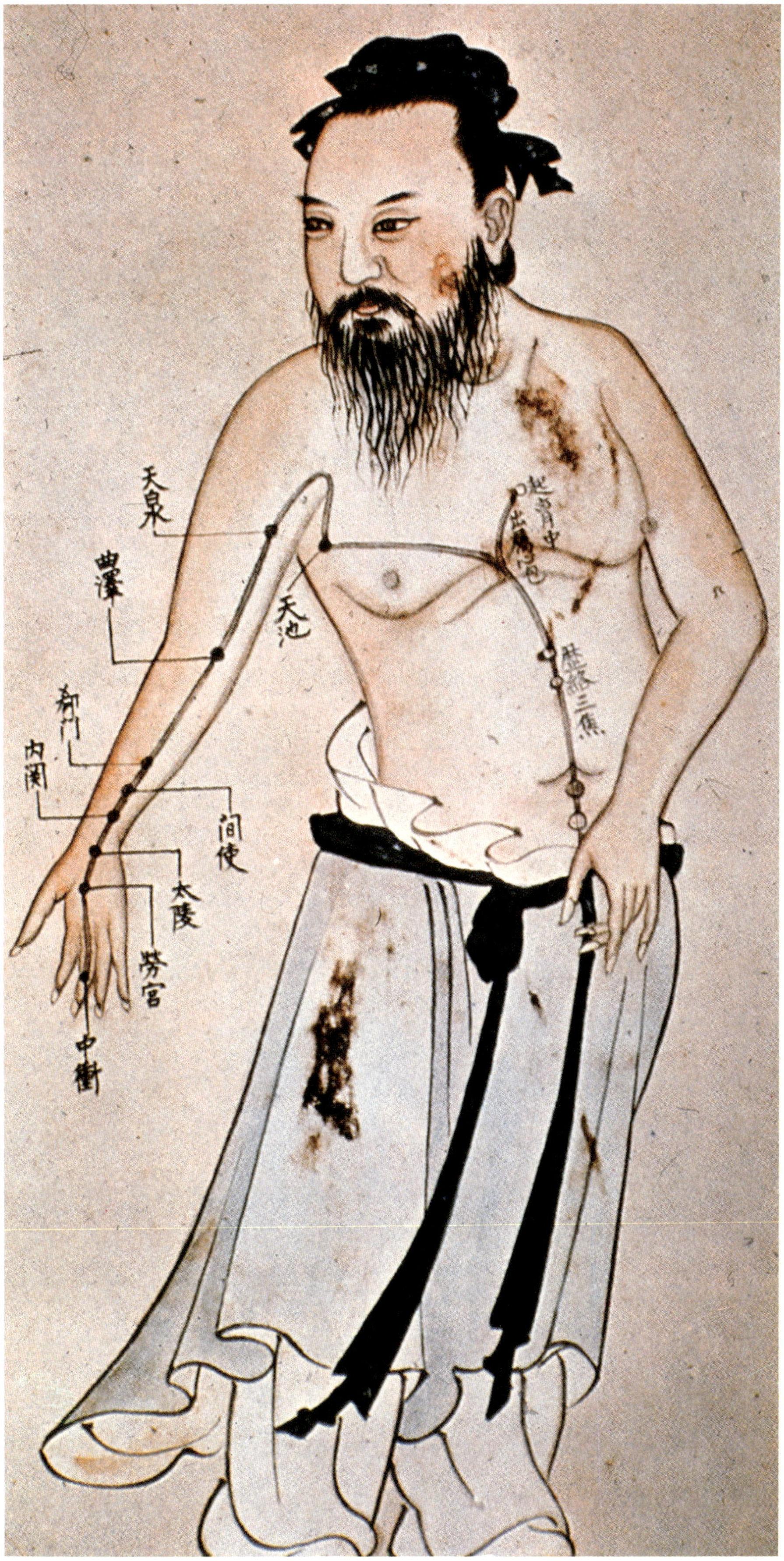

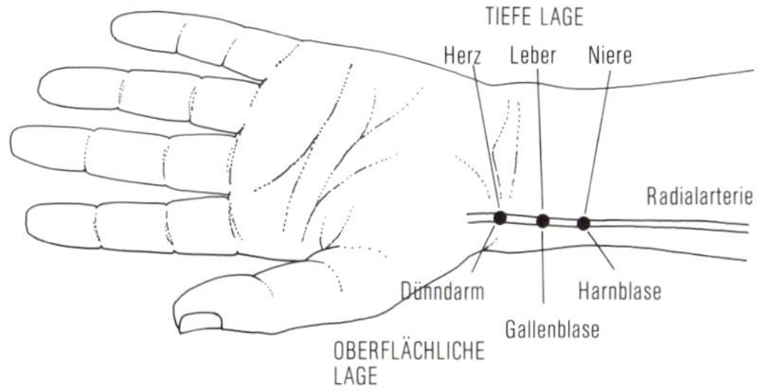

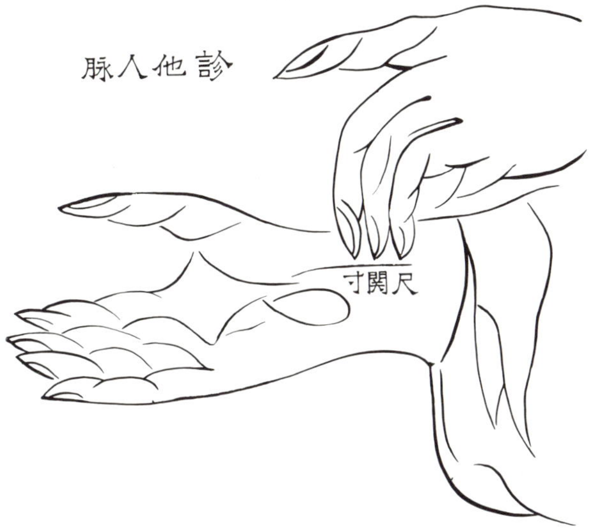

Prinzipien der Mathematik

Die früheste chinesische Mathematik, von der wir genauere Kenntnisse besitzen, stammt aus dem Zeitraum zwischen der Spätphase der Streitenden Reiche und der frühen Han-Ära. Sie ist im wesentlichen praktisch ausgerichtet und befaßt sich mit Problemen der Landvermessung, des Bauwesens, der Steuererhebung usw. Unter den Nachfolgern des Philosophen Mozi (Mo Ti) wurden (um 300 v. Chr.) interessante erste Versuche unternommen, welche auf die Formulierung von Axiomen und auf Beweise in Gestalt einer schrittweisen Deduktion hinzuzielen scheinen, jedoch sind diese Ideen nicht weiterentwickelt worden. Einem ernsthaften Interesse an Begründungszusammenhängen begegnen wir erst wieder im dritten Jahrhundert n. Chr., etwa bei Liu Hui, der in einem längeren Kommentar in allen Einzelheiten eine Methode der Kreisberechnung vorführt. Auf dieser Grundlage gelangte im fünften Jahrhundert Zu Chongzhi zu den Annäherungswerten $3{,}1415926 < \pi < 3{,}1415927$ (tatsächlich entspricht $\pi = 3{,}14159265\ldots$) und damit zu einem Ergebnis, das erst ein Jahrtausend später von der arabischen Mathematik eingeholt werden konnte. Ein gutes Beispiel für den eigentümlichen Argumentationsstil der Chinesen ist der Beweis des pythagoräischen Lehrsatzes. In seiner frühesten Form handelte es sich dabei um kaum mehr als eine numerische Demonstration anhand des Spezialfalles eines rechtwinkligen Dreiecks mit den Seitenverhältnissen 3 : 4 : 5 (siehe Abb. I). Im Laufe des dritten Jahrhunderts n. Chr. jedoch entwickelte sich daraus ein allgemeiner algebraischer Beweis, der durch seine Einfachheit im Vergleich zu Euklids Beweis besticht.

Eine grundlegende Eigenart der chinesischen Mathematik, wie sie sich im ersten Jahrtausend n. Chr. entwickelte, war der Gebrauch des Rechenbretts. Schon seit altersher verfügten die Chinesen über ein dezimales Zahlensystem, in welchem spezielle Wörter – wie »zehn« *(shi)*, »hundert« *(bai)*, »tausend« *(qian)* usw. – hinter den einzelnen Ziffern die jeweilige Potenz von zehn angaben. Dieses System war ideal für das Rechnen auf einer in Zeilen und Spalten untergliederten Matrix, in der durch die

Abb. I. **Der chinesische Beweis des pythagoräischen Lehrsatzes**

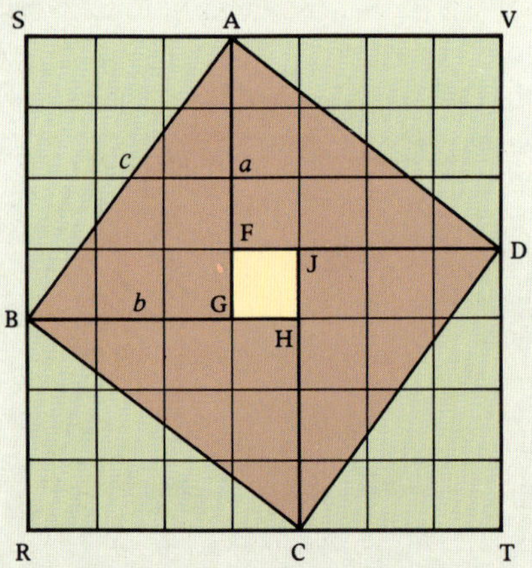

Numerische Demonstration Die Seiten AG, BH, CJ und DF seien jeweils 4 Einheiten, die Seiten AF, BG, CH und DJ jeweils 3 Einheiten lang. Dann beträgt die Länge der Diagonalen AB, BC, CD und DA jeweils 5 Einheiten. Das ergibt sich aus folgender Feststellung bezüglich der Flächen:

Quadrat SRTV – (Dreieck ASB + BRC + CTD + DVA) = Quadrat ABCD; also ist

Quadrat ABCD $= (7 \times 7) - (4 \times \frac{3 \times 4}{2}) = 25 = 5^2$

Algebraischer Beweis: Wenn c die Länge der vier Hypotenusen ist, und a und b die Längen der beiden anderen Seiten der rechtwinkligen Dreiecke sind, dann folgt aus

$$ABCD = FGHJ + ABG + BCH + CDJ + DAF,$$

daß

$$c^2 = (a-b)^2 + 4.\left(\frac{ab}{2}\right) = a^2 + b^2.$$

Abb. II. **Chinesische Zahlzeichen**

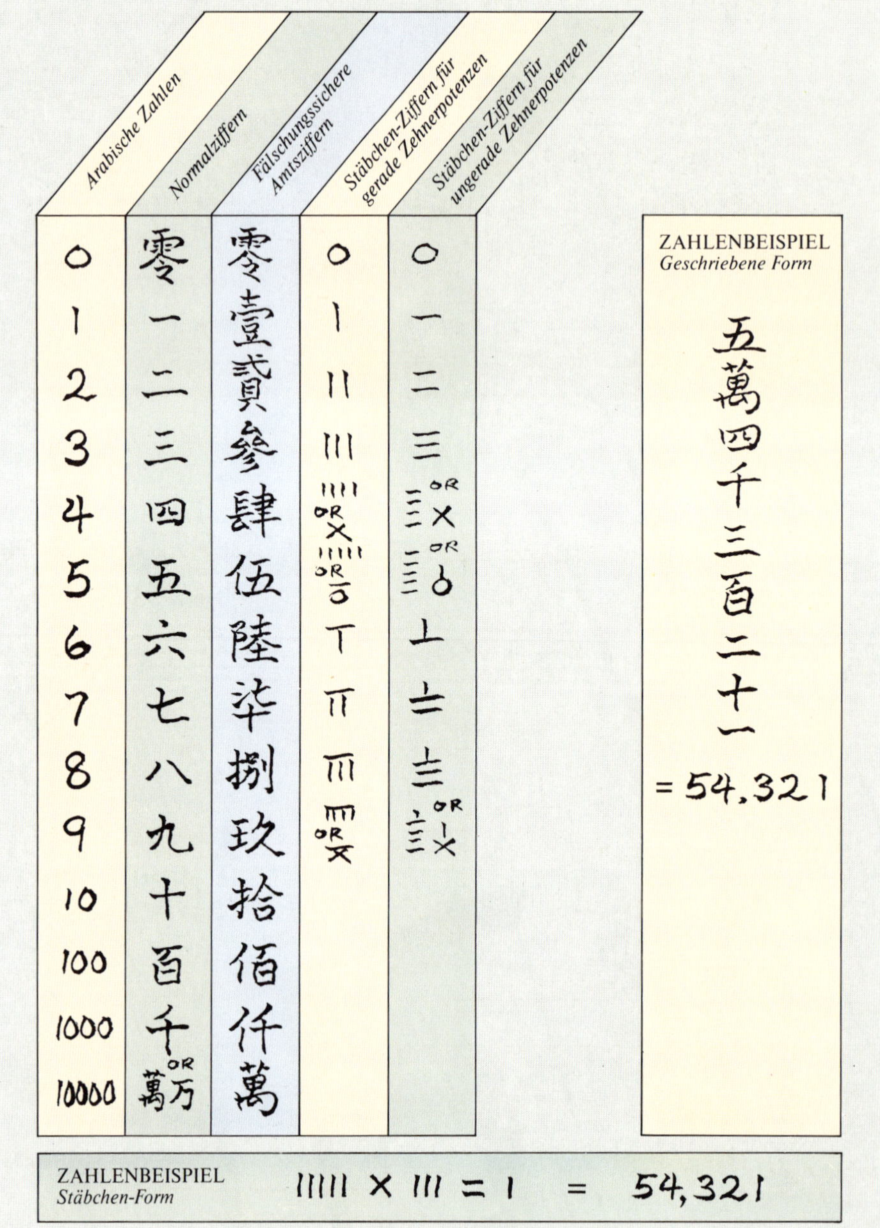

Seite 195 oben: Der chinesische Abakus mit perlenbesetzten Stäben fand erst um das 14. Jahrhundert weitere Verbreitung. Die Spalten repräsentieren – von rechts nach links aufsteigend – Zehnerpotenzen. Die Perlen im oberen Teil zählen jeweils fünf, die im unteren jeweils eins, und zwar kommen immer nur die zur mittleren Trennungswand geschobenen Perlen in Betracht. Hier ist demnach die Zahl 123456789 zu sehen. Die oberste Perlenreihe fand nur bei längeren Divisionen Anwendung.

Seite 195 unten rechts: »Lehrer und Schüler diskutieren schwierige Probleme«, Titelblatt eines mathematischen Werks von Cheng Dawei aus dem Jahre 1593.

Abb. III. **Multiplikation von 247 mit 736**

Multiplikand				2	4	7	*Erläuterungen*
Multiplikator		7	3	6			
	1	4					7 × 2
			6				3 × 2
			1	2			6 × 2

Multiplikand					4	7	2 gelöscht
Multiplikator			7	3	6		736 um 1 Spalte nach rechts gerückt
Zwischenergebnis	1	4	7	2			Summe der vorangehenden Zwischenprodukte
		2	8				7 × 4
			1	2			3 × 4
				2	4		6 × 4

Multiplikand						7	4 gelöscht
Multiplikator				7	3	6	736 um 1 Spalte nach rechts gerückt
Zwischenergebnis	1	7	6	6	4		Summe der vorangehenden Zwischenprodukte
			4	9			7 × 7
				2	1		3 × 7
					4	2	6 × 7
Endergebnis	1	8	1	7	9	2	

Abb. IV. **Division von 256842 durch 751**

							Erläuterungen
Ergebniszeile				3			Durch Abschätzen
Dividend	2	5	6	8	4	2	
Divisor		7	5	1			751 > 256. 1 Spalte nach rechts versetzen
Subtrahend	2	2	5	3			3 × 751
Rest		3	1	5	4	2	Dividend − Subtrahend

Ergebniszeile				3	4		Durch Abschätzen
Dividend		3	1	5	4	2	Vorangehender Rest
Divisor			7	5	1		Um eine Spalte nach rechts gerückt
Subtrahend		3	0	0	4		4 × 751
Rest			1	5	0	2	Dividend − Subtrahend

Ergebniszeile				3	4	2	Durch Abschätzen
Dividend			1	5	0	2	Vorangehender Rest
Divisor				7	5	1	Um eine Spalte nach rechts gerückt
Subtrahend			1	5	0	2	2 × 751
Rest			0	0	0	0	Kein Rest. Ende der Rechnung

horizontale Position allein (von rechts nach links aufsteigend) die Zehnerpotenz festgelegt wurde. In den entsprechenden Kästchen legte man mit Hilfe von Rechenstäbchen Figuren aus, die einerseits die Ziffern anzeigten und andererseits kenntlich machten, ob es sich um eine gerade oder ungerade Zehnerpotenz handelte. Diese speziellen Zahlzeichen sind in Abb. II zu sehen.

Zunächst wurden Nullen einfach durch Leerstellen in den entsprechenden Spalten ausgedrückt; erst mit der Verselbständigung der Stäbchen-Ziffern gegenüber dem Rechenbrett fand etwa seit Beginn des zweiten Jahrtausends n. Chr. auch ein leerer Kreis als Symbol Verwendung. Interessant ist, daß die Chinesen schon sehr früh mit negativen Zahlen operierten, die sie durch schwarze Stäbchen kennzeichneten – in Abhebung von den roten Stäbchen für positive Zahlen.

Das Rechenbrett glich einem primitiven handbetriebenen Computer. Unter den Zeilen kann man sich Speicher zu bestimmten »Adressen« vorstellen, in denen Werte eingegeben waren, welche durch die Operationen des Bedieners fortwährend verändert wurden, während sich dieser durch sein »Programm« hindurcharbeitete. Eine bemerkenswerte Eigenschaft des Rechenbretts war, daß es die Inangriffnahme ziemlich komplizierter Probleme erlaubte, ohne auch nur eine Spur von symbolischer Notation für Rechenoperationen, für Beziehungen wie »=«, ja selbst für *x*, *y* und *z* in ihrer Funktion als Kennzeichnungen verschiedener unbekannter Größen.

Abb. III veranschaulicht die Multiplikation nach einer Methode, wie sie von Yang Hui im 13. Jahrhundert beschrieben worden ist. Bei aller Ähnlichkeit mit dem uns geläufigen Verfahren lassen sich doch drei charakteristische Eigenarten der Rechenbrett-Technik im Gegensatz zum schriftlichen Rechnen nennen. (1) Die Ziffern des Multiplikanden werden nacheinander ausgelöscht, sobald sie ihren Dienst getan haben. (2) Der Multiplikator rückt schrittweise nach rechts. (3) Alle Zwischenschritte, die

nicht mehr gebraucht werden, werden regelmäßig getilgt. Bei der Betrachtung der dargestellten Beispiele sollte man allerdings berücksichtigen, daß auf dem chinesischen Rechenbrett nur Zahlen erschienen und daß die hier gegebenen Kennzeichnungen für Zeilen der Klarheit wegen hinzugefügt wurden.

Im mittelalterlichen Europa war die Division lange Zeit als äußerst schwierige Operation gefürchtet. Nicht so in China, wie Abb. IV zeigt. Der Bediener des Rechenbretts mußte bei jedem Rechengang eine Schätzung vornehmen, jedoch genügte in der Regel die Kenntnis des kleinen Einmaleins und die Prüfung der ersten beiden Ziffern des Dividenden sowie der ersten Ziffer des Divisors. Es ist durchaus wahrscheinlich, daß diese Methode, die in China nicht später als im dritten oder vierten Jh. n. Chr. auftauchte, auf Umwegen nach Europa gelangt ist und unserer eigenen Schulbuchmethode zugrunde liegt.

Die chinesischen Methode des Ziehens von Quadratwurzeln (bereits in einer Han-zeitlichen Quelle dargelegt) macht uns mit zwei weiteren Eigenarten bekannt. (1) Oft wurden Lösungswege anhand von geometrischen Diagrammen erschlossen. (2) Spezielle Zeilen auf dem Rechenbrett wurden für das Speichern bestimmter Größen reserviert. Letztere Eigenart ermöglichte es, Algebra ohne x und y zu betreiben. Abb. V veranschaulicht die Lösung von $x^2 = 1300$ (was die Approximation einer nichtaufgehenden Wurzel einschließt) sowie ihre geometrische Ableitung. Abb. VI zeigt, wie man zur Lösung gemischtquadratischer Gleichungen gelangte.

Die tabellarischen Darstellungen in den Abbildungen lassen die chinesische Methode umständlicher erscheinen, als sie in Wirklichkeit war. Andererseits ist aber auch festzustellen, daß verschiedenartige Typen von Gleichungen jeweils leicht modifizierte Vorgehensweisen erforderlich machten, so daß die chinesischen Mathematikbücher sehr viel mehr »Programme« enthielten, als mit stärker

Abb. V. **Ziehen einer nicht-aufgehenden Quadratwurzel**

$x^2 = 1300$

					Erläuterungen
Ergebniszeile			3		Durch Abschätzen
Radikand	1	3	0	0	
Quadrat		9	0	0	30 × 30
Rest		4	0	0	Radikand - Quadrat

Ergebniszeile			3	6	Durch Abschätzen
Radikand		4	0	0	Früherer Rest
Flanken		3	6	0	2 × 6 × 30
Ecke			3	6	6 × 6
Summe		3	9	6	
Rest				4	Radikand - Summe

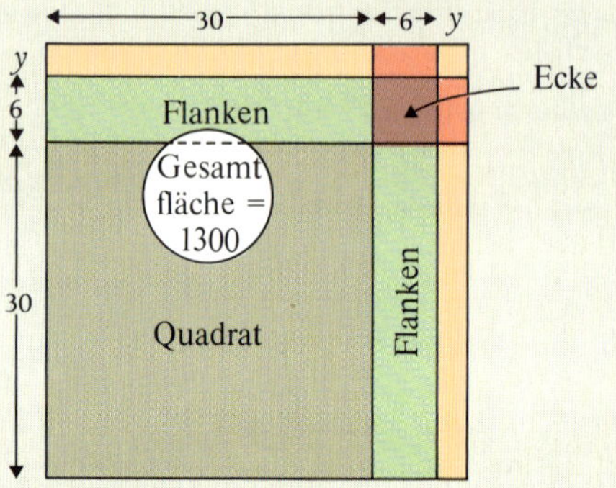

Der letzte Schritt modern ausgedrückt: Wenn y für den Wurzelbruch steht, gilt:

Rest $= 4 \approx ((2 \times 36) + 1)y = 73y$.

Also ist $y \approx \frac{4}{73}$

In Wirklichkeit ist $\left(36\frac{4}{73}\right)^2 = 1299{,}95$.

Abb. VI. **Lösung einer gemischtquadratischen Gleichung**

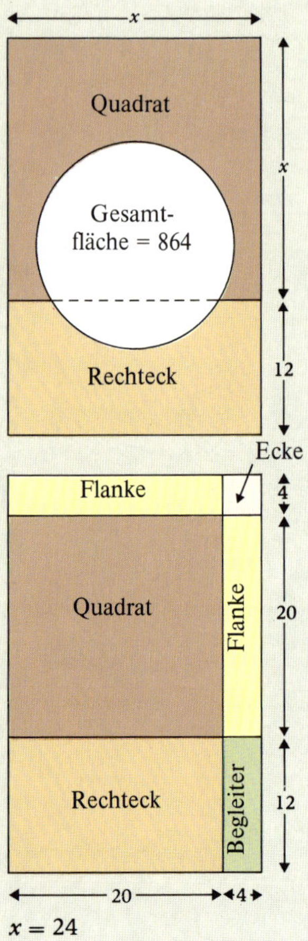

$x^2 + 12x = 864$

A				*Erläuterungen*
Ergebniszeile		2		Durch Abschätzen*
Radikand	8	6	4	
Rechteck-Seite		1	2	
Eck-Markierer			1	Eine Art Positionsanzeiger

*Da(30×30) + (30×12) = 1260 > 864 und (20×20) + (20×12) = 640 < 864.

B				
Ergebniszeile		2		
Radikand	8	6	4	
Quadrat-Seite		2	0	Ergebnis × Eck-Markierer
Rechteck-Seite		1	2	
Eck-Markierer			1	
Summe (Quadrat + Rechteck)	6	4	0	$20^2 + (20 \times 12)$
Rest	2	2	4	Radikand - Summe (d.i. Flanken, Ecke und Begleiter)

C				
Ergebniszeile		2	4	Durch Abschätzen**
Radikand	2	2	4	Früherer Rest
Flanken-Seiten		4	0	20 + 20
Eck-Seite			4	Abhängig von der gewählten Einerziffer des Ergebnisses
Begleiter-Seite		1	2	
Seiten × Ergebnisziffer	2	2	4	$(40 \times 4) + (4 \times 4) + (12 \times 4)$
Rest	0	0	0	Radikand - (Seiten × Ergebnisziffer)

**Die Einerziffer des Ergebnisses ist die größte ganze Zahl v, die mit den Seiten (d.i. $20 + v + 20 + 12 = 52 + v$) multipliziert ≦ 224 (= restl. Radikand) ist. Sie wird erst nach den anderen Größen - mit Ausnahme des letzten Rests - eingetragen.

Abb. VII.

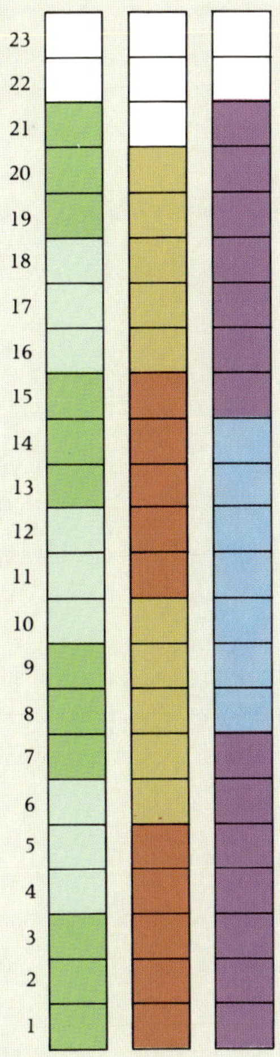

Eine Lösung des chinesischen Rest-Problems
$N \equiv 2 \pmod 3$
$N \equiv 3 \pmod 5$
$N \equiv 2 \pmod 7$

Abb. VIII. **Skizzierung von Qin Jiushaos allgemeiner Lösung des Rest-Problems**

Modern ausgedrückt besteht das Problem darin, den kleinsten positiven Wert für N zu finden, wenn gilt:

$$N \equiv r_1 \pmod{m_1} \equiv r_2 \pmod{m_2} \equiv \ldots \equiv r_n \pmod{m_n}$$

[lies: N kongruent *r* modulo *m*], wobei *r* jeweils der Rest ist, der bei der Division von N durch das korrespondierende *m* (den »Modul«) übrig bleibt. Zunächst sei vorausgesetzt, daß die Moduln untereinander teilerfremd sind (größter gemeinsamer Teiler = 1). Dann läßt sich die von Qin wie auch der modernen Mathematik angewandte Methode so umreißen:

Es sei $M = m_1 \times m_2 \times \ldots \times m_n$.

In unserem Beispiel: $M = 3 \times 5 \times 7 = 105$.

Wenn wir M durch eines der m ($= m_i$) teilen, erhalten wir eine Größe, die durch alle m, nur nicht durch m_i teilbar ist (Voraussetzung der Teilerfremdheit). Für jedes dieser M/m_i soll nun ein Faktor k_i gefunden werden, so daß:

$$\frac{M}{m_i} k_i \equiv 1 \pmod{m_i} [\equiv 0 \pmod{m_{j \neq i}}].$$

In unserem Fall:

$$\frac{105}{3} \times 2 = 70 \equiv 1 \pmod 3 \equiv 0 \pmod 5 \equiv 0 \pmod 7$$

$$\frac{105}{5} \times 1 = 21 \equiv 1 \pmod 5 \equiv 0 \pmod 3 \equiv 0 \pmod 7$$

$$\frac{105}{7} \times 1 = 15 \equiv 1 \pmod 7 \equiv 0 \pmod 3 \equiv 0 \pmod 5.$$

Indem wir beide Seiten mit r_i multiplizieren, erhalten wir

$$\frac{M}{m_i} k_i r_i \equiv r_i \pmod{m_i} \equiv 0 \pmod{m_{j \neq i}}$$

und damit eine Größe, die für m_i jeweils den geforderten Rest r_i, für alle übrigen m aber den Rest 0 ergibt. Die Summe dieser Größen (für $i = 1, 2, \ldots, n$) stellt eine Lösung von N dar, denn:

$$\sum_{i=1}^{n} \frac{M}{m_i} k_i r_i \equiv r_1 \pmod{m_1} \equiv r_2 \pmod{m_2} \equiv \ldots \equiv r_n \pmod{m_n}.$$

In unserem Beispiel ist N also $= (70 \times 2) + (21 \times 3) + (15 \times 2) = 233$. Durch wiederholte Subtraktion von M erhalten wir den kleinsten positiven Wert für N.
Also: $233 - (105 \times 2) = 23$.

Um die Moduln gegebenenfalls teilerfremd zu machen, dividierte Qin reihum aus jeweils einem von zwei m den gemeinsamen Faktor heraus, wobei er die uns bekannten Regeln für die Bestimmung des kleinsten gemeinsamen Vielfachen befolgte.
Zur Bestimmung von k_i wiederum bediente er sich eines den modernen Kettenbrüchen verwandten Verfahrens.
Um die Kongruenz $65k \equiv 1 \pmod{83}$ zu lösen, können wir das Verhältnis von Koeffizient und Modul durch wiederholte Anwendung der Relation $\frac{a}{b} = \frac{1}{b/a}$ in einen Kettenbruch entwickeln. Wir erhalten:

$$\frac{65}{83} = \cfrac{1}{1 + \cfrac{1}{3 + \cfrac{1}{1 + \cfrac{1}{1 + \cfrac{1}{1 + \cfrac{1}{1 + \cfrac{1}{3}}}}}}}$$

Ein solcher Kettenbruch läßt sich bündig durch die ganzzahligen Teilnenner $d_1, d_2, \ldots, d_n$ beschreiben; in unserem Fall (1, 3, 1, 1, 1, 1, 3). Wenn wir die Kette mit einem dieser Teilnenner d_i abbrechen lassen, erhalten wir einen Näherungsbruch, dessen natürlicher Nenner f_i sich nach folgender Rekursionsformel ermitteln läßt:

$$f_0 = 1; f_1 = d_1; f_i = d_i f_{i-1} + f_{i-2} \text{ (für } i \geq 2).$$

Qins Einsicht läßt sich nun dahingehend zusammenfassen, daß $k = (-1)^{n-1} \times f_{n-1}$. In unserem Fall erhalten wir folgende Zwischenwerte:

d		f
		1
1		1
3		4
1		5
1		9
1		14
1		23
3		83

f_0 = »Himmlische Einheit«
$f_1 = d_1 = 1$
$f_2 = (3 \times 1) + 1$
$f_3 = (1 \times 4) + 1$
$f_4 = (1 \times 5) + 4$
$f_5 = (1 \times 9) + 5$
$f_6 = (1 \times 14) + 9$
$f_7 = (3 \times 23) + 14$

Also ist $k = +f_6 = 23$. Probe: $65\,k = 65 \times 23 = 1495$, was um 1 größer ist als 83×18.
Also gilt: $1495 \equiv 1 \pmod{83}$.

Abb. IX. **Qin Jiushaos Anwendung von Determinanten**

Wenn wir 8 Baumwollrollen für 6 Männer brauchen, sind es 160 Rollen zu wenig. Wenn wir 9 Rollen für 7 Männer brauchen, bleiben 560 Rollen übrig. Wieviele Baumwollrollen und wieviele Männer sind es?

Wenn x die Zahl der Rollen und y die Zahl der Männer ist, dann gilt:

$$x = y \cdot \frac{8}{6} - 160, \text{ und } x = y \cdot \frac{9}{7} + 560.$$

Nebenstehendes Schema veranschaulicht Qins Anordnung auf dem Rechenbrett beim Lösen von Gleichungspaaren der Form

$$(1)\ x = y\frac{b}{a} - c \qquad (2)\ x = y\frac{b'}{a'} + c'$$

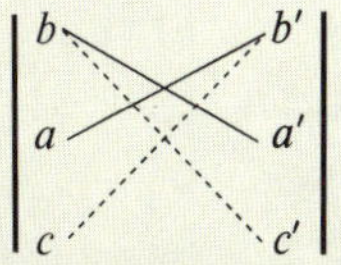

Durch kreuzweises Multiplizieren gelangt er zu den Produkten $a'b = 56$ und $ab' = 54$, deren Differenz = 2 als Divisor (B) festgehalten wird. Durch abermaliges kreuzweises Multiplizieren gelangt er zu den Produkten $(a'b)c' = 56 \times 560 = 31360$ und $(ab')c = 54 \times 160 = 8640$, deren Summe = 40000 als Dividend (A) fungiert. Dann ist $x = \frac{A}{B} = 20\,000$. (Für y erhält Qin durch Einsetzen = 15 120.) Die Methode erweist sich als ein entfernter Vorläufer der Regel von CRAMER (18. Jh.), wonach x in den umformulierten Gleichungen

$$(1')\ ax - by = (-ac)$$
$$(2')\ a'x - b'y = (a'c')$$

gleich dem Quotienten folgender Determinanten ist:

$$x = \frac{\begin{vmatrix} (-ac) & -b \\ (a'c') & -b' \end{vmatrix}}{\begin{vmatrix} a & -b \\ a' & -b' \end{vmatrix}} = \frac{ab'c + a'bc'}{-ab' + a'b} = \frac{A}{B}.$$

verallgemeinerten Techniken nötig gewesen wäre. Und ein noch ernsteres Problem: Mit komplizierteren Gleichungen wucherten die benötigten Spezialtermini (wie »Flanke«, »Begleiter« usw.) Der begriffliche Apparat drohte außer Kontrolle zu geraten. Wenngleich die mittelalterlichen Chinesen Gleichungen mit Unbekannten bis hinauf zur zehnten Potenz lösten, so mußten sie wegen des Fehlens einer expliziten formalen Symbolik doch irgendwann an eine inhärente Grenze stoßen.

Auch im Bereich der unbestimmten Analytik leistete die prämoderne chinesische Mathematik Hervorragendes. Das sogenannte »Chinesische Rest-Problem« tauchte bereits im vierten Jahrhundert n. Chr. auf: »Wir haben hier Dinge, von denen wir nicht wissen, wie viele es sind. Wenn wir sie in Dreiern zählen, bleiben zwei übrig. Wenn wir sie in Fünfern zählen, bleiben drei übrig. Wenn wir sie in Siebenern zählen, bleiben zwei übrig. Wie viele Dinge sind es?« (vergleiche Abb. VII). Obgleich die Lösung für dieses spezielle Beispiel relativ einfach gefunden werden kann, sollte die explizite Formulierung einer Methode zur Lösung aller derartigen Probleme bis zu Qin Jiushao im 13. Jahrhundert auf sich warten lassen (siehe Abb. VIII). Abb. IX zeigt Qin Jiushaos Anwendung von Determinanten. Wie dieser Abriß deutlich macht, war die chinesische Mathematik im hohen Mittelalter die fortgeschrittenste in der ganzen Welt. Die dann einsetzende Stagnation ist eines der Rätsel in der Wissenschaftsgeschichte.

Erfindergeist

Unten: Wasserangetriebener Blasebalg mit einer versetzt von der Mitte angebrachten Düse (nicht deutlich auf diesen beiden Abbildungen aus dem frühen 14. Jahrhundert n. Chr. zu erkennen).

Unten rechts: Die mit einem Fußhebel betriebene Tretradpumpe war in China als »Drachen-Rückgrat-Pumpe« bekannt, da ihre miteinander verbundenen Holzbehälter wie riesige Rückenwirbel aussahen. Sie wurde in Gegenden benutzt, in denen die vorhandene Wasserkraft für die Betreibung automatischer Pumpen nicht ausreichte.

Ganz unten: Eine Zylinderpumpe für die Bewässerung der Felder.

Lesen Sie (etwas Gedrucktes) geben Sie eine Banknote aus, trinken Sie Tee aus einer Porzellantasse, unterziehen Sie sich einer staatlichen Prüfung, drücken Sie den Abzug eines Gewehrs oder erfreuen Sie sich am Anblick eines Feuerwerks, beobachten Sie ein Boot mit Steuerruder durch eine Schleuse fahren oder ein Pferd mit gepolstertem Kummet-Geschirr bei der Feldarbeit, setzen Sie eine Brille auf ... für all dies und vieles mehr dürfen Sie sich bei den Chinesen bedanken oder sie möglicherweise gelegentlich verfluchen. Denn Papier und Papiergeld, Drucktechnik, Schießpulver und die anderen genannten Dinge sind chinesische Erfindungen, die größtenteils im frühen Mittelalter gemacht wurden und dann ihren Weg nach Europa fanden.

Die Chinesen bewiesen seit altersher bemerkenswertes Geschick, mit sparsamen technischen Mitteln große Wirkungen zu erzielen. Ein Beispiel hierfür ist die ergonomische Effizienz der traditionellen Tretradpumpe, die durch Pedale bedient wurde und sich die kräftige Beinmuskulatur und das Körpergewicht des Betreibers zunutze machte; oder nehmen Sie die chinesische Schubkarre mit dem zentral angebrachten Rad, die nur wenig Kraftaufwand für das Anheben und die Fortbewegung erfordert, ganz im Gegensatz zu unserer Schubkarre, bei der die Hälfte des Gewichts auf die Arme drückt. Diese Begabung für die Verwendung einfacher Mittel ist auch durch den Tragbalken dokumentiert, der auf den Schultern balanciert wird und leicht mit der Gehbewegung mitschwingt, durch das gemächlich über das Heck eines Sampans hin- und herschwenkende Wedel-Ruder oder durch den »Cangue«, einen breitrandigen Holzkragen, der kein selbständiges Essen oder richtiges Liegen erlaubt, eine der unangenehmsten Methoden der Bestrafung.

Historisch gesehen war der Erfindergeist so stark ausgeprägt, daß es schwer einsichtig ist, warum die Chinesen nicht vor dem Westen eine industrielle Revolution hervorbrachten. Sie verstanden sich z. B. – möglicherweise dank ihrer bei der Keramikherstellung gewonnenen Erfahrungen mit hohen Temperaturen und dank ihres in doppelter Richtung wirkenden und ständige Luftzufuhr garantierenden Blasebalgs – lange vor den Europäern auf den Eisenguß, und Ende des 13. Jahrhunderts besaßen sie wasserangetriebene Zwirnmaschinen. Anschließend jedoch kam es zu einem nicht leicht zu erklärenden innovatorischen Stillstand, der von Mitte des 14. bis Mitte des 19. Jahrhunderts währte und gerade in die Periode fiel, als Europa seinen großen Vorsprung gewann. Erst in unserer Zeit begann sich unter dem Einfluß des Westens der alte Erfindergeist wieder allmählich zu regen.

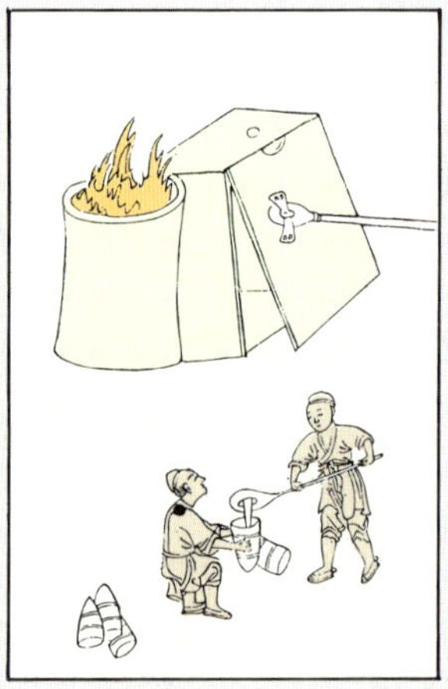

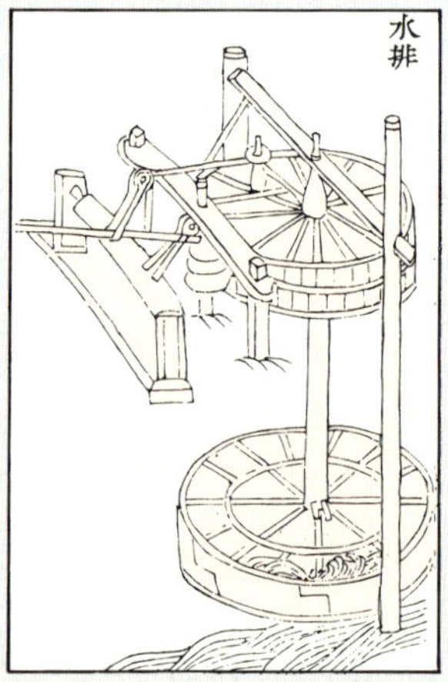

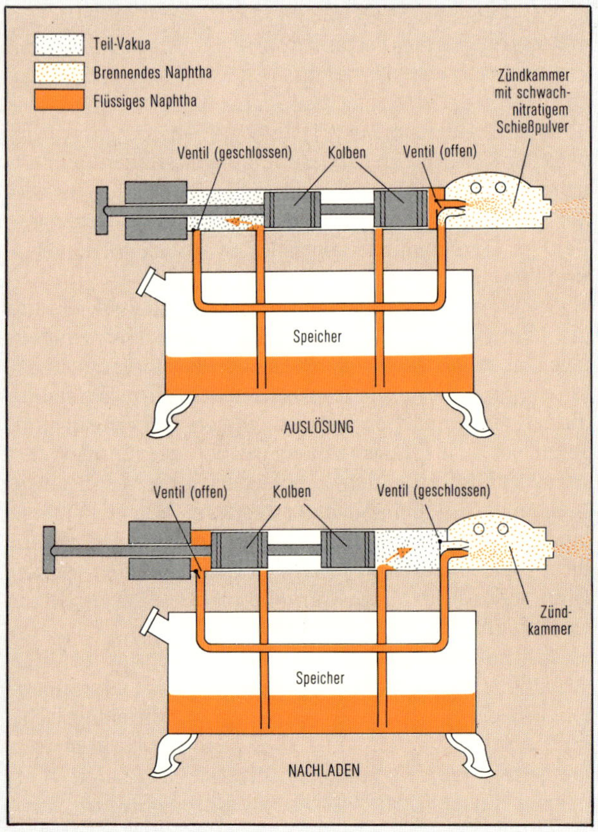

Links: Dieser Flammenwerfer mit Kolben und Ventil, rekonstruiert nach einer Darstellung in einer Militär-Enzyklopädie des elften Jahrhunderts n. Chr., wurde wahrscheinlich zur Stadtverteidigung eingesetzt. Er arbeitete, wie aus der Konstruktionszeichnung ersichtlich, mit einem Doppelkolben, Ventilen und Teil-Vakua. Erstaunlicherweise wurde diese Technik weder in Verbindung mit Wasser noch mit Dampf angewendet.

Rechts unten: Die im frühen ersten Jahrhundert n. Chr. erfundene chinesische Schubkarre ist leichter zu handhaben als ihr europäisches Gegenstück, da sich die Last gleichmäßig um das zentral angebrachte Rad verteilt und nicht auf der Fläche zwischen Rad und Handgriffen ruht.

Links: Mit einem Fußhebel zu bedienende Maschinen zum Aufhaspeln von Seidenfäden gab es spätestens unter der Nördlichen Song-Dynastie (960–1126 n. Chr.). Bemerkenswert an ihnen ist, daß durch eine einzige Kraftquelle zwei verschiedene Bewegungen ausgelöst werden: Die Rotation des Haspelgestells, das die Fäden von den in einen Zuber mit heißem Wasser geworfenen Kokons haspelt und die damit alternierende Bewegung des schrägstehenden Arms, der die Ösen verschiebt, durch die die Fäden laufen, so daß ein breites Fadenband auf das Gestell gehaspelt wird.

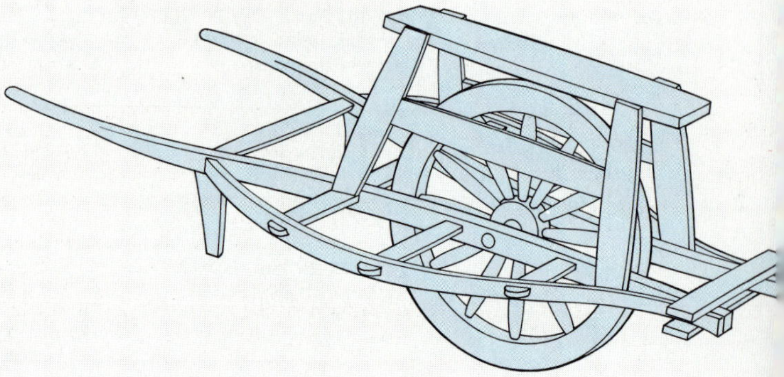

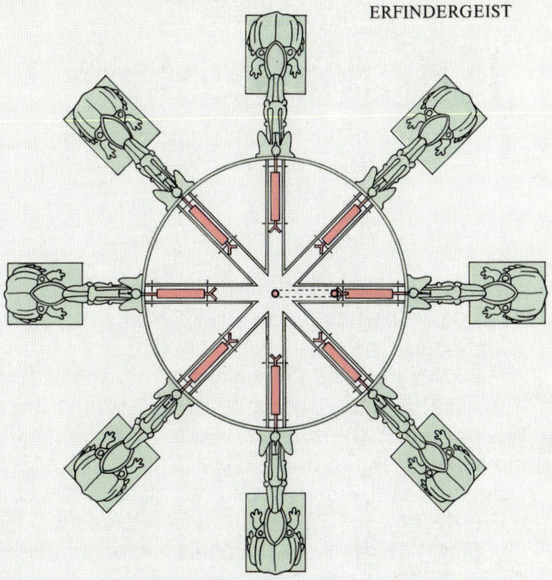

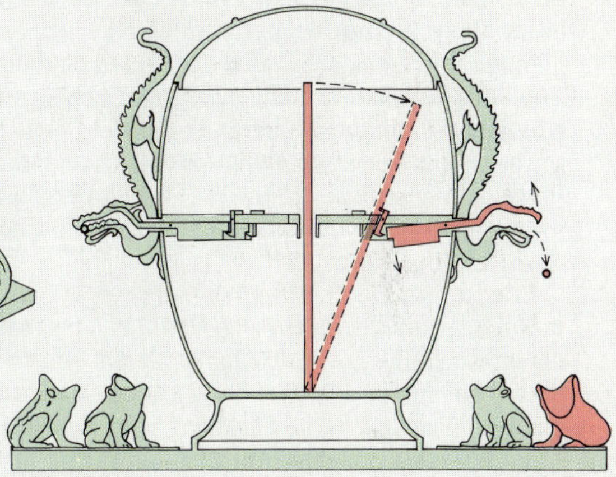

Oben: Das früheste Instrument zur Registrierung von Erdbeben wurde in China im ersten Jahrhundert n. Chr. (Han-Dynastie) erfunden, wohingegen der erste moderne Seismograph in Europa erst im 18. Jahrhundert entstand. Der hier abgebildete Mechanismus ist einer von drei möglichen Rekonstruktionen des Originals. Acht Drachen mit jeweils einer darunter hockenden Kröte gruppieren sich um den gewölbten Instrumentkörper, jeder Drache trägt eine Kugel im Maul. Wenn das Instrument von Erdstößen erschüttert wird, schlägt ein in der Mitte angebrachtes Pendel aus (oder, Alternative, fällt nach unten). Durch diese Bewegung fällt eine der Kugeln in das geöffnete Maul der betreffenden Kröte, und auf diese Weise soll die Richtung der Erdstöße angezeigt werden. Die anderen Kugeln bleiben durch Blockierung im Innern befindlicher Hebel an ihrem Platz. Es ist jedoch zweifelhaft, ob ein solcher Mechanismus auftreffende Druck- und Einsturzwellen sowie Entstehungs- und Wirkungsrichtung des Bebens unterscheiden konnte.

Unten: Diese rekonstruierte Zeichnung zeigt ein hydraulisch betriebenes Uhrwerk, das im elften Jahrhundert n. Chr. unter der technischen Leitung Su Songs konstruiert wurde. Bewegt wird nicht nur das eigentliche Uhrwerk, sondern auch – mit einer Geschwindigkeit, die der scheinbaren Himmelsrotation entsprach – ein Himmelsglobus (erstes Geschoß) und eine Armillarsphäre (unter dem Dach, zur Bestimmung der für die Sternbeobachtung erforderlichen Winkel). Die Apparatur besaß ein vertikales Wasserrad, dessen Rotation mittels einer Schaltvorrichtung gesteuert wurde, so daß sich das Wasserrad jeweils um eine kurze Winkellänge weiterdrehte, sobald einer der Behälter soweit mit Wasser gefüllt war, daß durch ein Gegengewicht der Auslösehebel betätigt wurde.

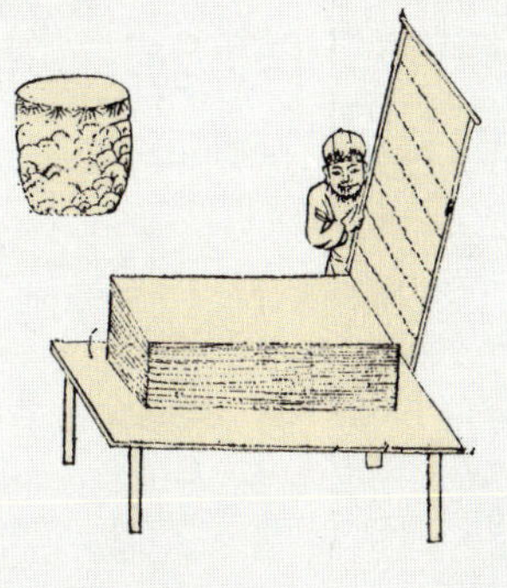

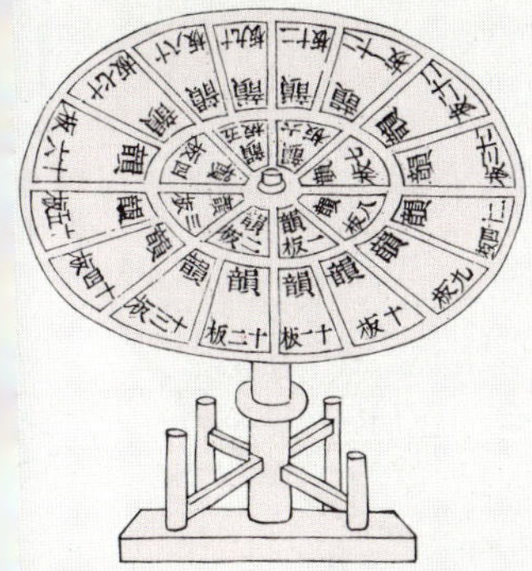

Links: Seit dem elften Jahrhundert experimentierte man mit wiederverwendbaren beweglichen Lettern (die anders aussahen als die früher für den Bronzeguß von Schriftzeichen verwendeten Einzelhohlformen, siehe S. 180), doch blieb Holzplattendruck die am häufigsten benutzte Methode des Buchdrucks. Die Abbildung zeigt einen rotierenden Setzkasten, in den Typenstöcke je nach ihrer Zugehörigkeit zu bestimmten sich reimenden Wortgruppen eingeordnet wurden.

Oben: Papier hatte um das vierte Jahrhundert n. Chr. die früher üblichen Holztäfelchen als Schreibmaterial verdrängt. Bei der Papierherstellung griff man auf die verschiedensten Rohstoffe zurück: Papier-Maulbeerbaumrinde, Hanfreste und Bambussprossen. Sie wurden in einem Trog eingeweicht und zu Brei verarbeitet, anschließend wurden mit einem großen Sieb feine Schichten des breiigen Bodensatzes herausgehoben und dann getrocknet. Die drei Zeichnungen veranschaulichen die Stadien des Produktionsprozesses.

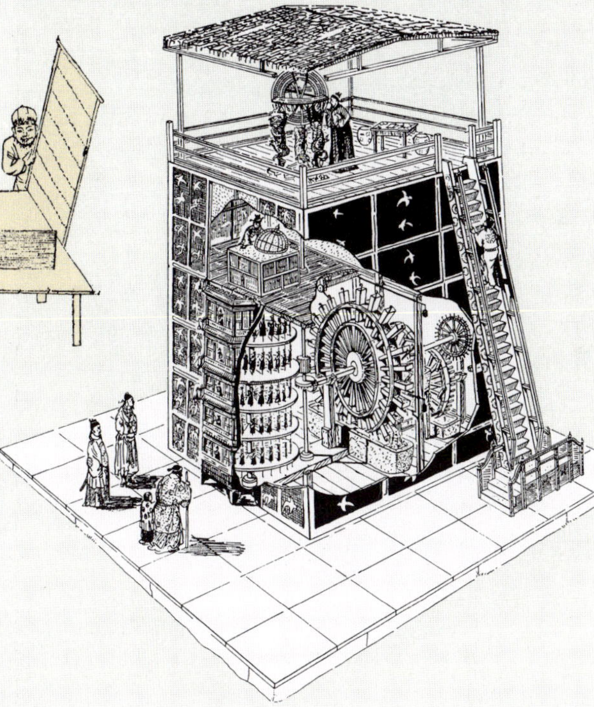

Keramik

Die Geschichte der chinesischen Keramikerzeugung läßt sich Jahrtausende zurückverfolgen bis zu der mit Abdrükken versehenen oder bemalten Töpferware des frühen Neolithikums. Die Töpferscheibe war spätestens zu Zeiten der Longshan-Schwarzkeramik bekannt. Die zur Herstellung der Bronzen der Shang- und Zhou-Periode verwendeten Hohlformen sind ein weiterer zuverlässiger Beweis dafür, daß die Handwerker genaue Kenntnisse der verschiedensten Toneigenschaften besaßen.

Die Glasuren entwickelten sich von den hohe Brenntemperaturen erfordernden alkalischen Arten der Bronzezeit bis zu den niedrige Temperaturen ermöglichenden bleihaltigen grünen und braunen Glasuren der Han-Dynastie. Polychrome Bleiglasuren waren unter den Tang populär, insbesondere die leuchtenden »dreifarbigen« Töpferwaren, die sowohl Begräbniszwecken als auch dem häuslichen Gebrauch dienten. Unter der Song-Dynastie wurde erstmals echtes halbdurchsichtiges und klingendes Porzellan hergestellt, das im 14. Jahrhundert zusammen mit Steingut größtenteils die früher gebräuchlichen Keramikarten abgelöst hatte.

Ebenso wie die chinesische Kalligraphie die früheste bewußte abstrakte Malerei der Welt war, kann man mit einigem Recht die mittelalterlichen Keramiken als die frühesten abstrakten Plastiken bezeichnen, die auf Harmonie von Form und Farbe beruhten. Hier werden Keramiken vom zwölften Jahrhundert an aufwärts gezeigt.

Ganz oben links: Dieser Cizhou-Krug aus dem 14. Jahrhundert mit aufgemaltem Dekor trägt seinen Namen nach der Stadt Cizhou, dem modernen Cixian, in der Provinz Hebei. Das Design wurde auf einem weißlichen Untergrund ausgeführt und dann mit einer dünnen Transparentglasur überzogen.

Ganz oben rechts: Eine Guan-Vase mit feiner blasser graublauer Glasur aus dem 13. Jahrhundert. Diese Glasur ist vollständig mit Krakelee überzogen, d. h. mit einem Netzwerk von Haarrissen, die absichtlich durch leichte Veränderung des normalen Ausdehnungskoeffizienten für Gefäß und Glasur erzeugt wurden.

Links: Eine Qingbai- (»rein weiße«) Vase aus dem elften oder zwölften Jahrhundert. Die Blauschattierung ist charakteristisch für das zu jener Zeit in Jiangxi, in Südchina, gefertigte Porzellan. Erst im 18. Jahrhundert vermochte man wirklich rein weißes Porzellan herzustellen.

Mitte rechts: Eine Ju-Steingut-Schale mit Metallrand aus dem frühen zwölften Jahrhundert. Die Glasur dieser bei hoher Temperatur gebrannten Steingutware zeigt fast immer feine Haarrisse, die jedoch nicht bewußt geschaffen wurden, sondern entweder aus einer chemisch unausgewogenen Glasurmischung oder schlicht aus dem hohen Alter dieser Gefäße resultieren.

Unten rechts: Eine Ding-Schüssel mit eingeritztem und eingeschnitztem Dekor, die im frühen zwölften Jahrhundert in Hebei, Nordchina, entstand. Diese porzellanartige weiße Töpferware besticht durch ihre transparente elfenbeinfarbene Glasur.

Ganz links: Eine mit blauer Unterglasurmalerei geschmückte Vase, die laut Inschrift aus dem Jahre 1351 stammt. Kobaltblau kam aus dem Nahen Osten nach China und wurde vor dem Glasieren direkt auf den Gefäßkörper aufgetragen.

Links: Ein Longquan- oder Seladon-Gefäß aus Südchina (13. Jahrhundert), der archaischen *gui*-Bronzeform nachgebildet. Um das 14. Jahrhundert versah man Seladon-Gefäße dann mit einem weit aufwendigerem Schnitzdekor.

Oben: Eine blau-weiße Schüssel aus der Xuande-Periode (1426–1435). Der Drache verrät eine sehr zurückhaltende Linienführung und große Meisterschaft bei der ausgewogenen Gestaltung der vorhandenen Fläche.

Oben links: Eine kupferrot glasierte Schüssel aus dem frühen 15. Jahrhundert. Bei den im Jahrhundert davor entstandenen Stücken war die Standfläche noch nicht glasiert.

Links: Ein polychromer Doucai- (»Taubenschwanz-Farben«-) Krug aus der Chenghua-Periode (1465–1487). Er weist blaue Unterglasurmalerei als auch Aufglasur-Emaillierung auf.

Oben: Eine weiße Porzellanflasche mit Aufglasur-Emailarbeit im *Familie-rose*-Stil aus der Yongzheng-Periode (1723–1735). Das Emaille wurde zart auf das feuerfeste Glas aufgetragen.

Links: Eine Ming-zeitliche Weinkanne aus der Jiajing-Periode (1522–1566). Charakteristisch für die blau-weiße Töpferware des 16. Jahrhunderts ist, daß anstelle formaler Designs lebhafte volkstümliche Szenen verwendet wurden.

Musik

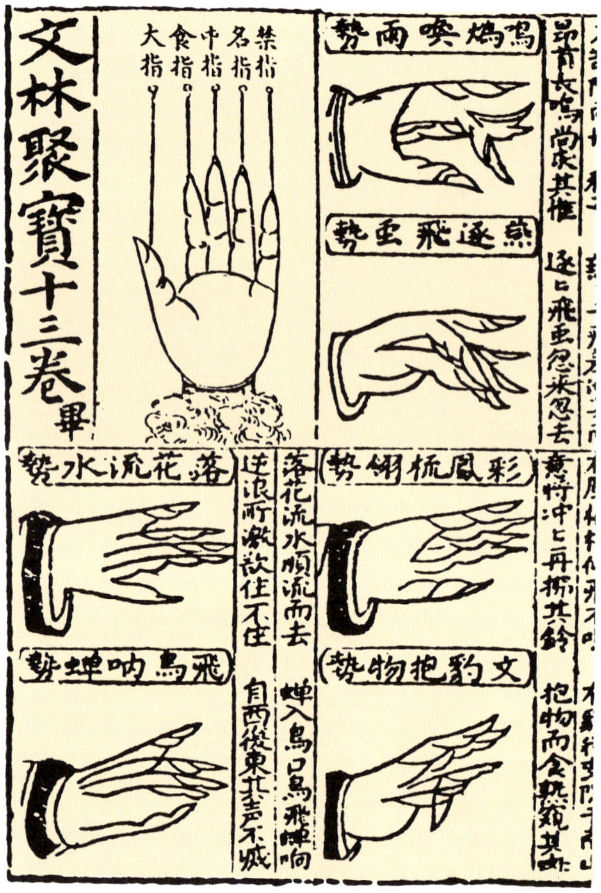

Bei der Staatsführung legten die Konfuzianer besonderen Wert auf Zeremoniell und Riten, deren integraler Bestandteil die Musik war. Auf diese Weise nahm die Musik einen wichtigen Platz in der chinesischen Kosmologie als Medium bei der Ahnenverehrung und als Bindeglied zwischen Himmel und Erde ein. Sie hatte mithin eine bedeutsame erzieherische Funktion.

Die Zeremonialmusik war die staatlich anerkannte Musik, seit der Konfuzianismus unter dem Han-Kaiser Wudi (140–87 v. Chr.) die offizielle Staatsdoktrin/Religion geworden war, bis zum Fall des Qing-Herrscherhauses 1911. Eine andere Form der Hofmusik wurde insbesondere bei Banketten gespielt. Bereits während der Han-Dynastie weit entwickelt, erreichte diese ihren eigentlichen Höhepunkt in der Tang-Periode (618–906 n. Chr.). Schon unter den Han war die Bankettmusik fremden Einflüssen ausgesetzt gewesen, und die »zehn Musikarten« der Tang-Zeit waren besonders berühmt. Hierzu gehörten indische und koreanische Musik, variierende Musikformen aus fünf Städten Zentralasiens, chinesische Volkslieder und Volkstanzmusik, die fremde und einheimische Elemente aufwies. Die ganze Kaiserzeit hindurch war die höfische Bankettmusik stets weitaus kosmopolitischer als die Begleitmusik für das formelle Ritual.

Die Instrumente für die höfische Musik wurden nach den verwendeten Materialien in acht Kategorien eingeteilt, darunter die Metallinstrumente wie Schellen und die Steininstrumente wie die steinernen Glockenspiele. Aus Bambus waren die verschiedensten Arten von Längs- oder Schnabel-Flöten, zu den Saiteninstrumenten zählte die *qin*, eine lange siebensaitige Zither ohne Bünde. Diese hat eine mehr als 3000jährige Geschichte und fand im allgemeinen nicht nur bei Hofe und anderen zeremoniellen Musikensembles Verwendung, sondern wurde gleichermaßen solo gespielt. Die *qin* war das bevorzugte Instrument der gebildeten Elite, und von Gelehrten wurde ihre Beherrschung erwartet. Sie hat im allgemeinen eine geringere Tonhöhe als die anderen chinesischen Instrumente und durch Oberschwingungen einen besonders sanften Klang. Die Beliebtheit der siebensaitigen Zither war auch der Anlaß für die Entstehung des hochentwickelten Notationssystems im traditionellen China. Dieses System berücksichtigte die Tonhöhe, die Art des Saitenanschlags, die Tempi, nicht aber den Rhythmus. Es existieren zahlreiche Abhandlungen über die *qin*, eine der ältesten ist das Werk *Schulung für die Qin (Qincao)*, dessen Autor wahrscheinlich Cai Yong (133–192 n. Chr.) war. Er verzeichnet die Titel von nahezu 50 zur damaligen Zeit populären Stücken, entweder als Zither-Soli oder als Gesangsbegleitung.

Ein für Bankettmusik gebrauchtes Instrument war die aus Zentralasien zur Zeit der Nördlichen Wei-Dynastie (386–534 n. Chr.) nach China gelangte *pipa*. Sie ist eine viersaitige, birnenförmige Laute für Solo- und Ensembleeinsatz (z.B. in Begleitorchestern bei Theateraufführungen und Darbietungen der Geschichtenerzähler), die beim Spielen senkrecht auf den Oberschenkel gestellt wird.

In den Bereich der nicht-zeremoniellen höfischen Musik der Qing-Dynastie (1644–1911) fallen die »aristokratischen« Opern des Typs *kunqu*, die im 16. Jahrhundert in

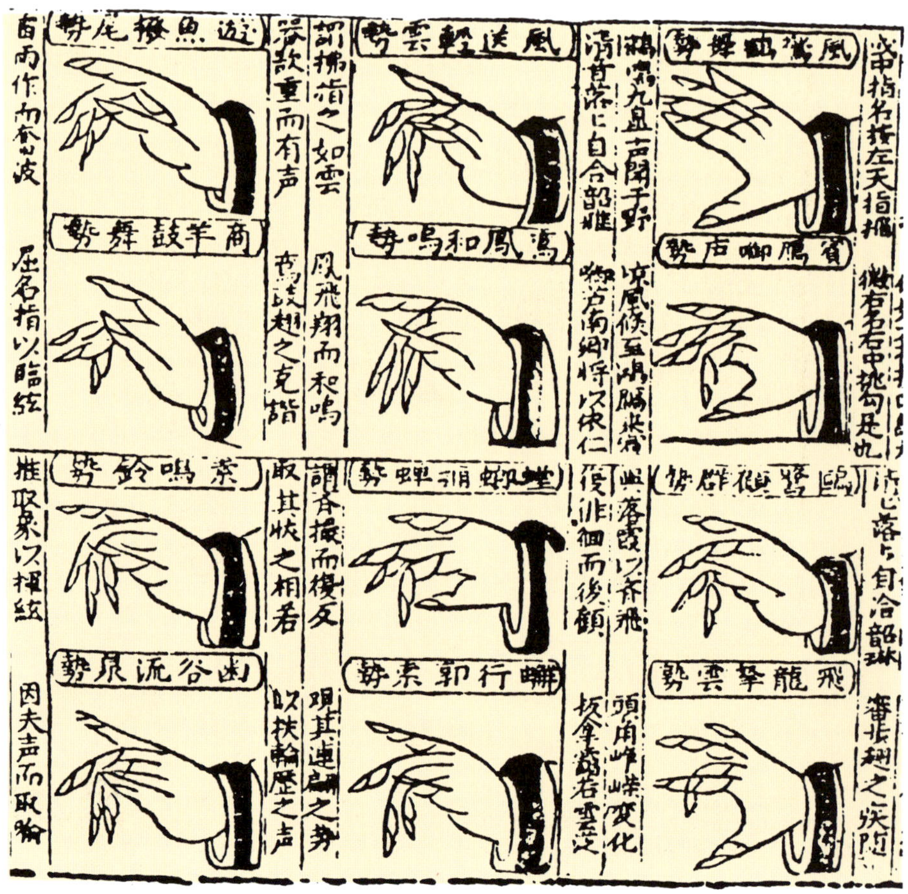

Ganz oben: Hofdamen führen auf den verschiedensten Instrumenten, darunter Flöte und Harfe, nichtzeremonielle höfische Musik auf.

Oben: Ein Mann, der zwei bronzene Glocken anschlägt; Abreibung einer Steingravierung aus einem Grabmal des dritten nachchristlichen Jahrhunderts in Yi'nan in der heutigen Provinz Shandong.

Links: Beispiele für Fingerübungen auf der *qin* (Zither), die ursprünglich fünfsaitig, später sechssaitig war. Sie gilt als das verfeinertste chinesische Musikinstrument.

Rechts: Diese Zeichnung nach einer Gravur auf einem Bronzegefäß aus der Zhou-Zeit zeigt Glocken, Gongs und andere Instrumente, die wahrscheinlich während zeremonieller Feiern und Opferhandlungen gespielt wurden.

Kunshan, Provinz Jiangsu, entstanden. Das Hauptbegleitinstrument war die Schnabelflöte, aber auch die viersaitige Laute gehörte mit anderen Instrumenten zum Begleitensemble. Gespielt wurde im gleichmäßigen Vier-Viertel-Takt. Die Gelehrtenelite betrachtete die *kunqu*-Musik als den Gipfel des Wohlklangs. Die Mehrheit der Musiktheaterformen jedoch war volkstümlich und wurde deswegen von der gebildeten Schicht abgelehnt. Am Vorabend der Kulturrevolution gab es rund 300 Typen lokaler Opern, die sich hinsichtlich Dialekt und Musik unterschieden. Zu nennen ist hier der nach dem Ursprungsort Yiyang in der Provinz Jiangxi benannte Theaterstil »Melodien von Yiyang«, dessen originäre Form sich unter dem Einfluß von lokalen Volksliedern und Musikinstrumenten veränderte. Allgemeines Charakteristikum der aus den »Melodien von Yiyang« entwickelten Variationen war die von einem oder mehreren Sängern hinter der Szene deklamierten erklärenden Passagen oder Kommentare, die dem Chor im griechischen Drama ähnelten. Anfänglich kannte diese Oper nur Schlaginstrumente, keine Saiteninstrumente oder Hörner. Ein anderer Volkstheaterstil ist die Klapper-Oper, bezeichnet nach der aus Dattelpalmenholz gefertigten Klapper, auf die man mit einem Stock schlägt. Die Klapper-Oper ist besonders in Shanxi und anderen Provinzen Nord- und Nordwestchinas verbreitet.

Der bekannteste Operntyp wird *pihuang* genannt, nach den beiden melodischen Grundkreisen *erhuang* und *xipi*, die kombiniert und vielfach abgewandelt im Mittelpunkt der Opernhandlung stehen. Der bedeutendste Stil inner-

Ganz links oben: Zwei Gelehrte unter Bananenbäumen, einer von ihnen schlägt die viersaitige Laute. Ein Gemälde aus der Mitte des 16. nachchristlichen Jahrhunderts.

Mitte links: Das *sheng* (chinesische »Mundorgel«) besteht aus 13 Bambusröhren verschiedener Länge, die an einem Windkasten befestigt sind. Am unteren Ende der Röhren ist jeweils ein frei schwingendes Bronzeblättchen angebracht. Durch die Löcher entweicht die Luft; wird ein Loch zugehalten, bringt die Luft das Blättchen des betreffenden Rohrs zum Schwingen und erzeugt auf diese Art Ton.

Links: Ein Musikant des Minderheitenvolkes der Dai aus Kunming tanzt zu seinem Trommelschlag.

halb dieses Typs ist die Beijing-Oper, die erst im späten 18. Jahrhundert aufkam. Ihre Musik besteht hauptsächlich aus einfachen Rhythmen, obwohl schnelle und völlig freie Rhythmen auch vorkommen. Der Takt wird mit einer Klapper geschlagen, doch handelt es sich im Gegensatz zur Klapper-Oper um ein dreiteiliges, aus Rotholz gefertigtes Plättchen-Instrument. Der Spieler hält die Klapper in der linken Hand und erzeugt durch eine leichte Bewegung mit dem Handgelenk einen klappernden Ton.

Die charakteristischsten Instrumente der Beijing-Oper, ja der Klapper-Opern ganz allgemein, sind die Saiteninstrumente des als *huqin* (Chinesische Geige) bekannten Typs. Wie die viersaitige Laute wird auch die nur zweisaitige Geige senkrecht auf dem Oberschenkel stehend gespielt; mittels des zwischen die beiden Saiten gelegten Bogens kann der Musiker eine Saite durch Stoßen, die andere durch Ziehen des Bogens zum Klingen bringen. Die Herkunft der Chinesischen Geige ist unbekannt, aber die Silbe *hu*, »barbarisch«, läßt ihren Ursprung in einem fremden, möglicherweise im türkisch-mongolischen Kulturkreis vermuten. Sie kam während des 13. Jahrhunderts ungefähr in ihrer heutigen Gestalt nach China.

Nach ihrer Machtergreifung 1949 förderte die Kommunistische Partei besonders die Musik der lokalen Theaterformen, da diese im Volk beliebt war. Obwohl während der Kulturrevolution ab 1966 für zehn Jahre die Aufführungen der traditionellen Opern verboten wurden, erleben sie gegenwärtig wieder eine Blüte. Die siebensaitige Zither wurde abgewandelt und ihre Seidensaiten durch Stahlsaiten zwecks größerer Haltbarkeit ersetzt. Dieses Instrument wird noch heute gespielt, obwohl die seinerzeit das Zitherspiel fördernde Gelehrtenelite heute von der Bildfläche verschwunden ist. Auf dem chinesischen Festland ist die alte Zeremonial- und Bankett-Hofmusik ausgestorben, jedoch gibt es in Taiwan und in Südkorea noch Reste dieser Tradition.

Klangformstruktur

Im Gegensatz zur klassischen westlichen kannte die traditionelle chinesische Musik keine Harmoniefolgen. Sie basierte statt dessen auf melodischer Variation, Wiederholungen und subtilen Kontrasten von Tonhöhe und Tonfarbe, mit denen sowohl ganze »Sätze« als auch einzelne Phrasen und Töne voneinander unterschieden wurden. Zur Veranschaulichung dieser Klangformstruktur wird unten ein Abschnitt von *Drei Variationen über die »Pflaumenblüte«* gezeigt, eines berühmten Stücks für die *qin* oder siebensaitige Zither, das sich angeblich auf eine aus dem vierten Jahrhundert stammende Melodie für Flöte stützt. Die vorliegende Version datiert vermutlich aus dem 15. Jahrhundert und wird in der von Pu Xuezhai gespielten Form wiedergegeben. Sie besteht aus zehn Teilen mit je einem programmatischen Titel. Die chinesischen Zeichen unter der abendländischen Notation geben sowohl die Saite an, auf der jeder Ton zu erzeugen ist, als auch die Art des Anschlags (die Tonlänge wurde nicht vermerkt). Das Klangfarbengefühl war bis vor 150 Jahren in China sehr viel stärker ausgebildet als im Westen.

Ganz links unten: Die *erhu*-Geige, das zweisaitige Instrument aus der *huqin*- (»barbarische Fiedel«) Familie, wird senkrecht auf den Oberschenkel gestellt und wie hier abgebildet gespielt. Bei der Beijing-Oper ist das Orchester in den Kulissen plaziert und nur teilweise sichtbar. Der *huqin*-Spieler sitzt für gewöhnlich vorne, und es ist sehr lohnend, seine virtuosen Handbewegungen zu beobachten.

Rechts: Abendmond über den Bergen, Transkription des ersten Teils von *Drei Variationen über die »Pflaumenblüte«*, Notation aus R. Cogan und P. Escot, *Sonic Design*, 1976.

Theater

Chinesisches Theater besteht im Gegensatz zur westlichen darstellenden Kunst aus einem gemischten Unterhaltungsprogramm mit Komponenten aus Schauspiel, Oper, Pantomime, Ballett, Zirkus und Revue. In der folgenden, stark vereinfachten Darstellung des chinesischen Dramas wird lediglich die Hauptströmung des Theaters berücksichtigt, wie sie von der späten Song-Zeit bis in unser Jahrhundert dominierte und noch heute sowohl auf dem chinesischen Festland als auch in Taiwan und bei den Überseechinesen anzutreffen ist. Verzichtet werden muß hier auf die Herausarbeitung regionaler und klassenspezifischer Unterschiede in der Theaterkunst. Im Zentrum eines jeden Stücks steht eine dem Publikum stets wohlbekannte Begebenheit aus der Geschichte, aus buddhistischen oder taoistischen Schriften oder einer traditionellen Überlieferung. Die Geschichte wird von kostümierten und geschminkten Schauspielern chronologisch auf einer Bühne erzählt, die manchmal mit Requisiten ausgestattet ist, stets aber ohne Bühnenbild auskommt. Zeit und Schauplatz werden dem Publikum wie bei Shakespeares Dramen durch die Rollentexte der Schauspieler veranschaulicht. Eine typische Eigenart des chinesischen Theaters ist es, daß die Charaktere sich bei ihrem ersten Auftreten dem Publikum selbst vorstellen.

Die Rollentexte sind eine Mischung aus Monolog und Dialog, gesprochenen Reimen und gesungenen Partien, allesamt in Umgangssprache und nicht im klassischen schriftsprachlichen Stil. Die Arien werden, wie in John Gays *Bettleroper*, nach bekannten Balladenmelodien gesungen und nicht nach eigens für das Stück komponierter Musik. Sie haben die Funktion, die Handlung für einen Augenblick anzuhalten und eine besondere Emotion – heroische Entschlossenheit oder Abschiedsschmerz – zu intensivieren. Da gesungene Partien in einer Tonsprache wie dem Chinesischen schwer zu verstehen sind, werden heutzutage die Texte auf eine Leinwand zu beiden Seiten der Vorderbühne projiziert.

In den letzten 100 Jahren hat sich die Vorliebe für Aufführungen, bei denen Geschichten erzählt werden, auf Darbietungen verlagert, die gesangliches, mimisches und akrobatisches Können in den Vordergrund stellen. Seit der Qing-Dynastie läßt sich ein größeres Interesse für berühmte Darsteller als für berühmte Stückeschreiber feststellen. Auf dem Programm stehen im allgemeinen lediglich Ausschnitte aus einzelnen Stücken, da das Können einzelner Stars zur Schau gestellt werden soll. Dies trifft allerdings nicht auf die neueren chinesischen Versuche zu, »Sprechtheater« nach westlichem Vorbild zu gestalten, ebensowenig wie auf die »revolutionären Opern«.

Die musikalische Begleitung wird von Saiten- und Schlaginstrumenten getragen, insbesondere Klapperhölzern und Gongs, die einen seltsam durchdringenden Ton erzeugen, und schließlich von Trommeln. Manchmal werden auch Blasinstrumente eingesetzt, etwa die chinesische Oboe und eine Flöte, bei der Reispapier über eines der Löcher geklebt wird, um ihr eine etwas schärfere Klangfarbe zu verleihen.

Zur chinesischen Schauspielkunst gehört ein Repertoire stilisierter Bewegungen, die bestimmte Handlungen, aber auch bestimmte Gefühlsäußerungen und Verhaltensweisen symbolisieren sollen. Sie haben sich allmählich künstlerisch so hoch entwickelt und besitzen eine so beschwörende Kraft, daß man sie nur selbst erleben, nicht aber beschreiben kann. Darstellungen von Kriegsszenen beispielsweise werden mit spektakulären Akrobatikakten und kunstvollem Flaggenschwingen untermalt – einer Mischung aus gymnastischen und formalen martialischen Bewegungsabläufen und Zirkusakrobatik.

In der Vergangenheit besaßen chinesische Theateraufführungen etwas von der Atmosphäre einer Nachtclub-Revue. Das frühe Theater war eng verknüpft mit der Welt der Kurtisanen, seit der Qing-Dynastie bis vor ganz kurzer Zeit auch mit männlicher Prostitution, da weibliche Rollen traditionsgemäß von Männern gespielt wurden; eine Ausnahme bildeten einige sehr wenige reine Frauenensembles.

Das chinesische Theater fungierte auch als Medium für Anspielungen auf aktuelle Ereignisse und bezog sich dabei auf höchste als auch niedrigste soziale Schichten. Aus diesem Grunde war für die kaiserlichen Beamten das volkstümliche Drama ein Dorn im Auge, und man versuchte immer wieder, die Aufführung von Stücken, die man als subversiv betrachtete, zu verbieten.

Das Theater übte einen starken Einfluß auf die Phantasie des Volkes aus, so daß das Leben selbst oftmals nur als Spiel betrachtet wurde. Manchmal verlagerte sich die Handlung sogar von der Bühne in die Lebensrealität. So sprachen während des Boxeraufstands von 1900 viele Boxer im theatralischen Umgangston und verehrten von der Bühne her allbekannte Gestalten (etwa den Affen, s.u.), wobei sie für sich die magischen Kräfte in Anspruch nahmen, die zum charakteristischen Inventar der Phantasiewelt der Bühne gehörten.

Obwohl es das kommerziell betriebene städtische Theater gab, wurden oftmals Stücke zu Ehren der Götter aus Anlaß von göttlichen Jahrestagen oder anderen Gelegenheiten sowohl in Dörfern als auch nicht selten in den verschwenderisch ausgestatteten Gildehäusern städtischer Kaufleute dargeboten. Derartige Aufführungen waren dazu angetan – so glaubten viele –, Naturkatastrophen wie Heuschreckenplagen abzuwenden. Im unteren Yangzi-Tal führte man sogar Stücke bei Begräbnissen auf. Die Oberschichten hatten ein höchst ambivalentes Verhältnis zum Theater: Als Hüter konfuzianischer Moralordnung hatten sie Anstoß an ihm zu nehmen, da es als Anleitung zu obszönem, kriminellem und aufständischem Verhalten verstanden wurde, aber als Privatpersonen waren sie fast ausnahmslos glühende Verehrer dieses Unterhaltungsgenres.

In den bedeutenden Yuan- und Ming-Dramen wurden Themen behandelt, die in sehr starkem Maße das Gefühl des traditionsgebundenen Publikums ansprachen. Zu den akutesten auf die Bühne gebrachten Problemen gehörten ungerecht verhängte Strafen. Das vielleicht volkstümlichste Thema war die zerstörerische Macht sexueller Begierde. Bo Jenfus *Regen auf der Paulownia* (Kaiserbaum) hat die fatale Leidenschaft des Tang-Kaisers Minghuang zu seiner Konkubine Yang Guifei zum Thema und beschreibt, wie seine daraus resultierende Vernachlässigung der Regierungsgeschäfte zur Rebellion An Lushans und zum grausamen Ende seiner Geliebten durch seine eigenen kaiserlichen Soldaten führte. In Wang Shifus *Westzimmer*, dem vielleicht berühmtesten aller Dramen, wird ein jugendlicher Student vor Liebe krank, als ihm die Heirat mit dem versprochenen Mädchen versagt wird, aber durch das Ränkespiel ihrer Dienerin gelingt es ihm, mit ihr eine geschlechtliche Beziehung anzuknüpfen, durch die er geheilt wird. Loyalität stand ebenfalls ganz oben auf der Themenliste. Zum Repertoire gehörte ferner die Lust am Schmieden von Komplotten für gute Zwecke.

Oben: Diese eigroßen bemalten Masken repräsentieren verschiedene männliche Charaktere des traditionellen chinesischen Theaters: Krieger, Götter und Clowns. Sowohl Schminkmasken als auch Kostüme waren standardisiert und verkörperten bestimmte Charaktertypen.

Links: Traditionelle chinesische Theaterstücke wurden mit einem Minimum an Bühnendekoration aufgeführt, so daß die Aufmerksamkeit des Publikums sich ganz auf die Schauspieler konzentrierte, die ohne Schwierigkeiten durch ihre Schminkmaske und ihre Kostüme als Darsteller bestimmter Charaktere identifiziert werden konnten. Zur strengen Ausbildung eines Schauspielers gehörte auch das eigenhändige Schminken.

Links: Die Oper *Der Affe verursacht einen Aufruhr im Himmel* basiert auf einer Episode des Romans *Die Reise nach dem Westen*, geschrieben im 16. Jahrhundert von Wu Cheng'en. Ein Mönch wird auf seiner Pilgerfahrt (nach Indien) von Geistwesen, einem Affen und einem Schwein, beschützt. Der unbestreitbare Held dieser Reise war der Affe, eine der liebenswertesten Gestalten der chinesischen Prosa- und Bühnenliteratur. Hier schickt er sich gerade an, einen Aufruhr unter den Untergebenen des Jade-Kaisers anzustiften, bevor er von Buddha überwältigt wird. Während der Kulturrevolution galten alle traditionellen Dramen als »feudale« Propaganda; zwischen 1966 und 1976 wurden nur acht vorbildlich revolutionäre Opern aufgeführt. Nach dem Führungswechsel 1976 lebte das traditionelle Drama wieder auf, und die obengenannte Oper gelangte 1980 in Shanghai zur Aufführung.

Rechts: Eine traditionelle Figur für das chinesische Schattenspiel. Mit den an den Gelenken befestigten Stäben können zahlreiche lebendige Bewegungen vollführt werden.

Landwirtschaft

Die chinesischen Formen der Landwirtschaft in den vergangenen Jahrhunderten waren von den in Europa und Amerika praktizierten grundverschieden, und selbst heute noch unterscheiden sich die chinesischen Agrartechniken erheblich von denen im Westen. Die traditionelle Landwirtschaft Chinas ähnelte dem Gartenbau. Mit Hilfe eines enormen Aufwandes erfahrener bäuerlicher Arbeitskräfte wurden hohe Erträge auf kleinen Äckern erzielt. Ihr Wissen verdankten die Bauern nicht agrarwissenschaftlichen Forschungen, sondern es beruhte ausschließlich auf genauer, in der Praxis erprobter Kenntnis lokaler Gegebenheiten wie Bodenbeschaffenheit, klimatische Verhältnisse sowie Qualität und Eignung der Anbaupflanzen. Die chinesische Bauernschaft war konservativ, denn es stand zu viel auf dem Spiel, als daß man sich große Experimente hätte leisten können. Trotzdem war man bei allem Konservatismus nicht fortschrittsfeindlich; in kleinem Rahmen wurde ständig experimentiert, um neue Erkenntnisse zu gewinnen und eine bessere Zuchtauswahl bei Pflanzen und Tieren zu erreichen.

Im Mittelalter, als in China noch Ackerland erschlossen wurde, hatten Großgrundbesitzer, die zumindest einen Teil der Feldbestellung persönlich beaufsichtigten, eine wichtige Funktion, da sie das Kapital besaßen, um Neuerungen in die Wege zu leiten. Doch seit dem 16. bzw. 17. Jahrhundert waren dann im großen und ganzen kleine Agrarbetriebe produktiver als die Güter. Der einzelne Bauer und seine Familie brachten, ob sie den Boden nun als Eigentum besaßen oder ihn gepachtet hatten, ein persönliches Engagement mit, das angestellte oder leibeigene Arbeiter auf den Latifundien nicht besaßen. Unter prämodernen technischen Bedingungen war dieser persönliche Einsatz weit mehr wert als umfangreicher Landbesitz. Von wenigen Ausnahmen abgesehen, war es für chinesische Grundherrn einträglicher, ihre Ländereien in kleinen Parzellen zu verpachten.

Sobald aber Bewässerungsanlagen notwendig wurden, konnte das System kleiner unabhängiger Bauernhaushalte nicht mehr konkurrenzfähig bleiben. Fast die Hälfte des chinesischen Anbaugetreides bestand (und besteht) aus Reis, der auf überfluteten Feldern wächst. Für eine effektive Bewässerung waren organisierte Gemeinschaftsleistungen notwendig: Kanäle und Wasserspeicher mußten angelegt und ausgebaggert, Deiche, Wehre und Schleusentore errichtet und gewartet, Wasser gerecht den Verbrauchern zugeteilt, verschiedene Aufgabenbereiche für die Instandhaltung des gesamten Bewässerungssystems festgelegt werden. Schließlich brauchte man bei Streitigkeiten ein Schiedsgericht. Die Leitung großer Wasserbauten übernahm die kaiserliche Zentralbürokratie. Beispiele hierfür waren die Deiche, die die an den Flußufern gelegenen Ackerflächen unterhalb der Yangzi-Schluchten schützten, die Entwässerungsanlagen in der Ebene am Unterlauf des Gelben Flusses und die Buhnen zur Sicherung der Südseite des Yangzi-Deltas. Kleinere Anlagen wurden von Lokalbeamten, Mitgliedern der gelehrten Lokalelite und Gutsbesitzer- und Pächtervereinigungen in wechselnder Zusammensetzung beaufsichtigt.

Die gesamte Landwirtschaft wurde Anfang der 50er Jahre unseres Jahrhunderts von der kommunistischen Regierung kollektiviert. Einzelpersonen durften nur eine kleine Parzelle privaten Hoflandes behalten, zusammengenommen betrugen diese Böden etwa fünf Prozent der gesamten Anbaufläche. Das Motiv für die Kollektivierung war die Zerstörung der sozialen und politischen Basis der »alten Gesellschaft«, darüber hinaus hoffte man, dadurch die Produktivität zu steigern. Dies erwies sich allerdings als Irrtum. Sieht man einmal von Wasserbauten ab, so machte sich die Kollektivierung nur dort bezahlt, wo genügend Kapital für eine umfassende Investition in moderne Produktionstechniken zur Verfügung stand. Da China als Ganzes zu arm für die notwendigen Kapitalinvestitionen war und diese deshalb nur in einigen von der Natur begünstigten (reichen) Gegenden vorgenommen wurden, konnten sich die landwirtschaftlichen Anbaumethoden unter Führung der Kommunistischen Partei nicht dramatisch ändern und haben sich auch bis heute noch kaum gewandelt.

Seit Anfang der 60er Jahre haben realistischer eingestellte Regierungsangehörige allmählich diese Fakten zur Kenntnis genommen, und so kam es zu einem Rückzug aus der agrarischen Organisationsform des Großkollektivs. Zunächst verkleinerte man die Einheiten für die normale Landarbeit von Körperschaften mit mehreren zehntausend Mitgliedern zu Einheiten, die einem Dorf entsprachen. Unlängst (nach Ende der Kulturrevolution) sind die Kollektive unter dem »System der Verantwortlichkeit« de facto zu Gutsherren geworden, die kleine Parzellen Ackerbodens an einzelne Familien oder kleine Familiengruppen verpachten. Heute wird ungefähr ein Viertel der gesamten Anbaufläche auf diese Weise bewirtschaftet, und die Tendenz zur Rückführung in die Individualbewirtschaftung ist steigend. Auf der anderen Seite sind die Wasserbauten in unserer Zeit sogar noch aufwendiger geworden, weswegen man viele von ihnen unter die Regie von Spezialverwaltungseinheiten stellt, die größer als die jeweiligen Kollektive sind.

Zwei andere generelle Unterschiede zwischen der traditionellen chinesischen und der abendländischen Landwirtschaft sollen hier genannt werden: Zum einen ist die

Ganz oben: Reisanbaustadien (von links nach rechts): Pflügen, Umsetzen der Setzlinge und Ernten.

Oben links: Reisernte und Dreschen.

Oben Mitte: Jaks durchstreifen das tibetische Grasland.

Oben rechts: Mais wird in der hügeligen Landschaft der Löß-Region Shanxis enthülst. Diese Feldfrucht gelangte im 16. Jahrhundert aus Amerika nach China.

Rechts: Enten einer Kommune südlich von Beijing. Aus ihnen bereitet man eine Lokalspezialität, die »Peking-Ente«, zu.

Oben: Ein Schwein wird in der Nähe des südchinesischen Guilin im Li gebadet, bevor es auf den Markt kommt.

Links: Eine Gruppe Kommunemitglieder bei Drescharbeiten. Bis 1959 war Gerste das Hauptgetreide Tibets, anschließend wurde es von der Regierung der Volksrepublik zunehmend durch Weizen ersetzt.

geringe Zahl an Großvieh in China bemerkenswert, zum anderen das fast völlige Fehlen öffentlicher Ländereien. Beide Faktoren lassen sich teilweise mit der ständigen Erweiterung des menschlichen Siedlungsraums erklären, bis nahezu jeder fruchtbare Boden unter den Pflug genommen war. Im Kerngebiet hat es in den letzten Jahrhunderten wenige, wahrscheinlich überhaupt keine gemeinschaftlich genutzten Viehweiden und Wälder gegeben. Statt dessen kam es zur Herausbildung ziemlich monotoner Flächen von Kleingrundbesitz ohne Hecken und Einfriedungen, die heute so charakteristisch für die in Gemeineigentum befindlichen Landstriche sind. Typisch für die letzten sieben Jahrhunderte waren auch Abfall fressende Tiere – Schweine, Hühner und Enten. Nur im Außenraum China, jenseits der historischen Grenzen der traditionellen Han-chinesischen Kultur, gab es noch in jüngerer Zeit große Herden von Pferden und Rindern, Ziegen und Schafen, Kamelen und Jaks.

Man neigt oft dazu, die chinesische Landwirtschaft der Vergangenheit für relativ primitiv zu halten. Zwar machte sie sich keine wissenschaftlichen Erkenntnisse zunutze – ebensowenig wie die europäische bis zum 19. Jahrhundert –, doch hinsichtlich des Ernteertrages pro Hektar stand China vor 1800 möglicherweise an erster Stelle aller Großräume der Welt, und diese Quote ist auch heute noch, gemessen am internationalen Standard, recht hoch. Doch in bezug auf den Ernteertrag pro menschliche Arbeitsstunde erscheint der Standard – verglichen mit dem mechanisierten Ackerbau im Westen – beschämend niedrig. Im Verhältnis von Ernteertrag und dem Gesamtenergieverbrauch der Produktion schneiden jedoch Chinas wenig aufwendig bewirtschaftete Agrarbetriebe besser ab als die nordamerikanischen mit ihrer großen Abhängigkeit von fossilen Brennstoffen.

Anbaufrüchte

Das Hauptnahrungsmittel im archaischen China war Hirse. Weizen gewann erst Mitte des ersten Jahrtausends n. Chr. an Bedeutung, als bessere Mahltechniken entwikkelt worden waren. Mit der Ausdehnung des Naßfeldbaus im Yangzi-Tal und im äußersten Süden wurde wenig später auch vermehrt Reis angebaut. Gegen Ende des 16. Jahrhunderts kamen dann zusätzlich mehrere neue Fruchtarten über das spanisch-pazifische Handelsnetz aus Nord- und Südamerika ins Land. Zu ihnen zählten Mais, Bataten und Speisekartoffeln, Erdnüsse und Tabak. Um 1700 hatte die chinesische Landwirtschaft ihr letztes vormodernes Entwicklungsstadium erreicht. Weizen war das Hauptgetreide nördlich des Yangzi-Tals, Reis überwog südlich dieser Linie, hinzu traten noch eine Reihe anderer Feldfrüchte, die auf weniger fruchtbaren Böden an Gebirgshängen angepflanzt wurden.

Bis ungefähr zum 14. Jahrhundert bestand die Bekleidung des einfachen Volkes aus Hanf oder aus nesselartigen Fasern; die reicheren Leute trugen verschiedentlich Seidengewänder. Nach dieser Zeit waren die meisten chinesischen Kleidungsstücke aus Baumwolle gefertigt, die entweder aus Indien oder Südostasien eingeführt wurde. Baumwolle ist wärmer als Hanfleinen, absorbiert besser die Feuchtigkeit und hat den Vorzug, daß pro Hektar mehr Pflanzen gedeihen als beim Hanf. Außer diesen Hauptanbaufrüchten gab es noch verschiedene andere charakteristische Nutzpflanzen, unter denen Wasserkastanien, weiße Erbsen, bittere Melonen und Chinakohl die bekanntesten sind. Die Obstarten Lychees und Longan (oder »Drachen-Augen«) waren ursprünglich nur auf China beschränkt. Zu den anderen wichtigen Pflanzen gehörten der Teestrauch, der *tong*-Baum (dessen Öl zum Imprägnieren und als Insektenvertilgungsmittel verwendet wurde), Sojabohnen (aus denen man Sojabohnenkäse, Sojasauce und Ölkuchen-Dünger herstellte), der Lackbaum und der Bambus.

Tabak (bekannt als »Feuerblätter« oder »trockener Wein«) breitete sich in vielen Landesteilen nach dem 17. Jahrhundert aus. Der Schlafmohn, dessen Saft man mehr als 1000 Jahre lang zur Gewinnung schmerzstillender Arzneien verwandt hatte, wurde seit Anfang des 18. Jahrhunderts als Rauschmittel benutzt. Die Abhängigkeit vom Opium scheint anfangs nur bei Vermischung mit Tabak aufgetreten zu sein. Wegen seines hohen Werts im Verhältnis zum geringen Gewicht war der Mohn in abgelegenen Gegenden nicht selten die einzige finanziell einträgliche Nutzpflanze. So spielte er eine bedeutende Rolle zu Beginn der wirtschaftlichen Entwicklung des chinesischen Südwestens und der Mandschurei während des 19. und 20. Jahrhunderts.

Da Ackerland sehr knapp war, bediente man sich, falls möglich, der Mehrfachbestellung. Die Verwendung einer schnellreifenden Reissorte, ursprünglich aus Vietnam eingeführt, ermöglichte in den wärmeren Regionen zwei Getreideernten im Jahr; im tiefen Süden konnten zweimalige Reisernten eingebracht werden, und in der zentralen Yangzi-Flußebene folgte die Weizen- auf die Reisernte. Mit Gemüseanbau war manchmal eine dritte Jahresernte möglich. Man bediente sich des Fruchtwechsels, um die Produktivität der Böden zu erhalten und die Ausbreitung von Schädlingen zu verhindern. Brachliegende Äcker waren in späteren Jahrhunderten so gut wie unbekannt.

Ackerland, Düngemittel und Anbaumethoden

Der größte Teil der Agrarfläche mußte erst von Menschenhand erschlossen werden. Am deutlichsten wird dies bei den Terrassenfeldern für die Reispflanzung, die fast völlig eben sein müssen und sich mancherorts wie gewaltige Stufen an den Berghängen emporziehen. Ständig bestelltes Land verliert schnell seine Fruchtbarkeit, wenn es nicht mit Mist oder chemischem Dünger angereichert wird. Die traditionellen chinesischen Methoden der Bodenaufbereitung und Düngung waren sehr mühselig. Zu den arbeitsintensivsten von ihnen zählte der Austausch der Erde der Maulbeerhaine gegen jene der Reisfelder.

Im Idealfall wurde das Land für die Anpflanzung der Reissetzlinge durch den aufeinanderfolgenden Einsatz eines Pflugs, einer schweren und dann einer feinzackigen Egge vorbereitet. In der Praxis aber mußte man wegen der Knappheit an Zugtieren oft anstelle der Egge eine schwere Hacke einsetzen. Es gab fünf hauptsächliche Düngemittelsorten: Aus verschiedenen Samen gepreßte Kuchen, Frischdünger wie Klee (der direkt in den Boden eingebracht wurde), Schilfrohr und Gräserasche, aus Flußbetten und Kanälen ausgehobener Schlamm und schließlich die Exkremente von Tieren und Menschen. Die Verwendung menschlichen Dungs hatte den Nachteil, daß er die Verbreitung bestimmter Krankheiten wie die Schistosomiasis (Bilharziose) nach sich zog. Zur Erzielung hoher Ernteerträge mußte man wiederholt Unkraut jäten, was zu den mühseligsten Routinebeschäftigungen gehörte. Teilweise wurde das Jäten kniend von Hand verrichtet, wobei man die Finger mit Metallspitzen schützte, manchmal aber benutzte man dazu auch eine Harke. Das Unkraut wurde dem Boden dann wieder als eine Art Frischdünger zugesetzt.

Wassernutzung

Die traditionellen Wasserbauten können grob in Bewässerungs- und Hochwasserkontrollsysteme unterteilt werden; bei einigen Anlagen waren beide Elemente kombiniert, namentlich bei den Poldern in Delta- und Mündungsgebieten und bei Eindeichungen tiefliegender Ackerbau- und Wohngebiete, die sich zumindest während bestimmter Jahreszeiten unter dem mittleren Wasserstand befanden.

Rechts: Seit altersher düngten die Chinesen ihr Ackerland mit menschlichen Exkrementen. Hier wird ein Karren mit dem frischen Dung über die Straßen Xi'ans gezogen.

Unten: Tretradpumpen werden noch immer zum Wasserschöpfen benutzt, obwohl viele inzwischen durch elektrische Pumpen ersetzt worden sind.

Bei der einfachsten Form von Flußbewässerungssystemen sind lediglich Verteilerkanäle und ein Mechanismus vonnöten, um den Durchfluß regulieren zu können. In Gegenden, wo die verfügbare Wassermenge periodisch wechselt, braucht man zusätzliche Speicher. Mündet ein Flußbewässerungssystem ins Meer, müssen darüber hinaus Wehre an der Mündung angelegt werden, um bei Flut den Rückstau des Salzwassers in die Kanäle zu verhindern. Alle derartigen Bauten müssen in regelmäßigen Abständen abschnittweise von Ablagerungen befreit werden; dazu wird der betreffende Abschnitt durch Betätigung der Schleusentore oder die zeitweilige Errichtung von Querdeichen entwässert, so daß der angesammelte Schlick ausgebaggert werden kann.

Flußbewässerungsanlagen sind von Ebbe und Flut abhängig. Dies gilt auch für Systeme in höhergelegenen Regionen, wo das kostbare Naß beträchtlich in die Höhe gepumt werden muß. Hierfür wird die Strömung des Hauptflußarmes genutzt, die ein riesiges Wasserschöpfrad mit Gefäßen antreibt, die ihren Inhalt in der gewünschten Höhe in Auffangrinnen entleeren. Im Gegensatz dazu ist man in Poldern und anderen Gebieten auf Pumpen angewiesen. In kaiserlichen Zeiten verwendete man meistens die sogenannten »Drachen-Rückgrat-Pumpen« – schräggestellte rechteckige Tröge, durch die eine endlose Kette verbundener Holzbehälter hochgezogen

Links: Die Konstruktion dieses einfachen Pflugs, der hier von Ochsen über die Westhügel in der Nähe Beijings gezogen wird, hat sich seit Jahrhunderten nicht verändert.

Unten: Die traditionelle Kormoran-Fischerei läßt sich noch heute auf dem Li in Südchina beobachten. Die Kormorane sind mit Seilen am Boot angebunden, und Ringe um ihre Kehlen verhindern das Herunterschlucken des Fangs.

Ganz unten: Mitglieder eines Produktionsteams bei der Arbeit auf einer kollektiv betriebenen Farm.

wurde. Als Antrieb dienten Tretmühlen, von Tieren bewegte Drehscheiben oder auch Windmühlen. Ein großer Teil der Fortschritte in den gegenwärtigen chinesischen Feldbestellungsmethoden beruht darauf, daß diese altertümlichen Bewässerungssysteme durch elektrisch angetriebene Pumpen, Metallrohrleitungen und betonierte Kanäle ersetzt worden sind.

Säugetiere, Fische, Geflügel und Insekten

Im chinesischen Außenraum gab es zahlreiche Großtierherden. Für die Erzeugung von Milch, Fasern, Fellen und für die Beförderung griff man auf eine Reihe von reinrassigen Zuchttieren zurück, die sich glänzend an Höhe, Trokkenheit und andere lokale Gegebenheiten angepaßt hatten. Im Gegensatz dazu beschränkte sich die Großviehhaltung im Inneren China auf einzelne Exemplare oder kleine Gruppen. Sie wurden vorrangig zum Pflügen, Bewegen von Maschinen und für Transportzwecke herangezogen. Die »gelbe Kuh« (das Rind) war im Norden vorherrschend, das Yangzi-Tal und der äußerste Süden hingegen waren die Domäne des Wasserbüffels, der sich besonders gut für den Einsatz in Schlamm und Wasser eignet. Pferde, Esel und Maultiere wurden in geringer Zahl für den Transport eingesetzt. Der Fleischversorgung dienten Schweine und, im Süden und entlang der Grenze zu Korea, auch Hunde.

Zu Beginn der Moderne wandelten sich durch Kreuzungen die traditionellen Nutztiertypen. Heute sind viele der alten reinrassigen Arten verschwunden. Dies resultierte aus der althergebrachten chinesischen Aufgeschlossenheit für Variation und den Spürsinn für Zuchtwahl, die schon in früheren Zeiten die Züchtung des Goldfisches aus dem Karpfen und des löwenähnlichen Pekinesen ermöglichten. Hingegen war es wohl durch die Art der dörflichen Viehhaltung im prämodernen China – kleine Herden und Einzelhaltung – sehr schwierig, hochwertige Rinderrassen herauszukreuzen.

Zu den Schwachstellen in der traditionellen bäuerlichen Wirtschaft gehörte der geringe Einsatz von Arbeitstieren. Produktivität und Reichtum eines Bauern hingen in sehr hohem Maße von deren Arbeitskraft ab. Sie war nicht nur beim Pflügen harter Böden und Roden neuer Ackerflächen notwendig, sondern war auch lebenswichtig für viele bäuerliche Industriezweige, etwa für das Zerstampfen von Zuckerrohr, wenn keine Wasserkraft zur Verfügung stand. In einigen Regionen gab es auch »Ochsen-Magnaten«, die Rinder vermieteten. Reichtum in Form von Nutztieren war jedoch viel krisenanfälliger als Landbesitz. Krankheiten forderten einen hohen Tribut, nicht zuletzt wegen der unhygienischen Verhältnisse, unter denen das meiste Vieh gehalten wurde. Der Verlust von Zugtieren konnte eine Bauernfamilie ins Verderben stürzen oder ein ganzes Dorf ruinieren.

Den alten chinesischen Aufzuchtmethoden von Schweinen, Schafen, Geflügel, Fisch und Seidenraupen ist gemeinsam, daß dafür – zumindest für gewisse Zeit – kontrollierbare künstliche Lebensräume geschaffen werden mußten. In gewisser Hinsicht kann man diese Methoden als prämoderne Vorläufer der Zuchtfarmen ansehen. Beispiele hierfür sind der Einsatz von Apparaten für das Ausbrüten von Enten- und Hühnereiern. Dazu verwendete man doppelwandige, mit einer Zwischenschicht Holzkohle versehene irdene Gefäße, die erhitzt wurden. Die größten dieser Brutapparate konnten über 1000 Eier aufnehmen. Die Kontrolle der benötigten wechselnden Temperaturen erforderte sehr große Erfahrung. Für die Fischzucht wurden spezielle Teiche mit verschiedenen Wassertiefen und künstlichen Inseln angelegt. Am heikelsten jedoch war die Aufzucht der Seidenraupen (Maulbeerseidenspinner). Sie erfolgte in einer Hütte, in der Wärme-, Feuchtigkeits- und Lichtverhältnisse mit Hilfe von Blenden, Luftlöchern und Kohlebecken reguliert werden konnten. Die Schmetterlinge mußten erst selektiert und zum Paaren gebracht werden, wobei sie ihre Eier auf dicke Papierunterlagen ablegten, die man bis zum Winter lagerte. Dann wurden die minderwertigeren Eier vernichtet, indem man sie in Salzwasser tauchte oder den rauhen winterlichen Temperaturen aussetzte. Sobald die Raupen geschlüpft waren, legte man sie auf Bambusbretter und versorgte sie ständig mit Maulbeerblättern. Das Spinnen der Kokons spielte sich auf Gestellen ab, die mit Strohhaufen bedeckt waren. Ein großer Teil der Kokons wurde zunächst abgetötet und für das spätere Abhaspeln aufbewahrt, während der Rest in heißes Wasser geworfen und sofort verarbeitet wurde, bevor die neuen Schmetterlinge ausschlüpften und die Seidenfäden zerstörten. Bei der Seidenraupenaufzucht gab es viele Risiken wie Krankheiten, Rattenplage oder Mangel an Maulbeerbaumblättern, so daß mit der Zeit zahlreiche abergläubische Vorstellungen in diesem Zusammenhang entstanden. Heute ist zwar durch den Einsatz moderner Instrumente (wie etwa Hygrometer) und die Verwendung von Elektrizität die Kontrolle der für die Aufzucht notwendigen Bedingungen besser möglich, und auch das mechanische Abhaspeln gibt dem Seidenfaden eine gleichmäßige Festigkeit, doch bei den grundlegenden Arbeitsgängen hat sich im großen und ganzen nichts geändert.

Die bäuerliche Familie

Im Zentrum der traditionellen chinesischen Landwirtschaft stand die bäuerliche Familie. Das entscheidende Problem für den Haushaltsvorstand war, wie er das vorhandene Arbeitsreservoir am gewinnbringendsten einsetzen konnte. Die ganze Familie mußte ernährt werden, unabhängig davon, ob die einzelnen Mitglieder nun aktiv im Einsatz waren oder nicht, denn anders als der Fabrikbesitzer in kapitalistischen Gesellschaftssystemen konnte der Bauer niemanden entlassen. Die Arbeitsleistungen der Jungen und Alten deckten nicht die Kosten für ihren eigenen Lebensunterhalt, doch wurde dadurch immerhin die auf den übrigen ruhende Last verringert. Reichtum oder Armut eines Haushalts hingen somit überwiegend von der relativ großen Zahl leistungsfähiger Erwachsener im Verhältnis zu abhängigen älteren oder sehr jungen Personen ab, und dieses Verhältnis war einem mehr oder weniger regelmäßigen zyklischen Wandel unterworfen. Aus diesen und anderen Gründen unterschieden sich immer schon und unterscheiden sich noch heute bäuerliche Volkswirtschaften erheblich von den Volkswirtschaften höher entwickelter Gesellschaften.

Im Lauf eines Erntejahres wechselte darüber hinaus der Bedarf an Arbeitskräften. Fieberhafte Aktivitäten waren in den Monaten Mai und Juni erforderlich, wenn Aussaat, Umpflanzen, Ernten und die Aufzucht der Seidenraupen zusammenkamen. Umgekehrte Verhältnisse herrschten in der Winterperiode von November bis Februar; und während der restlichen Monate schließlich war ein mittlerer Arbeitsaufwand notwendig. Allgemein ausgedrückt, hatte die Bauernfamilie sich zwischen zwei Extremen einzurichten: Arbeitskräftemangel bestand meistens während der Hochsaison, in den anderen Monaten hingegen reichte die Beschäftigung nicht für alle Kräfte aus. Aus diesem Grund waren außersaisonale Gewerbe und Nebenerwerbszweige von größter Bedeutung für die Lebensfähigkeit der agrarischen Gesellschaft in der kaiserlichen Epoche.

In jüngerer Zeit wurde durch die Entwicklung moderner Industriebetriebe und des Transportwesens die Einträglichkeit vieler früherer Nebengewerbe erheblich verringert. Die gleichen Auswirkungen hat auch die überreglementierte kommunistische Wirtschaft mit den Beschränkungen, die für lokale Märkte und den Zugang zu Rohmaterialien gelten. So konnten zwar die Bauernfamilien häufig von der erhöhten Produktivität des Agrarsektors profitieren, aber trotzdem stiegen die ländlichen Einkommen insgesamt, wegen des Wegfalls anderer Erwerbsmöglichkeiten, langsamer als erwartet. Auf Schwierigkeiten stößt ferner der Versuch, die Geburtenkontrolle in einer Gesellschaft durchzusetzen, in der für den einzelnen Haushalt nach wie vor Arbeitskräfte Reichtum und Sicherheit im Alter bedeuten. Noch bis zur unmittelbaren Gegenwart wurde dieses Problem von der chinesischen Regierung nicht ernst genug genommen, so daß der durch den Einsatz chemischen Düngers, besseren Saatguts und die Ausbreitung von Bewässerungsanlagen erreichte Produktivitätszuwachs weitgehend von der steigenden Menschenzahl wieder zunichte gemacht wurde. Zwar ist die Nahrungsmittelversorgung sehr viel gerechter als vor der kommunistischen Machtübernahme, doch hat sich die Ernährungsgrundlage der Durchschnittsbauern nur unwesentlich gegenüber den frühen 30er Jahren verbessert.

Der Speisezettel

Der chinesische Speisezettel weist noch immer regionale Unterschiede und Spezialitäten auf, zum Teil bedingt durch die Tatsache, daß es weder Kühlanlagen noch eine landesweite Nahrungsmittelindustrie gibt. Der wichtigste Unterschied besteht darin, daß im Süden Reis als Hauptgetreide verwendet wird, im Norden und Nordwesten hingegen Mais und Hirse. Es gibt jedoch mehr landesweit bekannte Gerichte aus dem äußersten Süden als aus irgendeiner anderen Region des Landes. Die kantonesische Küche ist berühmt wegen ihrer großen Vielfalt; die meisten ihrer Gewürze sind mild, doch gibt es auch schärfere, auf Knoblauch, schwarzen Bohnen, Pepperoni und Austernsauce basierende Würzmischungen. Einige Gerichte sind sehr kostbar, so zum Beispiel Haifischflossen, andere wiederum bestehen aus so ungewöhnlicher Kost wie Schlangenfleisch. Die meisten kantonesischen Gerichte werden bei sehr starker Hitze kurz in wenig Öl gebraten. Die Fujian-Küche ist berühmt wegen ihrer delikaten Fisch- und Krabbengerichte, für ihre Suppen und auch für ihre Gewürze, etwa die berühmte Sojasauce. Im unteren Yangzi-Tal werden die Gerichte länger gegart, und man verwendet häufig eine rote Sauce aus Soja, Zucker und Wein.

Die Speisen in den westlichen Landesteilen, in Hunan und Sichuan, sind herb und scharf, und man verwendet reichlich Chili (eine Pflanze, die im 16. Jahrhundert aus Mittelamerika nach China eingeführt wurde). Bei den raffiniertesten Gerichten werden unterschiedliche Geschmacksrichtungen miteinander kombiniert: etwa scharf, fruchtig, sauer und salzig. Abgesehen von den vormaligen kaiserlichen Gerichten ist die Küche im Norden ziemlich schlicht und einfach und besteht in der Hauptsache aus kurz gebratenen Speisen, die mit gedämpften Brötchen, Nudeln oder Pfannkuchen serviert werden.

Regionale Unterschiede bestimmter Gerichte sind auch abhängig davon, welche Zutaten leicht transportiert werden können und welche nicht. In einigen Fällen ist Obst nur in den Regionen erhältlich, in denen es produziert wird. Die uigurische Küche im Nordwesten des Landes unterscheidet sich kaum von der iranischen. Der mongolische Speisezettel besteht aus einfachen Hammelfleischgerichten, die mit Joghurt und gegorener Stutenmilch gegessen werden. Zur mongolischen und tibetischen Küche gehören ferner viele Milchprodukte.

Rechts: Dieser Bewohner Shanghais kocht Nudeln auf der Straße. Die Mehrzahl der Chinesen bezieht 85 Prozent ihres Kalorienbedarfs aus Getreide, den Rest aus Gemüse wie Kohl und Sojabohnen. Fette und Proteine sind sehr rar, Fleisch kommt nur zu besonderen Gelegenheiten auf den Tisch.

Ganz rechts oben: Auf den winzigen Anbauflächen in Privatbesitz (nicht mehr als fünf Prozent des kultivierten Landes) ist im Verhältnis immer mehr produziert worden als auf den kollektiven Ländereien; die Erträge der Privatfelder sind eine wichtige zusätzliche Einkommensquelle für die einzelnen Kommunemitglieder.

Ganz rechts Mitte: Zubereitung von gefüllten Mehlklößen für einen festlichen Anlaß. Die Füllung aus gewürztem Fleisch wird sorgfältig mit dem Teig umschlossen, anschließend werden die Klöße gekocht. Eine Person kann bis zu 40 dieser Klöße verzehren.

Rechts: Weizenbrot ist die Hauptnahrung im Nordwesten. Flache Brotlaibe werden an den Ofenseitenwänden gebacken, wie hier zu sehen. Das Brot unterscheidet sich weder in der Geschmacksrichtung noch in der Backmethode von den in ganz Zentralasien verbreiteten Brotsorten.

Ganz rechts: Die typische Mahlzeit in dieser Kantine in Beijing besteht aus mehreren gegarten Klößen oder zwei großen Reiskugeln, kurz angebratenem Gemüse und zum Abschluß aus einer Schale Suppe. An Getränken wird auch das helle und durstlöschende Beijing-Bier ausgeschenkt. Das Bierbrauen wurde im späten 19. Jahrhundert von Deutschen in Shandong eingeführt.

Das Familiensystem

Oben: Dieser Ausschnitt eines Songzeitlichen Gemäldes zeigt Babys badende Palastdamen. Es ist im Stil der akademischen Hofmalerei des zwölften Jahrhunderts mit Tusche und Farben auf Seide ausgeführt.

Rechts: In allen seit der Han-Dynastie erschienenen Rechtskodices wurden die Familien-Loyalitätsbande bekräftigt; auch in der traditionellen konfuzianischen Ethik stand die Familie seit jeher in hohem Ansehen. Diese einem Album entnommene Miniatur stellt eine Familie dar, die vor dem Familienschrein ein Dankopfer abstattet. Bemerkenswert ist, daß die Mutter und ihre kleine Tochter daran nicht teilnehmen dürfen, sondern die Zeremonie hinter dem Vorhang stehend beobachten müssen.

Rechts unten: Im Chinesischen gab es für jede Verwandtschaftsbeziehung einen feststehenden Terminus, durch den das angemessene Verhalten je nach Verwandtschaftsgrad bestimmt wurde. Eine Person mußte Trauerriten für alle verstorbenen Angehörigen durchführen, die nicht mehr als vier Stufen vertikal oder horizontal oder sogar vertikal und horizontal in der Familienstammtafel von ihm entfernt standen. So hatte, vertikal gerechnet, die betreffende Person um ihren Ur-Ur-Großvater zu trauern (diese Generation ist nicht in unserem Diagramm verzeichnet). Umgangssprachliche Anredeformen zwischen Verwandten unterschieden sich für gewöhnlich von den in unserem Diagramm wiedergegebenen schriftsprachlichen Termini, waren je nach Dialekt verschieden und auch einfacher, denn die genaue verwandtschaftliche Beziehung war ja ohnehin jedem bekannt.

Die Familie stand fast die ganze Geschichte hindurch für die meisten Chinesen im Mittelpunkt ihres sozialen, ideellen und weltanschaulichen Denkens. Insbesondere die Männer fühlten sich als Teil einer patrilinearen Abstammungslinie, die vom Sohn über den Vater weit in die Vergangenheit zurückreichte und für deren Fortbestand sie verantwortlich waren. Im Altertum vertrat man die feste Überzeugung, daß die Lebenden und die Toten voneinander abhängig waren. Den Ahnen mußten Opfergaben dargebracht werden, und die Nachfahren ihrerseits waren auf deren Schutz und Wohlwollen angewiesen. Die Ahnen und die oberste Macht (*Di*, später waren *Di* und *Tian* identisch) standen einst in sehr enger Beziehung, doch allmählich lockerten sich diese Bande; die Bedeutung von Gott *(Di)* oder Himmel *(Tian)* nahm ständig zu, während sich die Machtstellung der Ahnengeister dementsprechend verringerte. Über die Jahrtausende büßten sie ihre Einflußmöglichkeit auf irdische Ereignisse und das Wohlergehen ihrer Nachkommen ein, eine Befähigung, die zu Zeiten der Shang-Dynastie bei Opferungen und Orakelbefragungen noch als selbstverständlich im Vordergrund gestanden hatte. Chinesische Frauen waren weniger stark an derartige Familienkulte gebunden, möglicherweise weil sie mit ihrer Heirat aus der väterlichen Linie in die des Ehemanns überwechselten. Trotzdem prägte auch sie tiefe Ehrfurcht vor dem Familienstammbaum, wie das Beispiel vieler kinderlos gebliebener Witwen zeigt, die sich mühten, Adoptivsöhne aufzuziehen.

Viele der wichtigsten chinesischen Tugenden waren mit dem Familienleben verknüpft. Als höchste Tugend galt *xiao*, die kindliche Liebe, die ein Mann Vater und Mutter und eine Frau ihren Schwiegereltern entgegenzubringen hatte. Niemand konnte eine auch nur relative soziale Unabhängigkeit erlangen, solange seine Eltern bzw. Schwiegereltern noch lebten, und selbstverständlich waren Frauen ihren Gatten zu deren Lebzeiten untertan. Tief empfundene kindliche Liebe konnte sogar – so glaubte man allgemein – Wunder bewirken, insbesondere solche, die mit erneuertem Wachstum zusammenhingen (etwa verwelktes Blattwerk neu ergrünen oder abgerissene Ohren oder ausgefallene Zähne nachwachsen lassen). *Xiao* vermochte außerdem, Feuer und Naturkatastrophen von den Tugendhaften fernzuhalten. Auch die kaiserliche Regierung unterstützte das Ideal der kindlichen Pietät: Ein Vater oder eine Witwe konnten den Antrag auf Hinrichtung eines Sohnes (in späteren Zeiten nur noch auf Verbannung) stellen, und der Bezirkspräfekt hatte dann diesem Wunsch zu entsprechen. Dabei wurde dem Betroffenen keinerlei Anhörungsrecht gewährt. Umgekehrt belohnte der Staat auch herausragendes pietätvolles Verhalten; die so Ausgezeichneten wurden stets zu bewunderten Vorbildern der Gesellschaft.

Die oberste Tugend einer verheirateten Frau war die Treue, die auch noch als Ideal bei Witwen weiterbestand. Es war zwar nicht verboten, nach dem Tod des Gatten eine erneute Ehe einzugehen, ja dies war sogar aus wirtschaftlichen Erwägungen heraus (in den unteren sozialen Schichten) allgemein üblich, aber die Zweitheirat galt vom ethischen Standpunkt aus als verwerflich. Nach volkstümlicher Ansicht blieb eine eingeheiratete Frau auch nach ihrem Tod als Geist ein Teil der Familie. In Büchern über Strafen in buddhistischen Höllen wurden daher wiederverheiratete Frauen der Länge nach von Dämonen zersägt, damit beide (verstorbenen) Ehemänner eine Hälfte erhalten konnten. Nach dem elften Jahrhundert nahm der Kult um treue Witwen immer stärkere Formen an und führte zur Entstehung von Erinnerungsgedichten, Inschriften, Heiligenlegenden und zur Ausformung eines weitverzweigten Systems öffentlicher Belohnungen in Form von Zeremonialbogen, Inschrifttafeln und Spruchbändern.

Eine weitere familiäre Tugend war das Zusammenleben mehrerer Generationen, das die Erhaltung des Familienbesitzes förderte und gemeinschaftlich eingenommene Mahlzeiten einschloß. Solche Großhaushalte galten als »rechtschaffen«, und bis zur Ming-Dynastie erhielten auch sie kaiserliche Auszeichnungen. Die größten unter ihnen sollen Hunderte von Menschen umfaßt haben. Der Gründer der Ming-Dynastie unterband die staatlichen Belobigungen, da er das Entstehen mächtiger Sippenverbände verhindern wollte, die schwer zu kontrollieren gewesen wären. Viele dieser Sippen hatten eigene Armeen aufgestellt, fochten Fehden untereinander aus, widersetzten sich der behördlichen Steuereintreibung und schufen sich im wahrsten Sinne des Wortes ihr eigenes Recht.

Das chinesische Familiensystem basierte allgemein auf Unterordnung der jüngeren unter die älteren Mitglieder. Dies galt sowohl hinsichtlich der verschiedenen Generationen als auch innerhalb derselben Generation; hinzu kam die Unterordnung der Frau unter den Mann. Der Verwandtschaftsgrad und die daraus resultierenden Verpflichtungen wurden genauestens bezeichnet. Die Grundstruktur der Beziehungen (siehe Graphik) zeigt, daß sich die Verpflichtungen einer Person – wenn auch in abgestufter Form – über vier Generationen in alle Zweige der Sippschaft erstreckten. Das System war so detailliert, daß es einen Unterschied machte, ob ein Onkel der Bruder des Vaters oder der Mutter und ob er des Vaters älterer oder jüngerer Bruder war. Zur Verdeutlichung dieser Unterschiede kannte die traditionelle Nomenklatur 23 Hauptverwandtschaftsbezeichnungen und weitere zehn wichtige Variationen davon. Natürlich war diese Familienordnung zu Beginn der chinesischen Geschichte noch nicht voll ausgebildet gewesen. Es gibt Gründe für die Annahme, daß zu Zeiten der Shang-Dynastie (um

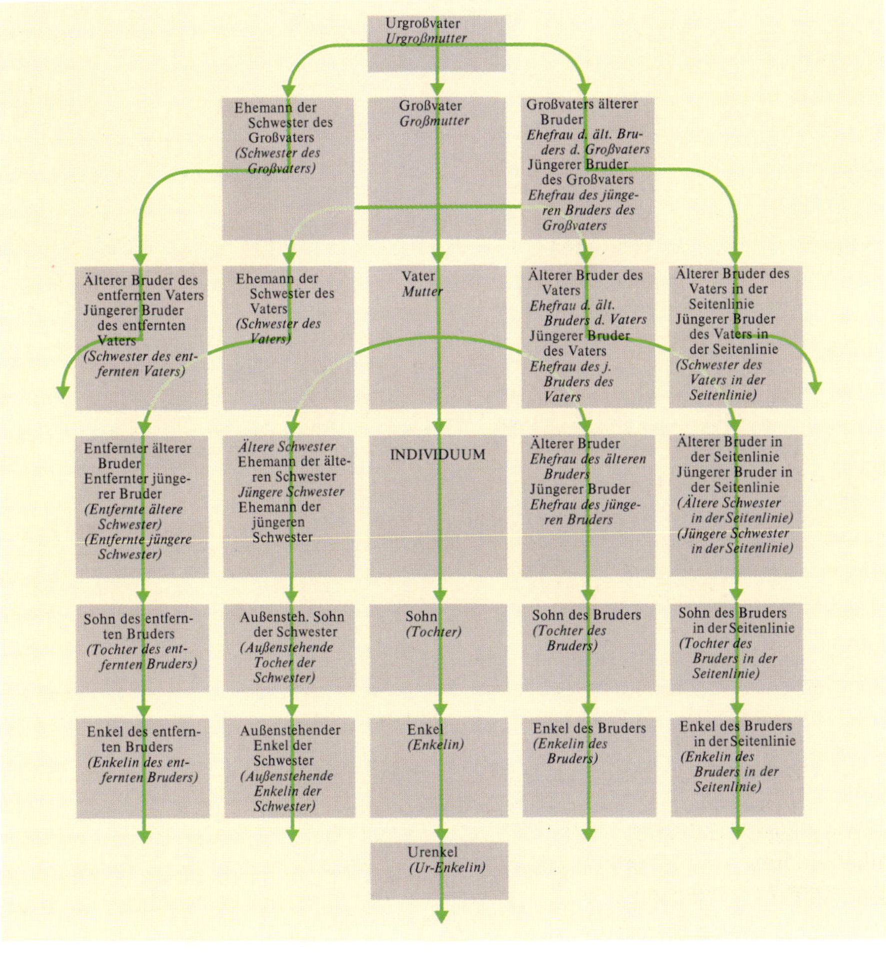

1700–1025 v. Chr.) das Hauptgewicht auf den Verbindungen unter Brüdern lag. Es dauerte sehr lange, bis sich der Schwerpunkt allmählich auf die Vater-Sohn-Beziehung verlagert hatte, und dieser Prozeß war wahrscheinlich erst unter der Östlichen Zhou-Dynastie (771–221 v. Chr.) abgeschlossen. Zeitweilig standen auch völlig andersgeartete nichtchinesische Familiensysteme mit dem einheimischen in Wettstreit. So war es etwa bei einigen der Fremddynastien, die das Land um die Mitte des ersten Jahrtausends n. Chr. regierten, durchaus zulässig, die Witwe eines verstorbenen Verwandten zu heiraten, selbst wenn diese nicht derselben Generation angehörte.

Ganz allgemein gesehen genoß das schwache Geschlecht bei den Nicht-Han-Völkern größere Freiheiten. Nur zu Zeiten starken Fremdeinflusses, wie unter der frühen Tang-Dynastie (618–906 n. Chr.), durften chinesische Frauen reiten oder sich vergleichbarer Freiheiten erfreuen. Die Gründe für die sich seit der Südlichen Song-Dynastie immer weiter ausbreitende Sitte des Füßeeinbindens sind noch nicht detailliert erforscht. Der Anfang wurde bei den Hof-Tänzerinnen gemacht, und der Brauch erfaßte allmählich alle Teile des Volkes bis auf die untersten Gesellschaftsschichten und alle Gebiete, ausgenommen die südlichsten Landstriche. Vielleicht diente das Füßebinden als Unterscheidungsmerkmal der zurückhaltenderen Chinesinnen gegenüber den freizügigeren Frauen der Fremdvölker. Verschiedentlich wurde auch behauptet, daß die dadurch bewirkte Verengung der Vagina den Geschlechtsverkehr für Männer faszinierender machte. Was auch immer die Gründe gewesen sein mögen, die Sitte reduzierte die Bewegungsfreiheit der Frauen drastisch. Während der Song- und zu Beginn der Yuan-Dynastie gab es noch weibliche Handlungsreisende und sogar weibliche Unternehmer wie die taoistische Nonne Huang, die eine Pionierrolle in der Baumwollindustrie am Unterlauf des Yangzi spielte. Später jedoch waren derartige Dinge kaum mehr möglich.

Das Aufkommen mächtiger Staaten während der Frühling-und-Herbst-Periode bewirkte, daß ein Konkurrenzverhältnis zwischen Familie und Staat bezüglich Fragen der Loyalität entstand. Bezeichnenderweise trat Konfuzius für den Primat der Eltern ein. Um die Mitte des vierten Jahrhunderts v. Chr. unternahm der Qin-Herrscher Shang den einzigen bewußten Versuch der chinesischen Geschichte, den Zusammenhalt der Familie zugunsten des Staats zu zerstören: Erwachsene nachgeborene Söhne hatten – unter Androhung von Steuerstrafen bei Zuwiderhandlung – eine von ihrem Vater unabhängige Existenz zu gründen. Die Verfechter der späteren konfuzianischen Ideologie brandmarkten natürlich die gesellschaftlichen destabilisierenden Folgen dieser Maßnahmen. Alle Herrscherhäuser seit den Han erkannten den Vorrang der Familie an und verfügten, daß sich ihre Beamten beim Tod des Vaters für eine 27monatige Trauerzeit beurlauben lassen mußten. Die Staatsdiener leiteten bis zu einem gewissen Grad das Recht der Herrschaftsausübung aus ihrer Rolle als Garanten der bestehenden Gesellschaftsordnung her, oder anders ausgedrückt, als Garanten korrekter Familienbeziehungen.

Im Widerspruch dazu stand, daß das chinesische Erbrecht die Familie wirtschaftlich schwächte. Die gesamte Kaiserzeit hindurch hatte der Vater die Pflicht, den Besitz unter den männlichen Erben so gerecht wie möglich aufzuteilen. Das System führte schnell zur Zersplitterung selbst großer Vermögen. Um dies zu vermeiden, legten Familien sich nicht selten von Verwaltern bewirtschaftetes Kollektivvermögen zu; trotzdem entstand kein großer, über Generationen weitergegebener Landbesitz in Händen aufeinander folgender Einzelerben.

Familienbrauchtum

Knaben wurden höher geschätzt als Mädchen. Ein Mädchen aufzuziehen, bedeutete in eine Arbeitskraft zu investieren, die schließlich doch in eine fremde Familie überwechselte, und dies war nichts anderes als »den Acker eines anderen zu bestellen«, wie es in einem Sprichwort unverblümt hieß. Ein Teil der weiblichen Säuglinge wurde daher unmittelbar nach der Geburt ertränkt, so daß zu allen Zeiten ein Frauenmangel herrschte. Dagegen fanden die Frauen mit nahezu hundertprozentiger Sicherheit einen Ehepartner. Nur eine verschwindend kleine Zahl von ihnen blieb ledig, um für die betagten Eltern zu sorgen oder in ein taoistisches oder buddhistisches Nonnenkloster einzutreten. In vielen Teilen Chinas holten sich Mütter, da sie entweder die Kosten einer normalen Hochzeit reduzieren, ihren Söhnen eine Braut sichern oder sich beizeiten unterwürfige Schwiegertöchter heranziehen wollten, Kinderbräute ins Haus. Manchmal konnten aufgrund des Mangels an heiratsfähigen Mädchen junge Männer auch dazu gebracht werden, daß sie nach der Eheschließung im schwiegerelterlichen Haushalt wohnten und ihre Arbeitskraft einbrachten.

Frauen ehelichten sehr jung. Abgesehen von Kinderverlobungen, bei denen uns Informationen über die späteren Heiratsbräuche vollständig fehlen, war das Durchschnittsalter der Bräute nicht wesentlich höher als 17 Jahre. Das betreffende Alter des Mannes unterlag weit größeren Schwankungen und hing von den wirtschaftlichen Verhältnissen seiner Familie ab. Polygamie war in den reicheren Gesellschaftsschichten üblich, Nebenfrauen und Konkubinen hatten die Anweisungen der Hauptfrauen ohne Widerrede zu befolgen.

Knaben und Mädchen wurden ziemlich unterschiedlich erzogen. Bis zum Alter von etwa sechs Jahren kümmerten sich die Mütter und die weiblichen Verwandten um die Knaben, und man sah ihnen für gewöhnlich alles nach. Die Erklärung für diese Erziehung lautete, daß sie die Dinge noch nicht verstehen könnten. Ungefähr mit sieben Jahren wurden die männlichen Nachkommen dann der Autorität der Väter unterstellt, die fortan strikte Disziplin von ihnen verlangten. Gewöhnlich waren die Kinder daher die nächsten Jahre ziemlich verstört, bis sie gelernt hatten, ihr Schicksal hinzunehmen. Ein gewisser Zwiespalt im Volkscharakter der Chinesen könnte möglicherweise mit dieser Art Erziehung in Zusammenhang stehen: Auf der einen Seite hat es immer taoistische Wunschträume von kindlicher Allmacht gegeben, durch welche die Natur zu einer Art gütigen Mutter geformt werden könne, auf der anderen Seite stand stets die konfuzianische Pflichterfüllung und das starke Bewußtsein für die notwendige unablässige Vervollkommnung. Kleine Mädchen hingegen genossen von Anfang an eine strengere Erziehung, und für sie kam der große Schock in ihrem Leben erst später - bei der Eheschließung. Hochzeiten wurden für gewöhnlich von den Eltern der Heiratsfähigen arrangiert, sie galten als Verbindung zweier Familien und nicht zweier Individuen. Bezeichnenderweise hatten weder der Staat noch die Religionen (Buddhismus oder Taoismus) irgendeinen Einfluß auf dieses Brauchtum. Es war außerdem nicht üblich, daß eine Braut ihren zukünftigen Ehemann oder ihre Schwiegereltern vor dem Hochzeitstag zu Gesicht bekam.

Begräbnisse waren in China kostspielige, pompöse und rauschende Zeremonien, die teilweise den Sozialstatus der Familie des Verstorbenen herauskehren sollten. Die Trauernden trugen Kleidungsstücke, deren Formen und manchmal auch Farben die besondere Beziehung zu dem Toten symbolisierten. Die Grablegung war somit auch eine Gelegenheit, diese Beziehungen aufs neue bestätigt zu bekommen; und dabei gelangten nicht selten strittige Verwandtschaftsverhältnisse wieder an die Oberfläche. Ein Trauernder etwa, der das einem Sohn zustehende Trauergewand trug, erhob auf diese Weise Anspruch auf einen Teil des Vermögens.

In Südchina kannte man den Brauch der zweimaligen Bestattung, eine provisorische und eine permanente. Das Vertrauen in die Pseudowissenschaft der Geomantik ließ die Menschen glauben, daß die Lage der permanenten Ruhestätte in direktem Zusammenhang mit dem Wohlergehen der Überlebenden stehe. Da der gewählte Ort aber angeblich außerdem die Geschicke jedes einzelnen Nachfahren in unterschiedlicher Weise beeinflußte, geschah es, daß Brüder sich manchmal über der Frage nach dem endgültigen Grab entzweiten und so das Provisorium beibehalten wurde. Im Gegensatz zu diesen strittigen Aspekten bei den Begräbnissen unterstrich die Ahnenverehrung die Gemeinsamkeiten der Clan-Mitglieder. Den hölzernen Ahnentafeln der Verstorbenen in den Häusern wurden vier Generationen lang Opfer dargebracht. Mindestens einmal jährlich im Frühling besuchte die Familie gemeinsam die Ahnengräber. Ein eher förmlicher Kult für die wichtigsten Vertreter der Ahnenreihe wurde von den männlichen Familienangehörigen in der gemeinsamen Zeremonialhalle abgehalten. Alle berühmten Geschlechter besaßen Genealogien, in denen die anerkannten Familienzweige verzeichnet waren. Wenn jemand sich nach übereinstimmender Ansicht unschicklich verhalten hatte, konnte er aus der Familie ausgestoßen werden, und in diesem Fall wurde sein Name aus der Genealogie gestrichen.

Die Stellung der Frau und die moderne Familie

Schon während der späten Kaiserzeit hatten sich einige wenige Schriftsteller in ihren Werken der Frauenfrage angenommen und argumentiert, daß Frauen in intellektueller und kreativer Hinsicht dem Mann ebenbürtig

Oben: In China ist der Familienzusammenhalt nach wie vor stark. Familienmitglieder wohnen oft zusammen, und bei Abwesenheit der Kindeseltern übernehmen die Großeltern ganz selbstverständlich die Rolle des Babysitters.

Links: Das seit der Südlichen Song-Dynastie immer strenger gehandhabte Fußbinden fesselte die Frauen durch zwangsweise Einschränkung ihrer Bewegungsfreiheit an das Haus und die unmittelbare Nachbarschaft. Der Brauch wurde zuerst von den Frauen der protestantischen Missionare in China angegriffen und ist heute ausgerottet. Das Foto zeigt eine der wenigen heute noch lebenden Opfer dieser Sitte.

Ganz oben: Diese Familie hat sich zum Essen unter einem Poster des Vorsitzenden Mao niedergelassen, das von idealisierten Gemälden mit bäuerlichen Szenen flankiert wird. Das Foto entstand vor der heute propagierten Kampagne für die Ein-Kind-Familie.

Oben: Die Zeichnung nach einem Holzplattendruck, eine Art Glücksamulett, verheißt fünf gesunde, reiche und zu höchsten Ehren aufsteigende Söhne. Auch heute noch wünschen sich Familien in China in erster Linie männliche Nachkommen. Trotz der Kampagne zur Geburtenkontrolle (und für die Ein-Kind-Familie) ist es in ländlichen Gebieten üblich, daß ein Paar sich ein zweites Kind anschafft, wenn das Erstgeborene ein Mädchen ist.

seien. Cao Xueqin, der Verfasser des Romans *Traum der Roten Kammer* (bekannt auch unter dem weniger gebräuchlichen Titel *Die Geschichte des Steins*) ist möglicherweise der berühmteste unter ihnen. Der Satiriker Li Ruzhen beschrieb in seinem Roman *Die mystische Vereinigung des Spiegels mit der Blume* eine imaginäre Gesellschaft, in der die üblichen Geschlechterrollen vertauscht waren. Außerdem gab es noch vereinzelt andere literarische und soziale Traditionen, auf die sich spätere Frauenbewegungen beriefen, etwa der transvestierte weibliche fahrende Ritter der heroischen Romanliteratur und die Mädchengesellschaften in Südchina, die sich zusammengeschlossen hatten, um der Verheiratung zu entgehen.

Den ersten Versuch, den Status der Frauen zu verbessern, unternahmen in den 1850er Jahren die Taiping-Rebellen. Sie vertraten die teilweise vom Christentum beeinflußte Ansicht, daß Männer und Frauen als Söhne und Töchter Gottes gleichwertig seien: aufgrund ihres konfuzianischen Erbes hingegen verurteilten sie Unzucht und sexuelle Ausschweifung als schlimmste Verbrechen überhaupt. Sie verboten das Fußbinden und die Prostitution, und sie gaben den Frauen sehr viel größere Freiheiten in der Öffentlichkeit. In ihren Gesetzen sahen sie vor, daß Frauen und Männer prinzipiell die gleichen Rechte auf Landbesitz haben sollten. Es gab sogar eine Armee-Einheit, die sich ganz aus Soldatinnen rekrutierte. Am Anfang ihrer Aufstandsbewegung trennten sie die Geschlechter voneinander und unterbanden auf diese Weise zeitweilig das Familienleben; ein Grund für diese Maßnahme war, daß die Truppen sich ganz auf den Sieg konzentrieren sollten. In der moralisierenden Literatur der Taiping-Rebellen jedoch wurde weiterhin Wert auf die Korrektheit der meisten traditionellen Familienbeziehungen gelegt und auf die weiblichen Tugenden von Gehorsam und Keuschheit. Allerdings gab der Rebellenführer Hong Xiuquan mit seinem großen Harem und seiner sexuellen Gier ein reichlich schlechtes Beispiel für seine Anhänger.

In den späten Jahrzehnten des 19. Jahrhunderts starteten die protestantischen Missionare Kampagnen gegen die Sitte des Fußbindens und für die Schulerziehung der Mädchen. Beide Ziele fanden schnell Befürworter auch unter den Chinesen. Ungefähr zur gleichen Zeit griffen zwei der kompromißlosesten Denker in theoretischen Abhandlungen aufs heftigste die Institution der Familie an. In seinem Werk *Lehre von der Menschlichkeit* verlangte Tan Sitong ihre vollständige Abschaffung zugunsten persönlicher Freiheit und Gleichheit aller Individuen in einer großen sozialen Einheit. Kang Youwei regte in seiner Utopie *Buch der großen Gemeinschaft* kurzfristig geschlossene Kontrakte für das Zusammenleben an und plädierte für die Schaffung von Spezialinstitutionen zur Aufzucht von Kindern und zur Versorgung der Alten. Er schlug vor, die kindliche Liebe *(xiao)* durch Achtung und Dankbarkeit für den treusorgenden Staat zu ersetzen. Den einzigen praktischen Versuch in dieser familienfeindlichen Richtung unternahmen einige Anarchisten, die sich weigerten, Familiennamen zu führen.

Seit ihrer Machtergreifung hat die Kommunistische Partei Anstrengungen unternommen, die Loyalitätsbande von Familie und Clan zu schwächen. Aufwendige Hochzeiten und Begräbnisse wurden ebenso untersagt wie Bestattungen unter Berücksichtigung der Geomantik. Doch bei der Durchsetzung dieser Verbote war die Partei nicht allzu erfolgreich. Ein noch stärkerer Angriff auf die Familie war, daß Kinder gezwungen wurden, ihre Eltern zu denunzieren, wenn diese konterrevolutionärer Verbrechen angeklagt waren. Es hat den Anschein, daß der Familienzusammenhalt aber trotz alledem noch sehr stark ist, obwohl die Indoktrinierung der Kinder in der Schule die Eltern zu größerer Vorsicht zwingt.

In jüngster Zeit entwickelt sich das Familienleben auf dem Land und in der Stadt in unterschiedliche Richtungen. In den Dorfgemeinden der Volksrepublik ist das Wohneigentum noch weitgehend in Privathand, und diese Tatsache verleiht der älteren Generation eine erhebliche Machtfülle. Die Wahl der Ehepartner obliegt noch weitgehend den Eltern, doch haben die jungen Leute inzwischen das Recht auf Anhörung und Widerspruch. Auch die Beziehung zwischen Schwiegermutter und angeheirateter Tochter hat sich allmählich gewandelt: Die Schwiegertochter ist auf die Schwiegermutter zur Beaufsichtigung ihrer Kleinkinder angewiesen, wenn sie ihrer Tätigkeit in einem der Arbeitskollektive nachgeht. Andererseits aber verleiht ihr der Status als Geldverdienerin eine relativ bessere Position als früher. Die Erziehung des Nachwuchses durch die Großeltern bewirkt in gewisser Hinsicht, daß diese gerade mit den verpönten traditionellen Werten in Berührung kommen.

Im Gegensatz dazu leben verheiratete Paare in der Stadt gewöhnlich nicht mit den Eltern des Ehemannes zusammen oder in deren Nähe, sondern sie bestreiten gemeinsam die Kosten für ihre eigene Wohnung. Die Partnerwahl nehmen die jungen Leute immer häufiger selbst vor, aber bis zu einem bestimmten Grad haben die Eltern und die Kader in den jeweiligen Arbeitseinheiten ein Einspruchsrecht. Zwischen den Generationen besteht nur noch wenig wirtschaftliche Abhängigkeit. Die Kinder werden in kollektiven Horten versorgt, und auf diese Weise entwickeln sie stärkere emotionale Bindungen zu Gleichaltrigen als zu Älteren, was sie vom Nachwuchs auf dem Land unterscheidet. Die Reglementierung der Zöglinge in den Vorschulen ist groß, da festgelegte Zeiten für Gemeinschafts-Ruhestunden und Hygieneerziehung eingehalten werden müssen.

In den 70er Jahren hat der Druck des Staates auf die jungen Paare zugenommen, die Zahl ihrer Kinder zu begrenzen. Höhepunkt dieser Politik war die Proklamierung der Ein-Kind-Familie und der Androhung eingeschränkter sozialer Leistungen sowie der Verhängung anderer Sanktionen bei Zuwiderhandlung. Fabrikarbeiterinnen wird oftmals sogar das Jahr vorgeschrieben, in dem sie das einzige ihnen zugestandene Kind gebären dürfen. Sollte diese Politik von Erfolg gekrönt sein, wird sie unweigerlich zur Zerstörung der Überreste des patrilinearen Ideals führen, denn in jeder Generation wird dann etwa die Hälfte aller Familien keinen männlichen Erben mehr haben.

Unter den Auslandschinesen und Taiwan-Chinesen sind die alten familiären Werte noch in Kraft, obwohl auch sie sich gewandelt haben, da man nun an den Wert einer Schulerziehung und Berufsausbildung für Mädchen glaubt. Nicht in jedem Fall wurden durch die modernen Wirtschaftsverhältnisse alte Clan-Beziehungen zerstört. Oftmals haben sich im Gegenteil enge Verbindungen gerade als ein wertvolles Gut erwiesen, da dadurch Kontakte hergestellt, Kenntnisse und Kredite vermittelt sowie soziale und wirtschaftliche Hilfe zur Verfügung gestellt werden konnten. In vielen Fällen ist das Beziehungsnetz sogar noch enger geworden als ehedem.

Wohnhausarchitektur

Die Wohnsitze reicher chinesischer Familien in Stadt und Land glichen den kaiserlichen Palastbauten oder den Tempeln im Palaststil. Die Zahl der Höfe richtete sich nach sozialem Status und Reichtum des Eigentümers. Innerhalb eines abgeschlossenen Wohnbezirks stand das Hauptgebäude nördlich einer in Nord-Süd-Richtung verlaufenden Mittelachse. Hier lebte das Familienoberhaupt; die Nebengebäude und kleinen Hallen wurden von Verwandten benutzt. Die Dienerschaft war in Gebäuden an der Südmauer, in der Nähe des Eingangs, untergebracht. Hinter dem Eingangstor wahrte eine »Geistermauer« die familiäre Privatsphäre. Noch heute versperren derartige Mauern den Blick von den Gassen Beijings in die Höfe. Die im traditionellen Stil errichteten Wohnhäuser der weniger reichen Familien bestehen aus nur einem Hof und einem an der Nordseite gelegenen Hauptbau. Manchmal dienen Nebengebäude als Werkstätten. Die gegenwärtig in Beijing oder Xi'an anzutreffenden Hofhäuser gehören meist zu diesem Wohnhaustyp.

Weniger traditionelle Architekturstile und die der ethnischen Minderheiten variieren von Region zu Region. Im südlichen Landesteil stehen die Gebäude aus Lehmmauern mit ihren Ziegel- oder Strohdächern in Haufen beieinander. In den Gebirgsregionen Anhuis gibt es Häuser mit weiß getünchten Mauern und verzierten Giebelwänden, während jene in der Lößregion der Provinz Shanxi in Sandsteinfelsen getrieben werden. Die tibetischen Lehmhäuser sind weiß oder ockerfarben getüncht. In ländlichen Gebieten wird auf dem flachen Holzdachboden Heu und anderes Futter für das ebenerdig untergebrachte Vieh gespeichert; dies dient gleichzeitig als Wärmequelle für die im ersten Stock lebenden Bewohner. Die Hirtennomaden in der Mongolei und in Xinjiang besitzen runde Zelte, die aus zusammenlegbaren Holzstangengerüsten und darübergespannten Häuten bestehen und innen mit Teppichen und Fellen verhangen und in vielen Fällen auch ausgelegt sind.

Oben: Ein von der ethnischen Minderheit der Yi bewohntes Dorf in der Nähe Kunmings, Provinz Yunnan.

Rechts: Eine typische Straßenszene in Guangzhou.

Ganz rechts: Die Bewohner dieses strohgedeckten Bauernhauses am Rande Kunmings besitzen ein gut gepflegtes Stück Privatland.

Unten: In der zentralchinesischen Löß-Region Shanxis haut man die Häuser aus dem weichen Sandstein heraus.

Unten rechts: Die Flaggen an diesem tibetischen Wohngebäude deuten darauf hin, daß ein Teil von ihm als Schrein dient. Wie viele andere Häuser in Tibet wird auch dieses Haus alljährlich zum Neujahrsfest mit frischer Farbe bemalt. Für die hölzerne Dachkonstruktion wurde kein einziger Nagel verwendet, alle Nahtstellen sind fest miteinander verzahnt.

Unten Mitte: Ein Hirtennomade im Tianshan (Himmelsberg), im Nordwesten Chinas, beendet soeben den Aufbau seines Wohnzelts.

China und der Westen

Die Chinesen hielten sich traditionellerweise für den Mittelpunkt der zivilisierten Welt. Bis zur Tang- und Song-Dynastie waren sie relativ empfänglich für Fremdeinflüsse gewesen; aus Zentralasien übernahmen sie beispielsweise den Buddhismus und ein Großteil dessen, was wir heutzutage als charakteristische »chinesische« Musik zu bezeichnen pflegen. Es scheint, daß der durch die mongolische Eroberung des Landes im 13. und 14. Jahrhundert ausgelöste Schock für die fremdenfeindliche Tendenz verantwortlich gewesen ist und zur Abschließung der Grenzen unter dem ersten Ming-Kaiser geführt hat.

Die ersten Europäer, mit denen die Chinesen in Kontakt traten, waren in der Regel Kaufleute (etwa die Portugiesen, die sich im 16. Jahrhundert in Macao festsetzten) und Missionare, vor allem Jesuiten, die während des 17. und 18. Jahrhunderts in Beijing ein gewisses Maß an Anerkennung fanden. Die Beziehungen zwischen Europäern und Chinesen waren vielschichtig, doch im großen und ganzen waren die Europäer zur damaligen Zeit mehr von China beeindruckt als umgekehrt. So beeinflußten die modischen Chinoiserien in beträchtlichem Umfang die abendländische Kunst. Außerhalb des Qing-Hofs, an dem der Jesuiten-Maler Castiglione (Lang Shining) im 18. Jahrhundert einen vorübergehenden Einfluß ausübte, kam es zu keiner Übernahme westlicher Kunsttraditionen im Reich der Mitte.

Während des späteren 18. und der ersten Hälfte des 19. Jahrhunderts nahmen gegenseitiges Unverständnis und Feindschaft immer mehr zu. Zweifellos war dies zum Teil durch die stetig größer werdende Kluft in Wissenschaft und staatlicher Macht bedingt. Die Verachtung für die Abendländer vertiefte sich durch die sogenannten »Opium-Kriege«, die das Chinesische Reich gewaltsam für den Außenhandel öffneten, und durch später erlittene militärische Niederlagen. Anfänglich löste die Tätigkeit christlicher Missionare im Land eine starke kulturelle Verunsicherung aus, doch am Ende erwies sich ihr Beitrag zur chinesischen Bildung als segensreich.

In unserem Jahrhundert war die Aufnahme geistiger und kultureller westlicher Einflüsse durch die Chinesen sehr selektiv; man konzentrierte sich fast ausschließlich auf die jüngsten Entwicklungen und zeigte kein Interesse am abendländischen Mittelalter und nur ein sehr geringes an der abendländischen Antike. Und sogar während dieser Zeit gab es gelegentlich eine – fast allergisch zu nennende – Abwehr westlicher Einflüsse, am extremsten während der Kulturrevolution mit Angriffen auf Beethoven und Shakespeare.

Rechts oben: Die ausgefeilteste und großartigste der chinesischen Inneneinrichtungen des zwischen 1815 und 1821 entstandenen Pavillons in Brighton wurde von John Nash entworfen. Tapeten und Kunstgegenstände hat man aus China importiert. Der Kontrast zwischen der indischen Außenfassade des Pavillons und der chinesischen Innendekoration wird dadurch gemildert, daß beide Entwürfe gewissermaßen als abendländische Konzeptionen des »Orients« als Ganzes gedacht waren. Der Stuhl zur Linken ist aus Bambus, der Schrank zur Rechten englisch und aus massivem Holz, das durch Bearbeitung ein bambusähnliches Aussehen erhielt.

Rechts: Diese Radierung stellt den Park und die Brunnen des kaiserlichen Sommerpalastes außerhalb Beijings dar, der nach Entwürfen von Castiglione gestaltet wurde. Der im Barockstil erbaute Palast und der dazugehörige Park wurden 1860 bei einer militärischen Strafexpedition von französischen und britischen Truppen zerstört.

Unten: Die chinesischen Statuetten über dem Eingang von Twinings Tee-Laden in der Strand in London datieren von 1787, lange bevor Robert Fortune in den 30er Jahren des 19. Jahrhunderts chinesische Teepflanzen für den Botanischen Garten Kalkuttas stahl, aus denen sich die Teeindustrie Indiens entwickelte.

Unten rechts: Die im *Botanical Magazine* von 1855 abgebildete *Mahonia bealii* war eine von vielen chinesischen Pflanzenarten, die Mitte des 19. Jahrhunderts durch Missionare und Reisende ins Abendland kamen.

Unten Mitte links: Diese chinesische Porzellanfigur entstand 1750 in Benjamin Lunds Manufaktur in Bristol.

Unten Mitte rechts: In der späten Qing-Zeit wurden von chinesischen Künstlern Designs des Bristol-Porzellans mit peinlicher Genauigkeit speziell für den westlichen Exportmarkt kopiert.

Rechts: Maria Nemeth, ausstaffiert für die Titelrolle in Puccinis »chinesischer« Oper *Turandot*, trägt eine eindeutig abendländische Version chinesischer Hofgewänder.

Unten: Der Pekinese war jahrhundertelang der nur für die chinesische Kaiserfamilie gezüchtete und von ihr gehaltene Lieblingshund. Er gelangte durch die Briten in den Westen, nachdem deren Streitkräfte 1860 in die Verbotene Stadt in Beijing eingedrungen waren. Heutzutage im Westen beliebt, ist er in China jedoch ausgestorben.

Oben: Die chinesische Gemeinde Sydneys feiert das chinesische Neujahr mit einem eindrucksvollen Drachentanz.

Rechts: Diese Telefonzelle in New Yorks Chinatown ist in traditionellen Farben bemalt: Rote Säulen tragen ein grünes chinesisches Dach.

UMSCHRIFTTABELLE PINYIN/ WADE-GILES

Pinyin	*Wade-Giles*
a	a
ai	ai
an	an
ang	ang
ao	ao
ba	pa
bai	pai
ban	pan
bang	pang
bao	pao
bei	pei
ben	pen
beng	peng
bi	pi
bian	pien
biao	piao
bie	pieh
bin	pin
bing	ping
bo	po
bu	pu
ca	ts'a
cai	ts'ai
can	ts'an
cang	ts'ang
cao	ts'ao
ce	ts'e
cen	ts'en
ceng	ts'eng
cha	ch'a
chai	ch'ai
chan	ch'an
chang	ch'ang
chao	ch'ao
che	ch'e
chen	ch'en
cheng	ch'eng
chi	chi'ih
chong	ch'ung
chou	ch'ou
chu	ch'u
chuai	ch'uai
chuan	ch'uan
chuang	ch'uang
chui	ch'ui
chun	ch'un
chuo	ch'o
ci	tz'u
cong	ts'ung
cou	ts'ou
cu	ts'u
cuan	ts'uan
cui	ts'ui
cun	ts'un
cuo	ts'o
da	ta
dai	tai
dan	tan
dang	tang
dao	tao
de	te
dei	tei
den	tun
deng	teng
di	ti
dian	tien
diao	tiao
die	tieh
ding	ting
diu	tiu
dong	tung
dou	tou
du	tu
duan	tuan
dui	tui
dun	tun
duo	to
e	e (o)
ei	ei
en	en
eng	eng
er	erh
fa	fa
fan	fan
fang	fang
fei	fei
fen	fen
feng	feng
fo	fo
fou	fou
fu	fu
ga	ka
gai	kai
gan	kan
gang	kang
gao	kao
ge	ko
gei	kei
gen	ken
geng	keng
gong	kung
gou	kou
gu	ku
gua	kua
guai	kuai
guan	kuan
guang	kuang
gui	kuei
gun	kun
guo	kuo
ha	ha
hai	hai
han	han
hang	hang
hao	hao
he	ho
hei	heh (hei)
hen	hen
heng	heng
hong	hung
hou	hou
hu	hu
hua	hua
huai	huai
huan	huan
huang	huang
hui	hui
hun	hun
huo	huo
ji	chi
jia	chia
jian	chien
jiang	chiang
jiao	chiao
jie	chieh
jin	chin
jing	ching
jiong	chiung
jiu	chiu
ju	chü
juan	chüan
jue	chüeh
jun	chün
ka	k'a
kai	k'ai
kan	k'an
kang	k'ang
kao	k'ao
ke	k'o
ken	k'en
keng	k'eng
kong	k'ung
kou	k'ou
ku	k'u
kua	k'ua
kuai	k'uai
kuan	k'uan
kuang	k'uang
kui	k'uei
kun	k'un
kuo	k'uo
la	la
lai	lai
lan	lan
lang	lang
lao	lao
le	le
lei	lei
leng	leng
li	li
lia	lia
lian	lien
liang	liang
liao	liao
lie	lieh
lin	lin
ling	ling
liu	liu
long	lung
lou	lou
lu	lu
lü	lü
luan	luan
lüe	lüeh
lun	lun
luo	lo
ma	ma
mai	mai
man	man
mang	mang
mao	mao
me	me
mei	mei
men	men
meng	meng
mi	mi
mian	mien
miao	miao
mie	mieh
min	min
ming	ming
miu	miu
mo	mo
mou	mou
mu	mu
na	na
nai	nai
nan	nan
nang	nang
nao	nao
ne	na(no)
nei	nei
nen	nen (nun)
neng	neng
ni	ni
nian	nien
niang	niang
niao	niao
nie	nieh
nin	nin
ning	ning
niu	niu
nong	nung
nou	nou
nu	nu
nü	nü
nuan	nuan
nüe	nüeh
nuo	no
o	o
ou	ou
pa	p'a
pai	p'ai
pan	p'an
pang	p'ang
pao	p'ao
pei	p'ei
pen	p'en
peng	p'eng
pi	p'i
pian	p'ien
piao	p'iao
pie	p'ieh
pin	p'in
ping	p'ing
po	p'o
pou	p'ou
pu	p'u
qi	ch'i
qia	ch'ia
qian	ch'ien
qiang	ch'iang
qiao	ch'iao
qie	ch'ieh
qin	ch'in
qing	ch'ing
qiong	ch'iung
qui	ch'iu
qu	ch'ü
quan	ch'üan
que	ch'üeh
qun	ch'ün
ran	jan
rang	jang
rao	jao
re	je
ren	jen
reng	jeng
ri	jih
rong	jung
rou	jou
ru	ju
rua	(jua)
ruan	juan
rui	jui
run	jun
ruo	jo
sa	sa
sai	sai
san	san
sang	sang
sao	sao
se	se
sen	sen
seng	seng
sha	sha
shai	shai
shan	shan
shang	shang
shao	shao
she	she
shei	shei
shen	shen
sheng	sheng
shi	shih
shou	shou
shu	shu
shua	shua
shuai	shuai
shuan	shuan
shuang	shuang
shui	shui
shun	shun
shuo	shuo
si	ssu (szu)
song	sung
sou	sou
su	su
suan	suan
sui	sui
sun	sun
sou	so
ta	t'a
tai	t'ai
tan	t'an
tang	t'ang
tao	t'ao
te	t'e
eng	t'eng
ti	t'i
tian	t'ien
tiao	tiao
tie	t'ieh
ting	t'ing
tong	t'ung
tou	t'ou
tu	t'u
tuan	t'uan
tui	t'ui
tun	t'un
tuo	t'o
wa	wa
wai	wai
wan	wan
wang	wang
wei	wei
wen	wen
weng	weng
wo	wo
wu	wu
xi	hsi
xia	hsia
xian	hsien
xiang	hsiang
xiao	hsiao
xie	hsieh
xin	hsin
xing	hsing
xiong	hsiung
xiu	hsiu
xu	hsü
xuan	hsüan
xue	hsüeh
xun	hsün
ya	ya (yai)
yan	yen
yang	yang
yao	yao
ye	yeh
yi	i (yi)
yin	yin
ying	ying
yo	yo
yong	yung
you	yu
yu	yü
yuan	yüan
yue	yüeh
yun	yün
za	tsa
zai	tsai
zan	tsan
zang	tsang
zao	tsao
ze	tse
zei	tsei
zen	tsen
zeng	tseng
zha	cha
zhai	chai
zhan	chan
zhang	chang
zhao	chao
zhe	che
zhei	chei
zhen	chen
zheng	cheng
zhi	chih
zhong	chung
zhou	chou
zhu	chu
zhua	chua
zhuai	chuai
zhuan	chuan
zhuang	chuang
zhui	chui
zhun	chun
zhuo	cho
zi	tzu
zong	tsung
zou	tsou
zu	tsu
zuan	tsuan
zui	tsui
zun	tsun
zuo	tso

BILDQUELLENVERZEICHNIS

Abkürzungen: o = oben, ol = oben links, or = oben rechts, M = Mitte, u = unten usw.

Innenspiegel: Karten aus einem Atlas der Provinz Jianxi, Südost-China, 18. Jh.: Add. Ms. 16356, British Library, London.

Seite
2–6. Chinesische Schattenspiel-Figuren: Mark Fiennes, London.
8–9. Zeichnungen von John Fuller, Cambridge.
13. Aus *The Water Margin* von Chen Hongshou.
18 ol. Russe aus Xinjiang: Claude Sauvageot, Paris.
18 oM. Gruppe von Han-Chinesen aus der Provinz Shanxi: Caroline Blunden, London.
18 or. Dai-Mädchen aus dem südlichen Yunnan: Claude Sauvageot, Paris.
18 Ml. Vertreter des Miao-Minderheitenstammes: Claude Sauvageot, Paris.
18 M. Hani-Frau mit Kind aus Yunnan: Claude Sauvageot, Paris.
18 ul. Tibetische Familie aus Lhasa: Claude Sauvageot, Paris.
18 ur. Uigure aus Xinjiang: Claude Sauvageot, Paris.
19 M. Mongolisches Paar: Claude Sauvageot, Paris.
19 u. Kasache aus Xinjiang: David Thurston, London.
20 o. Terassenfelder, die mit Ochsen gepflügt werden: Marc Riboud, Magnum/John Hillelson Agency, London.
20 M. Guilin-Gebirge: Richard und Sally Greenhill, London.
42 o. Raps-Felder in der Provinz Gansu: Robert Harding Associates, London.
42 Ml. Der Tianshan: Caroline Blunden, London.
42 Mr. Ebenen in der Nähe von Khurjit in der Mongolei: Colorific! London.
42 ul. Die Alte Seidenstraße in der Nähe Turfans: Han Juce, Peking, Zefa, London.
42 ur. Die Wüste Gobi: David Thurston, London.
43 o. Die Löß-Region in der Provinz Shanxi: Caroline Blunden, London.
43 Ml. Der Mount Everest von Tibet aus gesehen: Zara Flemming, London.
43 Mr. Zentralebene der Provinz Shanxi: Caroline Blunden, London.
43 u. Schluchten des Yangzi: Alan Hutchison Agency, London.
44–45. Provinz Guilin: Bruno Barbey, Magnum, Paris.
46 ol. Tal südlich von Sichuan in Guizhou: Caroline Blunden, London.
46 or. Felsformationen von Shilin in Yunnan: David Thurston, London.
46 ul. Industrie-Komplex in Anshan, Mandschurei: Peter Carmichael, Aspect, London.
46 ur. Berggipfel des Huangshan, Anhui: Caroline Blunden, London.
47. Aus *The Water Margin* von Chen Hongshou.
48–49. Bronzeaxt aus der Shang-Zeit: durch freundliches Entgegenkommen des Cultural Relics Bureau, Peking, und des Metropolitan Museum of Art, New York.
51. Rekonstruktion eines Dorfes aus dem Neolithikum von Tang Muli, London.
52 o. Kopf, Yangshao-Keramik: Ostasiatiska Museet, Stockholm.
53 o. Yangshao-Keramik mit Fisch-Dekor: nach *Hsi-an Pan-p'o,* Peking 1963.
53 M. Longshan-Keramik, ca. 2000–1500 v. Chr.: Ostasiatiska Museet, Stockholm.
53 ul. Bemalter Krug aus Gansu: Bulloz, Paris.
53 uM. Gefäß mit spiralförmiger Dekoration, Yangshao: Musée Cernuschi, Paris (Foto Giraudon, Paris).
55 o. Symbolschriften nach Abreibungen.
55 u. Schildkröten-Panzer mit Inschriften aus der Shang-Zeit: Institut für Geschichte und Philologie, Academia Sinica, Taipei.
56–57. Rekonstruktion einer Jagdexpedition zur Shang-Zeit von Tang Muli, London.
58. Weingefäß aus Bronze, Shang-Zeit: Musée Cernuschi, Paris (Foto Luc und Lala Joubert, Paris).
59 u. Streitwagen aus einem Shang-Grab, Anyang: Robert Harding Associates, London.
60. o. Abreibung einer *taotie*-Maske.
61 o. Bronze-Gefäß, Zhou-Periode, 22,9 × 22,8 cm: mit freundlicher Genehmigung der Freer Gallery of Art, Smithsonian Institution, Washington, D. C.
61 u. Entwicklung des *ding:* John Brennan, Oxford, nach Phyllis Ward.
64. Abreibungen von Jagdszenen.
67. Stützfigur eines *bian*-Gongs aus dem Grabmal des Markgrafen Yi in der Provinz Hubei: aus *Out of China's Earth* von Hao Qian, © 1981 China Pictorial, published, Harry Abrams Inc., New York.
68–69. Chinesische Krieger zu Pferd von Tang Muli, London.
70. Münzen: Heberden Coin Room, Ashmolean Museum, Oxford.
71. Ein General aus der Zhou-Zeit von Tang Muli, London.
72. Goldener Degengriff, 4. Jh. v. Chr., Höhe 11,2 cm: British Museum, London.
74–75. Figuren aus einem Grab des Chu-Staats in Xinyang, Henan: Zeichnung nach *Wen Wu,* 1958/1.
76. Rechteckiger *ding,* Anyang, Späte Shang-Zeit: mit freundlicher Genehmigung des Cultural Relics Bureau, Peking, und des Metropolitan Museum of Art, New York.
77 ol. Gußtechniken: Dirk Barnard, Milverton.
77 or. *pan*-Schale, Shang-Zeit, 13.–12. Jh. v. Chr., 12,1 × 32,5 cm: mit freundlicher Genehmigung der Freer Gallery of Art, Smithsonian Institution, Washington, D. C.
77 u. Jadene Ritualscheibe, *pi,* aus Jincun, Honan, Östliche Zhou-Dynastie, 16,5 × 21,9 cm: Nelson-Atkins Museum of Art, Kansas City, Missouri (Nelson Fund).
78 oM. Monster-Maske und Ring, Sarg- oder Türgriff, aus Yi Xien, 5. Jh. v. Chr., 45,5 × 29 cm: Robert Harding Associates, London.
78 or. Gefäß *chien,* Östliche Zhou-Periode, 5. Jh. v. Chr., »Liyu«-Stil, 22,8 × 51,7 cm: mit freundlicher Genehmigung der Freer Gallery of Art, Smithsonian Institution, Washington, D. C.
78 u. Lackierter Hirsch aus dem Grab des Markgrafen Yi, Hubei, 5. Jh. v. Chr.: Zefa. London.
78–79. Rhinozeros, Weinbehälter, aus der Provinz Shaanxi: mit freundlicher Genehmigung des Cultural Relics Bureau, Peking, und des Metropolitan Museum of Art, New York.
79 o. Ritualgefäß, Westliche Zhou-Dynastie, Kanghongui, 11. Jh. v. Chr.: British Museum, London.
80. Infanterie-Offizier aus der Zeit der Qin-Dynastie in Uniform: Caroline Blunden, London.
82–83. Soldaten der Qin-Dynastie: Rekonstruktion von John Brennan, Oxford.
85. Soldaten und Pferde aus Grube 1 des Grabs des »Ersten Kaisers« der Qin: aus *Out from China's Earth* von Hao Qian, © 1981 China Pictorial, published, Harry Abrams Inc., New York.
86 l. Krieger aus Grube 2 des Grabs des »Ersten Kaisers« der Qin, Ton: mit freundlicher Genehmigung des Cultural Relics Bureau, Peking, und des Metropolitan Museum of Art, New York.
86 or. Haartracht der Soldaten: Rekonstruktion von John Brennan, Oxford.
86 uM. Lageplan der Gruben: Rekonstruktion von John Brennan, Oxford.
87 o. Ausgrabung von Figuren aus Grube 1, Grab des »Ersten Kaisers« der Qin: Howard Nelson, London.
87 u. Plan der Grube 1 mit der Anordnung der Figuren: Rekonstruktion von John Brennan, Oxford.
88. Kaiserlicher Palast in Peking: Marc Riboud, Magnum/John Hillelson, London.
90 o. Wagenlenker der Han-Zeit, nach einer Steinabreibung.
91 *Kaiser Ming Huangs Reise nach Shu* (Ausschnitt), Werk eines anonymen Künstlers nach einem Rollbild der Tang-Zeit, Tusche und Farben auf Seide: National Palace Museum, Taipei, Taiwan, Republik China.
94. Steinabreibungen aus der Han-Zeit.
96–97. *Reisende Tataren zu Pferd* (Ausschnitt), Li Zanhua zugeschrieben, Spätere Tang-Dynastie, 10. Jh., Handrolle, 27,8 × 125,1 cm: mit freundlicher Genehmigung des Museum of Fine Arts, Boston, Mass. (Keith McLeod Fund).
99. Krieger-Gruppe aus bemaltem Ton, 6. Jh. n. Chr.: mit freundlicher Genehmigung des Royal Ontario Museum, Toronto.
100–101. Die Schiffsbrücke des Song-Kaisers Taizu von Tang Muli, London.
104. Der Große Kanal bei Suzhou: Peter Carmichael, Aspect, London.
106. Bronzelampe in Gestalt einer Frau aus dem Grab der Dou Wan, Provinz Hebei: mit freundlicher Genehmigung des Cultural Relics Bureau, Peking, und des Metropolitan Museum of Art, New York.
107 o. »Fliegendes Pferd« aus Bronze, Provinz Gansu, Höhe 30 cm: Robert Harding Associates, London.
107 u. Teilvergoldete Leoparden mit Silbereinlegearbeit, aus dem Grab der Dou Wan, Provinz Hebei: Robert Harding Associates, London.
108 ol. Modell eines Kornspeichers, glasiertes Steingut: Asian Art Museum of San Francisco, Avery Brundage Collection.
108 oM. Bauernhof, grünglasiertes Steingut, 206–221 n. Chr., Höhe 10,2 × 22,2 cm: Asian Art Museum of San Francisco, Avery Brundage Collection.
108 or. Bogenschütze mit Beute, Detail eines Ziegels aus einem Han-zeitlichen Grabmal.
108 Ml. Genreszenen von Ziegeln aus Gräbern, Sichuan.
108 Mr. Modell eines Aborts und eines Schweinestalls, graues Steingut, 1. oder 2. Jh. n. Chr., Höhe 25 cm: Tenri-Museum, Japan.

108 ul. Katzenwesen aus Stein, 3. oder 4. Jh. n. Chr., Höhe 130,8 × 1,175,3 cm: Nelson-Atkins Museum of Art, Kansas City, Missouri (Nelson Fund).
108 ur. Modell eines Wachtturmes aus einem Grab, glasiertes Steingut: mit freundlicher Genehmigung des Royal Ontario Museum, Toronto.
109 M. Figur eines Wächters, Abreibung eines Grab-Ziegels.
109 u. Fisch zubereitende Frau, rotes Steingut mit irisierender grüner Glasierung, Höhe 20,3 cm: Yale University Art Gallery (Geschenk von Wilson P. Foss, Jr).
111. Wandmalereien aus der Mogao-Höhle in Dunhuang, Provinz Gansu: Caroline Blunden, London.
112 ol. Kopf eines Mönchs, Höhlen in Longmen, Henan, 6. Jh., Höhe 59,5 cm: Musée Guimet, Paris (Foto Documentation photographique de la réunion des musées nationaux, Paris).
112 or. Reliefdarstellungen aus dem Inneren der Höhlen in Yun'gang, 470–80 n. Chr.: Caroline Blunden, London.
112 Ml. Buddhas, aus der Stirnseite eines Felsens in Yun'gang gemeißelt, 470–80 n. Chr.: Betty Lin, Oxford.
112 M. Sitzender Lohan, Steingut, 11. Jh.: British Museum, London.
112 Mr. Prabhutaratna und Shakyamuni, vergoldete Bronze, Höhe 26 cm, datiert von 518: Musée Guimet, Paris (Foto Documentation photographique de la réunion des musées nationaux, Paris).
113 l. Entwicklung der Buddha-Darstellung: Rekonstruktion von John Brennan, nach Mizuno.
113 r. Buddha-Plastik in Leshan, Henan, 8. Jh.: Colorific! London.
114. Sandsteinrelief eines Pferdes des Tang-Kaisers Taizong, 649 n. Chr., aus Shensi: University of Pennsylvania, Philadelphia.
115 l. Tanzende Frau, Steingut-Statuette, Grabbeigabe, Tang-Dynastie, Höhe 25,15 cm: Musée Guimet, Paris (Foto Documentation photographique de la réunion des musées nationaux, Paris).
115 l. Reiterin mit Pferd, Steingut, Grabbeigabe: Office du Livre, Fribourg.
116 o. *Zeitiger Frühling* (Ausschnitt) von Guo Xi, Tusche und lichte Farben auf Seide, Rollbild, 1072 n. Chr.: National Palace Museum, Taipei, Taiwan, Republik China.
116 M. *Fließendes Gewässer und Berge* (Ausschnitt) von Xia Gui, 1180–1230, Handrolle: National Palace Museum, Taipei, Taiwan, Republik China.
116 u. *Aufenthalt in den Fuchun-Bergen* (Ausschnitt) von Huang Gongwang, 1350: National Palace Museum, Taipei, Taiwan, Republik China.
117 o. *Sieben Zypressen* (Ausschnitt) von Wen Zhengming, Tusche auf Papier, Handrolle, 1532, Höhe 28,3 cm, Breite 361,9 cm: Honolulu Academy of Arts (Geschenk von Mrs. Carter Galt, 1952).
117 l. *Rückkehr in die Heimat am Abend* (Ausschnitt) von Dai Jin, 15. Jh.: National Palace Museum, Taipei, Taiwan, Republik China.
117 Mr. Ausschnitt aus einer Landschaft von Wang Hui im Stil Huang Gongwangs, Tusche auf Papier, Rollbild, 1660, Höhe 174, Breite 89,6 cm: Art Museum, Princeton University, New Jersey.
117–118. *Nordmeer* (Ausschnitt) von Zhou Chen, ca. 1450–1535, Tusche und Farben auf Seide, Handrolle, 28,4 × 136,6 cm: Nelson-Atkins Museum of Art, Kansas City, Missouri (Nelson Fund).
120–121. *Flußaufwärts zum Qingming-Fest* (Ausschnitt) von Zhang Zeduan, 1111–26, Rollbild: Peking.
124 »Opfer einer Hungersnot« (Ausschnitt) aus *Bettler und Straßengestalten* von Zhou Chen, Tusche und Farben auf Papier, Handrolle, 1516, 252 × 31,8 cm: Cleveland Museum of Art (Erwerbung John L. Severance Fund).
125. Ausschnitt Kaiser Wu aus der Handrolle mit den Porträts der dreizehn Kaiser von Yan Liban, 7. Jh.: Museum of Fine Arts, Boston, Mass.
126. Polospieler, Wandmalerei aus dem Grab des Prinzen Zhang Huai, Tang-Dynastie: Shaanxi-Provinz-Museum, Xi'an.
128. Rekonstruktion eines Theaters aus der Zeit der Mongolen-Dynastie von Tang Muli, London.
131. Porträt des Zhu Xi: National Palace Museum, Taipei, Taiwan, Republik China.
132–133. Rekonstruktion einer Bauernerhebung unter der Ming-Dynastie von Tang Muli, London.
134. »Gelehrtentreffen« (Ausschnitt), Tusche und Farben auf Seide, Handrolle, Qing-Dynastie, 31,4 × 53,7 cm: mit freundlicher Genehmigung der Freer Gallery of Art, Smithsonian Institution, Washington, D. C.
135. Die Große Mauer: Robert Harding Associates, London.
136 o. Plan von Peking, von John Brennan, Oxford.
137 o. Skyline von Peking: David Thurston, London.
137 Ml. Detail von einer Reihe von Drachendarstellungen: Robert Harding Associates, London.
137 M. Zwitterwesen als Wächter: Betty Lin, Oxford.
137 Mr. Der Himmelstempel: Zefa, London.
137 u. Die Verbotene Stadt.
138. Wächterfigur am »Geisterweg« außerhalb Pekings: Claude Sauvageot, Paris.
140 o. Bronzener Dreifuß mit Cloisonnémalerei aus der Ming-Zeit, Höhe 18,1 cm: mit freundlicher Genehmigung der Freer Gallery of Art, Washington, D. C.
140 u. Früher Morgen im Beihai-Park, Peking: Zefa, London.
141 o. Ausschnitt von einer seidenen Beamtenrobe: Gulbenkian Museum of Oriental Art, University of Durham (Foto Mike Smith).
141 u. Versionen von Schriftzeichen, die Bestandteile des Designs von Beamtenroben waren: Rekonstruktion von John Brennan, Oxford.
142–143. Bau des Damms bei Xi'an: Robert Harding Associates, London.
145 l. Jesuiten-Pater: Giraudon, Paris.
145 r. Observatorium: Privatsammlung.
146 o. Ländliche Szene, Holzplatten-Druck, Beispiel für die Anwendung des perspektivischen Fluchtpunkts.
146 u. Grashüpfer aus dem *Handbuch der Malerei aus dem Senfkorngarten.*
147. Holzschnitt aus *Der Traum der Roten Kammer* von Cao Xueqin.
148. Opium-Raucher: School of Oriental and African Studies, University of London.
153 ol. Kaiserin Cixi, Hofdamen und der Ober-Eunuch: Popperfoto, London.
153 ur. Boxer beim Fechten: Rekonstruktion von Tang Muli, London.
154 o. Bahnsteig, Tianjin, 1908: School of Oriental and African Studies, University of London.
156 o. Junges Mädchen: School of Oriental and African Studies, University of London.
156 or. Wohlhabende Dame mit Diener: Popperfoto, London.
156 u. Straßenszene: School of Oriental and African Studies, University of London.
157. Kaufleute in Shanghai: School of Oriental and African Studies, University of London.
159. Zerstörte Straße, 1911: School of Oriental and African Studies, University of London.
160. Gefangener im Holzkragen: School of Oriental and African Studies, University of London.
161 »Aufschrei«, Holzschnitt von Li Hua.
162 o. Chinesische Soldaten auf der Großen Mauer: Associated Press, London.
162 u. Gemälde von Tang Muli, London: mit freundlicher Genehmigung des Künstlers.
163. *Zornausbruch,* Holzschnitt von Li Hua.
164 r. Diagramm der Kommunistischen Partei, nach L. van Slyke.
164 Ml. Kommunistische Universität in einem umgewandelten Getreidekeller: Popperfoto, London.
166 o. Diagramm zur Verdeutlichung der Inflation: John Brennan, Oxford, nach Shunxin Zhou.
166 u. Straßenszene: Henri Cartier Bresson, John Hillelson Agency, London.
167. Menschenschlange vor einer Bank, Shanghai 1948: Henri Cartier Bresson, John Hillelson Agency, London.
168. Papierschnitt der »Viererbande«.
169 o. Kulturrevolution 1966–76: Alan Hutchison Agency, London.
169 u. Politisches Plakat: Caroline Blunden, London.
170 o. Straße in Shanghai: Claude Sauvageot, Paris.
170 M. Mädchen bei der Dauerwelle, Urumtschi: Claude Sauvageot, Paris.
170 u. Kindergarten: Caroline Blunden, London.
171 o. Schulkinder bei der Gymnastik: Alan Hutchison Agency, London.
171 u. Frau beim Staken einer Dschunke auf dem Li-Fluß: Peter Carmichael, Aspect, London.
172 o. Lageplan des Sommerpalastes: British Museum, London.
172 u. Sommerpalast im Winter: Robert Harding Associates, London.
173 o. Marmor-Barke, Sommerpalast: Caroline Blunden, London.
173 u. Blick über die Dächer des Sommerpalastes: Caroline Blunden, London.
174 o. *Wasserbüffel* von Yuan Yunsheng, Tusche auf Papier: Tang Muli, London.
174 ul. *Festival des spritzenden Wassers, Lied des Lebens,* Ausschnitt aus dem Wandgemälde im Pekinger Flughafen: Caroline Blunden, London.
174 ur. *Drift* von Yuan Yunsheng, Tusche auf Papier: Tang Muli, London.
175 o. *Kiefer und Wolke* von Chen Dehong: mit freundlicher Genehmigung des Künstlers.
175 M. »Das Wasser des Gelben Flusses strömt vom Himmel« (Li Bo) von Chen Dehong: mit freundlicher Genehmigung des Künstlers.
174 ul. *Wiegenlied* von Tang Muli: mit freundlicher Genehmigung des Künstlers.
175 uM. Mythologische Szene von Wang Jianan: mit freundlicher Genehmigung des Künstlers.
175 ur. *Schöne auf gefährlichen Höhen* von Fang Zhaoling, 1972.
176. Mausoleum des Großen Vorsitzenden Mao, Tiananmen-Platz, Peking: Caroline Blunden, London.
177. Aus *The Water Margin* von Chen Houngshou.
180 o. Die Entwicklung des Schriftzeichens *wan* (Skorpion).
180 Mo. Die Entwicklung des Schriftzeichens *yang* (Schaf).
180 Mu. Die Entwicklung des Schriftzeichens *bai* (weiß).
180 u. In Hohlformen geschnitzte Schriftzeichen nach Shirakawa.
181. Schriftzeichen, ausgeführt von Kaiser Hui Zong.
182 M. Das Schriftzeichen *yong* (Ewigkeit), nach E. Glahn.
182 ul. Inschrift im Siegel-Stil auf einem *pan*-Gefäß der Familie San aus der Zeit der Zhou-Dynastie.
182 uM. Schriftprobe in »Gras«-Schrift, Abreibung einer Steingravierung von Wang Xizhi, 4. Jh. n. Chr.
182 ur. Schriftprobe der »Standard«- oder »Modell«-Schrift von Ouyang Xun, Tang-Dynastie.
183 o. Gedicht und Kolophon aus *Sommerlicher Zufluchtsort in einem östlichen Hain* von Wen Zhengmin in Kursivschrift: Wango Wen, New Hampshire

(Collecion of John M. Crawford Jr).
183 u. Komplexe Schriftzeichen aus einem oder mehreren Elementen, nach Roy Barnard.
183 r. Schriftzeichen auf einer Tang-zeitlichen Stele: G. Corrigan, Geoslides, London.
185. Der Huangshan, Provinz Anhui: Caroline Blunden, London
187. Konfuzius, nach einer Steinabreibung.
188 ul. Opfergaben für ein Begräbnis in Yunnan: Claude Sauvageot, Paris.
188 r. Pilger beim Gebet, Lhasa: Peter Carmichael, Aspect, London.
189 l. Brennende Räucherstäbchen im Qiong-Bambus-Kloster in der Nähe von Kunming: David Thurston, London.
189 or. Ahnenverehrung an einem Grab in Yunnan: Claude Sauvageot, Paris.
189 Mr. Gebet in einer Moschee in Kunming: Claude Sauvageot, Paris.
189 ul. Befragung eines spiritistischen Mediums in Singapur: Richard und Sally Greenhill, London.
189 ur. Gebet in einer christlichen Kirche in Peking: Claude Sauvageot, Paris.
190 o. Gebetsfeuer im Potala-Palast, Lhasa: Peter Carmichael, Aspect, London.
190 ul. Halle des buddhistischen Tempels in Jinci nahe Taiyuan: Caroline Blunden, London.
190 ur. Palchorchorten oder Große Stupa von Gyantse, Tibet: Peter Carmichael, Aspect, London.
191 or. Ursprüngliche christliche Kirche in Peking: David Thurston, London.
191 Mo. Die Moschee in Turfan: Robert Harding Associates, London.
191 Mu. Taoistischer Tempel in Yonglegong, Provinz Shanxi: Caroline Blunden, London.
191 ul. Konfuzius-Tempel in Qufu: Zefa, London.
191 ur. Höhlentempel in Dunhuang: Caroline Blunden, London.
192 o. Behandlung einer Frau mit Schröpfköpfen: Richard und Sally Greenhill, London.
192 l. Geschnitztes und bemaltes anatomisches Modell mit Akupunktur-Einstichpunkten, Höhe 107 cm, 17. Jh.: Crown copyright, Science Museum London, Leihgabe des Wellcome Institute, London.
192 M. Abbildung aus einem chinesischen Kräuterbuch, *Sinica* 180/1: Bodleian Library, Oxford.
192 M. Verkaufstisch eines Kräuterhändlers, Lanzhou: David Thurston, London.
193 l. Mit Wasserfarben koloriertes Diagramm mit Akupunkturpunkten zur Kontrolle von Herzbeschwerden und solchen der Sexualorgane, 35 × 28 cm, 18. Jh.: Wellcome Institute, London.
193 or. Fühlen des Pulses: Zeichnung John Brennan, Oxford.
193 Mr. Geomantik-Kompaß, Holz, lackiert, um 1600: History of Science Museum, Oxford.
193 ur. Särge: Bill McKeith, Oxford.
195 or. Abakus, 19. Jh., Perlen und Rahmen aus Rosenholz, Stäbe aus Bambus: History of Science Museum, Oxford.
195 u. »Lehrer und Schüler diskutieren schwierige Probleme«, Holzschnitt von Cheng Dawei aus dem *Suan Thung Tsung,* 1593.
198 or. Tretradpumpe, nach einem Holzschnitt.
198 Mol. Wasserangetriebener Blasebalg, nach einem Holzschnitt.
198 Mor. Wasserrad, nach einem Holzschnitt.
198 M. Maschine zum Aufhaspeln von Seidenfäden, nach einem Holzschnitt.
198 ur. Flammenwerfer, Zeichnung von John Brennan, nach J. Needham.
199 or. Seismograph, Zeichnung von John Brennan, nach *Wen Wu.*
199 M. Papierherstellung, nach einem Holzschnitt.
199 ul. Rotierender Setzkasten, Holzschnitt von Wang Chen, *Nung Shu,* 1313.
199 or. Hydraulisch betriebenes Uhrwerk, nach einem Modell von Wang Chen-To, Zeichnung John Christiansen.
200–201. Alle Fotos Percival David Foundation of Chinese Art, London.
202 Fingerübungen auf der *qin,* nach Holzschnitten.
203 o. Musikdarbietung auf einem Gemälde von Zhou Wenhu (heute verloren), Tusche und lichte Farben auf Seide, um 970, Höhe 25,6 cm: mit freundlicher Genehmigung des Fogg Art Museum, Harvard University Purchase.
203 M. Mann, Glocken anschlagend, nach einer Abreibung.
203 u. Musikinstrumente, nach einer Gravur auf einem Bronzegefäß aus der Zhou-Zeit.
204 ol. *Musik unter Bananenbäumen* von K'ieou Ying (1510–51), Tusche und Farben auf Papier, Querrolle, Länge 99 cm: National Palace Museum, Taipei, Taiwan, Republik China.
204 r. Knabe, das *sheng* spielend: Alan Hutchison Agency, London.
204 ul. *Erhu-Spieler:* Caroline Blunden, London.
205 or. Trommler vom Stamm der Dai: David Thurston, London.
205 u. Transkription der *Drei Variationen über die »Pflaumenblüte«* aus *Sonic Design* von R. Cogan und P. Escot.
206–207. Schauspieler beim Schminken: Zefa, London.
206 u. Szene aus *Der Affe verursacht einen Aufruhr im Himmel,* Shanghai-Oper 1980: Caroline Blunden, London.
207 o. Bemalte Fingerpuppen-Masken: Mark Fiennes, London.
207 u. Schattenspiel-Figur: Mark Fiennes, London.
208 o. Reisanbaustadien, nach Abreibungen.
208 Ml. Reisernte: Claude Sauvageot, Paris.
208 Mr. Grasland in Tibet: Felix Greene, Alan Hutchison Agency, London.
209 o. Stadien der Reisernte, nach einer Abreibung.
209 Ml. Entenaufzucht: Caroline Blunden, London.
209 Mr. Ein Schwein wird gewaschen: Peter Carmichael, Aspect, London.
209 Mr. Dreschen in Tibet: Peter Carmichael, Aspect, London.
210 o. Mann mit frischem Dung: Caroline Blunden, London.
210 M. Tretradpumpe: Alan Hutchison Agency, London.
211 o. Pflügen mit Ochsen: Caroline Blunden, London.
211 M. Kormoran-Fischerei: Bruno Barbey, Magnum, Paris.
221 u. Mitglieder einer Produktionsgemeinschaft auf einer kollektiv betriebenen Farm: Eve Arnold, Magnum, Paris.
213 ol. Nudelkoch in Shanghai: Caroline Blunden, London.
213 or. Marktszene: Claude Sauvageot, Paris.
213 M. Herstellung von *juozi:* Caroline Blunden, London.
213 ul. Brotbacken in Turfan: Caroline Blunden, London.
213 ur. Kantinenessen: Marc Riboud, Magnum, Paris.
214. *Palastdamen baden Kinder und kleiden sie an,* 12.–13. Jh., Seide, 22,7 × 24,4 cm: mit freundlicher Genehmigung der Freer Gallery of Art, Smithsonian Institution, Washington, D. C.
215 o. »Abstattung des Dankes für eine reiche Ernte« aus dem *Gengzhidu*-Album, 17. Jh.: British Museum, London.
216–217. Familienmahl: Marc Riboud, Magnum Paris.
216 ul. Frau mit eingebundenen Füßen: Peter Carmichael, Aspect, London.
216 ur. Großmutter und Kind: Caroline Blunden, London.
217 u. Amulett für einen Jungen, nach einem Holzplattendruck aus der Qing-Zeit.
218 o. Von den Yi bewohntes Dorf in der Nähe von Kunming: Peter Carmichael, Aspect, London.
218 u. Straße in Guangzhou: Claude Sauvageot, Paris.
219 o. Höhlenwohnungen, Shanxi: Betty Lin, Oxford.
219 or. Ungkor Gompa in Lhasa: Zara Flemming, London.
219 M. Aufbau eines Zeltes im Tianshan: David Thurston, London.
219 u. Farm mit Privatland in Yunnan: Caroline Blunden, London.
220 o. Korridor mit Chinoiserien im Pavillon von Brighton: Royal Pavilion Art Gallery and Museums, Brighton.
220 u. Park des Sommerpalastes in Peking, von Castiglione: Bibliothèque Nationale, Paris.
221 ol. Schild von Twinings Teegeschäft in London: Andrew Lawson, Charlbury.
221 or. *Mahonia bealii* aus dem *Botanical Magazine,* 1855.
221 Ml. Porzellanfigur, Benjamin Lund's Manufaktur, Bristol, 1750: Graham & Oxley (Antiques) Ltd., London.
221 Mr. Glasierter Teller, 18. Jh.: Ashmolean Museum, Oxford.
221 ul. Pekinese: Paul Forrester, London.
221 Ml. Maria Nemeth als Turandot: Mander and Mitchison Theatre Collection, London.
221 uMr. Feier des chinesischen Neujahrsfestes in Sydney: Andrew Lawson, Charlbury.
221 ur. Telefonzelle in New Yorks Chinatown: Colorific! London.

BIBLIOGRAPHIE

In der Bibliographie wurde auf die Aufnahme chinesischer Orginaltitel verzichtet; sie erscheinen nur in englischer, französischer oder deutscher Übersetzung.

Allgemeine Darstellungen

Baker, H., *Chinese Family and Kinship,* London 1979.
Beasley W. u. Pulleyblank, E. (Hg.), *Historians of China and Japan,* London 1961.
Bauer, W., *China und die Hoffnung auf Glück,* München 1971.
Cao Xueqin, *The Story of the Stone,* 5 Bde., Harmondsworth 1973–83; dt.: *Der Traum der Roten Kammer.* Stuttgart/München 1981.
Cook, F., *Hua-yen- Buddhism,* Philadelphia 1977.
Dawson, R. (Hg.), *The Legacy of China,* Oxford 1964.
ders. *Imperial China,* London 1972.
Eberhard, W., *Geschichte Chinas. Von den Anfängen bis zur Gegenwart,* Neuausg. Stuttgart 1971.
Eichhorn, W., *Kulturgeschichte Chinas,* Stuttgart 1971.
Elvin, M., *The Pattern of the Chinese Past,* Stanford, Calif. 1972.
Franke, H. u. Trauzettel, R., *Das Chinesische Kaiserreich,* Frankfurt a. M. 1968.
Franke, O., *Geschichte des chinesischen Reiches,* 5 Bde., Berlin 1930–52.
Gardner, C., *Chinese Traditional Historiography,* Cambridge, Mass. 1961 (rev.).
Gernet, H., *A History of Chinese Civilization,* Cambridge 1982.
Gernet, Jacques, *Die chinesische Welt,* Frankfurt a. M. 1979.
Graham, A., *Two Chinese Philosophers,* London 1958.
Hanan, P., *The Chinese Vernacular Story,* Cambridge, Mass. 1982.
Ho, P. T., *The Ladder of Success in Imperial China: Aspects of Social Mobility, 1368–1911,* New York 1962.
Hucker, C., *China's Imperial Past,* London 1975.
Jenyns, A. u. a., *Chinesische Kunst,* Bd. 2, Zürich 1980.
Liu, J. J. Y., *The Art of Chinese Poetry,* London 1962.
Lu Hsun (Chou Shu-jen), *A Brief History of Chinese Fiction,* Peking 1959.
Lu Xun, *La mauvaise herbe,* Paris 1970.
Maspero, H., *Taoism and Chinese Religion,* Amherst, Mass. 1981.
Moreau-Gebhard, J. C., *Chinesische Kunst,* Bd. 1, Zürich 1980.
Needham, J. u. a., *Science and Civilisation in China,* Cambridge 1954 ff.
Schipper, K., *Le Corps Taoiste,* Paris 1982.
Shen Fu, *Six recits au fil inconstant des jours,* Brüssel 1966.
Sickman, L. u. Soper, A., *The Art and Architecture of China,* Harmondsworth 1956.
Speiser, W. u. a., *Chinesische Kunst,* Fribourg/Zürich 1968.
ders. *China. Geist und Gesellschaft,* Baden-Baden 1979.
Sullivan, M., *An Introduction to Chinese Art,* Berkeley, Calif. 1961.
Toynbee, A. (Hg.), *Half the World: the History and Culture of China and Japan,* London 1973; dt.: *Der ferne Osten, Geschichte und Kultur Chinas und Japans,* Braunschweig 1974.
Twitchett, D. u. Fairbank, J. (Hg.), *The Cambridge History of China,* Cambridge 1978 ff.
Waley, A., *Three Ways of Thought in Ancient China,* London 1939; dt.: *Lebensweisheit im alten China,* Frankfurt a. M. 1974.
ders. *Chinese Poems,* London 1956; dt.: *Chinesische Lyrik,* München 1963.
Wilhelm, H., *Change,* London 1960; dt.: *Die Wandlung. 8 Essays zum I Ging,* Zürich 1958.
Wilhelm, R., *I Ging. Das Buch der Wandlungen,* 2. Aufl., Düsseldorf/Köln 1960.
Willetts, W., *Chinese Art,* Harmondsworth 1958.
Wolter, G. A., *China-Spiegel. Das Reich der Mitte in 4 Jahrtausenden,* Herford 1978.
Wu Ch'eng-en, *Monkeys Pilgerfahrt,* München 1980.

Das Land und seine Bewohner

Abrams, P. u. Wrigley, E. (Hg.), *Towns in Society,* Cambridge 1978.
Bielenstein, H., *The Census of China during the Period AD 2–742* in: *Bulletin of the Museum of Far Eastern Antiquities,* 19 (1957).
Boxer, C. R. (Hg.), *South China in the Sixteenth Century [Narratives of Pereira da Cruz and de Rada],* London 1953.
Cressey, G., *China, The Land of the 500 Million,* New York 1955.
Chen Ting Kai, *Die Volksrepublik China. Nord und Süd in der Entwicklung,* 2. Aufl., Stuttgart 1980.
Davidson, J., *The Island of Formosa, Past and Present,* New York 1903.
Domes, J., *Politische Soziologie der Volksrepublik China,* Wiesbaden 1980.
Elvin, M., *Chinese Cities since the Sung,* in: Abrams, P. u. Wrigley, E. (Hg.), *Towns in Societies,* Cambbridge 1978.
Elvin, M. u. Skinner, G. (Hg.), *The Chinese City between Two Worlds,* Stanford 1974.
Fischer, H. u.a., *China – das neue Bewußtsein. Gesellschaft, Erziehung, Bevölkerung,* München/Zürich 1978.
Fortune, R., *Three Years Wandering in the Northern Provinces of China, including a visit to the tea, silk and cotton countries ...,* London 1847.
Franke, W. (Hg.), *China-Handbuch,* Düsseldorf 1974.
Granet, M., *Die chinesische Zivilisation,* München 1976.
Gulik, R. van, *Neue Kriminalfälle des Richters Di aus alten chinesischen Originalquellen entnommen,* Zürich 1964.
Heimpel, C. u.a. *Agrarreform und wirtschaftliche Entwicklung in Taiwan,* Berlin 1968.
Ho, P. T., *The Population of Sung and Chin China,* in: *Études Song,* 1970.
ders., *Studies on the Population of China, 1368–1953,* Cambridge, Mass. 1959.
Huc, E., *A Journey through the Chinese Empire,* New York 1955; Nachdruck 1971.
Kolb, A., *Ostasien, Geographie eines Kulturerdteils,* Heidelberg 1963.
Kuwabara, J., *On Pu Shou-keng, a Man of the Western Regions,* in: *Memoirs of the Toyo Bunko,* 2/1928 und 7, 1935.
Latham, R., *The Travels of Marco Polo,* Harmondsworth 1958.
Lattimore, O., *The Desert Road to Turkestan,* Boston, Mass. 1929.
ders., *High Tartary,* Boston, Mass. 1930.
ders., *Manchuria, Cradle of Conflict,* New York 1932.
ders., *Pivot of Asia,* Boston, Mass. 1950.
ders., *Inner Asian Frontiers of China,* New York 1951.
Lewis, J. W. (Hg.), *The City in Communist China,* Stanford 1972.
Lombard-Salmon, C., *Un Example d'acculturation chinoise: la Province de Guizhou,* Paris 1972.
Mehnert, K., *Maos Erben machen's anders,* Stuttgart 1979.
Mémoires concernant le chinois, 14 Bde., Paris 1776–1814.
Menzel, V., *Wirtschaft und Politik im modernen China. Eine Sozial- und Wirtschaftsgeschichte von 1842 bis nach Maos Tod,* Opladen 1979.
Mills, J. (Hg.), *Ying-Yai sheng-lan. Overall Survey of the Ocean's Shores,* Cambridge 1970.
Moseley, G., *The Consolidation of the South China Frontier,* Berkeley, Calif. 1973.
Murphey, R., *The Outsiders,* Ann Arbor, Mich. 1977.
Purcell, V., *The Chinese in Southeast Asia,* London 1951.
Reischauer, E., *Enni's Travels in Tang China,* New York 1955; dt.: *Die Reisen des Mönchs Ennin,* Stuttgart 1963.
Ruge, G., *Begegnung mit China,* Düsseldorf 1978.
Schreiber, H., *Die Chinesen,* Wien/Düsseldorf 1978.
Schurz, W., *The Manila Galleon,* New York 1939.
Skinner, G. (Hg.), *The City in Late Imperial China,* Stanford 1978.
Skinner, G. W., *Leadership and Power in the Chinese Community of Thailand,* Ithaca, N. Y. 1958.
Watson, A., *Everyday Life in Communist China,* London 1975.
Wheatley, P., *The Pivot of the Four Quarters,* Edinburgh 1971.
Whiting, A., *Sinkiang, Pawn or Pivot?,* East Lansing, Mich. 1958.
Wickert, E., *China von innen gesehen,* Stuttgart 1983.
Wiens, H., *China's March towards the Tropics,* Hamden, Conn. 1954.
Yim, S. Y., *The Reconstruction of Ming Population Figures from Famine Relief Statistics,* in: *Ch'ing-shi wen-t'i* 1977.

Die Anfänge der chinesischen Kultur

Chang, K. C., *The Archaelogy of Ancient China,* New Haven, Conn, 1968 (rev.).
Chan-kuo-ts'e, Oxford 1970.
The Chronicle of Zuo (or Tso-Chuan), in: *The Chinese Classics,* Bd. 5, Teil 2, London 1872.
La Chronique de la principauté de Lou, Tch'ouen-ts'iou et Tso-tchouan, Ho-kien-fou 1914; Nachdruck Paris 1951.
Cheng, T. K., *Archaeology in China,* 3 Bde., Cambridge 1959–63.
Eichhorn, W., *Zur Religion im ältesten China (Shang-Zeit),* in: *Wiener Zeitschrift für die Kunde Süd- und Ostasiens* 2 (1958), S. 3–23.
Erdberg-Consten, E. v., *Das alte China,* Stuttgart 1958.
Haloun, G., *Die Rekonstruktion der chinesischen Urgeschichte durch die Chinesen,* in: *Japanisch-deutsche Zeitschrift f. Wissenschaft und Technik* 3, (1925), S. 243–270.
Li, C., *The Beginnings of Chinese Civilization,* Seattle, Wash. 1957.
Loehr, M., *Chinese Bronze Age Weapons,* Ann Arbor, Mich. 1956.
Maspero, H., *China in Antiquity,* Amherst, Mass., 1978. Sun tzu, *The Art of War,* Oxford 1963.
Watson, W., *China before the Han-Dynasty,* London 1961.

Neolithische Zeugnisse

Chang, K. C., *The Archaeology of Ancient China,* New Haven, Conn. 1977 (rev.).
Cheng, T. K., *Archaeology in China,* Bd. 1: *Prehistoric China,* Cambridge 1959.
Dexel, Th., *Die Formen chinesischer Keramik. Die Entwicklung der keramischen Hauptformen vom Neolithikum bis ins 18. Jahrhundert,* Tübingen 1955.
Medley, M., *The Chinese Potter,* Oxford 1976.
Rawson, *J., Ancient China, Art and Archaeology,* London 1980.
Sullivan, M., *The Arts of China,* Berkeley, Calif. 1977.

Clanwesen und Königtum

Chang, K. C., *Shang Civilization,* New Haven, Conn. 1980.
Chao, L., *The Socio-Political Systems of the Shang-Dynasty,* Taipei 1982.

Creel, H. G., *The Origins of Statecraft in China,* Bd. 1, Chicago/London 1970.
Schi-King. Das kanonische Liederbuch der Chinesen, Heidelberg 1880; Ausz. in *Altchinesische Hymnen,* Köln 1967.
Tsung-Tung Chang, *Der Kult der Shang-Dynastie im Spiegel der Orakelinschriften,* Wiesbaden 1970.
Vandermeersch, L., *Wangdao ou la voie royale,* 2 Bde., Paris 1977–80.

Kunst der Bronzezeit

Dexel, Th., *Chinesische Bronzen,* Braunschweig 1958.
Fong, W. (Hg.), *The Great Bronze Age of China,* New York 1980.
Garner, H., *Chinese Lacqueur,* London 1979.
Lawton, T., *Chinese Art of the Warring States Period, Change and Continuity, 480–22 B. C.,* Washington, D. C. 1982.
Li, C., *Anyang,* Seattle 1977.
Loehr, M., *Chinese Bronze Age Weapons,* Ann Arbor, Mich. 1956.
Rawson, J., *Ancient China, Art and Archaeology,* London 1980.
Watson, W., *Ancient Chinese Bronzes,* London 1962.
ders., *Cultural Frontiers in Ancient East Asia,* Edinburgh 1971.
ders., *Style in the Arts of China,* Harmondsworth 1974.

Das Reich der Qin

Bodde, D., *China's First Unifier,* Leiden 1938.
ders., *Statesman, Patriot and General in Ancient China,* New Haven, Conn. 1940.
Cotterell, A., *The First Emperor of China,* London 1981; dt.: *Der erste Kaiser von China,* Frankfurt a. M. 1981.

Die Terrakotta-Armee

Fong, W., *The Great Bronze Age of China,* New York 1980.
Qian, H., Chen, H. u. Ru, S., *Out of China's Earth,* London 1981.

Die Bewahrung des Imperiums

Balazs, E., *Chinese Civilization and Bureaucracy,* New Haven, Conn. 1964.
Bielenstein, H., *The Bureaucracy of Han Times,* Cambridge 1980.
Bodde, D. u. Morris, E., *Law in Imperial China,* Cambridge, Mass. 1967.
Chang, C. L., *The Chinese Gentry: Studies on Their Role in Nineteenth-Century Chinese Society,* Seattle, Wash. 1955.
Ch'ü, T. T., *Law and Society in Traditional China,* Paris 1961.
ders., *Local Government in China under the Ch'ing,* Cambridge, Mass. 1962.
Dardess, J., *Conquerors and Confucians,* New York 1973.
Eberhard, W., *Das Toba-Reich Nordchinas, eine soziologische Untersuchung,* Leiden 1949.
ders., *Chinas Geschichte,* Bern 1948.
Ebrey, P., *The Aristocratic Families of Early Imperial China,* Cambridge 1978.
Frankl, H., *China bis 960,* in: *Propyläen-Weltgeschichte,* Bd. 6, Berlin 1964, S. 191–263.
Hauer, E., *Huang-Ts'ing K'ai-Kuo Fang-Lüek: Die Gründung des mandschurischen Kaiserreiches,* Berlin 1926.
Huang, R., *Taxation and Governmental Finance in Sixteenth-Century Ming China,* Cambridge 1974.
ders., *1587, A Year of No Significance: The Ming Dynasty in Decline,* New Haven, Conn. 1981.
Hucker, C., *The Traditional Chinese State in Ming Times,* Tucson, Ariz. 1961.
ders. (Hg.), *Chinese Government in Ming Times,* New York 1969.
Kierman, F. u. Fairbank, J. (Hg.), *Chinese Ways in Warfare,* Cambridge, Mass. 1974.
Kracke, E., *Civil Service in Early Sung China,* Cambridge, Mass. 1953.
Loewe, M., *Das China der Kaiser, Die historischen Grundlagen des modernen China,* Wien/Berlin 1966.
Marney, J., *Liang Chien-Wen ti,* Boston, Mass. 1976.
McKnight, B., *Village and Bureaucracy in Southern Sung China,* Chicago 1971.
Meskill, J. (Hg.), *Wang An-Shih, Practical Reformer,* Boston, Mass. 1963.
Metzger, T., *The Internal Organization of the Ch'ing Bureaucracy,* Cambridge, Mass. 1973.
Mote, F., *The Poet Kao Ch'i,* Princeton, N. J. 1962.
Olbricht, P., *Die Tanguten und ihre Geschichte bis zur Gründung von Si-hia,* in: *Central Asiatic Journal 2* (1956), S. 142–154.
Perry, J. u. Smith, B. (Hg.), *Essays on Tang Society,* Leiden 1976.
Pulleyblank, E., *The Background to the Rebellion of An Lushan,* London 1955.
Schafer, E., *The Empire of Min,* Rutland, Ve. 1954.
Spence, J., *Emperor of China,* London 1974.
Spuler, B., *Geschichte der Mongolen,* Zürich/Stuttgart 1968.
Tao, J. S., *The Jurchen in Twelfth-Century China,* Seattle, Wash. 1976.
Twitchett, D., *Financial Administration under the Tang,* Cambridge 1963.
Wang, G. W., *The Structure of Power in North China during the Five Dynasties,* Kuala Lumpur 1963.
Watt, J., *The District Magistrate in Late Imperial China,* New York 1972.
Wittfogel, K. u. Feng, C. S., *History of Chinese Society: Liao,* Philadelphia, 1949.
Wright, A., *The Sui Dynasty,* New York 1978.
ders. u. Twitchett, D. (Hg.), *Perspectives on the Tang,* New Haven, Conn. 1973.
Yü, Y. S., *Trade and Expansion in Han China,* Berkeley, Calif. 1967.

Die Großen Kanäle

Hoshi, A., *The Ming Tribute Grain System,* Ann Arbor, Mich. 1969.

Die Kunst der Kaiserzeit I

Beurdely, Michel u. Cécile., *Chinesische Keramik,* Fribourg 1974.
Boerschmann, E., *Chinesische Architektur,* 2 Bde., Berlin 1925.
Cahill, J., *Chinese Painting,* Genf 1960. dt.: *Chinesische Malerei,* Stuttgart 1979.
ders., *Hills beyond a River,* New York/Tokio 1976.
Feddersen, M., *Chinesisches Kunstgewerbe,* 2. Auflage, Braunschweig 1955.
Fischer, O, *Chinesische Plastik,* München 1948.
ders., *Die chinesische Malerei der Han-Dynastie,* Berlin 1931.
Garner, H., *Oriental Blue and White,* London 1954.
Lee, S. E., u. Ho, W. K., *Chinese Art under the Mongols: The Yuan Dynasty (1279–1368),* Cleveland, Ohio, 1968.
Lion-Goldschmidt, D., *Chinas Kunst,* Zürich 1980.
Medley, M., *T'ang Pottery and Yuan Porcelain and Stoneware,* London 1974.
ders., *The Chinese Pottery,* Oxford 1976.
Pelliot, P., *Les Grottes de Touen-Houang,* 6 Bde., Paris/Brüssel 1925.
Prodan, M., *Chinesische Keramik der T'ang-Zeit,* München/Zürich 1961.
Sato, M., *Chinese Ceramics,* New York/Tokio 1978.
Sirén, O., *Sculpture from the Fifth to the Fourtheenth Centuries,* 4 Bde., London 1925.
Speiser, W., *China. Geist und Gesellschaft,* Baden-Baden 1979.
Smith, B., u. Weng, W. G., *China, A History in Art,* New York 1973.
Sullivan, M., *The Arts of China,* London 1977.
Tregear. M., *Chinese Art,* London 1980.
Watson, M., *Art of Dynastic China,* London 1981.

Gesellschaftliche Entwicklungen

Ahern, E., *Chinese Ritual and Politics,* Cambridge 1981.
Beattie, H., *Land and Lineage in China,* Cambridge 1979.
Chao, C. T., *Key Economic Areas in Chinese History as Revealed in the Development of Public Works for Water-Control,* London 1936.
Chü, T. T., *Han Social Structure,* Seattle, Wash. 1972.
Dennerline, J., *The Chiating Loyalists: Confucian Leadership and Social Change,* New Haven, Conn. 1981.
Elvin, M., *The Last Thousand Years of Chinese History, Changing Patterns in Land Tenue,* in: *Modern Asian Studies* IV. 2 (April 1970).
ders., *On Water-Control and Management during the Ming and Ch'ing Dynasties* in: *Ch'ing-shi weng-t'i* III. 3 (Nov. 1975).
Franke, H., Ahmed., *Ein Beitrag zur Wirtschaftsgeschichte Chinas unter Qubilai,* in: *Oriens* 1 (1948), S. 222–236.
ders., *Geld und Wirtschaft in China unter der Mongolenherrschaft,* Leipzig 1949.
Freedman, M., *Lineage Organization in Southeastern China,* London 1958.
ders., *Chinese Lineage and Society,* London 1966.
ders., *Study of Chinese Society,* Stanford, Calif. 1979.
Friese, H., *Zum Aufstieg von Handwerkern ins Beamtentum während der Ming-Zeit,* in: *Oriens Extremus* 6 (1959), S. 160–176.
Gernet, J., *Les Aspects économiques du Bouddhisme dans la société chinoise du Ve au Xe siècle,* Saigon 1956.
Granet, M., *Chinese Civilization,* London 1930; dt.: *Die chinesische Zivilisation, Familie, Herrschaft, Gesellschaft. Von den Anfängen bis zur Kaiserzeit,* München 1980.
Groot, J. de, *Secretarianism and Religious Persecution in China,* Leiden 1901.
Hsu Cho-yun, *Ancient China in Transition,* Stanford, Calif. 1965.
Juttka-Reisse, R., *Geschichte und Struktur der chinesischen Gesellschaft,* Bad Cannstatt 1977.
Kirby, E., *Einführung in die Wirtschafts- und Sozialgeschichte Chinas,* München 1955.
Lanciotti, L. (Hg.), *La donna nella Cina imperiale e nella Cina repubblicana,* Florenz 1980.
Perkins, D. (Hg.), *China's Modern Economy in Historical Perspective,* Stanford, Calif. 1975.
Rawski, E., *Agricultural Change and the Peasant Economy of South China,* Cambridge, Mass. 1972.
Schluchter, W. (Hg.), *Max Webers Studie über Konfuzianismus und Taoismus,* Frankfurt a. M. 1983.
Skinner, G. W., *Marketing and Social Structure in Rural China,* in: *Journal of Asian Studies* XXIV. 1 und 2 (Nov. 1964 und Febr. 1965).
Sung Ying-hsing, *Tien Kung Kai Wu. Chinese Technology in the Seventeenth Century,* Philadelphia 1966.
Vladimirtsov, B., *La Régime sociale des Mongoles: le féodalisme nomade,* Paris 1948.
Willmott, W. (Hg.), *Economic Organization in Chinese Society,* Stanford, Calif. 1972.
Wittfogel, K., *Wirtschaft und Gesellschaft Chinas,* Leipzig 1931.
ders., *Die orientalische Despotie. Eine vergleichende Untersuchung totaler Macht,* Köln/Berlin 1962.
Yang, L. S., *Les Aspects économiques des travaux publics dans la Chine imperiale,* Paris 1964.
Yoshinobu Shiba, *Commerce and Society in Sung China,* Ann Arbor 1970.

Die Kunst der Kaiserzeit II

Cahill, J., *Painting at the Shore, Chinese Painting of the Early and Middle Ming Dynasty, 1368–1558,* New York/Tokio 1978; dt.: *Chinesische Malerei,* Stuttgart 1979.
ders., *The Distant Mountains, Chinese Painting of the Late Ming Dynasty, 1570–1644,* New York/Tokio 1982.
ders., *The Compelling Image,* Cambridge, Mass./London 1982.
Impey, O., *Chinoiserie,* London 1977.
Keswick, M., *The Chinese Garden, History, Art, Architecture,* London 1978.
Paludan, A., *The Imperial Ming Tombs,* New Haven, Conn./London 1981.
Silva, A. de., *Chinesische Landschaftsmalerei,* Baden-Baden 1980.
Siren, O., *The Walls and Gates of Peking,* London 1924.
ders. *The Imperial Palace of Peking,* 3 Bde., Paris/Brüssel 1926.
ders./ *Gardens of China,* New York 1949.

Swann, P., *Die chinesische Malerei,* Stuttgart 1961.
Yee, C., *Chinese Calligraphy,* London 1938.

Überfeinerung und Stagnation

Billeter, J., *Li Zhi, philosophe maudit,* Genf 1979.
Elvin, M., *The Pattern of the Chinese Past,* Stanford, Calif. 1972.
Goodrich, L. C., *The Literary Inquisition of Ch'ien-lung,* Baltimore 1935.
Ryckmans, P., *Les »Propos sur la peinture« de Shitao,* Brüssel 1970.
ders., *Su Renshan,* Hongkong 1970.
Sze, M. M., *The Tao Painting ... with a Translation of the »Mustard Seed Garden Manual of Painting«,* New York 1956.

Die Kette der Ereignisse

Cameron, M., *The Reform Movement in China 1898–1912,* Stanford, Calif. 1931.
Cavendish, P., *The »New China« of the Kuomintang,* in: J. Gray, *Modern China's Search for a Political Form,* London 1969.
ders., *Anti-Imperialism in the Kuomintang 1923–8,* in: J. Chen und N. Tarling (Hg.), *Studies in the Social History of China and South-East Asia,* Cambridge 1970.
Chang H., *Liang Ch'i-ch'ao and the Intellectual Transition in China 1890–1907,* Cambridge, Mass. 1971.
Chen, J., *Yuan Shik-K'ai,* London 1961.
ders., *Mao and the Chinese Revolution,* London 1965.
ders., *China and the West,* London 1979.
Chen Jo-hsi, *The Execution of Major Yin,* Bloomington 1978.
Chesneaux, J., *The Chinese Labor Movement,* Stanford, Calif. 1968.
Chu, W. D. *The Moslem Rebellion in Northwest China,* Den Haag 1966.
Cohen, P., *China and Christianity,* Cambridge, Mass. 1963.
Domes, J. *China nach der Kulturrevolution,* München 1975.
ders., *Die Ära Mao Tse-tung,* Stuttgart 1972.
ders., *Vertagte Revolution – Die Politik der Kuomintang in China,* Berlin/New York 1969.
Elvin M., *Self-Liberation and Self-Immolation in Modern Chinese Thought,* Canberra 1978.
ders., *Mandarins and Millenarians* in: *Journal of the Anthropological Society of Oxford* X. 3 (1979).
Fairbank, J., Reischauer, E., und Craig, A., *East Asia, The Modern Transformation,* London 1965.
Fairbank, J., *Trade and Diplomacy on the China Coast,* Cambridge, Mass. 1953.
Fan, W. L., *Neue Geschichte Chinas,* Berlin 1959.
Fleming, P., *The Siege at Peking,* London 1959; dt. *Die Belagerung zu Peking,* Stuttgart 1961.
Franz, H. u.a. (Hg.), *China unter neuer Führung. Hintergründe und Analysen von Gesellschaft, Wirtschaft, Wissenschaft und Kultur nach dem Sturz der »Viererbande«,* Bochum 1978.
Gillin, D., *Warlord: Yen Hsi-shan in Shansi Province, 1911–1949,* Princeton, N. J., 1967.
Groeling, Erik v., u. Näth, Marie-Luise (Hg.), *Die Außenpolitik Chinas,* München/Wien 1975.
Harrison, J., *The Long March to Power. A History of the Chinese Communist Party 1921–1972,* London 1972.
Hinton, W., *Fanshen. A. Documentary of Revolution in a Chinese Village,* New York 1967; dt. *Fanshen,* 2 Bde., Frankfurt a. M., 1972.
Hofheinz, R., *The Broken Wave. The Chinese Communist Peasant Movement, 1922–1928,* Cambridge, Mass. 1977.
Hou, C. M., *Foreign Investment and Economic Development in China,* Cambridge, Mass. 1965.
Huang, P., *Liang Ch'i-ch'ao and Modern Chinese Liberalism,* Seattle, Wash. 1972.
Isaac, H., *The Tragedy of the Chinese Revolution,* Stanford, Calif. 1951.
Johnson, C., *Peasant Nationalism and Communist Power,* Stanford, Calif. 1963.
Lewis, J. W., *Leadership in Communist China,* Ithaca, N. Y. 1963
Leys, S. (P. Ryckmans), *The Chairman's New Clothes,* London 1977.
ders., *Chinese Shadows,* Harmondsworth 1978.
Lloyd Eastman, *Throne and Mandarins,* Cambridge, Mass. 1967.
ders., *The Abortive Revolution,* Cambridge, Mass 1974.
Mao Tse-Tung, *Ausgewählte Werke,* 3 Bde., Peking 1968/69.
Mehnert, K. *Peking und Moskau,* Stuttgart 1962.
ders., *Kampf um Maos Erbe,* Stuttgart 1977.
Michael, F., u. Chang, C. L., *The Taiping Rebellion,* 3 Bde., Seattle, Wash. 1966–71.
Myers, R., *The Chinese Peasant Economy,* Cambridge, Mass. 1965.
Opitz, P. J., *Maoismus,* Stuttgart 1972.
ders. (Hg.), *China zwischen Weltrevolution und Realpolitik,* München 1979.
Schram, S., *The Political Thought of Mao Tse-tung,* London 1963.
ders., *Mao Tse-tung,* Paris 1963.
Sheridan, J., *Chinese Warlord: The Career of Feng Yü-hsiang,* Stanford, Calif. 1966.
Slyke, L. van, *Enemies and Friends. The United Front in Chinese Communist History,* Stanford, Calif. 1967.
Snow, E., *Red Star over China,* New York 1938; dt.: *Roter Stern über China,* Frankfurt a. M. 1970.
Teng, S. Y., *The Nien Army and Their Guerrilla Warfare,* Paris 1961.
Teng, S. T., u. Fairbank, J., *China's Response to the West,* Cambridge, Mass. 1954.
Wright, M., *The Last Stand of Chinese Conservatism: The T'ung-chih Restoration, 1862–1874,* Stanford, Calif. 1957.
Wright, M. (Hg.), *China in Revolution. The First Phase 1900–1913, New Haven, Conn. 1968.*
Wylie, R., *The Emergence of Maoism,* Stanford, Calif. 1980.
Young, E., *The Presidency of Yuan Shih-k'ai,* Ann Arbor, Mich 1977.

Kultur und Gesellschaft

Barker, R., u. Sinha, R. (Hg.), *The Chinese Agricultural Economy,* Boulder, Colorado 1982.
Bauer W. u. Franke, H., *Die goldene Truhe, Chinesische Novellen aus zwei Jahrtausenden,* München 1957.
Bischko. J., *Einführung in die Akupunktur,* Heidelberg 1981.
Chang, K. C. (Hg.), *Food in Chinese Culture,* New Haven, Conn. 1977.
Croll, E., *Die Befreiung der Frau in China,* Originaltexte 1949–1973, Stuttgart 1977.
Debon, G., *Chinesische Dichter der Tang-Zeit,* Stuttgart 1964.
Dolby, W., *A History of Chinese Drama,* London 1970.
Englert, S., *Materialien zur Stellung der Frau und zur Sexualität im vormodernen und modernen China,* Frankfurt a. M. 1980.
Feuchtwang, S., *An Anthropological Interpretation of Chinese Geomancy,* Vientiane 1974.
Forke, A., *Geschichte der chinesischen Philosophie,* 3 Bde., Hamburg 1964.
ders., *Chinesische Dramen der Yüan-Dynastie,* Wiesbaden 1978.
Franke, O., *Studien zur Geschichte des Konfuzianischen Dogmas und der chinesischen Staatsreligion,* Hamburg 1920.
Franke, W., *China und das Abendland,* Göttingen 1962.
Granet, M., *Das chinesische Denken,* München 1971.
Hommel, R., *China at Work,* Cambridge, Mass. 1969.
Kaltenmark-Chéquier, O., *Die chinesische Literatur,* Hamburg 1960.
Karlgren, B., *The Chinese Language,* New York 1949.
Kneiß, J., *Gesellschaftsstrukturen und Unternehmensformen in China,* Frankfurt a. M./New York 1978.
Kogelschatz, H., *Bibliographische Daten zum frühen mathematischen Schrifttum Chinas im Umfeld der »Zehn mathematischen Klassiker« (1. Jh. v.–7 Jh. n. Chr.).* Veröffentlichungen des Forschungsinstituts des Deutschen Museums, Reihe B., München 1981.
Kratochvil, P., *The Chinese Language Today,* London 1968.
Krott, M., *Politisches Theater im Pekinger Frühling,* Bochum 1978.
Kuan Yu Chien, *Die Grundregeln des Modernen Hochchinesisch,* 2. Aufl. Hamburg 1977.
Lach, D., *Asia in the Making of Europe,* 3 Bde., Chicago 1965–78.
Lee, C. u. A., *The Gourmet Chinese Regional Cookbook,* Secaucus 1980.
Libbrecht, U., *Chinese Mathematics in the 13th Century.* Cambridge, Mass. 1973.
Lion-Goldschmidt, D., *Ming Porzellan,* Stuttgart 1978.
Mann, F., *Acupuncture. The Ancient Chinese Art of Healing,* London 1962.
Needham, J., *Celestial Lancets,* Cambridge 1980.
Prušek, J. (Hg.), *Studien zur modernen chinesischen Literatur,* Berlin 1964.
Reinhard, K., *Chinesische Musik,* Kassel 1957.
Schleichert, H., *Klassische chinesische Philosophie,* Frankfurt a. M. 1980.
Scott, A. C., *The Classical Theatre of China,* Westport, Conn. 1957.
Smith, A. H., *Chinese Characteristics,* New York 1983.
Wolf, M., *Woman and Family ind Rural Taiwan,* Stanford, Calif. 1972.
Wolf, A., u. Huang, C. S., *Marriage and Adoption in China,* Stanford, Calif. 1980.
Yee, C. *Chinese Calligraphy,* London 1938.
Unschuld, P., *Medizin in China. Eine Ideengeschichte,* München 1980.
Vogel, K., *Chin Chang Suan Shu. Neun Bücher arithmetischer Technik,* Braunschweig 1968.

Nachschlagewerke

Boorman, H., u. Howard, R. (Hg.), *Biographical Dictionary of Republican China,* New York 1967–71.
The Central Intelligence Agency, *People's Republic of China, Atlas,* Washington, D. C. 1971.
Franke, H. (Hg.), *Sung Biographies,* Wiesbaden 1976.
Geelan, P. u. Twitchett, D., *The Times Atlas of China,* London 1974.
Giles, H., *A Chinese Biographical Dictionary,* London 1898.
Goodrich, L. u. Fang, C. (Hg.), *Dictionary of Ming Biography,* New York 1976.
Herrmann, A., *Historical and Commercial Atlas of China,* Cambridge, Mass. 1935.
Hook, B. (Hg)., *The Cambridge Encyclopedia of China,* Cambridge 1982.
Hucker, C., *China: A Critical Bibliography,* Tucson, Ariz. 1962.
Hummel, A. (Hg.), *Eminent Chineses of the Ch'ing Period,* Washington, D. C. 1943.
Klein, D. u. Clark A. (Hg.), *Biographic Dictionary of Chinese Communism,* Cambridge, Mass. 1971.
Needham J. u.a., *Science and Civilisation in China,* Cambridge, 1954 ff.
Skinner, G. W. (Hg.), *Modern Chinese Society. An Analytical Bibliography,* Bd. 1, Stanford, Calif. 1973.
Williams, A. H., *China in Maps ... A Selective and Annotated Cartobibliography,* East Lansing, Mich. 1974.

REGISTER GEOGRAPHISCHER NAMEN

Namen in *kursiver Schrift* stellen die Wade-Giles-Entsprechung der voranstehenden Pinyin-Umschrift dar.

REGISTER

Kursiv gesetzte Seitenangaben weisen auf Bilder bzw. Bildlegenden hin.